UTB **2338**

W0085857

Eine Arbeitsgemeinschaft der Verlage

Beltz Verlag Weinheim · Berlin · Basel
Böhlau Verlag Köln · Weimar · Wien
Wilhelm Fink Verlag München
A. Francke Verlag Tübingen und Basel
Paul Haupt Verlag Bern · Stuttgart · Wien
Verlag Leske + Budrich Opladen
Lucius & Lucius Verlagsgesellschaft Stuttgart
Mohr Siebeck Tübingen
C. F. Müller Verlag Heidelberg
Ernst Reinhardt Verlag München und Basel
Ferdinand Schöningh Verlag Paderborn · München · Wien · Zürich
Eugen Ulmer Verlag Stuttgart
UVK Verlagsgesellschaft Konstanz
Vandenhoeck & Ruprecht Göttingen
WUV Facultas · Wien

Handbuch der Geschichte Europas
herausgegeben von Peter Blickle

Handbuch der Geschichte Europas – Band 6

Heinz Duchhardt

Europa am Vorabend der Moderne 1650–1800

16 Karten
3 Tabellen

Verlag Eugen Ulmer Stuttgart

Prof. Dr. Heinz Duchhardt, geb. 1943 in Berleburg/Westf. 1984–1988 Lehrstuhl in Bayreuth, 1988–1995 Lehrstuhl in Münster. Seit 1994 Direktor des Instituts für Europäische Geschichte Mainz, Abteilung Universalgeschichte. Forschungsschwerpunkte: Internationale Beziehungen und Verfassungsgeschichte in der Vormoderne, Wissenschaftsgeschichte.

Titelfoto: Siebenjähriger Krieg 1756–63 / Schlacht bei Zorndorf 25. August 1758 (Preußen unter Friedr. d. Gr. siegt über die Russen unter Graf Fermor). – „Die Schlacht bei Zorndorf". – Gemälde, 1858, von Emil Hünten (1827–1902). Öl auf Leinwand, 112 x 180 cm. Kunsthandel, Schloß Ahlden, 1997. (Foto: akg-images)

Bibliografische Information Der Deutschen Bibliothek

Die Deutsche Bibliothek verzeichnet diese Publikationen in der Deutschen Nationalbibliografie; detaillierte bibliografische Daten sind im Internet über http://dnb.ddb.de abrufbar.

ISBN 3-8001-2800-4 (Ulmer)
ISBN 3-8252-2338-8 (UTB)

© 2003 Eugen Ulmer GmbH & Co.
Wollgrasweg 41, 70599 Stuttgart (Hohenheim)
E-Mail: info@ulmer.de
Internet: www.ulmer.de
Lektorat: Dr. Renate Blickle, Dr. Nadja Kneissler
Herstellung: Otmar Schwerdt
Satz: KL-Grafik, München
Druck: Gutmann, Heilbronn-Talheim
Bindung: Dollinger, Metzingen
Printed in Germany

ISBN 3-8252-2338-8 (UTB-Bestellnummer)

Inhaltsverzeichnis

Vorwort des Herausgebers

Das Handbuch der Geschichte Europas (HGE) zeigt die historischen Voraussetzungen des modernen Europa. Es ermöglicht die kritische Auseinandersetzung mit Europa durch den Nachweis geschichtlicher Kontinuitäten und Brüche und dient damit dem Verständnis der europäischen Integration.

Das Handbuch der Geschichte Europas (HGE) umfasst 10 Bände in chronologischer Abfolge. Es behandelt jedes europäische Land gesondert sowie Europa als kulturelle Einheit insgesamt und ist in dieser Konzeption neu.

Das Handbuch der Geschichte Europas (HGE) vermittelt in kompakter Form gesichertes historisches Wissen auf dem neuesten Forschungsstand. Für jeden Band trägt ein Autor die Verantwortung. Alle Bände folgen der gleichen Gliederung. In einem einleitenden Kapitel über den Charakter der Epoche bringt der Autor seine eigene Interpretation zur Darstellung. Das Länderkapitel behandelt jedes europäische Land entsprechend seiner Bedeutung für die Epoche. Im Sachbereichskapitel werden die europäischen Gemeinsamkeiten herausgearbeitet, systematisiert nach Verfassung und Recht, Politik und internationalen Beziehungen, Gesellschaft und Wirtschaft sowie Kultur und Religion. Ein Schlusskapitel erörtert Forschungsstand, Forschungskontroversen und Forschungsperspektiven, wobei die nationalen historiographischen Traditionen angemessen berücksichtigt werden. Gelegentliche Modifikationen des Schemas sind sachbezogen. Ein umfassendes Verzeichnis der Literatur schließt jeden Band ab.

Bern, im Frühjahr 2002   *Peter Blickle*

Vorwort des Verfassers

Die Geschichtswissenschaft ist ohne den periodischen Paradigmenwechsel, ohne das letztlich nicht kalkulierbare Auf und Ab von Forschungspräferenzen, ohne den ständigen Diskurs über neue methodische Ansätze, ihre Sinnhaftigkeit oder ihre Begrenztheit, kaum vorstellbar. Die Annales-Schule hat nach dem Zweiten Weltkrieg die gesamte historische Zunft herausgefordert, die Abkehr von der Staaten- und politischen Geschichte und die Hinwendung zur Sozialgeschichte war weltweit viel mehr als eine Reaktion auf die Herausforderung des Marxismus, Gender-, Umwelt- und moderne Kulturgeschichte werden europaweit und global für mehr erachtet denn als bloße Konzessionen an aktuelle politische Prozesse.

In dieser ständigen „grenzenlosen" Debatte über die Paradigmen der Geschichtswissenschaft hat in Europa – neben anderem – derzeit „Europa" Konjunktur. Es gibt so gut wie kein renommiertes Verlagshaus, das nicht eine „Europäische Geschichte" oder eine Buchreihe zu zentralen europäischen Ereignissen oder Prozessen in seinem Sortiment hätte, und offenbar finden diese Produkte auch ihre Käufer. Die Autoren – und derjenige des vorliegenden Bandes schließt sich in dieser Hinsicht ein – verstehen sich dabei nicht in erster Linie als Apologeten einer irgendwie schon immer vorhandenen Kultur- und Wertegemeinschaft oder als Hilfstruppen, die einen politischen Prozess wissenschaftlich abstützen wollten. Aber sie lassen sich im Wissen um einen jahrhundertelangen Europa-Diskurs der Intellektuellen seit dem Ausgang des Mittelalters von eben diesem Prozess inspirieren, der sie stärker nach gleichläufigen Phänomenen, nach parallelen Entwicklungen, nach übergreifenden gesellschaftlichen und politischen Interaktionen fragen lässt als nach dem nationalen oder regionalen Sonder- und Einzelfall.

Freilich bewegt sich der Europa-Historiker auf einem ganz schmalen Grat, weil es unredlich wäre, über den strukturellen Gemeinsamkeiten europäischer Staaten und Gesellschaften die je besonderen Entwicklungen zu marginalisieren oder gar zu vernachlässigen. Eine „Europäische Geschichte" muss immer ein Sowohl-Als-Auch sein, und dem trägt das Gliederungskonzept dieser Handbuchreihe denn auch in wünschenswerter Weise Rechnung.

Im ersten und zweiten Teil des Buches wird über die „Einheit" der hier zu behandelnden Epoche gesprochen, es werden die Rahmenbedingungen der europäischen Geschichte entwickelt sowie einige wesentliche Faktoren behandelt, die „Europäisches" widerspiegeln. Im sich anschließenden dritten Kapitel wird, ausgehend von der „Orientierungsmacht" Frankreich, die politisch-soziale Entwicklung der einzelnen europäischen Staaten nachgezeichnet. Dass hier eine Auswahl zu treffen war und die deutsche Staatenwelt nur im Kontext des Reichs-Dachverbands und die italienische nur in Einzelbeispielen behandelt wurden und dass sehr kleine und periphere Einheiten – unter anderem der maltesische Ordensstaat – ganz übergangen werden mussten, hat seinen Grund in dem zur Verfügung stehenden begrenzten Raum. Ich habe bewusst darauf verzichtet, mit einer zentralen erkenntnisleitenden und hierarchisierenden Absicht Wertungen – Gestaltungsmächte oder ähnliche Begriffe – mit ins Spiel zu bringen, und gehe im Wesentlichen nach geographischen Gesichtspunkten vor.

Es zählt zu den guten Gepflogenheiten, am Ende einer langen Wegstrecke, die das Entstehen eines solchen Buches erfordert, Dank zum Ausdruck zu bringen. Ich danke Peter Blickle und dem Verlag für Geduld und Ermunterung, nachdrücklich auch dafür, dass sie meinen Aufbau des Bandes, der in seiner „Dramaturgie" meinem Verständnis von europäischer Geschichte entspricht, allen Bedenken zum Trotz akzeptiert haben. Ich danke dem Bandnachbarn Günter Vogler für eine ganze Reihe hilfreicher Gespräche. Ich danke meiner Sekretärin Christine Weil, die große Teile des Manuskripts in den Computer eingegeben hat und einen bisher den modernen Kommunikationstechnologien eher distanziert gegenüberstehenden Wissenschaftler nachhaltig darin bestärkte, sich auch in dieser Hinsicht freizuschwimmen. Ich danke nachdrücklich Renate Blickle, die mit großem Fingerspitzengefühl den Band lektorierte. Ich danke nicht zuletzt meinen Mainzer Mitarbeiterinnen und Mitarbeitern Małgorzata Morawiec, Claudia Röhl, Claus Scharf und Matthias Schnettger, die Teile des Manuskripts gelesen und konstruktive Kritik daran geübt haben. Ich widme dieses europäische Buch meinen europäischen Freunden, Fachkolleginnen und Fachkollegen in Polen und Russland, Tschechien und Ungarn, Österreich, Slowenien und Serbien, Rumänien und Bulgarien, Italien und der Schweiz, Frankreich und Spanien, Großbritannien und Belgien, den Niederlanden und Dänemark, Schweden und Finnland, Estland und Lettland.

Mainz, im Dezember 2002   *Heinz Duchhardt*

1 Charakter und Einheit der Epoche

1.1 Chronologie

Das Eckdatum 1650

Wissenschaftliche Reihen, die auf dem Zusammenwirken mehrerer Autoren gründen, benötigen Eckpunkte, an denen sich zwei benachbarte Bände berühren und die von den betreffenden Autoren auch ohne Vorbehalt als Zäsuren nachvollzogen werden können. Diese Eckpunkte können eher konventionell sein oder aber aus dem Rahmen des Gewohnten fallen, um einen originellen Interpretationsansatz zu ermöglichen. Die beiden Neuzeit-Bände der im Erscheinen begriffenen vierteiligen Reihe des Siedler-Verlags stoßen um 1750 aneinander[1], was bestimmte Interpretationsparameter vorzugeben scheint, die seit Reinhart Kosellecks Entwurf einer europäischen „Sattelzeit"[2] und seit dem Konstrukt eines Mitte des 18. Jahrhunderts einsetzenden Zeitalters der atlantischen Revolutionen[3] in der Forschung schon länger deutliche Spuren hinterlassen hatten.[4]

Bei der Grundsatzentscheidung, in dieser Reihe die so genannte Frühe Neuzeit durch zwei Bände abzudecken, bot es sich in der Tat an, die Epoche schematisch zu halbieren und die beiden Bände in ihrer Mitte – um 1650 – sich berühren zu lassen. Aber neben der Konvention, die in der besonderen Hochschätzung des Westfälischen Friedens als eines auch europäischen Einschnitts gründet, spricht auch sonst nach wie vor vieles dafür, eine Zäsur in der Mitte des 17. Jahrhunderts zu legen, selbst wenn andere Werke – mit einem freilich meist nationalgeschichtlich akzentuierten Schwerpunkt – sich für differierende Lösungen entscheiden, wie zum Beispiel die, das gesamte 17. Jahrhundert als eine Einheit zu behandeln.[5] Schließlich wird die Schnittstelle „um 1650" auch von Nachbardisziplinen gesetzt oder zumindest in Erwägung gezogen – der Geograph Oskar Peschel etwa verortete den Übergang von ei-

---

1 H. SCHILLING, Die neue Zeit; H. SCHULZE, Phoenix Europa.

2 R. KOSELLECK, Preußen.

3 R. R. PALMER, Zeitalter; J. GODECHOT, France.

4 Ich denke hier u.a. an die Reihen „Das Reich und die Deutschen" und „Die Deutschen und ihre Nation" des Siedler-Verlags, die am Ende des Siebenjährigen Kriegs aneinanderstoßen, und zwar mit den Bänden 5 (H. SCHILLING, Höfe) und 1 (H. MÖLLER, Fürstenstaat).

5 V. PRESS, Kriege; P. MÜNCH, Jahrhundert.

nem Zeitalter der „Weltentdeckung" zu einem der „Weltvermessung" hier, in der Mitte des 17. Jahrhunderts.[6]

Die Frühe Neuzeit, deren Epochencharakter inzwischen unbestritten ist – obwohl in Deutschland erst in den 1950er Jahren die ersten Lehrstühle mit dieser ausdrücklichen Denomination eingerichtet wurden –, hat den Charakter einer Übergangsepoche, in der Entwicklungen mit einer langen Laufzeit zu einem Ende kommen, Institutionen mit einer weit zurückreichenden Geschichte sich umformen, neu formieren oder absterben, Verhaltensmuster und Mentalitäten sich wandeln und Neuem Platz machen. Hier wären zu nennen: das Auseinandertreten der Christenheit in *confessiones* und zugleich ein sich beschleunigender Prozess der Emanzipation des Einzelnen und der Gesellschaft vom Christentum, sowie eine neue, mit der Expansion nach Übersee zusammenhängende Erfahrung des Fremden, sodann die kapitalistischen und frühindustriellen Wirtschaftsformen, ein rapider sozialer Wandel, der von neuen Eliten getragen wird, des Weiteren ein neues Staatsdenken, das die großen politischen Strömungen des 19. Jahrhunderts vorzubereiten, wenn nicht zu antizipieren beginnt, und schließlich eine bisher unbekannte staatliche Verdichtung samt neuen Formen staatlicher Interaktionen, die interessegeleitet, sich nüchtern an einer *ratio status*, an einer Erwägung der Lage orientierend und nicht mehr „ideologisch" prädisponiert sind. Im Gesamtablauf der europäischen Geschichte stellt die Frühe Neuzeit die entscheidende Umspannstation auf dem Weg in die Moderne dar, deren Fundamente zu einem guten Teil aber noch in den gewachsenen Erdschichten einer vergangenen Epoche ruhen. Dabei mag die Beobachtung nicht unrichtig sein, dass die Tendenz der Forschung in den zurückliegenden Jahrzehnten eher dahin ging, die nach vorn weisenden Phänomene besonders zu gewichten. Freilich werden sich ohne große Mühe auch Gegenbeispiele finden lassen, etwa der neue Forschungszweig, der sich mit „symbolischem Handeln" beschäftigt und der ohne den erhellenden und befruchtenden Rückgriff auf das Mittelalter nicht auskommt. Wenn man diese vielen einander überlappenden Entwicklungen in sich noch einmal strukturiert, dann bietet sich in der Tat die Mitte des 17. Jahrhunderts als Zäsur an.

Die Sinnhaftigkeit dieses Einschnitts beginnt bei den Makrostrukturen und zieht sich bis zu den Mikrostrukturen hin. Makrostrukturen – hier ist zunächst an den Staat und das staatliche Neben-, Mit- und Gegeneinander zu denken. Ob man den Begriff des „Absolutismus" für erkenntnisfördernd und legitimierend hält oder nicht[7]: es ist keine Frage, dass in vielen monarchischen oder quasi-monarchischen Gebilden Europas in herrschaftstechnischer Hinsicht eine neue Entwicklungsstufe erreicht wurde, die mit den Leitbegriffen Bürokratisierung und Professionalisierung umrissen werden kann. In den meisten Fällen von innerstaatlichen Herausforderungen – konfessionellen Auseinandersetzungen, Konflikten zwischen Krone und (Hoch-)Adel, demographischen und Subsistenz-Krisen – und von äußeren Herausforderungen – Staatenkriegen, insbesondere dem dreißigjährigen europäischen Ringen – ausgelöst, sah sich der (ohnehin durch die nominelle oder faktische Unterordnung der jeweiligen Kirche

---

6 Oskar F. PESCHEL, Geschichte der Erdkunde bis auf Alexander von Humboldt und Carl Ritter, 2. Aufl., München 1877.

7 Vgl. R. G. ASCH/H. DUCHHARDT (Hg.), Absolutismus.

selbstbewusst gewordene) Fürst vor der Notwendigkeit, das übliche Versickern von Steuern in staatsfremde Kanäle zu unterbinden oder doch zu reduzieren und das Heer zu verstetigen. Diese doppelte Zielsetzung machte es nötig, den geregelten, unmittelbaren und kontinuierlichen Zugriff auf die Untertanen zu organisieren, überhaupt die ländlichen und städtischen Bevölkerungsgruppen und möglichst auch den Adel permanenter Kontrolle zu unterwerfen. Das erforderte neue Behörden und Beamte, ohne dass die traditionellen Partner des Fürsten bei der Herrschaftsausübung, die (Land-) Stände, damit in eine bloße Zuschauerrolle geraten wären. Und das verlangte sogar nach einem neuen Herrscherbild, weil ein solches Mehr an Staatlichkeit, das heißt an Leistungen, die Distanz zwischen dem Fordernden und Begünstigten einerseits und den Leistungen Erbringenden andererseits zwangsläufig erhöhen musste.

Dennoch wächst das Zögern – mit gutem Grund, wie mir scheint –, für diesen Prozess der Staatsverdichtung den erst von der Historiographie des frühen 19. Jahrhunderts geprägten und ursprünglich mit einer durchaus negativen Konnotation versehenen Begriff des „Absolutismus"[8] zu benutzen beziehungsweise zu reaktivieren. „Absolutismus" im Sinn des *princeps legibus (ab)solutus*, des über den Gesetzen stehenden Fürsten, der *potestas absoluta*, setzt ein Herrscherbild voraus, dem kein Fürst des 17. oder 18. Jahrhunderts zu entsprechen suchte und vermochte, weil die Bindung nicht nur an das göttliche, sondern auch an das natürliche Recht und die *leges fundamentales*, die (Reichs-)Grundgesetze seines Herrschaftsraumes, zu den unumstößlichen Selbstverständlichkeiten zählte und weil im Allgemeinen zudem keiner überhaupt daran dachte, sich von dem alteuropäischen Herrschaftsmodell, das die Mitwirkung der Stände an der Herrschaftsausübung zwingend vorsah, zu lösen. Der Fürst mochte es für bequemer halten, nur noch mit Ständeausschüssen oder Rumpfparlamenten zusammenzuarbeiten und sich Steuern für längere Zeiträume bewilligen zu lassen: das Ständewesen an sich, das innerhalb der geographischen Einheit Europa nur dem Russischen und dem Osmanischen Reich unbekannt blieb, wurde nirgendwo in Frage gestellt. Selbst im Frankreich Ludwigs XIV. blieben die großen Ständeversammlungen der Bretagne, Burgunds, der Provence und des Languedoc in ihren Rechten und ihrer Arbeit weitgehend unangetastet.

Kaum minder wichtig war, dass alle „absolutistischen" Staaten von einem wirklich nachhaltigen Zugriff auf die lokale Ebene als Krönung der Staatsverdichtung mehr oder weniger weit entfernt blieben. Auch der autokratischste Fürst war angesichts einer Fülle von Traditionen und Privilegien, gewachsener Strukturen und konkurrierender Gewalten nicht in der Lage, einen homogenen Untertanenverband als Ausweis seiner „absoluten" Beherrschung des Landes zu schaffen.

Der Begriff „Absolutismus" ist zumindest als Epochenbezeichnung auch deswegen problematisch, weil er seinem Wesen nach nur auf monarchische und auf dem Erbrecht beruhende Gemeinwesen applizierbar ist und damit eine Uniformität der Staatswesen voraussetzt, die in Wirklichkeit nicht gegeben war. Europa bestand Mitte des 17. Jahrhunderts längst nicht nur aus autokratisch strukturierten Staaten, sondern zu einem guten Teil aus republikanisch-ständestaatlich organisierten Gemeinwesen, auch

---

8 R. Blänkner, Absolutismus.

wenn manchen von ihnen die Tendenz innewohnen mochte, typische Elemente der Monarchie, etwa den Hof[9], zu kopieren und sich durch entsprechende symbolische Handlungen zu Quasi-Monarchien zu stilisieren.[10] Erbrechtlich strukturiert – den Theoretikern des modernen „souveränen" Staates galt das als die höchste Form monarchischer Staatlichkeit – waren nur Frankreich, Spanien, England, Portugal und Schweden. In allen anderen Monarchien oder Quasi-Monarchien waren die Stände in ihrer Gesamtheit oder ein exklusiver Kreis von Wählern an der Herrschaftsübertragung beteiligt, so etwa im Deutschen Reich, in Polen, Ungarn, Dänemark und im Kirchenstaat. Und daneben standen dann noch die vielen Republiken mit Venedig, der Eidgenossenschaft und den Niederlanden an der Spitze, sowie die zahlreichen Klein- und Kleinstterritorien im Deutschen Reich und in Italien, die ihrer Lehensabhängigkeit wegen nur höchst bedingt als „souverän" eingestuft werden konnten. Sie fochten um die Zuerkennung dieser Souveränität häufig lange Kämpfe aus, in aller Regel vergeblich. Es ist gewiss richtig, dass italienische Republiken wie Venedig oder Genua durch die Adaption monarchischer Elemente in Sprache und Staatssymbolik die Gleichstellung mit den Monarchien zu erlangen suchten, und es mag auch sein, dass manche Höflinge in Europa die Nase über die (niederländische) Krämerrepublik an der Nordsee rümpften: aber für das Europa des 17. Jahrhunderts war der Republikanismus eine Gegebenheit, die außerhalb jeder Diskussion stand.[11] Insofern würde mit dem Begriff „Absolutismus" noch nicht einmal die alle anderen Phänomene erdrückende Tendenz einer Epoche getroffen. Manche Aufklärer bedauerten es ausdrücklich, dass es in Europa verhältnismäßig wenig Republiken gab, weil sie diese für „tugendhafter", weitaus friedlicher und weniger aggressiv als die Monarchien einstuften. Das traf insbesondere auf das Deutsche Reich mit seiner strukturellen Aggressionsunfähigkeit zu; hier ertönte in der zweiten Hälfte des 18. Jahrhunderts deswegen auch verstärkt der Ruf, ganz Europa zu einer wirklichen Staatenrepublik umzuformen.

Es gab in der zur Diskussion stehenden Zeitspanne nur ganz wenige Gemeinwesen, die einen Zustand politischer oder rechtlicher Abhängigkeit hinter sich zu lassen und in den Status uneingeschränkter Souveränität aufzusteigen vermochten. In aller Regel war dafür ein Zusammenspiel von militärischer Potenz und geostrategischer Funktion vonnöten, weshalb es nicht zufällig zwei Staaten waren, die sich in den vielen Kriegen des späten 17. Jahrhunderts besonders geschickt – oder skrupellos – in die ständigem Wandel unterworfenen zwischenstaatlichen Interaktionen eingeschaltet hatten: Preußen, das sich 1701 mit kaiserlicher Billigung die Königswürde zulegte, und Savoyen, das die Krone endgültig 1713/14 von den europäischen Hauptmächten zugesprochen erhielt, nachdem sich seine Fürsten schon seit Dezennien darum bemüht hatten. Aber davon einmal abgesehen, blieb die politische Landkarte im 17. und 18. Jahrhundert relativ stabil; selbst die Hegemonialpolitik Ludwigs XIV. hat sie nicht entscheidend verändern können. Das internationale System tendierte zur Beharrung,

---

9 Vgl. etwa O. Mörke, ‚Stadtholder'.
10 Das gilt etwa für eine ganze Reihe italienischer Republiken; vgl. exemplarisch M. Schnettger, Republik.
11 Vgl. H. G. Koenigsberger (Hg.), Republiken; partiell einschlägig auch R. Oresko (Hg.), Royal and Republican Sovereignty.

Staaten wurden nicht im großen Stil von ihren Nachbarn aufgesogen, die Struktur der „Staatenfamilie" blieb, unbeschadet mancher Tauschaktionen und der ganz aus dem Rahmen des Normalen fallenden mehrfachen Amputationen der polnischen Kronrepublik, im Wesentlichen intakt.[12] Die großen Umwälzungen stellten sich erst durch die und im Gefolge der Französischen Revolution ein.

Das heißt andererseits natürlich nicht, dass auch die Strukturen des Staatensystems stabil gewesen wären. Seit dem Ausgang des Mittelalters war das System der europäischen Staaten strukturell von den letzten Regungen eines *Ordo*-Denkens geprägt gewesen, eines eine göttliche Ordnung spiegelnden Weltbildes, das dem Kaisertum einen Platz an der Spitze der Staatenhierarchie reserviert und den anderen *regna*, den Herrschaftsträgern und ihren Reichen, bestimmte Plätze in dieser Hierarchie zugewiesen hatte, die allerdings nie als unveränderlich eingestuft wurden. Von seinem Gewicht her hatte der säkulare Gegensatz der Häuser Habsburg und Valois alle anderen Konflikte in den Hintergrund treten lassen. Daher konnten neben diesen beiden Kraftzentren keine weiteren entstehen – sieht man einmal von dem Osmanischen Reich ab, das aber als *der* Paria schlechthin noch weit davon entfernt war, in die Rolle eines integrierten Teils dieses Staatensystems hineinzuwachsen. Konflikte, die nicht aus dem habsburgisch-französischen Antagonismus resultierten, hatte es im 16. Jahrhundert zwar durchaus gegeben, wenn man etwa an den Ostseebereich denkt. Aber sie waren gegenüber dem genannten Antagonismus und gegenüber den fast den Zustand der Permanenz erreichenden Türkenkriegen zweitrangig geblieben. Dieser Antagonismus schwächte sich nur dadurch zeitweilig ab, dass die Krone Frankreich mit den konfessionellen Unruhen im Innern alle Hände voll zu tun hatte und längst nicht immer die Kraft fand, durch außenpolitische Aktivitäten von den inneren Problemen abzulenken.

In beiderlei Hinsicht änderte sich im zweiten Drittel des 17. Jahrhunderts vieles, und auch das ist ein Grund, die Option ‚um 1650' als Zäsur nicht zu verwerfen. Zum einen kam es mit dem mächtepolitischen Vorrang des Kaisertums – entsprechend dem nachhaltigen Prestigeverlust des Papsttums, der anderen „Universalmacht"– nun endgültig zu einem Ende. Ablesbar ist das unter anderem daran, dass und wie andere Mächte die Führungsrolle des Kaisers in Frage stellten, seine Ehrenvorrechte und die seiner Diplomaten missachteten, bestimmte exklusive Prädikate, etwa das Epitheton des „Unüberwindlichen" (*invictissimus)* bestritten und selbst imperiale Ansprüche erhoben[13]; das gilt namentlich für Frankreich und für Schweden. Und zum anderen erlebten die Jahrzehnte ab 1610 den raschen Aufstieg einer Reihe von Mächten, die ihre Positionen in der Hierarchie der Staatenfamilie zu verbessern suchten und deswegen Konflikten nicht aus dem Weg gingen, sondern tendenziell eher suchten: Hier ist an das polnisch-litauische Großreich zu denken, das seine Konflikte mit dem Moskauer Großfürstentum lange erfolgreich zu gestalten wusste; es ist an Dänemark zu denken, das seinen immerwährenden Auseinandersetzungen mit dem schwedischen Nachbarn den in der Staatssymbolik mit den Händen zu greifenden Anspruch[14] beimischte,

---

12 Zu den Strukturen der Staatenpolitik vgl. D. McKay/H. M. Scott, Rise, und H. Duchhardt, Balance.
13 Vgl. u. a. H. Duchhardt, Imperium.
14 Vgl. insbesondere Mara R. Wade, Triumphus Nuptialis Danicus. German Court Culture and Denmark. The ‚Great Wedding' of 1634, Wiesbaden 1996.

Führungskraft des europäischen Protestantismus zu sein; es ist an die noch nicht formell souveräne niederländische Republik zu denken, die nicht nur das 80jährige Ringen mit dem spanischen Mutterland erfolgreich bestand, sondern auch den etablierten Kolonialmächten jenseits der Meere energisch Paroli bot und einen erstaunlichen kommerziellen Höhenflug erlebte; es ist nicht zuletzt an Schweden zu denken, das seinen politischen Aktionsradius weit über Skandinavien und die Ostsee hinaus ausdehnte. Der Kreis der potentiellen Führungsmächte erweiterte sich während der ersten Jahrzehnte des 17. Jahrhunderts augenfällig, die bisherige Bipolarität des Staatssystems wich einer Multipolarität, auch wenn sich bald abzeichnete, dass sich nicht alle dieser Aufsteiger-Staaten in der Position von neuen, unbestrittenen Kraftzentren halten konnten.

Diese Entwicklung war um 1650 noch nicht in jeder Hinsicht absehbar. Wohl aber war es absehbar, dass, zumal vor dem Hintergrund des gerade zu Ende gegangenen Kräfteringens, die Staatenfamilie einer neuen „Philosophie", einer Ordnungsidee bedurfte, um es nicht zu einer Permanenz des Kampfes aller gegen alle kommen zu lassen, den ein Staatstheoretiker wie Thomas Hobbes, mochte er dabei auch in erster Linie an die innenpolitischen Verhältnisse denken, ja nicht mehr von vornherein ausschloss. Der Westfälische Friede hatte eine umfassende internationale Ordnung bekanntlich nicht herstellen können, sondern sich mit der Klärung der Lage in der Mitte des Kontinents begnügt.[15] Es sollte zu einer der „spannenden" Fragen der Zukunft werden, ob es gelingen würde, die natürliche Konkurrenz der Staaten, die im Verein mit ihrer grundsätzlichen Ebenbürtigkeit ein Charakteristikum Europas gegenüber den Nachbarkontinenten war, in eine Ordnung zu überführen, die den Krieg aus der Rolle der prägenden Erfahrungskategorie der Menschen und des mächtepolitischen Normalzustands verdrängte.

Denn der Dreißigjährige Krieg mochte zwar direkt, also in den Kriegshandlungen, nur einen Teil des Kontinents erfasst haben, indirekt – durch die Steuern, die Kontributionen und das Fouragieren, durch die Aushebungen von Soldaten, durch die Unterbrechung der Handelsströme, das Verschwinden von Geschäftspartnern, durch die Beeinträchtigung der *peregrinatio academica*, der akademischen Wanderschaft, und der Gesellenwanderung und manches andere – hatte er doch europaweit viele Turbulenzen ausgelöst und viele Strukturen zerstört. Nicht mit dieser modernen Begrifflichkeit, aber in ihrem Sinn fragten sich die Mitlebenden um 1650, ob diese Krise sich nach nur kurzer Unterbrechung verlängern oder vielleicht sogar noch verschärfen würde, ob die erheblichen demographischen Verluste sich fortsetzen und noch mehr Regionen wüst fallen würden, ob es aus dem Teufelskreis Krieg – Hunger – Seuchen überhaupt ein Entkommen gab, ob das Wetter immer schlechter werden würde, ob Gottes offenkundiger Zorn überhaupt zu besänftigen war. Die Forschung spricht seit den 1950er Jahren von einer „Krise des 17. Jahrhunderts"[16], um ein ganzes Bündel von wirtschaftlichen, politikstrukturellen, ökologischen, klimatologischen, ja eschatologischen

---

15 Zum Forschungsstand vgl. H. DUCHHARDT (Hg.), Der Westfälische Friede; K. BUSSMANN/H. SCHILLING (Hg.), 1648 – Krieg und Frieden.
16 Vgl. den Forschungsbericht bei H. DUCHHARDT, Zeitalter, 2. Aufl., München 1992, 155–159. In die 3. Aufl. (München 1998) wurde dieser Forschungsbericht nicht mehr übernommen.

Symptomen zu fassen, die die Mentalitäten tief prägten und die als Merkmale einer Niedergangsphase der Menschheitsgeschichte interpretiert wurden. Die These von der „Krise des 17. Jahrhunderts" mag, vor allem in dieser Pauschalität, überzogen gewesen sein[17], sie hat aber den Blick geschärft für eine Vielzahl desintegrativer Erscheinungen, die in ihrer Summe als existenzbedrohend empfunden worden sein müssen.

Ob und wie die Menschen aus diesem Krisensyndrom wieder herausgeführt werden konnten, musste zu einer Sache der Regierungen, aber auch einer Sache des Denkens werden: der Intellektuellen, die einer neuen Zeit einen Sinn gaben, die praxisnahe Modelle entwickelten, um die wirtschaftliche Situation zu verbessern, die Erfindungen machten, die nicht nur den Kapitänen der Überseeschiffe und den Generälen zugute kamen. Optimismus und Fortschrittsglauben prägten nachhaltig die hier zur Diskussion stehende Epoche, die sich von jener Zeit, als Erkenntnisse und Theorien wegen ihrer vermeintlichen Inkompatibilität mit einem bestimmten Weltbild noch mundtot gemacht worden waren, grundsätzlich unterscheidet. Freilich darf ihre Modernität auch nicht überschätzt werden, denn Metaphysik, Wunderglaube und Astrologie hatten sich noch keineswegs endgültig aus ihr verabschiedet.

Fortschrittsglaube und Optimismus bedeuteten aber zugleich auch, dass traditionelle Lebenskräfte und Tiefenschichten wie die nicht hinterfragte Einbettung der Menschen in ihren Glauben und ihre Kirche allmählich an Kraft verlieren mussten. Zwischen Veränderungswillen und Offenbarung musste sich, ob zu Recht oder nicht bleibe dahingestellt, für viele ein Graben auftun, der durch die gezielte Historisierung und Relativierung der Heiligen Schrift (Spinoza) nicht an Breite und Tiefe verlor. So wie man, oft mit leichter Hand, mit dem Westfälischen Frieden das Zeitalter der Konfessionskriege und des ganzen Konfessionalismus zu seinem Ende gekommen sieht, so trat alles in allem unter den Vorzeichen von Frühaufklärung und allgemeinen Säkularisierungstendenzen das Gewicht des Konfessionellen im öffentlichen Leben erkennbar zurück. Aber dies ist eine gewagte These, die vor dem Hintergrund noch längst nicht beendeter Verfolgungen von religiösen Minderheiten, der ungebrochenen Dominanz der geistlichen Orden an den Universitäten oder vieler ausdrücklicher Bündnisse von Krone und Altar zu diskutieren ist. Es kann indes keine Frage sein, dass europaweit die Kirchen an Einfluss verloren und Teile der christlichen Lehre von anderen Orientierungshilfen und -optionen überlagert wurden: vom Fortschrittsparadigma und einem philosophischen Rationalismus, vom Glauben an die Glückseligkeit aufgrund nicht zu bremsenden ökonomischen Wachstums, vom Vertrauen in die Machbarkeit sozialen und politischen Wandels, oder von wem und was auch immer.

In manchen Gegenden Europas war die Mitte des 17. Jahrhunderts auch der Zeitpunkt, an dem sich eine Alphabetisierung auf breiterer Front Bahn brach.[18] Während in den protestantischen Staaten und Städten der ausgesprochenen Nähe dieser Konfession zur Heiligen Schrift wegen die Lesefähigkeit in der gesamten hier zu behandelnden Epoche von Anfang an ausgesprochen hoch war – im Kanton Zürich ebenso

---

17 Aktuell spielt sie im Forschungsdiskurs keine zentrale Rolle mehr.
18 Gute Einführungen in diesen nach wie vor blühenden Forschungszweig unter anderem bei Ernst Hinrichs, Einführung in die Geschichte der Frühen Neuzeit, München 1980, und bei Winfried Schulze, Einführung in die Neuere Geschichte, 4. Aufl., Stuttgart 2002.

wie in den skandinavischen Reichen wohl bei 80 % der Bevölkerung –, erlaubte Spanien erst 1782 die Bibellektüre in der Muttersprache; erst seitdem stiegen dort dementsprechend die Alphabetisierungsziffern deutlich an. Auch in anderen südeuropäischen Regionen und in den deutschen geistlichen Staaten muss man das Ansteigen der Lesefähigkeit wohl mit den ersten Reformen frühaufgeklärter Fürsten in einen Zusammenhang bringen. Aber es bleibt eine Faustregel zu bedenken: Lesen im Sinn des Zusammenbuchstabierens eines kurzen Textes in einem Bauernkalender und die Lektüre eines anspruchsvollen Artikels oder gar eines Buches sind zwei ganz verschiedene Dinge. Insofern ist auch gegenüber den von der Forschung mit viel Mühe ermittelten Zahlen[19] des Grades der Alphabetisierung eine gewisse Reserve angebracht.

Mit dem Ende des 17. Jahrhunderts begann schließlich ein Prozess, der den Europäern die fremden Welten jenseits der Meere erkennbar näher rückte. Das hatte etwas damit zu tun, dass die literaten Menschen durch nun vermehrt erscheinende Reise- und Erfahrungsberichte – hier ist etwa an Melchisedech Thévenots *„Relations des divers voyages curieux"* (1663) oder an Olfert Dappers Sammelwerke über Afrika und Asien (um 1680) zu denken[20] – unvergleichlich mehr Informationen erhielten als jemals zuvor seit Beginn der Entdeckungen. Das hatte aber auch etwas damit zu tun, dass Importe aus den Kolonien für das tägliche Leben eine wachsende Bedeutung erlangten, ja für die Gestaltung des Lebens Impulse gaben, ob man an die in Außereuropa angesiedelten echten und fiktiven Reiseberichte und utopischen Romane mit ihren zeitkritischen Tendenzen oder an die Chinoiserien und ähnliche Modeerscheinungen denkt. Das Sammeln von fernöstlicher Kunst wurde zu einem Ausweis von Aufgeschlossenheit und Stilgefühl. Selbst in regierenden Dynastien wurde das Sammeln beispielsweise von japanischen Lackarbeiten geradezu zu einer Manie; Marie-Antoinette etwa suchte die ihr von ihrer Mutter überlassene Sammlung konsequent weiter auszubauen.[21]

Die Einheit der Epoche

Die Frage nach der „Einheit" der hier zur Diskussion stehenden Epoche ist unvergleichlich schwerer zu beantworten als die nach der Signifikanz der Zäsur ‚1650'. Es ist in hohem Maß bezeichnend, dass sich der Begriff des „Absolutismus" ohne Einschränkung für die gesamte Epoche der „Vormoderne" durchsetzen konnte. In der französischen Geschichtsschreibung, die lange den Begriff „despotisme" bevorzugt hatte, findet er sogar schon für die Epoche Franz' I. Verwendung.[22] Dies soll Einheit und Geschlossenheit assoziieren; aber die Einwände gegen den Begriff und seine umfassende Konnotation sind, wie oben angedeutet, eher im Wachsen begriffen als im

---

19 In den 1970er Jahren hat in Deutschland vor allem Rolf Engelsing hier Pionierarbeit geleistet; sie erweist sich aber mehr und mehr als problematisch. Vgl. u. a. Rolf ENGELSING, Analphabetentum und Lektüre. Zur Sozialgeschichte des Lesens in Deutschland zwischen feudaler und industrieller Gesellschaft, Stuttgart 1973.
20 Vgl. u. a. U. BITTERLI, Die „Wilden"; J. OSTERHAMMEL, Entzauberung.
21 Die Sammlung Marie-Antoinette wurde für eine Ausstellung in Münster im Frühjahr 2002 rekonstruiert, dazu erschien auch ein Katalog: Japanische Lacke. Die Sammlung der Königin Marie-Antoinette (2002).
22 J. MEYER, Frankreich.

Zurückgehen. Da der Begriff für den Zeitraum des ausgehenden Ancien Régime vollends nicht mehr greift, weil schon allein das Herrscherbild sich grundsätzlich verändert hatte („Ich bin der erste Diener meines Staates"), hat man, von der politischen Geschichte her gedacht, der Epoche des „Absolutismus" eine Phase des „Aufgeklärten Absolutismus" angeschlossen, die dann durch die Revolution und einen ihr entspringenden beziehungsweise parallel laufenden „Reformabsolutismus" abgelöst worden sei.[23] Diese starke Differenzierung kann ebensowenig befriedigen wie der mehrfache Rekurs auf den Begriff „Absolutismus" überhaupt.

Dass es sich um eine in hohem Maß fürstenbezogene Epoche handelt, ist unbestritten und unbestreitbar. Der Fürst, der in aller Regel eine angemessene Erziehung genossen hatte, also für sein Amt gut vorbereitet worden war, setzte die politischen Akzente. Er fand freilich in den Ständen, seiner jeweiligen Kirche und auch seinen Ministern immer Korrektive, die ihn so oder so wissen ließen, ob und wie er die Kräfte des Staates überspannte und einen falschen, den Interessen des Staates abträglichen Weg beschritt. Ob sich der Fürst an solche Empfehlungen hielt, war eine andere Frage; in sehr vielen Fällen hat er es nicht getan. Der Fürst ließ sich bei seinen politischen Entscheidungen zwar zumindest subjektiv von den Interessen des Staates leiten, von der *ratio status (regalis)*, objektiv gesehen aber handelte er oft in viel stärkerem Maß nach Gesichtspunkten des dynastischen Prestiges, der Herrscherkonkurrenz, der *gloire*. Doch diese Fürstenbezogenheit des Zeitalters gilt schon nicht mehr in gleicher Weise für die Wahlmonarchien, und es war kein Zufall, dass gerade sie im Kleinen und im Großen, ob man an die geistlichen Fürstentümer im Deutschen Reich oder an Polen-Litauen und die Kurie denkt, im Verlauf der Vormoderne erkennbar in Rückstand gerieten. Es kam hinzu, dass sich in etlichen europäischen Staaten – so in England, in Polen-Litauen mit seinem *liberum veto*, gemäß dem der Einspruch eines einzelnen Mitglieds des *Sejm* einen Reichstagsbeschluss verhinderte, und in Schweden nach dem Tod König Karls XII. – die Macht und Mitsprache der Stände erheblich verstärkten, was mit dem Konstrukt des „Absolutismus" vollends nicht mehr in Einklang zu bringen ist.

Mehr Sinn würde es möglicherweise machen, über den Begriff des „dynastischen Zeitalters"[24] nachzudenken. Die Dynastien waren aus mehreren Gründen ein konstitutives Element der hier zu behandelnden Epoche.[25] Die Versippung der regierenden Herrscherhäuser erlangte einen in keiner früheren Epoche gekannten Grad. Aus dieser dynastischen Vernetzung erwuchsen berechtigte oder auch nicht berechtigte Ansprüche, die in Konflikte einmünden konnten und einmündeten. Der Erbfolgekrieg ist nicht ohne Grund als der dominierende Kriegstypus des 17./18. Jahrhunderts bezeichnet worden.[26] Ohne neuerliche direkte Eheverbindungen zwischen den bisherigen Kriegsgegnern oder doch ohne eine Option darauf ging kaum ein Krieg zu Ende.

---

23 Zur Forschungsgeschichte vgl. K. O. Frhr. v. ARETIN (Hg.), Der Aufgeklärte Absolutismus, Einleitung; W. DEMEL, Reformstaat.
24 Vor allem J. Kunisch hat diesem Begriff wiederholt das Wort geredet, vgl. u. a. J. KUNISCH (Hg.), Der dynastische Fürstenstaat.
25 Verwiesen sei auf Bd. 44/1 (1981) der Zeitschrift für bayerische Landesgeschichte, der eine einschlägige Konferenz dokumentiert.
26 J. KUNISCH, Staatsverfassung.

Recht betrachtet waren die eineinhalb Jahrhunderte, die hier zu behandeln sind, zu einem guten Teil geprägt vom Warten auf die nächste dynastische Krise und von deren politischer Vorbereitung. Man schrieb in fast allen europäischen Hauptstädten über Jahrzehnte hinweg ungezählte Memoranden für den Moment des Aussterbens der spanischen Habsburger und setzte deswegen ganze Hundertschaften von Diplomaten in Bewegung; man wartete – zugegebenermaßen kürzer – auf das Aussterben der Stuarts; man beschäftigte sich international über Dezennien mit der österreichischen Erbfolgeordnung und dem Erlöschen dieser Dynastie im Mannesstamm; man operierte und „spielte" über lange Zeiträume mit dem biologischen Ende der Medici und der bayerischen Wittelsbacher und anderem mehr.

Aber auch der Option „dynastisches Zeitalter" liegt ein politischer oder gar staatenpolitischer Ansatz zugrunde, und vor dem Hintergrund der offenkundigen Umorientierung der Geschichtswissenschaft zu den nichtpolitischen Ebenen des geschichtlichen Lebens ist die Frage nicht abwegig, ob eine Epochenbezeichnung aus dieser Sphäre noch vertretbar und angemessen ist. Da der Barock-Begriff zwar viele Vorteile hat, nicht zuletzt den, zeitgenössisch (von portugiesisch *barocco*, schief, unregelmäßige Perle) und für viele Nachbardisziplinen, etwa die Kunst-, Musik-, Literaturgeschichte, akzeptabel zu sein, aber sicher nicht das gesamte Zeitalter abdeckt, böte sich der Aufklärungs-Begriff an. Er hätte den doppelten Vorteil, ebenfalls für eine Reihe von Nachbardisziplinen der Geschichtswissenschaft in Betracht zu kommen und neben seiner philosophisch-theologisch-literaturwissenschaftlichen Dimension auch eine politikgeschichtliche zu haben, nämlich die direkt oder indirekt durch die philosophische Bewegung initiierten neuen Herrscherbilder und Regierungspraktiken. Wenn man die französische und die englische Vor-Aufklärung mit einbezieht, umfasst die geistige, aber auch eminent praktisch-politische Bewegung so gut wie den gesamten hier zur Diskussion stehenden Zeitraum; die Französische Revolution war ohne die Vorlaufphase der Aufklärung schlechterdings nicht denkbar. Auch die Tatsache, dass der Begriff zeitgenössisch ist, also nicht eine so oder so konnotierte „Erfindung" nachfolgender Generationen, könnte im Prinzip für ihn sprechen.

Wenn im Titel dieses Bandes dennoch keine der beiden Alternativen – dynastisches Zeitalter, Aufklärung – aufgegriffen wird, sondern die neutrale, freilich auch weniger scharfe, weniger griffige und die Unübersichtlichkeit nur bedingt vermindernde Variante des „Vorabends der Moderne" beziehungsweise der „Vormoderne" gewählt wurde, dann findet das darin seine Erklärung und Begründung, dass auch der Aufklärungs-Begriff einseitig ist und unter anderem den weiten Bereich der Staatenpolitik nicht ausreichend abdeckt und dass die wissenschaftliche Diskussion noch in vollem Gang, ein allgemeiner Konsens über die der Epoche am ehesten gemäße Bezeichnung noch nicht abzusehen ist. Es werden deswegen hier nur zwei Optionen angeboten, über die weiter zu diskutieren sein wird.

„Absolutismus" oder „dynastisches Zeitalter" drängen sich für eine Geschichte Europas im Übrigen auch deswegen nicht unbedingt auf, weil im Unterschied zu anderen Darstellungen hier nicht nur ein für die Epoche typischer „Kernraum" behandelt, sondern Europa als Gesamtheit in den Blick genommen wird, das, wie oben schon unterstrichen, auch Wahlreiche, Republiken und nichtverdichtete Zonen umfasste und daher von den beiden Schlagworten nicht abgedeckt würde.

Die Spezifik der Epoche

Die Spezifik, das Faszinosum und der wissenschaftliche Reiz der in Rede stehenden Epoche sollen hier vorab nur mit wenigen Schlaglichtern angedeutet werden.

Es besteht weitgehender Konsens darüber, dass sich die Epoche, die mit der Mitte des 17. Jahrhunderts beginnt, von der vorangehenden Zeiteinheit durch einen deutlichen Rückgang an konfessionellen Konflikten unterscheidet. Freilich ist dies eine stark „deutsche" Sicht, und sie trifft, wenn man etwa an die konfessionellen Auseinandersetzungen in der Kurpfalz im frühen 18. Jahrhundert, an die Vertreibung der Salzburger Protestanten oder an den emotionsgeladenen Streit um die so genannte Rijswijker Klausel denkt, zudem nicht einmal für diesen politisch-geografischen Raum so pauschal zu. Auf der anderen Seite ist festzuhalten, dass das konfessionelle Motiv doch mehr und mehr zu einer *zusätzlichen* Begründungsfigur wurde, um ihrem Wesen nach politischen Konflikten eine weitere Aufladung zu verleihen und um Bundesgenossen einzuwerben. Am schlagendsten ist das wohl beim Siebenjährigen Krieg zu beobachten, den – auf dem Höhepunkt der europäischen Aufklärung! – sowohl die Kurie als auch Preußen mit immensem publizistischem Aufwand zu einem Religionskrieg zu stilisieren suchten.[27]

Auch in anderen europäischen Staaten kamen die religiösen Konflikte nicht abrupt um die Mitte des 17. Jahrhunderts zu ihrem Ende: weder in Frankreich, wo die Hugenottenverfolgungen jetzt sogar einem neuen Höhepunkt zutrieben (1685 erfolgte die Aufhebung des Edikts von Nantes)[28], noch in England, wo der Katholizismus ein Staatsproblem blieb, oder in Polen, wo die konfessionellen Minderheiten, die Protestanten und die Orthodoxen, bis weit ins 18. Jahrhundert hinein einen schweren Stand hatten und nicht selten blutige Verfolgungen erleiden mussten (Thorner „Blutgericht"). Richtig an der obengenannten These ist aber sicher, dass nach 1650 keine zwischenstaatlichen Kriege mehr aus bloß oder primär konfessionellen Gründen vom Zaun gebrochen wurden, mochte das konfessionelle Moment als Legitimationsfigur auch weiterhin noch eine Rolle spielen.

Der größeren „Rationalisierung" der Staatenbeziehungen entsprach, dass sich jetzt das ausbildete, was man zeitgenössisch als *Ius publicum Europaeum* bezeichnete und was man heute mit dem (an sich missverständlichen) Namen „Völkerrecht" belegt.[29] Sicher hatten sich schon seit dem Ausgang des 16. Jahrhunderts aufgrund der doppelten Herausforderung, die die juristische Bewältigung der überseeischen Expansion und der konfessionellen Bürgerkriege darstellte, erste Ansätze eines modernen Völkerrechts entwickelt. Dazu zählten insbesondere die Definition und die Abgrenzung der zur Kriegführung, zum *ius ad bellum*, Berechtigten, die man in den Inhabern der Souveränität sah, ganz unabhängig davon, ob sie eine *causa justa*, eine gerechte Sache, verfochten oder nicht. Aber erst in der kritischen Auseinandersetzung mit Hugo Grotius' Schrift „*De jure belli ac pacis libri tres*"[30] („Grotianistik") und auf den von vielen

---

27 Vgl. J. BURKHARDT, Abschied.
28 Das Gedenkjahr 1985 hat eine immense wissenschaftliche Produktion erbracht; vgl. u. a. R. v. THADDEN/M. MAGDELAINE (Hg.), Hugenotten, und H. DUCHHARDT (Hg.), Exodus.
29 W. G. GREWE, Epochen; H. DUCHHARDT, La guerre.
30 Erstmals erschienen 1625.

Mächten beschickten Gesandtenkongressen, an deren Beginn derjenige in Westfalen gestanden hatte, bildete sich sehr allmählich ein Kanon von weitgehend akzeptierten Regeln des zwischenstaatlichen Nebeneinanders aus. Er umfasste das Gesandtschaftsrecht als hoch sensibles Zeichensystem ebenso wie ein differenziertes Vertragsrecht[31], das sich um Kriterien für Vermittlung[32] ebenso bemühte wie später um solche von Neutralität. Entscheidend war, dass sich dieses moderne Völkerrecht durch die Interaktion von politischer Praxis und wissenschaftlichem Diskurs ausbildete, ohne allerdings während des Ancien Régime jemals in eine kodifizierte Form gebracht zu werden. Land- oder Seekriegsordnungen zu entwickeln blieb dem 20. Jahrhundert vorbehalten.

Dies verweist auf ein drittes Charakteristikum des hier zur Diskussion stehenden Zeitabschnitts: im Vergleich zu der vorhergehenden Epoche gewannen die Wissenschaften ein völlig neues Gewicht. Die zweite Hälfte des 17. Jahrhunderts wurde zur Sternstunde wissenschaftlicher Entdeckungen und technischer Entwicklungen, ob man an den Blutkreislauf oder die vielen nautischen Hilfsmittel denkt. Die Aufklärung unterstützte in ihrer Hoch-Zeit die Einschätzung, wonach menschlichem Fortschritt keine Grenzen gesetzt seien, mit Nachdruck. Die hier zu behandelnden eineinhalb Jahrhunderte waren eine Epoche ungebrochener Wissenschaftsgläubigkeit, in der erst ein Naturereignis wie das Erdbeben und die Zerstörung von Lissabon 1755 wieder die ersten, dann allerdings auch gleich kräftigen Fragezeichen setzte.

Das Eckdatum 1800

Zum Problem, aber auch der Sinnhaftigkeit der Zäsur ‚1800' sollen hier nur wenige Anmerkungen gemacht werden. Die Option, sich an der „runden" Zahl zu orientieren, ist aus historischen und wissenschaftsimmanenten Gründen vielleicht nicht zwingend, weil die Europa auf eine völlig neue Grundlage stellende Revolutionszeit dadurch zerrissen wird. Andererseits impliziert die Entscheidung, dass eine der wirklichen Schlüsselphasen der europäischen Geschichte in zwei Kontexten und von zwei Autoren beleuchtet wird – sicher vom Frühneuzeitler anders als vom Spätneuzeitler, von dem einen mehr im Sinn eines End-, von dem anderen im Sinn eines Ausgangspunkts. Zudem korrespondiert eine solche mehr oder weniger punktuelle Zäsurlegung nicht mit den modernen Entwicklungen und Tendenzen der internationalen Geschichtswissenschaft, die gerade den Einschnitt „um 1800" immer nachdrücklicher hinterfragt: man mag an das oben kurz angesprochene Konzept der „Sattelzeit"[33] denken, aber auch an die weit ins 18. Jahrhundert zurückgreifende Bürgertumsforschung[34], an die Verfassungsgeschichte, die Kontinuitäten im Ständewesen über den „Bruch" von 1789 fest-

---

31 Dies umschloss insbesondere auch die Begrifflichkeiten; vgl. dazu die grundlegende Studie von J. Fisch, Krieg und Frieden.

32 Vgl. zum Institut der Vermittlung H. Duchhardt, Studien, und später K. Repgen, in: ders., Dreißigjähriger Krieg.

33 Seit seiner Einführung in den Wissenschaftsdiskurs durch R. Koselleck hat das Konzept breiteste Zustimmung erfahren. Vgl. Anm. 2.

34 Die beiden einschlägigen Sonderforschungsbereiche in Frankfurt und Bielefeld zogen die Linien ganz dezidiert vom frühen 19. ins 18. und sogar 17. Jahrhundert zurück.

zustellen sucht[35], oder auch an die kulturanthropologische Forschung, die ihre Linien ohne im traditionalen Denken begründete Gewissensbisse von der frühen Frühneuzeit bis ins 19. Jahrhundert hinaus auszieht.

Von der Epoche, die mit 1789 einsetzte, unterschied sich die hier behandelte „Vormoderne" – um auch in dieser Hinsicht nur auf einige wenige Faktoren abzuheben – zunächst einmal durch die Statik der Sozialordnung. Die Gesellschaft des Ancien Régime war ständisch strukturiert: über den Stand der Bauern, die nur vereinzelt über mehr als über den dörflichen Rahmen hinausgehendes Recht verfügten, über die Bürger der Städte, denen in aller Regel bestimmte Selbstverwaltungs- und Repräsentationsbefugnisse zustanden, und über den überall in Europa besonders privilegierten Stand des Adels, dessen Anteil an der Gesamtbevölkerung freilich in den meisten europäischen Gesellschaften die sehr kleinen Prozentzahlen nicht hinter sich ließ. Prinzipiell blieben die Menschen ihr Leben lang in dem Stand, in den sie hineingeboren worden waren; insofern war auch ihr „Erwartungshorizont", ihr „Lebensentwurf" allenfalls keimhaft ausgebildet, meist aber gar nicht existent. Sozialer Aufstieg war allenfalls über die Kirche und eine geistliche Laufbahn möglich – in Bayern finden sich unter den Äbten der dortigen Stifte nicht wenige Bauernsöhne, ein schwäbischer Leibeigenensohn stieg in seinem Orden zu den höchsten Würden auf und wurde unter dem Namen Abraham a Sancta Clara zu einem der bekanntesten und gefragtesten Prediger schlechthin – oder über das Studium, das in manchen Fällen bis zur Nobilitierung führen konnte. Zuerst in Frankreich und dann, freilich nicht selten mit deutlichen Verzögerungen, auch in anderen Gemeinwesen, wurden diese Strukturen aufgebrochen, nachdem namentlich die Vorrechte des Adels und der Kirche schon längere Zeit im Fokus der Kritik der Aufklärer gestanden hatten.

Überall in Europa waren die Juden außerhalb dieser ständischen Strukturen geblieben. So sehr vielerorts die ländlichen und städtischen Gesellschaften und sogar die Fürstenhöfe auf ihre Dienste und ihr Kapital angewiesen waren, waren die nach gängiger Definition für Christi Tod Verantwortlichen von ihrer christlichen Umwelt auf Distanz und in einer Paria-Position gehalten worden: In manchen Staaten waren sie nach entsprechenden Repressionsmaßnahmen schon seit dem Ausgang des Mittelalters formell ausgeschlossen, was allerdings (England) ihre allmähliche Rückkehr nicht zwingend unterband. In fast allen Gemeinwesen waren sie von bestimmten Berufen und Untertanenrechten ausgegrenzt, was einen hohen Grad an Selbstorganisation und korporativer Autonomie erforderlich machte. In den Städten – Venedig hatte mit seinem Ghetto am Beginn dieser Entwicklung gestanden – war ihre Konzentration auf ein bestimmtes Stadtviertel zur Regel geworden, um sowohl ihre Kontrolle als auch ihren Schutz zu erleichtern. Denn bei aller Distanzierung, die sich unter anderem an Eisenmengers pseudowissenschaftlichem „Entdecktem Judentum"[36] fassen lässt, einem überdimensionierten Handbuch aller vermeintlichen jüdischen Schandtaten: Für viele Obrigkeiten galten die Juden durchaus als ein schützenswertes „Potential", das

---

35 Vgl. dazu Volker Press, Das alte Reich. Ausgewählte Aufsätze, hg. v. Johannes Kunisch, Berlin 1997; ders., Adel im alten Reich. Vorträge und Aufsätze, hg. v. Franz Brendle u.a., Tübingen 1998; Eberhard Weis, Deutschland und Frankreich um 1800, München 1990.
36 Frankfurt/Main 1699.

über finanzielle Engpässe hinweg helfen und die Belieferung mit Luxuswaren und Kriegsmaterialien sicherstellen konnte. Von diesem europäischen Modell, das von Distanz und Ausgrenzung bei gleichzeitigem Wissen um die Unentbehrlichkeit dieser konfessionellen Minderheit geprägt war, hob sich allein Polen-Litauen ab, wohin die Juden seit dem 14. Jahrhundert in Reaktion auf die massiven Repressionsmaßnahmen im Westen und in der Mitte des Kontinents im großen Stil ausgewichen waren und wo sie nicht nur weitgehende Berufsfreiheit genossen, sondern auch an den politischen Rechten in beachtlichem Umfang partizipierten. Es zählt zu den herausragenden Leistungen und Fortschritten der Zeit „um 1800", die Isolierung und Abseitsstellung der Juden in der Gesellschaft zu beenden und sie, allen hartnäckigen gegenläufigen Tendenzen zum Trotz, in die Gesellschaft der Staatsbürger zu überführen.

Die Juden waren integrierter Teil eines Wirtschaftssystems, dessen europäische Dimension – ohne dass dies seine eigentliche „Philosophie" gewesen wäre – völlig außer Frage steht. Die europäischen Gesellschaften waren im Prinzip Bedarfsdeckungsgesellschaften, die nicht notwendig auf Export hin produzierten: weder im landwirtschaftlichen noch im gewerblich-"industriellen" Bereich. Freilich konnten nicht alle Gesellschaften Alteuropas alles für ihre Subsistenz Nötige selbst produzieren: die Niederlande nicht, weil sie trotz aller landwirtschaftlichen Intensivnutzung von der Fläche her zu klein waren, Schweden nicht, weil die klimatischen Verhältnisse zu ungünstig waren. Zu diesen „traditionellen" wirtschaftlich-kommerziellen grenzüberschreitenden Interaktionen, die insbesondere die Ostsee zu der geographischen Vermittlungszone schlechthin machten, kamen freilich in der hier zur Diskussion stehenden Epoche noch andere Bedürfnisse, die mit den Welten jenseits der Meere und ihren landwirtschaftlichen und sonstigen Schätzen zusammenhingen. Die demographische Kurve Alteuropas mag bis 1740 eher flach verlaufen sein, die Agrar- und die gewerbliche Produktion seit der Mitte des 17. Jahrhunderts bis zur Französischen Revolution nur sehr mäßig gestiegen sein: im Handel sah das völlig anders aus, hier bewegten sich die Steigerungsraten zwischen dem 10- bis 20-fachen. Die „Vormoderne", wie sie definiert wurde, war ein Zeitalter des Kommerzes, das in dieser Hinsicht alle früheren Epochen weit hinter sich ließ.

Sie war zugleich eine Epoche, in der viel intensiver über Wirtschaft und Handel nachgedacht wurde als bisher. Dass dies in den meerseitig gelegenen europäischen Gemeinwesen, die im Handel naturgemäß früher als die Binnenstaaten Chancen für die Gesellschaft und damit auch für die Politik erkannten, besonders ausgeprägt war, versteht sich von selbst. Auf den britischen Inseln setzte nach den lähmenden Bürgerkriegen eine breite publizistische Diskussion über den „Handelsstaat England" ein[37], in den Generalstaaten verhielt es sich ganz ähnlich.[38] Die eigentlichen Konzepte, die den Export und den Handel als Staatszweck propagierten, waren dann aber in Frankreich entwickelt worden (Merkantilismus). Der wissenschaftlich-theoretische Diskurs durchzieht fast ungebrochen die gesamte hier zu behandelnde Zeiteinheit[39] und mündet an deren Ende in die ersten wirtschaftsliberalen Entwürfe (Adam Smith) ein.

---

37 E. Schulin, Handelsstaat.
38 U. a. C. R. Boxer, Dutch Seaborne Empire; H. Lademacher, Niederlande.
39 Vgl. u. a. R. Gömmel, Entwicklung, und Th. Reuner, Wirtschaft.

Keine von den Zeitgenossen meist auch gar nicht als solche empfundene, sondern von den Historikern konstruierte Zeiteinheit ist in jeder Hinsicht von einer vorangehenden und einer sich anschließenden so distinkt, dass sich über ihr Eigengewicht und ihre Spezifik nicht streiten ließe. Nicht jeder Mitlebende hat so viel Einsicht oder Intuition wie Goethe, der unter dem Eindruck der Schlacht von Valmy sofort ein neues Zeitalter aufbrechen sah. Die obigen Ausführungen sollten aber zumindest zeigen, dass es nicht abwegig ist, den Zeitraum 1650 bis 1800 als eine Einheit zu sehen: in sozialer, in politischer, in ökonomischer Hinsicht – von Kultur und Demographie, von kollektiven Erfahrungen und einem sich wandelnden Weltbild war noch gar nicht die Rede. Es ist legitim, einen solchen zeitlichen Ansatz zu wählen, was nicht ausschließt, dass schon mit 1789 in mancher Hinsicht etwas Neues beginnt, nicht erst mit dem Übergang vom 18. zum 19. Jahrhundert, sofern er denn punktuell verstanden würde.

1.2 Europa – Definition und „Erfahrbarkeit" eines Kontinents

Die Geographie und die Außengrenzen

Es zählt zu den Gemeinplätzen der europäisch orientierten Geschichtswissenschaft, dass sich Europa zu verschiedenen Zeiten ganz unterschiedlich konturierte, definierte und verstand. Während es über die Außengrenzen nach Süden (Mittelmeer) und nach Westen (Atlantik) kaum Dissens gab, wiewohl auch die Zugehörigkeit der britischen Inseln und der Azoren zu Europa diesem oder jenem Kartographen und Reisenden im Mittelalter noch ungewiss erschienen war, blieb der Verlauf der Grenzen im Norden und im Osten noch längere Zeit unklar. Wenn man die Kartographie als einen mehr oder weniger verlässlichen Spiegel der Mentalitäten einer Epoche versteht, und berücksichtigt, dass Europakarten, verglichen mit den Welt- und Regionalkarten, „nicht gerade ein Renner des Mittelalters"[1] waren, wird man konstatieren, dass der skandinavische Landblock trotz der kulturellen Interdependenzen mit der Welt südlich der Ost- und Nordsee relativ spät – im Wesentlichen wohl erst mit Mercators Weltkarte von 1569 – aus einer Grauzone der Zuordnung hervorgeholt und eindeutig als integraler Bestandteil Europas verstanden wurde, und die Ostgrenze des Erdteils sogar noch größere Probleme aufwarf. In der Antike war der Don zur Scheidelinie zwischen Europa und Asien erklärt worden, eine alles in allem ethnisch, sprachlich, kulturell und politisch überaus willkürliche Festlegung, deren Beliebigkeit schon daraus hervorgeht, dass der Don ja nur für den Süden der Landmasse von Belang sein konnte. Erst in der hier zu behandelnden Epoche kristallisierte sich der Ural als Grenze zwischen dem europäischen „Kontinent" und Asien heraus. Allerdings ließ auch diese auf eine Entscheidung der Geographen zurückgehende Lösung die Frage offen, wo im Bereich des Kaukasus und des Kaspischen Meers die Grenze verlaufen sollte, zumal es sich beim Ural keineswegs um ein massives und auffallend hohes Gebirge handelt und er noch nicht einmal eine innerrussische Provinzgrenze bildete.

Doch wichtiger als die Erkundung der geographischen Außengrenzen Europas ist natürlich die Frage, was im Bewusstsein der Menschen als ein Teil des „alten" Konti-

---

1 Auf W. Schmale, Geschichte Europas, sei generell verwiesen; das Zitat: 38.

nents galt, was politisch „gewollt" war. Als „Problemzonen" galten naheliegenderweise Russland und das Osmanische Reich: Russland war nicht nur nach Religion und Sozialstruktur eine distinkte Größe, sondern überhaupt ein Gebilde, das die alteuropäischen Vorstellungen von den räumlichen Ausmaßen beherrschbarer Reichsbildung mehr und mehr sprengte, je weiter es in südlicher und vor allem östlicher Richtung expandierte. Seine unbezweifelbare zivilisatorische Rückständigkeit, die anhaltend „despotische" Regierungsweise und das Fehlen wesentlicher, aus einer spezifisch „gemeineuropäischen" Freiheitsvorstellung abgeleiteter Partizipations- und Kontrollgremien konnte man, je nachdem, betonen oder marginalisieren. Das Osmanische Reich mit seinen gleichfalls alle alteuropäischen Vorstellungen übersteigenden Besitzungen und den Vasallenstaaten im Balkan- und Schwarzmeerbereich wurde geradezu als Erbfeind des sich christlich definierenden Kontinents angesehen und auch wegen seiner öffentlichen Verhaltensformen als Teil einer fremden Welt empfunden. Erst ab dem Augenblick, als das Zarenreich unter Peter I. in den kerneuropäischen Raum – durch seine Landerwerbungen an der Ostsee, die Aktivität seiner Diplomaten und gezielt in den „Westen" verheiratete Prinzessinnen – hineinzuwachsen begann und als das Osmanische Reich sich bestimmten völkerrechtlichen Verhaltensnormen Europas anzupassen bequemte und in Maßen Europäischem öffnete und damit die zunächst ökonomisch bedingt gewesenen Bemühungen der europäischen Mächte um die beiden östlichen Reiche eine gewisse Antwort gefunden hatten, setzte ein relativ rascher Bewusstseinswandel ein. Die Revision des Bildes war um so gründlicher, als die europäischen Intellektuellen seit dem zweiten Drittel des 18. Jahrhunderts mehr und mehr zu erkennen begannen, dass Russland zur ersten Garde der europäischen Mächte aufgeschlossen hatte und dass dem Osmanischen Reich für die Austarierung der Mächtebalance in Europa eine unverzichtbare Funktion zukam. Diese Einsicht hatten im Übrigen Staatswissenschaftler ebenso wie praktische Politiker mit einiger Weitsicht gewonnen.[2]

Reisen und Mobilität

Natürlich haben in der hier zu behandelnden Epoche nur die wenigsten Menschen die Totalität des Kontinents erlebt und „erfahren", aber die Chancen, Mobilität zu praktizieren, hatten sich im Vergleich zum 16. und zum frühen 17. Jahrhundert entschieden verbessert. „Mobil" waren in Alteuropa ja nur bestimmte Gruppen der Bevölkerung: der Adel, der seine Kavalierstour absolvierte und höfische Erfahrung sammelte, die „bürgerlichen" oder adligen Diplomaten, die fallweise oder mit einer längeren Verweildauer fremde Höfe beehrten, die Studenten auf ihrer *peregrinatio academica*, die Handwerksgesellen, die, häufig auf vorgegebenen Routen, mehr Know-how zu erwerben hofften, die Kaufleute, die Geschäftsverbindungen aufbauen und pflegen wollten, die Soldaten, die der Betätigung und dem guten Lohn nachzogen, die Ordensangehörigen, die ihrer geistlichen Korporation in anderer Funktion und an anderem Ort dienen sollten. Dabei sollen einmal jene Bevölkerungsgruppen, die ihres Glaubens wegen zur Migration gezwungen wurden, und jene, die durch die Flucht in die nächste Großstadt mit ihren Getreidemagazinen Hungerkrisen zu entkommen

---

2 Einige Beispiele bei H. DUCHHARDT, Balance.

suchten, die also auf aktuelle Ereignisse reagierten, außer Acht gelassen werden. Und auch wenn man die Intellektuellen, die Studienreisen unternahmen und die Künstler, die die Nähe eines neuen mäzenatischen Fürsten suchten, oder Menschen, die an einem der großen Kurorte wie Spa, Bath oder Pyrmont Erholung und Heilung erhofften, die Saisonarbeiter, zum Beispiel die „Hollandgänger", die Schausteller, die Pilger, Wallfahrer, Wanderhändler, Fuhrleute und Säumer hinzurechnet: Europa war noch keineswegs jener mobile Kontinent, zu dem ihn Dampfboot und Eisenbahn, Automobil und Flugzeug später gemacht haben. Die weitaus meisten Menschen sind über ihre nächste Umgebung nie hinausgekommen, und das nicht nur deswegen, weil die Schollenbindung ihnen das Reisen verwehrt hätte oder – wie in Russland seit 1719 – der Passzwang die geographische Mobilität auf einen sehr kleinen Personenkreis einengte. Im Prinzip allerdings war Mobilität nun einfacher zu praktizieren: Das hatte etwas mit der Verkehrsinfrastruktur, namentlich aber mit dem Postwesen zu tun.

Das Straßennetz für den Personenverkehr – die Viehtransporte, die weite Strecken etwa von Ungarn ins Reich, von der Walachei nach Schlesien, von Dänemark in die Niederlande bewältigten, folgten eigenen Trassen – war am Beginn der hier zu behandelnden Epoche überall in Europa in einem beklagenswerten Zustand und eigentlich nur bei Trockenheit benutzbar. Regen und Schnee machten in weiten Regionen die Straßen, selbst wenn sie, was noch längst nicht die Regel war, eine Art hölzernes Fundament hatten, praktisch unpassierbar. Bei der Modernisierung des Straßennetzes[3] ging, wie in vielen anderen Bereichen auch, Frankreich voran. Dort wurde unmittelbar nach dem Ende des Spanischen Erbfolgekriegs (1713/14) eine zentrale Straßen- und Brückenbaubehörde ins Leben gerufen, die nicht nur für einen verbesserten Straßenbelag sorgte, sondern auch dafür, dass das gesamte Land von einem engmaschigen Netz mit weitaus wetterfesteren Straßen überzogen wurde; der ‚Clou' dieser neuen Straßen bestand darin, dass sie aus drei je 6,5 m breiten Fahrspuren bestanden, deren mittlere gepflastert oder doch geschottert war. Auch wenn Turgot als zuständiger Minister das Programm wegen des Widerstands der bäuerlichen Bevölkerung, die unter den entsprechenden Dienstverpflichtungen litt, am Ende reduzieren musste, hatte das französische Straßennetz am Vorabend der Revolution die beachtliche Länge von 5 700 km erreicht. Dass man damals noch nicht in Kilometern rechnete, sondern außer mit den »menschlichen« Maßen Fuß, Elle, Schritt oder Daumen für kleinere Entfernungen vornehmlich mit der auf dem Schritt aufbauenden Meile, sei hier wenigstens im Vorbeigehen erwähnt. Der Übergang zu einem strikten Dezimalsystem erfolgte erst während der Französischen Revolution.

Noch engmaschiger wurde im 18. Jahrhundert das englische Straßennetz, allerdings weniger aufgrund des staatlichen Engagements, als vielmehr durch private, also gewinnorientierte Initiativen – meist Aktiengesellschaften, die *Turnpike Road Trusts* –, die sich von der Möglichkeit, Mautgebühren zu erheben, Profit versprachen und einen wahren Bauboom auslösten.[4] Schon 1770 gab es ein hochwertiges englisches Mautstraßennetz von nicht weniger als 24 000 km.

---

3 Gute Beobachtungen und Beispiele bei J. BLACK, Eighteenth Century.
4 M. MAURER, Geschichte Englands, 222f.

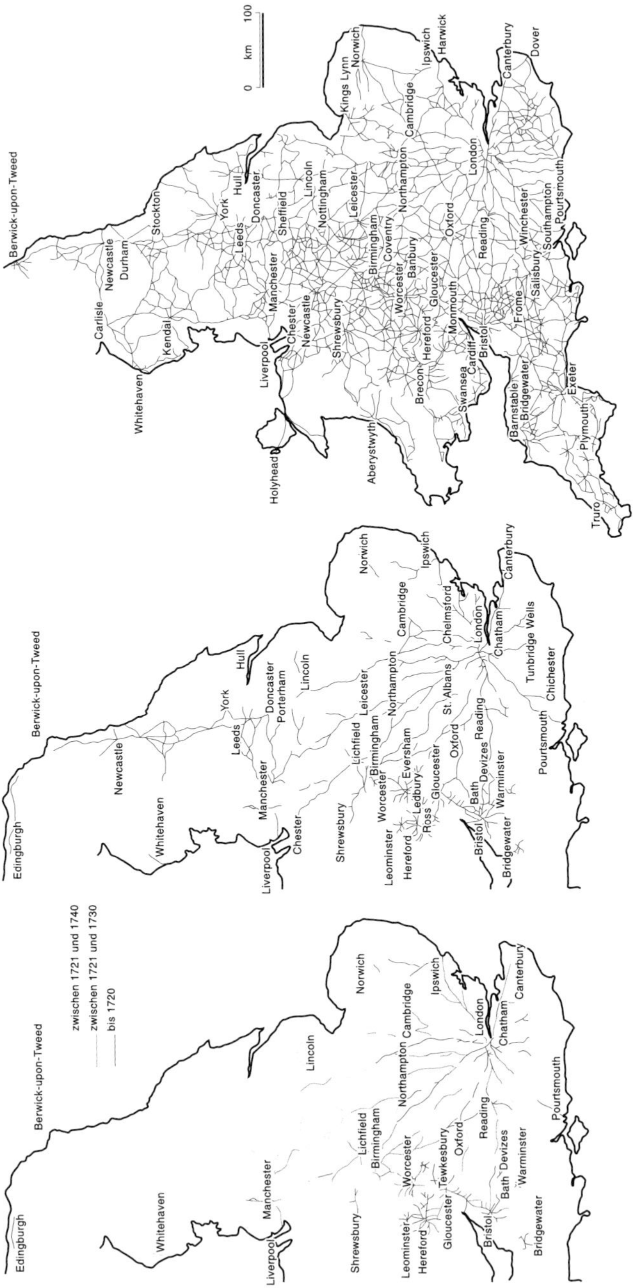

Abb. 1: *Entwicklung des Netzes von Mautstraßen in England 1740, 1750 und 1770.*

Ansonsten beschränkte sich die Modernisierung des Straßennetzes in Europa eher auf wirtschaftliche Wachstumszonen wie etwa Oberitalien, Nordfrankreich oder die Anbindung Wiens an den Adria-Handel durch eine Straße nach Fiume/Rijeka. Kurbayern versuchte, durch eine Straße von München nach Kufstein seinen Italienhandel anzukurbeln. Das darf aber noch nicht als typisch für das Denken deutscher Fürsten gelten: Friedrich der Große beispielsweise ließ sich nie auf den Bau befestigter Chausseen ein, weil er glaubte, dadurch potentielle Aggressoren geradezu einzuladen; das überregionale preußische Straßenwesen blieb deswegen eklatant defizitär. Auch die von Peter I. angelegte winterfeste Straße zwischen St. Petersburg und Moskau kam dem Kommerz zugute, ebenso aber der Administration und militärischen Zwecken. Diese Straße wurde im ausgehenden 18. Jahrhundert bis ins sibirische Irkutsk am Baikalsee weitergeführt.

Die Strecke nach Irkutsk war für die meisten Menschen in Mittel- und Westeuropa relativ belanglos, ebenso wie beispielsweise die geradezu erbärmliche, 350 km lange Straße zwischen Lissabon und Porto, die zu bereisen eine ganze Woche in Anspruch nahm. Für den Zentral- und Westeuropäer war natürlich die verbesserte Organisation des Reisens in seinem engeren Kulturraum entscheidender. Hier war dem Postwesen die Schlüsselrolle zugefallen: die Post beförderte Briefe *und* Personen. In etlichen europäischen Staaten, wie in Frankreich, England und Schweden, ging in der zweiten Hälfte des 17. Jahrhunderts das alles in allem lukrative Postwesen in staatliche Regie über. Im Deutschen Reich fungierten die Grafen von Thurn und Taxis als quasi-staatliche Unternehmer[5], ohne deswegen regionale Konkurrenten völlig ausschalten zu können. Die Thurn und Taxis, seit 1702 in Frankfurt ansässig und später einer dortigen politisch-repräsentativen Funktion wegen[6] nach Regensburg übergesiedelt, mögen den größten Teil ihrer horrenden Gewinne im Briefverkehr gemacht haben, doch kamen diese Gewinne dem Personenverkehr durchaus zugute. Während um 1700 vom Knotenpunkt Frankfurt aus die wichtigsten internationalen Strecken noch zweimal wöchentlich bedient wurden, geschah das ein halbes Jahrhundert später schon viermal, nach Wien und Paris ging die Post sogar täglich. Zugleich wurde das Netz der Poststationen kontinuierlich ausgebaut. Es gibt Projektionen, wonach im Deutschen Reich nur noch ganz wenige Dörfer weiter als einen halben Tagesfußmarsch von einer Poststation entfernt lagen. Die Preise blieben der fehlenden Konkurrenz wegen trotzdem relativ hoch; 32 Gulden für eine einfache Fahrt von Augsburg nach Venedig hatte ein Augsburger Schneidermeister wohl kaum zur freien Verfügung – weswegen ihm die Freuden des venezianischen Karnevals und des dortigen Perpetuums von Fest und Spiel auch immer versagt blieben.

Aber für die, die es sich leisten konnten: alles ging schneller. Von Wien nach Hamburg benötigte die Personenpost zwar immer noch vierzehn Tage und von Leipzig nach Warschau sieben Tage, aber wie rasch die Beförderungsdauer dann doch abgenommen hatte, spiegeln französische Zahlen wider. Während Personen auf der Strecke Paris – Lyon zu Beginn der Regierungszeit Ludwigs XIV. noch zehn bis elf Tage unterwegs waren[7], wurde diese Route im Jahr 1785 in fünf Tagen bewältigt. Die verkürzten Fahr-

---

5 W. BEHRINGER, Thurn und Taxis.
6 Das Prinzipalkommissariat beim Regensburger Reichstag.
7 Eine gute Übersicht über die innerfranzösischen Verkehrsverhältnisse im 17. Jahrhundert bei W. MAGER, Frankreich, 20ff.

zeiten hatten etwas mit den besseren Straßen zu tun, vor allem aber mit den regelmäßigen Pferdewechseln und den leichteren, schnelleren – und zudem geräumigeren – Kutschen. In Ausnahmefällen wurden Tagesleistungen von über 150 km möglich, solche von 80 bis 100 km waren die Regel. Auf den englischen Hauptrouten London–Manchester beziehungsweise London–Newcastle lag die Tagesleistung sogar bei deutlich über 200 km.

Noch entscheidender für Viel- und Fernreisende als die abnehmende Reisedauer war, dass sich die Postsysteme mehr und mehr überlappten und die Anschlüsse verbessert wurden; hier wird man von deutlich wachsender Professionalität sprechen können. Der ganze Vorgang trug ja ohnedies auch zu einer Art Staatsverdichtung bei, weil die Behörden nun vermehrt Meilensteine setzten, sich um den Zustand der Poststraßen sorgten oder – wie in Sachsen 1719 – Kartenwerke herstellen ließen. Hamburg beispielsweise wurde – außer von der Reichspost – von nicht weniger als sieben Reichsständen und den Postkutschen Dänemarks und Schwedens angefahren. In Rom waren im 18. Jahrhundert fast alle europäischen Mächte zumindest mit ihren Postbüros vertreten. Bezeichnend für das Zusammenwachsen Europas war auch, dass kurz vor der Mitte des 18. Jahrhunderts sogar das Osmanische Reich, das über keine eigene Postorganisation verfügte, an das europäische Netz angebunden wurde, sowohl von Neapel als auch von Wien aus. Russland war sogar schon seit den 1660er Jahren an das schwedisch-baltische Netz angeschlossen. Beschleunigung und Vernetzung waren zwar keine absolut flächendeckenden Prozesse, weil sie manche Randregionen wie etwa das spanische Galizien kaum erfassten und auch von der Logistik her – die französische Briefpost von Bordeaux nach Lyon lief nach wie vor über Paris! – noch manches im Argen lag, aber beide Phänomene können doch eine gewisse Repräsentativität für sich beanspruchen. Wie sehr diese wachsende verkehrsmäßige Verflechtung Europas ins Bewusstsein vieler Menschen drang, mag schlaglichtartig daraus erhellen, dass im ausgehenden 17. Jahrhundert ein Gesellschaftsspiel erfunden wurde und sich auf breiter Front durchsetzte: die „Reise durch Europa".

Das Gesagte soll nicht in dem Sinn missverstanden werden, als ob das Straßen- und Postwesen in allen Teilen des Kontinents bereits den hohen Standard des Reiches oder Englands erreicht gehabt hätte. Natürlich gab es auch in dieser Hinsicht noch Entwicklungsgebiete: neben dem schon angesprochenen Galizien etwa Süditalien und weite Teile Ostmittel- und Südosteuropas. Aber auch die internationalen Anbindungen, beispielsweise zwischen der Provence und der Republik Genua, ließen noch viel zu wünschen übrig. Damit versteht sich auch, dass die Wasserwege für den Personen- und den Gütertransport nach wie vor eine beträchtliche Rolle spielten, und zwar nicht nur in der modernen Variante des künstlichen Kanals, auf den insbesondere in Frankreich, Preußen, Russland und Spanien vermehrt gesetzt wurde, sondern auch in der herkömmlichen Variante des Flusses, wo die Schifffahrt eis-, hochwasser- oder verlandungsbedingt natürlich immer nur saisonal möglich war.

Das Europa-Schrifttum

Europa war also, trotz aller Probleme beim Grenzübertritt, trotz aller Schwierigkeiten mit den vielen Währungen, die längst nicht überall wie in Böhmen offiziell als verwendungsfähig erklärt wurden, „erfahrbar". Es machte auch keine Mühe mehr, sich in relativ kurzen Fristen dank immer besser funktionierender, meist privater oder halbstaatlicher Briefbeförderungsunternehmen (in der Eidgenossenschaft etwa der Familie Fischer) mit Menschen irgendwo im Ausland brieflich auszutauschen. Der Eindruck eines relativ geschlossenen Kommunikationsraums „Europa", der seinerseits durch regelmäßige Schiffsverbindungen mit dem nordamerikanischen verknüpft war[8], initiierte dann folgerichtig ein Schrifttum, das ganz Europa in den Blick nahm und sich über alle nationalen Grenzen hinweg an ein „europäisches" Publikum wandte. Die wenigsten Autoren solcher Schriften haben „Europa" präzise definiert – weder über seine Außengrenzen, noch anhand der konstitutiven Elemente (christliche Überlieferung, antike Tradition, römisches Recht, Geschlossenheit des Mächtesystems, des *corps politique de l'Europe*, Ähnlichkeit oder auch Vielfalt der Herrschaftsformen, Grundbestand an persönlichen Freiheiten usw.), die das Spezifikum dieses Kontinents im Vergleich zu den Nachbarkontinenten ausmachten. Aber damit tun sich die Intellektuellen schließlich bis heute schwer, und deshalb darf man präzise und verbindliche Definitionen auch nicht von den Menschen der Vormoderne erwarten. Entscheidend war nicht die Definition, sondern das Bewusstsein – das Bewusstsein von einer translokalen, transregionalen und transnationalen Identität. Es sei hier etwa das seit der Mitte des 17. Jahrhunderts erscheinende *„Theatrum Europaeum"*[9] genannt, ein historisch-politisches Grundlagenwerk, das erschöpfend über alle Entwicklungen in und zwischen den europäischen Staaten informierte, aber es sei auch an die vielen Periodika erinnert, die seit der zweiten Hälfte des 17. Jahrhunderts, insbesondere in den beiden Jahrzehnten um 1700, gegründet wurden und in ihrem Titel das Epitheton „europäisch" verwendeten.[10] Sie setzten, bewusst oder unbewusst, die Fähigkeit zu einem Denken voraus, das nicht an der Grenze haltmachte, sondern Europa als einen Kulturzusammenhang und europäische Politik als ein gemeinsames Interaktionsfeld verstand. Es überrascht daher auch nicht, wenn etliche dieser Periodika Europa durchwegs oder zumindest anfangs als ein wirkliches *totum*, als eine Einheit, behandelten und ohne Rücksicht auf gegebene Grenzen berichteten. Das gilt etwa für das eben genannte, zwischen 1635 und 1738 publizierte *„Theatrum Europaeum"*, das erst in den späten Bänden zu einer Berichterstattung nach Ländern überging. Das trifft aber auch auf das seit 1659 auf dem Markt befindliche *„Diarium Europaeum"* zu, das immer „grenzenlos" berichtete.[11]

Binnengrenzen und Europabewusstsein
Für die Zeitschriften und Bücher „europäischer" Zielsetzung waren Grenzen normalerweise kein Hindernis, anders für Reisende. Europa war im Vergleich der Kontinent mit den vielen Grenzen: der Binnengrenzen, die etwa im Habsburgerreich bis 1775

---

8 Ebd., 22f., auch ein Überblick über die im 18. Jahrhundert abnehmende Fahrtdauer auf den transatlantischen Schiffsrouten.
9 Bd. 1–21 [1617–1718], Frankfurt a. M. 1662–1738.
10 Ein Beispiel: Die europäische Fama, welche den gegenwärtigen Zustand der vornehmsten Höfe entdecket, 360 Teile, Leipzig 1702–35.
11 Bde. 1–43 (1659–1683).

noch relevant waren, vor allem aber der Außengrenzen, die in manchen autokratischen Staaten von großen Gruppen der eigenen Bevölkerung nie überschritten werden durften.[12] Mitte des 17. Jahrhunderts – bis dahin gaben die meisten Kartenwerke bezeichnenderweise überhaupt keine „nationalen" Grenzen wieder! – war „Grenze" dabei noch nicht als eine feste, beiderseits verbindlich fixierte Linie zu verstehen, sondern nach wie vor als ein Saum, in dem verschiedene Herrschaftsträger Kompetenzen wahrnahmen. Es ist symptomatisch, dass sich der Begriff „Grenze" mit einem politisch-topographischen Sinngehalt im Deutschen erst seit dem 16. Jahrhundert als Übernahme eines slawischen Lehnworts allmählich durchgesetzt hatte. Alle Grenzlinien auf modernen historischen Karten sind in hohem Maß problematisch, weil „Grenze" in der Vormoderne noch nicht meinte, dass staatliches Handeln unter Exklusion anderer Herrschaftsträger hier zwingend einsetzte oder endete. Erst im ausgehenden 18. Jahrhundert begann vor allem Frankreich – das Deutsche Reich konnte das natürlich nicht! – mit vielen unmittelbaren Nachbarn Grenzverträge abzuschließen, um Kompetenzüberlappungen an seinen Außengrenzen abzubauen, um Exklaven, Enklaven, Kondominien und andere Rechte, soweit sie die Reunionen überlebt hatten, zugunsten einer klaren Linie ein- oder auszutauschen. Die Pyrenäengrenze, die 1659 im so genannten Pyrenäenfrieden zwischen Frankreich und Spanien vereinbart worden war, wurde gar erst 1868, nach fünfzehnjähriger Vermessungsarbeit, exakt festgelegt.

Vor allem in den nichtverdichteten Großräumen, in der Mitte Europas und in Italien, waren Grenzen der vielen Staatlichkeiten wegen ein wirkliches Problem, das das Reisen zu einer mühsamen Sache machte. Im Deutschen Reich mit seinen mehreren Hundert staatlichen Gemeinwesen trafen die Reisenden im schlimmsten Fall während einer Tagesreise auf gleich mehrere Grenzen. Die räumliche Kleinteiligkeit Europas drang hier ganz besonders ins Bewusstsein. Diese seine Vielgliedrigkeit schlug sich dann im Sinn einer wachsenden „Nationalisierung" auch in der „nationalen" Geschichtsschreibung nieder und mündete in ein beliebtes literarisches Genre, nämlich der Behauptung und Gegenüberstellung von „nationalen" Charaktereigenschaften auf vorgeblich anthropologischer Grundlage. Die Klischees vorhergehender Epochen, etwa das vom trinkfesten Deutschen, vom unzuverlässigen Franzosen und vom hybriden Spanier, feierten hier mehr oder weniger fröhliche Urständ.

Wenn man im Sinn der Vielgliedrigkeit und des Fehlens erdrückender Supermächte Grenzen indes als einen konstitutiven Teil der europäischen Identität ansieht, dann eignete selbst den vielen Grenzübertritten etwas genuin „Europäisches". Bringt man dies in einen Zusammenhang mit den vielen *Europaeica*, die sich im späteren 17. Jahrhundert ausbildeten, dann wird an dem hohen Grad eines Europabewusstseins in der hier zu behandelnden Epoche kein Zweifel bestehen bleiben dürfen: Die Fürsten und Politiker dachten und agierten in der Kategorie eines europäischen Staatensystems. Sie unterhielten auch mit weit entfernten europäischen Gemeinwesen diplomatische Kontakte, beschränkten Kompensationsverhandlungen mit europäischen Partnern auf den europäischen Raum und bemühten für seine Stabilisierung beziehungsweise

---

12 Die „Grenzenforschung" hat in der historischen Wissenschaft eine gewisse Konjunktur; vgl. zum Beispiel W. Schmale/R. Stauber (Hg.), Menschen und Grenzen.

Nicht-Destabilisierung zunehmend anstelle traditioneller Legitimationsbegriffe wie *Christianitas* die Europa-Metapher. Die Intellektuellen fühlten sich als Glieder einer europäischen Gelehrtenrepublik und lasen die einschlägigen, europäisch betitelten Kultur- und Fachzeitschriften. Die vielen Friedensprojekte, die im gesamten Zeitraum entwickelt wurden[13], waren ausnahmslos Europa-Projekte mit einem Akzent auf der Bewahrung des inneren und äußeren Friedens. Zivilisatorische Prozesse wie die Aufklärung wurden als europäische Phänomene und Aufgaben empfunden. In der bildenden Kunst gewann der Europa-Mythos seit dem 17. Jahrhundert wachsende Bedeutung. Die Kunst des 18. Jahrhunderts borderte bis hin zur Revolution von Erdteilallegorien – ob als Skulptur oder Fresko, ob in Kirchen oder Schlössern, ob in Amsterdam oder Rom – geradezu über. Und nicht zuletzt: die Menschen reisten und begegneten einander in einem Kommunikationsraum, der in aller Regel nicht über die Außengrenzen Europas hinausreichte. Insofern ist man geneigt, Peter Burkes reizvolle rhetorische Frage, ob Europa denn vor 1700 überhaupt existiert habe[14], auf sich beruhen zu lassen. Wann auch immer man den Strom des Europäischen breiter werden sieht: Europa war für viele, auch wenn sie sich noch nicht als „Europäer" bezeichneten, eine Realität und eine praktizierte Erfahrung – oder zumindest doch eine Imagination – die ersten anthropologischen Ansätze, die darauf zielten, im Kontext einer zunehmenden Negativierung der anderen (vier) „Rassen" einen spezifischen, den Bewohnern anderer Erdteile überlegenen (scharfsinnigen, sanguinischen und erfinderischen) *homo europaeus* zu konstruieren, datieren erst aus dem mittleren und ausgehenden 18. Jahrhundert.[15] Der schwedische Bauer wusste sehr wohl, dass die Welt jenseits der Ostsee und der schwedischen Besitzungen an ihrem Südrand weiterging, denn er hatte während Gustav Adolfs Kriegszügen seine Vorfahren dort verloren und erinnerte sich, dass eine Wasa-Königin in der Peterskirche in Rom beigesetzt war. Der französische Buchhändler hatte präzise Vorstellungen davon, wie dieser Kontinent aussah und wo überall seine Büchersendungen erwartet wurden, auch hatte das kollektive Gedächtnis seines Landes ihm übermittelt, dass eine Viertelmillion glaubensfester Landsleute irgendwo in Europa eine neue Heimat gefunden und dort in den meisten Fällen sogar reüssiert hatte. Für den flämischen Künstler war es eine Selbstverständlichkeit, nach England zu gehen, für den italienischen Musiker eine ebensolche, im Deutschen Reich den Erfolg zu suchen. Dem Bürger der Stadt Wien, der tagtäglich mit einer ganz und gar europäischen Hofgesellschaft zumindest visuellen Kontakt hatte und dem im 18. Jahrhundert ganz handfest bewusst war, dass die Spanier in „seiner" Stadt eine ansehnliche Minderheit ausmachten und die Italiener gar 5 bis 10 % der Stadtbevölkerung stellten[16], war die Internationalität und Multikulturalität seiner Kommune eine gelebte Erfahrungsgröße. Dass alle diese Beobachtungen und Feststellungen nur mit deutlichen Einschränkungen auch auf Ost-, Südost- und Ostmitteleuropa zutreffen, sei hier ausdrücklich festgehalten: Das waren Regionen, die in die transkulturellen Interaktionen zunächst nur beschränkt eingebunden waren.

---

13 Dazu die Sammlung in: K. v. RAUMER, Ewiger Friede.
14 Peter BURKE, Did Europe exist before 1700?, in: History of European Ideas 1 (1980), 21–29.
15 Dazu u. a. W. SCHMALE, Geschichte Europas, Kap. 6.3.
16 Vgl. u. a. J. P. SPIELMAN, City, 201 und passim.

Zu all diesen Faktoren, die Europa- und Gemeinschaftsbewusstsein assoziierten, kam dann noch das (auf andere Kontinente nur höchst bedingt zutreffende) Wissen, dass alle – oder doch fast alle – Staaten sich an einem und demselben Zeitrechnungs- modell orientierten, bei dem die Siebentagewoche die Grundkategorie bildete und das Jahrhundert als die dem Menschen gerade noch begreifbare oberste Größe galt. Dass das System seit dem ausgehenden 16. Jahrhundert konfessionellen Haders wegen ei- nen leichten Defekt hatte und die protestantische Welt die kirchlichen Hochfeste zeit- versetzt von der katholischen Welt feierte, war ein Ärgernis, wurde von vielen auch als Ärgernis empfunden, änderte aber doch nichts an dem Bewusstsein, in einer und derselben christlich-europäischen Zeitlichkeit zu stehen. An diesem Bewusstsein konnte selbstverständlich auch die abweichende Zeitrechnung der jüdischen Minorität nichts ändern. Gerade im 18. Jahrhundert sollte sich zudem das Ärgernis unterschied- licher Zeiteinteilung durch den Übergang protestantischer Staaten, also der protestan- tischen Reichsstände und Kantone, der niederländischen Provinzen, Dänemarks, Großbritanniens und Schwedens, zu dem 1582 eingeführten Gregorianischen Kalen- der erheblich abbauen. Dagegen fehlten zunächst noch alle Voraussetzungen, um auch im Bereich der Maße und Gewichte zu einer Standardisierung, einer Art Euronorm, vorzustoßen. Erste Ansätze in dieser Richtung blieben der Zeit der Französischen Re- volution vorbehalten (Charles Coulomb, 1736–1806).

Über diesem Befund wird man ein gerüttelt Maß an Un- oder gar Anti-Europäis- mus nicht bagatellisieren dürfen. Auch das gab es im 18. Jahrhundert: die Überzeu- gung, dass die ethnisch, sprachlich, kulturell weit auseinander liegenden europäischen Völker keine Einheit bildeten, sondern dass es eines ganz und gar willkürlichen Ver- nunftaktes bedürfe, um diese Einheit zu konstituieren, die zudem nie auf allgemeine Akzeptanz rechnen dürfe. Europäismus war und ist ohne Anti-Europäismus schlech- terdings nicht vorstellbar.[17]

Man kann auch nicht sagen, dass der Europäismus durch die neue Erfahrung einer „europäischen" Reichsbildung in Übersee – in Gestalt der Vereinigten Staaten von Amerika – einen bedeutenden Anstoß im Sinn der Formierung des Kontinents gegen einen neuen politischen und ökonomischen Rivalen erhalten hätte. Die mögliche Be- drohung oder Beeinträchtigung der Alleinkompetenz Europas in „Lateinamerika" und auf dem Gebiet des Transatlantikhandels wurde nach dem Frieden von Paris 1783 zunächst nur den wenigsten politischen und intellektuellen Führern bewusst. An- dererseits steht es außer jeder Diskussion, dass die Konkurrenz Amerikas und zuneh- mend auch die Russlands nach der napoleonischen Ära für viele der Anlass werden sollte, um einem stärkeren Zusammenwachsen des „alten" Kontinents das Wort zu reden.[18]

Überhaupt wird man den Faktor des wachsenden Bewusstwerdens der außereuro- päischen Welt für die Schärfung des Europagedankens nicht übergehen dürfen. Die Reiseberichte von Seeleuten, Abenteurern oder Militärs, ganz zu schweigen von de- nen der Missionare, hatten Konjunktur und wurden zu einem der beliebtesten Gen- res der Zeit, auch wenn sie Klischees verhaftet bleiben mochten und voneinander ab-

---

17 Dazu W. Burgdorf, Chimäre Europa.
18 Viele Belege in dem grundlegenden Werk von H. Gollwitzer, Europabild.

geschrieben waren. Staatliche oder halbstaatliche wissenschaftliche Expeditionen nach Übersee – so finanzierte Kaiser Franz I. schon 1754–1759 eine Forschungsreise nach Mittelamerika – nahmen an Zahl rasch zu. Die Unternehmen von James Cook und Louis-Anne de Bougainville wurden in der zweiten Hälfte des 18. Jahrhunderts geradezu zu europäischen Ereignissen[19] und nicht zufällig auch von bedeutenden Aufklärern wie Diderot aufgegriffen. Alexander von Humboldts reich dokumentierte Lateinamerikareise (1799–1804) befriedigte nicht nur nahezu alle Informationsdefizite der Europäer bezüglich dieses Weltenteils, sondern gewann sogar für die Großregion selbst eine politische Schlüsselfunktion. Manchmal setzte zwischen den Gelehrten, die das Informationsbedürfnis ihrer Zeitgenossen zu stillen suchten, ein förmlicher Wettlauf ein, um mit *dem* grundlegenden Werk als erster an die Öffentlichkeit zu treten. Als die Pariser Akademiemitglieder Etienne Fourmont und Nicolas Fréret nach jahrzehntelangen eigenen sinologischen Forschungen von Theophil Siegfried Bayers *„Museum Sinicum"* (1730) überrascht wurden, war die Konsternation gewaltig – und die Kritik dementsprechend. Man suchte Aufklärung über fremde Welten, um den eigenen Kontinent und die eigene Kultur besser verstehen und einordnen zu können; Buffons 36-bändige *„Histoire naturelle"* (1749–1804) setzte in dieser Hinsicht das große Ausrufezeichen. Voltaire kam erst über seinen *„Essai sur les moeurs et l'esprit des nations"* dazu, sich mit *„notre Europe"* zu identifizieren! Und alsbald heiligte auch der Zweck die Mittel: China, noch von Leibniz seiner hohen politischen Organisationsstufe wegen nachdrücklich geschätzt und bewundert, wurde im Kontext seiner – im krassen Gegensatz zu den Wahrnehmungen von Reisenden des 17. Jahrhunderts (Caspar Schmalkalden) stehenden – „Vergelblichung" in der zweiten Jahrhunderthälfte immer stärker negativiert.[20] Das hatte selbstredend etwas mit den wachsenden Schwierigkeiten der Europäer in und mit diesem Reich zu tun. Außereuropa und seine Kenntnis waren eine strukturelle Voraussetzung für Europa und sein Selbstverständnis.

1.3 Natur und Umwelt

Die historische Erforschung von Natur und Umwelt, lange ein eher milde belächeltes Steckenpferd einiger weniger „Außenseiter" der Zunft, hat in den zurückliegenden Jahren – ganz entsprechend der These, wonach die jeweilige Zeit und die Aktualität einen Gutteil der Forschungssujets vorgeben – einen so bemerkenswerten Aufschwung genommen, dass es keine Mühe mehr bereitet, auch für die hier zur Diskussion stehende Epoche Einsichten zu vermitteln. Anzumerken bleibt allerdings, dass auch schon das 19. Jahrhundert eine ganze Reihe gewichtiger und grundlegender Werke zum Thema hervorgebracht hat.[1]

---

19 Vgl. u. a. U. Bitterli, Die Wilden.
20 W. Demel, Chinesen; J. Osterhammel, Entzauberung.
  1 So u. a. Wilhelm Heinrich Riehl, Die Naturgeschichte des Volkes als Grundlage einer deutschen Social-Politik, 4 Bde., Stuttgart 1851–1869, oder auch Wilhelm Roscher, Nationalökonomik des Ackerbaues und der verwandten Urproductionen, 2. Aufl., Stuttgart 1860.

Die klimatischen Verhältnisse

Natur und Umwelt: das waren für den Menschen der Vormoderne zunächst einmal nicht ästhetische Größen, die ihn – wie etwa die begeisterten Alpenreisenden der 1770er Jahre – ihrer Schönheit wegen entzückten, sondern es waren schlicht die Rahmenbedingungen und Parameter seines Lebens und Überlebens. Die Natur war für den Menschen – hier wird nur diese Wechselbeziehung beleuchtet, nicht das Eigenleben der Natur – etwas Unberechenbares und damit etwas Bedrohliches. Als Spiegel des konstanten Kampf-Verhältnisses zwischen Mensch und Natur können die vielen volksreligiösen Bräuche angesehen werden, mit denen man sich vor Hagel oder Hochwasser schützen wollte, oder die Einbeziehung des Wetters in die sonntägliche Kirchenfürbitte und in den Gemeindegesang, das Herumtragen der Muttergottes oder eines Gnadenbildes zur Abwendung eines drohenden Sturms oder zur Beendigung einer Dürreperiode. Dem Menschen half gegen die Kapriolen des Wetters offensichtlich nur eins: göttlicher Beistand. Das 17. Jahrhundert war nicht zufällig eine Zeit, in der man sich Wetter- und Umweltphänomene durch Projektion auf ein überirdisches Einwirken begreiflich zu machen suchte, was nicht selten sogar zu Endzeiterwartungen führte – oder in Hexenverfolgungen einmündete.

Auch wenn die moderne Zivilisationsgesellschaft relativ wetterunabhängig geworden und allenfalls verregneten Urlaub zu kommentieren in der Lage ist, kann sie mit etwas Mühe doch ermessen, welche Bedeutung Wettertrends für bestimmte Regionen haben können – „El Niño", das Ozonloch und globale Erwärmungsprozesse mit der Perspektive des Abschmelzens großer Polareisflächen mögen als Stichworte genügen. Aufgrund der gegenwärtigen Sensibilisierung für langfristige klimatische Prozesse kann ein Phänomen wie die so genannte „kleine Eiszeit", die zwischen etwa 1520 und 1860, also auch während des gesamten Untersuchungszeitraums, weltweit wirksam war, mit allgemeinem Interesse rechnen.[2] Innerhalb dieser langen Zeitspanne tendenziell schlechten, weil zu kühlen Wetters markieren die 1690er Jahre noch einmal einen Tiefpunkt. Frühjahr und Herbst kühlten damals verglichen mit den „üblichen" Mittelwerten um 0,5 bis 1,5° C abrupt ab. Die dramatischen Folgen des Vorgangs zeigten sich in einer empfindlich verkürzten Vegetationszeit namentlich im Bergland. Wenn dann, wie es im Jahrzehnt zwischen 1690 und 1699 relativ häufig der Fall war, noch ungewöhnliche Nässe hinzukam, war eine agrarische Katastrophe unausweichlich. In der kurzen Zeitspanne zwischen 1691 und 1694 soll die Bevölkerung Frankreichs um 10 % zurückgegangen sein.

Über die Ursachen des Phänomens „kleine Eiszeit" und der extrem schlechten Wetterlage in den 1690er Jahren ist viel diskutiert worden.[3] Man hat mit dem so genannten Maunder-Minimum, also dem Ausbleiben von Sonnenflecken, argumentiert, ohne doch den Zusammenhang mit den irdischen Wetterprozessen ganz schlüssig nachgewiesen zu haben, und man hat auf die gerade im ausgehenden 17. Jahrhundert sich häufenden Vulkaneruptionen – allein der spektakuläre Ausbruch des Ätna 1696 kostete etwa 20 000 Sizilianer das Leben – hingewiesen, deren Staub das Sonnenlicht

---

2 Zur Klimageschichte der Frühen Neuzeit generell H. H. Lamb, Climate, und am Beispiel der Schweiz Ch. Pfister, Klimageschichte.

3 Der Diskussionsstand bei P. Münch, Lebensformen, 140ff.

absorbiert und dadurch zu einer weltweiten Abkühlung beigetragen habe. Wie auch immer, der „rein" klimatische Befund ist eindeutig: die Zunahme der Eiskappe am Nordpol griff massiv in den üblichen Feuchtigkeits- und Luftaustausch zwischen Nord und Süd und in die gewohnte Abfolge von Hochs und Tiefs ein. Sie ließ unter anderem die Alpengletscher wachsen und zwischen 1654 und 1695 allein vier Mal den gesamten Bodensee zufrieren, sie führte im Sommer zu extrem ergiebigen Regenfällen und im Winter zu ungewöhnlich großen Schneemengen.

Abgesehen von diesem Tiefpunkt eines klimatischen Tiefs, der die prekäre Versorgungssituation breiter Schichten dramatisch zuspitzte, hatte die „kleine Eiszeit" insgesamt nachhaltige Konsequenzen für die Umwelt des Menschen. In manchen Mittelgebirgen sank die Anbaugrenze für Getreide um einige hundert Höhenmeter, was in zweiter Linie dazu führte, dass hier Siedlungen aufgegeben werden mussten („Wüstungen") und die höher liegenden Gebiete verkarsteten. Da zusätzlich Siedlungen durch Kriegseinwirkungen wüst gefallen waren, wurden die Eingriffe in die Kulturlandschaft unübersehbar. War der Weinbau noch im ausgehenden Mittelalter in weiten Gebieten Nordwestdeutschlands oder Schlesiens verbreitet, so zog er sich jetzt in jene Regionen zurück, in denen er heute noch üblich ist. Die südfranzösischen Olivenkulturen wurden damals dauerhaft geschädigt. Das Wetter beschäftigte offenbar jedermann; man glaubt sogar feststellen zu können, dass sich in der niederländischen Malerei des ausgehenden 17. Jahrhunderts Landschaftsbilder mit Winterszenen und bewölktem Himmel auffällig häufen.[4]

In die hier zur Diskussion stehende Epoche fällt noch ein weiterer Klimaeinbruch. Im späteren 18. Jahrhundert kam es zumindest in Mitteleuropa zu einer Phase, die sich durch große Temperaturschwankungen und extrem nasse Sommer und Herbste vom „Normalfall" unterschied.[5] Dieser neuerliche Klimaeinbruch hat im Übrigen zu einer intensiveren Wetterbeobachtung und zum kontinuierlichen Sammeln meteorologischer Daten geführt, wobei unter anderem auch die regionalen Akademien in ein europaweites Beobachtungssystem eingebunden wurden. Auch in dieser Phase wurde die Landwirtschaft vor große Probleme gestellt; man begann jetzt stärker als bisher über Alternativen zum Brotgetreide nachzudenken. Vorgänge wie die im Kanton Luzern während des 17. Jahrhunderts, die zeigen, wie Bauern durchaus in der Lage waren, Klimaabkühlungen durch bessere Bewässerung zu kompensieren, dürfen sicher noch nicht verallgemeinert werden.

Der Wald

Wettervorgänge dieser Art mussten nicht zwangsläufig, konnten aber sehr wohl zu einem erneuten Vordringen des Waldes führen. Der Wald[6], auch jeder Europäer an der Wende zum 21. Jahrhundert weiß das, ist immer in Bewegung, gewissermaßen auf Wanderschaft: er wird zurückgedrängt zugunsten von Siedlungen und agrarisch nutzbarem Land, zugunsten von Landepisten, Autobahnen oder anderen Gemein-

---

4 Vgl. P. Münch, Jahrhundert, 32.
5 Vgl. u. a. Ch. Pfister, Bevölkerungsgeschichte, 37f. mit dem Nachweis der entsprechenden Auswirkungen.
6 Grundsätzlich: J. Allmann, Wald; J. Ahvemainen, Man and the Forst.

schaftseinrichtungen, aber er rückt auch wieder vor, überdeckt Wüstungen und eignet sich nicht mehr kultivierte Flächen an. Das heißt nicht, dass es heute in Europa nicht Länder gäbe, die weitgehend entwaldet sind.

Wald wurde in der frühen Neuzeit noch nicht als die ‚Lunge eines Gesellschaftssystems', sondern als ein Wirtschaftsraum gesehen – übrigens unbeschadet eines nach wie vor praktizierten Wald- und Baumkultes, der zum Beispiel in der Schweiz und in der Oberpfalz Erscheinungen zeitigte wie die, dass Holzfäller einen Baum um Verzeihung baten, bevor sie ihn schlugen.[7] Holz war der mit Abstand wichtigste Energieträger des vorindustriellen Zeitalters und als Brennstoff schlicht unverzichtbar. Holz war darüber hinaus das bei weitem wichtigste Baumaterial der Vormoderne, in Venedig benötigte man Holz gar zur Substruktion aller Neubauten – das Bauen mit Stein beschränkte sich auf die vergleichsweise geringe Anzahl repräsentativer Gebäude. Auch der Straßen- und der Deichbau waren ohne Holz nicht vorstellbar. Haushaltsgeräte und Gewerbehilfsmittel waren aus Holz. Die Rinde der Bäume stellte einen wichtigen Grundstoff im Textil- und Lederverarbeitungssektor dar. Für eine ganze Reihe von Produktionsbereichen kam der Holzkohle eine Schlüsselrolle zu. Der Wald stellte der Landbevölkerung wichtige pflanzliche und tierische Ergänzungsnahrungsmittel bereit und war für die Nutztierhaltung (Waldweide) unverzichtbar. Das Laub der Bäume fand als Dünger Verwendung. Als „Reproduktionsrahmen des jagdbaren Wildes"[8] lieferte der Wald, soweit das restriktive Jagdrecht das zuließ, schließlich auch Rohmaterial (Leder, Pelzwerk) für die Bekleidung.

Mit dem Jagdrecht ist indirekt ein für Alteuropa höchst wichtiges Thema angesprochen, die Frage nämlich, wem der Wald eigentlich gehört. Der Wald und die Forsthoheit galten lange als geradezu konstitutive Rechte des Königtums, in weiten Teilen Europas traf dieses Regal aber auf Besitzansprüche und -rechte bäuerlicher Genossenschaften, die wiederum – so insbesondere im Deutschen Reich – von dem emporkommenden Landesfürstentum zunehmend in Frage gestellt wurden. Dieser Verdrängungsprozess der bäuerlichen Bevölkerung aus einer ihr eigenen Sphäre, der sich nach dem Bauernkrieg des frühen 16. Jahrhunderts beschleunigte und der sich in vielen rechtlichen Verfügungen, in zahlreichen Wald- und Forstordnungen, niedergeschlagen hat, ist ein sozial- und sogar mentalitätsgeschichtlich besonders eindrucksvolles Beispiel für die Umdeutung alter Rechtspositionen zu explizitem Unrecht und letztlich ein Symptom für die Durchsetzungsfähigkeit des Fürstentums. Holz- und Jagdvergehen wurden in einem kaum glaublichen Maß kriminalisiert: In der Regierungszeit eines einzigen Salzburger Erzbischofs wurden 142 Wilderer erschossen; am deutschen Reichskammergericht nahm die Zahl der Prozesse um Jagdstreitigkeiten im 18. Jahrhundert geradezu sprunghaft zu und betraf im Jahrzehnt vor Ausbruch der Französischen Revolution ein Viertel aller dort anhängig gemachten Verfahren.[9] Das englische Parlament erließ 1724 ein Gesetz, mit dem es als Reaktion auf Jagd- und Holzfrevel im königlichen Forst von Windsor mit einem Schlag 50 einschlägige Verbrechen definierte und mit der Todesstrafe belegte.[10]

---

7 Nachweis bei J. RADKAU, Natur, 101.
8 B. MARQUARDT, Das Römisch-Deutsche Reich, 35.
9 A. BAUMANN, Gesellschaft, 97.
10 Generell zur Problematik: St. v. BELOW/St. BREIT, Wald.

Bei diesen manchmal subtilen, meist aber recht handfesten Auseinandersetzungen um den Wald, bei denen es nicht selten zu gewaltsamem oder gerichtlichem Vorgehen der Bauern kam, wurde von Seiten der Fürsten häufig mit dem Moment der Erschöpfung der Bestände, also dem der Verknappung des Holzes, argumentiert. Damit wurde zwar ein Topos bemüht, aber ganz von der Hand weisen lassen sich Verknappungserscheinungen und ein recht sorgloser Umgang mit dem wichtigsten Energieträger der Vormoderne nicht. Lübeck hatte wegen des Betriebs seiner elementar auf Holz angewiesenen Salinen schon im ausgehenden Mittelalter alle Wälder der weiteren Umgebung abgeholzt und war seitdem auf den Kauf von Holz aus Mecklenburg angewiesen. Vor allem aber war es der Schiffbau, der ganze Landstriche und Regionen entwaldete. Irland, der Qualität seiner Eichen wegen noch im frühen 18. Jahrhundert gerühmt, ist innerhalb eines guten Jahrhunderts abgeholzt worden! Man hat ermittelt, dass man für den Bau eines mittelgroßen Schiffs etwa 4 000 Holzstämme benötigte.[11] Dies gilt es zu bedenken, wenn man sich die Holzarmut der seefahrenden Nationen in der hier zur Diskussion stehenden Epoche vergegenwärtigt. Schon früh hatten Kastilien und Portugal, 1651 und 1669 dann auch England und Frankreich versucht, sich durch die Errichtung von Flottenholzmonopolen gegen die Verknappung des Holzes zum Nachteil ihres Schiffbaus abzusichern.

Aber mit Ausnahme der iberischen Staaten, der venezianischen *terraferma* und Englands, wo der Kahlschlag für den Schiffbau und andere in hohem Maß auf Holz angewiesene Gewerbe wie die Eisenverhüttung zur Verknappung geführt hat, und abgesehen auch von den ohnehin waldarmen Niederlanden, wo die Verfeuerung von Holz schon recht früh unterbunden und durch Torf substituiert wurde, war ganz Europa in der hier zu behandelnden Epoche noch ein recht dicht bewaldetes Gebiet. Auch die Wanderdünen in Pommern und Ostpreußen oder die kahlen Flächen auf den Hochebenen der Mittelgebirge bedeuteten nicht, dass Europa insgesamt von dramatischer Holzknappheit bedroht gewesen wäre. Selbst wenn man in Rechnung stellt, dass die Waldweide manche Wälder ruinierte und zur Erosion mit der Konsequenz Versteppung hier und Versumpfung dort führte, ändert das nichts an dem Gesamtbefund, wonach Europa keineswegs an extremer Holzverknappung litt. Indirekt wird dieser Sachverhalt auch dadurch bestätigt, dass die Holzpreise im späten 17. und frühen 18. Jahrhundert mitnichten „explodierten"; erst ab etwa 1730 lässt sich ein gewisser Aufwärtstrend feststellen.

Freilich: Nicht immer war Holz am richtigen Platz vorhanden. Den Lüneburger Salzsieder, der der Verheidung seines Umlandes zwar Vorschub leistete, aber auch nicht allein dafür verantwortlich war, weil die intensive Schafweidung und die Plaggendüngung ein übriges taten, würde die Feststellung des generellen Holzüberflusses in Europa kaum getröstet haben. Regionale Holzknappheit konnte allerdings auch durchaus heilsame Auswirkungen haben und zu Innovationen führen: Die frühe Nutzbarmachung der Steinkohle in England war eine indirekte Folge des Mangels am Energieträger Holz! Als wichtig erwies sich auch, dass das Problem, insbesondere der Zusammenhang zwischen Verkarstung und hydrologischem Gesamtsystem, in den

---

11 Belegt bei J. Radkau, Natur.

1760er Jahren von den Physiokraten erkannt wurde und man erste Wiederaufforstungsaktivitäten einleitete.

Flüsse und Meere

Über größere Entfernungen konnte Holz kostengünstig nur auf dem Wasserweg transportiert werden. Mit Wasserweg waren die „natürlichen" Flüsse gemeint, nicht die im Zeichen des Merkantilismus allmählich an Bedeutung gewinnenden „künstlichen" Wasserstraßen, die Kanäle. Die Menschen in Europa lebten mit und von den Flüssen – große flusslose Regionen wie in Afrika oder in Zentralasien sind in Europa unbekannt.

Von den Flüssen leben: das meinte Fischer, die beispielsweise an der Dordogne im 18. Jahrhundert Alarm schlugen, als die Fischbestände sich zu erschöpfen drohten, das meinte Schiffer, Flößer und Schiff- beziehungsweise Bootsschreiner, das meinte Treidelknechte und die Bediensteten der besonders im kleinteiligen Deutschen Reich zahlreichen Zollstellen und der Kaufhäuser und Kräne, wo die Waren eine bestimmte Zeit lang „gestapelt", das heißt zum Verkauf angeboten werden mussten. Mit den Flüssen leben: das betraf alle, auch den Bauern, der genau wusste, dass er den Fluss nicht nur eindämmen, sondern ihm gegebenenfalls auch einen Weg öffnen musste, um Katastrophen zu verhindern und auf Dauer von der Lebenskraft des Wassers zu profitieren. Da die Flüsse generell noch unreguliert, allenfalls partiell begradigt waren (die Generalregulierung des Rheins beispielsweise erfolgte erst seit 1817) und auch der Dammbau sich im Binnenland erst zögernd durchsetzte, waren Überflutungen an der Tagesordnung. Freilich erreichten sie längst nicht immer die Dimensionen eines Hochwassers am Übergang vom 20. zum 21. Jahrhundert. Florenz und das untere Arno-Tal wurden zum Beispiel 1740 überflutet, 1763 standen zwei Drittel von Avignon unter Wasser, 1787/88 vernichteten Hochwasser in Sachsen fast die gesamte Aussaat.[12] Aber auch Trockenheit und Wasserarmut konnten für die Menschen in der Vormoderne zu einem Problem werden, ebenso übrigens wie längerer Eisgang: Mühlen funktionierten nicht mehr, Flößerei und Schifffahrt kamen zum Erliegen, der Fischfang musste eingestellt werden. Das späte 17. und das 18. Jahrhundert kannten Umweltkatastrophen der heutigen Art, bei denen Flüsse zu toten Organismen werden, noch nicht, obwohl die Fließgewässer oft genug als „Abfallbehälter" für Abwässer und Produktionsmüll von Gewerben herhalten mussten. Aber auch die „natürlichen Katastrophen" griffen tief in das Leben der vormodernen Gesellschaft ein. Insgesamt hat man wohl zu konstatieren, dass allen *Policey*ordnungen zum Trotz im 18. Jahrhundert bei der Bewältigung der Umweltprobleme allenfalls bescheidene Fortschritte erzielt wurden.

Allerdings waren die damaligen Menschen auch noch nicht die nüchternen, an Gewinnmaximierung orientierten Unternehmer des 20. Jahrhunderts. Gewiss, der Ausdehnung landwirtschaftlicher Flächen, insbesondere durch Trockenlegung von Sümpfen oder, wie von den Niederlanden in großem Stil praktiziert, durch Einpolderungen, galt ein gewisses Interesse, aber auch das nicht um jeden Preis. Venedig wäre ohne

---

12 Diese und andere Beispiele bei J. BLACK, Eighteenth Century, 14.

Mühe in der Lage gewesen, große Teile seiner Lagune trockenzulegen und in fruchtbares Acker- und Weideland zu verwandeln. Man tat es bewusst nicht, weil damit ein Teil der eigenen Identität (und eine touristische Attraktion zudem) zerstört worden wäre.

Von dem anderen Gewässer, dem Meer, lebten alles in allem wohl weniger Menschen als von den Flüssen. Das Meer war den meisten Europäern in der Vormoderne deutlich weniger präsent als die Flüsse. In Nord- und Westeuropa musste zwar niemand mehr als maximal 350 km zu reisen, um die nächste Meeresküste zu erreichen, aber für Mittel- und vollends für Osteuropa galt das natürlich nicht. Andererseits: Im Norden und Westen Europas wurde das Meer als Teil der natürlichen Lebenswelt empfunden. Die Anzahl der Küsten- und Hochseefischer, der Werftarbeiter und Matrosen, die in bestimmten Ballungszentren ein wahres „Völkergemisch"[13] bildeten, ganz zu schweigen von der Menge der Zulieferer für den Schiffbau, die Ausrüstung der Schiffe und den Fischfang, erreichte beachtliche Größenordnungen. Und das trotz aller Gefahren, die das Meer barg, ungeachtet aller Unberechenbarkeiten wie Windstillen oder gefährlichen Wirbelströmungen, die es zu einem schwierigen Partner machten; schon Homer wusste ein Lied davon zu singen. Denn dieser Partner versprach dem Einzelnen, der Genossenschaft oder dem Staat auch Gewinn: durch seinen natürlichen Reichtum und wegen seiner Eignung als Verkehrsweg, aber auch aufgrund der geographischen Gegebenheiten, die er geschaffen hatte, etwa die Meerengen, die von den Anrainerstaaten zur Zollerhebung genutzt werden konnten. Der Sundzoll war für Dänemarks Prosperität lange unverzichtbar. Auch den verschiedenen Versuchen, Meere durch Kanäle miteinander zu verbinden, lagen primär gewinnorientierte Überlegungen zugrunde. Der Herrschaft auf den Meeren und der Dominanz im Überseehandel wegen wurden Kriege geführt. Für Russland, einen der Aufsteiger-Staaten der hier zur Diskussion stehenden Epoche, war es geradezu ein Leitthema seiner Politik, Zugang zum eisfreien Meer und damit zum interkontinentalen Handel zu finden. Von der Seeschiffahrt gingen zudem Impulse aus, die in den Kontext staatlicher Verdichtung gehören: Der Aufbau von Leuchtturmsystemen zur Vermeidung von Seeunfällen erforderte oft eine große nationale Kraftanstrengung (oder gar ein transnationales Gemeinschaftsunternehmen!). Auch die Einrichtung von speziellen Seeversicherungen, die im Kern bis ins 14. Jahrhundert zurückreichen, war ein Element voranschreitender Bürokratisierung. Die Schaffung von Seenotrettungsdiensten seit dem Ausgang des 18. Jahrhunderts, wie etwa in Großbritannien und Frankreich (1775), stand im Kontext der Aufklärung, hatte aber auch mit dem wachsenden Bewusstwerden einer staatlichen Fürsorgepflicht zu tun.

Katastrophen und Bedrohungen

Von den durch menschliche Eingriffe in die Natur verursachten kleinen und größeren Katastrophen sind die nicht selbst verursachten, also die – wenn man nicht an seinen Nostradamus[14], ähnliche Prognostiken oder bäuerliche Wetterregeln glaubte – unvorhersehbaren zu unterscheiden. Unvorhersehbar waren natürlich schon eine geringfü-

---

13 M. MOLLAT DU JOURDIN, Europa, 223.
14 Also den großen Wahrsager des mittleren 16. Jahrhunderts.

gige Abweichung vom Temperaturmittel, strengerer Frost oder längere regenlose Perioden als gewöhnlich, aber es konnte anderes hinzutreten. Europa ist zwar seiner tektonischen Gegebenheiten, des Fehlens extremer Stürme und seiner gegliedert-gestaffelten Küsten wegen bis heute kein Kontinent, der tagtäglich mit Naturkatastrophen konfrontiert ist. Es waren deswegen auch nur relativ wenige Naturereignisse, die in der zu betrachtenden Epoche wirklich katastrophale Folgen hatten. Hier sind der oben erwähnte Ausbruch des Ätna, der 1696 20 000 Menschenleben forderte, zu nennen, dann die große Weihnachtssturmflut des Jahres 1717, der an der Nordseeküste wohl weit mehr als 10 000 Menschen zum Opfer fielen[15], schließlich ein Deichbruch in den Niederlanden im Winter 1725/26, der beträchtliche Verluste an Vieh zur Folge hatte, oder auch das Erdbeben im Adriabereich 1667, das insbesondere Ragusa schwer traf. Vor allem aber war es das in seiner Dimension weit darüber hinausgehende Erdbeben von Lissabon am Allerheiligentag 1755, das die Menschen bis ins Mark traf. Es erschütterte ihren Fortschrittsglauben und ihre optimistische Überzeugung von der Planbarkeit des Lebens nachhaltig, wie etwa die Äußerungen Voltaires exemplarisch zeigen.[16] In der Folgezeit gerann das Lissaboner Erdbeben geradezu zu einer Metapher. Es war ja nicht auf die portugiesische Hauptstadt beschränkt geblieben, sondern hatte auch Nordafrika und Teile Andalusiens in Mitleidenschaft gezogen und zusammen mit den von ihm ausgelösten Flutwellen wohl zwischen 100 000 und 200 000 Opfer gefordert.[17] Bezeichnend war freilich auch, dass man sich mit diesem Negativverlebnis nicht abfand, sondern die portugiesischen Verantwortlichen aufgrund ihrer aufklärerischen Gesinnung konsequent den Wiederaufbau Lissabons betrieben – nun freilich nach einem ganz rationalistischen Schema und mit dem Ziel, den Naturkräften künftig möglichst wenig Angriffsfläche zu bieten. Letztlich verdankt sich ein Gutteil der heutigen Schönheit und Attraktivität Lissabons, das bis dahin als eine eher schmutzige Stadt galt, der Katastrophe von 1755.

Für die Menschen der zur Diskussion stehenden Epoche, die zu 90 % auf dem flachen Land außerhalb der schützenden Stadtmauern lebten, bedeuteten die wilden Tiere ein konstantes Problem, da die einen seinen Leib, die anderen die Früchte seiner Arbeit auf den Feldern bedrohten. Es handelte sich um ein spannungsvolles Verhältnis. Das wilde Tier reizte einerseits den Jagdtrieb des Menschen und versprach ihm besonderen Gewinn – insbesondere im Blick auf sein Fell und seinen Pelz –, auf der anderen Seite stellte es aber eine Gefahr dar: eine Gefahr für Leib und Leben und vor allem eine Gefahr als Nahrungskonkurrent. Wölfe und Bären, die als aggressive Wildtiere galten, waren damals keine Erscheinung, die sich auf die Hohe Tatra und Ostmitteleuropa beschränkte, sondern sie waren in ganz Europa beheimatet. Die Bären lebten in allen Hochgebirgen, also auch in den Pyrenäen und den Alpen, Wölfe können im 18. Jahrhundert noch in ganz Frankreich nachgewiesen werden – von Angriffen auf Schafherden und selbst auf Menschen wird dort regelmäßig berichtet.[18] Das Fichtelgebirge immerhin war 1769 ‚bärenfrei' und 1803 ‚wolfsfrei'. Wenn die lokale

---

15 Dazu M. Jakubowski-Tiessen, Sturmflut 1717.
16 Vgl. W. Breidert (Hg.), Die Erschütterung.
17 Ch. Eifert, Erdbeben.
18 Vgl. J. Black, Eighteenth Century, 15.

Überlieferung auf einem mitten im Wald stehenden Denkmal festhält[19], dass im Ostharz zumindest im Bereich der anhaltischen Forsten der letzte Bär schon „Ende des 17. Jahrhunderts" erlegt worden sei, dürfte das wohl eher atypisch sein.

Aber auch Kleintiere konnten die Existenzgrundlage vormoderner ländlicher Gesellschaften elementar bedrohen. Mäuse- und Rattenplagen gefährdeten gelegentlich wie in Ostfriesland 1773 und 1787 die gesamte Ernte. Die Heuschrecken, die sich 1749 Wien näherten, wurden als eine Manifestation des göttlichen Unwillens empfunden und mit öffentlichen Bittgottesdiensten beantwortet. Die Wildschweine konnten sich zu einer derartigen Beeinträchtigung der Bauernwirtschaften auswachsen, dass ein Landesherr wie Kaiser Joseph II. meinte, sie generell zum Abschuss freigeben zu müssen.[20] Tiere standen mit der ländlichen Bevölkerung der Vormoderne in einem engen Lebenszusammenhang. Ob dieser Lebenszusammenhang im Gleichgewicht war oder aus dem Gleichgewicht geriet, hing vor allem von der Anzahl der Tiere ab. Dass das wilde Tier zudem die Phantasie besonders beflügelte und in der Vormoderne zahlreiche Berichte und pseudowissenschaftliche Bestseller[21] publiziert wurden, in denen von Wesen die Rede ist, die alle üblen und gefährlichen Eigenschaften (Größe, Rachen und Zähne, Hörner und so weiter) in sich vereinigten, sei hier nur im Vorbeigehen erwähnt. Bekämpfen konnte man Großwild im Übrigen nur mit anderen (gezähmten) Tieren, dem Pferd, dem Hund. Der Abstand zwischen Mensch und Tier war sicher deutlich geringer als heute, was sich unter anderem darin spiegeln mag, dass Tieren in Einzelfällen der Prozess gemacht wurde; im fränkischen Neuses richtete man 1685 einen Wolf wegen Kindsraub und -tötung am Galgen. Die sich damals allmählich formierende Anthropologie übrigens stritt mit Leidenschaft über die verwandtschaftliche Nähe von Tieren und Menschen.[22]

Erst recht gilt die Beobachtung vom engen Lebenszusammenhang zwischen Mensch und Tier in der Vormoderne natürlich für das menschliche Verhältnis zu den „Haustieren". Diese Tiere wurden zur Arbeit, zum Schutz und zur Verbesserung der menschlichen Ernährung – Milch, Fleisch, Fisch, Eier, Honig – sowie der Bekleidung – Wolle, Leder – gehalten. Dieser Lebenszusammenhang kann sowohl in der Stadt als auch auf dem Land konstatiert werden – die Verordnungen kommunaler Obrigkeiten gegen das freie Herumlaufen von Schweinen oder das „freie" Schlachten sind Legion! Aber natürlich spielten die Nutztiere für den Bauern eine größere Rolle, sein Verhältnis zum Vieh war umfassender und prekärer – eine Seuche etwa konnte in kürzester Frist seine gesamte Lebensgrundlage zerstören. Und es fehlte nicht an Seuchenzügen mit katastrophalen Auswirkungen: Eine Rinderpest raffte 1744/45 in Friesland 84 % des Bestandes dahin, 1712/14 verendete allein in Böhmen fast eine Million Schafe an einer Krankheit.[23] Man wird das Gefühlsmoment in der menschlichen Beziehung zu den Haustieren nicht überbewerten wollen, aber das Verhältnis des irischen, dänischen

---

19 Nahe Friedrichsbrunn, Sachsen-Anhalt.
20 J. BLACK, Eighteenth Century, 15.
21 Vgl. etwa Eberhard Werner HAPPEL, Groeßte Denkwuerdigkeiten der Welt, 5 Bde., Hamburg 1683–1691.
22 Vgl. u. a. P. MÜNCH, Jahrhundert, 65f.
23 Die Zahlen bei J. BLACK, Eighteenth Century, 13.

oder ungarischen Rinderzüchters oder des südeuropäischen und englischen Schaf-
züchters zu seiner Herde ist ohne einen gewissen Grad an Emotionalität gar nicht
denkbar.

Tiere als Statussymbole

Tiere hatten darüber hinaus die Funktion von Statussymbolen. Bei den Bauern kamen
dem Pferd oder der Anzahl der Pferde diese Funktion zu, in den obersten Schichten
der sozialen Hierarchie war die Statusrepräsentation komplexer. Indirekt lässt sich das
schon daran ablesen, dass die Jagd auf Tiere seit dem Mittelalter als ein adliges *Reser-
vatum* galt, das heißt, sie war dem Adel vorbehalten, und dass gerade in der Barockzeit Jagen zu dem herrschaftlichen Freizeitvergnügen *par excellence* aufgewertet wurde.
Die Konsequenzen für die mittelbar oder unmittelbar von der Exzessivität der Jagd betroffenen Bauern und für die so genannten Wilderer, die das fürstliche Privileg ver-
letzten, waren hart; einige Ziffern wurden oben schon genannt. In der Habsburgermonarchie wurden die Jagdhunde verschiedener Rassen in einem eigenen Rüdenhaus
in Erdberg bei Wien gezüchtet und unterhalten. Für die mehrere Hundert Hunde und
das entsprechende Personal fielen nicht unerhebliche Kosten an, zu denen auch die
umliegenden Klöster und Stifte Göttweig, Melk, Klosterneuburg und Zwettl einen Beitrag zu entrichten hatten, ehe Maria Theresia die Einrichtung 1771 aufhob.[24] Direkt
lässt sich die Funktion bestimmter „edler" Tiere für den Status der europäischen adligen Oberschicht an den vielen Porträts „mit Hund", an den Gemälden fürstlicher Personen zu Pferd, an den Reitermonumenten von Herrschern, an dem Faible für die
Falknerei, dem Sammeln exotischer Tiere und nicht zuletzt auch daran ablesen, wie
viele Adelspersonen ihren Lieblingstieren eine geradezu fürstliche Bestattung im
Schlossgarten – erinnert sei nur an die Hundegräber im Schlosspark von Sanssouci –
zuteil werden ließen.[25] Im 18. Jahrhundert wurde die Bulldogge – *bulldog* – zum englischen Nationaltier! Es blieb allerdings einer späteren Zeit vorbehalten, das Verhältnis
des Menschen zum – mehr oder weniger „edlen" – Tier in breiterem Umfang auch
emotional aufzuladen.

---

24 Vgl. M. Laichmann, Kaiserliche Hunde.
25 Es handelte sich um die Windspiele Biche, Alcmene, Phyllis, Thisbe, Par, Diana, Amorette und
Superbe, die ausnahmslos auf den sechs Terrassen von Sanssouci in kleinen Särgen bestattet
wurden.

2 Die Strukturen der Epoche: Institutionen, Akteure, bewegende Kräfte

2.1 Verfassung: Fürsten, Höfe, Verwaltung

Ein Kapitel zur Verfassungsgeschichte kann für den hier zu behandelnden Zeitraum adäquat nur von den Personen her angegangen werden: von den Akteuren, nicht von abstrakten Institutionen. Die Signatur der Zeit war die Person (der Souverän), der Personen-Verband (die Zunft, der Landtag oder der Reichstag), die personelle Verflechtung (Klientelsysteme) – nicht das Ministerium, das Kabinett, der Hofrat, das Domkapitel oder das Zentralgericht als *corpus*, als Körperschaft und Institution. Wenn es denn für eine nachmittelalterliche Epoche unabdingbar ist, Verfassungsgeschichte sozialgeschichtlich zu verstehen, dann ist es die Epoche zwischen der Mitte des 17. Jahrhunderts und der Französischen Revolution.

2.1.1 Die Vielgestaltigkeit Europas und das Modell des fürstlichen Zentralstaats

Die Europa-Theoretiker des 18. Jahrhunderts, die nach den Unterscheidungsmerkmalen dieses Kontinents gegenüber anderen Kontinenten fragten, haben wie die Publizisten des ausgehenden 17. Jahrhunderts, denen es um die Vereitelung aller universalmonarchischen Ansätze ging, immer wieder die staatliche Diversität und Vielgestaltigkeit Europas hervorgehoben[1]: Gemeinwesen auf autokratischer, aristokratischer und selbst (quasi-) demokratischer Grundlage, die sich jeder „Gleichschaltung" entzögen, jedem Über-einen-Kamm-Scheren, Gemeinwesen gar, die alle diese Elemente in sich vereinigten.

Dieser definitorische Ansatz zur Kennzeichnung Europas sei unbestritten, gleichwohl bestimmten die Signatur des hier in Rede stehenden Zeitalters weniger die zahlenmäßig überschaubaren nichtfürstlichen Gemeinwesen, sondern jene, die einen Fürsten an ihrer Spitze hatten. Die Herrscher der Epoche wiederum entfalteten ein bisher unbekanntes Maß an Repräsentation und suchten mit verschiedenen Mitteln

---

1 Ich habe mich mit diesem Thema wiederholt beschäftigt und nenne hier (ausnahmsweise) meine Beiträge in der polnischen Zeitschrift Przeglad Zachodni 52 (1996) sowie in der außerhalb des Buchhandels erschienenen Broschüre: Europa – Mythos, Geschichte, Vision, Mainz 1996.

ihren Staat zu effektivieren und im Konkurrenzkampf mit rivalisierenden Gemeinwesen leistungsfähiger zu machen. Das Zeitalter war in seinem Kern fürstenbezogen, die nichtfürstlichen Gemeinwesen wurden zwar nicht als Curiosa, auf jeden Fall aber als atypische, nicht den Standards der Zeit entsprechende Gebilde bewertet. Das schloss nicht aus, dass prominente Staatsphilosophen angesichts der wachsenden Autokratisierung einiger Staaten sich theoretisch mit der Stärkung der republikanischen Elemente oder gar der Wünschbarkeit der Umwandlung der ganzen monarchischen Staatenfamilie in ein System von Republiken beschäftigten. Rousseau etwa plädierte für ein Staatsmodell, das sich an seiner Heimatstadt Genf und der römischen Republik orientierte und das auf der Idee einer Gemeinschaft gleichberechtigter, sich selbst kontrollierender und vom Gemeinwohl geleiteter Bürger (*volonté générale*) aufruhte.[2] Aber das blieb verglichen mit der Dominanz des Monarchischen vorläufig doch noch dünne Zukunftsmusik. Auch der Gedanke eines Übergangs von der ständischen Verfassung zu einer alle Staatsbewohner einschließenden Repräsentativverfassung kam bis in die Zeit der Amerikanischen Revolution hinein einem Ruf in der Wüste gleich.

Dem europäischen Königtum wohnte auch noch in der hier zu behandelnden Epoche etwas von jenen sakral-magischen Komponenten inne, die an seiner Wiege gestanden hatten. Man kann den ganz und gar unchristlichen, sich aus einer magischen Vorstellungswelt speisenden Glauben an übermenschliche Fähigkeiten europäischer Monarchen insbesondere bei den französischen und englischen Königen fassen, die, wenn auch mit Unterbrechungen, bis in die 1770er Jahre hinein beziehungsweise bis zum Übergang der Krone an eine neue Dynastie Anfang des 18. Jahrhunderts nicht nur den Anspruch erhoben, Menschen von den Skrofeln, einer verbreiteten Hautkrankheit, heilen zu können, sondern dies auch – augenscheinlich meist mit Erfolg – praktizierten, mochte eine breite „aufgeklärte" Publizistik, wie Marc Bloch in einem großartigen Buch vor vielen Jahrzehnten geschildert hat[3], dies auch mehr und mehr als Scharlatanerie abtun. Das zweite Charakteristikum des europäischen Königtums war seine Herleitung „von Gottes Gnaden", also seine Verortung in einem christlichen Heilsplan. Sie verpflichtete den Herrscher zur strikten Beachtung der ethischen Normen und Prinzipien des Christentums. Bis in das ausgehende 17. Jahrhundert waren Selbstkrönungen von Fürsten und ihr Verzicht auf die Weihe durch kirchliche Repräsentanten schlicht undenkbar. Auch der erste Preußenkönig, der sich 1701 selbst krönte, verzichtete nicht auf den kirchlichen Beistand.[4] Preußen war es bezeichnenderweise dann auch, wo ausgangs des 18. Jahrhunderts das Titulaturelement „von Gottes Gnaden" erstmals zu einer bloßen Reminiszenz zurücksank.[5] Das dritte Element schließlich war, aus der mittelalterlichen Tradition erwachsen, die Vorstellung von einem auf dem Prinzip der Gegenseitigkeit fußenden Verhältnis von Kronträger und

---

2 Jean-Jacques ROUSSEAU, Du contrat social ou principes du droit politique, 1762.
3 Marc BLOCH, Les rois thaumaturges, Straßburg 1924. Deutsch erschienen unter dem Titel : Die wundertätigen Könige, München 1998, München 2001.
4 Vgl. die Beiträge in: Preußen 1701, dort auch die ältere Literatur. Er nahm sogar doppelten kirchlichen Beistand in Anspruch: An dem Krönungsakt am 18. Januar 1701 beteiligten sich ein lutherischer und ein reformierter Theologe.
5 Vgl. W. REINHARD, Staatsgewalt, 124.

„Untertanen", demzufolge der Kroninhaber Treue und „Gefolgschaft" mit Schutz und der Herstellung optimaler Lebensbedingungen vergalt und bei Vernachlässigung seiner herrscherlichen Pflichten gegebenenfalls auch mit dem Widerstand der Beherrschten zu rechnen hatte. Die Ausbildung und Formulierung eines spezifischen europäischen Widerstandsrechts zählt zu den frühen Leistungen des politischen Denkens und spielte in der politischen Theorie auch des 17. Jahrhunderts noch eine maßgebliche Rolle.[6] John Locke etwa in seinen „Two Treatises of Government" (1690) hielt eine Verletzung des Gesellschaftsvertrags durch den Fürsten für eine zwingende, auch naturrechtliche Legitimation, um von seiten des Parlaments gegen ihn vorzugehen. Da in Frankreich eine entsprechende, mit Sanktionsrecht ausgestattete Vertretungskörperschaft fehlte – die Generalstände waren seit 1614 nicht mehr zusammengetreten –, sprach Montesquieu ein gutes halbes Jahrhundert nach Locke den Gerichtshöfen (parlements) und den Provinzialständen das Recht und die Pflicht zu, über die Einhaltung der Grundgesetze des Staates und das verfassungskonforme Verhalten des Monarchen zu wachen.

Aber die letztgenannte Komponente des europäischen Königtums trat in dem hier zu behandelnden Zeitraum zusehends in den Hintergrund. Die Epoche gewinnt in verfassungsgeschichtlicher Perspektive besonderen Reiz dadurch, dass gewachsene Strukturen und Vorstellungen auf ein neues Denken trafen und es deshalb ungewiss war, ob die Aufklärung auch in diesem Bereich, der gewöhnlich ein Gebiet langsamen Wandels ist, grundlegende Veränderungen zu bewirken vermochte. Gewiss, der Monarch gab bei seiner Erhebung oder im Verlauf seiner Regierung Zusicherungen aller Art ab, mochten sie nun Wahlkapitulationen oder leges fundamentales, Grundgesetze, heißen, mit denen er den Großen des Reiches Mitwirkung am Regiment und Respektierung ihrer Privilegien zusicherte. Aber das Moment der Kontrolle seines Regiments, das gegebenenfalls bis hin zu einer etwaigen Amtsenthebung ausgedehnt werden konnte, trat nun doch erkennbar zurück. Mit dem dänischen Kongelov etwa wurde ein Rechtsfundierungsakt vorgenommen, der Widerstand gegen den König für alle Zeiten ausschloss.[7] Die Herrschaftstheorie hatte diesem Prozess vorgearbeitet: Bodin, jenes große, viele aufwühlende und viele zu Abgrenzungen und zum Widerspruch reizende Fanal des europäischen Staatsdiskurses, hatte 1576 mit dem Konstrukt der dem Fürsten innewohnenden „Souveränität" gewissermaßen das Stichwort gegeben. Gemeint war damit eine höchste und von den Gesetzen losgelöste fürstliche Gewalt gegenüber den Untertanen. Das Minimalisieren oder gar Negieren der Verpflichtungen des Fürsten und seine Stilisierung zu einer Art Gottwesen sollten sich in der Staatstheorie dann immer mehr durchsetzen, während Autoren wie Althusius, die das Widerstandrecht betonten, marginalisiert wurden.[8] Sicher war nicht das gesamte Staatsdenken des 17./18. Jahrhunderts an dem „Modell" des weit über seine Untertanen erhabenen, immer weniger zugänglich werdenden, keine Kritik mehr duldenden und vielleicht sogar trotz offensichtlicher Geisteskrankheit und Regierungsunfähigkeit unangreifbaren Fürsten orientiert. Im „konstitutionellen" England und in den „patriarchalischen" deutschen

---

6 Vgl. jetzt R. v. Friedeburg (Hg.), Widerstandsrecht.
7 Zur dänischen Lex regia grundlegend: J. Kunisch, Staatsverfassung, Kap. II.
8 Vgl. zu den beiden genannten Staatstheoretikern als Einstieg die entsprechenden Essays in: Michael Stolleis (Hg.), Staatsdenker in der frühen Neuzeit, 3. Aufl., München 1995.

Fürstenstaaten, wie sie Veit Ludwig von Seckendorff Mitte des 17. Jahrhunderts beschrieben hat[9], traten solche Momente natürlich zurück, sie wurden sogar deutlich perhorresziert. Die lipsianische Tradition mit ihrer Tendenz, „bedenkenloser Rationalisierung der Politik deutliche ethische Grenzen" zu setzen[10], darf in diesem Zusammenhang nicht unterschlagen werden. Auch die „Fürstenspiegel", die das 17. Jahrhundert noch in großer Dichte hervorbrachte[11], flossen über von Warnungen vor Übermut, Willkür, Unangemessenheit der Mittel und Hybris des Fürsten sowie Appellen an seine Kooperationsbereitschaft. Den „Kammerton" aber schlug das auf den Fürsten bezogene und seine umfassende „Souveränität" betonende Staatsdenken an.

2.1.2 Ständewesen und Fürstenstaat

Das heißt natürlich nicht, dass in einer Darstellung der Spätphase des Ancien Régime das Ständewesen völlig zu vernachlässigen wäre. Stände, in zwei oder drei „Kurien" gegliederte, auf einem Amt oder einem Wahlvorgang beruhende Vertretungskörperschaften „des Landes", hat es – mit den bezeichnenden Ausnahmen Russlands und des Osmanischen Reiches – in ganz Alteuropa gegeben, wobei sich ihre Formierung im Süden Europas früher vollzog als im Norden oder im Osten. In etlichen Staaten, unter anderem in Polen und Ungarn, genossen sie sogar ein verbrieftes Widerstandsrecht. Sie galten – als der zweite Brennpunkt einer Ellipse[12] – im Prinzip als unverzichtbar, weil ihnen nach dem römischrechtlichen *Quod omnes tangit, ab omnibus approbari debet"* – „was alle betrifft, muss von allen gebilligt werden" – insbesondere und unbestritten die Steuerhoheit zukam. Ohne das Geld seiner Untertanen konnte kein Fürst überleben, mochte sein Kammergut noch so üppig sein. Der Konsens mit den Untertanen war denn auch immer und überall das erste Anliegen des Fürsten, so „absolutistisch" er auch sein mochte, deutlich nachgeordnet waren ihm in aller Regel Gesichtspunkte wie die Steigerung der Effizienz der Behörden und Ähnliches.

Der allgemeine Trend ging indes seit dem 17. Jahrhundert unübersehbar dahin, die Mitsprache der Vertretungskörperschaften, in denen im Regelfall Adel, Klerus und Städte, in Ausnahmefällen aber auch Bauern oder evangelische Prälaten repräsentiert waren, zu reduzieren und vor allem deren häufiges, gelegentlich bereits periodisches Zusammentreten zu verhindern. Die französischen Generalstände traten 1614/15 letztmals zusammen – 1651 wurde ihre Einberufung von den Obergerichten verhindert! – , die dänischen Reichsstände 1660, die portugiesischen 1697/98, die kastilischen *Cortes* versammelten sich ohnehin nur noch bei Thronwechseln zu einem Akklamationsakt. Auch in Italien endeten die Aktivitäten etlicher Ständekörperschaften bereits im 17. Jahrhundert, so in Savoyen, Piemont und Nizza. Die deutschen Landstände standen dem kaum nach; hier begann, so in den hohenzollernschen Territorien und in Kurbayern, in den 1650er Jahren ein Prozess der allmählichen Ersetzung

---

9 Dazu nach wie vor die schon etwas ältere Arbeit von H. KRAEMER, Kleinstaat.
10 P. MÜNCH, Jahrhundert, 103.
11 Vgl. H.-O. MÜHLEISEN/Th. STAMMEN (Hg.), Tugendlehre.
12 Die Metapher wurde von dem Schweizer Historiker Werner NÄF geprägt. DERS., Die Epochen der neueren Geschichte, Bd. 1, 2. Aufl., Aarau 1959, 432.

durch Ausschüsse, sofern die Stände nicht schon vorher faktisch von der Bildfläche verschwunden waren; der badische Landtag trat nach 1626 nicht mehr zusammen. Dieser Prozess erfasste nicht alle Staaten gleichmäßig – die Habsburgermonarchie blieb noch auf längere Zeit ein Verbund von wirklichen „Ständestaaten".[13] Auch in Württemberg behielten die Stände, nicht zuletzt weil sie vor dem Hintergrund gravierender Konflikte mit ihrem Herzog von außen massiv gestützt wurden[14], eine vergleichsweise starke Stellung. Der Prozess bedeutete zudem nicht unbedingt und zwingend, dass die Stände auf regionaler Ebene nicht wichtige Funktionen, etwa in der Verwaltung, im *Policey*wesen und bei der Steuererhebung, behalten hätten. Regionalstudien haben für das Deutsche Reich zudem erwiesen, dass die Stände auch dort, wo sie sich selbst partiell „entmachteten", durch die Integration ihrer Mitglieder in die staatliche Verwaltung und durch das Konnubium mit der fürstlichen Beamtenschaft ihren Einfluss faktisch behielten. Sie machten ihn immer dann geltend, wenn Not am Mann war. Selbst die Krone Frankreich hätte ohne die Provinzstände, die es freilich nicht überall gab, kaum jene Effizienz erzielen können, die sie auszeichnete.[15] Entscheidend war aber, dass viele Ständeversammlungen – Ausnahmen wie das englische Parlament bestätigen nur die Regel – aus dem Lichtkegel der Tagespolitik verschwanden, dass sich das Interesse der Öffentlichkeit nicht mehr auf sie und ihr mehr oder weniger stilles Mitwirken, sondern auf den Fürsten und seinen Hof konzentrierte.

2.1.3 Hofkultur und herrscherliches Selbstverständnis

Und die Schlagzeilen machten in der Regel demzufolge auch nicht mehr die gemalten Landtafeln und die Ständehäuser, sondern das Anspruch und Überlegenheit spiegelnde Fürstenporträt à la Hyacinthe Rigaud[16] und die Neubauten von Schlössern. Selbst dort, wo von der Staatskonstruktion her eigentlich kein Platz für einen Hof war, wie in den Niederlanden, gab es eine klare Tendenz zur Ausbildung eines Hofes[17], dort freilich stärker als anderswo mit dem Akzent eines Kommunikationsraums der verschiedenen Elitenkreise.[18] Beides, die geradezu explosionsartig anschwellende „Verbildlichung" des Fürsten und sein „Rückzug" in das meist außerhalb der Stadtmauern gelegene „neue" Schloss, setzte ein gewandeltes Selbstverständnis des Herrschers voraus: Der „von Gottes Gnaden" eingesetzte und vielleicht sogar noch zusätzlich mit einem vermeintlich direkt aus dem Himmel geflossenen Öl gesalbte Monarch[19] stand mit

---

13 Das lässt sich zum Beispiel an dem langwierigen Prozess der Annahme der so genannten Pragmatischen Sanktion in den 1720er Jahren ablesen.

14 Dazu G. Haug-Moritz, Ständekonflikt.

15 Zwar gelang es auch Ludwig XIV., einige Provinziallandtage „auszutrocknen" (niedere Auvergne, Quercy, Rouergue, Franche-Comté), aber gegenüber den in Funktion bleibenden Ständeversammlungen war das doch zu vernachlässigen

16 Zur Entstehung und Wirkungsgeschichte dieses wahrhaft epochalen Porträts vgl. K. Ahrens, Staatsporträt.

17 Vgl. die Beiträge von Heinz Schilling und Olaf Mörke: in R. G. Asch/A. M. Birke (Hg.), Princes.

18 Holger Thomas Gräf, in: K. Malettke/Ch. Grell (Hg.), Hofgesellschaft.

19 Dabei handelt es sich um einen elementaren Bestandteil der französischen Herrscherideologie. Dazu generell A. Y. Haran, Le lys.

seinen Untertanen nicht mehr auf einer und derselben Kommunikationsebene, sondern wurde, abgesehen von wenigen Anlässen, für den Verband seiner Beherrschten unerreichbar. In Dänemark wurde die erste Königssalbung nach den beiden „absolutistischen" Akten von 1660 und 1665 sogar aus der Residenzstadt und der freien Zugänglichkeit in die Intimität von Schloss Frederiksborg verlagert, am dortigen Zeremoniell konnten nur wenige geladene Personen teilnehmen! Der Monarch reiste nicht mehr wie noch im 16. Jahrhundert im Land umher, sondern zog sich in die Exklusivität einer Schlossanlage zurück, zu der nur noch die fast ranggleichen Personen Zutritt hatten. Sie konnten auf diese Art und auch durch die Verleihung unbedeutender oder auch wichtigerer Ämter unter Kontrolle gehalten werden. Das gelang schon deswegen, weil sie es selbst so wollten, um zumindest am Rande des Lichtkegels der Macht zu stehen. Die Steigerung des Gottesgnadentums bis zu einem Punkt, der keine Steigerung mehr zuließ und der nahe an den Aggregatzustand der Vergöttlichung (Friedensfürst, Sonnenkönig) heranreichte[20], die strenge Zeremonialisierung des Alltags vor dem Hintergrund eines Hofes, der nicht zufällig mit einem Welttheater[21] verglichen worden ist, ein zum Prinzip erhobener Müßiggang, Absentismus im Verein mit der strikten Arkanisierung aller Inhalte monarchischer Politik und gleichzeitig die indirekte Omnipräsenz des Königs durch Bild und Wort, die auf der Grundlage von Empfehlungen und Vorschlägen ganzer Heerscharen von Spezialisten (unter anderem *Académie des inscriptions*, errichtet 1663) in bisher unbekannter und geradezu systemischer Weise eingesetzt wurden – durch die Ikonographie, die Druckpropaganda, Festinszenierungen, Architektur, Skulptur, Musik usw. –, das waren wohl die hervorstechenden Merkmale des Fürstentypus, der den hier zu behandelnden Zeitraum prägte. Auch die Entscheidung der Vorbildgestalt für alle diese Trends, Ludwigs XIV., auf einen eigentlichen „Premierminister" zu verzichten und statt dessen ein Ressortsystem zu errichten, das ganz auf ihn zugeschnitten war und dessen bürgerliche oder neuadlige Spitzen allein ihm zuarbeiteten, hat lange als Maßstab gedient. Sieht man einmal vom England der Restaurationszeit ab, sollten sich erst im 18. Jahrhundert die Fälle, dass Monarchen auf Premierminister (Fleury, Alberoni, Tanucci) zurückgriffen, wieder häufen.

Dieses Faktorenbündel erklärt dann wohl auch, dass und warum die Fürsten des hier in Rede stehenden Zeitraums von zeitgenössischen Panegyrikern mit dem Attribut der „Größe" bedacht wurden, wodurch sie nicht nur weit jenseits ihrer gesamten Untertanenschaft plaziert wurden, sondern ihnen auch gegenüber den dynastischen Vorgängern ein exzeptioneller Rang reserviert werden sollte. Bei Ludwig XIV. und Leopold I. haben die Panegyriker versucht, zu Lebzeiten oder doch unmittelbar nach dem Ableben das Epitethon „der Große" durchzusetzen, in beiden Fällen ohne Erfolg. Das überrascht namentlich bei dem französischen König insofern, als ihm das politische Denken der Zeit ja durchaus eine exzeptionelle Stellung, die eines universalen Friedensstifters[22], einzuräumen bereit war. Bei Peter „dem Großen" gelang das Vorhaben

---

20 Zur Sicht der Untertanen im 18. Jahrhundert vgl. ebd., und J. I. Engels, Königsbilder.
21 So zuletzt noch von Rudolf zur Lippe, in: Jahrbuch 1981/82 des Wissenschaftskollegs zu Berlin, Berlin 1982, 201–224.
22 Vgl. jetzt Ch. Kampmann, Arbiter, Kap. V.

dagegen ohne Mühe. Kaum jemand wäre einige Dezennien zuvor auf den Gedanken verfallen, eine gewiss beeindruckende Fürstengestalt wie Gustav II. Adolf mit dem Beinamen „der Große" zu bedenken, und die entsprechenden Bemühungen der französischen Panegyrik hinsichtlich Heinrichs IV. waren wieder im Sand verlaufen. Jetzt aber bekam der herrscherliche Größe in ein Wort fassende Beiname Konjunktur. Erstaunlich ist es, dass diese Auszeichnungswelle dann auch vor aufgeklärten, sich vom ludovizianischen Fürstentyp deutlich unterscheidenden Monarchen wie Friedrich II. von Preußen[23] und Katharina II. von Russland nicht Halt machte.

„Absentismus" und Rückzug aus der Kommunikationsgemeinschaft mit den Untertanen bedeutete freilich nicht, dass der Fürst vergessen hätte, dass die Einheit seines oft genug noch überaus heterogenen, „zusammengesetzten" Staates an seiner Person und seiner Dynastie hing und sich nicht etwa einer abstrakten Staatsidee oder gar einem durch „Nationalismus" vertieften und verstärkten Identifikationszwang verdankte. Staaten waren im Allgemeinen durch die Dynastie zusammengehaltene Einheiten – oder Vielheiten! –, bei denen es in der Vormoderne deswegen auch ziemlich gleichgültig war, ob alle Komponenten moderner, im frühen 19. Jahrhundert formulierter Staatsdefinition, insbesondere das der einen Staatssprache, zusammentrafen.

Der Prozess der Distanzierung des Fürsten von seinen Untertanen, der zugegebenermaßen mit unterschiedlicher Intensität und nicht überall gleichzeitig ablief und unter anderem fassbar wird an dem Auftreten des Fürsten auf seiner höfischen Opernbühne in „göttlichen" Rollen, hat zeitgenössische Kritik hervorgerufen. Die verbreitete Hof- und Fürstenkritik tadelte das am Hof zwangsläufig entstehende Klima von Intrige und Heuchelei und konnte sich bis zu der Stufe steigern, dass ein regierender Monarch[24] in einem „Totengespräch zwischen Madame de Pompadour und der Jungfrau Maria" nicht nur das Institut der *maîtresse en titre* – also der mit politischen Funktionen bedachten tatsächlichen oder nominellen Geliebten des Fürsten – anprangerte, sondern das gesamte autokratische System einer fremden Krone. Aber von solchen Ausnahmen abgesehen: Hof- und systemkritisch eingestellte Autoren mussten auf der Hut sein, weil die Überwachungsbehörden mit dem Vorwurf des Majestätsverbrechens, des *crimen laesae majestatis*, und des Staatsverrats schnell bei der Hand waren. Man tat als Autor gut daran, Kritik lieber zu verfremden, etwa indem man sie in utopische Romane „verpackte".

Das obige Bild ist in gewisser Hinsicht am „Modell" Frankreich entwickelt worden, und das ist sicher nicht unproblematisch. Just dies, eine zu starke Orientierung am französischen Beispiel und dessen unzulässige Verallgemeinerung, hat man auch einem „klassischen" Werk der modernen Geschichtsschreibung, Norbert Elias' „Höfischer Gesellschaft", immer wieder angelastet, und just dies, die Frage der Repräsentativität des französischen Beispiels, etwa in Hinsicht auf die „Domestizierung" des Adels, beschäftigt auch die moderne Forschung.[25] Aber im vollen Wissen darum, dass es in den autokratischen Staaten der Zeit deutliche Abweichungen von diesem Modell gegeben hat, wenn man nur an die relativ sparsame Hofhaltung der preußischen Kö-

---

23 Vgl. den entsprechenden Essay von Th. Schieder, in: ders., Friedrich der Große.
24 Es handelt sich um Friedrich II. von Preußen.
25 Vgl. beispielsweise J. Duindam, Myths.

nige, an das Diktum von dem im Land durch seine Inspektionsreisen „allgegenwärti-
gen König" oder an die allenfalls begrenzte Integrationskraft deutscher Fürstenhöfe
denkt: in Überblicksdarstellungen dieser Art führt an Modellen kein Weg vorbei.

Und man kann es drehen und wenden wie man will: diesem „Modell" ist in weiten
Teilen des Kontinents kräftig nachgeeifert worden, ob man nun an die Schlösser in der
Nachfolge von Versailles wie Aranjuez oder Caserte, Petersburg oder Castle Howard
denkt, an die *maîtresse en titre*, die im politischen System durchaus eine Funktion hatte, nämlich die, Machtbestrebungen von Hofcliquen zu kontrollieren und zu konterkarieren, oder an die unzähligen Herrscherporträts, auf denen Ludwigs XIV. Pose[26]
imitiert wurde. Natürlich hat auch sein „letztes Wort" beeindruckt, seine Alleinzuständigkeit für die kleinen und großen Dinge des Alltags – von der Entscheidung über
Krieg und Frieden, bei der sich der Bourbonenkönig im Vorfeld des Niederländischen
Krieges souverän über die Bedenken und Warnungen seiner Minister hinwegsetzte[27],
bis hin zur Entlassung im Grund fähiger Minister. Das Faszinosum der französischen
Monarchie gründete nicht zuletzt darin, dass dank des Geschicks der Kronjuristen hier
eine Institution herangewachsen war, die als solche „unsterblich" war und auf einem
konsequent aus dem Erbrecht begründeten Prinzip beruhte. Aber auch im Zeremoniell, etwa bei den Krönungen, bei den *„entrées"* – den glanzvollen Einzügen in die
Hauptstadt oder in Provinzstädte –, selbst bei den Begräbnissen, setzte sie Standards,
und in ganz Europa verwies sie publikumswirksam auf ihre übermenschlichen Fähigkeiten im Zusammenhang mit den Skrofelnheilungen. Andere Monarchien wie die
englische oder die schwedische mochten ähnlich weit zurückreichende „Genealogien"
– in den genannten Fällen bis zu Konstantin dem Großen und den Goten – für sich reklamieren: an die Vielfalt der Argumente, die für den Vorrang der französischen Könige vor allen anderen Monarchen sprachen, reichte das bei Weitem nicht heran. Vor
allem aber war es der gesamte Bereich der Kunst, mit dem seine Beamten die „Lichtgestalt" der französischen Monarchie, Ludwig XIV., „fabriziert" haben, um einen Begriff Peter Burkes aufzugreifen[28]: „Der Hofstaat Ludwigs XIV. hat sich in einer den Pro-
duktions- und Diffusionsbedingungen des Barockzeitalters vollkommen angepassten
Weise darauf eingestellt, die notwendige Absenz des Königs mit einer Fülle unterschiedlicher ‚Bilder' zu kompensieren".[29] Mit der „Verbildlichung" des Herrschers wurde seine Absenz substituiert.

Von diesem Ansatz her versteht es sich dann auch, dass die Kunst im hier zu behandelnden Zeitraum zuvörderst höfische Kunst war, erst in zweiter Linie stand die
bürgerliche Kunst der Niederlande und dann auch Englands. Der Hof war überall der
wichtigste Auftraggeber, somit der Hauptmäzen, und die Künstler richteten sich selbstredend an seinen Bedürfnissen aus. Der Barock, wenn man so will eine „Erfindung"
Italiens, strömt über von Monumentalität, Pathos und einer beachtlichen Portion
Theatralik. In gewisser Hinsicht kann man diese Elemente dann auch in der Musik –

---

26 K. Ahrens, Staatsporträt.
27 P. Sonnino, Louis XIV.
28 P. Burke, Fabrication. Das Buch erschien in deutscher Sprache unter dem Titel: Ludwig XIV. Die
   Inszenierung des Sonnenkönigs, Berlin 1993.
29 E. Hinrichs, Fürsten, 157.

in den Opern Lullys und Händels und in den Oratorien Bachs – sowie im Drama, insbesondere im stilbildenden französischen, wiederfinden. Das änderte sich im Übrigen nach dem Zeitalter Ludwigs XIV. nicht gründsätzlich; auch das Rokoko blieb mit seinen Hoftheatern, seinen Lustschlössern, seinem in fernöstlichen oder in heimischen Manufakturen produzierten Porzellan ganz wesentlich auf den Hof hin ausgerichtet, selbst wenn Chinoiserien in Ausnahmefällen von Bürgerlichen gesammelt worden sein mögen.

Entscheidend war, um es zu wiederholen, dass die europäischen Fürsten wesentliche Elemente der Herrschaftspraxis und des Herrschaftsbildes aus Frankreich übernahmen oder doch zu übernehmen suchten. Selbst die den französischen Königen seit Generationen reserviert und mit Distanz gegenüberstehenden Wiener Habsburger haben das Programm der „Verbildlichung" des Fürsten, das Prinzip der Substitution des präsenten Fürsten durch sein Bild, übernommen.[30] Sie reagierten auf den französischen Anspruch, das dortige Königtum stehe auf höherer Stufe als das „nur" auf einem Wahlvorgang beruhende römische Kaisertum, und sie orientierten sich, im Übernehmen und im bewussten Absetzen auch an Ludwigs XIV. Hof. Der Bourbone brauchte den Hof, um sich selbst zu stilisieren und seine Unvergleichlichkeit zu präsentieren: den Adligen des eigenen Reiches, den fremden Diplomaten, den vielen „Zaungästen" aus ganz Europa. Denn die Außenwirkung war vielleicht sogar der zentrale Aspekt von Ludwigs Selbstinszenierung; nach innen benötigte der König eine solche Stilisierung nicht mehr, trotz des Traumas der Fronde, also jenes Aufstands um 1650, den der junge Monarch unmittelbar erlebt und der ihn nachhaltig geprägt hatte. Von daher gewinnen die exorbitant hohen Kosten, die mit Versailles und dem ganzen „System" verbunden waren, die neue, gewissermaßen mächtepolitische Funktion, den ersten Rang und die nicht mehr zu übertreffende Dignität des französischen Königs zu unterstreichen. Versailles war für die französische Außenpolitik ein Pfund, mit dem sich exzellent wuchern ließ.

Das Imitieren des französischen Hofs, oder doch von Teilen desselben, stieß an eine „natürliche" Barriere: die Kosten. Es gibt Berechnungen darüber, wie viele Prozent des Etats Frankreich und die anderen Kronen jeweils für den Hof verausgabten, doch es macht wenig Sinn, diese Zahlen – in aller Regel unter 10 % des Haushalts – hier zu referieren, weil die Berechnungsgrundlagen durchaus differieren. Aber ob die verausgabten Summen 6, 8 oder 10 % ausmachten oder ob sich, wie bei Katharina II., im Lauf einer langen Regierungszeit signifikante Veränderungen, in diesem Fall Steigerungen, ergaben: in aller Regel waren sie überproportional hoch und rechtfertigten sich nur dann, wenn man diese Seite der Außendarstellung als einen zentralen Aspekt des Staatenwettbewerbs ansah. Entziehen konnte und wollte sich diesem Prozess zunächst kaum ein Gemeinwesen. Es kam deswegen einer kleinen Sensation gleich, als Friedrich Wilhelm I., der neue Herrscher des gerade eben erst zum Königreich avancierten und deswegen auf Wettbewerb vermeintlich besonders angewiesenen Staates Preußen unmittelbar nach seiner Amtsübernahme, die bezeichnenderweise schon keine kostspielige Krönung mehr einschloss, zum Prinzip strengster Sparsamkeit

---

30 Für Karl VI. vgl. F. Matsche, Kunst.

und des Verzichts auf alle Elemente des Herrscherkultes überging. In der zweiten Jahr-hunderthälfte sollte das Beispiel dann mehr und mehr Schule machen. Die neue De-vise vom „ersten Diener des Staates", der sich eine ganze Reihe aufgeklärter Fürsten verpflichtet fühlte, vertrug sich nicht mehr mit ludovizianischem Herrscherkult. Selbst ein Fürst wie Karl III. von Spanien, der noch ganz in der alten Tradition aufgewach-sen war, erklärte bei seinem Herrschaftsantritt 1759 klipp und klar, die Hofausgaben zugunsten von Heer und Marine drastisch reduzieren zu wollen.

2.1.4 Fürstenstaat und Verwaltung

Um es noch einmal zu unterstreichen: Versailles war nicht alles: die Habsburger blie-ben mit ihrer Hofburg in der Stadt und mit Schönbrunn ganz in der Nähe. Aber das Beispiel der ortsfesten, nicht städtischen und mehr oder weniger prächtigen Residenz war doch dasjenige, das die Maßstäbe setzte. Dieser Typus wurde auch deswegen zum Vorbild der Epoche, weil sich mit ihm untrennbar weitere wesentliche Momente ver-dichteter Staatlichkeit verbanden. Der erste Punkt war, dass der „Staat", wollte er denn im Konkurrenzkampf bestehen, einer effektiven Verwaltung bedurfte, die auf einen zentralen Fluchtpunkt – den Fürsten, den Hof – auszurichten war. Verwaltung war für zahlreiche europäische Gemeinwesen des 16. Jahrhunderts noch ein Mixtum aus fürstlichen und ständischen Kompetenzen gewesen, etwa was die Steuererhebung oder die Rekrutierung von Soldaten betraf. Es wurde geradezu ein Grundzug der mon-archischen Gemeinwesen Europas, die Mitwirkung der ständeparlamentarischen Gre-mien auf diesem Feld zurückzudrängen oder gar auszuschalten. Zum Teil gelang das übrigens erst relativ spät, in Österreich beispielsweise erst im Kontext der so genann-ten Haugwitzschen Reformen ab 1749. Deswegen galt der Habsburgerstaat vielen Be-obachtern und Theoretikern lange auch als ein Gemeinwesen, das hinter den Stan-dards der Zeit deutlich herhinkte. Dieser Prozess, aber auch generell der verstärkte Zugriff des Staates auf die Untertanen, führte zu einer gewaltigen Erhöhung der Be-amtenzahlen. Ausnahmen wie das russische Riesenreich, in dem ausgangs des 18. Jahrhunderts überaus bescheidene 27 000 zivile Funktionsträger tätig waren, be-stätigen die Regel. Für Frankreich wird die Zahl der Amtsträger (*officiers*) Mitte des 16. Jahrhunderts mit etwa 1 200 angenommen, gut einhundert Jahre später hat man bei vergleichsweise geringer Bevölkerungszunahme von 45 000 auszugehen.[31]

Solche Zahlen spiegeln indirekt auch wieder, wie sehr durch neue Institutionen und Gremien der Bedarf an juristisch geschulten Funktionsträgern hochgeschnellt war. Im Zuge der Rezeption des Römischen Rechts nahmen nicht nur Fachkompetenz und Bürokratisierungsgrad der Gerichte zu, sondern es wuchs auch deren Zahl: Im Heiligen Römischen Reich musste in jedem Territorium ein Instanzenzug eingerichtet werden, Voraussetzung jeder Appellation an eines der höchsten Reichsgerichte. Der sich verdichtende und seine Kompetenzen ausdehnende frühmoderne Staat hatte mehr als alle seine Vorgänger ein elementares Interesse daran, die Steuern auszuwei-ten, neue zu „erfinden" und vor allem mittels seiner Beamten „fließen" zu lassen. Das

---

31 Die Zahlen nach E. Hinrichs, Fürsten, 163.

spezialisierte Rätewesen nahm überall zu, also die Ausbildung von Behörden, die zu unterschiedlichen Zeiten von Vorformen zu Ministerien wurden. Die Ausbildung eines „Systems" ständiger, nicht nur fallweiser Diplomatien erforderte geschultes nachgeordnetes Personal, nicht nur einen (meist adligen) hochrangigen *Ambassadeur*, einen Botschafter. Der Staat engagierte sich mit mehr oder weniger großer Kompetenz in bisher eher staatsfernen Sphären wie etwa der Wirtschaft oder in Sphären wie dem Militärwesen, die vorher überwiegend in ständischer Regie gelegen hatten oder doch – im Fall der Heeresunterhaltung – noch nicht „*perpetua*", keine Daueraufgabe, gewesen waren.

Daraus folgt: Dieser Staat und sein Herrscher benötigten Geld, viel mehr Geld als je zuvor: um Heere aufbauen, Kriege führen, Repräsentationsbauten errichten, Handelskompanien fördern zu können und für vieles mehr. Der Weg zum „modernen" Staat war der Weg zum „Finanzstaat".[32] Mehreinnahmen ließen sich zum einen dadurch erzielen, dass man die mittleren Verwaltungseinheiten pauschal stärker zur Kasse bat. Aber dieser Weg war nur bis zu einem bestimmten Punkt begehbar, weil beim Überspannen des Bogens die Städte oder Provinzen finanziell kollabierten und damit für längere Zeiträume überhaupt ausfielen. Der zweite Weg bestand im Schuldenmachen, der bequemsten Lösung, weil man nicht gezwungen war, über das eigene Lebensende hinauszublicken. August der Starke war am Ende seines polnischen Königtums (1733) mit einer Summe verschuldet, die 35 Jahreseinkommen entsprach! Da es in den autokratischen und semi-autokratischen Gemeinwesen natürlich noch keine Instanz gab, die solchen ungebremsten Schuldenaufnahmen einen wirklichen Riegel vorschob, war das zugleich auch der gefährlichste Weg. Die verbreitete Übung deutscher Landstände, in Krisensituationen die Kammerschulden ihrer Fürsten gegen moderate Zugeständnisse ganz oder teilweise zu übernehmen, war nicht die europäische Norm. Die Praxis der ungebremsten Schuldenaufnahme war auch deshalb so gefährlich, weil manche Darlehensgeber Sicherheiten verlangten, die die Interessen des Staates nachhaltig tangieren konnten. 1701 nahm Karl XII. von Schweden, sicher nicht leichten Herzens, 750 000 Gulden bei den Generalstaaten auf. Sie ließen sich dafür als Sicherheit den Rigaer Zoll überschreiben. Überhaupt waren die Niederlande der große Geldgeber der Epoche. Sie fühlten sich in dieser Rolle auch ausgesprochen wohl, weil sie den eigenen politischen Niedergang leicht in den Hintergrund treten ließ.

Der dritte Weg bestand darin, neue Einnahmen zu „erfinden" und sie zugleich auf neu erworbene Gebiete auszudehnen. Diese Art des Vorgehens und die Tatsache, dass für eine Reihe von neuen Provinzen (Ukraine, Baltikum) eine lange fiskalische „Schonzeit" beendet wurde, ließen die russischen Einnahmen zwischen 1769 und 1795 von 19 auf 40 Millionen Rubel ansteigen. Bei den neuen Einnahmen ist vor allem an indirekte Verbrauchssteuern zu denken: auf Salz und Branntwein in Russland, auf Salz auch in den Niederlanden und in Frankreich (*gabelle*), auf Glas und Papier in Großbritannien. Wachsender Beliebtheit erfreuten sich die indirekten Steuern auf Luxuswaren: auf Gold- und Silberschalen, auf Kutschen und Pferde, die des Vergnü-

---

32 Vor allem W. Reinhard hat diese These immer wieder vertreten, nicht nur in seiner großen „Geschichte der Staatsgewalt", sondern auch schon in seinem Beitrag in: R. G. Asch/H. Duchhardt (Hg.), Absolutismus.

gens wegen angeschafft wurden, auf Jagdhunde und Handschuhe, auf Sportwaffen, Parfüm und Haarpuder, um nur einige der in England unmittelbar nach dem Abschluss des Amerikanischen Unabhängigkeitskrieges eingeführten Luxussteuern zu nennen.

Diese „Explosion" indirekter Steuern in England nach 1783 erklärt sich aus der fiskalischen Zuspitzung, war aber nicht typisch. Viel besser war England lange damit gefahren, vom Parlament beschlossene Kreditaufnahmen seinen eigenen Bürgern anzubieten, die gegen – tendenziell im 18. Jahrhundert überall zurückgehende – Zinsen von etwa 3 bis 5 % zeichneten im festen Vertrauen darauf, nach der Rückkehr zur Normalität das Geld zurückzuerhalten. Dies Modell war allerdings nur in solchen Staaten möglich, in denen ein kapitalkräftiges Bürgertum vorhanden und das Vertrauen zwischen Regierung/Krone und Untertanenschaft wirklich über jeden Zweifel erhaben war.

Man muss zweierlei festhalten. Zum einen: Übermäßig erfinderisch im Sinn des Erschließens neuer Finanzquellen war das 18. Jahrhundert nicht, konnte es vielleicht auch gar nicht sein, weil sich die fast gleichzeitigen Finanzkrisen um 1720 in Frankreich und Großbritannien phantasie- und innovationshemmend auswirkten. Und zum anderen: Die hohe Verschuldung, wenn nicht sogar Überschuldung war ein gemeinsames Charakteristikum der meisten europäischen Staaten. Ein Staat wie Preußen, dessen dritter König 1740 schon einen Staatsschatz von 10 Millionen Talern übernommen hatte und diesen trotz einer an die Existenz gehenden Außen- und Innenpolitik bis zum Ende seiner Regierungszeit (1786) auf 51 Millionen anwachsen ließ, war für die Epoche eine absolute Ausnahme.

Aber auch für die Verwaltung des Mangels benötigte man Beamte, nicht nur dort, wo ein „Juliusturm' zu bewachen war. Woher sie – und all die anderen Männer, die den Staat „verdichten" sollten – rekrutieren? Die Einrichtungen, die Universitäten[33] standen im Prinzip bereit, sie mussten nur noch im Sinn zukünftiger „Kaderschmieden" modernisiert und auf die Staatsbedürfnisse ausgerichtet werden. Auch das war ohne neue „Planstellen" nicht zu erreichen. Um absolut loyale und an den spezifischen Bedürfnissen des Landes orientierte Funktionsträger zu gewinnen, wurde in weiten Teilen Europas der Besuch der eigenen Universitäten zur Pflicht gemacht. Freilich gab es von dieser Faustregel auch Ausnahmen: für eine Karriere im *Stato di Milano* beispielsweise war der Besuch der „Landesuniversität" Pavia nicht zwingend vorgeschrieben. Die Universitäten waren auch insofern für den Prozess sich verdichtender staatlicher Administration unentbehrlich, als ihre Professoren „nebenamtlich" zu konsultativen Tätigkeiten in den Regierungsbehörden herangezogen wurden. Diese Beanspruchung erfolgte beileibe nicht nur in den fachnahen Gebieten: der Mediziner Gerard van Swieten reformierte in Maria Theresias Auftrag das gesamte österreichische Universitätswesen und übte zudem maßgeblichen Einfluss auf das Zensurwesen aus. Schließlich erforderten die territorialen Verschiebungen, also der Zugewinn neuer Provinzen und deren Integration, Beamtenpersonal, einmal ganz abgesehen von den Stellen, die die in Außereuropa engagierten Staatlichkeiten zusätzlich zu schaffen hatten. Gründe für die Ausweitung des Beamtenapparats gab es also genug.

---

33 Grundlegend: F. Cadilhon u. a. (Hg.), Universités.

Dem sprunghaft wachsenden Bedarf an Beamten stand freilich noch keine entsprechende Professionalisierung gegenüber. Abgesehen von der an den meisten Universitäten nach wie vor unerlässlichen Pflicht, zunächst die Artistenfakultät zu durchlaufen, über die die weitaus meisten Studierenden nicht hinauskamen, fand das Ancien Régime im Allgemeinen – Preußen mit seiner juristischen Prüfungsordnung von 1755 bestätigt nur die Regel – noch nicht zu Studien- oder Prüfungsordnungen. Im Übrigen war auch die Besoldung der Universitätslehrer, die häufig noch Naturalien umfasste, keineswegs geregelt. Das war einer von mehreren Gründen dafür, dass sich parallel zum wachsenden Bedarf an universitär gebildeten Beamten eine Art akademisches Proletariat zu bilden begann. Die Betroffenen suchten sich befristet oder auf Dauer durch Gelegenheitstätigkeiten, etwa als Hauslehrer, über Wasser zu halten, die fehlende Perspektive führte aber dazu, dass sie sich nicht selten radikalisierten und über die Schriftstellerei, in aller Regel natürlich systemkritisch, artikulierten.

Damit erhob sich zugleich auch die Frage der Finanzierung dieses personalen Teils der Verwaltung; denn Verhältnisse wie in Russland, wo nach Peters I. Tod nur noch eine Handvoll höherer Beamter aus „öffentlichen Mitteln" besoldet wurde, wollte im Grunde niemand. Gewiss, an der Steuerschraube konnte eine Zeitlang gedreht werden, und über eine gewisse Kreativität beim „Erfinden" von Abgaben verfügten die frühneuzeitlichen Staaten allen oben gemachten Einschränkungen ungeachtet natürlich immer. Aber hier wurde irgendwann dann doch ein Punkt des „Bis hierher und nicht weiter" erreicht. Einen Ausweg sah man in nahezu allen Staaten Europas darin, in Weiterentwicklung eines traditionellen Instrumentariums die Beamten durch die materielle Nutzung ihrer Amtspfründen zumindest teilweise zu entlohnen. Wenn es sich dabei um bloße Sporteln oder Anteile an Kirchenpfründen handelte, mochte das angehen, problematisch wurde das System immer dann, wenn Fürsten und Staaten zum unverhüllten Ämterhandel übergingen. Am krassesten etablierte sich das System des Ämterhandels in Frankreich, wo es für die Krone sogar zu einem Mittel wurde, den Staatshaushalt kurzfristig zu sanieren. Formalisierter Ämterhandel ging natürlich noch um ein ganzes Stück über das hinaus, was generell und europaweit bei der Besetzung von Beamtenpositionen gang und gäbe war: ein relativ hohes Maß an Einsatz und Nutzung von Protektions- und Klientelbeziehungen, an denen in der Vormoderne ernsthaft kaum jemand Anstoß nahm.[34]

Schon allein dieses Phänomen macht das Zögern verständlich, dem im 18. Jahrhundert gebildeten Begriff „Bürokratisierung" all jene Konnotationen beizulegen, die ihm heute innewohnen: ein ganz spezifisches Ethos der Amtsträger, keine Interessenüberlappungen oder -kollisionen, große Distanz gegenüber allen Versuchen von dritter Seite, ihnen durch finanzielle oder Sachleistungen das Leben leichter zu machen. Der Beamte war noch kein seinem Souverän bedingungslos und bis ans Ende seiner Tage ergebener Diener, sondern ein Mann, der, ungeachtet seiner ein besonderes Vertrauensverhältnis, sogar eine gewisse Intimität und Teilhabe an einem exklusiven Herrschaftswissen assoziierenden Titel, etwa Geheimer Rat oder *Secretarius*, über dem Amt seine wirtschaftlichen und sozialen Interessen nicht aus dem Auge verlor.

---

34 Zum Forschungsstand: A. Mączak, Klientelsysteme.

Der Wechsel von dem einen zum anderen Dienstherrn war deswegen auch gar nicht selten. Das Stichwort „Korruption" darf in diesem Kontext nicht völlig unter den Tisch fallen, auch wenn die Frühe Neuzeit damit noch längst nicht jenes Menetekel verband, das ihm heute zu eigen ist. Selbst in Preußen fand im zweiten Jahrzehnt des 18. Jahrhunderts ein „Außenminister", Heinrich Rüdiger von Ilgen, nichts Anstößiges daran, von Frankreich eine Pension zu beziehen.

Die Beamten wurden für die jeweilige Krone aber nicht nur ihrer kontinuierlich wachsenden Zahl und damit ihrer Besoldung wegen zu einem Problem, sondern auch ihrer unverkennbaren Tendenz zum Zusammenschluss, ja zur Bildung neuer Klassen. In Spanien müssen die *letrados* als eine Art neue Klasse bewertet werden, das waren geschulte Juristen, die sowohl dem Kleinadel als auch dem städtischen Bürgertum entstammten, und ein so kritischer Beobachter wie Montaigne bezeichnete im ausgehenden 16. Jahrhundert die französischen *officiers* ohne jede Einschränkung als „vierten Stand".[35] Die Staatsdiener, die natürlich nicht mehr in jene sozialen Schichten absinken wollten, aus denen sie erwachsen waren, tendierten dazu, ihre Belange vehement zu verteidigen. Solange die Fürsten glaubten, das Aufblähen und die Formierung einer im bürgerlichen Bereich wurzelnden Beamtenschaft als Gegengewicht gegen den Adel akzeptieren oder gar fördern zu sollen, warf dieser Formationsprozess keine Probleme auf, wohl aber dann, wenn die Fürsten daran gingen, die Beamtenschaft ihres eigenen Gemeinwesens wieder zu „verschlanken" beziehungsweise funktionstüchtiger zu machen. Am einprägsamsten ist hier erneut das französische Beispiel. Ludwig XIII. und vor allem Ludwig XIV. versuchten, den inzwischen verkrusteten und effizienter Verwaltungsarbeit entwöhnten provinzialen Beamtenkorporationen ein neues, an den Intendanten ausgerichtetes System von Funktionsträgern entgegenzustellen, das sie zunächst „nur" kontrollieren sollte, das ihnen dann aber hierarchisch klar übergeordnet wurde. Die alten Beamtenkorporationen wurden zwar nicht abgeschafft, ihre Stellung aber so untergraben, dass sie nach einiger Zeit sich meist wohl selbst umorientierten und im Sektor der Staatsfinanzierung neue Aufgaben übernahmen. Frankreich ist im Übrigen auch das beste Beispiel dafür, dass und wie Beamtenkorporationen am Ende gar zu einem Sammelbecken und Sprachrohr oppositioneller Tendenzen werden konnten, die zwar nicht das monarchische System an sich, wohl aber sein Status-quo-Denken und seine Verkrustung in Frage stellten.[36]

Frankreich ist darüber hinaus zugleich das schlagendste Beispiel für die Perversion des an sich auf absoluter Loyalität und einem spezifischen Ethos beruhenden Beamtentums: des Ämterkaufs. Das Verständnis des Amtes als eines potentiell vererbbaren, somit persönlichen Eigentums war im Prinzip ein gesamteuropäisches Phänomen, es konnte jedoch, von wenigen Ausnahmen (Aragon) abgesehen, weitgehend zurückgedrängt werden. Nicht so in Frankreich, wo es am Vorabend der Revolution noch 50 000 Inhaber käuflicher Ämter gab, wobei diese Zahl den königlichen Haushalt, das Militär und den Finanzbereich noch nicht einmal einschließt. Selbst Männer, die sich wenig später an die Spitze der revolutionären Bewegung stellten wie etwa Danton, waren Inhaber königlicher Ämter, die sie käuflich erworben hatten. Immerhin wird

---

35 Vgl. E. Hinrichs, Fürsten, 164.
36 Vgl. u. a. L. Bély, France, Kap. 24.

man eine gewisse Gegenbewegung im Vorfeld der Revolution zu registrieren haben, die vor allem im Militärwesen bei den Offiziersstellen durchzuschlagen begann. Auf jeden Fall ist festzuhalten, dass das monarchische System ohne einen mehr oder weniger ausgeprägten vertikalen bürokratischen Befehlsstrang und einen breiten Unterbau kronloyaler Funktionsträger nirgendwo funktionierte. Es gab allenfalls Unterschiede darin, inwieweit es gelang, den Adel stärker in dieses Verwaltungssystem zu integrieren (Modell Preußen) oder ob die Administration die Domäne des Bürgertums war und blieb. Selbstverständlich drängten auch alle bürgerlichen Verwaltungseliten nach einer gewissen Zeit zur Nobilitierung, ob man nun an die deutschen Reichskammergerichtsassessoren oder die französischen Parlamentsrichter denkt. Preußen ist paradoxerweise übrigens auch für das „bürgerliche" Moment das überzeugendste Beispiel, weil es dort der Krone am besten gelang, der bürgerlichen Beamtenschaft ein ganz spezifisches Ethos zu vermitteln und ihr zu assoziieren, sie stünde der Krone ganz nahe und diene ihr ganz direkt.

Im Auge zu behalten ist bei diesen pauschalen Aussagen, dass es selbst den ausgesprochen zentralistischen und autokratischen Staaten kaum je gelang, bis auf die lokale Ebene durchzustoßen. Der Bürokratisierungsprozess kam in der Regel über die mittlere Verwaltungsebene nicht hinaus, so dass man sich wohl oder übel damit zu begnügen hatte, auf der unteren Verwaltungsebene die gewählten örtlichen Funktionsträger als eine Art Ersatzbeamtentum zu akzeptieren. Sie regulierten die kleineren (Eigentums- und Sexual-) Delikte des Alltags, sofern hier nicht kirchliche Funktionsträger (Sendgerichte) tätig wurden, und organisierten das niedere Schulwesen. In Preußen beispielsweise, dem vermeintlichen Paradebeispiel effektiver Bürokratisierung, erreichte der „Staat" nie die Ebene der Rittergüter. Zu beachten bleibt auch, dass das mehr oder weniger entschlossene Bemühen der Kronen und Regierungen, den Adel zu einem Stützpfeiler des gesamten Beamten- und Verwaltungssystems zu machen, längst nicht immer zum gewünschten Erfolg führte. Im Prinzip wurden dem Adel überall Laufbahnvorteile eingeräumt, in der Frage seiner juristischen Qualifikation drückte man gern ein Auge zu, zumindest so lange, bis nach der Mitte des 18. Jahrhunderts allmählich, zuerst in Preußen, zentrale Prüfungen in Übung kamen. Aber der Adel ließ sich nirgendwo völlig auf diese Weise domestizieren, ebensowenig wie er sein gewohntes Sozialverhalten (Duelle, libertinäres Sexualverhalten, Behandlung der Abhängigen) nur höchst widerstrebend und nie zur Gänze dem staatlicherseits dekretierten Normengerüst unterordnete. Dabei war ihm freilich immer bewusst, dass die Verwaltung und der Offiziersdienst zwei besonders elegante Wege waren, um aus dem ihm seit langem geläufigen Dilemma von Statusanspruch einerseits und knappen Kassen andererseits herauszukommen.

Keine Regel ohne Ausnahme: Das gezeichnete Bild versteht sich für die großen monarchischen Flächenstaaten Alteuropas, aber für Polen, wo die „staatliche" Bürokratie lange defizitär blieb und ein Regierungskollegium, aufgeteilt in fünf Departements, erst 1764/65 entstand, oder für Russland, wo die Zahl der Beamten 1763 gerade einmal 16 500 erreicht hatte und wo die Krone nur dadurch bei der verwaltungsmäßigen Durchdringung des Riesenreiches weiterkam, dass sie die Grundherren verpflichtete, aus ihren eigenen Reihen Unterbeamte zu wählen, und auch für die kleinen und mittleren deutschen Fürstenstaaten ergibt sich ein deutlich differenter

Befund. In den von der Größe, der Bevölkerungszahl und auch vom politischen Anspruch her überschaubaren Gemeinwesen, deren Häupter sich in patriarchalischer Weise meist in eigener Person um die „gute Policey" und das geistlich-moralische Wohl ihrer Untertanen sorgten, war ein aufgeblähter Beamtenapparat die große Ausnahme. Die landesfürstlichen Beamten waren zudem im Allgemeinen gut besoldet und besaßen die fachliche Kompetenz für mehrere Bereiche der Staatsverwaltung, sie wurden dementsprechend auch rotierend eingesetzt. Was sie mit ihren Kollegen außerhalb der „gut geordneten Policeystaaten" (Marc Raeff) verband, war ihre Aufgeschlossenheit gegenüber Reformen. Die Umsetzung von Forderungen und Denkgebäuden der Aufklärung in praktische Politik ist ohne die anstoßende und tragende Mitwirkung der Beamten gar nicht vorstellbar. Das gilt für Preußen ebenso wie für Baden, das gilt für Dänemark ebenso wie für Sachsen-Weimar, wo der landfremde Minister Goethe Akzente zu setzen suchte. Man kann generell, auch über die genannten Beispiele hinaus, dieses Faktum nicht stark genug unterstreichen: Ein „aufgeklärter Absolutismus", um diesen problematischen Begriff einmal zu verwenden, wäre ohne die an den Universitäten geschulte, oft in aufgeklärte Zirkel integrierte Beamtenschaft überhaupt nicht denkbar gewesen. Die Beamten waren in aller Regel Motoren, nicht bloß Mitläufer von Reformen.

Auch England zeigt einen eher atypischen Befund: Hier spielte das Studium an einer der beiden Universitäten (Cambridge, Oxford) für die Aufnahme in den Verwaltungsdienst in der Regel keine Rolle, und zudem konzentrierten sich die fest angestellten Staatsdiener dort auf die Bereiche Steuer- und Finanzverwaltung. Das heißt aber nicht, dass die Zahlen der Staatsbeamten deutlich unter dem Durchschnitt geblieben wären.

2.2   Die Beziehungen zwischen den Staaten: Krieg, Frieden, Völkerrecht

Wenn man jene Momente benennt, die aus dem Kontinent eine Einheit machten oder die doch zumindest Prozesse der Integration und der Bildung eines europäischen Bewusstseins beförderten, wird man den Krieg und das sich allmählich ausformende Völkerrecht nicht ausklammern dürfen.

2.2.1 Kriegstypen

Die zweite Hälfte des 17. und das 18. Jahrhundert waren ausgesprochen kriegerische Zeiten – weniger tintenklecksende als blutvergießende. Man hat in geradezu buchhalterischer Weise ermittelt, dass es im 17. Jahrhundert nur ein einziges Jahr und im 18. nur wenige mehr gab, die völlig kriegfrei waren. Der Vergleich mit dem 19. Jahrhundert, in dem die krieglosen Phasen vor allem in der ersten Hälfte deutlich überwogen, ergibt einen Befund, der den Blick auf Wesen und Natur des Krieges lenkt. Kriege wurden in jenen stark fürstenbezogenen *Saecula* begonnen gekränkter Eitelkeiten und des Zuwachses an *gloire* wegen, wegen des Kommerzes als der vermeintlichen Quelle allen Reichtums und aus Gründen der territorialen Arrondierung, nicht zuletzt wegen dynastischer Defizite, also wegen des Fehlens nachfolgeberechtigter Kinder oder wegen strittiger Testamente. Bei dieser Auflistung vermisst man das konfessionelle Moment, das im zurückliegenden Jahrhundert ein wesentliches Motiv für innere und äußere Konflikte gewesen war. Sie lässt daher auf eine gewisse Modifikation der Staatenpolitik schließen, und spiegelt indirekt auch wider, dass „Krieg" in der hier zu behandelnden Epoche ausschließlich Sache des souveränen Staates war. Souveränität, das Gewaltmonopol nach außen und selbstverständlich auch nach innen, wurde geradezu über das Recht, Krieg zu führen, definiert. Die Zeiten, als intermediäre Kräfte, etwa Stände oder Städtebünde, das Kriegsrecht beanspruchten und wahrgenommen hatten, waren Mitte des 17. Jahrhunderts Vergangenheit.[1]

Ob die an sich treffende Metapher vom Krieg als dem Sport der Könige weiter diskutiert werden soll, bleibe hier dahin gestellt. Ohne Frage war es aber immer der Monarch, der die außenpolitischen Entscheidungen traf, oft durchaus zum Leidwesen seiner Minister, die in gegebener Situation einen Kriegseintritt häufig als den Interessen des Staates zuwiderlaufend ansahen. Das Paradebeispiel ist Ludwigs XIV. Entschluss, eine Art Straffeldzug gegen die Niederlande zu unternehmen, weil sie die „Kühnheit" besessen hatten, sich im Devolutionskrieg an die Seite Spaniens zu stellen und damit der Politik des Königs zu opponieren. Einige der Minister, allen voran Colbert, hielten dafür, dass ein Krieg für die ohnehin angespannten Finanzen Frankreichs fatale Folgen haben müsse und damit kontraproduktiv wäre.[2] Aber es könnte in diesem Zusammenhang auch auf Friedrich II. von Preußen verwiesen werden, der sich im Dezember 1740 entgegen dem ausdrücklichen Rat maßgeblicher Minister zur Okkupation Schlesiens entschloss.[3]

Diese Letztzuständigkeit des Monarchen für den Krieg und für alle Entscheidungen von „nationaler" Tragweite macht es verständlich, warum öffentliche Kritik nach wie vor ein heikles Unternehmen blieb. Die Kabinette und Höfe pflegten das Konstrukt, dass alle Außenpolitik geheim, ein *arcanum* sei, das sich der Presse und der Wissenschaft verschließe. Außenpolitik galt als ein exklusiver Reservatbezirk des Fürsten und war deshalb grundsätzlich nicht kritisierbar. Dies war im Übrigen einer der Gründe, warum es in weiten Teilen Europas erst recht spät zur Ausbildung einer Wissenschaftsdisziplin „Internationale Beziehungen" kam. Im Deutschen Reich etwa war das ein zäher Prozess, der sich von Conrings Privatvorlesung von 1660 bis zu einer wegweisenden Veröffentlichung von Christian Gottfried Hoffmann (1720) hinzog.[4] Um so mehr unterschieden sich Staaten wie Großbritannien und die Niederlande, wo die Presse einen ständigen Legitimationsdruck erzeugte[5] und wo alle außenpolitischen Entscheidungen von einiger Tragweite Sache der Ständekörperschaften, also des Parlaments und der Generalstaaten, waren, von diesem normalen Standard.

Die erwähnten Kriegsgründe können als typisch für den hier zur Diskussion stehenden Zeitabschnitt angesehen werden. *Gloire* und Reputation waren für den Ba-

---

1 Dies ein wichtiges Ergebnis von J. Fisch, Krieg und Frieden, bes. 271.
2 Dazu P. Sonnino, Louis XIV.
3 Vgl. u. a. Th. Schieder, Friedrich der Große, 141ff.
4 Vgl. H. Duchhardt, in: S. Externbrink/J. Ulbert (Hg.), Internationale Beziehungen.
5 Dazu etliche Aufsätze von J. Black u. a.: Press and Politics.

rockfürsten Schlüsselworte seines Selbstverständnisses, und wenn er sie in Frage gestellt glaubte, reagierte er aggressiv. Auch hierfür ist Ludwig XIV. das eindrücklichste Beispiel, wenn er kurz nach seiner Entscheidung, nach Mazarins Tod ohne „Premierminister" zu regieren, einen mehr oder weniger provozierten diplomatischen Zwischenfall in Rom zum Anlass nahm, Avignon und die Grafschaft Venaissin zu okkupieren, oder wenn er sich von einem unerwartetes Bündisverhalten kleinerer Staaten derart herausgefordert fühlte, dass er mit der größtmöglichen und alle zeitgenössischen Beobachter konsternierenden Härte und Brutalität gegen sie vorging: Die Bombardierung und Demütigung Genuas 1684 führte zu einem Aufschrei der Empörung in ganz Europa. Aber das Moment der *gloire* und die gekränkte Eitelkeit spielten auch bei der Entscheidung verschiedener europäischer Herrscher, sich 1756 in eine Anti-Friedrich-Koalition zu begeben, eine maßgebliche Rolle.

Schon die niederländisch-englischen Seekriege der 1650er und 1660er Jahre waren im Kern Konflikte um den Kommerz gewesen.[6] Seit dem Neunjährigen Krieg (1688–1697) wohnte jeder multilateralen Auseinandersetzung eine überseeische Komponente inne. Ihm selbst war diese Komponente erst zugewachsen, zugrunde lagen diesem dann europäische Dimensionen annehmenden Krieg vielmehr pfälzische Erbangelegenheiten, eine strittige Kölner Erzbischofswahl, die Entwicklung in England und die Entlastung der Osmanen.[7] Man wird zwar die Tatsache, dass nach Ansicht der Zeitgenossen Europa und Übersee als zwei getrennte Rechtsbezirke galten und völkerrechtliche Gegebenheiten hier nicht unbedingt auch dort gültig waren (*„no peace beyond the line"*), nicht außer Acht lassen dürfen.[8] Aber es ist ein Faktum, dass die europäischen Kriege seit dieser Zeit verstärkt mit denselben Konstellationen in den Kolonien fortgesetzt wurden und dass die europäischen Friedensverträge seit Rijswijk (1697) auch vermehrt Bestimmungen enthielten, die für die Kolonien und den Kommerz relevant waren, wie etwa veränderte Zugehörigkeiten der Kolonien oder Handelstarife und -monopole. Das schloss die Verständigung der Handelskompanien als quasi-souveräner Organe und/oder als Repräsentanten einer Kolonialmacht in Außereuropa untereinander und auf direktem Weg nicht aus. Seit Rijswijk war jedoch klar, dass erhebliche Veränderungen in Außereuropa der Zustimmung der ganzen Staatenfamilie, die auf den europäischen Friedenskongressen präsent war, bedurften.

Kriege, die der territorialen Arrondierung wegen geführt wurden, sind für die hier zu betrachtende Zeitspanne der europäischen Geschichte noch nicht die Norm, aber sie dürfen bei einer Typologie auch nicht völlig vernachlässigt werden. Die weitaus meisten Staaten Alteuropas waren im Prinzip Status-quo-Staaten, also Gemeinwesen, für die eine territoriale Expansion zumindest nicht im Mittelpunkt ihres politischen Denkens stand. Von dieser Faustregel gilt es aber etliche Staaten auszunehmen – nicht für den ganzen hier zu betrachtenden Zeitraum, wohl aber für kürzere oder etwas längere Zeitabschnitte: Schweden wäre hier zu erwähnen, das unter dem Druck eines „stehengebliebenen" Heeres schon seit den 1650er Jahren sein Imperium mehr oder

---

6 Dazu neuestens J. R. Jones, Anglo-Dutch Wars.

7 Vgl. H. Duchhardt u. a. (Hg.), Friede von Rijswijk.

8 In den frühen 1950er Jahren hatte Carl Schmitt diesem Thema eine stark beachtete Studie gewidmet. Sie wurde durch J. Fisch, Europäische Expansion, erheblich relativiert.

weniger konsequent auf der südöstlichen Ostseeküste auszubauen suchte und das auch im (Zweiten) Nordischen Krieg noch einmal von der Defensive zur Offensive überging. Russland hat genannt zu werden, das seit Peter dem Großen die territoriale Expansion in nördlicher und südlicher Richtung wegen des Anschlusses an den internationalen Kommerz zu einem Leitmotiv seiner Gesamtpolitik machte – von der Expansion in östlicher Richtung ganz zu schweigen. Preußen sollte nicht übersehen werden, auch wenn sich nach dem Erwerb Schlesiens die expansive Politik auf bescheidene und zudem eher rechtlich denn militärisch zu verwirklichende Ziele (Westpreußen, fränkische Markgraftümer) reduzierte. Auch Savoyen wäre zu beachten, das seine ohnehin schon gegebene geostrategische Schlüsselstellung durch oberitalienische Zugewinne zu optimieren suchte. Nicht zuletzt aber denkt jeder, der mit der Epoche einigermaßen vertraut ist, an Frankreich.

Es hat im Frankreich Ludwigs XIV. von Louvois, von Vauban und von anderen sehr grundsätzliche Überlegungen zur Wünschbarkeit und zu den Methoden der Arrondierung des Reiches gegeben, die es sicherer machen sollten: die Eliminierung potentieller Einfallstore spielte hier eine Rolle, der Erwerb „natürlicher", durch Flussläufe oder Hochgebirge gezogener Grenzen, die Abschaffung sich überlappender rechtlicher Zuständigkeiten – das Stichwort Reunionen muss hier genügen. Die „Französisierung" Lothringens mag als Beispiel für den erstgenannten Faktor stehen, auch wenn die französische Politik hierfür einen besonders langen Atem brauchte: Langjährige Besetzungen (1633–1661, 1670–1697) wurden abgelöst von Restitutionen an die angestammte Dynastie (1697) und von den wiederholten Versuchen, dieser einen Ländertausch (Mailand, Toskana) schmackhaft zu machen; er ist dann schließlich 1736 zustandegekommen.

Die Lösung der Roussillon-Frage im französischen Sinn steht für den zweiten Gedankengang. Da sich, bezogen auf den ganzen zu behandelnden Zeitraum, im Norden des Hexagons Frankreich die „natürliche" Grenze besonders schwer herstellen ließ, waren die Konflikte hier durchgehend bis in den Siebenjährigen Krieg hinein am intensivsten. Auch die „Vaubanisierung" Frankreichs, also die „Verfestigung" der französischen Außengrenzen durch ein ganzes Fortifikationssystem, geht auf das Verlangen nach größerer Sicherheit zurück.

In dem aus der dynastischen Krise erwachsenden Konflikt ist ein besonderes Charakteristikum der Epoche gesehen worden.[9] Das 17./18. Jahrhundert gilt als besonders „spannende", aber auch als zähe Übergangsphase von einem noch ganz dynastisch geprägten Staatsverstandnis, demzufolge heterogene Herrschaftsrechte nur durch eine Kraft zusammengehalten wurden, nämlich durch die Dynastie, hin zu einem transpersonalen Staatsverständnis, bei dem von der Dynastie abstrahiert wird. Aber gerade weil dieser Vorgang kein geradliniger und schneller Prozess war, wurden die biologischen Defizite in Herrscherfamilien für das Zeitalter zu einem großen Problem. Natürlich waren auch im ausgehenden 16. und frühen 17. Jahrhundert Dynastien zu ihrem Ende gekommen – es sei an die französischen Valois oder die englischen Tudors erinnert –, aber das hatte in keinem Fall zu internationalen Konflikten geführt. Was sich

---

9 Dazu insbesondere J. Kunisch, Staatsverfassung.

nun änderte: Das drohende Aussterben der spanischen Habsburger im Mannesstamm beschäftigte die Mächte über Jahrzehnte und endete aller Vorsorgemaßnahmen ungeachtet dann doch mit einem langen Krieg. Auch das absehbare Ende der männlichen Linie des Hauses Österreich bewegte das Reich und Europa über mehr als zwei Jahr-

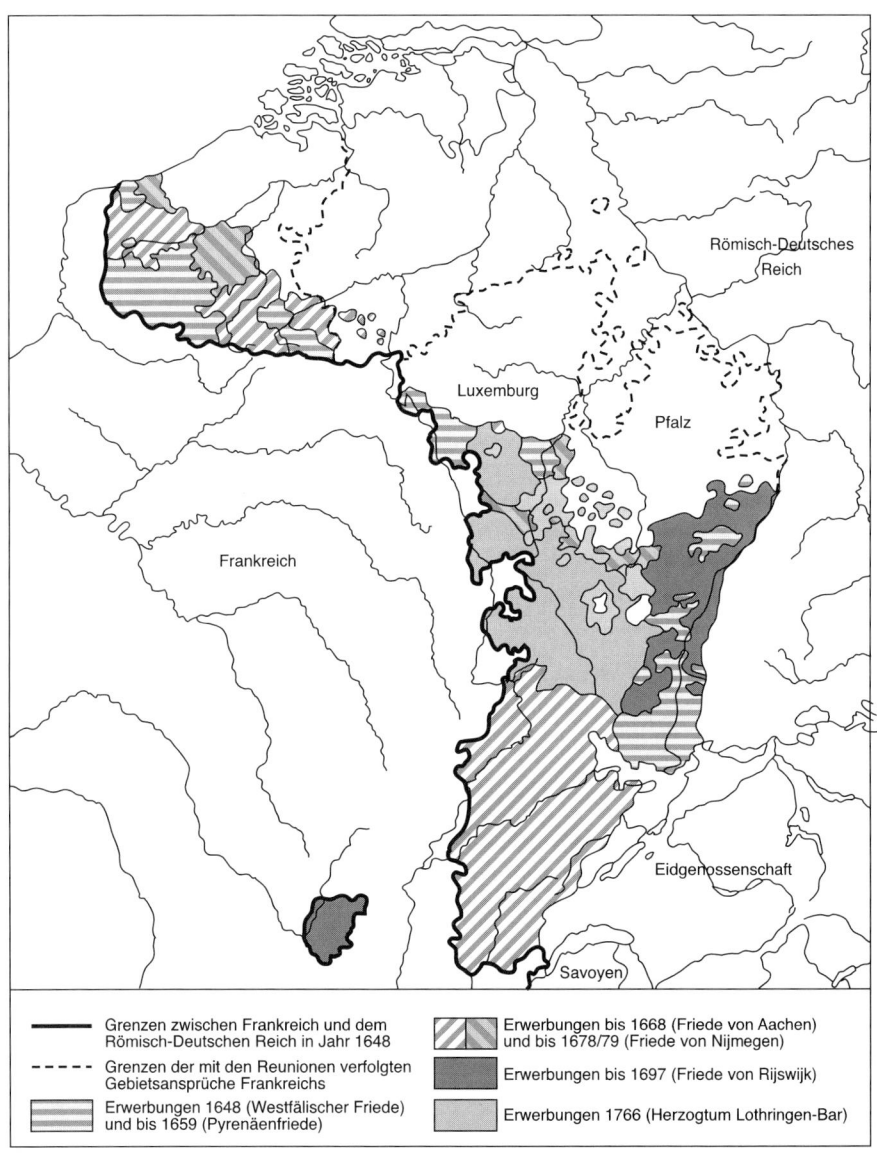

—— Grenzen zwischen Frankreich und dem Römisch-Deutschen Reich in Jahr 1648	Erwerbungen bis 1668 (Friede von Aachen) und bis 1678/79 (Friede von Nijmegen)
- - - - Grenzen der mit den Reunionen verfolgten Gebietsansprüche Frankreichs	Erwerbungen bis 1697 (Friede von Rijswijk)
Erwerbungen 1648 (Westfälischer Friede) und bis 1659 (Pyrenäenfriede)	Erwerbungen 1766 (Herzogtum Lothringen-Bar)

Abb. 2: *Frankreichs Ostgrenze 1648–1766.*

zehnte. Eine freilich nicht nur biologisch bedingte Krise des Hauses Stuart führte zu einem Krieg, gleiches gilt für das Erlöschen der bayerischen Linie der Wittelsbacher. Angesichts der vielen überraschenden Todesfälle im Haus Bourbon während der letzten Lebensjahre Ludwigs XIV. hätte man sich ohne allzu große Phantasie auch einen entsprechenden Konflikt in und um Frankreich vorstellen können. Da die Regentschaftsregierung in Frankreich besonders verbreitet war und sich seit dem mittleren 16. Jahrhundert überhaupt niemals ein Kronübergang auf „normalem" Weg vollzogen hatte, war dort zudem geradezu eine Tradition gewachsen, Personalveränderungen auch zu innerstaatlichen Veränderungen zu nutzen.

Aber auch aus dem Wechsel der Dynastien resultierten Unsicherheiten und nicht selten Konflikte. Das gilt in besonderem Maß für den Übergang der spanischen Krone an einen Bourbonenfürsten, aber das gilt auch für die Braganza in Portugal oder das Haus Hannover in London. Ihre Herrschaft wurde von der Staatenfamilie lange Zeit für instabil gehalten, ja sie wurden sogar mit direkten Interventionen von außen konfrontiert. Nur dort, wo ein Dynastiewechsel von einem allgemeinen Konsens der Staatenfamilie getragen wurde, etwa beim „Tausch" Lothringens, das 1736 an den polnischen Exkönig Stanisław Leszczynski überging, gegen die Toskana, die an den lothringischen Herzog gegeben wurde, scheint es keine ernsthaften Akzeptanzprobleme gegeben zu haben (lässt man die möglichen Reaktionen der betroffenen Untertanen hier einmal außer Betracht).

Der dynastische Fokus war jedoch immer nur der eine – obschon zentrale – Kern der Kriege des 17./18. Jahrhunderts. Der andere waren die Emotionen, die der Krieg bei den Untertanen freisetzte, selbst wenn nicht alle gleichmäßig davon betroffen waren: Die Feindbildstereotypen, die den kriegerischen Nachbarn zum Gegenbild der eigenen menschlichen und physischen Qualitäten stilisierten und reduzierten, wurden bei Gelegenheiten dieser Art immer wieder belebt. Kriege waren der Humus nationaler Stereotypen, von denen auffällig viele – etwa das Englands von Frankreich, das „Deutschlands" von Frankreich, das Polens von Russland – gerade in der hier zu behandelnden Epoche ihren Ursprung haben.

So „normal" Kriege für die Zeitgenossen waren – die Menschen des 17. Jahrhunderts hatten nicht selten in ihrem ganzen Leben nichts als Kriege zu erdulden –, so sehr versuchte man sie zu verhindern: Man schloss große Allianzen, von denen man annahm, sie würden jeden potentiellen Aggressor abschrecken, und man baute Befestigungssysteme an den Grenzen. Hier soll neben dem Vaubanschen Festungsgürtel um Frankreich vor allem die österreichische Militärgrenze zum Osmanischen Reich interessieren: Dabei handelte es sich um ein System von Wehrbauern, das sich zu etwa je 40 % aus Walachen und Serben sowie aus Deutschen rekrutierte. Die alles in allem rund eine Million Menschen wurden von der Wiener Hofburg gezielt angeworben, natürlich mussten ihnen Privilegien, etwa Glaubensfreiheit oder Steuerreduktionen, eingeräumt werden. Der Gedanke, sich durch einseitige Neutralitätserklärungen allen Konflikten zu entziehen, war im 17./18. Jahrhundert zwar schon präsent – im Kontext der Eidgenossenschaft wird darauf zurückzukommen sein –, er sollte aber erst im 19. Jahrhundert größere Bedeutung erhalten. Ganz nüchtern hat man jedoch zu konstatieren, dass nur in Einzelfällen der innenpolitische Druck oder das Bewusstsein militärischer Unterlegenheit Konflikte verhindert haben. Auch die Sorge um das kostspielige Söldnerheer reichte nie so weit, dass sie den Staat vor einem als notwendig erachteten Waffengang zurückschrecken ließ.

2.2.2 Heerwesen

Johannes Burkhardt hat vor einiger Zeit für die Kriege des 17. Jahrhunderts den Begriff des „Staatsbildungskriegs" geprägt[10]; Otto Hintze hatte ein dreiviertel Jahrhundert früher den Krieg als das Schwungrad der Staatsbildung bezeichnet.[11] Beide meinen im Grunde dasselbe: Die Notwendigkeit, sich für den nächsten als dem System immanent gedachten Krieg in Positur zu setzen, hat alle Staaten des Kontinents nicht nur veranlasst, die Diplomatie zu verstetigen (und zudem oft genug auf zusätzliche Informanten zurückzugreifen), sondern hat sie auch bewogen, das Heerwesen zu perpetuieren, einen Gutteil der gewerblichen Produktion auf den Heeresbedarf umzulenken und Verwaltungsgremien zu schaffen, die dafür sorgten, dass sich die Heere nicht verselbständigten und zu einer Gefahr für die zivile Gesellschaft wurden.

Perpetuierung und Verstärkung des Heerwesens: damit ist jener gesamteuropäische Übergangsprozess gemeint, der von nur fallweise mobilisierten „Aufgeboten" eigener Untertanen zu einer ständig unter Waffen stehenden Armee aus Berufssoldaten (Söldnern) und eigenen Untertanen führte, wobei die Untertanen nach bestimmten Schlüsseln und Systemen, etwa dem schwedischen *Indelta-*[12] und dem preußischen Kantonsystem, ausgewählt wurden und für einen längeren Zeitraum dienten. Allem Anschein nach kommt in diesem Prozess dem Dreißigjährigen Krieg eine Schlüsselrolle zu. In seinem Verlauf setzte sich das Berufsheer auf breiter Front durch, nach seiner Beendigung verstetigten die Staaten ihre Truppen schlicht. Wie sie diesen *miles perpetuus*, den „ständigen Soldaten" oder das stehende Heer, dann finanzierten, war eine der drängendsten Fragen der Epoche, weil große Heere die Steuerkraft der Gemeinwesen überforderten und mit zusätzlichen Fremdmitteln (Subsidien) unterhalten werden mussten und weil die Heeresfinanzierung einer der Hauptgründe dafür war, dass die Regierungen sich von dem Bewilligungsrecht der jeweiligen Ständekörperschaften zu befreien (oder zumindest zu emanzipieren) suchten. Stände und *miles perpetuus* standen lange in einem Verhältnis wie Feuer und Wasser zueinander. Auf das englische Parlament wirkte das stehende Heer schlechthin wie ein rotes Tuch, es sorgte konsequent dafür, dass nach Kriegsende wieder radikal und umgehend abgerüstet wurde.[13]

Aber selbst wenn es gelang, das Militärfinanzierungsmonopol der Stände zu umgehen oder außer Kraft zu setzen, folgte daraus nicht, dass die Truppenkontingente kontinuierlich vermehrt worden wären. Generell wird sich sagen lassen, dass die wenigsten Staaten auf Dauer einen über die Marke von 2 % hinausgehenden Anteil

---

10 J. BURKHARDT, Der Dreißigjährige Krieg.

11 O. HINTZE, Wesen und Wandlung des modernen Staates (1931), zuletzt in: DERS., Staat und Verfassung. Gesammelte Abhandlungen, 3. Aufl., Göttingen 1970, 480.

12 Die Krone schloss mit den einzelnen Provinzen Verträge ab, denen zufolge die Gemeinden eine festgelegte Anzahl von Soldaten stellten und unterhielten. Die Krone finanzierte die Offiziere, die Ausrüstung und die Übungen. Kavallerie und Artillerie wurden geworben.

13 Allgemein dazu: J. BREWER, Sinews.

regulärer Soldaten an der Gesamtbevölkerung verkraften konnten: das war sowohl aus finanziellen Gründen – denn selbst in Friedenszeiten fielen die Heeresausgaben selten unter 30 %, im Krieg erreichten sie Spitzenwerte zwischen 70 und 85 % des Etats – als auch aus sozialen Gründen und solchen der öffentlichen Meinung nicht möglich. Wenn Staaten diesen Grenzwert einmal signifikant und längere Zeit überschritten, dann hatte das etwas mit ganz ungewöhnlichen militärischen Herausforderungen zu tun (Frankreichs Heer erreichte 1703 eine Stärke von 400 000 Mann, das Schwedens 1709 eine solche von 110 000 Mann) oder mit dem Bemühen, einen neuen Rang in der Staatenhierarchie zu erreichen. So verdoppelte sich in Preußen innerhalb eines guten Vierteljahrhunderts (1713–1740) die Heeresstärke von 40 000 auf 80 000 Soldaten, um im Kriegsjahr 1760 dann die unglaubliche Anzahl von 260 000 Mann zu erreichen! Aber im Allgemeinen war das 18. Jahrhundert nicht mehr die Zeit dramatisch steigender Heeresstärken, sondern eher eine ihres Rückgangs. Das französische Heer zählte 1789 nur noch 180 000, das schwedische hatte sich bei etwa 55 000 Mann wieder „normalisiert"! Da ein solcher Vorgang mit demographischen Fakten, etwa dem Bevölkerungsrückgang oder Engpässen, nicht ausreichend erklärt werden kann und auch das Phänomen der wachsenden Desertion, wogegen die Staaten des Ancien Régime nie ein Mittel fanden[14], dafür nicht hinreicht, sind andere Ursachen zu bedenken.

Der Rückgang der großen Zahlen – und das gilt nicht nur für die Nicht-Kriegs-Phasen – wurde aufgewogen durch die verbesserte Ausbildung und Bewaffnung der Soldaten. Die Offiziere wurden generell professionalisiert und darauf vorbereitet, das auf Kriegsakademien und Offiziersschulen erworbene Wissen – Taktik, aber auch Menschenführung – anzuwenden und in entsprechender Weise weiterzugeben, und was die waffentechnische Modernisierung betrifft, ist beispielsweise auf die verbesserte Zielgenauigkeit der Geschütze zu verweisen. Die Mengenreduktion wurde teilweise auch durch die Wiederbelebung alter Militärformen ausgeglichen, insbesondere der territorialen Milizen, die Spanien 1734 und England im Siebenjährigen Krieg zum Schutz der Küsten reaktivierten. In Frankreich und im Königreich Savoyen, so kann man sagen, bildete sich in Gestalt der Territorialmilizen eine Art Reservearmee aus, die zumindest begrenzt auch gegen reguläre Verbände eingesetzt werden konnte.

Als dritter Faktor ist die veränderte Kriegstaktik ins Feld zu führen, die nicht mehr auf die Vernichtung des Gegners zielte, sondern ihn unter möglichster Vermeidung von Schlachten auszumanövrieren und seine Rückzugs- oder Versorgungslinien abzuschneiden suchte. Eine breite wissenschaftliche Literatur hat sich diesem Paradigmenwechsel und seinen Konsequenzen für Heeresführung und -organisation gewidmet. In der modernen Literatur wird er gelegentlich mit dem schönen, aber nicht unproblematischen Bild von der „gezähmten Bellona" bedacht.[15] Diese Kriegstaktik schloss jedoch Übergriffe auf die Zivilbevölkerung nicht aus – Erscheinungen wie die von den Franzosen in den 1690er Jahren praktizierte Politik der verbrannten Erde in der Kurpfalz, die eine empörte und wütende deutsche Pamphletliteratur provozierte und den pfälzischen Kurfürsten bewog, dem französischen Feldherrn Turenne eine Duellforde-

---

14 Siehe unter anderem M. Sikora, in: B. R. Kroener/R. Pröve (Hg.), Krieg.
15 So der Titel eines Aufsatzes von J. Kunisch (Von der gezähmten zur entfesselten Bellona), in: ders., Fürst.

rung zu schicken, um seinem Land *vengeance* – Vergeltung – zu verschaffen, dürfen nicht unterschlagen werden. Auch der so genannte kleine Krieg habsburgischer Hilfstruppen aus dem Balkangebiet konnte durchaus auf die Zivilbevölkerung rückwirken. Aber von dem „totalen" Krieg, wie er seit der Revolution üblich wurde, war das doch ein ganzes Stück entfernt. Ausnehmen von dieser Faustregel einer im Allgemeinen „moderierten" Kriegführung muss man freilich den Türkenkrieg, der seine eigenen Gesetze hatte und bis in die Zeit des Prinzen Eugen ein deutlich höheres Maß an Rücksichtslosigkeit und Grausamkeit aufwies. Erscheinungen, wie sie die Erinnerungen des späteren Hallenser Chirurgen Johann Dietz wiedergeben – also eines Mannes, der seinen Ruf vermutlich nicht leichtfertig aufs Spiel setzte –, wonach 1686 bei der Eroberung Ofens kein Türke am Leben gelassen, alle massakriert, den meisten die Haut abgezogen, das Menschenfett ausgebraten und getrocknet worden sei, um schließlich als hochbezahlte „Mumia" (*Pulvis Mumiae*) in den Handel zu gehen, sind trotz ihrer Nähe zu einem literarischen Topos so ungewöhnlich nicht, auch wenn sie, wie die extremen Grausamkeiten der orthodoxen Griechen gegenüber den Osmanen, bei dem einen oder anderen Beobachter (Zehe) dann doch Abscheu hervorriefen. In der Schlacht bei Peterwardein (1716) sind von Prinz Eugens Soldaten wenigstens 10 000, vermutlich aber über 20 000 Türken hingemetzelt worden, bei Zenta (1697) war es nicht anders, ohne dass eine militärische Notwendigkeit dafür bestanden hätte.

Veränderte Kriegstaktik war selbstverständlich ohne modernere Waffen nicht vorstellbar. Ohne hier über die Sinnhaftigkeit der von der Forschung in den 1980er und 1990er Jahren lebhaft diskutierten „militärischen Revolution"[16] und ihre zeitlichen Grenzen entscheiden zu wollen, sei festgehalten, dass die deutlichen Fortschritte in der technologischen Entwicklung der Waffen keinem Zweifel unterliegen. Man denke etwa an das schnellere Schießen ermöglichende Steinschlossgewehr, den damit im Zusammenhang stehenden Rückzug der Pike aus den europäischen Heeren (kurz vor oder um 1700) oder an die vor allem von Schweden ausgehenden Verbesserungen der Artillerie, die ein zielgenaueres Schießen gewährleisteten. Die erhöhte Feuerkraft machte jede offene Schlacht zu einem Raubbau am kostbaren „Kapital" Mensch; auch von daher erklären sich die vielen ereignisarmen und schlachtenlosen Kampagnen des Spanischen Erbfolge- und des Polnischen Thronfolgekrieges. Erst im Siebenjährigen Krieg kam es wieder zu einer raschen Aufeinanderfolge harter Schlachten.

Die Reduktion der eigenen großen Heere erklärt sich aber nicht zuletzt aus der wachsenden Tendenz, im Konfliktfall fremde Truppen zu mieten. Seit dem Spanischen Erbfolgekrieg (1701–1714) nahm die Überlassung eigener Truppenkörper an Dritte gegen Geld mehr und mehr zu, was im Übrigen unter dem Stichwort ‚Soldatenhandel' besonders heftige Reaktionen von Aufklärern provozierte. Das „klassische" Beispiel für diese Praxis ist die Vermietung von rund 17 000 hessen-kasselschen Soldaten an die Krone England für den Einsatz in Amerika im dortigen Unabhängigkeitskrieg. Ob die zugesagten Gelder wirklich immer in der vereinbarten Höhe flossen, steht im Übrigen auf einem ganz anderen Blatt.

---

16 Hier sind vor allem G. PARKER, Military Revolution, und J. BLACK, Military Revolution? einschlägig.

Schließlich erklären sich die sinkenden Heeresstärken auch dadurch, dass zumindest die Atlantikanrainer der Marine ein neues Gewicht beimaßen. Großbritanniens Aufstieg zur führenden Wirtschafts- und Kolonialmacht wäre ohne eine schlagkräftige Marine gar nicht vorstellbar gewesen. In dem knappen Jahrhundert zwischen dem Neunjährigen Krieg und dem Amerikanischen Unabhängigkeitskrieg verdoppelten sich die Mannschaftszahlen der britischen Marine (von 40 000 auf 82 000).[17] Ähnliches lässt sich für Spanien feststellen, das nach entsprechenden Reformen in den 1770er Jahren am Jahrhundertende mehr als dreimal so viel Kriegsschiffe unter Waffen hatte als zu Beginn des Jahrhunderts. Das Gegenbeispiel sind die Niederlande, die nicht mehr die Kraft zu wirklichen Reformen fanden und in der Revolutionszeit nur noch über 30 Kriegsschiffe verfügten.

Nur mit wenigen Bemerkungen kann auf den zweiten oben angesprochenen Aspekt eingegangen werden, die Anpassung bestimmter Zweige der (Staats-)Wirtschaft an die Bedürfnisse der Armee. Russland dürfte hier das schlagendste Beispiel sein. In der petrinischen Ära wurden nicht nur Werften speziell für den Bau einer Kriegsflotte errichtet – sie war beim Tod des Kaisers die größte an der Ostsee, verfiel allerdings danach ziemlich rasch wieder –, sondern auch in erheblichem Umfang Manufakturen zur Herstellung der Uniformen gegründet und Geschützgießereien sowie Munitionsfabriken gebaut, wie sie in dieser Quantität kein anderer Kontinentalstaat besaß. Der Heeresbedarf hat der russischen Wirtschaft den entscheidenden Entwicklungs- und Innovationsimpuls gegeben. Freilich kam es nicht in allen europäischen Staaten zur Orientierung von Teilbereichen der Wirtschaft an den Bedürfnissen des Heeres. Die osmanische Armee bezog ihre Uniformen im späten 18. Jahrhundert zu einem guten Teil von einer Brünner Manufaktur, die folgerichtig in dem Augenblick zusammenbrach, als ein türkisch-österreichischer Krieg diese kommerzielle Verbindung unterbrach.

2.2.3 Heeresverfassung und Staatsverfassung

Der dritte Punkt der Überlegungen, wonach Militär und Krieg als Schwungrad für den Staatsausbau, die Bürokratisierung und die Verwaltung wirkten – also der Zusammenhang von „Staatsverfassung und Heeresverfassung" –[18], kann hier ebenfalls nur in summarischer Form behandelt werden, weil die Unterschiede zwischen den europäischen Staaten letztlich doch groß waren. Brandenburg-Preußen ist ein besonders gut untersuchtes Beispiel, weil sich hier die Entwicklungen in relativ kurzer Zeit vollzogen, aber auch Frankreich eignet sich zur Exemplifizierung.

Hier muss es mit einer Skizze des brandenburgischen Falls sein Bewenden haben. In dem nordostdeutschen Kurstaat verwandelte sich seit der Mitte des 17. Jahrhunderts das ursprünglich nur für die Erhebung der „Kontribution" und für die Militärversorgung geschaffene Amt des (Kriegs-)Kommissars immer deutlicher zu einem Instrument der allgemeinen Verwaltung und damit der Staatsverdichtung. Aus einer

---

17 Momentaufnahme für die 1770er/1780er Jahre: St. Conway, Politics.
18 Vgl. den Titel von Johannes Kunisch (Hg.), Staatsverfassung und Heeresverfassung in der europäischen Geschichte der frühen Neuzeit.

spezifischen Militärverwaltung entwickelte sich eine hierarchisch gegliederte Behördenorganisation mit Mittelbehörden (Provinzialkommissariaten) und einer Oberbehörde (Oberkommissariat), die nicht nur ihre Befugnisse mehr und mehr auf zivile Arbeitsfelder ausweitete (allgemeine Wirtschafts- und Handelspolitik), sondern auch die ständischen Amtsträger immer mehr verdrängte. Die städtischen *commissarii loci*, Lokalkommissare, beispielsweise waren am Ende nicht nur für die militärischen Verwaltungsbelange, sondern auch für die Akzise und die Baupolizei, für die Gewerbeaufsicht, die Maße und Gewichte und vieles andere zuständig. Nicht minder wichtig als die strikte Zuordnung des Kommissariatssystems auf die Person des Fürsten war, dass damit eine Einrichtung geschaffen wurde, mit der sich relativ leicht Relikte ständischer oder auch kommunaler Autonomie beseitigen ließen. Der staatsverdichtende Affekt wird hier sehr deutlich.

Die genannten Schlagworte – Militär als Schwungrad der Bürokratisierung und Staatsverdichtung – sollen aber doch noch für einige Anmerkungen zu der Frage, ob und gegebenenfalls wie die Aufklärung im militärischen Bereich Veränderungen bewirkt habe, genutzt werden. Die Forschung steht zwar hier noch ziemlich am Anfang, aber es hat sich bereits herausgeschält, wie viele Militärs – über die Mitgliedschaft in aufgeklärten Sozietäten oder durch eigene Initiative, etwa die Gründung von Militär-Lesevereinen – in den aufgeklärten Diskurs integriert waren, so dass es kaum erstaunen kann, wenn sie Modernisierungsimpulse für den von ihnen verantworteten Bereich aufnahmen und umsetzten. Die Aufklärung hat ja durchaus mit dem Phänomen des Krieges zu „leben" gesucht, sie war längst nicht in dem Maß, das man erwarten sollte, in einer grundsätzlichen Kriegskritik befangen, hat im Gegenteil gelegentlich sogar die sittliche Kraft des Krieges beschworen und hat deswegen dann auch ganz pragmatisch überlegt, wie man Militärwesen und Krieg für die Gesellschaft erträglicher machen könne.[19] Dazu konnte in einem durch und durch „pädagogischen Zeitalter" das Bemühen zählen, Spezialschulen ins Leben zu rufen und die Offiziere besser und umfassender auszubilden, wie es etwa an der Stuttgarter Militärakademie, der „Hohen Carls-Schule", versucht wurde. Zu diesen Bemühungen zählte weiterhin eine starke Verwissenschaftlichung des Militärwesens mit einer riesengroßen Produktion einschlägiger Schriften, dazu zählten aber auch die in vielen Staaten – Russland beispielsweise muss man hier aber ausnehmen! – angegangenen Reformen mit einer sozialen Komponente, die den Offiziersberuf aus seiner adligen Exklusivität zu lösen begannen. Auch die Bemühungen um die Versorgung invalider Soldaten mögen in diesem Kontext Erwähnung finden. Noch kaum etwas weiß man dagegen darüber, ob die Aufklärung auch in Bezug auf die Humanisierung der Kriegführung irgendetwas bewirkt hat.

Die sich selbst mit dem Epithethon „neu" schmückende Militärgeschichte begnügt sich freilich nicht mehr damit, Fragen wie die der Typisierung von Kriegen, ihrer Interdependenzen mit der Staatswirtschaft und ihrer technisch-logistischen Seite aufzuwerfen, sondern zielt dahin, die Rückwirkungen von Militär und Krieg auf das Leben des Einzelnen und von sozialen Gruppen im Sinn einer „Sozialgeschichte des Militärs

---

19 Vor allem J. Kunisch hat sich häufiger mit diesem Themenfeld beschäftigt, vgl. u. a. „Puppenwerk". Vgl. jetzt aber D. Hohrath, Kriegspraxis.

und seines Umfelds" zu thematisieren.[20] In diesem Kontext haben nicht zufällig Erscheinungen wie die Desertion und die Kriegsgefangenschaft Beachtung gefunden, also Phänomene, denen im Einzelfall auch eine überlebensstrategische Funktion innewohnen konnte. Im Siebenjährigen Krieg haben sich die Zahlen der preußischen und österreichischen Kriegsgefangenen zwischen 60 000 und 80 000 bewegt, wobei die ältere Praxis des Austauschs nach Ende einer „Kampagne" nach wie vor gehandhabt wurde: ein Austausch, dessen (finanzielle) Modalitäten in so genannten Kartellen penibel geregelt waren. Bei den Offizieren war die Entlassung auf Ehrenwort, also mit der Verpflichtung, sich für die Dauer des Krieges jeder dienstlichen Tätigkeit zu enthalten, verbreitet, wenn nicht sogar die Regel. Eher ungewöhnlich war es, dass Preußen im Siebenjährigen Krieg die sächsischen Kriegsgefangenen zur Gänze in seine Armee einzugliedern versuchte.

2.2.4 Die Europäisierung von Krieg und Frieden

Das Entscheidende war, dass die vielen Konflikte, die die hier in Rede stehenden eineinhalb Jahrhunderte zu besonders kriegerischen machten, mehr und mehr ihre Begrenzung auf die Bilateralität sprengten und sich europäisierten. Die niederländisch-englischen Handels-Kriege der 1650er Jahre (1652–54) mochten noch bilateral beschränkt gewesen sein, zumal viele europäische Staaten andere akute innere und äußere Probleme hatten, die sie davon abhielten einzugreifen. Aber schon seit dem (Ersten) Nordischen Krieg und vollends dann seit den 1660er Jahren gab es keine zweiseitigen Konflikte mehr, die sich nicht sofort erweitert und internationalisiert hätten. In den Devolutionskrieg (1667/68) griffen eingedenk des ein gerüttelt Maß an Lebenserfahrung spiegelnden Diktums, dass man Freunde nicht als Nachbarn haben wolle, die Generalstaaten ein. Der Niederländische Krieg (1672–79) wurde zu einer gesamteuropäischen Angelegenheit, deren Schauplatz sich dementsprechend weit vom niederländisch-nordfranzösischen Ursprungsraum entfernte. Der Neunjährige Krieg, der Spanische Erbfolgekrieg, der (Zweite) Nordische Krieg, der Polnische Thronfolgekrieg, der Österreichische Erbfolgekrieg: alle ließen den bilateralen Ausgangspunkt und Anlass schnell hinter sich und nahmen europäische Dimensionen an.

Vielleicht erfolgte diese Ausweitung auch deshalb, weil alle Staaten am Konferenztisch zu sitzen hofften, um bei der Neuverteilung der politischen Gewichte ein Wort mitreden zu können. Sieht man einmal von der Pforte, dem Regierungssitz in Konstantinopel, ab, wo die fremden Diplomaten im Kriegsfall damit zu rechnen hatten, inhaftiert, wenn nicht sogar liquidiert zu werden[21], war es in der hier zur Diskussion stehenden Zeit zur Regel geworden, nach einer (nach wie vor für unabdingbar gehaltenen förmlichen) Kriegserklärung[22] die diplomatischen Beziehungen zu unter-

---

20 Vgl. beispielshalber: B. R. Kroener/R. Pröve (Hg.), Krieg; sowie Ralf Pröve (Hg.), Klio in Uniform? Probleme und Perspektiven einer modernen Militärgeschichte der Frühen Neuzeit, Köln/Weimar/Wien 1997.
21 L. S. und M. L. Frey, History.
22 Die sog. Kriegsmanifeste der Frühen Neuzeit hat K. Repgen in einer grundlegenden Studie untersucht und typisiert. K. Repgen, Kriegslegitimationen.

brechen, so dass der Friedenskongress die erste Gelegenheit darstellte, wieder „offizi-ell" ins Gespräch zu kommen. Die inoffiziellen Kontakte über manchmal recht dubio-se Mittelsmänner bleiben hier außer Betracht. Vielleicht waren die im klassischen Stil der Geheimdiplomatie herbeigeführten Verabredungen der Prätendenten, aber auch ganz unbeteiligter Staaten über die spanische Erbfolge für viele eine Art Schlüsseler-lebnis mit der Erkenntnis, dass eines niemand wollen könne: eine grundlegende Ver-schiebung im europäischen Kräfteparallelogramm ohne den Einbezug der kleinen und der Mittel-Mächte. Es wurde zunehmend zum stillschweigenden Konsens der Staa-tenfamilie, dass gravierende politisch-territoriale Veränderungen der Zustimmung al-ler bedürften, ganz entsprechend der fast ins Ideologisch-Fundamentale gesteigerten Perhorreszierung jeder „Universalmonarchie", gegen welche die ganze Staatenfamilie zusammenstehen müsse.[23] Schon dieses Faktum mag erklären, warum dem Gipfeltref-fen zweier in einen ursprünglich bilateralen Konflikt involvierter Herrscher in dieser Epoche keine besondere Bedeutung mehr zukam. Die großen Antagonisten der ersten Hälfte des Zeitraums, Ludwig XIV. und Leopold I., haben einander nie persönlich ge-troffen, und die Staatenfamilie hätte eine nur bilaterale Verabredung zudem nicht mehr akzeptiert. Vor diesem Hintergrund wird verständlich, dass auch die meisten Friedensutopisten und -visionisten von einem Gremium ausgingen, das alle europäi-schen Staaten direkt oder indirekt vereinte und das in friedenserhaltender Absicht sämtliche zwischenstaatlichen Differenzen behandelte (und möglichst beilegte). Die Friedensvisionisten, deren Zahl seit dem letzten Viertel des 17. Jahrhunderts rapide zunahm, gingen, ob sie nun William Penn oder Abbé de Saint-Pierre hießen, erstmals in der Geschichte dieser literarischen Gattung nicht mehr primär vom Gesichtspunkt der Aufwertung des eigenen Staatswesens aus.

Die Friedenskongresse, die die europäischen Konflikte abschlossen, wurden denn auch zu wahrhaft europäischen Manifestationen: zu Veranstaltungen, an denen zu-mindest eine Viel-, wenn nicht die Mehrzahl der Staaten teilnahm, wie es in Mün-ster/Osnabrück vorexerziert worden war. In Westfalen war auch das Modell ent-wickelt worden, an Instruktionen gebundene Diplomaten, meist in der Kombination eines Adligen mit einem bürgerlichen Juristen, verhandeln, aber auch „dissimulieren", ausspionieren und unter Vorwänden die Dinge in die Länge ziehen zu lassen. Und auch wenn es längst nicht immer zu vielköpfigen Plenarversammlungen aller beteilig-ten Diplomaten kam: hier war „Europa" präsent. Die Vielzahl der Delegationen und der Zwang, sich ständig mit dem heimischen Hof austauschen zu müssen – per Kurier, per Chiffre, wenn es denn bei noch ungeklärter Immunität[24] in dieser Hinsicht anders nicht sein konnte –, hat dann auch zu der häufig beachtlichen Länge der Kongresse geführt. Schnelligkeit beim Einholen von möglichst vielen Informationen und von möglichst präzisen Instruktionen war Trumpf, und paradoxerweise war das dann der Grund für die lange Dauer vieler Kongresse, auch wenn nicht alle die beinahe fünf Jahre von Münster und Osnabrück erreichten. Was den Verhandlungsstil anlangt, so blieb man, wohl mit gutem Grund, in aller Regel beim *face to face* jeweils zweier Dele-

---

23 Grundlegend, wenn auch das späte 17. Jahrhundert nur noch ausblickartig behandelnd, die Stu-die von F. BOSBACH, Monarchia Universalis.

24 Dazu neuestens L. S. und M. L. FREY, History.

gationen, gleich ob sie mit oder ohne Vermittler zusammentraten. Die Bedeutung der Mediatoren ging tendenziell mehr und mehr zurück, auch wegen des Unvermögens der Kurie, den Rechtssatz *Ad Papam pertinet facere pacem inter principes Christianos*, dem Papst obliegt es, Frieden unter den christlichen Fürsten zu stiften, wirklich noch mit Leben zu erfüllen. Das war einer von mehreren Gründen, warum es am Ende – markantes Beispiel ist das ganze „Paket" von bilateralen Verträgen, das 1713/14 vereinbart wurde – niemals zu einem umfassenden, alle Materien einschließenden Generaldokument kam. Beim Abschluss des Siebenjährigen Krieges rückte man nach langer Zeit erstmals wieder von der Idee des Generalkongresses ab. Nach etlichen vergeblichen Anläufen, erneut auf das Institut des Generalkongresses zurückzugreifen, trennte man jetzt den überseeischen Konflikt scharf vom europäischen und legte jeden in einem eigenen Friedensvertrag bei (Paris, Hubertusburg). Dass es von diesem idealtypisch gezeichneten Bild Abweichungen gab, etwa die Türkenkriege, die immer ohne großen Kongress beendet wurden, oder den Polnischen Thronfolgekrieg, der ausschließlich über bilaterale Gespräche und ohne jeden Kongress im eigentlichen Sinn abgeschlossen wurde, versteht sich von selbst.

Die europäischen Friedenskongresse waren auch deswegen für alle direkt oder indirekt Beteiligten so eminent wichtig, weil hier, aber auch nur hier, eine Fortschreibung und Komplettierung des Völkerrechts möglich war. Ein Völkerrecht im modernen Sinn als zwischenstaatliches Recht[25] hatte sich erst im ausgehenden 16. Jahrhundert zu entwickeln begonnen und hatte dann durch Grotius eine großartige Zwischenbilanz gefunden – ob ihm oder einem der spanischen Spätscholastiker der Ehrentitel eines Vaters beziehungsweise Begründers des Völkerrechts zukommt, ist eher eine Glaubensfrage als ein wissenschaftlich fruchtbarer Ansatz. Aber es war immer noch überwiegend ein Kriegsvölkerrecht, das in diesen Werken behandelt wurde, wie es ja generell das *ius ad bellum* war, das an der Wiege des (älteren und jüngeren) Völkerrechts gestanden hatte, nicht das Friedensvölkerrecht. Für die Ergänzung und Erweiterung des zunächst noch torsohaften Völkerrechts hin zu einem Kriegs- *und* Friedensvölkerrecht waren die Friedenskongresse schlicht unentbehrlich. Die Entwicklung des modernen Völkerrechts ging als ein ständiger Austausch von Theorie und Praxis vor sich, die Völkerrechtswissenschaft hat der praktischen Politik keineswegs nur Vorgaben geliefert, sondern ihrerseits auch die Themen aufgegriffen, die in der Praxis umstritten waren.

Das begann schon beim Kreis der Zutrittsberechtigten, also der Völkerrechtssubjekte. Gemäß ihrer grundsätzlich als gegeben angesehenen Parität, stellte sich diese Frage bei den Monarchien und auch bei den Republiken nicht, wohl aber bei den deutschen Reichsständen und bei allen *non-governmental organizations*, also etwa Handelskompanien, selbst wenn sie faktisch völkerrechtliche Aufgaben wahrnahmen. Die Reichsstände hatten zwar im Westfälischen Frieden je für sich das so genannte Bündnisrecht zugesprochen erhalten. Sie waren dadurch berechtigt, einzeln oder im Verbund Bündnisse auch mit auswärtigen Staaten abzuschließen. Aber die Praxis nach 1648 zeigte dann nur zu rasch, dass dieses Moment allein für die Zuerkennung unbe-

---

25 Grundlegend W. G. GREWE, Epochen; eine prägnante Zusammenfassung bei K.-H. ZIEGLER, Völkerrechtsgeschichte.

schränkter Völkerrechtsfähigkeit nicht ausreichte. Zwar bemühten sich prominente Kurfürsten in den 1650er und 1660er Jahren auf internationaler Ebene, völkerrechtliche Aufgaben zwischen Konfliktparteien wahrzunehmen (sie blieben im Übrigen ausnahmslos ergebnislos), aber der Nijmegener Friedenskongress offenbarte dann überdeutlich, dass die Staatenfamilie nicht geneigt war, den deutschen Fürsten uneingeschränkt Zutritt zur „großen Politik" zu gewähren; auch Leibniz mühte sich in dieser Hinsicht[26] vergeblich. Aus reichsinnenpolitischen Gründen konterkarierten selbstverständlich auch die Kurfürsten, die ihrer verfassungsrechtlichen Sonderstellung wegen auf eine völkerrechtliche Andersbehandlung hofften, alle derartigen Bemühungen der altfürstlichen Häuser. Und da die römisch-deutschen Kaiser zudem ein nachhaltiges Interesse daran hatten, das Deutsche Reich als Corpus von den Friedenskongressen fernzuhalten, reduzierte sich die Präsenz des Reiches in den meisten Fällen auf jene „armierten" Stände, die als Allianzpartner anderer Mächte gewissermaßen aus eigenem Recht zugelassen wurden.

Zugelassen werden: das bedeutete freilich noch nicht Parität. Mehr als einmal sind Diplomaten von Republiken und armierten Reichsständen auf den Kongressen in Rang und Titulatur empfindlich zurückgesetzt worden. Das verweist im Übrigen nicht nur auf die Bedeutung des Zeremoniells als eines hochsensiblen Zeichensystems, sondern auch darauf, dass nicht alle Probleme völkerrechtlicher Art im ersten, zweiten oder auch nur dritten Anlauf gelöst werden konnten. Immerhin: Durch die und auf den Kongressen entwickelte sich ein bestimmtes Potential und Corpus von unverzichtbaren Vertragselementen, zu denen zum Beispiel das friedewirksame Vergessen und die zeitliche Unbegrenztheit („Ewigkeit") von Verträgen zählt.[27] Es schälten sich rechtlich verbindliche Verhaltensformen heraus, um die Exekution des Friedens zu gewährleisten und um aktuell nicht lösbare Details mit einem präzisen rechtlichen Auftrag an „Ersatzgremien", etwa gemischte Kommissionen[28], zu verweisen. Es wurden zudem zumindest Versuche unternommen, den Frieden dauerhafter als gewohnt zu machen, etwa indem man den Vertragsparteien für den Fall eines neuerlichen Konflikts Instrumente und Fristen vorschrieb, mittels derer beziehungsweise in denen sie sich um eine gütliche Lösung zu bemühen hatten.

2.2.5 Das Ius Publicum Europaeum

Für die hier zur Diskussion stehende Epoche war anstelle des (an sich sogar missverständlichen) Begriffs „Völkerrecht" die Nomenklatur *Ius Publicum Europaeum* üblich. Wie in kaum einer anderen Wissenschaftsdisziplin jenseits der Naturwissenschaften war das sich formierende Völkerrecht Ergebnis eines europäischen Diskurses, an dem sich Niederländer ebenso wie Deutsche, Briten ebenso wie Italiener und Spanier beteiligten. Bei allen Unterschieden im Einzelnen zwischen den verschiedenen „Schu-

---

26 Vor allem mit seinen Pamphleten „Entretien de Philarète et d'Eugène..." und „Caesarini Fuerstenerii De Jure Suprematus..." von 1677.

27 Es ist das große Verdienst von J. Fisch, diese Entwicklung aufgearbeitet zu haben. J. Fisch, Krieg und Frieden.

28 Vgl. A. Reese, in: H. Duchhardt (Hg.), Zwischenstaatliche Friedenswahrung.

len" dieses *Ius Publicum Europaeum* lassen sich doch eine Reihe von Gemeinsamkeiten festhalten. Namentlich ist das der generelle Rückgriff auf ein „Naturrecht", aus dem freilich unterschiedliche Folgerungen gezogen wurden: hier die Naturhaftigkeit des Krieges und die ernüchternde Erkenntnis vom Krieg aller gegen alle, dem *bellum omnium contra omnes* (Hobbes), dort die Verneinung jedes gewillkürten oder positiven Völkerrechts (Pufendorf), dort gar die Annahme zweier nebeneinander existierender naturrechtlicher Völkerrechtssysteme (Vattel) und die Theorie von einer *civitas maxima*, einer Weltrechtsordnung, die der Staatenfamilie Verhaltensrichtlinien vorgebe (als ein *ius gentium voluntarium*, ein gewillkürtes Völkerrecht) (Wolff).

Materialiter unterliegt es keinem Zweifel, dass das Völkerrecht im 18. Jahrhundert zu einer Reihe von Präzisierungen gelangte, die für die Folgezeit von Bedeutung sein sollten. Schon Grotius hatte ja unter anderem mit dem Prinzip der Freiheit der Meere, der Eingrenzung der Klausel *rebus sic stantibus* – bei gegebener aktueller Sachlage – oder der Immunität und Exterritorialität von Diplomaten Wege in die Zukunft gewiesen, und mit zunehmender Verdichtung der Staatenbeziehungen erhöhte sich der direkte Einfluss der Völkerrechtswissenschaft auf das Mit-, Neben- und Gegeneinander der Staaten noch einmal deutlich. Hatten die Diplomaten schon zu Beginn des 18. Jahrhunderts mit der Formel „Europa" eine „ideologische" Grundlage gefunden, um das Vertragsvölkerrecht an ein System „mittlerer", sich selbst kontrollierender und in Balance haltender Staaten anzupassen, so wurden im weiteren Verlauf des Jahrhunderts unter anderem so wichtige Institute wie die Neutralität, die bewaffnete Neutralität und die Seegrenze präzisiert, letztere im Sinn der bis in die Gegenwart hinein verbreitet gültigen Dreimeilenzone.[29] Als Novum muss es auch angesehen werden, wenn das 18. Jahrhundert sich daran gewöhnte, innerstaatliches Recht – etwa Erbfolgeregelungen – im Völkerrecht zu verankern, selbst wenn sich dann in dem einen oder anderen Fall zeigte, dass die politische Versuchung am Ende stärker war als die Vertragstreue.

Europa hat sich durch „sein" Völkerrecht gewisse Spielregeln geschaffen, um staatliches Nebeneinander transparenter zu machen und ein wenig regulieren zu können. Aber Vertrags- und Friedensvölkerrecht vermögen niemals zwingend einen Zustand permanenten und lang andauernden Staatenfriedens zu schaffen. Das konnte im Übrigen selbstverständlich auch der breite gesamteuropäische Diskurs über die Gleichgewichtsmetapher nicht. Dieser Gedanke war den Architekten der Friedensordnung von 1648 zwar bekannt, aber in ihm Vertragswerk fand er noch keinen ausdrücklichen Eingang. Allerspätestens seit den ausgehenden 1680er Jahren jedoch wuchs die Gleichgewichtsidee mehr und mehr in die Funktion eines alles erklären und begründen sollenden Schlagworts hinein.[30] Während sie gleichzeitig bemerkenswerterweise nicht einmal in den zwischenstaatlichen Verträgen eine hervorgehobene Rolle spielte, geriet sie seit dem letzten Drittel des 18. Jahrhunderts auch als Doktrin wieder mehr und mehr in Verfall. Einen Zustand dauerhaften Staatenfriedens schaffen konnte auch die zunehmende Transparenz der „Macht" der Staaten nicht, also das Sammeln und Zugänglichmachen von Informationen über Bevölkerung, Heeresstärke und Wirtschaftskraft, de-

---

29 Vgl. den einschlägigen Abschnitt bei H. DUCHHARDT, Balance.
30 Zuletzt umfassend A. STROHMEYER, Interaktion.

retwegen sich sogar eine eigene wissenschaftliche Disziplin, die „Statistik", ausbildete.[31] Den Diplomaten, dessen Aufgabe es war, seinen Fürsten zu repräsentieren, substantielle Verhandlungen zu führen, aber immer auch Informationen über den potentiellen nächsten Kriegsgegner zu sammeln, machte diese neue Wissenschaftsdisziplin selbstverständlich nicht überflüssig. Der Weg führt somit vom Völkerrecht zum Krieg zurück. Das Völkerrecht schloss Krieg nicht aus und schon gar nicht stellte es ihn ins moralische Abseits. Selbstverständlich tat das auch die Staatsräson nicht, die *ratio status*, das Paradigma der Interessen des Staates, das so oder so – im Reich mit einer ausgesprochen kritischen Konnotation – das politische Denken auf dem Kontinent beherrschte.[32] Wenn Völkerrecht die primäre Funktion hat, Staaten und Institute zu schützen, dann hatte es 1772 in Polen vor nackter Machtpolitik zu kapitulieren[33], und wenn es seinen Schutz auf innerstaatliches Recht ausdehnte, dann kollabierte dieser Ansatz 1740/41 in Schlesien und Böhmen eklatant. Die Eliminierung des Krieges durch und aufgrund von Völkerrecht blieb immer ein Traum von Theoretikern und Visionären – aber Träume erfüllten sich in der Vormoderne selten. Von daher erklärt sich auch die Distanz und Skepsis der meisten Aufklärer gegenüber Fragen der Mächtepolitik und des Krieges; sie wollten einen grundsätzlichen Paradigmenwechsel hin zu einer „bürgerlichen" Gesellschaft, sahen aber zugleich, dass die gegebenen staatlichen und zwischenstaatlichen Strukturen noch nicht ohne weiteres zur Disposition zu stellen waren.[34]

2.2.6 Grundmuster der internationalen Beziehungen

Können die großen Konflikte der zweiten Hälfte des 17. Jahrhunderts im Großen und Ganzen als Ringen um die Hegemonie und die Spitzenstellung in der Hierarchie der Staatenwelt interpretiert werden, in denen Frankreich seine Position unter anderem durch die gezielte Instrumentalisierung der Denkfigur des christlichen Friedensstifters, des *Arbiter*, aufzuwerten suchte[35], so änderte sich das Grundmuster der Mächtekonkurrenz nach dem Spanischen Erbfolgekrieg entscheidend. Keiner der multilateralen Konflikte des 18. Jahrhunderts kann mehr der Kategorie des Hegemonialkriegs zugeordnet werden, weil keine der Mächte mehr irgendeine Hegemonialstellung ins Auge fassen konnte: nicht England, das immer deutlicher in die Funktion eines mächtepolitischen Kontrollorgans hineinwuchs, nicht Frankreich, das aus der ludovizianischen Kriegsära angeschlagen und erschüttert hervorging, nicht Russland, das erst seit dem letzten Drittel des Jahrhunderts über den Status einer Regionalmacht hinauszuwachsen begann, ohne doch schon wirklich hegemoniale Ziele verfolgen zu können. Die Konflikte des 18. Jahrhunderts resultierten aus dem Ehrgeiz von Aufsteiger-Staaten

---

31 Vgl. H. Klueting, Lehre.

32 Vgl. umfassend H. Münkler, Im Namen des Staates, und P. Nitschke, Staatsräson.

33 Auch die öffentliche Meinung zumindest in Polen, aber auch in anderen Staaten hat das so gesehen; vgl. T. Cegielski, Das alte Reich.

34 Vor allem die Studie von C. R. Fischbach, Krieg, hat verdeutlicht, dass die französische Aufklärung keineswegs unbegrenzter Friedenseuphorie verfallen war. J. Kunisch hat in der letzten Zeit sogar eine gewisse Prädisposition der Aufklärungsepoche für den Krieg und seine sittlich-reinigende Kraft nachgewiesen.

35 Dazu neuestens Ch. Kampmann, Arbiter.

und deren Eindämmung (Schlesische Kriege, Siebenjähriger Krieg), aus bedrohter oder zu bewahrender Vorfeldsicherung (Polnischer Thronfolgekrieg), aus Versuchen, territoriale Verluste zu kompensieren und sich gemäßigt zu arrondieren. im Allgemeinen zielten die Kriege des 18. Jahrhunderts nicht auf die Vernichtung des Gegners, sondern auf begrenzte Verschiebungen, im Allgemeinen führten sie, zumindest in ihren europäischen Teilen, weit eher zur Rückkehr zum *Status quo ante* als zu fundamentalen Änderungen der europäischen Landkarte – diese sollte grundlegend erst wieder in der Revolutionsepoche revidiert werden. Es waren letztlich auch nur die relativ unverdichteten Zonen Europas, in denen sich wirklich gravierende Verschiebungen ergaben: auf der Apenninhalbinsel, im russisch-osmanischen Überlappungsbereich und in Polen. Keine der Großmächte, die sich dann einem mehr oder weniger fiktiven Klub der Mächtigen, der Pentarchie, zugehörig fühlten – der Begriff entstand erst nach 1815 und sollte jene (fünf) Staaten umgreifen, die über ihr eigenes Staatsgebiet hinaus einen Teil Europas politisch oder informell zu kontrollieren vermochten –, war von ihren Ressourcen und ihrem Anspruch her in der Lage, den anderen ihren Willen aufzuzwingen, so dass folglich das ganze 18. Jahrhundert auch von einem steten Wechsel der Allianzen geprägt war. Im europäischen System des 18. Jahrhunderts war grundsätzlich jeder mit jedem koalitionsfähig, es gab keine Invariablen mehr, die auf Tradition, Weltbild oder Konfession gründeten. Das, die ständige Fluktuation, die Optionen, die zum Tragen kamen oder sich wieder zerschlugen, macht die Staatenpolitik des 18. Jahrhunderts zu einem so überaus attraktiven Forschungsfeld.

Die Konturen dieser Politik können hier nur skizziert werden. In der gesamteuropäischen Perspektive waren es nach der Mitte des 17. Jahrhunderts zunächst der Westen und die Mitte Europas, wo sich Veränderungen mit Dauercharakter vollzogen: der spanisch-französische Ausgleich im Pyrenäenfrieden (1659) und die aggressive Politik des jungen französischen Königs gegen seine Nachbarn in Nord, Ost und Südost, die englisch-niederländischen Seekriege, die erstmals seit langer Zeit den Inselstaat wieder ins europäische Rampenlicht führten und ahnen ließen, dass dieser Seemacht die Zukunft gehörte. Im Westen und in der Mitte Europas war bis in die ausgehenden 1680er Jahre besonders viel in Bewegung, es gab keine natürlichen, sozusagen immerwährenden Allianzen mehr. Staatenpolitik war in diesem Teil Europas besonders unberechenbar geworden. Aber es zeichneten sich in der europäischen Perspektive auch neue Konfliktherde ab: im Ostseebereich, wo Schweden mit seinem großen, wenn nicht überdimensionierten Heer die Muskeln spielen ließ und sein Territorium an strategisch günstigen Stellen arrondierte und andere Regionalmächte (Polen) in den Stand der Nicht-mehr-Großmacht zurückstieß, auf dem Balkan, wo 1683 die Osmanen nochmals aktiv wurden, nach ihrer Niederlage vor Wien aber empfindliche Positionsverluste hinzunehmen hatten und gegenüber zwei nun aggressiver werdenden Gegnern, der Habsburgermonarchie und Russland, auf Dauer alle Hoffnungen auf territoriale Revisionen zu ihren Gunsten begraben mussten. Um 1690 veränderte sich im Westen des Kontinents das Staatensystem wieder zu einem bipolaren System mit Frankreich als dem einen Pol und dem Rest der Staatenfamilie als dem Gegenpol. Diese Konstellation blieb im Wesentlichen bis zum Ende des Spanischen Erbfolgekrieges erhalten, in den die Mächte sehenden Auges hineinstolperten und den sie nicht hatten umgehen können. Das internationale Krisenmanagement hatte versagt.

Der Spanische Erbfolgekrieg stand schon jenseits dieser, pointierend mit einem zweiten Dreißigjährigen Krieg verglichenen[36] staatengeschichtlichen Phase, gehörte ihr in mancher Beziehung aber auch noch an. Diese Phase war eine besonders bewegte und von den Bemühungen der Gemeinwesen geprägt, „oben" zu bleiben oder nach „oben" vorzustoßen. Der Spanische Erbfolgekrieg brachte indirekt an den Tag, dass sich in Europa eine zweite Konfliktlandschaft mit eigenen Regeln ausgebildet hatte: wer beherrscht die Ostsee, wer gewinnt Zugang zur See, waren die zentralen Fragen der Kombattanten. Nach Utrecht und den nordischen Friedensschlüssen war nichts mehr wie früher: Die Niederlande, Spanien und Schweden konnten kaum noch zu den europäischen Großmächten gerechnet werden, Polen war in komplette Abhängigkeit von seinen Nachbarn geraten, Frankreich und die Habsburgermonarchie benötigten dringend Erholungs- und Regenerationsphasen. Zur neuen Gestaltungsmacht war England avanciert, dem es zustatten kam, dass es auf dem europäischen Kontinent keine eigenen Ziele zum Nachteil dritter verfolgte und sich gleichwohl im Besitz wichtiger Kontrollstationen unmittelbar vor den Toren des bourbonischen Herrschaftsbereichs (Gibraltar, Menorca) befand. Als positiv wurde an Englands internationaler Rolle und Akzeptanz vermerkt, dass es nie so arrogant auftrat wie Frankreich im ausgehenden 17. Jahrhundert. Sieht man einmal von Spanien als Unruhefaktor ab, dessen neue (bourbonische) Dynastie nicht nur die Friedensordnung von 1713 grundsätzlich in Frage stellte, sondern sich auch neue ehrgeizige Ziele wie die adäquate Versorgung nachgeborener Söhne steckte, und lässt man einen neuen Türkenkrieg unberücksichtigt, so wurden die anderthalb Jahrzehnte nach Utrecht trotz einer Reihe überraschender Bündniswechsel von einer bemerkenswerten *Pax Britannica* geprägt. Sie zerbrach erst in dem Moment wieder, als sich im Osten mit Polen ein neues Konfliktfeld auftat. Die inzwischen durch Hausverträge miteinander verbündeten bourbonischen Kronen nutzten diesen Konflikt und die „Panik" in seinem Vorfeld, um sich in Positur zu setzen und, unter anderem unter Ausnutzung dynastischer Wechsel- und Zufälle, Positionsgewinne in Italien und Lothringen zu erzielen und zugleich durch eine *Barrière de l'Est* für eine Bedrohung der rückwärtigen Flanke des Habsburgerstaates zu sorgen. Das Erlöschen der männlichen Linie der *Casa d'Austria*, des Hauses Österreich, wurde für beide Mächte zu einer neuen Herausforderung. In dem säkularen Ringen mit den Habsburgern ging es darum, entweder den eigenen Vorteil zu suchen oder deren Prestige durch die Stützung dritter (Karl Albrecht von Bayern) zu beeinträchtigen. Mit dem epochalen Todesfall vom 20. Oktober 1740 (Karl VI.) trat aber noch ein anderer Staat – Preußen – in den Ring, um sich an der habsburgischen Erbschaft zu bereichern und um indirekt seinen Anspruch zu belegen, zu den europäischen Führungsmächten zu gehören.

Dass dem so war, daran ließ der in einem bemerkenswerten und ganz atypischen Maß noch einmal konfessionell aufgeladene und instrumentalisierte Siebenjährige Krieg[37] keinen Zweifel. In dessen europäischem Teil behauptete sich die nur durch Subsidien von Großbritannien unterstützte Hohenzollernmonarchie gegen eine auf

---

36 J. BURKHARDT, Friedlosigkeit, 510.
37 Siehe insbesondere J. BURKHARDT, Abschied.

dem Papier um Längen überlegene Koalition[38], deretwegen die Wiener Hofburg und Versailles ihren Dualismus, der geradezu ein Kennzeichen und eine Konstante des Staatensystems gewesen war, aufgegeben hatten. Freilich schlug dieser lange Krieg tiefe materielle und mentale Wunden: Preußen verfolgte nach seinem Ende eine sehr defensive auswärtige Politik, Frankreich ging aus dem Konflikt zutiefst erschöpft und desillusioniert hervor, Österreich hatte sich mit der Einsicht abzufinden, dass der Verlust Schlesiens irreversibel war – es sann auf Kompensationsobjekte. Erneut war England, ungeachtet aller Schulden[39], als strahlender Sieger aus diesem Kräftemessen hervorgegangen, es vollzog nun allerdings einen Paradigmenwechsel und wandte sich deutlich vom Kontinent ab und seinen kolonialen Aufgaben zu. In das entstandene Vakuum stieß vor allem Russland, das unter seiner Zerbster Zarin nicht nur – zunächst unter dem von Außenminister Nikita Panin geprägten Schlagwort der „Ruhe des Nordens" – die Vorfeldsicherung zu einer neuen Entwicklungsstufe vorantrieb und dafür auch die Unterstützung der anderen beiden Anrainer gewann, wie in der Ersten Teilung Polens fassbar wurde, sondern das auch in geradezu gigantischem Maß expandierte, nicht zuletzt zu Lasten des Osmanischen Reiches. Da sich Großbritannien seit den 1770er Jahren mit dem Problem der Bewältigung eines Aufstands seiner nordamerikanischen Kolonien konfrontiert sah, in den unter anderem auch die beiden bourbonischen Staaten gerne eingriffen, kann man nicht umhin, Russland am Vorabend der Revolution als die eigentliche dynamische Potenz in Europa einzustufen.

Die 1770er und 1780er Jahre unterscheiden sich von früheren Dezennien durch die gewachsene Bereitschaft, sich in die inneren Angelegenheiten dritter Staaten einzumischen, und zwar nicht aus „ideologischen" Gründen, sondern aus Gründen der Vorfeldsicherung und der Machtdemonstration. Von Polen war eben die Rede, in gewisser Weise stellten auch die Interventionen der bourbonischen Staaten in den amerikanischen Aufstand eine Einmischung in die internen Angelegenheiten eines Dritten dar. Die französischen Hilfeleistungen für die niederländischen „Patrioten" oder die französischen Eingriffe in die Genfer Unruhen[40] könnten diesem Katalog noch hinzugefügt werden. Das Schlüsselwort war wohl das der Stabilität, sie wurde als gefährdet eingestuft und rief Dritte auf den Plan. Aber natürlich war da auch die offenkundige oder vermutete Schwäche von politischen Systemen, die man auszunutzen gedachte.

Die Revolution von 1789 veränderte vieles. Nicht nur, dass sie, wenn auch eher unprogrammgemäß, unter ideologischen Vorzeichen wie dem Schlagwort „Krieg den Palästen, Friede den Hütten" zu einem ungeheuren Sturmlauf durch halb Europa ansetzte und mit Mitteln, die weit jenseits der bisherigen kontrollierten Kabinettskriege lagen – und deswegen den Begriff des ersten „Weltkriegs"[41] nahelegen können –, ein ganzes Netzwerk von Satellitenstaaten errichtete und dabei die alten Dynastien entweder verjagte oder instrumentalisierte. Sie teilte darüber hinaus auch die Mächte der alten Ordnung sehr früh in solche, die kompromissbereit waren und noch ihr eigenes

---

38 Zu den Gründen vgl. umfassend J. Kunisch, Mirakel.
39 Vgl. R. Middleton, Bells.
40 Vgl. jetzt A. V. Hartmann, Reflexive Politik.
41 St. Förster, Weltkrieg.

Schäfchen ins Trockne zu bringen suchten (Zweite und Dritte Teilung Polens), und solche, die primär daran dachten, dem Spuk so oder so ein Ende zu bereiten. Die Protagonisten der letztgenannten Option waren nicht zufällig England und Russland. Es war vorrangig ihre Entschlossenheit, die es am Ende zum Wiener Kongress und zu einer Teil-Restauration des Staatenlebens kommen lassen sollte.

2.3 Gesellschaft und Wirtschaft

2.3.1 Demographie und Alltagswelt

Die demographischen Strukturen
Bei jeder statistischen Angabe befindet man sich in der vorstatistischen Zeit auf dünnem Eis. Das gilt für Handelsraten und Arbeitslöhne, das gilt erst recht aber für Bevölkerungsentwicklungen. Trotz des gewaltigen Datenmaterials, das die Subdisziplin der Historischen Demographie seit den 1950er Jahren zusammengetragen, in Datenbanken niedergelegt und ausgewertet hat, bereitet es nach wie vor große Probleme, für einen bestimmten Zeitpunkt die Bevölkerungszahlen ganzer Staaten oder gar des gesamten Kontinents anzugeben. Die Historische Demographie arbeitet auf lokaler oder allenfalls regionaler Basis, und ein einfaches Hochrechnen lokaler Daten und Trends verbietet sich in der Regel. Aber auch sonst ist die Bevölkerungswissenschaft von Unsicherheitsfaktoren nicht frei: Die Multiplikation von ermittelten oder quellenmäßig gesicherten Feuerstellen mit einem mehr oder weniger willkürlich angenommenen Bewohnerfaktor kann immer nur Näherungswerte liefern. Die demographische Zuordnung – oder Nicht-Zuordnung – von oft ethnisch und sprachlich fremden „Nebenlanden" zum „Hauptland" erfolgt überaus unterschiedlich; die Ein- oder Ausgrenzung nur noch locker mit einem Gemeinwesen verbundener Regionen – Reichsitalien – kann zu einem Problem werden; die Auswanderungen in fremde Länder sind in der Vormoderne eher als Prozesse, nicht so sehr als an einem Punkt festzumachende Ziffern zu erfassen. Bevölkerungserhebungen hat es in Europa, sieht man einmal von kastilischen Zählungen des 16. Jahrhunderts ab, erst in der Zeit der „absolutistischen" Staatsverdichtung hin und wieder gegeben, wobei Frankreich (1664 und 1697–1700, so genannte Beauvillier-Erhebung) voranging, aber die skandinavischen Staaten und auch Brandenburg-Preußen bald folgten. Zu bedenken bleibt (auch quellenkritisch), dass Bevölkerungserhebungen im Allgemeinen unpopulär waren, weil bei den Betroffenen leicht der Verdacht aufkeimte, die Obrigkeit wolle die fiskalischen Zügel anziehen. Dieses Misstrauen erklärt zum Beispiel, warum in Spanien die nächsten Bevölkerungserhebungen nach den erwähnten frühen Registrierungen im 16. Jahrhundert erst wieder 1768 und 1787 stattfanden.

Noch problematischer wird die Berechnung der nationalen Bevölkerungszahlen dadurch, dass das hier zunächst ins Auge zu fassende Stichjahr 1650 einerseits mitten in einer demographischen Abschwungphase liegt, die mit dem großen Krieg in halb Europa, der sich zwar unterschiedlich auswirkte, aber doch, bei aller Skepsis gegenüber den lange „gehandelten" Verlustziffern, zumindest regional demographische Einbrüche von über 50 % bewirkte, und den sich in Polen unmittelbar anschließenden militärischen Auseinandersetzungen in einem ursächlichen Zusammenhang steht. Und zum anderen ist das angenommene Stichdatum von einer in der Geschichtswissenschaft ein Vierteljahrhundert lang ausgiebig und kontrovers diskutierten allgemeinen „Krise des 17. Jahrhunderts"[1] nicht zu trennen. Diese „Krise" wird vor allem darin gesehen, dass eine lange, rund 150 Jahre dauernde demographische Aufschwungphase ab etwa 1620/30 ganz unabhängig vom Krieg „gekippt" sei im Sinn zumindest einer Stagnation, wenn nicht gar eines Rückgangs der Bevölkerungszahlen. Eine für die Mitte des 17. Jahrhunderts errechnete Zahl erweckte somit einen völlig falschen Eindruck. Deswegen teilen nicht wenige Autoren eher Zahlen für das Stichjahr 1700 mit, als der Bevölkerungsaufschwung überall wieder eingesetzt hatte und in den Kriegsgebieten die Verluste ausgeglichen worden waren. Mit dem Stichjahr 1700 kommt man zudem für etliche europäische Staaten aufgrund jüngst zurückliegender demographischer Erhebungen auf einen etwas sichereren Boden; für Frankreich etwa kann mit Hilfe der Beauvillier-Erhebung die Einwohnerzahl ziemlich exakt mit 19,3 Millionen angegeben werden.[2]

Fasst man die verfügbaren Zahlen zusammen, ergibt das für das Stichjahr 1700 eine europäische Gesamtbevölkerung von etwa 118 Millionen Menschen – mit allen angesprochenen Vorbehalten. Das 18. Jahrhundert erlebte, verglichen mit der zurückliegenden Stagnationsphase, jedoch einen deutlichen demographischen Aufwärtstrend, der die Forschung veranlasst, für die Zeit um 1800 eine europäische Gesamtpopulation von 185 bis190 Millionen Menschen anzunehmen. Freilich muss auch an dieser Stelle davor gewarnt werden, einen überall gleichläufigen Prozess zu unterstellen. „Europäische Geschichte" ist zu einem guten Teil eine Addition von Ausnahmen, oder doch allenfalls eine vage Generallinie mit sehr vielen Abweichungen. In der demographischen Entwicklung der Vormoderne hingen diese Ausnahmen im Sinn von Schwankungen nach oben und unten mit Kriegen und Krankheiten, mit Naturkatastrophen und Unterernährung, mit freiwilliger oder erzwungener Migration und wirtschaftlichen Faktoren, mit territorialen Zugewinnen oder Verlusten zusammen – oder der Kombination verschiedener Faktoren: Kriegsbedingt verlor Preußen während des Siebenjährigen Krieges rund 10 % seiner Bevölkerung; Epidemien dezimierten 1743 die Bevölkerung Siziliens und Kalabriens um 47 000 Menschen und die Moskaus in den frühen 1770er Jahren um 100 000; eine Hungerkrise ließ 1771/72 die Bevölkerung Böhmens um 170 000 Menschen, 7 % der Gesamteinwohnerschaft, zurückgehen; durch territoriale Zugewinne und Einwanderung wuchs die Bevölkerung Russlands überproportional von 19 Millionen (1719) auf 35 Millionen (1800).

Trotz der genannten demographischen Einbrüche: die Signatur des Zeitalters war das Wachstum der Bevölkerung. Es stellt sich daher die Frage, wie es zu dieser Bevölkerungszunahme kommen konnte. Schließlich erfolgte sie, obwohl die Kriege im 18. Jahrhundert kaum weniger zahlreich waren als im 17., obwohl die Seuchen nicht mit einem

---

1 Die Diskussion um diese „Krise" ist in den letzten Jahren zurückgetreten. Bezeichnend ist vielleicht, dass auf das einschlägige Forschungskapitel bei H. Duchhardt, Zeitalter, in der 3. Auflage verzichtet wurde.
2 W. Mager, Frankreich, 29.

Schlag aus der europäischen Welt verschwanden und obwohl die medizinischen Fortschritte, vor allem im Bereich der Prophylaxe, allenfalls am Ende des Jahrhunderts durchzuschlagen begannen. In Anlehnung an eine Erkenntnis des englischen Bevölkerungshistorikers Thomas Malthus († 1834), der die These aufstellte, dass Bevölkerungen in der Lage seien, ihr eigenes Wachstum den Umweltbedingungen anzupassen, spricht die Historische Demographie von einem „System", um damit das generative Verhalten der Menschen mit den sozialen, wirtschaftlichen, institutionellen und mentalen Hemmnissen beziehungsweise Freiheiten in einen Zusammenhang zu bringen. Im 18. Jahrhundert änderte sich in diesem „System" einiges, aber längst nicht alles.

Relativ konstant blieb in fast ganz Europa das Heiratsalter. Es pendelte bei Frauen und Männern zwischen dem 25. und dem 30. Lebensjahr, wobei das der Mädchen im Allgemeinen etwa zwei Jahre unter dem der Burschen lag. Lediglich in Osteuropa lag das Alter bei der Eheschließung deutlich niedriger. Wegen dieser „verzögerten" Heirat schöpften die Frauen ihr „Reproduktionspotential" nur zu etwa 40 % aus – anders formuliert: nur rund zwei Fünftel des normalerweise zur Verfügung stehenden Gebärfähigkeitszeitraums wurden tatsächlich genutzt. Dieses Selbststeuerungsmodell, das primär etwas mit der Übernahme einer Erwerbsstelle durch den Mann zu tun hatte, die die Heirat in der Regel erst ermöglichte, freilich auch erforderlich machte, verhinderte „Bevölkerungsexplosionen". Es wurde aber in dem Moment hinfällig, als mehr und mehr Menschen in die Stadt abwanderten und der unauflöslich scheinende Zusammenhang von Nahrungsstelle und Heirat sich lockerte. Aufgrund dieses geänderten Sozialverhaltens, das zudem oft mit einer größer werdenden Distanz zur jeweiligen Kirche und ihrem Moralkodex einherging, stiegen vor allem bei den sozial schwächeren Gruppen die Zahlen der unehelich geborenen (und dann häufig ausgesetzten) Kinder deutlich an: am frühesten wohl in England, relativ moderat nur im Alten Reich.[3]

Tabelle 1: Heiratsalter in Earls Colne, 1650–1679

Zeitraum	N*	Männer Mittel	Median	N*	Frauen Mittel	Frauen
1650–1654	4	25.25	26.0	9	24.20	23.0
1655–1659	13	24.60	23.0	10	23.80	23.0
1660–1664	11	26.30	27.0	15	27.0	23.0
1665–1669	7	23.80	25.0	17	28.17	24.0
1670–1674	7	26.70	25.0	13	24.80	24.0
1675–1679	2	24.0	26.0/19.0	9	23.10	21.0

* = N bezieht sich auf die Zahl der Personen, deren Alter rekonstruiert werden konnte.

---

3 Vgl. die Fallstudie von M. MEUMANN, Findelkinder. Einiges Material auch bei L. STONE, Uncertain Unions. Grundlegend: O. ULBRICHT, Kindsmord.

Die Alternative zur vorehelichen oder außerehelichen Empfängnis war die von der Gesellschaft (und der Kirche!) erwartete totale sexuelle (zumindest heterosexuelle) Enthaltsamkeit oder aber die gezielte Empfängnisverhütung. Die Forschung hat herausgearbeitet, dass *coitus interruptus* oder kontrazeptive Mittel insbesondere an der europäischen Peripherie, aber unter anderem auch im französischen Hochadel relativ verbreitet waren, dort übrigens populär geworden durch den pornographischen Roman „Thérèse philosophe". In anderen Regionen blieben solche Praktiken dagegen gänzlich unbekannt.

Das zweite Moment, das es bei der Suche nach den Gründen des Bevölkerungsaufschwungs im Auge zu behalten gilt, ist der Umstand, dass die Agrarkrise des „alten Typs" jetzt allmählich an ihr Ende kam. Einige Demographiehistoriker sehen in der großen Hungerkrise von 1740/41 dieses Phänomen zum letzten Mal wirksam werden. Einschränkend muss man aber sagen, dass dies nur mit Vorbehalt gilt, denn es kam auch später noch zu regionalen Hungeraufständen, etwa 1768 in der Normandie, 1773 in Palermo, 1790 in Florenz. Mit Agrarkrise „alten Typs" wird ein verhängnisvoller Kreislauf beschrieben. In mehr oder weniger regelmäßigen Abständen von zehn bis zwanzig Jahren kam es aufgrund zu frühen oder zu langen Frostes oder wegen zu hoher Niederschläge zu katastrophalen Ernteergebnissen, wogegen die Regierungen, obwohl sie seit den 1740er Jahren vereinzelt (Besançon, Lyon, Marseille, Straßburg) den Bau von Getreidemagazinen betrieben, meist nicht ausreichend vorgesorgt hatten. Die Preise für die aus Getreide gewonnenen Grundnahrungsmittel schnellten folglich in die Höhe, die schlechte Ernährungslage schuf für Krankheitserreger günstige Bedingungen, die Sterblichkeit erhöhte sich, gleichzeitig nahmen Heiraten und Konzeptionen dramatisch ab. Die Agrarkrise ging somit in eine demographische Krise über. Nur nach der Überwindung solcher Extremsituationen kam es im Übrigen in Alteuropa vor, dass das Heiratsalter einmal spürbar sank und somit der erwähnte Gebärfähigkeitskorridor stärker genutzt wurde.

Warum diese Krise des „alten Typs", die andere Sozial- und Wirtschaftshistoriker allerspätestens in den frühen 1770er Jahren ein letztes Mal wirksam sahen, sich im 18. Jahrhundert aus Europa verabschiedete, ist in der Forschung heiß diskutiert worden. Man hat Verbesserungen in der hygienischen und medizinischen Versorgung der Bevölkerung ins Feld geführt, aber sie begannen doch wohl erst im sehr späten 18. Jahrhundert zu greifen. Man hat, vielleicht plausibler, auf die Reformen in der Agrarwirtschaft und auf eine gewisse Steigerung der Produktivität verwiesen, die aus veränderten Bewirtschaftungsweisen – etwa der Nutzung des Brachjahrs bei der Dreifelderwirtschaft oder der so genannten Fruchtwechselwirtschaft – resultierte und die es erlaubt habe, mehr Menschen als bisher zu ernähren. Hier wäre auch an die Ausweitung des Maisanbaus und den Siegeszug der Kartoffel zu erinnern, obwohl das weder flächendeckende Vorgänge noch geradlinige Prozesse waren. Nicht von der Hand zu weisen sind ferner die Konsequenzen, die demographisch daraus erwuchsen, dass im Verlauf des 18. Jahrhunderts die Pest aus Europa verschwand – das Gebiet um Marseille sah um 1720 ein letztes Aufflackern, der letzte Ausbruch in England war 1665/66 erfolgt. Man hatte im Übrigen schon seit längerer Zeit durchaus eine Art Krisenbewältigungsinstrumentarium im Umgang mit Epidemien entwickelt; es „griff" auch in dem angesprochenen Fall Marseille, als um die Stadt ein Quarantänering gelegt wurde. Aber mindestens den gleichen Anteil am demographischen Aufschwung Europas wie die genannten Faktoren scheinen die angesprochenen Auflockerungen im sozialen Bereich gehabt zu haben, die eine Familiengründung bereits bei Übernahme nur einer Teilzeit-Erwerbsstelle oder gar ohne feste Erwerbsstelle des Mannes ermöglichte. Demographisch ließ Europa in allen Aspekten in der zweiten Hälfte des 18. Jahrhunderts seine Vergangenheit hinter sich.

Das bedeutete Zuwächse, deutliche Zuwächse, wenn auch nicht überall: die Alpenländer mit ihren hohen Ledigenraten machten davon zum Beispiel eine Ausnahme, aber auch russische Regionen und die Balkanhalbinsel, wo Typhus und Pest ein kontinuierliches Bevölkerungswachstum verhinderten, folgten nicht dem Trend. Im europäischen Teil des Osmanischen Reiches wuchs die Bevölkerung vor dem Hintergrund von geradezu periodischen Epidemien in den 1720er, 1730er, 1740er, 1770er und 1780er Jahren im Verlauf des 18. Jahrhunderts nur von knapp 8 auf 10,5 Millionen Menschen. Aber alles in allem vermochten Krankheiten, auch neue wie das um 1730 aus Westindien nach Spanien eingeschleppte Gelbfieber, Kriege und Missernten den deutlichen Bevölkerungsaufschwung nicht mehr entscheidend zu bremsen.

Das hatte Konsequenzen: Wenn mehr Menschen Nahrung brauchten, musste man dem mit neuen Anbautechniken, gegebenenfalls neuen, ertragreicheren Pflanzen oder aber einer Ausweitung der Anbauflächen begegnen – das 18. Jahrhundert war ja das letzte, in dem man versuchte, die Ernährung Europas ohne Importe von jenseits der Meere zu bewerkstelligen. Im späteren 18. Jahrhundert spielte deswegen die Gewinnung neuen Ackerlands eine zentrale Rolle: durch Erwerb und Nutzung fruchtbarer Regionen (Ukraine), vor allem aber durch Kolonisation: durch Urbarmachung (Preußen, Schweden), durch Entwaldung (Béarn), durch Umwandlung von Weideland (Walachei und Moldawien) hoffte man, zusätzliche Erträge zu erzielen. Der Erfolg dieser Maßnahmen mag alles in allem begrenzt gewesen sein, doch die Erwartungen, die man an sie knüpfte, waren hoch. Sie veranlassten große Bauernimmigrationen zum Neusiedelland, wie es in „Ungarn", Preußen oder Russland angeboten wurde. Allein in der Regierungszeit Katharinas II. wurden rund 75 000 Kolonisten – nicht alle mit den erforderlichen landwirtschaftlichen Grundkenntnissen! – aufgenommen.

Der Haushalt

Die gegen Ende des 17. Jahrhunderts sich allmählich wieder stabilisierenden demographischen Strukturen legen es nahe, den für die Zeit „typischen" Haushalt ins Auge zu fassen – Haushalt hier verstanden im Sinn des frühneuzeitlichen „Hauses", das personal außer einer „Kernfamilie" auch sonstige Blutsverwandte und Dienstpersonal umfassen konnte, und das funktional ein Wirtschaftsbetrieb und zugleich eine Lebensgemeinschaft war. Die romantisierende Vorstellung von der vorindustriellen Großfamilie mit mehreren Generationen und vielen Kindern unter einem Dach ist von der modernen Demographie widerlegt worden; ein Haushalt des 18. Jahrhunderts beherbergte gewöhnlich nur zwischen vier und acht Personen. Dabei kann als Faustregel gelten, dass Armut dazu zwang, die Personenzahl besonders gering zu halten, wohingegen ein gewisser Lebensstandard eine etwas höhere Zahl von Kindern ermöglichte, die durch ihre Verheiratung eine strukturelle Voraussetzung des „Obenbleiben-Könnens" waren, wenn sie entsprechende Ehepartner fanden. Bei der Eheschließung spielten Fragen der Standes- und der annähernden Vermögensgleichheit der beiden Familien eine ausschlaggebende Rolle, jedenfalls rangierten sie deutlich vor vielleicht erwünschter, aber keineswegs als unabdingbar angesehener Zuneigung. Die Eheschließung setzte darüber hinaus die konfessionelle Übereinstimmung voraus, eine Faustregel, die lediglich im Russischen Reich seit der Legalisierung protestantisch-orthodoxer Ehen durch Peter I. 1721 partiell aufgehoben war. Es gibt Untersuchungen zu deutschen Reichsstädten, die zeigen, in welchem Maß – bis zu 60 % – die Söhne sogar innerhalb der eigenen Zunft heirateten; ähnlich „geschlossene" Heiratskreise sind für das protestantische Pfarrhaus und für die universitär-akademische Schicht ermittelt worden.[4]

Die nach wie vor florierende demographische Forschung hat aber noch eine Fülle weiterer Ergebnisse erbracht, die bisherige Annahmen als Irrtum erwiesen haben,

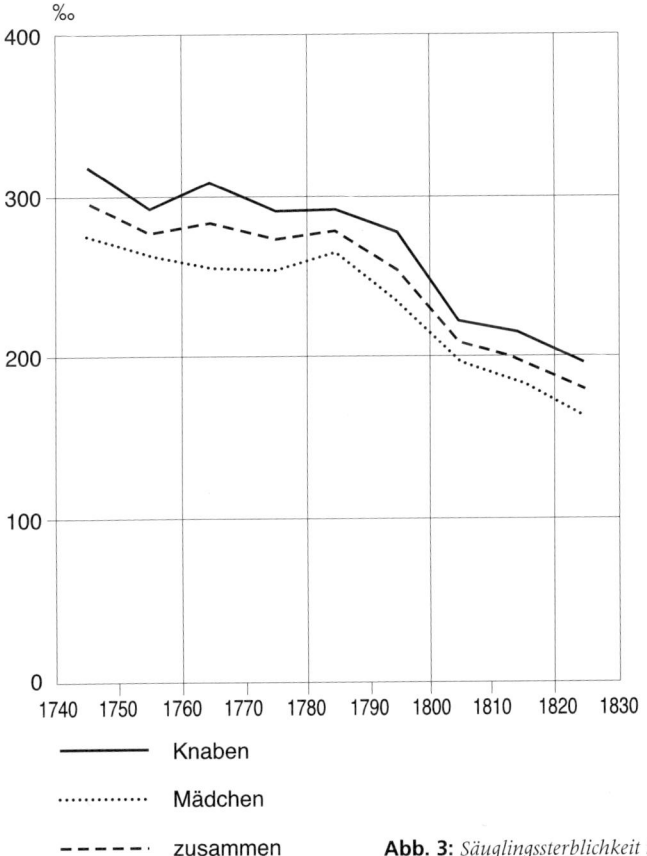

‰

——— Knaben

⋯⋯⋯⋯ Mädchen

– – – – zusammen   **Abb. 3:** *Säuglingssterblichkeit in Frankreich.*

---

4 Vgl. u. a. Ch. Schmitz, Ratsbürgerschaft, und L. Schorn-Schütte, Evangelische Geistlichkeit.

etwa die, dass sich in ländlichen Gegenden fast das gesamte generative Verhalten soweit es Nuptalität, Natalität, aber auch die Geburtenfolge betraf, am agrarischen Rhythmus orientierte. Das bedeutete unter anderem, dass man in den weniger arbeitsbelasteten Monaten (November, Februar) heiratete und die Geburten so „plante", dass sie nicht in die Erntezeit fielen, sondern in die Zeitspanne zwischen Dezember und März. Auf die erschreckend hohe Kindersterblichkeit, die häufig mit einem bemerkenswerten Gleichmut hingenommen wurde, hatte das freilich keinen Einfluss. Noch um die Mitte des 18. Jahrhunderts lag die Sterblichkeit mit starken regionalen Unterschieden bei 30 %, sie erreichte punktuell Spitzenwerte von über 50 % vor dem fünften Lebensjahr verstorbener Kinder (Pilsen, Nürnberg) und ging erst im Lauf des Jahrhunderts – Frankreich ist ein sprechendes Beispiel für diesen Trend – sichtbar zurück. Die Kinder wurden, übrigens zum Teil sogar mit ausdrücklicher publizistischer Befürwortung, früh als eine Art Knecht- oder Magdersatz in den häuslichen Landwirtschaftsbetrieb eingebunden. In Familien, die ständig am Rand der Subsistenz lebten, war deswegen auch das Eltern-Kind-Verhältnis eher nüchtern, es erlebte erst seit der Mitte des 18. Jahrhunderts eine gewisse Emotionalisierung – Rousseaus „Emile" steht literarisch für diesen Prozess. Man nimmt sogar ein konfessionsspezifisches Verhalten gegenüber dem Kindstod etwa in dem Sinn an, dass Katholiken ihn leichter akzeptierten, weil sie im frühen Sterben der Kinder eine Art sicheres Unterpfand für deren ewige Seligkeit erblickten. Aber generell wird man das Potential an Emotion und gezeigter Liebe in der Familie des 18. Jahrhunderts noch nicht überschätzen dürfen; ein zweifellos erschütterndes Dokument wie Lessings Brief anläßlich des Todes seines einzigen Sohnes ist nicht zu verallgemeinern, zumal dem Schreiben ersichtlich auch eine poetisch-rhetorische Komponente innewohnt.

An der Spitze des „Hauses" als einer Lebens-, Produktions- und Konsumgemeinschaft stand der Hausvater, dessen Funktionen – die Vertretung der Gemeinschaft nach außen, die Ausübung der Hausherrschaft unter Einschluss der Disziplinargewalt – in einer breiten Literatur („Hausväterliteratur") reflektiert und diskutiert wurden.[5] Seine Stellung war unumstritten, auch der auf das „Altenteil" gesetzte Altbauer beziehungsweise Altmeister respektierte in aller Regel seine Alleinkompetenz. Der Hausvater teilte unter anderem die Arbeiten zu, in die, wie erwähnt, auch die Kinder mit einbezogen wurden, er war verantwortlich für den Unterhalt, aber auch für die Religiosität und die Moral der ihm unterstehenden Menschen. Der hierarchischen Ordnung komplementär war das gemeinsame Handeln der Hausgemeinschaft: das gemeinsame Gebet, der gemeinsame Kirchgang, nicht zuletzt die gemeinsamen Mahlzeiten, die das „Haus" an einem Tisch versammelten. Es kann nur als beginnende Auflösung einer traditionellen Ordnung verstanden werden, wenn sich im 18. Jahrhundert, dem Vorbild der höheren Stände folgend, in Handwerker- und sogar in Bauernhaushalten die Hausväter in manchen Regionen von der Mahlgemeinschaft mit dem „Haus" zurückzogen, separiert von den Mitarbeitenden aßen und sich bessere Speisen vorlegen ließen.[6]

Der Speiseplan war im Allgemeinen relativ eintönig. Breie, Suppen, Milchprodukte, Brot, in Süddeutschland und Italien auch Mehlspeisen standen in seinem Mittel-

---

5 Zur Hausväterliteratur vgl. u. a. H.-J. Teuteberg, Reise- und Hausväterliteratur.
6 M. W. Gray, Productive Men.

punkt, während Fleisch, auch vor dem Hintergrund steigender Preise im 17. Jahrhundert, relativ selten, häufig nur an hohen Festtagen gereicht wurde. In katholischen Gegenden kam während der ausgedehnten Fastenzeiten dem – getrockneten und gesalzenen – Fisch eine gewisse Bedeutung zu, obschon dessen Nährwert an sich eher gering war. Immerhin wurde der Fischfang im 18. Jahrhundert zu einer der großen Wachstumsbranchen, woran vor allem die Engländer und die Skandinavier, in geringerem Maß die Niederländer partizipierten. Getrunken hat man in aller Regel Wasser oder Milch, im nördlichen Europa auch Bier, im südlichen mit Wasser gemischten Wein. Dass auch höherprozentige Spirituosen eine Rolle zu spielen begannen, war eher ein Spezifikum der kalten Regionen, wo etwa der Wodka als eine Art Kalorienzufuhr verstanden wurde.

Für die Küche war selbstredend die Hausfrau hauptverantwortlich. Sie konnte in Notsituationen zudem auch an die Stelle des (verstorbenen) Hausvaters treten und ihn zumindest befristet ersetzen.[7] Freilich wurde von der Witwe eines Handwerkmeisters erwartet, dass sie sich in nicht zu ferner Zukunft wieder verheiratete, etwa mit einem der im Haus lebenden Altgesellen. Wenn man, wie es für das agrarische Frankreich angenommen wird, bei einer statistischen Lebenserwartung von 29 bis 36 Jahren von einer mittleren Ehedauer von 15 Jahren ausgeht, ergibt sich, dass wenigstens 20 % aller geschlossenen Ehen Zweitehen waren. Frauen, die ihren Lebensunterhalt auf Dauer ganz allein bestritten, waren in der Vormoderne relativ selten. Außer an die exklusiven Frauenberufe wie den der Hebamme ist hier etwa an die Textilbranche zu denken, wo im nichtzünftigen Bereich Spinnerinnen ihren Lebensunterhalt allein bestreiten konnten; in Paris sind in der Damenschneiderei sogar Selbständige in eigenen Zünften nachzuweisen.[8] Diese Beispiele dürfen aber nicht überinterpretiert werden; die Regel in Alteuropa war die ökonomische Unselbständigkeit der Frau und ihre Funktionalität zum Mann: die Mitarbeiterin, die treue Gattin und die Mutter. Diesem Weltbild entsprach es, dass in aller Regel über ihren Kopf hinweg über ihre Zukunft entschieden wurde. Wirkliche „Liebesheiraten" kannte das dörfliche und städtische Leben noch kaum, mochten die radikalen Aufklärer seit dem letzten Drittel des 18. Jahrhunderts die freie Partnerwahl auch noch so engagiert und vehement fordern.

Überhaupt war das Ancien Régime dem weiblichen Geschlecht noch nicht sonderlich hold. Über den „starken" Frauen auf Königs- und Kaiserthronen, den politisch einflussreichen Mätressen, den ganz wenigen Frauen, die es in der Wissenschaft schon zu etwas brachten – in Halle fand 1753 die erste Promotion einer Medizinerin statt –, und dem kleinen Kreis von Frauen aus dem Großbürgertum, die schon vor der Revolution Salons ins Leben riefen und dort auf hohem geistigem Niveau dilettierten oder die eine Karriere als Malerin (Angelica Kauffmann) oder als Dichterin (Anna Luise Karsch) starteten – über all dem darf die Normalität nicht vergessen werden. Und sie war auf dem Dorf und in der Stadt geprägt von Abhängigkeit, von Mitwirken am Funktionieren eines Systems, von Ausschluss von allen politischen Rechten im weite-

---

7 Vgl. u. a. Ch. Werkstetter, Frauen.
8 Die Literatur zum Thema Frauenarbeit/Frauen in Arbeitsprozessen in der Vormoderne ist inzwischen unübersehbar geworden. Ich nenne als Einstieg Ch. Vanja, Verdrängung, und M. W. Gray, Productive Men.

sten Sinn, übrigens auch in den alten oder neuen republikanischen Gemeinwesen. In Dänemark wurde 1772 Witwen eine längere Trauerzeit als Witwern vorgeschrieben: ein volles Jahr statt eines halben. Und zur Normalität konnte im Übrigen auch schwerste körperliche Arbeit – Pflügen auf dem Feld, das Treideln von Rheinschiffen – gehören: von romantischer Verklärung muss man sich ganz frei halten, um so mehr als auch die Aufklärung noch manche Vorurteile weitertradierte, etwa das der geistigen Unterlegenheit der Frauen (Ernst Brandes). Gewissermaßen auf die Spitze trieben es die Intellektuellen im ausgehenden 17. Jahrhundert (Johann Gorgias, Franz Heinrich Hoeltich, Johann Caspar Waltz) mit Schriften, in denen die Frauen geradezu aus dem Menschengeschlecht ausgeschlossen und dem Tierreich zugeordnet wurden! Autoren wie der Chevalier Poullain de la Barre, der 1673 eine Schrift über die „Gleichheit der Geschlechter" veröffentlichte, hatten es gegenüber solchen Pamphleten vorerst noch schwer. Erst die Französische Revolution sollte das Tor zu einer weitergehenden Emanzipation der Frauen aufstoßen unter Einschluss des Instituts der Ehescheidung (Frankreich 1792).

Was die Sozialform des „Hauses" betrifft, um noch einmal darauf zurückzukommen, so ist relativierend im Auge zu behalten, dass hier vor allem seine zentraleuropäische Erscheinungsform skizziert wurde. In anderen Teilen Europas waren die Familienstrukturen komplexer: Für Südfrankreich etwa hat man von einer beachtlichen Zahl von Mehrkernhaushalten auszugehen, meist Zusammenschlüsse der Familien von Brüdern. Auch im Baltikum und in Kroatien scheint die Zahl der Mehrkernhaushalte beachtlich gewesen zu sein. In Russland begründete die Eheschließung eines Sohnes keineswegs selbstverständlich einen neuen Hausstand, vielmehr unterstanden auch die verheirateten Söhne weiterhin der Hausherrschaft des Vaters.

In jüngster Zeit wurde das Konstrukt des so genannten „ganzen Hauses" verstärkt und überwiegend kritisch diskutiert.[9] Gemeint ist mit dieser Formulierung das Modell des frühneuzeitlichen „Hauses", wie es durch eine Brille des mittleren 19. Jahrhunderts gesehen worden war, die man sich Mitte des 20. Jahrhunderts wieder aufgesetzt hatte. Das Modell „Haus" selbst hatte sich durch weitreichende Funktionsentlastungen parallel zur voranschreitenden Aufklärung bereits mehr und mehr aufgelöst. Dass die so genannte Hausväterliteratur, die sich der Ökonomik und Organisation des Hauses widmete und sich im letzten Drittel des 17. Jahrhunderts (Georg Andreas Böckler, Wolf Helmhard von Hohberg) verdichtete, fast bis zur Mitte des 18. Jahrhunderts auf dem Buchmarkt präsent blieb, widerspricht dem nicht. Einige Punkte, etwa die Aufhebung der traditionellen Mahlgemeinschaft, wurden oben schon angesprochen, einige weitere Faktoren müssen darüber hinaus angeführt werden. Die wirtschaftliche Autonomie des Einzelhaushalts begann sich mit voranschreitender marktwirtschaftlicher Ausdifferenzierung und Verflechtung zu relativieren; mit dem wachsendem Trend zur aushäusigen Lohnarbeit verlor das Haus seine Aufgabe als Produktionsge-

---

9 Ich nenne hier als letzten einschlägigen Beitrag: St. WEISS, Otto Brunner. Über den Aufsatz kann der Gang der Diskussion rekonstruiert werden. – Das Modell des „ganzen Hauses" war von O. Brunner in dem berühmten Aufsatz „Die alteuropäische ‚Ökonomik'", in: Zeitschrift für Nationalökonomie 13 (1952), 114–139, entwickelt worden. Der Aufsatz wurde unter dem Titel „Das ‚ganze Haus' und die alteuropäische Ökonomik" verschiedentlich nachgedruckt.

meinschaft; die Kinder erhielten ihre Erziehung nicht mehr im Haus, sondern in der Schule. Rein äußerlich lassen sich die Funktionsentlastung und damit die Auflösung des frühneuzeitlichen Sozialform Haus auch daran ablesen, dass die Häuser als Gebäude viel stärker als bisher in einen Privat- und einen Geschäftsbereich unterteilt wurden und dass man das Gesinde und andere außerfamiliäre Abhängige deutlicher von der Kernfamilie trennte.[10] Nicht zuletzt war es für das soziale Konstrukt des „Hauses" verhängnisvoll, dass der Staat mit sozialdisziplinierenden Maßnahmen immer nachhaltiger in den Rechtsraum einer kleinen Gruppe von Menschen einbrach und deren Intimität „verstaatete".

Mit der „Privatisierung" der Kernfamilie einher ging eine stärkere Emotionalisierung der Beziehungen zwischen den Ehepartnern. Im Sinn des ‚alten' Hauses waren, wie erwähnt, Ehen lange unter ökonomischen Perspektiven und Prämissen geschlossen worden: der Arrondierung bäuerlichen Besitzes, der Verklammerung von Handwerksbetrieben und so weiter. An ihre Stelle trat nun, literarischen Vorbildern entsprechend, zumindest in bürgerlichen Kreisen mehr und mehr das Moment der persönlichen Zuneigung, der Liebe, die sich ganz dezidiert mit der Erwartung der Keuschheit der Partnerin verband. Das bürgerliche Ideal lief zudem immer mehr in die Richtung, die Verantwortung der Ehefrau für Haus und Garten zwar nicht in Zweifel zu ziehen, aber sie doch von wirtschaftlichen Pflichten zu entlasten und dafür ein gewisses Maß an (leichter und gefälliger) Bildung zu erwarten, das ihr zumindest eine niveauvolle Konversation ermöglichte.

Die (Kirchen-)Gemeinde

Verwandtschaft und „Haus" betteten den Einzelnen in eine im Allgemeinen verlässliche Strukur ein, die ihn in Krisensituationen – Krankheit, Verarmung – auffing; aber daneben gehörte er, in welchem rechtlichen Verhältnis auch immer, einer „politischen" Gemeinschaft (dem Dorf, der Stadt) und seiner Kirchengemeinschaft an. Von den politischen Gemeinschaften wird in anderem Zusammenhang zu sprechen sein; hier ist deswegen nur in aller Kürze die Kirchengemeinschaft zu behandeln. Generell kann man den Einfluss der Kirche auf das Leben des Einzelnen in der Vormoderne wohl kaum überschätzen: Der Rhythmus des Kirchenjahrs mit seinen vielen (die Aufklärer meinten: zu vielen) Festen bestimmte seinen eigenen Rhythmus, also die Phasen der Arbeit, der Muße und der Besinnung, der sexuellen Enthaltsamkeit und auch den Speiseplan. Die kirchlichen Riten begleiteten ihn von der Taufe über die Erstkommunion/Konfirmation und die Hochzeit bis zur Bahre, die Teilnahme am Sonntagsgottesdienst war ein Muss, häufig allerdings auch ein erkennbar und hörbar als aufgezwungen empfundenes Muss, zumal wenn das eigene Verhalten von der Kanzel herab in direkter oder indirekter Form kritisiert wurde. Die Kirche stellte gegebenenfalls seinen Schullehrer und fing ihn im Extremfall in ihren Sozialfürsorgeeinrichtungen auf. Er konnte sich auch in Bruderschaften engagieren oder, bei entsprechendem Ansehen, im Presbyterium. Auf der anderen Seite war er immer aber auch dem Kontroll- und Überwachungssystem der Kirche ausgesetzt, die sich insofern als eine Art Hilfsorgan

---

10 Vgl. G. Frühsorge u. a. (Hg.), Gesinde.

des Staates verstand. Das fing damit an, dass die staatlichen Verfügungen sonntags von der Kanzel verkündet wurden, es schloss aber auch – und hier gab es zwischen altgläubigen und protestantischen Staaten kaum einen Unterschied – die Sittenzucht und das Eherecht ein, bevor der Staat die kirchlichen Gerichte entmachtete.[11] In einer Regionalstudie über das Fürstbistum Münster[12] ist vor Kurzem dargestellt worden, in welchem Maß das bischöfliche Sendgericht das dörfliche Leben prägte: es wurden die Grundlagen der (katholischen) Glaubenslehre überprüft, Einwänden gegen den Lebenswandel des Geistlichen nachgegangen, Sonntagsarbeit, Verstöße gegen die Fastengebote und Versäumnis von Gottesdiensten geahndet, aber auch das Haus- und Familienleben mit Einschluss der Sexualität und allgemeiner Sittlichkeit (Ehebruch und anderes) kontrolliert. Allein die Perspektive, dass Verfehlungen öffentlich und öffentlichkeitswirksam behandelt wurden, hat das Sozialleben einer Gemeinschaft alles in allem positiv beeinflusst, um so mehr als das geistliche Gericht in aller Regel auch ein hohes Maß an Fingerspitzengefühl entwickelte. Gerade wenn man sich die enge Verschränkung von „Kirche" und „politischer Gemeinschaft" vergegenwärtigt, kann man ermessen, was es bedeutete, dass die Aufklärung die Kirche aus weiten Bereichen des öffentlichen Lebens auszugrenzen suchte.

2.3.2 Die Gesellschaft

Stadt und Land
Für die Vormoderne ist die Vorstellung von einer „Gesellschaft" mit gleichen Rechten begabter und über gleiche Aufstiegschancen verfügender Individuen abwegig. Das folgende Kapitel macht deswegen auch gar nicht den Versuch, eine Art „Gesellschaftsgeschichte" zu entwerfen, sondern geht von den sozialen Räumen aus, in denen Menschen mit dieser Freiheit und jener Abhängigkeit, mit dieser Bildung und jener Erwerbsform ihr Leben gestalteten: von Stadt und Land.

Es klang oben schon an, dass Europa in der hier zu betrachtenden Epoche ein überwiegend agrarisch-ländlicher Kontinent war. Die Städtelandschaften in den Niederlanden und in Oberitalien ändern nichts daran, dass alles in allem wenigstens 90 % der Gesamtbevölkerung auf dem Land lebten.

Lebensraum Stadt
Dabei ist die Stadt beziehungsweise die Dichte und Häufung von Städten vielleicht ein besonders typisches Unterscheidungsmerkmal Alteuropas gegenüber anderen Kontinenten. Freilich fangen hier bereits die Probleme an. Es gab im zeitgenössischen Europa keine verbindliche Definition von „Stadt". Die für Mitteleuropa gängige Definition, dass es sich um einen eigenen, aus dem Umland hervorgehobenen Siedlungs- und Rechtsbezirk mit einem hohen Grad genossenschaftlich-korporativer Organisation handele, als dessen Symbol die Stadtmauer anzusehen sei, galt zum Beispiel nicht für Russland, wo als „Städte" Gemeinwesen ohne obrigkeitlichen Besitzer galten, also sol-

---

11 Einschlägig hier u. a.: R. v. Friedeburg, Sündenzucht, und H. R. Schmidt, Dorf und Religion.
12 A. Holzem, Religion und Lebensformen.

che, die nicht einem Individuum oder einer Institution zugehörten. Und selbst wenn man bei der Rechtsform als Kern der Definition bleibt: in England (*„rotten boroughs"*) und Deutschland gab es Hunderte von „Städten", die von ihrer Bevölkerungszahl her längst hinter Dörfer zurückgefallen waren oder deren Einwohner („Ackerbürgerstädte") ihren Lebensunterhalt kaum anders als im agrarischen Umland bestritten, oder solche, die entweder von vornherein einer Mauer ermangelten oder diese im Lauf der Zeit abtragen ließen.

Auch der Ansatz, über das „Bürgerrecht" zu einer schlüssigen Abgrenzung der Stadt von ihrem Umland – und damit zu einer Definition – zu gelangen, führt nur bedingt weiter. Zum einen lebten in der Stadt immer auch Menschen – etwa als „Tolerierte" –, die kein Bürgerrecht besaßen, und diese Gruppe, die von den wachsenden unterbürgerlichen Schichten bis zu den vermögenden Manufakturisten und den Adligen reichte, die die „dunkle Jahreszeit" in ihrem Stadtpalais verbrachten[13], nahm im 18. Jahrhundert tendenziell und in den absoluten Zahlen sogar deutlich zu. Und auch das auf dem Weg des Erwerbs oder der Vererbung zugewachsene Bürgerrecht selbst, das zur Ausübung eines städtischen Gewerbes berechtigte, aber auch Leistungen für die Gemeinschaft einschloss (Abgaben, Wehr- und Wachdienst, Übernahme von Ämtern), war von dem, was auf dem Dorf diesbezüglich üblich und unverzichtbar war, nicht grundverschieden.

Worin sich die Stadt dann aber doch vom Dorf unterschied, das waren die Vielzahl der Ämter und der alles in allem höhere Bürokratisierungsgrad. Man hat die Stadt als „Treibhaus des modernen Verwaltungsstaats" bezeichnet und damit zum Ausdruck bringen wollen, dass zahlreiche Elemente der staatlichen Verdichtung und Verwaltung zunächst in einer Art Probelauf in der Stadt entwickelt worden waren. Mit dieser Funktion der Kommune als bürokratischem Impulsgeber für den Staat korreliert im Übrigen auch der häufige Elitenaustausch, also das Überwechseln städtischer Funktionsträger in staatliche Ämter.[14]

Aber alles in allem bereitet es der Forschung heute einige Mühe, die alten Thesen von einem spezifischen, ein deutliches Mehr an Freiheit garantierenden Rechtsbezirk Stadt mit einem von der dörflichen Umgebung deutlich abgehobenen wohlsituierten Bürgertum zu verifizieren. Die Übergänge waren viel fließender, als man lange Zeit meinte.

Blickt man über die Mauern der Stadt und fragt nach ihren Binnen- und Sozialstrukturen, so wird man sich vorrangig an der dichten Städtelandschaft der europäischen Mitte orientieren. Auch in dieser Hinsicht soll von einem Differenzierungsmodell ausgegangen werden, das ein Patriziat vom Zunftbürgertum unterscheidet und letzteres wiederum unterteilt nach Vermögen, also nach wirtschaftlichen Gesichtspunkten: in die Gruppe der wohlhabenden Kaufleute, der höheren Funktionsträger, der Finanziers und gutsituierten Handwerksmeister einerseits, die der kleinen Amtsträger, der Krämer und der Angehörigen der „armen" Zünfte andererseits. Von allen diesen mit Bürgerrecht begabten Gruppen, die im Reich und in Frankreich allenfalls

---

13 Dazu neuestens M. WEIDNER, Landadel.
14 Der Forschungsstand bei H. SCHILLING, Stadt.

40 % der Bewohner einer Stadt ausmachten und auch in Polen nur höchstens 60 %, in den ungarischen Freistädten demgegenüber sogar nur 5 bis 6 %, sind die an der städtischen Peripherie oder in einer jenseits der Mauer gelegenen Vorstadt lebenden nicht- oder unterbürgerlichen Schichten abzuheben, die – als „Beisassen", „Tolerierte", „Schutzbürger" – nur ein bedingtes Aufenthaltsrecht hatten, das periodisch zu erneuern war. Wie meist, sind Modelle dieser Art allerdings nicht mehr als Hilfskonstruktionen; so wird vor allem der Binnendifferenzierung innerhalb der Gruppe der „Bürger" immer etwas Willkürliches anhaften, und oft bleibt auch unberücksichtigt, dass der Rechtsstatus eines mit Bürgerrecht begabten Stadtbewohners sich von dem des anderen grundsätzlich unterscheiden konnte – Patrizier oder Ratsmitglieder unterlagen beispielsweise nicht zwingend der städtischen Gerichtsbarkeit. Aber auch andere Modelle, etwa solche, die sich an bestimmten Disziplinierungsordnungen orientieren – Osnabrück praktizierte ein Vierstufenmodell mit einer politischen und akademischen Oberschicht, einer wohlhabenden Gildebürgerschaft, den Handwerker-Bürgern und den „Besitzlosen" –, bieten Angriffsflächen. Es gibt, wie es scheint, dann allerdings doch eine Reihe von europaweit auftretenden Konstanten, etwa die Erscheinungen, dass in der behandelten Epoche die Rolle der Angehören der „freien" Berufe, die auf einem Studium basierten (Ärzte, Anwälte, Publizisten und so weiter), kontinuierlich wichtiger wurde oder dass das Patriziat tendenziell aus der Stadt weg drängte und im Umland Adelsgleichheit zu demonstrieren suchte – fassbar wird das unter anderem am Beispiel Nürnbergs und Venedigs oder auch Genfs und für die Zeit nach 1786 Mailands. Schließlich war wohl auch europäischer Standard, dass die kommunale Politik ein Reservatbezirk des „oberen" Bürgertums blieb. Und um ein europäisches Phänomen handelte es sich auch, wenn sich die ursprünglich relativ homogene Schicht des Bürgertums immer weiter ausdifferenzierte und sich nach und nach eine eigene Schicht der Fernhandelskaufleute, Industriellen, Bankiers und Reeder aus- und absonderte. Die Binnendifferenzierung war fraglos gewollt; die vielen städtischen Kleiderordnungen, die den verschiedenen sozialen Gruppen unterschiedliche Kleidungen und Accessoires zusprachen, lassen daran keinen Zweifel.

Über solche Definitionsfragen hinaus bereitet es aber auch einige Mühe, für diese Epoche die Einwohnerzahlen von „Städten" zu ermitteln, weil viele statistische Angaben, so zum Beispiel für Skandinavien, noch auf der „Feuerstelle" gründen und unterschiedliche Multiplikationsfaktoren, um die tatsächliche Zahl der Menschen zu errechnen, angesetzt werden. Zwar schwankte das Stadt-Land-Verhältnis zwischen 3:97 % (Russland) und 10:90 % und sank in der städtereichen Markusrepublik Venedig im 18. Jahrhundert auf 86:14 % ab, doch hat der Grad der Urbanisierung insgesamt nicht dramatisch zugenommen. Sehr wohl gewachsen sind aber die Bevölkerungszahlen großer Städte, und zwar wahrscheinlich zu Lasten der kleineren Kommunen. Während der Anteil der Franzosen, die in Städten über 20 000 Einwohnern lebten, im ganzen 18. Jahrhundert bei rund 7,5 % lag, machte die Handelsstadt Bordeaux den gewaltigen „Sprung" von 45 000 (1700) zu 110 000 Menschen (1790). Das Wachstum war nicht Folge extrem hoher Geburtenraten, sondern des Zuzugs aus dem kleinstädtischen (und agrarischen) Umland. Die Attraktivität der eine Fülle von Erwerbsmöglichkeiten bietenden Kommune schlug hier erkennbar zu Buche. Auch das Beispiel Hamburgs könnte in diesem Zusammenhang erwähnt werden: die Hafen-

und Handelsstadt ist zu den großen „Kriegsgewinnern" [15] zu zählen, sie verdoppelte innerhalb eines Jahrhunderts (des 17.) ihre Einwohnerzahl.

Aber wie gesagt, längst nicht alle Städte erlebten im 17./18. Jahrhundert einen Aufschwung, der mit dem von Bordeaux oder Hamburg zu vergleichen wäre. Für überproportionales städtisches Wachstum konnten neben Residenzfunktionen unter anderem neue Funktionen im Handelsverkehr (Göteborg/Schweden), aber auch Garnisons- oder Flottenstützpunktqualitäten (Karlskrona/Schweden) ursächlich sein – man sollte schließlich nicht unterschätzen, in welchem Maß Militärpersonen mit Einschluss ihrer Frauen und Kinder und des Dienstpersonals der Offiziere die Bevölkerungsziffern von Kommunen verändern konnten:[16] Ein Anteil von einem Drittel der Stadtbevölkerung dürfte noch nicht einmal einen Spitzenwert darstellen. Die weitaus meisten Städte erlebten indes keinen signifikanten Anstieg ihrer Bevölkerungsmenge, so dass sich die Frage nach einem allgemeinen Aufschwung des Städtewesens fast schon von selbst beantwortet. Europaweit nahm die Zahl der Städte mit 20 000 bis 100 000 Einwohnern während des 18. Jahrhunderts nur von etwa 130 auf gut 190 zu – eine Kennzeichnung als „explosionsartige Urbanisierung" würde andere Ziffern erfordern! Natürlich muss man gerade in diesem Bereich mit Verallgemeinerungen vorsichtig sein. Aber die These von einer neuen Hausse des Städtewesens führt sich selbst *ad absurdum*, wenn man ergänzend die vielen deutschen Reichsstädte ins Auge fasst, in denen, sofern nicht der Westfälische Friede mehr oder weniger präzise Spielregeln vorgegeben hatte, Verfassungskämpfe mit einem konfessionellen und einem wirtschaftlichen Moment nun fast zur Normalität wurden. Die wirtschaftliche Seite dieser „Bürgerkämpfe" reflektierte den Umstand, dass die traditionelle Organisationsform der städtischen Wirtschaft, das Zunftwesen, immer mehr erstarrte und zur bloßen Schutzorganisation eines in sich geschlossenen, durch Konnubium, Sozialleben (Trinkstuben und ähnlichen Einrichtungen) und Totengedenken verbundenen sehr kleinen Kreises von Privilegierten degenerierte, der allen Neuerungen abhold war und vor allem innovativen Außenseitern – selbst in Gestalt der eigenen Gesellen! – in brüsker und brüskierender Form die kalte Schulter zeigte. Dieses Verhalten musste geradezu zu sozialen Spannungen führen. Die städtischen Unruhen, die trotz einiger neuerer Studien[17] noch längst nicht so gut erforscht sind wie die ländlichen, sind Ausdruck dieses erheblichen Konfliktpotentials, ob es sich nun in den typischen (und stark ritualisierten) Gesellenunruhen[18], in Verfassungskonflikten (der Staat kassierte oder relativierte Bürger- und Zunftprivilegien) oder in im Ökonomischen wurzelnden Auseinandersetzungen (Unterbinden des Zuzugs von Niedriglohn-Konkurrenten) und in „Brotkrawallen" äußerte. Obwohl die Wirtschaft in dem hier zu behandelnden Zeitraum ganz deutlich an Dynamik gewann, nutzte das keineswegs allen Städten, sondern kam allenfalls den Hauptstädten und wenigen Handelszentren zugute, deren Einwohnerzahlen dann auch besonders signifikant anstiegen: Berlin wuchs zwischen 1680 und 1800

---

15 P. MÜNCH, Jahrhundert, 36.

16 Diesen Sachverhalt hat die New Military History inzwischen zur Genüge herausgearbeitet; vgl. als Beispiel: R. PRÖVE, Stehendes Heer.

17 Beispielsweise: W. BEIK, Urban Protest, und Th. LAU, Bürgerunruhen.

18 R. REITH u. a., Streikbewegungen.

von 16 500 auf 172 000 Einwohner, Kopenhagen zwischen 1650 und dem Ausgang des 18. Jahrhunderts von 25 000 auf 100 000, Turin im Verlauf des 18. Jahrhunderts von 44 000 auf 92 000, Wien zwischen 1700 und 1800 von rund 100 000 auf 240 000! Umgekehrt konnte der Verlust der Residenzfunktion erhebliche Bevölkerungsverluste nach sich ziehen; Mannheim soll nach dem Umzug des wittelsbachischen Hofes nach München, wo 1777 die dortige Linie der Dynastie ausgestorben war, ein Drittel seiner Einwohnerschaft verloren haben. Die These von Jan de Vries, wonach die Prosperität der großen Städte Mitte des 18. Jahrhunderts generell beendet gewesen sei[19], bedarf jedoch noch weiterer Abstützung – oder der Falsifizierung.

Generell wird die Einschätzung nicht allzu weit an der historischen Wirklichkeit vorbeigehen, dass Textilindustrie – unter Umständen mit einer zusätzlichen Spezialisierung (Seide) – und eine Schlüsselrolle im internationalen Handel den im Grunde antizyklischen Aufschwung der Städte begünstigten, dass aber auch staatlich-administrative Funktionen sich positiv auswirken konnten: positiv im demographischen, aber auch ökonomischen Sinn. Bei den in Russland im ausgehenden 18. Jahrhundert im Kontext einer Provinzialreform gegründeten Städten war es diese Kombination – Administration und Handel –, die einige von ihnen, zum Beispiel Odessa, rasch aufsteigen ließ. Der Verlust von Handelsfunktionen und der Niedergang von Gewerben oder die sinkende Bedeutung von Rohstoffen führten umgekehrt zu Abschwüngen. Das Lüneburger Sole-Salz wurde seit der Mitte des 17. Jahrhunderts von dem billigeren Meersalz abgelöst, was negative Auswirkungen auf die Größe der Stadtbevölkerung hatte, die Einwohnerschaft Antwerpens sank entsprechend dem Rückgang seiner kommerziellen Bedeutung zwischen 1699 und 1755 von 67 000 auf 42 000 Menschen.

Diese Fragen der Ungleichzeitigkeit des Gleichzeitigen, des Nebeneinanders von Auf- und Abschwung, der Kombination von Faktoren, die sich günstig auf das Wachstum und die Prosperität von Städten auswirkten, haben die Forschung immer wieder bewogen, nach Städtetypen Ausschau zu halten. Dabei hat man Typen wie die Ackerbürgerstadt und die Marktstadt, die Gewerbe- und die Großhandelsstadt, aber auch Städte, die von besonderen Bevölkerungsgruppen (Universitätsstadt, Bergbaustadt, Festungs- beziehungsweise Garnisonsstadt, Exulantenstadt) geprägt wurden, gebildet und voneinander abgehoben, nicht zuletzt auch den für diese Epoche wichtigen Typ der Residenzstadt (Wien, München, Dresden und viele andere), die stark auf den (festen) Hof des Herrschers hin ausgerichtet war und in nicht wenigen Fällen (Kopenhagen) die Hälfte der Einwohnerschaft direkt oder indirekt vom Fürsten abhängig machte. „Wanderungen" von einem zum anderen Städtetyp waren dabei nicht selten. Diese Typenbildungen sind freilich an den besonders dichten und deswegen auch differenzierten Städtelandschaften in Zentral- und Westeuropa und Oberitalien entwickelt worden. Auf weite Teile des Südostens, des Ostens und selbst des Südwestens des Kontinents sind sie aber nur höchst bedingt applizierbar. Der islamisch geprägten Stadt beispielsweise fehlten wesentliche konstitutive Elemente der christlich-europäischen Stadt wie der zentrale „politische" Platz, andererseits finden sich dort Einrichtungen

---

19 Zum Forschungskontext: H. SCHILLING, Stadt, 56 f.

wie der Basar, die Zentraleuropa gänzlich unbekannt waren. Auch die russischen Städte des 18. Jahrhunderts können mit solchen Differenzierungen, wie sie skizziert wurden, nur bedingt erfasst werden. Den dort lebenden Menschen fehlte ein Mindestmaß an „typischer" städtischer Freiheit – begrenzte Selbstverwaltungsbefugnisse wurden den „Städten" erst 1775/85 zugesprochen, zur selben Zeit wurden staatlicherseits Zünfte ins Leben gerufen –, und das dortige potente „Bürgertum" machte wohl deutlich unter 5 % der Gesamtbevölkerung aus; es betätigte sich zudem primär landwirtschaftlich. Selbst im hochentwickelten Frankreich gab es Städte, die der zentralen Selbstverwaltungsrechte ermangelten und deren Repräsentanten von den adligen „Besitzern" ernannt wurden (Angers, Montargis).

Nicht verallgemeinerbar ist auch eine andere zentraleuropäische Erscheinung: die Reichsstädte, italienische Stadtrepubliken, eidgenössische Stadtkantone und die drei polnischen Städte Danzig, Elbing und Thorn eigneten sich aufgrund ihrer wirtschaftlichen Potenz und des Geschicks ihrer oligarchisch-patrizischen Führungsschichten ein mehr oder weniger großes Territorium an. Im Deutschen Reich bildeten die Städte eine eigene Kurie in der Ständevertretung (Reichstag), auch wenn sie es nie auf Dauer zum so genannten *votum decisivum*, zur mitentscheidenden Stimme, brachten. In England saßen die Städtevertreter im Unterhaus, in Polen wählten neben den genannten Stadtrepubliken weitere sechs Immediatstädte, unter ihnen die Residenz- beziehungsweise Krönungsstädte Warschau und Krakau, den König mit, auch in Spanien und in Portugal waren Städte in den Ständegremien vertreten. In der niederländischen Republik, zu diesem Urteil wird man kommen müssen, dominierten und kontrollierten die Städte mit Amsterdam an ihrer Spitze über die Generalstaaten sogar das politische Leben.

Ganz anders sah es dagegen in den Gremien aus, in denen nicht Städte als Körperschaften, sondern Stadtbürger als gewählte Einzelpersonen politikgestaltend zu wirken versuchten. Man wird für diese Zeit konstatieren müssen, dass das potente Wirtschaftsbürgertum sich zwar den lokalen Funktionen nicht verschloss, sich aber „nationalen" Aufgaben nur selten stellte. Im englischen Unterhaus wurde erst im letzten Drittel des 18. Jahrhunderts der Anteil von 10 % Kaufleuten allmählich überschritten, und auch in den französischen Generalständen von 1789 machten die Vertreter dieser Schicht lediglich 13 % der Abgeordneten aus.

Die Städte wurden intensiv und regelmäßig von der Bevölkerung ihres Hinterlandes aufgesucht und rückten, sofern die rechtlichen Voraussetzungen gegeben waren, auch in die Rolle eines begehrten Daueraufenthaltsorts ein. Die städtische Attraktivität wurzelte natürlich nicht nur im Ökonomischen, in den Banken und Krediteinrichtungen, den Handelsmöglichkeiten, dem stark spezialisierten und ein entsprechend üppiges Warenangebot garantierenden Gewerbe, sondern auch in anderen Erscheinungen. (Höhere) Bildung konnte nur in den Städten, in den kommunalen Lateinschulen und gegebenenfalls der Universität erworben werden, aber auch die ‚Kultur' benötigte die städtische Bühne, ob man nun an das Theater oder die Musik (seit dem ausgehenden 17. Jahrhundert entstanden die ersten städtischen Opernhäuser) denkt, an Lesevereine, gelehrte Gesellschaften oder Druckereien. Nicht selten wurde in den Städten sogar anders gesprochen als im Umland – in Toulouse Hochfranzösisch anstelle der *Langue d'Oc*, in Wilna Polnisch anstelle des Litauischen, in Perpignan Französisch anstelle des im Roussillon üblichen Katalanischen. Ihre Verwaltungsfunktionen machten Städte zu natürlichen Anziehungspunkten, weil nur dort Rechtsstreitigkeiten ab einem gewissen Schweregrad entschieden, nur dort um Steuernachlass gebeten werden konnte. Das galt noch mehr für Residenzstädte, wo man beim Fürsten direkt vorstellig werden konnte. Es war insofern folgerichtig, wenn in Russland die Provinz nach dem jeweiligen Administrationszentrum benannt wurde. Trotz ihrer Schattenseiten, zu denen auch Prostitution und Kriminalität[20], drangvolle Enge und durch Viehhaltung, ungesicherte Latrinen und ungehemmte Entsorgung von gewerblichen Abfallprodukten belastete Umwelt zählten – was man alles irgendwie zu „organisieren" suchte, unter anderem durch Bordelle und Arbeitshäuser sowie durch unzählige Hygiene- und Ordnungsvorschriften –, war die Stadt auch der Ort, wo sich sozialer Aufstieg leichter erreichen ließ als auf dem flachen Land. Diese Perspektive zeigt die Chancen und die Probleme der Städte.

Die Städte waren, genau genommen, auch generell der Ort, wo Modelle für die Bewältigung der akuten, weit über die Stadtgrenzen hinausreichenden Probleme der Zeit gefunden und entwickelt wurden. Das Zusammenleben mit ethnisch oder religiös differenten Minderheiten musste in gewisser Hinsicht schon in den mitteleuropäischen Städten organisiert werden, wo es galt, die Juden zu integrieren (oder abzusondern) – so etwa in Frankfurt, Amsterdam, oder Venedig . Aber auch für ethnisch fremde Gruppen, wie die Deutschen in Bordeaux[21] oder in polnischen und russischen Städten mussten Lösungen des möglichst konfliktarmen Miteinanderlebens gefunden werden. Noch viel drängender stellten sich solche Fragen in den wirklichen ethnischen Überlappungsgebieten, etwa auf dem Balkan, wo die verschiedenen Ethnien unterschiedliche Stadtviertel zugewiesen bekamen, um Konflikte zu minimieren. Nicht anders verhielt es sich mit dem Problem der wachsenden Armut und ihrer sozialen Folgeerscheinungen, für das zunächst die Kommunen praktische und praktizierbare Lösungen finden mussten, ehe dann landesweit eingegriffen wurde. Lösungen: das konnte in diesem Fall heißen Arbeitshäuser und gefängnisähnliche Einrichtungen für Bettler, das konnte heißen ein Mehr an karitativen Einrichtungen, aber auch Abschiebungen. Und schließlich waren die Städte wohl auch die Vorreiter für eine angemessene Einbeziehung von Umweltgesichtspunkten in das öffentliche Leben. Außer auf das „Paradebeispiel" Lissabon, wo die „Chance" einer fast totalen Zerstörung (1755) zu einem konsequent „modernen", Licht, Luft und Bewegungsfreiheit berücksichtigenden Neuaufbau genutzt wurde, sei auf ähnliche Vorgänge – neue, breitere Straßen, Verlagerung der Friedhöfe aus der Kernstadt – etwa in Astrachan und in den neuen südrussischen Städten verwiesen. Ungeachtet aller sozialen Verkrustungen: in der Gestaltung des öffentlichen Lebens zumindest waren die Städte begrenzt modernisierungsfähig.

Stadtgründungen – meist zu Residenzzwecken – hat es in der zu behandelnden Epoche gar nicht wenige gegeben, wenn hier mit St. Petersburg und Karlsruhe auch nur zwei Beispiele herausgegriffen werden. Diese neuen Städte dem Herrscher von vornherein gefügig zu machen, war im Allgemeinen kein Problem, wohingegen die

---

20 Vgl. die Fallstudie zu Frankfurt von J. EIBACH, Städtische Gewaltkriminalität.
21 Vgl. W. HENNINGER, Bethmann.

„alten" Städte in aller Regel über ein Korpus an Freiheiten und Privilegien verfügten, das dem sich verdichtenden und seine Untertanenschaft homogenisierenden Staat überall ein Dorn im Auge war. Das Recht der Wahl von Funktionsträgern durch die Bürgerschaft oder Teile derselben wurde überall zu unterbinden gesucht, durchwegs wurde das Moment der obrigkeitlichen Kontrolle verstärkt. In Frankreich, um nur einen Beleg anzuführen, wurden die Magistrate 1699 landesweit durch einen von der Krone eingesetzten obersten Polizeibeamten zu einem guten Teil entmachtet. Am einfachsten war das Anlegen des kurzen Zügels für einen Fürsten immer dann, wenn sich eine Kommune als unbotmäßig erwiesen und aus diesem oder jenem Grund rebelliert hatte: So konfiszierte Philipp V. von Spanien, noch während er um seine landesweite Anerkennung kämpfte, im Spanischen Erbfolgekrieg einen Großteil der Privilegien Barcelonas, das die „falsche" politische Option getroffen hatte. Eine weitere Gelegenheit bot sich dem Herrscher, wenn die Repräsentanten einer Kommune sich den von der Krone betriebenen institutionellen und sachlichen Reformen widersetzten; so entmachtete Joseph II. 1786 den traditionsreichen Mailänder Senat. Der allgemeinen Tendenz zur politischen Schwächung der Kommunen entsprach es dann auch, wenn, wie in Böhmen 1709, ihre Repräsentation in den Ständeversammlungen zurückgedrängt wurde.

Lebensraum Dorf

Wird man also zögern, von einem generellen Aufschwung des Städtewesens in der Zeit ab der Mitte des 17. Jahrhunderts zu sprechen, so kann man andererseits – bei aller Stilisierung des Landlebens im Zeitalter des Rokoko – auch nur sehr bedingt von einer besonderen Attraktivität des Lebens auf dem Land sprechen. Generell wird sich sagen lassen, dass ein Gutteil des dörflichen Lebens und der Arbeiten funktional auf die Stadt ausgerichtet war: Dörfer hatten die Versorgung der Städte zu gewährleisten, und die einschlägigen Preissysteme dienten ausschließlich diesem Zweck; landwirtschaftliche Produkte, die nicht zur Selbstversorgung nötig waren – beispielsweise Schafwolle –, konnten in der Regel nur über städtische Märkte und Kaufleute weiter vermittelt werden; die nichtzünftigen Gewerbe auf dem Dorf wurden auf das allernotwendigste begrenzt, um die Einkommen der städtischen Gilden und Zünfte nicht zu schmälern – in Preußen wurde 1787 die pro Dorf zugelassene Anzahl der Handwerker radikal begrenzt.

Die vielfachen Abhängigkeiten von der zugeordneten Stadt waren aber nicht der Grund für die gar nicht so seltenen ländlichen Revolten[22], das waren vielmehr die wachsenden Abgaben- und Steuerforderungen des Staates beziehungsweise der Grundherren. Letztere konnten ein Adliger, ein Bürger oder eine geistliche Einrichtung sein, oder auch eine Mehrzahl von Personen und Institutionen. Generell benötigte der Staat für die Verdichtung und den Ausbau seiner Funktionen steuerliche Mehreinnahmen, und da in vielen Gemeinwesen, so etwa in Frankreich, Adel und Klerus

---

22 Ein in der Forschungshierarchie der 1970er und 1980er Jahre besonders hoch angesiedeltes Thema; vgl. die Forschungsüberblicke bei P. BLICKLE, Unruhen, und bei W. TROSSBACH, Bauern. Dass auch im Bereich der Gutsherrschaft ein nicht geringes Konfliktpotential vorhanden war, demonstriert J. PETERS (Hg.), Konflikt und Kontrolle.

dafür nur sehr bedingt herangezogen werden konnten, wurde das schwächste Glied in der sozialen Hierarchie immer wieder zur Kasse gebeten. Außerdem versuchten die nicht-landesfürstlichen Grundherren und Obrigkeiten ebenso generell, die bäuerlichen Leistungen zu steigern, um inflationäre Tendenzen auszugleichen oder um schlicht und einfach ihr Einkommen zu optimieren. Gegen die Forderungen stand im Prinzip der Rechtsweg offen, oder es wurden andere Formen des Protests praktiziert. Neuere Studien haben erwiesen, wie schwer es für die Obrigkeiten war, mit Hilfe der Lokalbeamten ihre Forderungen, etwa neue Steuern, oder auch disziplinäre Maßnahmen, gegen den Willen der Dorfgemeinschaften durchzusetzen.[23] Viele Bauerngemeinden pflegten ihre Resistenz gegenüber obrigkeitlichen Zumutungen, bewahrten sich ein starkes Gefühl des Sich-nicht-fügen-Wollens; das konnte sich nicht nur in Form eines kollektiven Aufruhrs artikulieren, sondern auch als ein Ignorieren herrschaftlicher Verfügungen, als Schweigen, als Verweigerung oder als Fernbleiben von den periodischen Sitzungen des Gerichts. Zwischen dem bäuerlichen und dem herrschaftlichen Normensystem bestand eine tiefe Kluft.

Eine vor allem von Westeuropa ausgegangene Richtung in der Geschichtswissenschaft interpretiert Bauernaufstände aber nicht nur sozioökonomisch, sondern auch als kulturellen Bruch zwischen einer (städtisch-höfischen) Elitenkultur hier und einer (dörflich-agrarischen) Volkskultur dort, zwischen aufgeklärten Tendenzen hier und archaischen dort, zwischen einer am modernen, vereinheitlichenden Recht orientierten Gesellschaft und einer solchen, die sich vom alten Gewohnheitsrecht nicht zu lösen bereit war.

Abwegig sind derartige Interpretamente nicht, zumal wenn man sich vergegenwärtigt, welch abgeschlossenen Raum ein Dorf oder auch ein Bund von Dörfern bildete, und welch hohes Maß an Autarkie und Autonomie sie erreichten. Es gibt in der modernen Geschichtswissenschaft eine offenkundige Tendenz, den ländlichen Einheiten einen viel höheren Grad an Selbstregulierungskompetenz zuzusprechen, als Generationen von Verfassungshistorikern des 19. und 20. Jahrhunderts das taten. Eine neue Studie[24] hat für den Raum des Deutschen Reiches die ländlichen Einheiten – die „Lokale Herrschaft" – geradezu als die einzige Verfassungsebene unter der Krone interpretiert, was pointiert, aber insofern nicht gänzlich abwegig ist, als die Dörfer bis zur Blutgerichtsbarkeit über alle Möglichkeiten verfügten, ihre internen Konflikte zu lösen und sich zu organisieren. Organisieren meint nicht nur, das gemeinschaftliche Eigentum an Wald, Wiese und Wasser adäquat und genossenschaftlich nutzbar zu machen, sondern meint auch die Bestellung der dörflichen Funktionsträger und die Herbeiführung eines Gemeindekonsenses, meint Gestaltung der Nachbarschaftsverhältnisse und die Ausübung von Gerichtsbarkeit und anderes mehr. Zumindest gilt das für den geographischen Raum Mitteleuropa, der aber auch Polen einschließt, und für Frankreich. Dass in mancher Hinsicht, zum Beispiel was die Landnutzung betraf, der Konsens des Grundherrn einzuholen war, bleibt davon selbstverständlich unberührt.

Auch im Dorf bildete sich eine sehr differenzierte soziale Schichtung heraus, was

---

23 Ich nenne hier nur beispielshalber B. Marquardt, Das Römisch-Deutsche Reich, und G. Mahlerwein, Herren im Dorf.

24 B. Marquardt, Das Römisch-Deutsche Reich.

etwa implizierte, dass die dörflichen Ämter in der Regel nur an die reichen Bauern gelangten, die dann zwischen den herrschaftlichen Erwartungen und den dörflichen Normen nicht selten in Zielkonflikte gerieten. Reichtum bemaß sich nach dem Eigenland und nach der Größe und der rechtlichen „Qualität" des Hofs, die auch die Höhe der Dienste und Abgaben einschloss, er bemaß sich nach der Größe des Viehbestands, vor allem aber nach der Möglichkeit, über die Subsistenz des eigenen „Hauses" hinaus für den Verkauf zu produzieren – was in der Regel nur mit Hilfspersonal, also mit Knechten und Mägden, möglich war. Reichtum schlug sich aber natürlich auch in einem entsprechenden Lebensstil nieder, im ‚Rang' des Kirchenstuhls, in der Qualität des Mobiliars und der Ausstattung, in Kleidung, Schmuck und Festen. In vielen Teilen Europas bemühte sich die Obrigkeit mit wachsamem Auge und vorgeblich unter dem Gesichtspunkt der Fürsorge ein Zuviel an Aufwand strikt zu unterbinden. Die periodische Wiederholung und Verschärfung solcher Kleider- und *Policey*ordnungen[25] legt die Vermutung nahe, dass ihre Befolgung wohl keine Selbstverständlichkeit war.

Das hier entwickelte idealtypische Modell trifft natürlich nicht auf alle europäischen Regionen zu. Im Osten Europas war der Freiraum des Dorfes deutlich reduzierter; von Autonomie kann man dort schlechterdings nicht sprechen. Aber auch dort waren manche dörflichen Strukturelemente – das Wirtshaus als Ort intensiver und regelmäßiger Kommunikation, der obligatorische Besuch des Sonntagsgottesdienstes und die Kritik von der Kanzel – mit denjenigen West- und Mitteleuropas mehr oder weniger identisch oder doch vergleichbar.

Kein Zweifel kann bei alledem daran bestehen, dass größere Gewinne und die Akkumulation von Vermögen in der Stadt eher möglich waren als auf dem Land. Gewiss, auch in der Stadt gab es eine strukturelle Armut, sie mochte sich gegen Ende des 18. Jahrhunderts sogar noch verstärken, aber mit den vielen am Rande des Existenzminimums lebenden Landbewohnern, den Häuslern und Knechten, war das doch nicht zu vergleichen. Die Forschung ist sicher gut beraten, wenn sie nicht nur dem „Rechtsbezirk" Dorf, sondern auch dem dörflichen Leben und Sozialverhalten verstärkt Aufmerksamkeit zuwendet: denn immerhin beherbergte der ländliche Raum ja rund 90 % aller Menschen in Europa. Der Ansatz kann auch deswegen fruchtbar sein, weil sich in ländlichen Regionen soziale Verhaltensmuster länger halten als in der schnelllebigeren Stadt. Es existierte dort ein spezifisches Normensystem, in dem viel Pragmatismus, viel Naturverbundenheit und vor allem viel Mündlichkeit obwaltete; aus den obrigkeitlichen Verfügungen, die es bekämpften, ist es nur mit Mühe zu erschließen. Dieses Normensystem konnte alle Fragen umfassen, die mit „Ehre" zu tun hatten – etwa die öffentliche Schandzuweisung durch eine Katzenmusik der männlichen Dorfjugend (Charivari) –, aber auch die Ernährungsgewohnheiten regeln. Für Ungarn ist etwa festgestellt worden[26], dass sich dort erst im 17. Jahrhundert die Abfolge von drei Mahlzeiten pro Tag durchsetzte und den vorherigen Zwei-Mähler-Rhythmus ablöste. Es überrascht deswegen auch kaum, wenn sich importierte Genussmittel

---

25 Vgl. das große Erfassungsprojekt des Frankfurter Max-Planck-Instituts für Europäische Rechtsgeschichte, dessen Ergebnisse unter dem Titel „Repertorium der Policeyordnungen der Frühen Neuzeit" von Karl Härter und Michael Stolleis herausgegeben werden.
26 L. Kósa (Hg.), Cultural History, 177.

wie etwa Kaffee und Tee in der dörflichen Gesellschaft der Vormoderne noch kaum durchsetzten oder die Obrigkeit alle Mühe hat, die Untertanen von der Sinnhaftigkeit des Anbaus neuer, ungewohnter Pflanzen zu überzeugen. Der hinhaltende Widerstand gegen die Einführung der Kartoffel in weiten Teilen Mitteleuropas ist bezeichnend. Er baute sich wohl erst in dem Moment ab, als die führenden Familien des Dorfes vorangingen und die vielen Möglichkeiten der Kartoffel – bis hin zur Schnapsbrennerei! – zu nutzen begannen.

Diese Beobachtung gibt Anlass, den verschiedenen herrschaftlichen und genossenschaftlichen Bindungen des Dorfes beziehungsweise der Landbevölkerung einige Worte zu widmen.

Es war in der Vormoderne europäischer Standard, dass der Bewirtschafter eines bäuerlichen Betriebs verschiedenen „Herren" unterstand: dem Eigentümer von Grund und Boden (Grundherr), dem Gerichts- und dem Zehntherrn. Selbstverständlich konnten diese verschiedenen „Herren"-Funktionen zusammenfließen und in einer Hand liegen. Aus diesen Abhängigkeiten resultierten Dienste und Abgaben, wobei es unter anderem die so genannten gemessenen oder ungemessenen Dienste – also unbezahlte Fronarbeiten – waren, die bei unbilliger Erhöhung zu bäuerlichen Reaktionen in Form von Unruhen und Aufständen führen konnten. Die Ablösung dieser herrschaftlichen Bindungen erfolgte in den meisten europäischen Regionen erst im Gefolge der Französischen Revolution, auch wenn sie vielerorts bereits seit dem ausgehenden 17. Jahrhundert „vergeldlicht" wurden. Bauern als Grund-(Allodial-)Eigentümer gab es immerhin in Schweden, wo ihre Anzahl im 18. Jahrhundert sogar von rund einem Drittel auf die Hälfte sämtlicher Bauern anwuchs, in einigen Küstenstrichen der Nordsee (Stedingen), aber auch in typischen Viehzucht-Regionen des Balkan, der Alpen, Südfrankreichs und Nordspaniens. Allerdings blieb auch dort der Anteil der Allodialbauern deutlich unter 10 %.

Alles in allem waren die „freien" Bauern die Ausnahme von der Regel, aber das bedeutete andererseits nicht, dass die Kirche, die Krone oder der Adel im vollen Wortsinn und unbeschränkt Eigentümer des Grund und Bodens gewesen wären, den sie von pflichtigen Bauern bestellen ließen. Es gilt nämlich sehr verschiedene weitere Besitzformen zu unterscheiden.

Die Zeitpacht stellte ein rein sachenrechtliches befristetes Vertragsverhältnis zwischen einem Grundeigentümer als Verpächter und einem Bauern her, das letzteren zur Zahlung einer fixen Pachtsumme, aber nicht zu persönlichen Dienstleistungen verpflichtete. Der Pächter blieb also ein freier Mann. Das Zeitpachtsystem war verbreitet in Großbritannien, in Irland und in den Niederlanden, aber es lässt sich auch in Frankreich nachweisen, dort oft in der Variante der Halbpacht, derzufolge der Pächter an den (oft bürgerlichen) Verpächter 50 % des Ernteertrags abzuführen hatte. Die in der Po-Ebene vertretenen Pachtformen begannen sich allmählich auch in die Toskana und die Marken auszudehnen.

Die Gutsherrschaft war das in einem breiten Streifen von der Ostsee bis zur Ukraine und zum Balkan sich erstreckende „östliche" Agrarmodell. Auch hier waren Krone, Kirche und Adel Eigentümer des Grund und Bodens, sie stellten ihn jedoch nur zu einem Teil Bauern zur Verfügung, den größeren Teil bewirtschafteten sie, unterstützt von einem Gutsverwalter, selbst. Die auf dem Gut arbeitenden Bauern waren im Un-

Abb. 4: *Agrarverfassungen in Europa im 17./18. Jahrhundert.*

terschied zu den Pachtbauern nicht persönlich frei, sondern „schollengebunden". Das Prinzip der Schollenbindung unterband nicht nur den freien Wegzug, sondern implizierte auch die Einholung des Heiratskonsenses, Dienstpflichten der Kinder und vor allem Hand- und Spanndienste. Sie konnten sich in Polen beispielsweise bis zu fünf Tagen pro Woche erstrecken. Die Stellung des Gutsherrn wurde dadurch noch stärker, dass er die Steuern der übergeordneten Herrschaftsinstanz einzog und mit Kirchenpatronats-, Gerichts- und Polizeibefugnissen ausgestattet war.

Es ist nicht unproblematisch, die ostmitteleuropäische Gutsherrschaft, die ja eine Art Leibeigenschaft einschloss, mit anderen Formen der Agrarverfassung zu parallelisieren, etwa mit der Leibeigenschaft im Russland der nachpetrinischen Zeit – rund 50 % der Gesamtbevölkerung waren ihr unterworfen –, die dem adligen Gutsherrn die uneingeschränkte Strafgewalt einräumte und dem Leibeigenen selbst in der katharinäischen Ära den Landerwerb verwehrte. Auf noch dünneres Eis begibt man sich, wenn man einen Vergleich mit den Leibeigenen im Osmanischen Reich vornimmt, die überhaupt kein Land besaßen, schollengebunden und zudem rechtlich völlig abhängig waren, verbannt und sogar verkauft werden konnten und sich noch nicht einmal mit Klagen an den Herrscher wenden durften. Das war dann doch noch einmal eine Steigerung des Gutsherrschafts-Modells, wiewohl sich die Tendenz, Beschwerden der Gutsbauern an höhere Instanzen zu unterbinden, vereinzelt auch im Hohenzollern-Staat und in Polen nachweisen lässt. Immerhin belegen neuere Arbeiten[27] nicht nur die Verlässlichkeit zumindest der Patrimonialgerichte, sondern auch die hohe Frequenz ihrer Inanspruchnahme.

Das System der Gutsherrschaft ermöglichte der billigen – wenn auch nicht immer hoch motivierten – Arbeitskräfte und der großen Flächen wegen, die hier zur Verfügung standen, die Erzeugung großer Mengen Güter, hauptsächlich von Getreide, das auf produktionsnahen Märkten meist gar nicht abgesetzt werden konnte, sondern von Anfang an für entferntere Märkte bestimmt war. Preußen und Polen bildeten eine Art Kornkammer Europas, deren Produkte bis in die Niederlande verbracht wurden. Der Vorgang steht zugleich für einen Paradigmenwechsel, durch den die gewohnte bloße Subsistenzökonomie überwunden wurde: die Kommerzialisierung der Agrarwirtschaft.

Auch das Gebiet der Grundherrschaft lässt sich in etwa geographisch fixieren: es zieht sich in einem Streifen von der Mitte der Iberischen Halbinsel über Frankreich, wo rund 40 % des Bodens auf diese Art vergeben waren, über die Eidgenossenschaft bis weit ins Reich hinein, wo rund 90 % als grundherrliches Gebiet galten, zur Elbelinie. Aber auch in den Niederlanden und auf der Apenninenhalbinsel findet sich diese Rechtsform, und wenn man ihr noch die englische Langzeitpacht (zum Beispiel auf 99 Jahre) subsumiert, die den *copy holder* praktisch unkündbar machte, dann ist das vielleicht sogar die „typischste" Bodenrechtsform in Alteuropa gewesen. Die Grundherrschaft beruht auf dem Prinzip des geteilten Eigentums: Der Grundherr als so genannter Obereigentümer verleiht Grund und Boden für einen bestimmten Zeitraum – etwa auf Lebenszeit oder sogar zu Erbrecht – an einen Grundholden, den Unterei-

---

27 J. Thauer, Gerichtspraxis.

gentümer, der dafür regelmäßig, das heißt zu bestimmten Stichdaten (Martini) oder zu bestimmten Anlässen, Abgaben in Geld oder in Naturalien entrichtet. In Österreich machten diese Abgaben immerhin bis zu 30 % des Bruttoertrags aus. Was dem Grundherrn aber nicht geleistet werden musste, das waren Hand- und Spanndienste. Da sich der Grundherr, von bestimmten Ausnahmen abgesehen, nicht in die Wirtschaftsführung des Grundholden einmischte, kann man von einem beachtlichen Freiraum des Bauern sprechen. Dieser konnte sein Untereigentum sogar veräußern, allerdings nur mit Zustimmung des Obereigentümers. In der Praxis reduzierte sich dessen Einspruchsrecht aber auf jene Fälle, in denen Zweifel an der gesicherten Entrichtung der Abgaben oder gar Befürchtungen hinsichtlich der Substanz des Guts bestanden. Da auch die ursprünglich vorhandenen lehensrechtlichen Elemente dieses Vertragsverhältnisses immer mehr in den Hintergrund traten und als eher lästig empfunden wurden, entstand in weiten Teilen Europas ein zwar nicht nominell, aber faktisch freier Bauernstand, der sich, wie in der oberrheinischen Herrschaft Lichtenberg, dann auch mit gutem Grund dagegen wehrte, als „leibeigen" bezeichnet zu werden. Aus der Sicht des Grundherrn war dies sicher die angenehmste und flexibelste Lösung, weil er mit fixen Einkommen rechnen konnte, ohne sich über die Maßen selbst engagieren oder einer Schutzpflicht gegenüber seinen Bauern nachkommen zu müssen. Die Dynamik dieses Modells zeigte sich darin, dass beim Auslaufen des Leihevertrags die Konditionen neu ausgehandelt werden konnten. Da die Verträge meist für Subsistenzstellen oder für eher kleinteilige Flächen abgeschlossen wurden, war hier das großdimensionierte und exportorientierte Wirtschaften nicht möglich. Der Grundholde produzierte – außer für seinen Unterhalt – eher für den lokalen Markt und für lokale Veredelungsbetriebe wie Brauereien oder Schnapsbrennereien. Sofern sich diese Veredelungsbetriebe in herrschaftlicher Hand befanden, waren die Grundholden – einer der wenigen Zwänge – häufig zur Abnahme der dort hergestellten Produkte verpflichtet. In Einzelfällen freilich, etwa im relativ „feudal" gebliebenen Königreich Neapel, konnte dies auch Mühlenzwang, Maut- und Monopolgebühren einschließen und sich dann zu einer nicht unerheblichen Belastung der Grundbauern auswachsen.

Sieht man einmal von den nahezu großgewerblichen Charakter erreichenden riesigen ostelbischen Gütern ab, die in der Lage waren, in großem Stil Getreide zu exportieren, haben die Bauern in weiten Teilen Europas die Ernährung der Bevölkerung nur knapp gewährleisten können. Im Lauf der hier zu behandelnden Epoche nahm die Tendenz indes ständig zu, die landwirtschaftlich nutzbaren Flächen zu vergrößern. Dieses Ziel konnte durch Rodung, über die Rückgewinnung verödeter („wüster") Landstriche – das gilt etwa für England, wo sich im 18. Jahrhundert die Brachfläche von rund 45 auf 20 % des urbaren Landes reduzierte –, vor allem aber mittels der Trockenlegung von Sümpfen erreicht werden. Oft mit Hilfe niederländischer Spezialisten, wurden seit der Mitte des 18. Jahrhunderts Sumpfgebiete in Mittelitalien, in Westfrankreich, in Schleswig-Holstein und im preußischen Oder-, Netze- und Warthegau kultiviert und für die Landwirtschaft gewonnen. Auf der Apenninenhalbinsel soll im 18. Jahrhundert die Anbaufläche um 10 %, in England gar um 20 % gewachsen sein. Hinzu kam eine zunehmende Bereitschaft von Dorfgenossenschaften, die bisher von allen, insbesondere auch den ländlichen Unterschichten, eher extensiv genutzten Allmenden aufzuteilen, mit dem Ziel, sie individuell intensiver zu bewirtschaften, also den Ertrag zu steigern. Eine Garantie für die Grundversorgung der heimischen Bevölkerung war das zwar noch nicht, aber die Wahrscheinlichkeit von großen Hungerkatastrophen sank seit der Mitte des 18. Jahrhunderts dank dieses Bündels von Maßnahmen doch erkennbar.

Die Situation verbesserte sich auch deswegen, weil sich nun neben den stark wetteranfälligen Brotgetreiden, also Roggen und Weizen, aber auch Dinkel, Hafer und Gerste, alternative Nahrungspflanzen durchzusetzen begannen, insbesondere die gegen Witterungsumschwünge relativ resistente Kartoffel. Gleichzeitig – im 18. Jahrhundert – begann der Maisanbau sich vom Balkan aus bis nach Südfrankreich und in die Poebene auszudehnen. Die Verdoppelung der irischen Bevölkerung zwischen 1750 und 1800 wäre ohne die Kartoffel sicher nicht erfolgt, und auch für Frankreich ist zwischen vermehrtem Kartoffelanbau und demographischem Wachstum mancher Provinzen eine überzeugende Korrelation hergestellt worden. Schließlich sei auf den Zusammenhang zwischen dem zunehmenden Anbau von Futterpflanzen (Klee) und der damit möglichen verlängerten Stallfütterung hingewiesen. Das steigerte nicht nur die Fleischproduktion, sondern auch den Düngeranfall, welcher wiederum der Bodenqualität zugute kam und einen im Vergleich zur „traditionellen" Dreifelderwirtschaft rascheren und produktiveren Wechsel der landwirtschaftlichen Nutzung (Fruchtwechsel, geregelte Feld-Gras-Wirtschaft) ermöglichte. Generell zielten ja alle Agrarreformer der Zeit auf die Abschaffung der Brache, die Urbarmachung des Ödlands und den optimalen Fruchtwechsel. Die landwirtschaftlichen Steigerungsraten verdankten sich zu einem guten Teil dieser Kombination verschiedener Faktoren. In Verbindung mit agrartechnischen Verbesserungen, von denen namentlich die 1731 erfundene Sämaschine Erwähnung verdient, verbesserte sich die Relation von Aussaat zu Ernteertrag fast überall in Europa deutlich; das Verhältnis erreichte in England und in den Niederlanden Spitzenwerte von 1:8 bis 1:10.

Eine Garantie für eine sich stetig weiter entwickelnde Agrarkonjunktur boten freilich auch die Ausweitung von Anbauflächen und die Diversifizierung der Nahrungspflanzen nicht. Man muss die Produktionsziffern natürlich mit den wachsenden Bevölkerungszahlen korrelieren, und das bedeutete vor allem für die Zeit ab der Mitte des 18. Jahrhunderts ein stetiges Ansteigen der Preise für landwirtschaftliche Erzeugnisse vor allem in Mittel- und Westeuropa. In Frankreich stieg der Weizenpreis innerhalb dreier Jahrzehnte um 67 %, während das Großproduktionsland Polen von dem Vorgang weniger erfasst wurde. Um hier gegenzusteuern und um die Getreideversorgung der Bevölkerung zu gewährleisten, richteten viele italienische Städte eine eigene Behörde ein, die *Annona*, die den Auftrag hatte, die Getreidepreise möglichst niedrig zu halten. Hohe Getreidepreise ließen selbstverständlich auch die Pachtzinsen für landwirtschaftlich nutzbares Land – zur Freude der größeren Grundeigentümer – steigen; für Frankreich liegt die entsprechende Steigerungsrate in dem halben Jahrhundert zwischen 1740 und 1790 bei rund 50 %. Aber, um es zu wiederholen: Aller negativen Faktoren ungeachtet kam es im 18. Jahrhundert zu keinen wirklich gravierenden und europaweiten Hungerkrisen mehr, allerdings auch nicht zu einer „landwirtschaftlichen Revolution", die mit der industriellen vergleichbar gewesen wäre.

Im späten 18. Jahrhundert wurden in vielen Regionen Europas, etwa in Teilen des Deutschen Reichs, in den habsburgischen Ländern und in Oberitalien, vorbereitet durch eine breite physiokratische und aufgeklärte Publizistik, Versuche unternommen, die Rechtsverhältnisse der bäuerlichen Untertanen stärker zu konsolidieren. Die Konflikte in der ländlichen Gesellschaft wurden, der allgemeinen Tendenz zur Verrechtlichung der sozialen Beziehungen folgend, auch in der hier zu behandelnden Epoche häufig auf dem Rechts- beziehungsweise Verhandlungsweg ausgetragen, Bauernaufstände, in denen Gewalt eingesetzt wurde, blieben auch jetzt eher die Ausnahme.[28] Hinzu kam, dass die Auseinandersetzungen, wenn es um Mehrbelastungen oder vermeintliche Willkür von Grundherren ging, meist eine lokale Dimension beibehielten, sich jedenfalls nicht zu Flächenbränden ausweiteten, gelegentlich hatten sie zudem eher einen „Warnstreikcharakter". In Osteuropa, wo es auch vorkommen konnte, dass Gutsbesitzer erschlagen wurden – allein in der Provinz Moskau sollen zwischen 1764 und 1769 30 Personen getötet worden sein –, wohnte ihnen wohl noch größeres Gewaltpotential inne. Selbst in der schweren Krise nach zwei unterdurchschnittlichen Ernten 1770/71 blieb es im kleinteiligen deutschen Südwesten trotz allen offenkundigen Versagens des staatlichen Krisenmanagements bei ganz unspektakulären Protesten. Die „Protestkultur" sah hier anders aus als im Osten und Westen des Kontinents und entwickelte ein höchst bescheidenes Gewaltpotential allenfalls dann, wenn andere Wege nicht mehr begehbar erschienen. Der südwestdeutsche Bauer wanderte in einer so extremen Krisensituation eher aus, als dass er sich auf ernsthafte Konflikte mit den Beamten seines Fürstentums einließ – die Auswanderung ins Banat nahm derart zu, dass diese Provinz sogar zeitweise für Kolonisten gesperrt werden musste! Bäuerliches Leben, ganz gleich unter welchen Bedingungen es sich vollzog, schuf im Allgemeinen nicht den Typ des *homo politicus*; es war insofern kein Zufall, dass in den frühen französischen Jakobinerklubs Bauern nur in verschwindend geringer Zahl vertreten waren. Die regionale Ausmaße erreichenden Bauernaufstände hatten in aller Regel religions- oder sozial-politische Ursachen: die Bauern des Languedoc und der Cevennen erhoben sich der Rekatholisierungstendenzen ihres Herrschers wegen, die der Bretagne 1675 aus Gründen der übermäßigen Besteuerung, die bayerischen Bauern 1705 gegen eine fremde Besatzungsmacht; auch der irische Bauernaufstand von 1691 hatte unverkennbar einen nationalen und zudem konfessionellen, also politischen Hintergrund. Dem polnischen Chmielnicki-Aufstand (1648–51) wohnte lediglich die Hoffnung auf einen großflächigen Anschluss unzufriedener Bauern inne. Allenfalls in Valencia 1693, bei etlichen Hungerrevolten – an sich eine spezifisch städtische Protestart – in England 1756/57, beim südostrussischen Pugačev-Aufstand (1773/74) und beim böhmischen Bauernaufstand von 1775, dem Bodendruck und steigende Fronanforderungen zugrunde lagen, kann man spezifisch bäuerliche Motive als Hauptmovens präzise fassen. Dem sizilianischen Aufstand von 1647 lag, was der europäischen Norm vielleicht am nächsten kommen dürfte, eine Kombination von bäuerlicher Unzufriedenheit (in diesem Fall mit den Getreidepreisen), Reaktion auf den Druck der adligen Großgrundbesitzer und der nostalgische Rückblick auf die alten Freiheiten des Landes zugrunde.

---

28 Dazu u. a. G. Schmidt, Hungerrevolten.

Die städtischen und ländlichen Unterschichten

Abschließend ist ein Blick auf jene unterbürgerlichen und unterbäuerlichen Schichten zu werfen, die allenfalls über ein bescheidenes, als Existenzgrundlage nicht ausreichendes Eigentum verfügten und permanent mit einem bedrohlichen Mangel an Subsistenzmitteln fertigwerden mussten, sowie auch auf jene Personengruppen, die gänzlich außerhalb der ständischen Ordnung standen. Was den erstgenannten Personenkreis betrifft, die auf dem Land als „Häusler", „Heuerlinge", „Gärtner" oder „Inwohner" bezeichneten Menschen, deren Anzahl überall die der Bauern deutlich, manchmal um ein Mehrfaches, übertraf, so bewirtschafteten sie, idealtypisch gesehen, eine winzige Parzelle, verfügten über etwas Kleinvieh, mussten aber daneben im Tagelohn oder in Heimarbeit hinzuverdienen, um die Miete zahlen und bescheiden überleben zu können. Das Fernziel – hier kann man wirklich einmal von einem „Erwartungshorizont" sprechen – , in den Bauernstand aufzusteigen, erreichten nur die wenigsten. In den Städten muss man dieser Schicht vor allem die ebenfalls zur Miete wohnenden Manufakturarbeiter und die Tagelöhner zuzählen. Da generell die Lebenshaltungskosten mit Einschluss des zentralen Brotpreises im 18. Jahrhundert anzogen, verschlechterte sich die Lage dieser Gruppen kontinuierlich, um so mehr als viele Angehörige der ländlichen Unterschichten in persönlichen oder strukturellen Krisensituationen in die Stadt drängten. Dort haben sie dann die vorhandenen karitativen Einrichtungen nicht selten vor unlösbare Probleme gestellt.

Die Unterschichten waren es auch, die die große Masse der Dienstboten „lieferten"[29], wobei aber die Dienstboten selbst nicht einfach den Unterschichten zuzuordnen sind; denn das Dienstbotendasein war in aller Regel etwas Transitorisches, eine Lebensetappe, nicht ein dauerhafter sozialer Status. Unter den Dienstboten, deren Anzahl beispielsweise in England am Ende des 18. Jahrhunderts an die Größenordnung von einer Million heranreichte und die in Bayern um 1770 deutlich über 15 % der Gesamtbevölkerung ausmachten, befanden sich zudem immer auch Heranwachsende aus sozial besser gestellten Bevölkerungsgruppen. Dienstboten blieben während der Zeit ihres Dienstverhältnisses gewöhnlich unverheiratet, sie sparten sich ein wenig Geld zusammen, um irgendwann eine eigene, in aller Regel sehr bescheidene Existenz zu gründen.

Zuverlässige Zahlenangaben sind für die Gruppe der unterbürgerlichen/unterbäuerlichen Menschen in den vormodernen Gesellschaften besonders schwer zu ermitteln. In Mittel- und Westeuropa hat man wohl von wenigstens 20 bis 30 % der Bevölkerung auszugehen, aber die Werte konnten auch deutlich höher liegen. Für Mähren beispielsweise ist für das Jahr 1797 ein Anteil von 42 % Häuslern belegt. Generell wird sich wohl sagen lassen, dass infolge des Bevölkerungsanstiegs, aber auch steigender Lebensmittelpreise wegen die Anzahl der Unterschichtenangehörigen im Lauf des 18. Jahrhunderts überall zunahm.

Wenn die wachsende Menge dieser Unterschichtenangehörigen in die vormoderne Gesellschaft auch ein gewisses Potential an sozialer Spannung hineinbringen konnte – ein Zeitgenosse veranschlagte, vielleicht etwas übertreibend, die Zahl der dieser Gruppe zuzurechnenden Prostituierten in Neapel 1726 auf 20 000! – , so wussten die in den

---

29 Vgl. u. a. G. Frühsorge u. a. (Hg.), Gesinde.

meisten Gesellschaften zahlreich vorhandenen karitativen Einrichtungen das Problem noch einigermaßen aufzufangen. Völlig anders sah das bei der gänzlich außerhalb der ständischen Strukturen stehenden Schicht der Vaganten, der Kriminellen und Deserteure, der Entlaufenen und professionellen Bettler und der so genannten Zigeuner aus. Dieser Gruppe müssen auch die Angehörigen „verfemter" Berufe wie die Abdecker und Scharfrichter zugeordnet werden sowie die Künstler, auch wenn es in verschiedenen Staaten sehr ernsthafte Bemühungen gab (Spanien 1783), diese stärker in die Gesellschaft zu integrieren. Die Zuordnung der Scharfrichter zu dieser Schicht ist freilich problematisch. Zum einen waren sie natürlich sesshaft, zum anderen setzte ihre „Verfemung" erst im ausgehenden 18. Jahrhundert ein, nachdem sie bis dahin, da sie in aller Regel nebenher noch einen Heilberuf ausübten (bei dessen Ausübung sie nicht selten auf Leichenteile zurückgriffen), in sozialer Nähe zum mittleren Stadtbürgertum gestanden hatten. Gelegentlich entstammten sie wohl sogar Familien, deren Angehörige im medizinisch-chirurgischen Bereich tätig waren[30] Ähnliches gilt für die Abdecker[31], die gelegentlich über beträchtliche Vermögen verfügen konnten, deren Anteil am städtischen Ehrkapital aber immer defizitär blieb und ihre Zuordnung zu einer anderen sozialen Schicht verhinderte.

Nichtsesshafte sollen bis zu 10 % der Bevölkerung ausgemacht haben, aber es ist überaus problematisch, Zahlen, die für eine Region ermittelt worden sind, einfach hochzurechnen und zu verallgemeinern. Noch unzulässiger dürfte es sein, die Angaben über die in manchen europäischen Regionen – Siebenbürgen, Moldau, Walachei – recht hohen prozentualen Anteile der Sinti und Roma zu „europäisieren". Die Zigeuner verfügten über eine hochentwickelte Binnenkommunikation und bevorzugten ganz deutlich bestimmte Regionen. Sie waren den Behörden wie alle Nichtsesshaften immer und überall ein besonderer Stein des Anstoßes. In Spanien wurden sie 1749/50 förmlich zu Feinden des öffentlichen Friedens erklärt und zu Tausenden eingesperrt beziehungsweise auf die Galeeren verbracht. In den Augen der staatlichen Autoritäten war der Steg zwischen einfachen Dienstleistungen wie dem Scherenschleifen oder Kesselflicken und professionellem Betteln, Schmuggeln und Stehlen immer sehr schmal, und da die Behörden bei dieser Materie zu antizipierenden Maßnahmen neigten, waren sie gewöhnlich schnell dabei, diese Gruppen zu kriminalisieren, des Landes zu verweisen und über die Grenze abzuschieben. „Bettlerfuhren" zählten für viele reichische Territorien, aber auch für die eidgenössischen „Orte" zur Normalität. Zwei Konsequenzen waren häufig: Da es sich um Aktionen handelte, die mit den Nachbarstaaten nicht koordiniert wurden, sickerten die inkriminierten Personen nach kurzer Zeit wieder ins Land ein. Und zum anderen führten die staatlichen Aktionen dieser Art zu derartigem Unmut und sozialem Neid bei den Betroffenen, dass sich die Vaganten zu Räuberbanden zusammenschlossen und damit, wenn auch oft mit einer Robin-Hood-Mentalität, endgültig den Abstieg ins Verbrechermilieu vollzogen. Diese Banden[32] waren gelegentlich auch ein letztes Auffangbecken für desertierte Soldaten, die

---

30 Vgl. G. Wilbertz, Scharfrichter.
31 Grundlegend J. Nowosadtko, Scharfrichter und Abdecker.
32 Das vormoderne Bandenwesen ist zu einem beliebten Forschungssujet geworden; vgl. etwa K. Lange, Gesellschaft und Kriminalität.

im „bürgerlichen" Leben keine Chancen mehr hatten.[33] Für die Staatsverwaltungen blieben die Banden ein Problem, nicht nur weil ihre Bekämpfung in einigen Regionen (Kalabrien, Apulien, Sizilien, Niederrhein) ihrer Vielzahl und des eklatanten Mangels an Polizeikräften wegen wenig aussichtsreich war, sondern auch weil sie mit dem Schmuggel, ihrem Hauptzweck, den Fiskus permanent erheblich schädigten. Gelang es doch einmal, eine dieser Banden zu zerschlagen, wurden ihre – bis zu hundert – Mitglieder nicht selten zu hohen Galeerenstrafen verurteilt oder in die Kolonien abgeschoben; Genua zwang sie 1755 in seine Armee.

Die jüdische Minderheit

Von den Juden wurde in anderem Zusammenhang schon kurz gesprochen; wenn hier noch einmal auf sie zurückgekommen wird, dann, weil zu dieser von der christlichen Gesellschaft mehr oder weniger getrennten Bevölkerungsgruppe noch einige statistische Angaben gemacht werden sollen. Dabei ist es keine Frage, dass die große Masse der Juden, das heißt die im Landhandel tätigen Landjuden, denen Erwerb von Grund und Boden ja untersagt war, eher einer unteren Sozialschicht zuzuordnen und deswegen in die Nähe der unterbürgerlichen Schichten zu rücken ist. Die relativ kleine Schicht der an den Höfen und für sie tätigen arrivierten Juden („Hofjuden") darf darüber nicht hinwegtäuschen. Prozentual machten die europäischen Juden wohl weniger als 1 % der Gesamtbevölkerung aus. Wenn der Eindruck nicht täuscht, hatten die sephardischen Juden, die sich von der Iberischen Halbinsel aus im Mittelmeer- und Atlantikbereich ausgebreitet hatten, sich wohl insgesamt schon besser assimiliert als ihre aschkenasischen Glaubensgenossen. In italienischen Kommunen waren (sephardische) Juden als Handwerker und als reiche Kaufleute tätig, in Amsterdam hatten sie gar schon in Gilden Eingang gefunden und wohnten längst nicht mehr separiert von ihrer christlichen Umgebung. In der Mitte und im Westen des Kontinents sah die Lage anders aus: Nach dem Chmielnicki-Aufstand in Polen und den durch ihn ausgelösten Pogromen strömten zehntausende von aschkenasischen Juden nach Westen zurück, eine Schicht, die kulturell eher traditionell geprägt war und sich nie in ähnlicher Weise assimilierte wie die Sephardim. Sie blieben – Frankfurt am Main ist ein ebenso eindrückliches Beispiel wie Prag – in ihren Ghettos, manche Territorien verschlossen sich ihnen sogar gänzlich, sie kamen über den Status eines „Schutzjuden", für den sie periodisch kräftig zur Kasse gebeten wurden, nicht hinaus und waren nach wie vor plötzlichen Vertreibungen nicht sicher. Ein Beispiel von mehreren ist ihre Vertreibung aus Wien 1670, die, wie häufig, mit dynastischen Schicksalschlägen (oder auch einem Herrscherwechsel) in einem Zusammenhang stand. Neben dem Landerwerb blieben ihnen auch die Zünfte verschlossen, und dort, wo sie sich für den spezifischen Eigenbedarf handwerklich betätigten (als Metzger vorzugsweise), waren die Beschwerden der (christlichen) Zünfte ein Dauerthema. Stereotypenbildungen lagen dann nahe; der Begriff des (Getreide aufkaufenden und in Krisensituationen mit großen Gewinnspannen weiterveräußernden) „Korn-Juden" bildete sich im 18. Jahrhundert ungeachtet der Tatsache, dass dies keineswegs

---

33 Vgl. u. a. M. Sikora, Disziplin und Desertion.

ein für Juden typisches Verhaltensmuster war, sondern eher eins gewinnorientierter christlicher Getreidehändler.[34]

Im Heiligen Römischen Reich muss man, mit allen Vorbehalten, für die Zeit um 1700 wohl von rund 110 000 Juden ausgehen, für Gesamteuropa mit noch größeren Unsicherheitsfaktoren von etwa 750 000. Nach wie vor, trotz des Exodus, der nach 1648 eingesetzt hatte, lebten in absoluten Zahlen und im prozentualen Anteil an der Gesamtbevölkerung die meisten Juden in Polen-Litauen: um 1700 rund 350 000 Menschen, also fast die Hälfte der europäischen Judenschaft, die dort einen Bevölkerungsanteil von etwa 7 % ausmachten. Es versteht sich, dass in der *Rzeczpospolita*, der Republik Polen, auch die Organisationsstrukturen – die man aber auch im Reich mit seinen regionalen Judenlandtagen nicht völlig bagatellisieren darf – am differenziertesten waren und auch das jüdische Bildungswesen sich auf einer besonders hohen Stufe befand.

Der Adel

Auch wenn in der Selbst- und Fremdeinschätzung das hier zu betrachtende Zeitalter ein wesentlich adliges Zeitalter war und sich der Übergang zu seiner „Bürgerlichkeit" erst sehr allmählich seit der Mitte des 18. Jahrhunderts vollzog, war die Adelskomponente doch nicht der schlechthin dominierende europäische Grundzug. In den im Kern republikanischen Gemeinwesen wie etwa der Eidgenossenschaft – Ausnahmen wie die Niederlande oder Genua gilt es im Auge zu behalten – fehlte der autochthone Adel völlig, dass die dortige bürgerliche Oligarchie adlige Verhaltensformen und -normen übernahm, ändert nichts an dieser Tatsache. Aber auch generell wäre es problematisch, eine adlige Welt als absoluten Gegenpol zu einer bürgerlich-bäuerlichen konstruieren zu wollen. Dafür zunächst nur ein Beispiel: Die Alltagswelt des Adligen, sofern er nicht ein regierender Hochadliger war, unterschied sich von der des patrizischen Bürgers oder des wohlhabenden Bauern in der Vormoderne oft nur in Nuancen. Es ist eindringlich davor zu warnen, in der europäischen Perspektive zwei Welten zu konstruieren, die des Adels und die des Nicht-Adels. Beide flossen vielmehr ineinander, und die Übergänge im Sinn von Auf- oder Abstieg waren keineswegs selten.

Die Probleme beginnen auch hier schon bei der Definition.[35] Legt man das Kriterium eines Grundbestands an Privilegien zugrunde, dann war in den spanischen Baskenprovinzen praktisch jedermann adlig. Geht man aber von der Aufnahme in einschlägige offiziöse oder offizielle Verzeichnisse (Landtafeln und ähnliches) aus, dann reduziert sich der Anteil des Adels an der Gesamtbevölkerung doch sehr stark. In Böhmen mit einem traditionell sehr mächtigen Adel machte er im 18. Jahrhundert nur 0,1 % der Bevölkerung aus, für Polen bewegen sich die Angaben für die Zeit um 1772 zwischen 6,5 und 10 %. In Preußen, Russland, Schweden und in den meisten italienischen Staaten betrug der Adelsanteil nur um 1 %, in Frankreich, Portugal und Ungarn lag er sicher höher, aber noch deutlich unter 5 %, in Spanien insgesamt wohl

---

34 Vgl. M. Gailus, Korn-Juden.
35 Die jüngste Forschungsdiskussion mit einer europäischen Dimension bei: R. A. Asch (Hg.), Der europäische Adel; H. M. Scott (Hg.), European Nobilities.

knapp darüber. Einen Sonderfall stellte England dar, weil hier nicht alle ehelichen Kinder in den Genuss des Adelsstatus gelangten, sondern nur der jeweils Erstgeborene; alle seine Geschwister waren *Commoners*. Wegen dieser restriktiven Regelung blieb die Aristokratie vergleichsweise winzig und umfasste nur die Häupter von etwa 170 bis 220 Familien; nur sie verfügten auch über das Recht, einen Sitz im Oberhaus des Parlaments einzunehmen. Der englische Landadel, die *Gentry*, machte 1 bis 3 % der Bevölkerung aus und führte nur zum Teil einen Titel wie *Baronet* oder *Knight*. Das öffentliche Ansehen des *Gentry*-Angehörigen resultierte aber stärker aus seinen Führungsfunktionen in der Grafschaft, aus lokalen Ämtern und einem bestimmten Lebensstil denn aus dem bloßen Titel. Die Grenze zum Bürgerlichen war fließend, daran änderte auch das Recht der *Gentry*-Angehörigen, ein Wappen zu führen, nichts.

Diese Bemerkung soll den Anlass geben, generell nach den Unterscheidungskriterien des Adels gegenüber dem Nicht-Adel zu fragen. Hier müssen zuvörderst die Aufnahme in spezielle Adelsverzeichnisse (Schweden 1696, Dänemark 1699, Preußen 1705, Russland 1722) und, damit zusammenhängend, das Wappenrecht angeführt werden. Dazu kamen andere Standesattribute und die distinkte Kleidung sowie das Recht auf eine bestimmte Anrede und das Jagdrecht. Sehr wichtig waren das Recht auf einen privilegierten Gerichtsstand – in der Regel verantworteten sich Adlige nur vor Standesgenossen, dem französischen Hochadel gelang es im 18. Jahrhundert aber nicht mehr, einen förmlichen eigenen Gerichtshof zu errichten – und prozessuale Vorrechte: Folterung, Schuldhaft oder „unehrenhafte", nicht mit dem Schwert vollzogene Hinrichtung verboten sich für ihn in aller Regel. Die Befreiung von der „normalen" Gerichtsbarkeit und Rechtsprechung manifestierte sich für den europäischen Adel nicht zuletzt in seinem Anspruch, exklusiv das Duellrecht zu besitzen und ausüben zu dürfen, auch wenn die jeweiligen Verwaltungen das zu unterbinden suchten. In manchen ost- und ostmitteleuropäischen Ländern war zudem der Erwerb von Grund und Boden ein ausschließliches Vorrecht des Adels. In einigen Gemeinwesen, unter anderem im Deutschen Reich, war die Mitgliedschaft in geistlichen Stiften und Kapiteln ein Exklusivrecht des Adels – das hatte manche Familien, die sich zunächst der Reformation angeschlossen hatten, bewogen, in den Schoß der katholischen Kirche zurückzukehren oder sich in zwei verschiedenkonfessionelle Linien zu teilen! In anderen Staaten waren dem Adel zumindest gewohnheitsrechtlich Offiziersstellen oder auch Diplomatenposten reserviert, auch wenn sich hiergegen mit voranschreitender Zeit hin und wieder, wie in Hessen-Kassel, schon Widerstand regte. Es war jedenfalls kein durchgängiger Grundzug mehr, dass sich der Adel als die militärische Elite definierte, auch nutzte er, anders als im frühen 17. Jahrhundert, seinen *grand tour* nicht mehr primär, um militärische Erfahrung zu sammeln. Weit verbreitet, wenn nicht allgemein war zudem die Befreiung des Adels von zentralen staatlichen Lasten wie Steuern, Fronleistungen und Einquartierungen; allerdings gab es im 18. Jahrhundert bereits eine Tendenz, Steuervorrechte des Adels abzuschaffen oder neue Steuern von Anfang an auch auf ihn auszudehnen. Selbst in Frankreich wurde der Adel seit dem Ausgang des 17. Jahrhunderts zu neuen Steuern – der *capitation*, der *dixième*, der *vingtième* – veranlagt. Keine Steuerfreiheit genossen auch der englische Hochadel und der böhmische Adel. Zur weiteren sozialen Abgrenzung trugen natürlich die vielen Einzelregelungen des sozialen Alltags bei, die im Deutschen Reich unter anderem in den *Policey*ordnungen festgelegt wurden und die Adelsvorrechte in der Kleidung oder auch bei der öffentlichkeitswirksamen Aufbahrung umfassten – in der Toskana 1748 mit 12 Kerzen statt mit sechs, die dem Bürgertum genügen mussten.

Aber, um es zu wiederholen: Adel war nicht gleich Adel, und nichts wäre verfehlter, als den kleinen Kreis des Hochadels absolut zu setzen, also die wenigen Hundert englischen *Lords*, die *Ducs et Pairs de France*, die regierenden Reichsfürsten, die spanischen Granden und die Magnaten Polens, Ungarns und Böhmens. Hier, aber auch nur bei diesen allenfalls 3 000 Familien, war wirklicher Luxus vorhanden, und er wurde auch demonstriert: riesengroße, gelegentlich den Kronbesitz übertreffende Latifundien mit zehntausenden von Hörigen in Polen oder Litauen, deren Erträge in üppige Feste auf den eigenen Schlössern flossen, die man glanzvoll ausbaute, auch wenn man den persönlichen Lebensmittelpunkt mehr und mehr an den Hof des Souveräns verlagerte, ein Hochadel, der auf gleicher gesellschaftlicher Ebene mit dem Monarchen verkehrte und gleichwohl dessen Protektion suchte und den Abglanz seines Glanzes (wenn auch, wie in Frankreich, kaum seinen Dienst), den zu steigern er zugleich bemüht war. Neben dieser „nationalen Elite"[36] gab es eine regionale Elite, zu der man etwa die Reichsgrafen, die neapolitanischen Barone und die französischen Parlamentsadligen rechnen könnte; dann aber auch eine lokale Elite, die in sich weiter differenziert war: hier noch mit einem Stadtpalais, mehreren Dienern und fünf bis sechs Pferden ausgestattet, dort aber schon, etwa bei einem Großteil der französischen Landadligen, mit nicht mehr als ein bis zwei Dienern. Schließlich am Ende der Skala der wirklich arme Adel, der landsässige Adel im deutschen Südwesten, für den schon ein bescheidenes Dienstverhältnis zu einem nur wenig höher stehenden Standesgenossen einem Glückstreffer gleichkam, der Kleinadlige in Polen, der spanische *Hidalgo*, der dank seiner Zugehörigkeit zu einem Militärorden zwar seine Statusqualität „beweisen" konnte, der aber kaum noch standesgemäß lebte, der körperliche Arbeit verrichten musste, den das Verenden des einzigen Pferdes bis ins Mark traf und der gelegentlich wohl auch hungerte. Bei Adelsrevisionen, die in manchen europäischen Staaten, so insbesondere im Frankreich Ludwigs XIV.(*recherches de noblesse*), aber auch in Spanien, periodisch durchgeführt wurden, war es vor allem der Kleinstadlige, der mangelnder adliger Lebensführung wegen befürchten musste, suspendiert zu werden und sozial in den Bauernstand abzusinken – für jeden von Adel mit ausgeprägtem Ehrenkodex, einem Kontinuitätsdenken, das die Generationen übergriff, und hoch elaborierter Erinnerungskultur eine Horrorvision! Polen mit seinem extrem hohen Adelsanteil gelang es im Unterschied zu seinen unmittelbaren Nachbarländern Estland und Livland bezeichnenderweise nie, eine derartige Adelsrevision durchzuführen. Die Grenzlinie zwischen Kleinadel und Bauernstand war so brüchig, dass eine Adelsrevision geradezu zwangsläufig das ganze Sozialsystem zum Einsturz gebracht hätte.

Aber die Revisionen und das damit verbundene Ausscheiden von Adligen aus ihrer Standesgruppe waren es nicht, was in erster Linie die Zahlen im 17./18. Jahrhundert veränderte. Es ist, soweit nicht ständige „Auffüllungen" erfolgten, von einem relativ beachtlichen biologischen Schwund auszugehen, der in Savoyen beispielsweise die

---

36 W. DEMEL, Europäische Geschichte, 49.

Zahl der Adelsfamilien im 18. Jahrhundert um 37 % zurückgehen ließ. Um das und damit das systembedrohende Schrumpfen der Führungsschicht zu verhindern, wurde in vielen Staaten durch Nobilitierungen gegengesteuert: Im Reich durch den Kaiser, die Reichsvikare und die anderen Kurfürsten, in Frankreich durch die Krone über Brief oder Hand und häufig genug gegen Bargeld, wobei die dort im 18. Jahrhundert erreichte Anzahl der Nobilitierungen wohl als extrem eingestuft werden muss – man hat von rund 10 000 Personen auszugehen, unter ihnen allein seit 1730 etwa 1000 Personen, die über den Kauf des Amts eines *secrétaire du Roi* den Adelsstand erreichten. Das hing unter anderem damit zusammen, dass die Grenzen zwischen Adel und erwerbstätigem Bürgertum geradezu fließend wurden, fassbar insbesondere an den von ihren Renten lebenden *bourgeois gentilshommes*, an Mitgliedern der Hochfinanz, die direkten Zugang zum Hof hatten, an hohen Offizieren, die von der Personalsteuer befreit wurden, allesamt Angehörige einer Gruppe, bei denen die förmliche Nobilitierung häufig nur eine Frage der Zeit war. In Polen, wo an sich das Nobilitierungsrecht beim Reichstag, dem *Sejm*, lag, gab es häufig „wilde" Nobilitierungen bürgerlicher „Kreaturen" von Adligen, oft aufgrund eines bloßen Gerichtsspruchs. In Dänemark mit seinem verfassungsrechtlich starken Königtum diente die Nobilitierung auch dazu, den alten Adel zu schwächen. Im letzten Drittel des 17. Jahrhunderts wurde dort der aus dem Bürgertum aufsteigende neue Amtsadel gegenüber dem Geburtsadel konsequent aufgewertet und begünstigt. Und in Genua schließlich wurden durch die so genannten *ascrizioni*, die Ergänzungen zum *liber nobilitatis*, die ausgedünnten Reihen des Stadtadels, der *magnifici*, immer wieder aufgefüllt.

Standesdenken, aber auch recht handfeste wirtschaftliche Überlegungen – die bei Kapitelaufschwörungen vorzulegenden Stammbäume duldeten keine „schwarzen Schafe", einige französische *parlements* verlangten bei Neuaufnahmen den Nachweis von vier Generationen „unbeschädigten" Adels – waren die entscheidenden Gesichtspunkte dafür, dass der Adel in der Regel innerhalb seines Standes heiratete und dass unstandesgemäße Ehen der Söhne mit Privilegienverlust geahndet wurden. War gar ein regierender Fürst – wie es jüngst an einem mitteldeutschen Beispiel demonstriert worden ist[37] – eine Mesalliance mit einer Bürgerlichen eingegangen, drohten geradezu unabsehbare Konflikte, denn die Agnaten bestritten die Ebenbürtigkeit der Ehefrau und der aus der Ehe hervorgegangenen Kinder, und sie hatten bei Gutachtern und bei den Reichsgerichten in aller Regel gute Aussichten. In Einzelfällen verfuhr man bei Töchtern nicht weniger rigoros. Bekannt ist unter anderem der Fall der preußischen Generalstochter von Itzenplitz, deren Ehe mit einem Gutsverwalter auf Drängen ihrer Familie vom König annulliert wurde. Das adlige Konnubium europäisierte sich zudem immer stärker und führte oberitalienische Geschlechter mit deutschen und böhmischen, polnische mit französischen und litauische oder schwedische mit russischen zusammen. Im adligen Konnubium konstituierte sich Europa als eine Einheit – lässt man einmal den typischen regionalen Niederadel außer Betracht, der auch in seiner „Heiratspolitik" die Grenzen der Region in der Regel nicht überschritt. Dabei spielten auch die traditionellen Konfessionsschranken nicht mehr die alles entscheidende Rolle.

---

37 M. Sikora, Kleiner Erbfolgekrieg.

Wenn eine Zerbster Prinzessin nach Russland verheiratet wurde, nahm sie selbstverständlich den orthodoxen Glauben an, wenn sich ein Habsburger (Karl III./VI.) für eine protestantische Welfin entschied, war die Konversion kein Problem mehr – eine Heirat im Übrigen, die ein Indiz nicht nur für eine gezielte Reichsregionalpolitik ist, sondern auch dafür, dass die Dynastien zu einem konsequenten Abschluss „nach unten" tendierten, selbst um den Preis fehlender Religionskonformität. Ohnehin trat die Konversion im Hochadel vermehrt auf, auch wenn sie nach wie vor die Wogen (künstlich) hochgehen ließ.

Begünstigt wurden die angesprochenen transnationalen Eheschließungen natürlich auch durch die Sprachkompetenz des Adels. Es war eine polyglotte Gesellschaft, in der Französisch und Italienisch fast schon zum Muss zählten und als *linguae francae* – Verkehrssprachen – eine Basis bildeten, auf der jeder mit jedem kommunizieren konnte. Polyglottie war gewissermaßen das Merkmal des europäischen Adels. Ungewöhnliche Sprachkompetenz hatte beispielsweise Kaiser Joseph II. erworben, er sprach außer seiner Muttersprache fließend Französisch, Italienisch, Lateinisch und Ungarisch sowie ein wenig Tschechisch. Eine Art *lingua franca* in den nördlichen und ostmitteleuropäisch-südosteuropäischen Regionen bildete zwar auch noch das Deutsche, das zum Beispiel erst 1772 in Dänemark als Staatssprache abgelöst wurde, aber es konnte alles in allem dem Französischen als Adelssprache des 18. Jahrhunderts den Rang nicht mehr streitig machen.

Die Mehr- oder sogar Vielsprachigkeit des europäischen Adels in Verbindung mit seiner internationalen Verflechtung begünstigte es im Übrigen auch, dass der Wechsel zu einem anderen Dienstherrn als dem eigenen Fürsten kein Tabu war, sondern im Gegenteil relativ häufig stattfand. Die russische Diplomatie „lebte" in ihrer petrinischen Frühphase geradezu von den deutschen und baltischen Adligen[38], und fremde Heere übten auf europäische Adlige eine große Anziehungskraft aus. Ein britischer Adliger, William Graeme of Bucklivie, diente nacheinander in der niederländischen und der venezianischen Armee, der deutsche Reichsgraf Wilhelm von Schaumburg-Lippe reorganisierte in den 1770er Jahren das portugiesische Heer.[39]

Es gab von der angesprochenen Faustregel – Adel vermählt sich mit Adel – natürlich auch Ausnahmen. Das Prinzip, wonach eine „unstandesgemäße" Heirat disqualifizierte und die Enterbung nach sich zog, griff nicht immer. So scheint der oberitalienische Adel, der selbst ja aus dem arrivierten Bürgertum erwachsen war, keine Berührungsängste gegenüber dem regionalen Großbürgertum gehabt zu haben. In Frankreich haben im 18. Jahrhundert selbst Hocharistokraten ihre Töchter an Mitglieder der Hochfinanz verheiratet – bei den Söhnen sah das selbstverständlich ganz anders aus. Es kam jedoch noch ein zweites Moment ins Spiel, das sich disqualifizierend auswirken konnte, das so genannte Prinzip der *Dérogeance*, das Verbot der Betätigung in „bürgerlichen" Berufen, insbesondere im Handwerk und im Kleinhandel oder im industriellen Sektor. Im Prinzip lebte der europäische Adel vom Grundeigentum und

---

38 Vgl. u. a. J. V. WAGNER u. a. (Hg.), Ein Deutscher. Der Forschungsstand auch bei H. DUCHHARDT, Balance.
39 Curd OCHWADT (Hg.), Wilhelm Graf zu Schaumburg-Lippe. Schriften und Briefe, 3 Bde., Frankfurt a. M. 1976–1983.

von Abgaben, aber dieser Kuchen war nicht beliebig vergrößerbar und hier war kein schneller Gewinn zu erhoffen, wie er in anderen Bereichen ja möglich war – so wurde manch bretonischer Adlige dazu verleitet, sich im Schmuggelgeschäft zu engagieren, und manch oberitalienischer, sich mit der Falschmünzerei zu befassen! Im Großhandel, in dem sich portugiesische, englische oder auch norditalienische Adlige betätigten, sah das schon wieder anders aus; auch die Getreide exportierenden preußischen und polnischen Adligen müssen letztlich ja dieser Gruppe zugeordnet werden, auch wenn sich ihr kommerzielles Engagement auf den regionalen Bereich konzentrierte und sie den Fernhandel anderen überließen. Da in Frankreich das Prinzip der *Dérogeance* besonders strikt beachtet wurde, griffen dort Adlige oft auf „Strohmänner" zurück, um ihre kommerzielle Tätigkeit zu kaschieren. Relativ unbestritten in ganz Europa war, dass eine Betätigung im Montanbereich als adelskonform galt.

Für den kleineren und mittleren europäischen Adel waren das aber immer nur Nebenschauplätze. Seine eigentlichen Domäne war der zivile und militärische Staatsdienst, ob das nun die Zentral- oder Regionalverwaltung im weitesten Sinn, der Hofdienst oder der auswärtige Dienst war oder eben eine Karriere als Offizier. Da auf den zivilen Feldern immer mit einer bürgerlichen Konkurrenz zu rechnen war, wurde es allmählich auch für den Adel unverzichtbar, sich bestimmte objektivierbare Qualifikationen anzueignen, die auf der Universität oder auch auf einer Ritterakademie erworben wurden; dazu zählte insbesondere ein Grundwissen in der Jurisprudenz. Zwar schloss der junge Adlige in den allerseltensten Fällen ein Universitätsstudium förmlich, also mit einem Examen, ab, aber die früheren Verdikte des Adels über die Bildungseinrichtung Universität waren Mitte des 17. Jahrhunderts doch längst obsolet geworden.

Dieses begrenzte Fachwissen erweiterte der junge Adlige häufig im Rahmen seiner „Kavaliersreise". Wir wissen durch die in letzter Zeit lebhaft gewordene Forschung[40], dass die jungen englischen Adligen oft eine standardisierte Reiseroute wählten, die über Paris, wo man sich im Französischen zu vervollkommnen suchte und um gesellschaftlichen Kontakt bemüht war, nach Italien führte und dort Rom, Neapel und oft auch Venedig einschloss. Der Rückweg war hin und wieder mit einem Abstecher nach Wien verbunden und führte dann durch das Reich und über die Niederlande zurück in die Heimat. Für den protestantischen deutschen Adel, dem eine breite einschlägige Literatur (Apodemik) zur Verfügung stand, gewann im Lauf des 18. Jahrhunderts England große Bedeutung, was aber nicht bedeutete, dass das katholische Italien übergangen worden wäre. Die Kavaliersreise war jedenfalls des Zugewinns an Weltläufigkeit und internationalen Kontakten wegen eine exzellente Ausgangsposition für eine politisch-diplomatische Karriere, was nicht ausschloss, dass manche Fürsten im ausgehenden 18. Jahrhundert sie umsetzungsorientiert zu reglementieren suchten.

Über diesen in den „Staatsdienst" eintretenden Adligen darf selbstverständlich jener relativ große Personenkreis nicht vergessen werden, der, sei es von Anfang an, sei es aufgrund der spezifischen Familiensituation, also auch zum Zweck der Entlastung des Budgets, zum Dienst in der Kirche bestimmt wurde. Das betraf selbstredend nur den katholischen Adel, weswegen es im ausgehenden 16. Jahrhundert im Reich ja auch zu

---

40 J. BLACK, Grand Tour.

einem heftigen Konflikt um die „Freistellung", also die Offenhaltung der Domkapitel auch für Protestanten, gekommen war. Präzise zu bestimmen ist dieser Anteil von Adligen, die in die Dom- oder in Stiftskapitel eintraten oder sich einem der Ritterorden, insbesondere dem Johanniterorden, anschlossen, nur schwer: allein in den deutschen Domkapiteln des 17./18. Jahrhunderts weist eine neuere Untersuchung gut fünfeinhalbtausend Adlige nach.[41] Es handelte sich dabei um eine gern und oft gewählte Alternative zu den anderen Betätigungsfeldern, und das nicht nur für Minderbegabte oder Nicht-Durchsetzungsfähige!

Nicht vernachlässigt werden darf über diesen feudalen Strukturen auch, dass sich gegen Ende des 18. Jahrhunderts in etlichen Gesellschaften, nicht zuletzt der Frankreichs, ein Prozess der Ausbildung einer neuen Notablengesellschaft abzuzeichnen begann, die die Reichen und die Gebildeten aus allen Ständen vereinte. Der in weiten Teilen des europäischen Adels erkennbare Trend hin zum Bücher- und Kunstsammeln – bis hin zu der Erscheinung, auch den Landsitz mit einer qualitätsvollen Bibliothek auszustatten – hatte diesem Prozess ebenso vorgearbeitet wie das seit dem Ausgang des 17. Jahrhunderts sich ausbildende Ideal des *honnête homme*, des gebildeten Aristokraten, das mehr und mehr in ein Spannungsverhältnis zu den strengen Regeln des Hofes und der vielen Konventionen geriet. Für den Angehörigen der englischen *gentry* zählten zunehmend nicht mehr die Funktionen in der Lokalverwaltung als Distinktionskriterium, vielmehr trat das „kulturelle Kapital" in Gestalt von Bildung und Geschmack in den Mittelpunkt der Selbsteinschätzung. Und hier wurden die Grenzen zum Bürgertum nun rasch fließend. Die Übereinstimmung im Weltbild war bei den Mitgliedern dieser Gruppe sicher nicht komplett, aber es gab ganz unübersehbar Gemeinsamkeiten zwischen dem Aristokraten und dem Bankier, dem *philosophe* und dem Großkaufmann: ein gewisser Fundus an menschen- und freiheitsrechtlichen Vorstellungen und Perspektiven, eine Abwehrhaltung gegenüber überzogenen Forderungen der Krone. Analysen der *cahiers de doléance* haben erwiesen, dass auch Pressefreiheit und Steuergleichheit und -gerechtigkeit gemeinsames Anliegen aller drei Stände waren. Hier konturierte sich schon vor dem Fall des Ständestaats der Aufbruch in eine neue soziale Struktur, die das Ancien Régime deutlich hinter sich ließ.

2.3.3 Wirtschaft, Handel und Verkehr

Eine Abhandlung über Kommerz und Ökonomie im 17./18. Jahrhundert erfordert zunächst einmal einen Blick über die geographischen Grenzen Europas hinaus. Ohne den binneneuropäischen Austausch und die binnenstaatlichen Modernisierungsprozesse unterschätzen zu wollen: Der Import aus Übersee und der Export europäischer Fertigwaren nach Außereuropa waren zu einem zentralen Aspekt der Ökonomie geworden; vom überseeischen Markt erhofften sich alle Staaten, mochten sie auch noch so klein sein, den ökonomischen Quantensprung; seit den 1660er Jahren wohnte einem Großteil der bewaffneten Konflikte zwischen den europäischen Staaten zugleich eine außereuropäisch-koloniale Komponente inne.

---

41 P. HERSCHE, Deutsche Domkapitel.

Der Überseehandel

Die Anfänge der europäischen Expansion im 15. Jahrhundert[42] und die Motive der Atlantikanrainer, sich entsprechend zu engagieren, können hier nicht weiter reflektiert werden. Mitte des 17. Jahrhunderts lag der Kreis der Mächte mit überseeischen Besitzungen – Spanien, Portugal, Frankreich, England, die Niederlande, Schweden und Dänemark – im Wesentlichen fest. In diesen exklusiven Klub mochte hier und da noch einmal ein Nachzügler eindringen wollen, aber dies gelang niemanden mehr mit größerem Erfolg und auf Dauer. Brandenburg etwa gab seinen westafrikanischen Stützpunkt Groß-Friedrichsburg nach wenigen Jahrzehnten wieder auf, weil ein neuer Fürst andere Prioritäten entwickelte und der Profit hinter den Erwartungen zurückblieb. Das hieß selbstverständlich nicht, dass nicht viele mit dem Gedanken gespielt hätten, sich in Übersee politisch und kommerziell zu engagieren; die Merkantilisten am Wiener Hof, Johann Joachim Becher und Wilhelm von Schröder, plädierten beispielsweise energisch dafür, ohne dass man in Wien damals, also in den 1660er und 1670er Jahren, diesen Schritt zu vollziehen vermochte.

Freilich war auf der anderen Seite der Kreis der mit überseeischen Besitzungen ausgestatteten europäischen Staaten ganz entschieden eine Zweiklassengesellschaft. Die beiden skandinavischen Mächte können in Bezug auf den Umfang des „kolonialen" Besitzes und in Bezug auf die Intensität ihres Engagements mit den beiden „Seemächten" und den iberischen Staaten nicht verglichen werden, und für Frankreich hatte die Überseepolitik keineswegs durchgängig Priorität gegenüber anderen politischen Optionen. So sehr indes der Erwerb überseeischer Besitzungen zunächst einmal ein politisches Anliegen war: er war kein Selbstzweck, keine primär prestigefördernde Angelegenheit, sondern er hatte eine Funktion, nämlich die, das Engagement im Überseehandel zu ermöglichen oder zu verbessern. Überall folgte dem Erwerb außereuropäischer Stützpunkte die Errichtung einer Handelskompanie, der die jeweilige Regierung meist sogar völkerrechtliche Funktionen übertrug und von deren kommerziellen Erfolgen sich die Anteilseigner und der jeweilige Souverän wahre Wunderdinge versprachen: kommerzielle Höhenflüge, die den Staatshaushalt auf Dauer sanieren und Reichtum ins Land bringen sollten. Der Handel mit der neuen Welt, wenn möglich sogar in der Variante des dann berühmt-berüchtigt werdenden europäisch-afrikanisch-westindischen Dreieckshandels, war das ökonomische Credo schlechthin.

Bis zur Mitte des 17. Jahrhunderts hatte der atlantische Handelsraum den mittelmeerischen, der durch die Türken und die Seeräuber aus dem Maghrebbereich ohnehin gefährdet war, und den des *mare balticum*, der Ostsee, nicht unbedingt in der Tonnage, wohl aber im Wert des Handelsguts deutlich überflügelt. Man kann diesen Wandel wohl am besten an Städten und Häfen festmachen: Venedig verlor zusehends an Bedeutung und ging auch des größten Teils seines Imperiums im östlichen Mittelmeer verlustig, Amsterdam stieg unbestritten zum neuen Welthandelszentrum auf, es wurde dann seinerseits von London abgelöst. Hier wurde 1694 die erste Staatsbank gegründet, und hier liefen seitdem in einzigartiger Weise die Interessen des Finanzmarktes und des Fernhandels zusammen. Dem finanzkräftigen Großbürgertum bot

---

42 Vgl. zur neueren Diskussion und zu den einschlägigen Theoremen: H. Pietschmann, Atlantisches System.

sich im Übrigen ein immer wichtiger werdendes Betätigungsfeld: Hatte es bisher überwiegend in Grund und Boden und, etwa in Frankreich, in Manufakturen und Gene-
ralpachten investiert, so wurde dieser Trend nun überlagert von den Investitionen in
Aktien der Überseekompanien oder in Staatsanleihen, die an den großen Börsen, London und Amsterdam, aber auch an den nachgeordneten Kapitalmärkten wie Hamburg, Genf oder Genua gehandelt wurden. Der Aktienhandel und die Börsenspekula-
tion wurden zu neuen Modeerscheinungen der sich wandelnden Zeit. Dass auch das
im Einzelfall riskante Geschäfte sein konnten, zeigte schlaglichtartig der *South Sea Bubble* in England 1720/21, ein Spekulationsfieber, das Tausende ruinierte und geradezu
in eine Staatskrise einmündete. Im Übrigen spiegelt sich in den Anteilseignern ein wenig von der europäischen Ökumene des reichen Wirtschaftsbürgertums. Die niederländischen, englischen, dänischen und schwedischen Kompanien und sogar die kurzlebige kaiserliche Ostendekompanie standen fremdem Kapital immer offen. Anders
die französischen Überseekompanien, die deswegen auch rasch Liquidationsprobleme
bekamen. Sie hatten selbst in der Colbert-Ära kaum gehalten, was man sich von ihnen versprach und waren zum Teil nach wenigen Jahren wieder eingegangen. Als sie
in den 1760er Jahren eine kurzzeitige Renaissance erlebten, zögerten die Genfer No-
tablen allerdings nicht, dort in großem Stil zu investieren.[43]

Es ist eine alte Frage, warum die Pioniere des Überseehandels, die beiden iberischen
Staaten, durch ihre transozeanischen Besitzungen und den Kommerz nicht zu ähnlichem Wohlstand gekommen sind wie – zumindest zeitweise – die Niederlande oder
wie England, das insgesamt, auch dank mehrerer erfolgreicher Handelskriege gegen
den kleinen Rivalen am Kanal, aus dem Prozess der Globalisierung des Handels als ein-
deutige Vormacht hervorging. Die beeindruckenden Ziffern der Edelmetallströme stehen in jedem Überblickswerk: Noch zu Beginn des 18. Jahrhunderts flossen im Schnitt
jährlich 10 bis 15 Tonnen Gold nach Portugal, im Fall Spanien war es weniger das Gold
als vielmehr das südamerikanische Silber und Agrarprodukte im weitesten Sinn, die in
Sevilla beziehungsweise – nach der Versandung des Guadalquivir – in Cadiz angelan-
det wurden. Aber in beiden Fällen versickerte vieles, manches wurde von Schmugg-
lern abgezweigt, aus Spanien wurde zudem vieles mehr oder weniger illegal in die Kolonien reexportiert. Alles in allem haben die beiden iberischen Staaten recht wenig
von dem potentiellen Reichtum profitiert, auch wenn der portugiesische König Johann V. bei seinen Zeitgenossen als der reichste Monarch in Europa galt.

Der Kontakt zu der Welt jenseits der Meere ist selbstverständlich in den Staaten mit
Kolonialbesitz am intensivsten gewesen, wo beispielsweise schon recht früh Schwarze
aus Afrika oder Indianer aus Amerika Fuß fassten. Die aus den Kolonien eingeführten
Handelsprodukte veränderten indes zunehmend das Leben des gesamten Kontinents.
Das betrifft zunächst einmal Lebens- und Genußmittel: Die Kartoffel hatte wohl Mitte des 16. Jahrhunderts den Weg nach Europa gefunden, sich zunächst als Ober-
schichtenspeise durchgesetzt und war erst sehr allmählich, am frühesten wohl in Irland, zu einem Grundnahrungsmittel breiterer Schichten geworden. Anfangs war sie
im Deutschen Reich von vielen Bauern nicht ohne Grund mit Argwohn betrachtet
worden, weil sich die entsprechenden Verzehrkenntnisse erst durchsetzen mussten

---

43 Vgl. demnächst A. V. HARTMANN, *Reflexive Politik*.

und weil sie den traditionellen agrarischen „Körnerzwang" (Dipper) durchbrach. Tee, Kakao und Kaffee blieben im Unterschied zur Kartoffel immer Importprodukte und setzten sich des relativ hohen Preises wegen auch viel zögerlicher durch. Auch blieben sie deutlich „städtische" Produkte, Produkte, die freilich rasch – man denke an die Londoner Kaffeehäuser – so etwas wie Kultstatus gewannen und deren Importmengen kontinuierlich stiegen; über Marseille liefen 1660 1 900 *quintaux* jemenitischer Kaffee, 1785 dann 14 300 westindischer. Dazu kamen schließlich die Gewürze, aber auch die ausgesprochenen Luxusgüter Seide und Porzellan, die das Leben auf dem europäischen Kontinent veränderten.

Handwerk und Gewerbe

Man sollte im Übrigen die europäische Dimension von Wirtschaft, Gewerbe und Handel nicht überbetonen. Das Handwerk, um damit zu beginnen, produzierte ganz überwiegend für den Bedarf der näheren Umgebung. Selbst in Frankreich mit seinen zum Teil hochspezialisierten Handwerken, beispielsweise der Möbelschreinerei, wurde weit weniger für den Export gearbeitet, als man vor dem Hintergrund der theoretischen Vorgaben des Merkantilismus annehmen sollte. Nichtsdestoweniger bemühte man sich, technologisch und ästhetisch auf dem Laufenden zu bleiben. Die Einrichtung der Gesellenwanderung, die den handwerklichen Nachwuchs weite Räume durchmessen ließ, wobei gelegentlich sogar vorgeschrieben war, welche gewerblichen Zentren auf jeden Fall aufgesucht werden mussten, sorgte für einen gewissen und kontinuierlichen Modernisierungszufluss. Allerdings sollte die Bereitschaft zur Modernisierung nicht überschätzt werden. Die Klage, das System der Zünfte sei wegen seiner Restriktionen und des Mangels an Konkurrenz tendenziell innovationsfeindlich, war nicht abwegig, auch wenn sie von den Regierungen oft genug instrumentalisiert wurde, um die Alleinherrschaft der Zünfte in Produktion und Verfassungsleben zu brechen.

Die Erscheinung, dass das zünftige Handwerk in der Regel nur einen sehr begrenzten Distributionsraum im Auge hatte, lässt sich bis zu einem gewissen Grad auf die in weiten Teilen Europas – in den Niederlanden, in Kastilien, auch im Deutschen Reich – zu beobachtende „Verschlankung" der Handwerksbetriebe zurückführen; sie hatte ökonomische Gründe. Da die Preise für gewerbliche Güter im Vergleich deutlich langsamer als die der agrarischen Produkte stiegen, sahen immer mehr Meister davon ab, Lehrjungen und Gesellen aufzunehmen, deren Unterhalt ja den eigenen Haushalt nicht unerheblich belastete. Der Trend zum Alleinmeistertum bedeutete nicht, dass auch die absoluten Zahlen der in der gewerblichen Wirtschaft tätigen Menschen dramatisch zurückgingen. Einer der Gründe für die Entwicklung ist darin zu sehen, dass Regierungen – wie etwa die dänische 1683 in Bezug auf die einfache Weberei – verschiedene Gewerbe aus den Fesseln des Zunftwesens lösten und freigaben. Ein zum Teil deutliches Anwachsen des Heimgewerbes und des Landhandwerks war die Folge. Vielerorts bewegten sich die Ziffern der im agrarischen Bereich und im Gewerbe tätigen Menschen aufeinander zu. In der Schweiz waren im 18. Jahrhundert schon rund 25 % der Berufstätigen im Gewerbe, insbesondere im Textilgewerbe (Grafschaft Toggenburg) beschäftigt. In den westlichen Provinzen der Niederlande, in Oberitalien und in Teilen Sachsens überstieg die Zahl der Gewerbetreibenden die der in der Landwirtschaft arbeitenden Menschen bereits.

Diese Zahlen, um es zu wiederholen, verdanken sich in erster Linie dem zunehmenden Heimarbeitertum, also Menschen, die neben der landwirtschaftlichen Betätigung auch gewerblich produzierten: meist im Textil-, aber auch im Holz- und Kleinei-
senbereich, gewöhnlich außerhalb der Zünfte. Zu einem europäischen Phänomen
wurde dabei das Institut des Verlegers. Da die Nachfrage nach einem Produkt in der
unmittelbaren Umgebung unter dem Gesichtspunkt des Gewinns in aller Regel nicht
ausreichte und die Kleinproduzenten nur in den seltensten Fällen – wie beispielsweise die schwedischen Eisenwarenproduzenten – in der Lage waren, gewissermaßen als
Genossenschaft den Verkauf auch über größere Entfernungen hinweg zu organisieren,
waren die Kleinproduzenten auf die Vermittlung eines im überregionalen Kommerz
erfahrenen Kaufmanns oder einer Gilde angewiesen. Der „Vermittler" übernahm dann
auch die Organisation der Rohstoffversorgung. Dieses so genannte Verlagssystem existierte in sehr verschiedenen Ausformungen. Die Extreme stellten das „Kaufsystem",
bei dem der Verleger die von den Handwerkern beziehungsweise Heimarbeitern frei
und mit eigenen Werkzeugen hergestellten Produkte lediglich vermarktete, und auf
der anderen Seite das „Trucksystem" dar, bei dem der Verleger nicht nur die Rohstoffe lieferte und anhand von Musterbüchern die jeweiligen, am Bedarf orientierten Pro-
duktionsspezifika festlegte, sondern auch die Werkzeuge stellte und Qualitätsstandards
und Liefertermine vorgab.

Die letztgenannte Variante war zwar sicher nicht die verbreitetste, aber generell
wird sich sagen lassen, dass das Verlagssystem sich auf immer breiterer Front durchsetzte, weil die überall in Europa wachsende unterbäuerliche Schicht meist keine Alternative zu dieser abhängigen gewerblichen Arbeit hatte. Man wird diese Entwicklung
nicht allein mit der Kategorie der zunehmenden Proletarisierung fassen können, zu der
es in bestimmten Regionen, etwa in Böhmen oder der nördlichen Lombardei, bereits
kam, wo das vorindustrielle Heimgewerbe sehr einseitig ausgerichtet war. Denn in anderen Regionen, der Eidgenossenschaft etwa, wirkte das Verlagswesen der Proletarisierung tendenziell entgegen, hier unterband es eine weitergehende Verarmung.

Ist in dieser Hinsicht ein „Sowohl-als-Auch" am Platz, so war der Fall, dass Pacht-
oder Grundherren die zu ihnen in einem Rechtsverhältnis stehenden Kleinbauern zu
einer gewerblichen Tätigkeit zwangen, die große Ausnahme von der Regel. Zwei Beispiele sind einigermaßen bekannt: Nordböhmen, wo Gutsherren sich in Leinenprodu-
zenten verwandelten und ihre Gutsuntertanen zwangen, Leinwand zu produzieren
und zu feststehenden Niedrigstpreisen an sie zu verkaufen, und der norditalienische
Alpenrand, wo Pachtherren ihre bäuerlichen Pächter unter Druck setzten, Maulbeer-
sträucher anzubauen, ihnen die Hälfte des Kokons zu überlassen und diesen nicht selten dann auch noch zu verspinnen.

Die Forschung hat sich seit geraumer Zeit angewöhnt, für den Prozess der Zunahme des – an sich ja traditionsreichen – Heimgewerbes den imposanten, aber sprachlich
und sachlich problematischen Begriff der „Protoindustrialisierung" zu verwenden. Es
ist keine Frage, dass besonders in agrarisch ertragsarmen Mittelgebirgsregionen, die
rohstoff- und energiebegünstigt waren (Erze, Wasserkraft), eine neue Dimension des
Heimgewerbes erreicht wurde. Die Frage ist allerdings zu stellen (und zu beantworten), ob dieser Prozess an neue Formen ökonomischen, kulturellen und vielleicht sogar generativen Verhaltens gekoppelt war und ob, etwa durch Momente wie die Aus-

dehnung und die Verstetigung der Arbeitszeit oder die Erziehung zu mehr Arbeitsdis-
ziplin, dadurch schon der Weg in die spätere Industrialisierung geebnet wurde – denn
nur das, der unmittelbare Zusammenhang von Protoindustrialisierung und Industrialisierung, würde den erstgenannten Begriff rechtfertigen. Und hier ist alles in allem
doch eher Skepsis angebracht. Es gibt eine ganze Reihe von Beispielen dafür, dass Regionen mit einer relativ hohen „protoindustriellen" Verdichtung nach kurzer Blüte in
einen Prozess der De-Industrialisierung zurückfielen. Das Languedoc wäre hier etwa
zu nennen. „Skepsis" aber bedeutet andererseits natürlich nicht, dass Regionen mit einem mehr oder weniger „organischen" Übergang vom Heimgewerbe über die Manufaktur in den Industrialisierungsprozess völlig fehlten. Ausgangs des 18. Jahrhunderts
wurde das oberösterreichische „Wollrevier" von einigen zehntausend Spinnern vorwiegend aus Böhmen beliefert, es gab zur Herstellung der Endprodukte über 1 200
Webstühle mit einer Belegschaft von 4 000 Webern, die der Manufaktur fast schon einen fabrikmäßigen Zuschnitt verliehen. Dass sich gerade in diesen von den Textilien
lebenden Gewerbelandschaften sehr früh die Probleme der Zukunft – Arbeitsschutz,
Kinderarbeit, Proletarisierung – abzeichneten, sei nachdrücklich unterstrichen.

Manufakturen dieser Größenordnung waren freilich selten. Charakteristisch für sie
war eine gewisse staatliche Steuerung durch Privilegien oder Subventionen, weil die
Wirtschaftspolitiker vieler Staaten des Ancien Régime, die gegenüber den Zünften mit
ihren sozialen und technologischen Verkrustungen starke Vorbehalte hatten, Arbeits-
markteffekte oder positive Auswirkungen auf die Außenhandelsbilanz davon erhofften. Es gehört zu den Kennzeichen des Zeitalters, dass „der Staat" im ökonomischen
Bereich eine starke Lenkungsfunktion für sich reklamierte, die nicht nur auf den einheitlichen Wirtschaftsraum und staatswirtschaftliche Aktivitäten zielte, sondern auf
ganz konkrete Impulse und Anreize für den Privatunternehmer setzte. Die Folge war
eine überproportional hohe Manufakturdichte in bestimmten Regionen, etwa in der
Gegend um Barcelona oder im letzten Drittel des 18. Jahrhunderts in Kursachsen. Die
staatliche Reglementierung ging so weit, dass in manchen Gebieten, trotz durchaus
vorhandener Standortvorteile, einfach keine Manufakturen errichtet wurden; so sollte Ungarn nach den Vorstellungen der Wiener Regierung ein bloßer Rohstofflieferant
bleiben. Umgekehrt erwiesen sich längst nicht alle Standorte von Manufakturen als
optimal. Die Nymphenburger Porzellanmanufaktur, eines der typischen Prestige- und
Vorzeigeobjekte des 18. Jahrhunderts, war viel zu weit von den Energiequellen entfernt und blieb deswegen immer ein auf Zuschüsse angewiesenes, also ungesundes
Unternehmen. Vielleicht ist es sogar ein gemeinsames Kennzeichen der europäischen
Luxusmanufakturen im engeren Sinn, dass sie immer in den roten Zahlen blieben.

Aber auch von diesen reinen Staatsbetrieben einmal abgesehen, waren die Manufakturen im Allgemeinen nicht der ökonomische Königsweg in die Moderne. Manufakturen setzten einen erheblichen Anteil an hochspezialisierten und gut bezahlten
Spitzenkräften voraus, die der Betreiber – im Unterschied zu den oft ungelernten und
deswegen billigen Arbeitern – bei einem Nachfragerückgang nicht gleich entlassen
konnte. Dem Verleger fiel es leichter als dem Manufakturisten, das Produktionsrisiko
abzuwälzen. Setzte der Manufakturist die Insassen von Waisen- und Zuchthäusern zur
Arbeit ein, war die Qualität der Produkte meist so gering, dass der Erlös die Kosten
nicht deckte, und ließ er für den Bedarf der gehobenen Mittel- oder der Oberschich-

ten produzieren, musste er mit geringer Nachfrage rechnen. So war vielerorts das Beste, was den Manufakturen passieren konnte, dass sie stagnierten. Nicht selten ging ihre Produktivität und damit ihre volkswirtschaftliche Bedeutung aber auch wieder stark zurück. Allem Anschein nach war jedenfalls die Anzahl der Unternehmer, denen es gelang, ihre arbeitskraft-intensiven Manufakturen in eine Energie- und Produktionstechnologie verbindende Fabrik zu überführen, relativ gering.

Kann man mit einigem Grund die Textilproduktion und -veredelung als das „Schlüsselgewerbe" der ersten Hälfte der Frühen Neuzeit bezeichnen, so wuchs seit dem Ende des 17. Jahrhunderts das Berg- und Hüttenwesen mehr und mehr in diese Rolle hinein. Das Eisen begann das Holz, das in manchen Regionen knapper wurde, zu ersetzen, bis in den privaten Haushalt hinein. Dementsprechend schritt die Spezialisierung in diesem Bereich rasch voran: Solingen lieferte Messer, Lüdenscheid Sensen und Sicheln, Velbert Schlösser, Remscheid Werkzeuge und Suhl Gewehre, um nur einige wenige deutsche Beispiele hier anzuführen.

Eine der europäischen Regionen, an denen dieser Prozess exemplarisch veranschaulicht werden kann, ist England. Dort führte der Holzmangel zwar zeitweise dazu, dass die Verhüttung des Eisenerzes in den traditionellen Eisengebieten drastisch zurückging, aber die Kohlevorkommen in den Midlands eröffneten dann neue Möglichkeiten, um so mehr als dort auch Eisenerz reichlich vorhanden war. Seit 1709 verhüttete man hier das Eisenerz mit Koks, und dies veränderte alles: von den Gebrauchsgegenständen in Küche und Haushalt bis zu den landwirtschaftlichen Geräten und zu den ersten Eisenbrücken. Es war zwar ein langsamer Prozess, weil die Quäkerfamilie Darby das Geheimnis der Gusseisenherstellung lange für sich behielt und weil auch technische Probleme dafür sorgten, dass das Verfahren sich auf breiter Front eher zögernd durchsetzte. Aber gegen Ende des 18. Jahrhunderts hatte, auch dank des neu entwickelten Puddelverfahrens zur Überführung von Roh- in Schmiedeeisen, in Großbritannien die Zahl der Kokshochöfen diejenige der Holzkohleöfen weit hinter sich gelassen. Die Eisenproduktion schnellte in England und Wales zwischen 1750 und 1790 von 28 000 auf 90 000 Tonnen hoch.

Vorreiter Großbritannien

Mit Großbritannien ist das Stichwort gegeben: Es war auf dem Gebiet der Technologie die mit Abstand führende europäische Macht, deren Vorsprung geradezu unaufholbar zu werden schien. Hier ist die Metapher des Räderwerks sicher nicht abwegig: Für die Eisenherstellung wurden sprunghaft mehr Kohlen benötigt – die englische Produktion um Birmingham und Sheffield stieg von knapp drei Millionen Tonnen um 1680 auf etwa 13 Millionen Tonnen 1800. Auch bei der Hausfeuerung begann die Kohle das Holz abzulösen. Der Mehrbedarf an Kohle konnte nur durch eine Vertiefung der Kohlengruben befriedigt werden, was wiederum das Problem von deren Entwässerung aufwarf. Zu Beginn des zweiten Jahrzehnts des 18. Jahrhunderts wurden auf der Insel die ersten technisch und kommerziell erfolgreichen Dampfmaschinen zur Entwässerung der Kohlengruben eingesetzt. Rascher als im Fall der Koksöfen wurde diese Technik auch auf dem Festland übernommen, zunächst in Flandern und in der Slowakei. Es waren freilich noch etliche technische Weiterentwicklungen nötig, um die Dampfmaschine auch außerhalb der Kohlengruben sinnvoll einsetzen zu können. Bezeichnenderweise kamen diese Weiterentwicklungen, die insbesondere der Umsetzung der Kolbenbewegung der Maschine in eine Kreisbewegung galten, ausnahmslos ebenfalls in Großbritannien zustande. Die vom Glasgower Instrumentenbauer James Watt entwickelte, mit einem getrennten Kondensator arbeitende Dampfmaschine trat seit den 1780er Jahren ihren Siegeszug auch durch andere Produktionszweige an, nicht zuletzt in der Textilindustrie, deren Mechanisierung somit letztlich der Eisenbranche zu verdanken war. Die Mechanisierung fand fast zur selben Zeit, als die Dampfmaschine ihren Siegeszug begann, in dem mechanischen Webstuhl der Variante Richard Arkwrights ihre Krönung.

Man darf das zugegebenermaßen nicht überschätzen – um 1780 machten Textilproduktion und Eisenproduktion gerade einmal 3 % des britischen Nationaleinkommens aus. Dieser Befund lässt auch den Begriff „industrielle Revolution" bis zu einem gewissen Grad fragwürdig erscheinen. Wenn man mit dem Begriff die Vorstellung von stetig steigenden Wachstumsraten und einem strukturellen Wandel von Produktivität und Produktionstechnik verbindet, dann war die industrielle Revolution selbst in England nur ein regionales Phänomen. An vielen europäischen Regionen – Ostpolen, Sizilien, selbst Irland – ging die industrielle Revolution vorbei, ohne Spuren zu hinterlassen. Diese Beobachtung verbindet sich mit der Einschätzung, dass Industrialisierungsprozesse – das lange Ringen um die Eisenerzverhüttung belegt das indirekt schon – längst nicht nur unter das Rubrum „Erfolgsgeschichte" zu stellen sind. Die Fehlversuche und Pleiten auf dem Weg zu einem technisch neuen und auch ökonomisch lukrativen Produktionsverfahren sind Legion. Manche Forscher tendieren deswegen dazu, auf den Begriff der industriellen Revolution, der immer mit der Konnotation eines radikalen Umbruchs und einer großflächigen Ausdehnung einhergeht, ganz zu verzichten und wirtschaftliche Beschleunigungsprozesse eher mit den üblichen ökonomischen *Ups and Downs* in Zusammenhang zu bringen: Einer allgemeinen ökonomischen Abschwungphase, die wenigstens um 1760 noch virulent gewesen sei, wäre ein sich selbst tragender Aufschwung – Wirtschaftshistoriker benutzen gern den Anglizismus der Take-off-Phase – gefolgt, und wie jeder Aufschwung sei auch dieser mit einer besonderen Dynamik und einem hohen Potential an neuem Know-how verbunden gewesen.

Diese Diskussion mag hier auf sich beruhen; keine Frage bei alledem ist es aber, dass England im letzten Drittel des 18. Jahrhunderts zu der mit Abstand führenden europäischen Wirtschaftsmacht aufgestiegen war und nur ganz wenige kontinentale Regionen Anschluss zu finden versuchten und vermochten: der nordfranzösisch-belgisch-westdeutsche Raum, weil auch dort wie in den englischen Midlands Eisenerz und Kohle relativ nah beieinander lagen, und Niederösterreich, das ab den 1760er Jahren eine gewaltige Expansion des Textilgewerbes erlebte, mögen als zwei Beispiele hier genannt sein. Aber es war ausgangs des 18. Jahrhunderts keineswegs so, dass ganz Europa nach England gestarrt und um jeden Preis versucht hätte, die dortigen Produktionsmethoden zu kopieren. Die böhmischen Hochöfeneigner, im Übrigen oft Adlige, sahen auch nach 1780 noch überhaupt keinen Grund, von der traditionellen Holzkohlenbefeuerung abzugehen, obwohl sie in Böhmen, Mähren und Oberschlesien riesige Steinkohlevorkommen vor der Haustür hatten. Ähnliches gilt für Russland, wo seit Peter I. die gewaltigen, zudem noch leicht abbaubaren Erzvorkommen im Ural durchgehend auf Holzkohlenbasis verhüttet wurden, und zwar mit einem solchen Erfolg, dass Russland nach der Jahrhundertmitte an die Spitze der eisenproduzierenden Staaten rückte und in einem gewaltigen Ausmaß auch Eisen exportierte. Ein Gutteil der englischen Eiseneinfuhr stammte im ausgehenden 18. Jahrhundert aus dem Ural![44] Möglich war das allerdings nur, weil Russland der extrem geringen Lohnkosten wegen – den Staatsbetrieben wurden für jeweils einige Monate zwangsverpflichtete Bauern zur Verfügung gestellt – die „Weltmarktpreise" unterlaufen konnte. Selbst die hohen Transportkosten hatten nicht zur Folge, dass Russland teurer als etwa Schweden lieferte.

Die Europäisierung des Handels

Der Eisenhandel zwischen dem Ural und England ist ein besonders einprägsames Beispiel für die „Europäisierung" des Handelsverkehrs, für den nun auch extrem große binneneuropäische Entfernungen kein wirkliches Hindernis mehr darstellten – vorausgesetzt, man konnte Wasserwege benutzen, die ja in Gestalt von Kanälen England zu durchziehen begannen und auch in anderen Staaten, etwa Frankreich, Schleswig-Holstein, Russland oder Brandenburg Konjunktur hatten, insbesondere wenn es darum ging, zwei Meere (Mittelmeer–Atlantik, Nordsee–Ostsee) miteinander zu verbinden. Man darf allerdings den binneneuropäischen Fernhandel nicht überschätzen. Güter des täglichen Lebens wie Nahrungsmittel und Textilien wurden, wenn sie nicht vom Konsumenten selbst produziert wurden, nur in einem relativ engen Radius gehandelt. Meist reichte er über einige wenige Kilometer nicht hinaus, und häufig spielte sich der Handel zudem noch in der Variante des persönlichen Direktkaufs beim Bauern oder Handwerker ab. Insofern waren auch die während der Kriege von den feindlichen Parteien ausgesprochenen Handelsrestriktionen und Embargos im Allgemeinen von eher bescheidener Wirkung. Erst die Kontinentalsperre in der napoleonischen Zeit sollte diese Grundregel durchbrechen.

Der regionale und überregionale Handel vollzog sich auf verschiedenen Ebenen. Weit verbreitet in ganz Europa war das System der „Kolporteure", also jener Kleinhändler, die die von ihnen angebotenen agrarischen und gewerblichen Produkte direkt mit sich führten („col-porteur") und, um nur einige Beispiele zu benennen, die Zitronen über die Alpen brachten oder böhmisches Glas in England anboten. Diese Vertriebsform kam ohne regelrechten Markt aus; der Händler kaufte nicht auf Messen, sondern direkt beim Produzenten. Auch noch im 18. Jahrhundert war der Wanderhandel von höchst bemerkenswerter Dichte, obwohl er dem Wert nach gegenüber dem Fernhandel mit Massengütern (Getreide, Wein, Schiffsbaumaterialien und so weiter) deutlich zurückblieb.

Die größeren und in eine europäische Dimension vorstoßenden Handelsgeschäfte wurden traditionell auf den überregionalen Messen vereinbart. Die Messen hatten aber alles in allem in der hier zu behandelnden Zeit einen Gutteil ihrer früheren Bedeutung schon verloren – oder schienen sie doch verloren zu haben. Manche traditionsreichen Messeorte verkamen, Versuche, neue Messen, so etwa in Mainz, einzu-

---

44 H. H. Kaplan, Russian Overseas Commerce.

richten, scheiterten; die Messeprivilegien verloren, unter anderem wegen der Förderung der Residenzstädte, an Kraft. Lediglich im europäischen Osten behauptete sich das traditionelle Messewesen als organisatorischer Ort des kommerziellen Austauschs. Daher überrascht dann eine Mitteilung wie die, dass in der Auvergne die Zahl der lokalen Messen, die freilich wohl eher Jahrmarktcharakter gehabt haben dürften, im dritten Viertel des 18. Jahrhunderts noch einmal um 20 % auf gut 400 anwuchs.

Da über die kolonialen Handelsströme[45] oben schon berichtet wurde, sollen hier vor allem die Verschiebungen im binneneuropäischen Handelsverkehr beleuchtet werden; erschöpfend ist das selbstredend nicht möglich. Es fällt dabei vor allem ins Auge, wie sehr die einst alles überlagernden Handelsströme zwischen der Apenninenhalbinsel und dem nord- beziehungsweise westalpinen Europa zurückgingen und an Bedeutung verloren. Das hatte kaum etwas mit der nach wie vor nur mäßigen Qualität der rund 50 Alpenpässe zu tun, sondern gründete in Schwerpunktverlagerungen. Man schätzt den italienischen Anteil am innereuropäischen Handel für das 18. Jahrhundert auf nur noch rund 10 %; die Abnahme hing unter anderem damit zusammen, dass die großen traditionsreichen Handelsrepubliken wie Genua oder Venedig viel von ihrem alten Glanz eingebüßt hatten. Bezeichnenderweise wickelte Venedig 1773/81 nur noch ganze 9 % seines Außenhandels mit Mitteleuropa ab. Der Bedeutungsverlust Venedigs und Genuas als Warenumschlagplätze konnte letztlich auch durch die internationalen Freihäfen Triest und Livorno nicht mehr aufgewogen werden. Der unverändert durch maghrebinische Piraten gestörte Handel im und aus dem Mittelmeerbecken war vielmehr immer deutlicher in die Hände der Franzosen und der Engländer übergegangen, die sich auch dadurch abzusichern wussten, dass sie Handelsverträge mit dem Osmanischen Reich abschlossen, die ihnen weit günstigere Handelskonditionen einräumten, als sie selbst die Untertanen des Sultans genossen.

Aber der Wasserweg war nicht der einzige Transportweg, um Europa an den begehrten Orientwaren teilhaben zu lassen. Griechische Kaufleute waren für eine Handelsroute über den gesamten Balkan bis nach Sachsen und Schlesien verantwortlich, auf der in der einen Richtung Gewürze, hochwertige Genußmittel, etwa Wein, und orientalische Stoffe und Baumwolle spediert wurden und in der Gegenrichtung Textilien und Eisenwaren. Die Messestadt Leipzig als der eine Endpunkt dieser Route stand insofern in einem ständigen Austausch nicht nur mit Breslau und Lemberg, sondern vor allem auch mit Kaschau, dem siebenbürgischen Kronstadt, dem moldauischen Jassy und Bukarest.

Polen war Ausgangspunkt gleich mehrerer großer Handelsrouten von europäischer Bedeutung. Noch immer spielten Viehzucht und Viehexport für die polnische Außenwirtschaft eine wichtige Rolle. Die Rinder wurden auf einer festen Route – mit Brieg als einem zentralen Sammelpunkt – auf dem Landweg nach Westen befördert. Für das Land als einer der Kornkammern Europas war freilich der Export von Getreide inzwischen viel wichtiger geworden. Das Korn wurde zunächst auf dem Flussweg über die Weichsel nach Danzig verbracht und von dort vornehmlich nach Amsterdam verschifft, also in eines der großen urbanen Ballungsgebiete. Auch hier gilt es freilich vor

---

45 Ich nenne hier noch: C. SCHNURMANN, Europa trifft Amerika.

Legenden zu warnen. Der in der Regel von den Niederlanden abgewickelte Ostseehandel zwischen Amsterdam und Danzig war zwar überaus beachtlich, aber er war quantitativ doch nicht so umfänglich, dass man ihn als Achse oder Herzstück des binneneuropäischen Fernhandels bezeichnen könnte. Man hat ausgerechnet, dass die Gesamttonnage des polnischen Exportgetreides nicht einmal ausreichte, um eine Million Menschen zu ernähren – für die Vormoderne war das wenig und viel zugleich. Vor allem aber ist diese Ziffer ein Indiz dafür, dass die Importe aus Polen die Preissteigerungen, die bei zyklischen Missernten auftraten, allenfalls abmildern, aber sicher nie ganz verhindern konnten.

Auch die Routen nach Skandinavien und nach Russland lagen zu einem guten Teil in der Hand der Niederländer, sie hatten sich aber verschärfter britischer Konkurrenz zu erwehren. Vom russischen Eisen war schon die Rede, hinzu kamen das schwedische Eisen, das norwegische Holz und der finnische Teer für den Schiffsbau, nicht zu vergessen der Fisch, während im Gegenzug in jene kalten Gegenden Europas Textilien, Wein, Baumaterialien und nicht zuletzt Pökelsalz verbracht wurden. (Auf den Gedanken, den Mitte des 18. Jahrhunderts rapide zurückgehenden englischen Gin-Verbrauch durch Exporte nach Skandinavien zu kompensieren, kam wohl noch niemand.)

Im Vergleich damit hatte die altehrwürdige Rheinschiene, obwohl sie immerhin bereits Transporte von 50 Tonnen am Oberrhein bis zu 150 Tonnen am Mittelrhein erlaubte, deutlich an Bedeutung eingebüßt. Sie spielte allenfalls für Holz- und Steintransporte noch eine Schlüsselrolle, während Transporte von Genuss- und Gebrauchsgegenständen sie nicht selten, unter anderem der vielen Stapelplätze wegen, umgingen. Das heißt aber selbstverständlich nicht, dass das Reich Europa wirtschaftlich nichts mehr hätte bieten können. Die westfälische Leinwand nahm einfach andere Handelswege als den Rhein, ähnliches gilt für das Salz.

Der „prominenteste" Süd-Nord-Landweg Alteuropas war seit der Römerzeit die Straßenverbindung von Lyon (und damit vom Mittelmeer) nach Flandern. Abgesehen davon, dass diese Route auch eine eminente militärische Bedeutung hatte, wickelte sich auf ihr ein Großteil des europäischen Binnenhandels ab. Noch im frühen 17. Jahrhundert zählte man in Lyon 72 Niederlassungen deutscher Handelshäuser! Freilich hat man zu konstatieren, dass, ähnlich wie beim Rhein, auch die Bedeutung dieses Handelswegs seit dem mittleren 17. Jahrhundert dramatisch zurückging, zum einen, weil er extrem unsicher geworden war, und zum anderen, weil die großen Handelsströme generell dem Wasser den Vorzug zu geben begannen.

Mitte des 17. Jahrhunderts war die hohe Zeit der alten (oberdeutschen) Handelshäuser längst vorbei, der Fernhandel, vor allem soweit er sich auf dem Wasser bewegte, war immer stärker in die Hände niederländischer Unternehmer und dann britischer Firmen übergegangen. Mit der Verschiebung der politischen Gewichte nahm der Anteil der Niederlande am binneneuropäischen Fernhandel im Lauf des 18. Jahrhunderts tendenziell wieder ab, obwohl sie sich beispielsweise auf einer lukrativen Strecke wie der zwischen Nantes und Hamburg bemerkenswert lange gegen französische Konkurrenz zu behaupten wussten – dies vor allem deswegen, weil sie ihre Matrosen schlechter besoldeten. Die Gewinner in diesem Prozess des kommerziellen Wandels waren die Engländer, die nicht nur den Zwischenhandel auf eigenem Boden früh in ihre Hand nahmen, sondern auch mehr und mehr Waren selbst anzubieten hatten, namentlich Wollerzeugnisse. Da Großbritannien zudem politisch in der Lage war, anderen Staaten Monopole oder wenigstens Meistbegünstigungsklauseln zu oktroyieren, beherrschten beispielsweise die britischen Textilien nach dem Methuen-Vertrag (1703) geradezu monopolistisch den gesamten portugiesischen Markt. Umgekehrt wurden die Engländer, um bei diesem Fall zu bleiben, zum Hauptabnehmer des Portweins, dessen Endproduktion in Porto sie mehr und mehr in eigene Regie nahmen, wie noch heute an den Firmennamen ablesbar. Generell galt der Weinhandel als eine Wachstumsbranche, wobei in weiten Bereichen des nördlichen und westlichen Europa der französische Wein in der Gunst des Publikums ganz oben stand. Als 1780 ein Alpenpass, der Col du Tende, nach extrem langer Bauzeit endlich für Radfahrzeuge geöffnet wurde, verband man dies bezeichnenderweise in Savoyen und in Piemont mit der (alles in allem dann enttäuschten) Hoffnung, jetzt endlich mit dem eigenen Wein Anschluss an das lukrative Großbritannien- und Niederlande-Geschäft zu finden.

Die Zeit räumte – auch die Wirtschaftstheorie spiegelt das wider – dem Handel eine hohe Priorität ein, was indes nicht zu der Annahme verführen darf, hier hätten sich die riesigen Gewinne sozusagen von selbst eingestellt. Sieht man einmal von den Gefährdungen des Ozeanhandels durch die Unbilden des Wetters, durch Piraten und gegebenenfalls eine feindliche Marine ab, unterlag auch der grenzüberschreitende europäische Handel so vielen Beschränkungen, dass knapp und mit spitzem Stift kalkuliert werden musste. Zu diesen Behinderungen zählten die vielen Zölle, von denen der Sundzoll am Ausgang der Ostsee der bekannteste ist. Aber auch die Flusszölle hatten es in sich. Auf dem Rhein zwischen Basel und Rotterdam gab es nicht weniger als 38 Zollstationen, selbst auf dem 1668 in Betrieb genommenen Oder-Spree-Kanal mussten die Kapitäne 28 mal Zoll bezahlen, gar nicht zu rechnen die Schleusen- und Brückengelder. Und die große Freiheit herrschte im Handel auch sonst noch nicht; nur wenige der französischen Atlantikhäfen hatten die Erlaubnis, mit Westindien zu handeln – im Jahr 1700 waren es gerade einmal sechs![46]

Die kommerziellen Hauptrivalen

Da man in der hier zu behandelnden Epoche in Europa trotz der erwähnten Beschränkungen allem Anschein nach weit eher durch Handel als durch Produktion zu Reichtum gelangen konnte, ist ein diesen Punkt abschließender Blick auf die beiden kommerziellen Hauptrivalen der Zeit zu werfen: England und Frankreich. Dabei soll vor allem ihr europäischer – nicht ihr transkontinentaler – Handel in den Blick genommen werden. Einer ihrer großen Vorteile gegenüber allen potentiellen Konkurrenten, um dies vorauszuschicken, bestand darin, dass in diesen Staaten keine Binnenzollgrenzen den Warenaustausch behinderten, während andere Staaten damit noch lange zu leben und zu kämpfen hatten – der Habsburgerstaat bis 1775, Spanien bis 1765.

Wenn man das Klischee vom unaufhaltsamen Niedergang Frankreichs im 18. Jahrhundert bis hin zur Revolution bedenkt, überrascht es, wie lange der Bourbonenstaat

---

46 Freilich lief der Großteil des französischen Westindienhandels über Spanien; vgl. A. Reese, Europäische Hegemonie.

auf dem Feld des Kommerzes mithalten konnte. Das hatte unter anderem etwas damit zu tun, dass der europäische Anteil am englischen Außenhandel im 18. Jahrhundert zeitweise unter die 50 %-Marke sank, aber auch damit, dass der französische Handel eingespielte Routen beherrschte, von denen er nur schwer zu verdrängen war. Noch 1780 lag die Tonnage der britischen und der französischen Handelsflotte, gemessen am Anteil an der europäischen Gesamttonnage, nur um wenige Prozentpunkte auseinander (26,3 % zu 21,8 %). Wenn sich der Öffentlichkeit trotzdem der Eindruck aufdrängte, dass der Handel im politisch-sozialen System des Inselstaats eine ungleich größere Rolle spielte, dann hing das wesentlich damit zusammen, dass bei einer deutlich geringeren Bevölkerungszahl auf den britischen Inseln dort proportional wesentlich mehr Menschen vom Handel lebten als in Frankreich. Man wird auch nicht übersehen dürfen, dass im letzten Viertel des Jahrhunderts die Zuwächse im britischen Ex- und Importhandel kontinuierlicher stiegen als die französischen.

Die Wirtschaftstheorien

Die Überzeugung, dass der Handel die eigentliche Wachstumsbranche der Zeit sei, äußerte sich nicht zuletzt darin, dass die zentrale Wirtschaftstheorie der Zeit entschieden kommerzorientiert war. Man pflegt das System ökonomischer Grundannahmen, Ideen und Realisierungen, das sich in den 1660er Jahren auszubilden begann, seit den Tagen Adam Smiths, der diese Theorie überwand, als „Merkantilismus" zu bezeichnen.

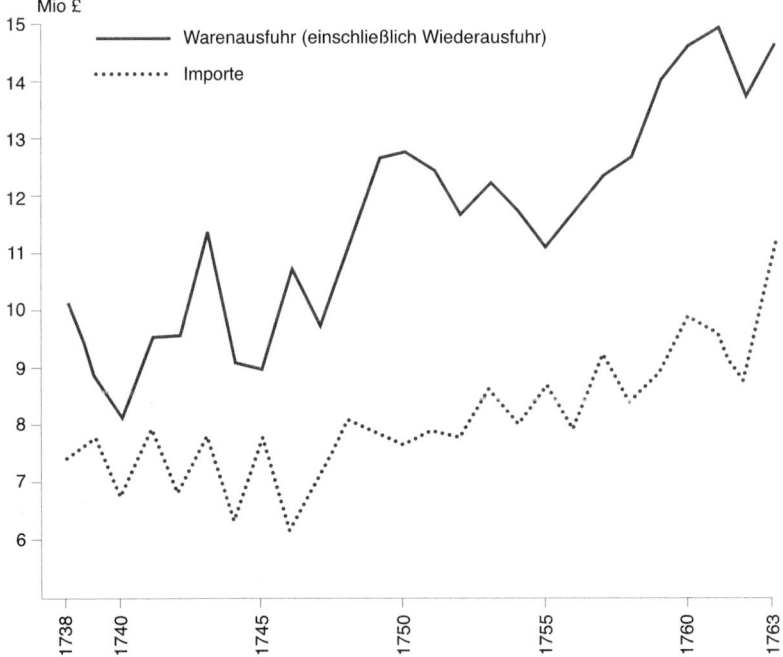

Abb. 5: *Der Außenhandel von England und Wales 1738–63.*

Die Forschung suchte dann noch weiter zu differenzieren und vom „Standardtyp" die Variante des „Colbertismus" abzuheben. Die Überlegungen der zeitgenössischen Wirtschaftstheoretiker[47], in aller Regel „Generalisten" und keine Ökonomen im engeren Sinn, waren ebenso unsystematisch wie heterogen, aber sie kreisten um einen gemeinsamen Kern: die positive Handelsbilanz und das größtmögliche Maß an Autarkie. Den Ton gaben hier lange englische Autoren an, die sich am Modell des „Handelsstaats England" (Schulin) zu orientieren und es zu legitimieren suchten, doch zielten die Memoranden Colberts in die nämliche Richtung. Konkret hieß das: Begünstigung und Förderung von Exporten, vorwiegend von in heimischen Manufakturen produzierten Fertigwaren, die Geld ins Land bringen und Arbeitsplätze schaffen oder doch sichern sollten, auf der anderen Seite Errichtung von Barrieren – in Gestalt von Verboten oder hohen Zollschranken – für Importe, weil diese Edelmetall in Gestalt von Geld abfließen lassen würden. Importe sollten laut der konsequenten Theoretiker auf solche Rohstoffe beschränkt werden, die für die Produktion im eigenen Land unverzichtbar waren.

Diese ökonomisch noch schlichte, sich letztlich am Kuchen, der nicht vergrößerbar war und aus dem jeder Staat ein bestimmtes Stück beanspruchen zu sollen glaubte, orientierende Wirtschaftstheorie war ohne einen hohen Grad von Staatsdirigismus gar nicht vorstellbar und weit entfernt von einer Theorie des freien Spiels der wirtschaftlichen Kräfte. Außenzölle, Wirtschaftsgremien, Anreize und Kostensenkungen, etwa durch Infrastrukturmaßnahmen wie den Straßen- oder Kanalbau: alles lag notwendigerweise in staatlicher Hand. Auch waren ganz konkrete Erwartungen mit dem wirtschaftlichen Engagement verbunden, vor allem eine: die Erhöhung der Staatseinnahmen. Das erklärt auch, warum vielen zwischenstaatlichen Konflikten der Zeit eine ökonomisch-kommerzielle Komponente innewohnte. Handelsfragen wurden angesichts höher werdender Zollbarrieren zu Machtfragen, was sich anhand der Scheldefrage oder der preußisch-sächsischen beziehungsweise preußisch-polnischen Auseinandersetzungen in der friderizianischen Zeit ohne Mühe verifizieren ließe: ihnen lag eine ausgesprochen aggressive Handelspolitik des Hohenzollern zu Lasten Danzigs zugrunde.

Aber auf Dauer konnten auch Theoretiker nicht mehr übersehen, dass staatlicher Dirigismus und staatliche Protektion zwar begrenzte Blütephasen bestimmter Gewerbe ermöglichten, dass dies aber langfristig private Initiativen nicht ersetzen konnte. Vor allem wurde mehr und mehr erkannt, wie problematisch die einseitige staatliche Begünstigung des Handels war. Einen neuen Akzent enthielt die deutsche Variante des Merkantilismus, der so genannte Kameralismus. Diese Lehre hatte sich im Reich auch an den Hohen Schulen etabliert, ihre Theoriegebäude[48] zielten allesamt auf eine deutliche Einnahmesteigerung, aber sie propagierten zugleich die Erhöhung der landwirtschaftlichen Produktion. Daneben empfahl man alle möglichen Peuplierungsmaßnahmen und plädierte für die Weckung der Nachfrage nach einheimischen Produkten – unter gleichzeitiger Wiederholung und Verschärfung der Luxusverbote, die sich gegen ausländische Güter richteten. Noch deutlicher trat das Moment ,landwirtschaftliche Produktion' bei italienischen Ökonomen des mittleren 18. Jahrhunderts in den Vordergrund, wobei die Neapolitaner Genovesi und Galiani ganz dezidiert die These ver-

---

47 R. GÖMMEL, Entwicklung; M. SANDL, Ökonomie.
48 Neuestens: M. SANDL, Ökonomie.

traten, dass die deutschen Großmächte und die italienischen Staaten ihr landwirtschaftliches Potential (leider) noch weit weniger ausschöpften als Frankreich.[49] Es war insofern kein Zufall, dass insbesondere Galiani die modernisierungswilligen europäischen Fürsten – etwa den letzten Herzog von Kurland, Peter Biron – geradezu magnetisch anzog.

Ins Zentrum der Wirtschaftstheorie aber rückte die Landwirtschaft erst bei den Physiokraten, v. a. durch die Schriften François Quesnays und seine sonstigen medienwirksamen Aktivitäten. Der bäuerlichen Verhältnissen entstammende königliche Leibarzt veranlasste zum Beispiel Ludwig XV., die Mühe des Ziehens einer Furche auf sich zu nehmen. Quesnay entwickelte in seinem *„Tableau Economique"* (1758, veröffentlicht 1767) erstmals ein Kreislaufmodell des Wirtschaftslebens; es zentrierte sich um die Landwirtschaft als dem vorgeblich einzigen produktiven Zweig der Wirtschaft. Diese „Urproduktion" müsse sich frei entfalten können, an den Überschüssen solle der Staat in Gestalt einer Einheitssteuer partizipieren. Von allen sonstigen Verpflichtungen mit Ausnahme des Pachtzinses seien die Bauern zu befreien, insbesondere auch von allen persönlichen Belastungen. Handel und Preisgestaltung hätten in ihrer Hand zu verbleiben.

Die Ideen der „Physiokraten" beherrschten seit den 1760er Jahren ganz entschieden und überaus kontrovers die wirtschaftspolitischen Diskussionen quer durch Europa. Musterhöfe schossen überall aus dem Boden, das einschlägige Schrifttum explodierte – es erschienen spezielle Zeitschriften wie in Parma, große Darstellungen wie etwa die dreibändige von Lajos Mitterpacher (1777–1794)[50], Rezeptionsschriften mit pädagogischem Hintergrund verfasst von aufgeklärten Fürsten.[51] In Polen hatte es bis 1700 überhaupt keine Publikationen zur Agrikultur gegeben, in dem halben Jahrhundert nach 1750 erschienen über 300![52] War es ein knappes Jahrhundert zuvor „normal" gewesen, dass die merkantilistische Theorie auch in entsprechende staatliche Maßnahmen umgesetzt wurde, so verstand sich das beim Physiokratismus zwar nicht von selbst, aber sein Transfer in wirtschafts- und sozialpolitische Maßnahmen entsprach einem allgemeinen europäischen Paradigmenwechsel. Die Freigabe des Getreidehandels war nur ein Aspekt unter anderen, denen man in etlichen europäischen Regionen – von Dänemark bis in die Toskana, nicht zu vergessen Frankreich, wo der entsprechende Schritt Turgots (1774) heftige Aufstände nach sich zog – zumindest ansatzweise – und ohne anhaltenden Erfolg – Rechnung trug. Auch wenn, um ein Beispiel anzuführen, Bayern 1788 ein überaus verlockendes Kaufangebot der österreichischen Behörden über 2 000 Pferde mit der Begründung ablehnte, das Interesse des Staates liege nicht im Geld, sondern in der Landwirtschaft, für die man die Pferde selbst benötige, spricht das für sich. Die Stützung des Bauernstandes wurde zu einem kardinalen Anliegen vieler aufgeklärter Fürsten. Sie äußerte sich, so etwa in Österreich, in Fronablösungen ebenso wie in Steuerreduktionen und führte in Einzelfällen

---

49 Vgl. W. Demel, Europäische Geschichte, 114.

50 Elementa rei Rusticae.

51 Karl Friedrichs von Baden, „Abrégé des principes le l'économie politique", Karlsruhe 1772; vgl. G. Metzler, Markgraf Karl Friedrich.

52 J. Black, Eighteenth Century Europe, 26.

(Baden) sogar zur Aufhebung der Leibeigenschaft. Die dahinter stehende „Philosophie" war in allen Fällen die, dass solche staatsdirigistischen Maßnahmen der Produktion und Produktivität zugute kommen müssten.

Parallel zum europäischen Höhenflug des Physiokratismus setzte sich dann aber noch eine andere Theorie, die des ökonomischen Liberalismus, in Szene. Sie ging von dem Edinburgher Philosophen Adam Smith aus und definierte die „Arbeitsteilung" zwischen „dem Staat", der nur die Pflicht habe, Recht und Eigentum zu schützen und eine gewisse Infrastruktur bereitzustellen, und dem privaten Unternehmertum, das sich an den Gesetzen des freien Marktes orientiere und Löhne und Preise in einem freien Spiel der Kräfte austariere, auf neue Weise. Adam Smiths *„Wealth of Nations"* (1776) ist in kürzester Frist zu einem europäischen Bestseller geworden, hat die Universitäten erobert und befruchtet und war in gewisser Hinsicht das Signal für den Aufbruch in eine neue Zeit, in der wirtschaftliche Fesseln wie etwa der Zunftzwang sehr schnell beseitigt wurden. „Das individuelle Streben nach Reichtum und Annehmlichkeit wurde zur wohlfahrtsfördernden Tugend".[53]

2.4 Kultur und Religion

2.4.1 Das Europa der Aufklärung

Wenn man der Meinung ist, dass Mitte des 17. Jahrhunderts eine Epoche zu Ende geht, die ganz wesentlich von der Auflösung der einen Kirche in verschiedene Bekenntnisse und von dem sowohl theologisch wie auch politisch relevanten Gegeneinander dieser *Confessiones* und ihrer Anhänger geprägt war, dann stellt sich die Frage, ob auch der anschließende Zeitraum unter einen großen, zunächst geistesgeschichtlichen und dann auch politischen Leitbegriff gestellt werden kann. Nach Lage der Dinge kann dieses Schlagwort nur das der „Aufklärung" sein. Im Unterschied zu dem heute in der Forschung verwendeten „Kunstbegriff" Konfessionalisierung haben der Begriff „Aufklärung" und seine anderssprachigen Varianten den Vorteil, zeitgenössisch zu sein und schon von den Menschen des 18. Jahrhunderts, generell mit einer ausgesprochen positiven Konnotation, benutzt worden zu sein: so häufig, dass man ihn geradezu als ein Modewort bezeichnen könnte. Aufklärung – das meinte nach einem Zeitalter konstanter Orientierung der Menschen an den durch das Tridentinum – die Beschlüsse des Konzils von Trient – und durch Kirchen- und Zuchtordnungen verschärften Vorschriften und Zwängen der Kirchen zunächst einmal grenzenlosen Optimismus, die Vorstellung, sich in einer Art Befreiungsschlag von vielen Traditionen und verkrusteten Strukturen emanzipieren zu können: von Vorurteilen und vom Aberglauben, vom Autoritätsanspruch nichtstaatlicher Einrichtungen und von den Begrenzungen des Denkens. Ein Kenner der Materie definiert „Aufklärung" als eine europäische „Denkbewegung".[1] Die Schlüsselworte waren das der Vernunft, die dazu befähige, alle

---

53 B. STOLLBERG-RILINGER, Europa, 68. In diesem Buch findet sich auch ein Auszug aus der Schrift von Adam Smith in deutscher Übersetzung (296–301).

1 R. VIERHAUS, Was war Aufklärung?, 7.

irdischen Verhältnisse auf den Prüfstand zu stellen und in eine neue Ordnung zu bringen, und das der „Verbesserung", der „Vervollkommnung", des – freilich erst gegen Jahrhundertende sich sprachlich durchsetzenden – „Fortschritts": Fortschritt des Denkens und der Entschlüsselung der Welt, der Bildung und des Geschmacks, ja letztlich aller Lebensbereiche. Wenn es eine Epoche gegeben hat, die von nahezu schrankenlosem Optimismus und Vertrauen in das Leistungsvermögen des Menschengeschlechts erfüllt war, dann war es das Zeitalter der Aufklärung.

Freilich, diese Einschränkung gilt es vorzuschalten, würde die Vorstellung in die Irre führen, Fortschrittsdenken und Optimismus hinsichtlich der Perfektibilität des Einzelnen und der Gesellschaft hätten überhaupt keinen Gegenkräften mehr Raum gelassen. Retardierende Momente oder geradezu antiaufklärerische Kräfte[2] hat es selbstverständlich gegeben, und sie sind auch gar nicht zu marginalisieren, ob man nun an die neuen Frömmigkeitsbewegungen, den Aufschwung des Wallfahrtswesens, an die Hofkultur des Barock und des Rokoko, die jedem Beobachter viel mehr als alle Verbürgerlichungstendenzen ins Auge fallen, oder auch an die beträchtliche Affinität zu allen möglichen Formen des Okkultismus und der Geheimbündelei denkt. Auch auf diese Phänomene wird abschließend noch einmal zurückzukommen sein.

„Aufklärung" als Epoche
Auch wenn es nach allgemeinem Verständnis das 18. Jahrhundert ist, das mit dem Leitbegriff des Aufklärung zu kennzeichnen ist – dem entsprechend trägt eine neue Gesamtdarstellung der Geschichte des 18. Jahrhunderts den Titel „Europa im Jahrhundert der Aufklärung"[3] –, steht doch außer Frage, dass auch die zweite Hälfte des 17. Jahrhunderts ohne Mühe dem Begriff zugeordnet werden kann, ob das nun mit einem Etikett wie „Vor-Aufklärung" geschieht oder nicht. Es gibt einleuchtende Versuche, den Beginn der Aufklärung präzise festzulegen und dafür die *Querelle des anciens et des modernes* zu bemühen, eine literarische Fehde um die Höherrangigkeit von antiker oder moderner Literatur, die 1687 einsetzte.[4]

Das Prinzip des methodischen Zweifels und der systematischen Kritik verbindet sich mit dem Namen René Descartes (1596–1650), das Moment der Kirchenkritik mit dem Pierre Bayles und seinen 1684 gegründeten *„Nouvelles de la République des Lettres"*, der Prozess der Emanzipation der Wissenschaft von der Theologie mit der 1693/94 gegründeten Universität Halle, die Begründung des Naturrechts mit einer Gelehrtenpersönlichkeit wie Samuel Pufendorf (1632–1694) und so weiter. Es ist zudem evident, dass durch die Vertreibung der Hugenotten aus Frankreich (1685) die Kritik am autokratischen System und seinen Prinzipien der Fremdbestimmung des Individuums und der rücksichtslosen Durchsetzung des Gewaltmonopols eine bisher unbekannte Schärfe gewann. Das 17. Jahrhundert entwickelte auch schon die ersten Ansätze jener neuen Kommunikationsstrukturen und -medien, die später für die gesamte Bewegung so typisch werden sollten: der Akademien als den Orten und Umspannzentralen naturwissenschaftlich-technischer Entdeckungen und Erkenntnisse; einem oft damit in Ver-

---

2 Vgl. etwa D. M. McMahon, Enemies of the Enlightenment.
3 B. Stollberg-Rilinger, Europa.
4 Vgl. u. a. den einschlägigen Artikel in: W. Schneiders (Hg.), Lexikon der Aufklärung.

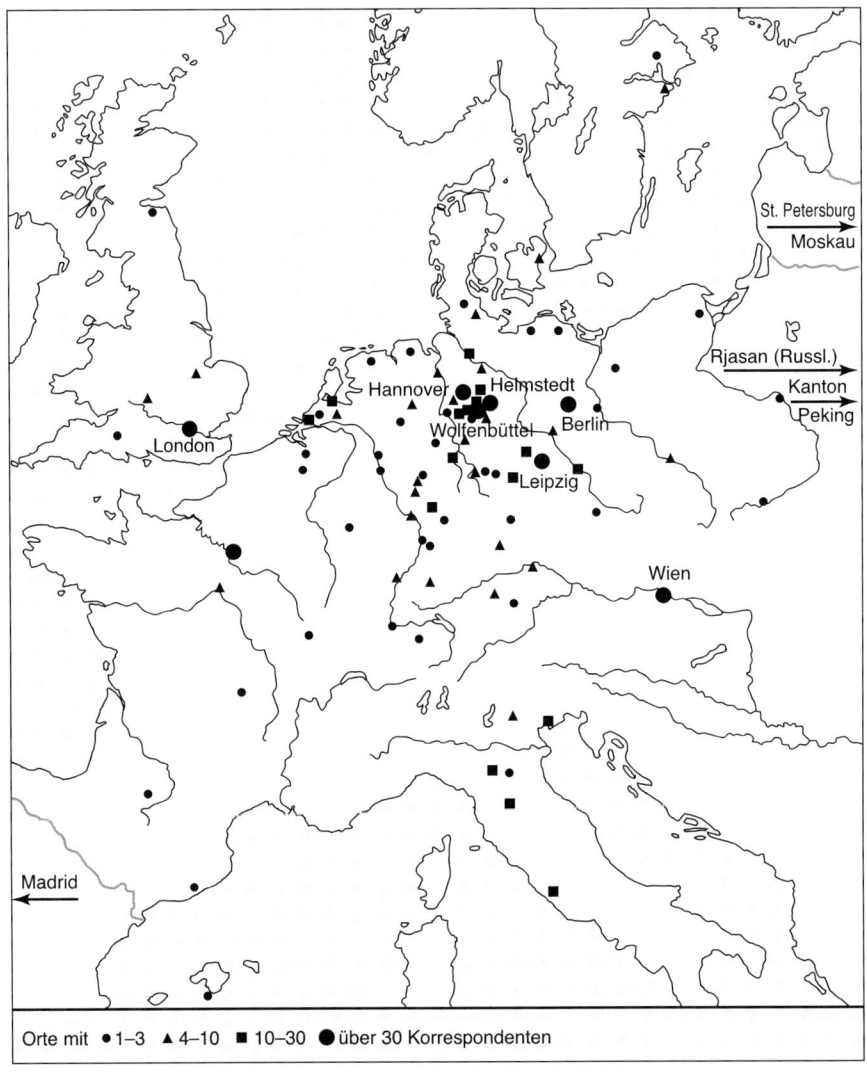

Abb. 6: *Leibniz und seine Korrespondenten.*

bindung stehenden, aber weit über sie hinaus weisenden Netzwerk der europäischen Intellektuellen, das exemplarisch an der Person und den Korrespondenzpartnern von Gottfried Wilhelm Leibniz (1646–1716) veranschaulicht werden könnte; eines sein Volumen rasch ausdehnenden Marktes gelehrter, aber auch an ein weiteres Publikum gerichteter Periodika, die nicht zufällig in ihrem Titel meist das Adjektiv „europäisch" führten[5]; eine deutliche Abwendung vom gedruckten und gesprochenen Lateinischen als vorherrschender Wissenschafts- und Philosophiesprache hin zum Französischen und zu den anderen „National"-Sprachen.

„Aufklärung" war stärker als andere geistige Strömungen ein zutiefst „umsetzungs-orientiertes" Phänomen. Wenn im Folgenden eine Art Systematisierung von „Aufklärung" versucht wird, ist immer zugleich davon zu sprechen, ob und inwiefern der Transfer von aufgeklärten Forderungen in praktische Politik möglich war und gelingen konnte. Es ist aber auch von den Rezeptionsprozessen zu sprechen, denn es liegt auf der Hand, dass die wirklich originellen Anstöße zunächst einmal vom Westen Europas ausgingen und für ihren Weg durch Europa nicht nur Zeit brauchten, sondern sich dabei auch veränderten.

Aufklärung versus Kirche und Dogma

Wenn Immanuel Kant in einer berühmten Definition Aufklärung den „Ausgang des Menschen aus seiner selbstverschuldeten Unmündigkeit" (1783) nennt, dann meinte der Königsberger Philosoph selbstverständlich auch die Emanzipation von den Kirchen. Kirchen- und Dogmenkritik ist ein zentraler Aspekt der Aufklärung, er hat sich um so nachdrücklicher im Allgemeinen Bewusstsein eingegraben, als manche französischen Aufklärer diese Kritik in extremer Weise zuspitzten. Es kam ihnen dabei die allgemeine Tendenz des frühmodernen Staates entgegen, der sich am Prinzip der homogenen Glaubensgemeinschaft aller seiner Untertanen orientierte, dem *„cuius regio eius religio"* in Deutschland, dem *„un roi, une loi, une foi"* in Frankreich. Der vormoderne Staat räumte also der religiösen Toleranz auf der Skala der Werte noch keinen Spitzenplatz ein[6] – Gemeinwesen wie die niederländische Republik oder einzelne deutsche Staaten wie etwa Brandenburg(-Preußen) bestätigen die allgemeine Regel nur. Auch die oft gerühmte Toleranz in Großbritannien stieß in der Praxis schnell an ihre Grenzen. Da die freie Option für die eine oder andere *Confessio* ein direkter Ausfluss des von der Aufklärung vertretenen Prinzips der freien Willensentscheidung des Individuums und seiner Lösung aus allen Abhängigkeiten und Bevormundungen war, erklärt sich die hohe Priorität der Toleranz im Sinn der Nichtdiskriminierung und der multikonfessionellen Gesellschaft ohne Mühe aus ihrem allgemeinen Rahmen. Gerade in der Epoche der „Vor-Aufklärung" war noch mehrmals gegen diese Prinzipien verstoßen worden – der von Ludwig XIV. veranlasste „Exodus" einer Viertelmillion französischer Calvinisten hatte ebenso etwas mit dem krampfhaften Bemühen des frühmodernen Staates um die konfessionelle Homogenität des Untertanenverbandes zu tun wie die Vertreibung von etwa 20 000 Krypto-Lutheranern durch den Salzburger Fürsterzbischof 1731 oder die von den Genueser Behörden verfügte Vertreibung der dortigen

---

5 Etwa der *„Mercure historique et politique contenant l'état présent de l'Europe..."* (seit 1686).
6 Vgl. G. SCHLÜTER, Toleranzdebatte.

Protestanten 1747. Hierdurch stellte sich das Problem der freien Willensentscheidung des Einzelnen nur um so schärfer.

Doch die Ergebnisse blieben auch am Ende der Aufklärungszeit im engeren Sinn noch begrenzt. Gewiss, die Wiederzulassung der Protestanten in Frankreich im unmittelbaren Vorfeld der Revolution war ermutigend, hingegen atmete das so genannte Wöllnersche Religionsedikt für Preußen (1788) trotz der verkündeten Parität zwischen Reformierten, Lutheranern, Katholiken und anderen Religionsgruppierungen so viel theologisch-dogmatische Rückwärtsgewandtheit und Abgrenzung gegenüber der Aufklärung, dass es wohl kaum als Ausdruck wachsender Toleranz in Europa anzusprechen ist. Auch Maria Theresias Religionspolitik in den 1770er Jahren, die nach wie vor das Moment der völligen Umsiedlung der ungarischen Kryptoprotestanten nach Siebenbürgen im Programm hatte und die den bloßen Besitz lutherischer Bücher unter Strafe stellte, war von den Anliegen der Aufklärung weit entfernt.[7]

Das Problem des Verhältnisses der Kirchen und Konfessionen zueinander hatte noch eine zusätzliche, über Europa hinausweisende Dimension. Nach traditioneller kirchlicher Sicht war die Welt jenseits der Meere eine Welt der Barbarei und der Anarchie, der das Christentum die Erlösung bringen konnte, ja: musste. Aber je mehr man über fremde Kulturen erfuhr, desto nachhaltiger stellte sich die Frage, ob es eigentlich zwingend sei, diese zu europäisieren, also zur Konversion zu bringen. Pierre Bayle hatte schon Mitte der 1690er Jahre die Frage, ob auch ein Staat von „Atheisten" ein glückliches Leben garantieren könne, eindeutig bejaht. Damit war das Problem der Toleranz von einer weiteren Seite aufgeworfen, es bewegte im so genannten Ritenstreit auch die Amtskirche. Zugleich war die Frage gestellt, ob irdische Instanzen – Philosophen, Staaten – den Menschen Normen für ein glückliches Leben im Diesseits vorgeben könnten oder ob dies ein Vorrecht der Kirche zu bleiben habe.

Das Eintreten für Toleranz, das John Locke 1687 in einer berühmten Flugschrift programmatisch auf den Punkt gebracht hatte[8], wonach sich der Glaube jedem äußeren Zwang entziehe, war nur die eine Seite des Problems. Die andere, programmatisch formuliert in Pierre Bayles glänzendem und provozierendem *„Dictionnaire historique et critique"* von 1696/97[9], bestand darin, wie denn überhaupt Glaube und Vernunft zur Deckung gebracht oder doch wenigstens miteinander versöhnt werden könnten. Das war in erster Linie eine Frage an die Konfessionskirchen der damaligen Zeit; vor allem die katholische Kirche stand den zentralen Positionen der Aufklärung mit erheblicher Distanz gegenüber.[10] Das ergibt sich schon aus dem Selbstverständnis der Papstkirche, die ja das Seelenheil des Einzelnen von seiner bedingungslosen Unterwerfung unter die Autorität der Institution und von der Vermittlung der von ihr verwalteten heils-

---

7 Von der Forschung zur josephinischen Aufklärung, die seit den 1970er Jahren lebhaft betrieben wird, ist deshalb auch kaum je versucht worden, Maria Theresia eine direkte Vorläuferschaft zuzuschreiben.

8 John Locke, On toleration – Ein Brief über Toleranz. Teilübersetzung bei B. Stollberg-Rilinger, Europa, nach der englisch/deutschen Ausgabe von Julius Ebbinghaus, Hamburg 1996 (zuerst 1957).

9 Vgl. H. Bots (Hg.), Critique, savoir.

10 Ein die Forschung immer wieder faszinierendes Thema. Vgl. u. a. H. Klueting (Hg.), Katholische Aufklärung.

wirksamen Instrumentarien abhängig machte. Deshalb ging die Grundsatzfrage, ob und wie sich die christliche Offenbarung und der persönliche Glaube mit der Vernunft in Übereinstimmung bringen lassen, sehr schnell in eine allgemeine Kritik der „Vermittlungspraxis" der katholischen Kirche über. Die Kirche – so die Extremposition, die allerdings von der aufgeklärter Theologen wie des Benediktiners Feijóo nicht gar so weit entfernt war – knechte die Gläubigen mit betrügerischen Mitteln und mit Drohungen und gründe ihre eigene Herrschaft über die Menschen auf Angst und Aberglauben. Das war, soweit es etwa Voltaires betraf, einen Exponenten extremer Kirchenkritik, kein Votum gegen die Funktion und Sinnhaftigkeit von Religion an sich, wohl aber eines gegen bestimmte dogmatische Positionen und gewisse Formen der Frömmigkeit: gegen die Heiligen- und Marienverehrung, gegen Ablass und Wallfahrten, gegen das Übermaß an religiösen Orden und kirchlichen Feiertagen, nicht zuletzt auch gegen die Kurie und ihren Machtanspruch. Gegen die Allkompetenz der Kurie und ihre „Doppelnatur" zogen selbst Theologen zu Felde (Episkopalismus). Für das von Anfang an zum Scheitern verurteilte Unterfangen, per kirchlichem Dekret die Verbreitung des aufgeklärten Standardwerks schlechthin, der „Encyclopédie", zu unterbinden (1759), blieben auch nach ihrer Ansicht nur zwei Reaktionen: Spott oder Verdikt.

Der Angriffe auf die römische Kirche und ihre nationalen Organisationsformen war kein Ende, die Reformation hatte schließlich ja auch die Sinne dafür geschärft, wie viel in ihrem Innen- und Außenleben kritisch betrachtet werden konnte. Der Anteil des Klerus an der Gesamtbevölkerung lag in den meisten katholischen Staaten zwar deutlich unter 1 % – Werte wie der für die Toskana ermittelte (3 %) stellen eine signifikante Ausnahme dar. Aber für viele Menschen, namentlich viele Aufklärer, war es in hohem Maß anstößig, dass die Kirche über ein Viertel (Portugal) oder – so in Mittelitalien und in Bayern (1764) – gar bis zu 50 % des Grund und Bodens besaß und dass sie über riesige ständige Einnahmen verfügte. In Oberösterreich beispielsweise flossen Mitte des 18. Jahrhunderts fast 40 % aller grundherrlichen Abgaben an die Kirche. Für andere war, auch vor dem Hintergrund wachsender genereller Adelskritik, die Tatsache, dass die hohen kirchlichen Ämter ein Reservatbereich des Adels waren, ein schwerwiegendes Gravamen. Im Deutschen Reich galt das für alle Bischofs- und Erzbischofsstellen und für den weitaus größten Teil der Domherrenstellen. Außer in Spanien war adelige Abstammung überall in Europa Voraussetzung für den Zugang zum Bischofsamt; für Weihbischöfe galt diese Regel natürlich nicht. Die in weiten Teilen Europas gegebene Alleinzuständigkeit der geistlichen Orden – vor allem der Jesuiten – für das höhere Schulwesen und für wenigstens zwei der vier Fakultäten an den Universitäten wurde ebenso wie die inzwischen eher erstarrten, immer noch auf die *Ratio studiorum*, die Erziehungsvorschriften von 1599 zurückgreifenden Lehrmethoden, als nicht mehr zeitgemäß kritisiert. Schließlich wurde der Anspruch der Kirche auf Kompetenzen in Angelegenheiten des Zivilrechts, insbesondere in Eheverfahren, von vielen Betroffenen, aber auch von Juristen als problematisch empfunden.

Die Menge der Gravamina über die römische Kirche ließ die meisten Aufklärer andere, ihrem eigenen Denken gar nicht so fremde Fakten gern übersehen. Traditionell bot die Kirche – das war ein zentrales Anliegen der Aufklärung – soziale Aufstiegschancen; in Einzelfällen konnte eine Karriere aus dem bäuerlichen Milieu bis zur

Abtswürde und zur Reichsprälatur führen. Auch die aktive Beteiligung katholischer Geistlicher, etwa Raynals oder Prévosts, am aufgeklärten Diskurs wurde eher übergangen als hervorgehoben. Dass die Kirche sich auf diesem oder jenem Gebiet als begrenzt lernfähig erwies und beispielsweise die Inquisition in Südeuropa zumindest stark einschränkte, wenn auch nur in einem Fall (Mailand) gänzlich beseitigte, ging in der Agitation gegen die Kirche weitgehend unter. Dass auch die „Aufklärung" die katholische Kirche dringend benötigte, weil die staatlichen Verfügungen meistens von ihren Kanzeln verkündet – ein im Übrigen europäisches, auch den orthodoxen Bereich einschließendes Phänomen – und damit „unters Volk gebracht" wurden, wurde gern übersehen. Viele Aufklärer glaubten, zur Propagierung ihrer ‚lichten' Ideen die besonders schwarze Folie der römische Kurie zu benötigen. Sie führten einen heftigen Feldzug, der aber nicht selten vor dem von der katholischen Kirche souverän beherrschten und eingesetzten Sinnenhaft-Magischen der liturgischen Handlungen und den an die Emotionen und das Gemeinschaftsgefühl appellierenden Formen der Volksfrömmigkeit an seine Grenzen stieß.

Vor diesem Hintergrund erklären sich auch die große Anzahl der publizierten areligiösen oder gar antireligiöser Schriften, besonders der radikalen französischen Aufklärer, und der dramatische Rückgang der Veröffentlichungen religiöser beziehungsweise theologischer Literatur; ihr Publikum nahm rasant ab.[11] Das traf für das Deutsche Reich zu, wo sich auf den Buchmessen das religiöse Schrifttum seit 1735 mit wachsender Beschleunigung verminderte[12], das galt vor allem aber für Frankreich. Der Prozentsatz theologischer Schriften an der Pariser Buchproduktion sank im 18. Jahrhundert innerhalb weniger Dezennien von 50 auf gerade noch 10 %.

Deutlich weniger negativ war das Verhältnis „der" Aufklärung zu den protestantischen Kirchen. Die großen Gravamina fehlten hier weitgehend: kein übermäßig großer Grundbesitz, selbst nicht in England mit seiner Staatskirche, keine Vielzahl von geistlichen Orden, deren Nutzen für die Allgemeinheit als allenfalls begrenzt eingeschätzt wurde, keine offenkundige Vernetzung oder gar Abhängigkeit der Geistlichen und der Landeskirchen von ausländischen Einrichtungen und damit keine gespaltenen Loyalitäten. Der evangelische Pfarrer[13], der in vielen Fällen einer allseits bekannten lokalen Pfarrer-"Dynastie" entstammte, der an der heimischen Universität studiert hatte, der durch seine Ehe und seine Patenschaften eng mit der lokalen Elite verknüpft war – er war kein Mann, der seines geistlichen Anspruchs, seines Lebenswandels oder seiner Rückwärtsgewandtheit wegen hätte Anstoß erregen können. Es war kein Zufall, dass, vor allem in Deutschland, die Aufklärung unter den protestantischen Pfarrern ein lebhaftes Echo und viele Protagonisten fand, wie ohnehin am Beginn der protestantischen Glaubensbewegung ja ein zentraler Ansatz aller Aufklärung, Traditionskritik und „Freiheit" des Christenmenschen, gestanden hatte und in ihr aufklärungsnahe Positionen wie die kritische Prüfung von Traditionen und (theologischer) Individualismus fest verankert waren. Aufklärung und Protestantismus

---

11 Viele Hinweise bei R. Schlögl, Glaube und Religion.
12 Man muss dabei methodisch allerdings berücksichtigen, dass die wichtigste Quelle für solche Erhebungen, die Messrelation, längst nicht alle tatsächlich produzierten Bücher verzeichnete.
13 Grundlegend jetzt L. Schorn-Schütte, Evangelische Geistlichkeit.

empfanden sich beiderseits nicht als Antipoden, sondern als Geistesverwandte. So war es kein Zufall, dass sich auf den Kanzeln und in den Hörsälen viele protestantische Theologen, die sozial gesehen auch nicht als distinkter „Stand" empfunden wurden, sondern als integrierter Teil der bürgerlichen Oberschicht, intensiv bemühten, einen Kompromiss zwischen ihrem Glauben und der Aufklärung zustandezubringen. Dieser Kompromiss konnte ihrer Ansicht nach nur in einer konsequenten Historisierung des Alten und Neuen Testaments bestehen. Theologen wie der Göttinger Professor Karl Friedrich Bahrdt haben mit großem Nachdruck auf die Unstimmigkeiten zwischen biblischen Aussagen – etwa zur Schöpfungsgeschichte – und den neuen Forschungen insbesondere von Geologen und Biologen verwiesen, also die traditionelle biblische Chronologie, die die Erschaffung der Erde in das vierte vorchristliche Jahrtausend verwies, mit dicken Fragezeichen versehen. Sie haben für biblische Phänomene wie etwa den Durchzug des Volkes Israel durch das Rote Meer „rationale" Gründe gesucht, um dadurch den Glauben mit den wissenschaftlichen Erkenntnissen des Aufklärungszeitalters zu „versöhnen" und ihn damit zu retten. Die Wertheimer Bibelübersetzung ist ein Beispiel für diese Tendenz, die christlichen Glaubensartikel streng wissenschaftlich zu begründen und zu bewerten, ihre Verurteilung durch die öffentliche Meinung zugleich ein Beleg, wie schwer es ein solcher Ansatz in einem nach wie vor konfessionell gespaltenen Reich hatte.[14]

Aufklärung und Judentum

Es versteht sich fast von selbst, dass auch das Judentum die kritischen Blicke der Aufklärung auf sich zog.[15] Eine Religion, die sich an starren Ritualgesetzen orientierte und äußeren Zeremonien einen hohen Rang einräumte, musste ebenso Kritik provozieren wie die gesamte lebensweltliche Kultur der jüdischen Gemeinden, die ja letztlich, wohl oder übel, in Isolierung beziehungsweise Selbstisolierung verharrten und sich selbst organisierende und verwaltende Gemeinwesen im Gemeinwesen bildeten. Eine Tendenz, sich stärker zu öffnen und unter Rezeption aufklärerischen Gedankenguts den mosaischen Glauben zu einer Art Vernunftreligion weiterzuentwickeln, gab es zum einen im Schoß der jüdischen Gemeinden selbst. Im Deutschen Reich stehen hierfür insbesondere der hochgebildete Moses Mendelssohn, Lessings Vorbild für seinen „Nathan", und die von ihm maßgeblich geprägte *Haskala*, eine jüdische Aufklärungsbewegung. Die *Haskala*, die den Graben zwischen dem Judentum und den christlichen Konfessionen zu verkleinern suchte, ohne die kulturelle und religiöse Identität des europäischen Judentums aufzugeben, wurde indes nie zu einer Massenbewegung, weil die orthodoxen Kräfte darin nur den ersten Schritt zur Säkularisierung und zur Selbstaufgabe sahen.

Ganz abwegig war diese Befürchtung nicht, denn neben der innerjüdischen Reformbewegung gab es eine breite christliche Publizistik, die das Judentum „zeitgemäßer" zu machen suchte. Oft von integeren Motiven geleitet und von Überzeugungen getragen, die das Judentum als die Religion Jesu Christi und damit seinen engen inneren Zusammenhang mit dem Christentum betonten, plädierten die Verfasser aber

---

14 Vgl. M. M. Baxter, in: H. Duchhardt/G. May (Hg.), Union.
15 Ein guter faktengeschichtlicher Überblick bei F. Battenberg, Zeitalter der Juden.

letztlich doch nicht für die Integrität des Judentums und die Bewahrung seiner Einmaligkeit, sondern für seine Annäherung an die christlichen Konfessionen und somit für seine Assimilation. Es war insofern nicht ganz fernliegend, wenn der Züricher Theologe Lavater Mendelssohn öffentlich zur Konversion aufforderte. Das Paradebeispiel für diese Tendenz ist die – indirekt auf eine Anfrage der elsässischen Judenschaft zurückgehende – Schrift des preußischen Beamten Christian Wilhelm Dohm „Über die bürgerliche Verbesserung der Juden", die nach ihrem Erscheinen 1781 ein gewaltiges europäisches Echo auslöste.[16] Sowohl die Schrift als auch die Diskussion hoben auf die Notwendigkeit einer Anpassung der jüdischen Minorität an die Normen und die lebensweltlichen Standards der christlichen Majorität ab. Die Reaktion war primär publizistischer Art; aber es sollten auch die ganz konkreten Zusammenhänge mit der josephinischen Toleranzgesetzgebung nicht übersehen werden. Die Edikte Josephs II. befreiten die Juden nicht nur von diskriminierenden Abzeichen, den Beschränkungen bezüglich Niederlassung und Ehe, sowie von Sonderregelungen hinsichtlich der Bildungsmöglichkeiten und der beruflichen Ausbildung, sondern sie ermöglichten ihnen – zumindest in Galizien, wo die Juden 20 % der Bevölkerung ausmachten – auch den Erwerb von Grund und Boden. Andererseits verlangte der Herrscher von ihnen, bezeichnend für die Widersprüchlichkeit, die Übernahme „westlicher" Nachnamen.

Eine Art Gegenbewegung gegen jede unabweisbar die Gefahr der Selbstaufgabe des Judentums einschließende Assimilationstendenz ist in dem in Ost(mittel)europa entstandenen, aber auch nach Mitteleuropa ausstrahlenden Chassidismus zu sehen.[17] Auf den aus Podolien stammenden Israel Ben Elieser zurückgehend, ging es der Bewegung vorrangig um das persönliche Verhältnis des einzelnen Gläubigen zu Gott. Die Vermittlerfunktion der Rabbiner wurde damit zum Teil massiv in Frage gestellt und den gelehrten Talmudstudien generell eine nachgeordnete Rolle zugewiesen.

Nimmt man eine allgemeine Bewertung des Verhältnisses „der" Aufklärung zu den Kirchen und zur Religion vor, so muss man als das entscheidende Moment anführen, dass überall die Orthodoxie in Frage gestellt und zum Teil sogar aufgebrochen wurde. Freilich: Fundamentalkritik entspricht nicht immer der Mentalität der Betroffenen. Wer wollte schon gern seine „schöne" Schöpfungsgeschichte bezweifelt sehen, wer seine Marienverehrung und seine Begeisterung für Wallfahrten? Infragestellungen dieser Dimension waren geeignet, Verunsicherungen und Ängste auszulösen. Die Aufklärungszeit ist dementsprechend erfüllt vom Widerstand der Betroffenen gegen die Reduzierung der Feiertage und der zahlreichen, nicht selten mehr als 20 Wallfahrten jährlich, gegen das deutsche Gesangbuch anstatt des lateinischen, gegen das aufklärerische Vokabular auf den Kanzeln. Auch den Papst wollte man sich nicht „nehmen" lassen: Als Pius VI. von seinem völlig erfolglosen Treffen mit Joseph II. 1782 über Süddeutschland und Tirol nach Rom zurückreiste, jubelten ihm Hunderttausende zu. Auch der Kampf gegen die dörflichen magischen Praktiken zur Schadensverhütung und zur ‚Zähmung' der Natur, der mit der Kirchenkritik der Aufklärer und der „aufgeklärten" Fürsten in Zusammenhang stand, war nicht in einem einzigen großen Anlauf zu gewinnen.

---

16 Auszug bei B. STOLLBERG-RILINGER, Europa.
17 Guter Überblick bei: H. HAUMANN, Ostjuden.

Die Kirchen in Bewegung

Zum Teil, aber eben nur zum Teil ausgelöst durch die Herausforderung der Aufklärung, kam in die Kirchen im 18. Jahrhundert deutlich Bewegung; sie hatten in mancher Hinsicht im äußeren Vollzug der religiösen Pflichten und Gewohnheiten zu erstarren gedroht. Gegen diese Verhärtungserscheinungen hatten schon ältere spiritualistische Strömungen – mit Einschluss der Rosenkreuzer – Stellung genommen; Gottfried Arnold hat ihnen in seiner monumentalen „Unparteiischen Kirchen- und Ketzerhistorie" (1699/1700) ein Denkmal gesetzt. Im protestantischen Bereich muss hier vor allem der Pietismus genannt werden[18], der in seinem Kern auf eine Position zurückging, die von den Anschauungen der Aufklärung nicht gar so weit entfernt war: der Wendung gegen die orthodoxe Erstarrung der Amtskirche. Freilich kritisierte der Pietismus mit ebensolcher Eindeutigkeit alle Säkularisierungstendenzen; insofern eignete ihm auch ein nicht- oder sogar antiaufklärerischer Grundzug. Seine Dichotomie ist unübersehbar, sie spiegelt sich auch in seinem gespaltenen Verhältnis zur Kunst – gepflegt wurden Gartenbau- und bildende Kunst, soweit sie zweckorientiert waren, starke Vorbehalte dagegen hatte man gegenüber dem Schauspiel und dem Tanz.[19]

Der Pietismus, eine Bezeichnung, die auf die einflussreiche Reformschrift des Frankfurter Predigers Philipp Jakob Spener („*Pia Desideria*", 1675) zurückgeht, war eine europäische Frömmigkeitsbewegung, die regionale Schwerpunkte im Deutschen Reich, aber auch an der europäischen Peripherie, in Skandinavien, Südosteuropa und Russland hatte und bis nach Nordamerika und über bestimmte Multiplikatoren (Caspar Matthias Rodde[20]) bis in den arabischen Raum ausstrahlte. Ihre Leitidee war die Erneuerung des Christentums und der protestantischen Amtskirche aus einem individuellen, subjektiven Glaubenserlebnis heraus. Ihre Bezugsgröße waren somit der Einzelne und seine ganz persönliche Gottesbeziehung sowie die Konventikel der sich als auserwählt empfindenden „Bekehrten". Die Pietisten betrieben in privaten Kreisen und auch einzeln eine intensive Selbsterforschung und richteten ihr Alltagsleben an strengen moralischen Maßstäben aus. Insofern überrascht es nicht, wenn sie mit den Freude und Sinnlichkeit vermittelnden Einrichtungen wie den ersten deutschen Opernhäusern erkennbar Schwierigkeiten hatten. Da sich diese Konventikel ständig an der Amtskirche rieben, stellten sie eine permanente Gefahr für die Kirche dar, zumal manche Spielarten des Pietismus ausgesprochen sezessionistisch-separatistisch ausgerichtet waren und sich selbst außerhalb der Landeskirchen platzierten. Daraus erklären sich im Übrigen auch die wiederholten Ortswechsel Speners (1635–1705) und seines Schülers August Hermann Francke (1663–1727); am Ende wurden beide in Preußen ansässig.

Freilich galt der sezessionistisch-separatistische Grundzug nicht für alle pietistischen Bewegungen und Spielarten. Im königlichen Preußen war der Pietismus, der dort

---

18 Die Pietismus-Forschung ist abundant. Es gibt eine neue Gesamtdarstellung in drei Bänden: M. Brecht (Hg.), Pietismus; daneben eine eigene Zeitschrift („Pietismus und Neuzeit") und zahlreiche Sammelbände und Monographien. Zum Verhältnis des Pietismus zur Aufklärung vgl. M. Gierl, Pietismus; zur Rolle der Frauen in der Bewegung vgl. U. Witt, Bekehrung.
19 Vgl. R. Lächele (Hg.), Das Echo Halles.
20 Vgl. M. Fundaminski, in: R. Lächele (Hg.), Das Echo Halles.

selbst in der Herrscherfamilie Resonanz fand, ausgesprochen welt- und praxisorientiert. Die aus dem Geist des Pietismus gespeisten Franckeschen Anstalten in Halle, ein Verbund von Waisenhaus, Bildungsanstalten, Manufakturen und Gewerbebetrieben, verstrebten in einzigartiger Weise tiefe Religiosität mit einem modernen, schwarze Zahlen schreibenden Wirtschaftsunternehmen und wirkten über die zeitgleich in der Saalestadt begründete Universität in ein breites Publikum hinein. Man sollte zwar den preußischen Pietismus mit keiner Gloriole versehen, aber es ist keine Frage, dass er und sein Ideal der streng asketischen Frömmigkeit jenen Typ des loyalen und um seine Funktion im staatlichen Räderwerk wissenden preußischen Staatsdieners schufen, ohne den der Aufstieg dieses an Menschen und Ressourcen armen Staatswesens zu einer europäischen Großmacht wohl kaum denkbar gewesen wäre. Von eminenter Bedeutung war der Hallesche Pietismus im Übrigen auch für den slawisch-südosteuropäischen Raum, weil man sich in Halle besonders um die Übersetzung fundamentaler geistlicher Werke in die dortigen Sprachen bemühte, die als Schriftsprachen vielfach noch in ihrer Formationsphase steckten. Überhaupt wird sich seine Strahlkraft kaum überschätzen lassen. Das Hallesche Modell der Lehrerausbildung beispielsweise wirkte bis nach Russland und in die Territorien des Habsburgerstaates, unter anderem nach Mailand.

Vom Ansatz her dem Pietismus zur Seite stellen lässt sich der englische Methodismus, dem es in deutlicher Abwendung von jeder Form des „Vernunftchristentums" um die innere Erneuerung der anglikanischen Kirche ging. Die Parallelen lassen sich im Übrigen bis in die Biographien prominenter Repräsentanten hinein aufzeigen. Typisch für diese protestantischen Erneuerungs- und Erweckungsbewegungen war, dass sie einer Reunion der christlichen Kirchen ausgesprochen offen gegenüberstanden – als Option und Fernziel spielte diese Idee seit der Mitte des 17. Jahrhunderts in manchen protestantischen Kreisen wieder eine stärkere Rolle.[21] Auf der anderen Seite praktizierten sie Liturgieformen wie etwa die Austeilung des Abendmahls durch Laienprediger, die sie für ihre Mutterkirche und selbstredend auch für die katholische Kirche inakzeptabel machten. Erwähnung verdient die methodistische Bewegung im Übrigen auch deswegen, weil sie sich zur Verbreitung ihrer Lehre in starkem Maß der Volkssprachen bediente, insbesondere des Gälischen.[22] Auch die pietistische Herrnhuter Brüdergemeine des Reichsgrafen Nikolaus Ludwig von Zinzendorff (1700–1760) ist in der Person ihres Gründers dem angesprochenen Gedanken der Reunion der Kirchen lange außerordentlich verbunden gewesen.[23] Bei der Brüdergemeine handelt sich um eine Laienbewegung, die unter anderem durch ihre in Gemeineigentum betriebenen Gewerbe aus dem Rahmen des Üblichen fiel. Sie bildete rasch ein Netzwerk von Gemeinden aus, das sogar, ähnlich wie beim Methodismus, über Europa hinaus reichte, weil die Mission im Sinn einer Voraussetzung für die Wiederkehr Christi ausdrücklich auf ihrer Agenda stand.

Man könnte für den verbreiteten Dissens im nichtkatholischen Europa, also für Tendenzen und Gruppen, die sich in Opposition zu Amts- und Staatskirchen stellten,

---

21 Vgl. H. Duchhardt/G. May (Hg.), Union.
22 C. Kidd, Gaelic Antiquity.
23 Dazu Th. Daniel, in: H. Duchhardt/G. May (Hg.), Union.

noch andere Beispiele anführen. Im anglikanischen Bereich erhöhte sich zwar die Anzahl der Nonkonformisten, darunter Quäker und Baptisten, im 18. Jahrhundert vielleicht nur moderat auf etwa 400 000 Personen, aber unter diesen befanden sich besonders viele Menschen mit unternehmerischem Potential aus dem Kreis der Wirtschaftselite. Man muss bei dieser Zahl zudem in Rechnung stellen, dass und wie oft Nonkonformisten, die übrigens von den beiden englischen Universitäten ausgeschlossen waren, in den Kolonien ein neues Leben zu beginnen suchten.

In mancher Hinsicht kann man der innerprotestantischen Erneuerungsbewegung des Pietismus auf katholischer Seite den Jansenismus parallel setzen. Mit seinem Pendant verbanden ihn unter anderem die strenge Moral, das praktische soziale Engagement, die Kritik an der Amtskirche und die Verwerfung des aufklärerischen Ansatzes, die Religion „vernünftig" zu machen. An seinem Beginn hatte, wie am Beginn der lutherischen Reformation, die von dem Yperner Bischof Corneliusz Jansen (1585–1638) aufgeworfene theologische Frage nach dem freien Willen des Menschen und dessen Zusammenhang mit der göttlichen Gnade gestanden – keine neue Frage, aber eine, die im Katholizismus nun zu einer Zerreißprobe führte. Dem Katholizismus gefährlich wurde der Jansenismus insbesondere auch deswegen, weil er sich mit großer Geschwindigkeit, vor allem in Frankreich, ausbreitete und in Konflikt mit der Kurie und deren treuestem Bundesgenossen, dem Jesuitenorden, geriet. Auch prangerte er immer schärfer jene Kultur des barocken Katholizismus an, für die der Orden des Heiligen Ignatius mit Nachdruck eintrat: das Wallfahrtswesen, die prunkvollen Prozessionen, die Heiligenverehrung und die damit im Zusammenhang stehende hohe Zahl der Feiertage. Das alles hatte etwas mit Ökonomie, mit unvernünftigen und kostspieligen Äußerlichkeiten zu tun, und daran musste sich die asketische Rationalität des Jansenismus stoßen.

Während Pietismus und Methodismus entweder in ihre Kirchen integriert wurden oder doch von einer Dekonstruktion des Kirchengefüges weit entfernt waren, wurde der Jansenismus in Rom und in Versailles mehr und mehr als eine existentielle Gefährdung des Corpus Kirche gesehen. Das dürfte die heftigen Reaktionen der beiden Mächte, deren Miteinander ansonsten seit geraumer Zeit einem spannungsvollen Gegeneinander gewichen war, jedenfalls zum Teil erklären. 1710, mitten in einem an die Substanz des französischen Staates gehenden auswärtigen Krieg, ließ Ludwig XIV. das geistige Zentrum des französischen Jansenismus, das Kloster Port-Royal, zerstören, weil er den Eindruck gewonnen hatte, dem Jansenismus wohne ein bedrohliches Potential an Antimonarchismus inne. Die Ablehnung der Monarchie dokumentierte sich seiner Meinung nach darin, dass der Jansenismus in oppositionellen Kreisen bei Adel, Parlamenten und Bildungsbürgertum besonderen Widerhall und Zulauf fand. Nur drei Jahre später verurteilte die Kurie die Lehren des Jansenisten Pasquier Quesnel (1634–1719) als Ketzerei (Bulle *„Unigenitus"*). Aber weder mit dem einen noch mit dem anderen Akt – die Bulle wurde 1730 zum französischen Gesetz erhoben – war es getan: Der Jansenismus bewirkte eine tiefgehende Spaltung der französischen Kirche und auch der adligen und bürgerlichen Eliten und zog einen gewaltigen Autoritäts- und Glaubwürdigkeitsverlust der Amtskirche nach sich. Diese schreckte im Übrigen nicht davor zurück, Gläubigen, die von jansenistischen Priestern betreut worden waren, die Sterbesakramente zu verweigern. Insofern ist es keineswegs abwegig, den Jansenismus zu den Faktoren zu rechnen, die das System destabilisierten und somit auf Dauer gesehen die Revolution mit heraufführten. Die nicht minder wichtige zweite Konsequenz dieser binnenfranzösischen Zuspitzung war, dass sich der Jansenismus, dem immer auch ein Schuss Antijesuitismus innewohnte, rasch über weite Teile Europas ausbreitete, also sich europäisierte, dabei aber nun, so insbesondere in den Territorien der *Casa d'Austria*, des Hauses Österreich, nicht selten den Schulterschluss mit dem Staat suchte und nationalkirchlichen Tendenzen Auftrieb gab. Ein besonders prägnantes Beispiel ist die Synode von Pistoia (1786) in der Toskana Großherzog Peter Leopolds, die sogar den päpstlichen Lehranspruch zu unterlaufen suchte. Dank der Bemühungen des Wiener Erzbischofs Migazzi hatten etliche Jansenisten in den 1750er und 1760er Jahren sogar Aufnahme unter die Beichtväter der kaiserlichen Familie gefunden.

Freilich war dieser Schulterschluss nur von begrenzter Dauer. Die „Spätjansenisten" in der Habsburgermonarchie, persönlich häufig bedürfnislos und in „ihrem moralischen Rigorismus perfekte Staatsdiener"[24], bemühten sich ab dem Moment wieder um mehr Distanz zum (josephinischen) Staat, als sie erkannten, dass dieser die Kirche zu unterwerfen und sich dienstbar zu machen suchte, somit die Stufe der bloßen Begünstigung theologischer und pastoraler Reformtendenzen überschritt. Insofern hatte die persönliche Auszeichnung führender oberitalienischer Jansenisten mit Goldmedaillen durch den Kaiser (1784) sich nicht gerechnet.

Man kann davon ausgehen, dass nationalkirchliche Bewegungen – im Deutschen Reich wurden sie mit dem Begriff des Episkopalismus erfasst – auch andernorts in einem zumindest lockeren Zusammenhang mit dem Jansenismus standen. Die Stoßrichtung gegen die römisch-päpstliche Universalkirche lag dem aufklärerischen Emanzipationsdenken nahe. Da sich die Protagonisten des Episkopalismus, ob sie nun Lehrkanzeln (Neller) innehatten oder auf Bischofsstühlen (Hontheim) saßen, mit guten Argumenten auf frühchristliche und ekklesiologische Ideale berufen konnten und begannen, die Kirchengeschichte für ihre Zwecke zu nutzen, war ihnen relativ schwer beizukommen. Dass die Initiativen der deutschen Metropoliten in Koblenz (1769) und Ems (1786, Emser Punktation) verpufften, lag weniger an ihrer mangelnden Entschlossenheit als vielmehr an fehlender Unterstützung von dritter Seite.

Die Aufhebung des Jesuitenordens

Mit viel Sympathie haben die europäischen Aufklärer beobachtet, was als eine indirekte Auswirkung des Jansenismus-Streits angesehen werden muss: die Aufhebung des Jesuitenordens. Die Gesellschaft Jesu hatte seit ihren Anfängen immer als der verlängerte Arm der Kurie gegolten, als das Instrument, mit dessen Hilfe die protestantischen Kirchen zu unbedeutenden Splittergruppen reduziert werden sollten, wenn nicht mehr. Daher verstand der Orden sich primär als „Bildungsorden", der bestrebt war, die Menschen frühzeitig gegen das „Gift" der Häresie zu immunisieren, aber er sah sich auch als „Konversionsorden", der gezielt bei prominenten Protestanten mit Vorbild- und Sogwirkung, etwa bei deutschen Reichsfürsten, missionierend ansetzte – und oft genug auch erfolgreich war. Dies war es jedoch nicht, was ihn im katholischen Europa immer mehr zu einem Stein des Anstoßes werden ließ, auch wenn seine Resistenz

---

24 W. Demel, Europäische Geschichte, 189.

gegen alle aufklärerischen Reformen im Bildungsbereich heftig kritisiert wurde und zu förmlichen „Kleinkriegen" gegen Behörden und Fakultäten führte. Es war vielmehr sein Auftreten und seine offensichtliche „Macht", die das Gefühl erzeugten, er sei das größte Hindernis für eine Staatskirchenpolitik, die darauf abzielte, den Klerus aus seiner Abhängigkeit von der Kurie zu lösen und der Regie des Staates zu unterstellen. So wartete man in etlichen staatskirchlich orientierten Ländern geradezu auf einen Anlass oder einen Vorwand, um den als institutionalierte Opposition gegen die Moderne geltenden Orden radikal beschränken zu können. Den Anlass lieferten offenkundige politische und finanzielle Verfehlungen des Ordens im kolonialen Außereuropa, aber auch tatsächliches oder unterstelltes Fehlverhalten einzelner Ordensangehöriger auf dem Kontinent (finanzieller Bankrott, Beteiligung an einem Attentat gegen einen Monarchen) und nicht zuletzt die den Jesuiten unter Rückgriff auf das alte Werk eines Ordensangehörigen, des 1624 gestorbenen Paters Juan de Mariana, nachgesagte Nähe zum Regizid, zum Königsmord. Dieses Paket von Monita veranlasste die iberischen Staaten, das bourbonische Neapel und Frankreich innerhalb weniger Jahre (1759–1767), die Gesellschaft Jesu von ihrem Staatsgebiet zu verbannen. Der Druck der prominenten katholischen Staaten genügte dann auch, um das Papsttum in Gestalt des Benediktiners Klemens XIV., der vor seiner Wahl entsprechende Bereitschaft signalisiert hatte, schließlich zur förmlichen Auflösung des Ordens (1773) zu bewegen.

Dass die (im Übrigen von den russischen und preußischen Monarchen wegen der kulturellen Schlüsselrolle der Jesuiten in einigen ihrer Herrschaftsbezirke zunächst negierte) Auflösung des Ordens vielfältige Probleme aufwarf – die Versorgung der so genannten Ex-Jesuiten, der rasche Ersatz der im Bildungsbereich tätigen Ordensangehörigen –, war in den meisten katholischen Staaten ein gern erbrachtes Opfer, weil dieser Schritt endlich den Weg frei machte für überfällige Reformen – in Deutschland werden sie unter den Begriff der „katholischen Aufklärung" subsumiert. Mit diesen Reformen, die deutlich über den Bildungsbereich hinausgehen sollten, entfiel jedoch für viele gläubige Menschen der stabile Orientierungsrahmen. Die Unterdrückung der Jesuiten war bei vielen frommen Gruppierungen ausgesprochen unpopulär, auch wenn nicht alle so weit gingen wie die beiden ungarischen Jesuitenpoeten Ferenc Faludi und David Szabo, die im Ende der Jesuiten das Symptom für das Ende einer ganzen Kultur sahen.[25] Die oben genannten religiösen Erneuerungsbewegungen waren ganz überwiegend, die breite und tiefe Verwurzelung der württembergischen Spielart des Pietismus bestätigt diese Regel, eine Reaktion auf die Säkularisierungstendenzen der Aufklärung und auf die drohende Reduktion der christlichen Offenbarungsreligion zu einer Sammlung vernünftiger ethischer Prinzipien. Es wäre zwar völlig verfehlt, hier einen fundamentalen Gegensatz zwischen einer sich an der Aufklärung orientierenden „Elitenkultur" und einer ungebrochenen religiösen „Volkskultur" konstruieren zu wollen, aber es ist keine Frage, dass zwischen religiöser Wahrung und Erneuerung auf der einen Seite und den Prinzipien der Aufklärung auf der anderen Seite eine Spannung bestand, die viele Menschen als belastend empfanden.

Übrigens sprechen viele Indizien dafür, dass aufklärerische Prinzipien in breiten Schichten einen viel nachhaltigeren Widerhall fanden, als es den Kirchen lieb sein

---

25 Vgl. J. BLACK, Eighteenth-Century Europe, 196.

konnte. Der Begriff der „déchristianisation", den die französische Forschung[26] geprägt hat und dessen Charakteristikum, die Abkehr von den traditionellen Formen der religiösen Alltagspraxis selbst bei der französischen Landbevölkerung, als hinreichend abgestützt gelten kann, mag in dieser Form vielleicht nicht verallgemeinerbar sein, aber auch für das Alte Reich haben Fallstudien zu einzelnen Städten gezeigt, wie sprunghaft die testamentarischen Verfügungen zugunsten der katholischen Kirche und einzelner Orden oder der Erwerb geistlicher Literatur zurückgingen und wie die Vorbehalte angewachsen waren, wenn es darum ging, das ganze Leben als Priester oder Mönch der Kirche zu weihen.[27]

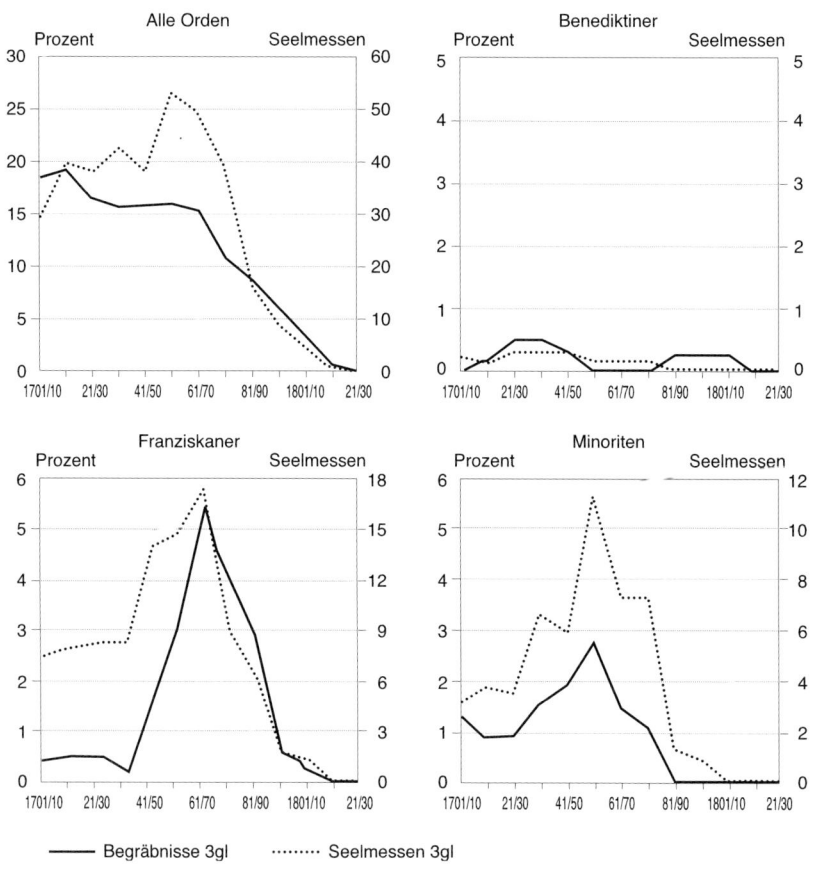

Abb. 7: *Seelmessstiftungen und Begräbnisse bei Orden in Laientestamenten.*

---

26 Der Begriff wurde Gemeingut der Forschung seit M. Vovelles Provence-Studie, Diss. Lyon 1971. Michel VOVELLE, Piété baroque et déchristianisation en Provence au XVIIIe siècle: les attitudes devant la mort d'apres les clauses des testaments, Paris 1973.

27 Exemplarisch: R. SCHLÖGL, Glaube und Religion.

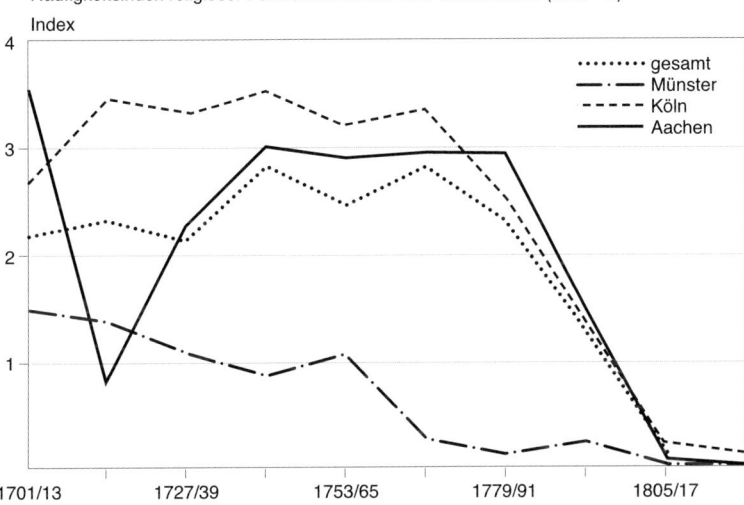

Abb. 8: *Häufigkeitsindex religiöser Formeln in städtischen Testamenten (Max = 8).*

Toleranz?

Eine von der Forschung immer aufs Neue erörterte Frage lautet, ob und gegebenenfalls wie die zunehmende Reserve gegenüber den Amtskirchen in eine allgemeine Toleranz einmündete. „Toleranz" verstanden als gleichberechtigtes Nebeneinander von Menschen verschiedenen Bekenntnisses stand ja seit John Lockes Pamphlet von 1688 gewissermaßen auf der philosophischen Agenda, doch hatte gerade das *Revolution Settlement* in England 1689 gezeigt, wie weit man noch von der Umsetzung des philosophischen Theorems in die politische Praxis entfernt war: Die „Religionsfreiheit" der Dissenter-Gruppen, der Abweichler, blieb in England auf das *exercitium privatum*, die häusliche Religionsausübung, begrenzt; Nicht-Anglikaner waren übrigens bis ins 19. Jahrhundert hinein von allen öffentlichen Ämtern ausgeschlossen.[28] Auch in anderen im Prinzip „gemischtkonfessionellen" Gemeinwesen wie dem Deutschen Reich oder der Eidgenossenschaft wurde allenfalls ein formal korrektes Nebeneinander der konfessionellen Gruppen erreicht, sie verblieben aber im Wesentlichen in ihren jeweiligen Reservatbezirken.[29] Eine wirkliche „Durchmischung" der Bevölkerung mit gleichen Rechten für jedermann unabhängig vom Bekenntnis des Einzelnen, also das Ideal des konfessionsneutralen Staats, blieb noch auf längere Zeit ein Fernziel.

Immerhin: Die Fülle von Projekten zur Wiedervereinigung der christlichen Konfessionen in den letzten Jahrzehnten des 17. und den ersten des 18. Jahrhunderts, vom

---

28 Für den Katholizismus: C. HAYDON, Anti-Catholicism.
29 Exemplarisch hierfür das gemischtkonfessionelle Augsburg, vgl. dazu: E. FRANÇOIS, Unsichtbare Grenze.

polnischen *Colloquium Charitativum* (1645) über verschiedene Bemühungen des Großen Kurfürsten und Leibniz' bis hin zu Hontheims mit egalistischen und episkopalistischen Elementen unterlegtem Ansatz, lässt sich nicht einfach zur Seite schieben, mögen die Vorhaben auch auf einem noch so hohen intellektuellen Niveau angesiedelt gewesen sein. Es war auch ein Signal der Bereitschaft, aufeinander zuzugehen und fruchtlose konfessionelle Streitereien der Vergangenheit zu beenden, wenn sich gleich mehrere evangelische Staaten – 1700 Dänemark und die protestantischen eidgenössischen Kantone, 1710 die Niederlande, 1752/53 Großbritannien und Schweden – entschlossen, den bislang als papistisch perhorreszierten Gregorianischen Kalender zu übernehmen und dadurch das zwischenstaatliche Leben in der Tat stark zu vereinfachen.

Dieser sehr zögerliche Prozess hin zur rechtlichen Gleichstellung der Konfessionen innerhalb eines Staatsverbands betraf nur die eine Seite des Geschehens. Daneben ereignete sich noch etwas anderes: der anfangs kirchenrechtliche Begriff „Toleranz" wurde mehr und mehr auf andere Lebensbereiche ausgedehnt, er gewann die neue Dimension genereller Freiheit von äußerem Zwang und individueller Autonomie – und damit den Anspruch auf einen „staatsfreien" Raum. Dies schloss dann auch das Moment der politischen Meinungsfreiheit ein, von dem aus es nur noch ein kleiner Schritt war hin zur Forderung allgemeiner politischer Partizipation.

Die Sprengkraft einer solchen denkbar gewordenen Entwicklung für das politisch-gesellschaftliche System des Ancien Régime lag auf der Hand. Die Möglichkeit eines solchen Prozesses musste nüchternen Denkern um so mehr bewusst werden, als das neue Staatswesen jenseits des Atlantik ja gerade auf diesen Prinzipien – politische Partizipation „aller", ein Höchstmaß an persönlicher Freiheit – aufruhte. Dass der Republikanismus – die Stichworte Genf und niederländische „Patrioten"-Bewegung mögen hier genügen – in den 1780er Jahren einen offenkundigen Aufschwung erlebte, kam nicht von ungefähr. Länderstudien haben erwiesen, wie präsent dem europäischen Publikum, auch den nicht unmittelbaren Atlantikrainern[30], die Emanzipationsprozesse in Amerika waren, und sie haben auch gezeigt, wie fasziniert die europäische Internationale der Aufklärer diesen Vorgang beobachtete. Mit den Vereinigten Staaten war ein Modell für die Auflösung der überholten Gesellschaftsstrukturen und für die Selbstbestimmung der Bevölkerung geschaffen worden. In den dreizehn Kolonien hatte sich „Freiheit", ein Wort, das seit Montesquieus *„Esprit des Lois"* (1748) immer mehr zu einem Schlüsselbegriff der europäischen Aufklärung geworden war – er oszillierte zwischen individueller Mündigkeit und Unabhängigkeit von der Willkür eines Fürsten – materialisiert und war damit reproduzierbar geworden.

Das humanitäre Potential der Aufklärung

Das Stichwort „Amerika" mag als Anlass dienen, um eine letzte Komponente europäischer Aufklärung kurz anzusprechen, ihr humanitäres Programm. „Freiheit" als aufklärerischer Leitbegriff musste auch dazu führen, ein bis dahin nur recht vage hinterfragtes Institut wie die Sklaverei mit wachsender Distanz zu betrachten: Die Vorstellung von der prinzipiellen Gleichheit aller Menschen, denen unterschiedslos die

---

30 In den 1970er Jahren hat Horst DIPPEL diesem Prozess, so wie er sich in Deutschland abspielte, verschiedene Bücher gewidmet.

Segnungen der Aufklärung zuwachsen können sollten, musste geradezu mit Notwendigkeit zur Infragestellung dieses Instituts führen, auch wenn die Vorurteile gegenüber den Schwarzen noch längst nicht abgebaut waren, selbst nicht bei „prominenten" Aufklärern wie Voltaire oder Kant. Locke hatte die Sklaverei ohne Mühe seinem Naturrechtsgebäude integriert, indem er sie in einem fiktiven Naturzustand verankerte. Entscheidend war aber, dass in dieser Beziehung ein allmähliches Umdenken einsetzte. Im publizistischen Bereich steht dafür Raynals in fast alle europäischen Sprachen übersetzte und somit zu den Bestsellern des ausgehenden 18. Jahrhunderts zählende zehnbändige „Histoire des deux Indes". Insbesondere die Quäker machten sich für ein solches Umdenken stark. Es kam zunächst zur Gründung einer entsprechenden Gesellschaft („Gesellschaft der Freunde der Schwarzen", 1788) und führte dann zu den ersten staatlichen Maßnahmen zur Einschränkung des Sklavenhandels.[31]

Diskurse und Kommunikation

Was die Aufklärung von vielen, wenn nicht allen geistig-politischen Bewegungen der Vergangenheit unterschied, waren nicht nur die prinzipielle Infragestellung vieler Segmente des Weltbildes und überkommener Strukturen, sondern auch ihre „Europäizität" und die neuen Formen des Diskurses und der Propagierung. Der zweite Aspekt soll hier zunächst interessieren.

Weil sich die Aufklärung als eine Bewegung verstand, die die ganze Gesellschaft aus Zwängen und als überflüssig angesehenen Bindungen zu befreien suchte, hatte sie einerseits auf die Medien bedacht zu sein, die das bewirken könnten, und andererseits über die Wege nachzudenken, wie aufklärerische Ideen in die politische Praxis überführt würden. Mit Medium war zunächst der Unterricht gemeint, also die Verbesserung der schulischen Situation, damit die Lesefähigkeit breiter Schichten gesteigert würde und sie in die Lage versetzt würden, über das gedruckte Wort neues Gedankengut zu rezipieren.

Das Vorhaben, allen Menschen in altersgerechter Form nützliches, die Bewältigung ihrer Gegenwart und Zukunft erleichterndes Wissen zur Verfügung zu stellen, rückte die bisherige, meist von Kirchen und Orden verantwortete Bildungsvermittlung ins Fadenkreuz des Interesses – und der Kritik. Dabei ging es zugleich auch um Grundsatzfragen bezüglich des Zielpublikums: Während die meisten Aufklärer eine breite Volksaufklärung befürworteten, gab es andere, etwa Voltaire, die Bildung nicht auf sämtliche sozialen Schichten und Gruppen ausgedehnt wissen wollten. Doch der allgemeine Trend ging dann immer deutlicher in Richtung einer Elementarausbildung, die jedem Menschen unabhängig von Stand und Vermögen zuteil werden müsse und die in etlichen Gegenden Europas, etwa im mittleren Deutschland, ja auch schon seit geraumer Zeit selbst im ländlichen Bereich praktiziert wurde. Eine solche Grundausbildung sollte den heranwachsenden Menschen nicht nur befähigen, zu lesen und zu schreiben und ihn damit der verschriftlichten Aufklärung zugänglich machen, sondern ihn auch grundsätzlich für Gedanken der Humanität und der Nützlichkeit öffnen, ihm Moral- und Kritikfähigkeit vermitteln: alles zentrale Begriffe der Aufklärung.

---

31 M. J. TURNER, Limits of Abolition.

Lässt man einmal den philosophischen Grundansatz und Gegenstand der europa-weiten Bildungsdiskussion außer Betracht, wonach das Ziel aller Erziehung nicht die Wissensanhäufung, sondern die Charakterbildung (John Locke) und die „natürliche" Entwicklung von Fähigkeiten und Gefühlen (Jean-Jacques Rousseau, Daniel Defoe) sein müsse, bestand das Hauptanliegen der europäischen Aufklärung in der Praxis dar-in, die kirchlichen Instanzen aus dem primären Bildungsbereich zu verdrängen und dementsprechend auch den Fächerkanon zu verändern. Dies gelang in der Tat weitge-hend, ausgenommen im orthodox geprägten südslawisch-griechischen Bereich. In Schottland etwa wurden die Kommunen zu Trägern des Elementarschulwesens, in Skandinavien übten innerhalb des dortigen Systems der Haus- beziehungsweise Wan-derlehrer die Pfarrer allenfalls noch eine Art Erfolgskontrolle aus, in Polen wurden 1773 alle Pfarrschulen unter staatliche Aufsicht gestellt. Es gab zwar nach wie vor Gemeinwesen, die dem primären Bildungsbereich kaum Interesse entgegenbrachten – Frankreich zählte dazu –, aber alles in allem lief der Trend in ganz Europa doch eindeu-tig auf die staatliche Elementarschule zu, die modernes Wissen vermittelte und deren Besuch (Allgemeine Schulordnung von 1774 in Österreich) obligatorisch sein sollte.

Natürlich muss man sich trotz dieser verstetigten und verstärkten Bemühungen vor der Vorstellung hüten, dass eine rasche flächendeckende Alphabetisierung zu errei-chen gewesen wäre. Wenn in josephinischer Zeit 69 % der Kinder in Vorderösterreich die Schule besuchten, war das der höchste Prozentsatz in der gesamten Monarchie und auch im europäischen Vergleich ein Befund, der andernorts kaum übertroffen wurde. Der für die Oldenburger Marschlandschaft ermittelte Anteil von 98,5 % lesefähigen Erwachsenen (1750) stellte eine ganz aus dem Rahmen fallende Besonderheit dar. An-dererseits sollte man aber die Beschleunigung der Alphabetisierung, die zu ihrem zweiten großen Sprung nach der Reformationszeit ansetzte, auch nicht unterschätzen. Es wäre wenig sinnvoll, hier geschätzte, hochgerechnete oder auf Unterschrifts-leistungen (!) beruhende Zahlen anzuführen. Wichtig für die Entwicklung war, dass allgemeiner werdende Grundkenntnisse im Lesen zu einem neuen Leseverhalten führten – man hat den Vorgang etwas überspitzt als „Leserevolution" bezeichnet. Hat-te bisher das laute und iterative, also wiederholte, Vorlesen im Kreis der Familie und der Freunde dominiert, so führte wachsendes Lesevermögen nun zu einer Intimisie-rung und daneben einhergehender Extensivierung der Lektüre: Bücher wurden privat und damit leise gelesen, und sie wurden nur noch einmal, allenfalls in Ausnahmefäl-len wiederholt gelesen. Ob man diesen Prozess als „Desakralisierung" des Buches (Chartier) bezeichnen soll, bleibe auf sich gestellt; jedenfalls wurde das Buch nun zu einem ganz „gewöhnlichen" Gebrauchsgegenstand, es hatte seine Funktion als primär gemeinschaftsstärkendes Medium verloren.

Weniger Aufmerksamkeit schenkte die Aufklärungsbewegung den „weiterführen-den Schulen" – sieht man einmal davon ab, dass seit der Mitte des 18. Jahrhunderts in etlichen Staaten vermehrt Mädchenschulen gegründet wurden, wofür beispielswei-se der französische Prinzenerzieher Fénelon schon ausgangs des 17. Jahrhunderts aus-drücklich geworben hatte. Allerdings hatten auch die Elementarschulen der prote-stantischen deutschen Fürstenstaaten, die zum Teil schon in der ersten Hälfte des 17. Jahrhunderts entstanden waren, Mädchen nicht ausgeschlossen. Da die Latein-schulen beziehungsweise Gymnasien im katholischen Europa zu einem guten Teil in der Hand der Jesuiten waren, konnten hier Umstrukturierungen auf der Grundlage von Empfehlungen eigens eingesetzter Kommissionen erst nach der Aufhebung des Ordens – bekanntlich geschah dies in einem Mehrstufenverfahren zwischen 1759 und 1773 – in Gang gebracht werden. Immerhin wird man, obwohl sich der Orden unverändert an der scholastischen Lehrmethode orientierte, positiv zu vermerken haben, dass sich in Spanien die Schuljesuiten durchaus neuen Ansätzen geöffnet und insbesondere die modernen Naturwissenschaften und die neuen Wirtschaftstechniken in ihren Lehrplan aufgenommen hatten. Zudem bleibt zu würdigen, dass die an den Jesuitengymnasien üblichen schriftlichen Prüfungen unter Wettbewerbsbedingungen und der Verzicht auf die Prügelstrafe so rückwärtsgewandt nun auch wieder nicht waren. – Im protestantischen Europa, wo in der Regel die Kommunen Träger der Lateinschulen beziehungsweise Gymnasien waren, kam es ebenfalls kaum zu einer durchgreifenden Reform. Aber es entstand ein neuer Schultypus, die Realschule, der speziell auf die Bedürfnisse des städtischen Bürgertums zugeschnitten war. Der Typ wird in der 1739 gegründeten Berliner Realschule des Johannes Julius Hecker zum ersten Mal fassbar. Die alten Lateinschulen behielten trotzdem ein beachtliches Maß an Attraktivität, selbst für Handwerkersöhne, die hier immerhin ein wenig Latein lernten. Von diesen offenen Lateinschulen gänzlich unterschieden werden muss die englische *Public School*, deren Klientel sozial mehr oder weniger abgeschlossen war. Übersehen werden sollte bei diesem sehr kursorischen Blick auf die höheren, im Prinzip der Universität zuarbeitenden Lehranstalten zudem nicht, dass nach wie vor das Institut des Hauslehrers hoch im Kurs stand. Mit seiner Hilfe bereiteten wohlhabende Kreise ihre Söhne auf die Universität vor. Es handelte sich dabei um eine in aller Regel transitorische Beschäftigung, die für viele europäische Intellektuelle zum Sprungbrett in eine andere Karriere werden sollte.

Ganz anders als die west- und mitteleuropäischen schulischen Verhältnisse[32] entwickelten sich diejenigen in Ost- und Südosteuropa. In Russland wurden die ersten Gymnasien, die in direkter Verbindung mit der Moskauer Universität standen, nicht vor der Mitte der 1750er Jahre eingerichtet. Erst Katharina II. ging die eklatante pädagogische Unterversorgung des russischen Imperiums systematischer an, 1790 konnte man immerhin 269 mehrstufige Grundschulen zählen. Beklagenswert waren auch die schulischen Verhältnisse im südslawisch-griechischen Raum, wo es um 1750 nur rund 35 höhere Bildungsanstalten gab, die überwiegend orthodoxe Geistliche ausbildeten. Aber auch hier gingen die Zahlen in der zweiten Hälfte des 18. Jahrhunderts deutlich nach oben, weil nun neben den Klöstern zunehmend auch Kaufleute und Adlige sich an Schul- beziehungsweise Hochschulgründungen (Jassy) beteiligten und diese betrieben.

Wenn die Absolventen der Schulen schreiben und lesen gelernt hatten und vielleicht sogar schon mit den Grundideen der neuen Zeit bekannt geworden waren, dann, so nahmen die Aufklärer an, könnten sie auf eine höhere Erkenntnisebene gebracht werden. Dazu bedurfte es gemäß ihrem Selbstverständnis neuer Formen der Vermittlung und der Kommunikation und überhaupt eines qualitativ anderen sozia-

---

32 Grundsätzlich: W. Schmale u. a. (Hg.), Revolution des Wissens?

len Umgangs miteinander. Zwar bedeutete das nicht, dass die Pfarrer vor Ort, die, soweit sie Protestanten waren, während des Studiums früh mit der Aufklärung in Kontakt gekommen waren und sich teilweise als „Vorhut der wohlmeinend-fürsorglichen ‚Volksaufklärung' auf dem Lande" (Stollberg-Rilinger) verstanden, ausgespielt gehabt hätten. Aber in der Zeit der Aufklärung begnügte man sich mit ihnen als alleinigem Transmissionsriemen nicht mehr.

Die Inhalte der Aufklärung sollten dem breiten Publikum zunächst einmal durch Periodika vermittelt werden, vor allem durch die „Moralischen Wochenschriften", die, ausgehend von England (The Tatler, The Spectator), seit den 1720er Jahren zu einer gemeineuropäischen Erscheinung wurden. Sie richteten sich oft an bestimmte Berufsgruppen oder soziale Schichten, erreichten aber in den Fällen, in denen sie auf ein allgemeines Publikum zielten, Auflagenziffern, von denen die Herausgeber anderer Periodika nur träumen konnten. Gottscheds „Die Vernünftigen Tadlerinnen" (1726/27) etwa brachten es in den allerdings nur zwei Jahren ihres Bestehens auf stolze 6 000 verkaufte Exemplare.

Damit ist zugleich eine typische Eigenheit der frühen „Moralischen Wochenschriften" angesprochen, ihre meist sehr begrenzte Lebensdauer. Das Publikum war in dieser Hinsicht zunächst noch gewöhnungsbedürftig. Denn dass die „Moralischen Wochenschriften" im Prinzip den Lesegeschmack der Zeit ziemlich genau trafen, steht außer Frage. Ihr Kerngedanke war die in eine gefällige und abwechslungsreiche Form „verpackte" Vermittlung normativer Orientierung, ohne Beimengung politischer Informationen oder gar politischer Indoktrination. Eingebunden in literarische Kleinkunst sollten sie sittliche Verhaltensmuster propagieren, Werte wie Ehrlichkeit, Nächstenliebe, Fleiß und Sparsamkeit vor Augen halten; ihr Ziel war es nicht, die Leserinnen und Leser zu „politisieren". Nicht selten steuerten die Leser selbst Beiträge mit pädagogischer Zielrichtung bei oder nutzten die Wochenschriften, um in Leserbriefen von dem Herausgeber Verhaltensratschläge zu erbitten – Gottsched sollte darunter leiden und darüber stöhnen.

Das genannte Grundanliegen und die Öffnung eines Periodikums für sein Publikum galten in besonderer Weise auch für jene spätaufklärerischen Periodika, die von Frauen herausgegeben wurden und sich um die Propagierung eines spezifischen Weiblichkeitsideals bemühten.[33] Für den Raum des Deutschen Reiches sind für die Zeitspanne von 1779 bis 1795 immerhin acht derartige „Moralische Wochenschriften" ermittelt worden, in denen Frauen zu Ratgeberinnen für das eigene Geschlecht wurden und mit ihm in einen Dialog „von Frau zu Frau" eintraten.

Eine im Allgemeinen wesentlich längere Lebensdauer als die „Moralischen Wochenschriften" hatten die „Intelligenzblätter", die sich im Deutschen Reich seit 1722 auf breiter Front durchzusetzen begannen, um schließlich im deutschsprachigen Raum eine Zahl von etwa 220 Organen zu erreichen. Die Verbindung von regionaler oder überregionaler Nachricht, Annonce und dezenten Hinweisen auf die der Zeit gemäße Lebensführung hat das Publikum offenbar mehr und nachhaltiger angesprochen als die eher gruppenspezifisch orientierten Wochenschriften.[34]

---

33 Vgl. H. NEUMANN, Emanzipation, und U. WECKEL, Häuslichkeit.
34 Zu diesem Typus grundlegend: S. DOERING-MANTEUFFEL u. a. (Hg.), Pressewesen.

Der Zeitungs- und Zeitschriftenmarkt, um für einen Augenblick das engere Thema zu verlassen, war im ersten Drittel des 18. Jahrhunderts natürlich schon voll erblüht. Weit ins 16. Jahrhundert zurückverfolgen lassen sich die nach wie vor in der Öffentlichkeit zirkulierenden geschriebenen Zeitungen, und seit dem frühen 17. Jahrhundert[35] erschienen in West- und Mitteleuropa (Straßburg, Wolfenbüttel) in immer größerer Zahl Zeitschriften mit einer pro Woche mehrmaligen oder dann täglichen Erscheinungsweise; in Osteuropa wurden sie fehlender diplomatischer Netzwerke wegen rasch zu einer erstrangigen Informationsquelle.[36] Daneben müssen die Messrelationen im Auge behalten werden, die ebenfalls einen nicht unbeträchtlichen Nachrichtenteil enthielten. Die erste wirkliche Tageszeitung erschien seit 1650 in Leipzig. In England, das dann zum großen Markt der Tagespresse werden sollte, setzte die Welle der Gründungen von Tageszeitungen erst ein halbes Jahrhundert später mit dem *„Daily Courant"* ein, um dann rasch zu expandieren – 1792 erschienen in London 16 Tageszeitungen mit rund 15 Millionen verkauften Exemplaren pro Jahr. Aber solcher Zahlen ungeachtet: die reichhaltigste und dichteste Zeitungslandschaft blieb das Deutsche Reich, das war primär eine Folge seiner Vielgliedrigkeit. Explosionsartig nahm die Zahl der Tageszeitungen dann generell seit dem letzten Drittel des 18. Jahrhunderts zu; nicht selten traten sie nun mit einem „nationalen" Anspruch auf. Als ein Beispiel sei der *„Mercure de France"* genannt. Neben den Tageszeitungen, die politische und militärische Nachrichten, aber auch Berichte über Naturkatastrophen und alle möglichen *Curiosa* brachten und nicht zuletzt über das Hofleben berichteten, bildeten sich mit voranschreitender Zeit dann auch Spezialblätter aus: Zeitungen speziell für den Bauern („Bote aus Thüringen", seit 1788), politisch-historische, literarische und naturwissenschaftliche Zeitschriften, die die bloße Nachricht durch das Räsonnement zu ersetzen begannen.

Alle Zeitungen standen natürlich immer unter der Kontrolle eines Zensursystems, das peinlich darauf achtete, dass keine *arcana imperii*, keine Staatsgeheimnisse, in Umlauf kamen oder gar Nachrichten publiziert wurden, die Mitglieder der Dynastie diskreditierten. Einschlägige Untersuchungen sind unter anderem in Spanien gegen die *„Duende de Madrid"* eingeleitet worden, und diesbezügliche Bedenken der französischen Behörden ließen es erst im Jahre 1771 zur ersten Pariser Tageszeitung kommen! Die unkontrollierte Wiedergabe von Nachrichten, die möglicherweise Staatsinteressen betrafen, war für alle Höfe der Zeit ein rotes Tuch. Ein Fall wie der des Londoner Setzergesellen John Matthews, der 1719 wegen der ungenehmigten Publikation eines Pro-Stuart-Pamphlets aufgrund eines parlamentarischen *libel law*, Verleumdungsgesetzes, hingerichtet wurde, dürfte trotzdem eine Ausnahme darstellen. Die Provinzzeitungen, die Konflikte vermeiden wollten, begnügten sich häufig damit, die Nachrichtenteile anderer Zeitungen, die schon zensiert worden waren, zu übernehmen und um

---

35 Als erste gedruckte Zeitung gilt die des Straßburger Druckers Johann Carolus (seit 1605). Diese Feststellung beantwortet indirekt auch die lange kontrovers diskutierte Frage, ob am Anfang des Zeitungswesens die Postmeister oder aber findige Drucker gestanden hätten.
36 Die im russischen Außenamt gesammelten sog. *kuranty* – also Übersetzungen westlicher Zeitungen aus der ersten Hälfte des 17. Jahrhunderts – werden inzwischen in einer Edition allgemein zugänglich gemacht.

einige Lokalnachrichten zu erweitern. Die Situation ließ viele Journalisten unbefriedigt, manche verfielen auf den Ausweg, billige – „graue" – Literatur unter Umgehung der Zensurbehörden auf den Markt zu bringen, die von Schmähungen der Dynastie bis hin zur Pornographie geradezu überquoll. Hier war man an einen Punkt gelangt, der es unwahrscheinlich machte, dass der Hiatus zwischen Staatsräson und öffentlichem Diskurs noch einmal überbrückt werden konnte. Auf der anderen Seite darf man die konkreten Auswirkungen der Zensurverbote auch nicht überschätzen. Nach 1750 sind in Frankreich vom Pariser Parlament beziehungsweise vom Staatsrat deutlich mehr als 600 selbständige Schriften, darunter 1759 auch die *„Encyclopédie"*, formell verboten worden. Allem Anschein nach haben diese Verbote die Verbreitung der Schriften aber nicht mehr entscheidend behindert. Typisch für das Zensurwesen war im Übrigen lange das enge Zusammenwirken weltlicher und geistlicher Instanzen. Im Reich erfolgte eine „staatliche" Nachzensur durch eine in Frankfurt ansässige Behörde, die ihr Augenmerk aber bis weit ins 18. Jahrhundert hinein nur auf theologische Schriften richtete, während die territoriale Vorzensur in den meisten Fällen von geistlichen Einrichtungen durchgeführt wurde. Ein völliger Verzicht auf Zensur im Sinn einer absoluten Pressefreiheit war im Deutschen Reich selbst auf dem Höhepunkt der Aufklärung noch kaum vorstellbar; die berühmte Berliner Mittwochsgesellschaft diskutierte das Thema 1783/84 und musste feststellen, dass die Befürworter der Pressefreiheit unter ihren eigenen Mitgliedern eine verschwindende Minderheit blieben.[37] In Frankreich unterstand die Vorzensur, die mit der Erteilung von Druckprivilegien verbunden war, direkt dem König, während die informelle Nachzensur der *Conseil d'Etat*, das Parlament, die Sorbonne und die Kirche ausübten.

Selbstverständlich konnte die Presse, vor allem in den „politisierten" Staaten der damaligen Zeit, das Publikum aufputschen und zu oppositionellen Kollektivhandlungen anregen: Demonstrationen, das Anbringen von systemkritischen Plakaten, sogar das Verbrennen *in effigie* unpopulärer Minister wie Walpole oder Maupeou. Die Menschen der Vormoderne waren nicht generell eine gefügige Masse, sondern durchaus in der Lage, Protest in der ihnen geläufigen Weise zu artikulieren. Und bei der Formierung des Protests kam mit voranschreitender Zeit der Presse mehr und mehr eine Schlüsselrolle zu, auch wenn sich gerade in „liberalen" Ländern wie etwa England dann Gegenbewegungen bildeten, private Organisationen[38], die auf eigene Initiative hin den Markt von anstößigen Artikeln oder Schriften zu säubern suchten.

Um zu den Organen zurückzukehren, die sich der Propagierung von Aufklärung verschrieben hatten, so ist als zweiter Typus das von einem Aufklärerzirkel initiierte Periodikum zu nennen, in dem auf einem relativ hohen Niveau über Grundsatzfragen der Bewegung wie Toleranz, Pressezensur oder Handels- und Gewerbefreiheit diskutiert wurde oder auch über andere für die Aufklärung typische und wichtige Themen wie die Rechtspolitik und die Strafrechtsreform. Für den letztgenannten Gegenstand hatte nicht nur Cesare Beccarias weite Resonanz findendes Werk *„Dei delitti e delle pene"* (1764) einen nachhaltigen Anstoß gegeben, sondern auch die zu dieser Zeit –

---

37 E. HELLMUTH, Enlightenment.
38 Etwa die *„Society for the Reformation of Manners"* oder die *„Society for the Suppression of Vice and the Encouragement of Religion and Virtue"*.

trotz Bekker (1691)[39], trotz Thomasius (1701)[40] – immer noch nicht völlig überwundene Praxis der Hexenprozesse. In Deutschland zählten namentlich die „Berlinische Monatsschrift" und Schlözers „Stats-Anzeigen" zu diesem Typus, in den Niederlanden die „Gazette de Leyde" oder in England der „Craftsman". Hier schuf sich ein Bürgertum ein Forum, das fehlende oder unzureichende politische Partizipation substituierte – das gilt bis zu einem gewissen Grad sogar für England.

Es versteht sich, dass ein solches systemkritisches Massenschrifttum die staatlichen Autoritäten und die herrschenden Eliten in Unruhe versetzte. Mit Ausnahme weniger Gemeinwesen hatten die staatlichen Funktionsträger überall genügend Möglichkeiten, sich gegen allzu bedrohlich empfundene Entwicklungen zur Wehr zu setzen: dafür gab es die obrigkeitliche Zensur. Sie war in vielen Teilen Europas dabei, die kirchliche Zensur zu ersetzen. In den meisten europäischen Staaten existierte – über ihre Effizienz wurde oben schon berichtet – eine staatliche Vor- oder aber Nachzensur, also ein staatliches *Imprimatur*, das die Konformität des betreffenden Druckwerks mit den jeweiligen Gesetzen bestätigte. Unter den Vorzeichen der Aufklärung ging der Trend freilich nicht so sehr in Richtung festangezogener Zügel als vielmehr hin zu größerer Liberalisierung. Galt in England seit der Nichtverlängerung des „Licensing Act" 1694 faktisch Druckfreiheit, auch wenn die so genannten „Libel Laws" nicht zu bagatellisieren sind, so wurde in Dänemark und in den habsburgischen Ländern im letzten Drittel des 18. Jahrhunderts die völlige Pressefreiheit dekretiert, weil sich die Verantwortlichen davon publizistische Unterstützung gegen die konservativ-oppositionellen Kräfte versprachen. Allerdings sollte dann unter den Vorzeichen der Revolution diese Entwicklung wieder mehr oder weniger radikal abbrechen.

Mit den Bemerkungen über die aufgeklärten Journale sind indirekt bereits jene Gruppen beziehungsweise Zirkel angesprochen worden, die sich als Intellektuelle mit dem Phänomen der Aufklärung beschäftigten und ihre Ingredienzien einem breiteren Publikum zu vermitteln suchten. Die erwähnte „Berlinische Monatsschrift" war das publizistische Organ und Echo eines hochrangigen Kreises von aufgeklärten Intellektuellen, der Mittwochsgesellschaft, in der Männer wie der preußische Beamte Dohm, der Verleger Cotta und der jüdische Philosoph Mendelssohn sehr konkret überlegten, wie die Postulate der Aufklärung in die praktische Politik eingebracht werden könnten. Die Mittwochsgesellschaft initiierte im Übrigen auch eine große Debatte darüber, worin denn überhaupt das Wesen von „Aufklärung" bestehe. Durch ihre Mitglieder Svarez und Klein gelang ihr auf überzeugende Weise der Transfer des aufgeklärten Diskurses in die praktische Politik in Gestalt des Entwurfs des Allgemeinen Preußischen Landrechts. Man kann eine Einrichtung wie die (private) Mittwochsgesellschaft, der die Donnerstagsrunde polnischer Hofbeamter in den 1770er und 1780er Jahren an die Seite gestellt werden darf, als eine Variante des französischen Salons verstehen, der als Typus ins ausgehende 17. Jahrhundert zurückreicht und in dem ebenfalls Mitglieder sehr verschiedener sozialer Herkunft ohne Zwänge und hierarchische Abstufungen über die Gegenwartsprobleme der Zeit diskutierten und Reformen zu initiieren such-

---

39 Balthasar Bekker, De Betoverde Weereld, 3 Bde., Amsterdam 1691–1693, (deutsch 1693, französich 1694).

40 Christian Thomasius, De crimine magiae, Halle 1701.

ten, auch indem sie versuchten, Angehörige des jeweiligen Salons in gesellschaftliche Schlüsselpositionen zu bringen. Es schmeichelte vielen Aufklärern durchaus, solchen Zirkeln anzugehören, die auf einem besonderen gesellschaftlichen Niveau angesiedelt waren, wie etwa der Kreis des französischen Radikalaufklärers Baron d'Holbach. In Parallele setzen kann man sie zudem mit den englischen Clubs, deren Wurzeln gleichfalls ins 17. Jahrhundert zurückreichten, deren Zahl aber im 18. Jahrhundert deutlich anstieg und die sich auch in der Periodizität ihrer Diskussionsrunden institutionell verfestigten. Mit der Tendenz, Personalpolitik zu betreiben, standen sie dem französischen Pendant ebenfalls relativ nahe.

Über einen deutlich höheren Organisationsgrad verfügten die in ganz Europa aus dem Boden sprießenden „Gesellschaften", die sich mit unterschiedlichen Epitheta zur Kennzeichnung ihres vorrangigen Interessenschwerpunkts schmückten und „patriotische", „gemeinnützige" oder „ökonomische" nannten. Zeitlich die frühesten waren hier die Gründungen auf den Britischen Inseln (Edinburgh 1723, Dublin 1731, London 1754); sie gingen ausschließlich auf private Initiativen zurück, während auf dem Kontinent, wo der Typus der Verfestigung eines privaten Freundeskreises zu einer „Gesellschaft" ebenfalls anzutreffen ist, nicht selten die Obrigkeiten Geburtshilfe leisteten oder sich sogar permanent in den Gesellschaften engagierten – das lag schon wegen der vielerorts notwendigen staatlichen Approbation der Statuten nahe. Die Karlsruher Sozietät wurde gar über einen längeren Zeitraum vom eigenen Landesfürsten, dem aufgeklärten Markgrafen Karl Friedrich, präsidiert. Auf dem Kontinent war Bern eine der frühesten und stilbildend-ausstrahlenden Gründungen (1759); die dortige Ökonomische Gesellschaft brachte es zeitweise auf über zehn Zweigstellen.[41] Neben den französischen und deutschen Sozietäten sind die vielen Dutzend spanischer *Sociedades Económicas de los amigos del país* hervorzuheben, die in einer im Übrigen staatlich initiierten förmlichen Gründungswelle in den 1760er Jahren ins Leben traten. Die Sozietäten waren von einem philanthropischen Impetus getragen, suchten die Lebensumstände des „gemeinen Manns" zu verbessern und ihn insbesondere an den technologisch-ökonomischen Errungenschaften teilhaben zu lassen – wie kann man den Fischfang oder die Landwirtschaft optimieren, wie backt man das beste Brot, wie sollten Hausbedachungen beschaffen sein und so weiter. Im Kontext der „Materialisierung" der physiokratischen Theorie kann die Schlüsselrolle der ökonomisch-landwirtschaftlichen Sozietäten wohl kaum überschätzt werden, auch wenn viele ihrer Vorschläge und Entwicklungen sich am Ende als Sackgassen erwiesen. Wenn eine der aufgeklärten Einrichtungen das breite Volk wirklich im Auge hatte und auch mit seinen Periodika erreichte, war es wohl diese – obwohl man den Grad des ständeübergreifenden Diskurses noch nicht überschätzen sollte. Man kann diesem Typus Sozietät auch die Gesellschaften zuordnen, die sich der Verbreitung und Vertiefung des christlichen Glaubens verschrieben und sich angesichts der antikirchlichen Tendenz der radikalen Aufklärung als besonders notwendig empfanden. Beispiele für diese Spielart der „Gesellschaften" sind etwa die Basler „Deutsche Christentumsgesellschaft" oder die Londoner *„Society for the Promotion of Christian Knowledge"*.

---

41 Allgemein: E. ERNE, Sozietäten.

Die Sozietäten, die bis zu einer gewissen Grenze praxisnahe Forschung betrieben wie etwa das Anfertigen von Statistiken oder die Initiierung von Bodenuntersuchungen, waren in einem bemerkenswerten Maß untereinander vernetzt, führten auch mit Nichtmitgliedern eine intensive Korrespondenz und veröffentlichten ihre Erkenntnisse und Anregungen in eigenen Publikationsreihen. Sie wirkten zudem über ihre Region hinaus auf ein nationales Umfeld ein, indem sie praxisorientierte Preisaufgaben stellten und auf diese Weise der Umsetzung neuer Erkenntnisse in die Praxis einen zusätzlichen Impuls gaben. Wie bei vielen anderen Einrichtungen, die unter aufgeklärten Vorzeichen entstanden, wurden die traditionellen ständischen Schranken als nicht mehr existent angesehen; das Mitgliederprofil wies ortsansässige Kaufleute und Unternehmer ebenso auf wie Professoren, Offiziere und Adlige der Region. An der Spitze der Erfurter Akademie gemeinnütziger Wissenschaften, die im Übrigen bis heute überlebt hat, stand zeitweise kein Geringerer als der nachmalige Mainzer Koadjutor und Fürstprimas Karl Theodor von Dalberg. Ihr Charakteristikum war das Zusammenwirken einer teils an der politischen Gewalt partizipierenden, teils von ihr ausgeschlossenen Elite mit dem Ziel, Modernisierungen in die Gesellschaft hineinzutragen, denen nicht der Geruch des staatlichen Oktroi anhaftete oder die den Staat einfach noch überforderten.

Ähnlich ständeübergreifend organisiert, aber doch von deutlich geringerem direktem Einfluss auf Politik und Gesellschaft waren die Lesevereine, die insbesondere im Deutschen Reich seit den 1760er Jahren überall, auch in kleineren Kommunen, aus dem Boden schossen. Man hat allein für das Deutsche Reich rund 600 solcher Gesellschaften ermittelt. In großen Städten gab es auch mehrere Vereine, ohne dass anderswo die ganz aus dem Rahmen fallende Zahl von 36 Vereinen in Bremen 1791 erreicht worden wäre – sie hatten sich in der Hansestadt freilich auch fachlich differenziert. Der Vereinszweck, in schriftlichen Statuten festgehalten, bestand im Kauf und der Bereitstellung von (aufgeklärten) Büchern und Periodika und in vereinsinternen Diskussionen darüber, gelegentlich wurden auch auswärtige Referenten hinzugezogen. Die Mitgliedschaft war in aller Regel nicht formal beschränkt, aber die Mitgliedsbeiträge setzten meist doch einen ziemlich klaren Trennungsstrich nach unten, also zu den Bauern und der Gruppe der armen Handwerker. Immerhin wird man sagen können, dass auch hier, durch das Nebeneinander von Adel und Bürgertum, von hoher Geistlichkeit und Kaufmannschaft, von Offizieren und Intellektuellen, Gruppen miteinander ins Gespräch kamen, die bis dahin wenig verband, die sich auf diese Weise ein gemeinsames Terrain aufbereiteten, um dort über Modernisierungen in Staat und Gesellschaft nachzudenken. Im Übrigen war der Übergang zu den gelehrten Sozietäten gelegentlich durchaus fließend. In der Mainzer Lesegesellschaft[42] trat auf Anregung eines Geistlichen, eines nachmaligen Wormser Weihbischofs, ein historischer Arbeitskreis zusammen, der die Geschichte der Stadt auf der Basis der Quellen aufarbeiten sollte.

Fließend waren auch die Übergänge zu den provinzialen Akademien, die insbesondere in Frankreich manche Funktionen wahrnahmen, die andernorts elementare Betätigungsfelder von „Gesellschaften" waren; auch können sie ihrer sozialen Zusam-

---

42 Vgl. St. Grus, Lesegesellschaften.

mensetzung nach – Adel und Bürgertum – durchaus mit den Sozietäten verglichen werden. In Frankreich hatte das Bemühen, die politischen, sozialen und kulturellen Strukturen aufzubrechen und auf neue Fundamente zu stellen, hier seinen Ort.[43] Ob man Metz, Châlons-sur-Marne, Rouen oder Marseille heranzieht: die örtlichen *concours académiques* konzentrierten sich in wachsendem Maß auf die politisch-sozialen Kernfragen der Zeit. Châlons stellte in den 1780er Jahren beispielsweise Themen wie die (Modernisierung und Laisierung der) Schulbildung und insbesondere die Mädchenerziehung zur Diskussion und publizierte aus den eingegangenen Abhandlungen in Buchform. Allerdings riskierte es nicht den Konflikt mit den königlichen Beamten – was bei einzelnen Autoren, die ihre Ideen nur arg verkürzt wiedergegeben sahen, dann wieder zu Resignation und Frustration führen mochte.

Geheimgesellschaften

Die Aufklärung war eine in vielem widersprüchliche Bewegung, was den Adornoschen Begriff von ihrer „Dialektik" nahelegt. So zog die Aufklärung eine dezidierte „Gegen-Aufklärung" nach sich, die, wenn auch nicht ungebrochen, in die neue Ideologie des Konservatismus einmündete. Ihre Widersprüchlichkeit wird auch deutlich, wenn sie neben den vielen „offenen" Sozietäten, Lesegesellschaften, Salons und Klubs indirekt auch ein System der Geheimgesellschaften ausbildet, die ihrerseits teils uneingeschränkt die Ideen der Aufklärung vertraten, teils aber entschlossen dagegen opponierten. Chronologisch beginnt die Geheimbundbewegung mit der Freimaurerei. Sie entwickelte und formierte sich seit dem zweiten Jahrzehnt des 18. Jahrhunderts zunächst in England. Ihre anhand der Symbole noch nachzuvollziehenden Ursprünge leiten sich wohl von den dortigen Dombauschulen her. Seit der Mitte der 1720er Jahre erreichte die Bewegung auch den Kontinent: zunächst trat sie natürlich in Paris auf, dann in fast allen anderen französischen Städten. Am Vorabend der Revolution zählte man annähernd 700 Logen mit schätzungsweise 50 000 Mitgliedern. Aber Frankreich blieb kein Einzelfall. Von dort verbreiteten sich die Freimaurerlogen über den ganzen Kontinent, wobei sie sich vornehmlich in Residenz-, Universitäts- und Handelsstädten etablierten. Im Deutschen Reich entstand die erste Loge 1737 in Hamburg, am Ende des Jahrhunderts gab es im Reich etwa 450 Logen mit geschätzten 25 000 Mitgliedern. Auch in Russland lebten 1779 immerhin 2 500 Freimaurer. Ähnlich rasch breitete sich der Geheimbund in der südeuropäischen Staatenwelt aus. Daran vermochten auch päpstliche Verbote in den Jahren 1738 und 1751 nichts zu ändern; die durchweg katholischen Mitglieder der Toulouser Loge etwa schreckten sie nicht ab. Auch die Vorbehalte mancher Regierungen, die die eidliche Verpflichtung von Untertanen gegenüber einem anderen Organ als dem Staat mit unverhohlenem Misstrauen beobachteten, konnten den Siegeszug der Freimaurerei nicht aufhalten.

Die Erfolgslosigkeit der Verbote und anderer staatlicher Repressionsmaßnahmen – im Fall Russland nahmen sie seit 1779 deutlich zu – erklärt sich aus der hermetischen Struktur dieses Geheimordens: die Mitglieder wurden nur durch Kooptation und nach

---

43 Vgl. das Themenheft „Akademien im 18. Jahrhundert" der Zeitschrift „Das achtzehnte Jahrhundert" (2001), sowie K. GARBER/H. WISMANN (Hg.), Europäische Sozietätsbewegung.

einer längeren Prüfungszeit aufgenommen, sie stiegen in sehr kleinen Schritten in der Hierarchie auf und wurden nur nach und nach in die höheren „Geheimnisse" eingeweiht. Hier war viel Nebel im Spiel, und entsprechend misstrauisch reagierten manche Obrigkeiten. Im Prinzip war dieses Misstrauen unberechtigt, denn allen späteren Verschwörungstheorien zum Trotz, die oft auf eine in der Praxis gar nicht vorhandene oder nur ephemere Nähe von Freimaurerei und Judentum rekurrierten: es ging den Freimaurern, getragen von einem spezifischen Geist christlich-brüderlicher Liebe, um die Verwirklichung einer besseren Gesellschaft. Die aufwendigen Gemeinschaftsrituale dürfen über diesen Kern nicht hinwegtäuschen – Fokus waren der gute, brüderliche Mensch, die humane Gesellschaft. Diesem Ziel suchte man durch Vorträge und anschließende Diskussionen näher zu kommen, die Mitglieder sollten moralisch gebessert werden; und die Erwartung ging dahin, dass die einzelnen Mitglieder je auf ihrem Feld die sittliche Vervollkommnung der Gesellschaft betrieben. Das erklärt, warum man als Mitglieder vorrangig Multiplikatoren und Personen mit sozialem oder politischem Einfluss anwarb. Wenn sich dann – die herausragenden Beispiele sind Friedrich II. von Preußen und Kaiser Franz I. sowie der schwedische König Gustav III. – sogar Fürsten bereit fanden, in eine Loge einzutreten, eröffnete das im Blick auf die allgemeine Zielsetzung natürlich die verheißungsvollsten Perspektiven.

Insgesamt ist der konkrete Beitrag der Freimaurerei zur praktischen Umsetzung von Aufklärung nur schwer zu quantifizieren, um so mehr als sie sich im Verlauf des 18. Jahrhunderts in für Außenstehende nur mit Mühe durchschaubare Richtungsstreitigkeiten verstrickte, die auf dem Wilhelmsbader Kongress 1782 auch nicht mehr beizulegen waren. Letztlich gilt das auch für den mit der Freimaurerei konkurrierenden Geheimbund der Illuminaten. Aber die Differenzen überwiegen: Da ist das deutlich höhere Potential an Esoterik und vor allem ist da die Kurzlebigkeit des Illuminatismus. Der Orden wurde 1776 von dem Ingolstädter Theologen und Juristen Adam Weishaupt gegründet und hatte dank der Propaganda des rührigen Freiherrn von Knigge vor allem aus Kreisen unzufriedener Freimaurer starken Zulauf, er erregte aber auch das Interesse hochrangiger Intellektueller wie Goethe und Herder. Bereits 1785 wurde er in Bayern wieder verboten. Im Reich bestand der Illuminatenorden weiter, seine Mitglieder waren freilich nicht sehr zahlreich und selbst zu den besten Zeiten gehörten ihm nicht mehr als 1 250 Personen an. Immerhin war er beispielsweise am Wetzlarer Reichskammergericht auf bemerkenswert positive Resonanz gestoßen.[44] Sein Gründer betrachtete den streng hierarchisch gegliederten Orden als Instrument zur Durchsetzung eines göttlichen Heilsplans, der vom Einzelnen auszugehen habe und am Ende alle politische Herrschaft überflüssig mache. So wie die Freimaurerei vor dem Hintergrund der ausbrechenden Französischen Revolution Gegenstand mancher Verschwörungstheorien wurde, ging der Verdacht der Kollaboration auch am Illuminatenorden nicht vorbei. Nach allem, was die Forschung ermittelt hat, können ihm subversive Ziele oder Aktivitäten allerdings kaum nachgewiesen werden. Auch den Geheimgesellschaften ging es primär um sozialen Austausch und um Reformen in der Gesellschaft, aber sicher nicht um den Umsturz des Staates.

---

44 Vgl. M. NEUGEBAUER-WÖLK, Reichsjustiz und Aufklärung.

Die gleiche Ausrichtung der Ziele erklärt dann auch das Phänomen der personellen Vernetzung der arkanen und der nicht-arkanen Sozietäten. Für die mitteldeutsche „Sozietätslandschaft" ist beispielsweise ermittelt worden[45], dass unter den 895 Mitgliedern aufgeklärter Gesellschaften 640 eine Doppelmitgliedschaft pflegten, 165 in drei Sozietäten mitwirkten und in Einzelfällen bis zu 7 und 11 Mitgliedschaften, meist in der weiteren Region, angenommen werden müssen. Vor einem solchen Hintergrund ist der Begriff der „Sozietätskarriere" (Zaunstöck) nicht abwegig.

Die begrenzten und sicher nicht auf Umsturz zielenden Intentionen der arkanen und der nicht-arkanen Gesellschaften und Vereine verhinderten nicht, dass ihnen im Kontext der Revolutionshysterie von Seiten des Staates die Weiterexistenz unmöglich gemacht wurde. In den Geruch der Revolutionsnähe gerieten fast alle Organisationen, die aus zwei Personen oder mehr bestanden, alle wurden grundsätzlich für verdächtig gehalten und entsprechend repressiv behandelt. Da die genannten offenen und geheimen Vereinigungen sich, wie eben erwähnt, nicht selten aus einem und demselben Personenkreis zusammensetzten, konnten für den Einzelnen mit einem Schlag dann gleich mehrere wesentliche Elemente und Stützen seines sozialen Lebens entfallen.

Denn man darf ja nicht übersehen: Bei allem Eifer für die Theorie und aller Bereitschaft, sich praxisorientiert mit den Postulaten der Aufklärung auseinanderzusetzen, ist die Geselligkeit, die dabei gepflegt wurde, der freundschaftliche Diskurs mit Menschen – in aller Regel Männern –, die zumindest was ihr Bildung anlangt in etwa auf gleichem Niveau standen, ein Moment, das man nicht marginalisieren sollte. Der Dignität der diskutierten Themen und der Entschlossenheit, auch „heiße Eisen" anzupacken, tat es keinen Abbruch, dass in den Freundeskreisen auch das angenehme Ambiente des Salons oder des repräsentativen Gebäudes des Lesevereins und die exquisite Qualität einzelner Genussmittel eine Rolle spielten.

Aufklärung und Lebensgestaltung

Das Gesamtpaket dessen, was man Aufklärung nennt, hatte sehr handfeste Auswirkungen auf das Leben des Einzelnen. Durch Schule und Erziehung wurden seine Aufnahmebereitschaft gefördert und die Lese- und Schreibfähigkeit verbessert, durch Almanache und Wochenschriften wurden Kritikfähigkeit und Tugenden gefördert, durch Lexika wie den „Zedler" oder den „Krünitz" wurde ihm das gesamte zur Verfügung stehende Wissen der Zeit leicht zugänglich gemacht, er konnte sogar die *„Encyclopédie"* mit ihren über 70 000 Einzelartikeln subskribieren, die 1772 abgeschlossen wurde, er wurde durch Briefe, wie die unzähligen erhaltenen Privatkorrespondenzen bezeugen, oder durch Briefromane stimuliert, die Selbsterkenntnis zu vertiefen. Der Mensch gewann ein neues Verhältnis zu den ihm bislang unbekannten tiefer liegenden Schichten seiner selbst, zur Emotionalität und zur Liebe, zum Irrationalen, das ihm seit Lessings „Minna von Barnhelm" und Goethes „Werther" in der Literatur immer häufiger begegnete, zu den Spezifika von Kindererziehung und ehelicher Gemeinschaft. Die religiösen Strömungen vermittelten ihm ein neues Gefühl für Scham, das zum Beispiel Marie Antoinette veranlasste, nur noch in langen und hochgeschlos-

---

45 Vgl. H. ZAUNSTÖCK, Sozietätslandschaft.

senen Flanellkleidern zu baden. Der Mensch entdeckte sich selbst, seine eigene Körperlichkeit, für deren Befindlichkeit nicht mehr fiktive Säfte oder kosmische Ereignisse verantwortlich gemacht wurden[46], er versuchte bei sich selbst und bei anderen, in der Physiognomik zu lesen, er „entdeckte" den Spiegel, gewann ein neues (Mit-)Gefühl für die von der Natur oder der Gesellschaft Benachteiligten, etwa die „verstümmelten" Kastraten[47], fand in den ihm zugänglich gemachten Hofgärten, botanischen Gärten und Museen seine natürliche und geschichtliche Umwelt, wurde sich seiner Einzigartigkeit stärker als bisher bewusst, grenzte sich von anderen in bis dahin unbekanntem Maß ab und suchte doch zugleich in Klubs, in Vereinen, in Umsetzung der Grundidee des *animal sociale*, das ohne Kommunikation nicht existieren könne, ihre Gesellschaft. Die Aufklärung war auch in ihren Rückwirkungen auf den Einzelnen eine zutiefst widersprüchliche Bewegung. Ratio und Vernunftreligion standen neben Gefühl und Emotion, die literarisch rezipiert und in eigenen Briefen kundgetan wurden, Öffentlichkeit des Diskurses und „Natürlichkeit" im Schreiben, Sprechen und im zwischenmenschlichen Umgang neben der Zugehörigkeit zu einer Geheimgesellschaft, wachsender Kulturkonsum, der sich unter anderem auch in öffentlichen Konzerthäusern, in Leihbibliotheken und Auktionshäusern niederschlug, neben der Wendung zur „reinen" Natur und zum „edlen Wilden", Gleichheitsdenken neben einem ausgeprägten Überlegenheitsgefühl des Europäers.

Die „Europäizität" der Aufklärung

Der zweite Punkt der Überlegungen, die „Europäizität" der Aufklärung, kann hier nur mit einigen wenigen Schlaglichtern erhellt werden. Das Wesentliche war: Nach dem Selbstverständnis der Aufklärer hatte Europa sich mit dieser Bewegung an die Spitze des Fortschritts gestellt und alle anderen Kulturen – etwa die chinesische oder die arabisch-islamische, die man zuvor ja durchaus geschätzt und bewundert hatte – weit hinter sich gelassen. Europa, Aufklärung und Fortschritt fielen in eins zusammen: der Kontinent gewann durch eine geistige und emanzipatorische Bewegung, die man grundsätzlich als eine *open-end*-Veranstaltung ansah, ganz entschieden an Kohärenz.

Die Praxis stand hinter diesem im Grundsätzlichen wurzelnden Europabewusstsein kaum zurück. Dass die renommierten Aufklärungsperiodika europaweit vertrieben und rezipiert wurden, versteht sich von selbst. Die Mainzer Lesegesellschaft, um dieses eine Beispiel anzuführen, hielt einem Augenzeugenbericht von 1790 zufolge insgesamt 88 Zeitungen und Zeitschriften, überwiegend gelehrten und historisch-politischen Inhalts und überwiegend deutscher Provenienz, aber unter ihnen immerhin auch sechs französischsprachige Zeitschriften und je ein englisch- und italienischsprachiges Periodikum. Knapp 10 % ausländischer Journale im Bestand werden eher die Unter- als die Obergrenze gewesen sein. Diese Beobachtung setzt sich dann auch im Bestand an Monographien fort. Die Mainzer Lesegesellschaft, um bei diesem Beispiel zu bleiben, bezog ihre Bücher über einen Frankfurter Buchhändler, und es verstand sich von selbst, dass unter den gekauften Büchern die von Exilfranzosen oder von in

---

46 Vgl. E. Labouvie, Individuelle Körper.
47 P. Münch, „Monstra".

Frankreich gebliebenen Franzosen einen beachtlichen Anteil ausmachten. Dass man in Mainz beispielsweise über die Werke des Radikalaufklärers Claude-Adrien Helvetius verfügte, spricht für sich und für die relativ liberale Atmosphäre in einem geistlichen Kurstaat. Freilich darf auch das nicht vorbehaltlos verallgemeinert werden: in der Bibliothek des Trierer Lesevereins fand sich keine einzige Schrift Immanuel Kants!

Die Europäisierung des Büchermarktes ist nicht nur im Sinn des Austauschs zu verstehen, sondern auch im Sinn der Übertragung von Druckerzeugnissen in andere Sprachen. Die Epoche der Aufklärung war von einer eminenten Übersetzungstätigkeit erfüllt, meist in Richtung zum Französischen, also der *lingua franca* der Zeit. Dies war einer der Aspekte, der Montesquieu davon sprechen ließ, Europa sei letztlich schon eine große Nation mit nur noch verschiedenen Regionen. Selbst der *"Spectator"* befruchtete Europa in erster Linie dank einer französischen Übersetzung. Aber auch Übersetzungen aus dem Französischen und Englischen in andere Nationalsprachen waren an der Tagesordnung; in Russland wurden in der Zeit von 1741 bis 1800 245 Werke britischer Autoren in Übersetzung herausgebracht. Die Niederlande übernahmen in einem bemerkenswerten Ausmaß aufgeklärte theologische Schriften aus dem Deutschen in ihre Sprache.[48] Durch die Überwindung der Sprachbarrieren wurde die Aufklärung zu einer rundum europäischen Angelegenheit, zu einem Diskurs, an dem sich potentiell jede Ecke Europas aktiv beteiligen konnte.

Die Lesevereine und die gelehrten Sozietäten und noch dezidierter die Geheimgesellschaften standen zudem natürlich in einem ständigen persönlichen oder brieflichen Kontakt mit herausragenden Autoren oder Gleichgesinnten. Prominente Aufklärer waren Ehrenmitglieder ausländischer Sozietäten und Vereine, was ein hohes Maß an Kommunikation implizierte. Überregionale und übernationale Kommunikationsnetze waren für die Aufklärung schlechthin konstitutiv. Man kann das Ausmaß der europäischen „Reisediplomatie" bedeutender Gelehrter zur Propagierung und Diskussion ihrer Werke wohl gar nicht überschätzen. Als der französische Abbé Raynal, dessen Hauptwerk, eine Fundamentalkritik an der Kolonialpolitik der europäischen Mächte, 1781 in Paris öffentlich verbrannt worden war (was seine Verbreitung allerdings eher beförderte denn behinderte!), im folgenden Jahr nach Mainz kam, war er selbstverständlich mehrfach Gast der Lesegesellschaft und diskutierte mit deren Mitgliedern.

Dieses eine – ganz zufällige – Beispiel steht für den ausgesprochen hohen Grad der kommunikativen Vernetzung. Weitere Indizien bestätigen das. Die europäischen Bildungsreisenden besuchten wie selbstverständlich die Zentren des aufgeklärten Diskurses und des guten Geschmacks, die Pariser Salons oder die britischen Klubs, und transportierten all das, was sie dort gehört und erlebt hatten, als Bericht und Anregung in ihre heimische Umgebung. Es war ein europäisches Kommen und Gehen, ein Geben und Nehmen, ein fortwährender grenzüberschreitender Diskurs, der fast so etwas schuf wie den Typus des *homo europaeus illuminatus peregrinans*.

Vor allem aber ist festzuhalten: die Umsetzung von Aufklärung in praktische Politik war ein europäischer Vorgang. Sicher ist die Warnung vor einer Überschätzung der

---

48 J. V. EIJNATTEN, History, Reform, and Aufklärung.

praktischen Politik aufgeklärter Fürsten ernst zu nehmen, es wird zudem darauf hingewiesen, wie viele Reformen auch schon in der ersten Hälfte des 18. Jahrhunderts angepackt wurden, also vor der Aufklärung im engeren Sinn. Aber ein neuer Geist, der zu einem guten Teil direkt auf die Schriften der aufgeklärten Intellektuellen zurückgriff, lässt sich wohl doch nicht wegdiskutieren. Man hat vom „aufgeklärten Absolutismus" gesprochen – wie „Absolutismus" selbst ein problematischer Begriff! – und das Phänomen in fast allen europäischen Staaten mit den bezeichnenden Ausnahmen England, Niederlande und Frankreich feststellen können. Der internationale historiographische Diskurs darüber entspann sich seit den späten 1920er Jahren. Es wurden verschiedene Interpretamente entwickelt[49], um die verbreitete und gleichzeitige Adaption von aufgeklärten Positionen durch die praktische Politik zu erklären: das Interpretament einer defensiven Modernisierung, wonach den weitergehenden, also systemgefährdend-revolutionären Tendenzen zuvorgekommen werden sollte, und das der Konkurrenz, wonach es darum ging, den wirtschaftlichen Vorsprung der beiden Seemächte aufzuholen. Beides hat etwas für sich: es wurden durchaus auch wirtschaftspolitische Ziele über „aufgeklärte" Wege und Maßnahmen zu erreichen gesucht, so etwa die Einbeziehung der Juden in das Wirtschaftsleben. Manchen Bemühungen um mehr Rechtssicherheit und ein abgemildertes Strafrecht lag das aufgeklärte Humanitätsideal zugrunde. Das Bündel der Maßnahmen, die im Gefolge des aufgeklärten Diskurses aufgegriffen wurden, war denkbar unterschiedlich; schon die Zeitgenossen hatten von einem „Marktplatz der Ideen" gesprochen, auf dem man auswählen konnte und sollte. Für die Umsetzung waren nicht mehr die eigentlichen Trägerschichten des aufgeklärten Diskurses verantwortlich, sondern Beamte, die in aufgeklärte Zirkel oder Akademien integriert waren und dort mit Ideen „vollgestopft" wurden. Die optimale Voraussetzung für eine politische Modernisierung in dem skizzierten Sinn war die persönliche Initiative des Fürsten. In bestimmten Phasen setzte zwischen Friedrich II. von Preußen und Katharina II., zwischen Gustav III. von Schweden und Joseph II., zwischen Peter Leopold von Toskana und Karl Friedrich von Baden, um nur einige wenige Protagonisten herauszugreifen, durchaus eine Art subtiler Wettbewerb um die Krone der praktischen Aufklärung ein. Das waren im Übrigen ausnahmslos Fürstinnen und Fürsten, die jeweils ein Nahverhältnis zu mindestens einem „prominenten" Aufklärer hatten: Friedrich II. zu Voltaire, Katharina II. zu Diderot und Grimm, Gustav III. zu Mirabeau, Karl Friedrich zu Schlettwein. Solche Verbindungen waren ebenso innig wie fruchtbar; von den 526 Artikeln des ersten Teils von Katharinas II. „Instruktion" für die Gesetzgebungskommission lassen sich 294 direkt auf Montesquieus *Esprit des Lois* zurückführen. Der Fürst wollte nicht mehr nur konservieren, er wollte auch verändern – als erster Diener seines Staates, aber nicht immer so, wie „sein" Philosoph sich das vorstellte. Man könnte sagen: es ging zum ersten Mal seit der Reformation wieder ein Ruck durch die europäische Fürstengesellschaft; man wollte eine neue Qualität von Staatlichkeit erreichen. Die Palette war groß: Wirkliche Sozialreformen, die auf eine grundlegende Besserstellung des Bauernstandes zielten, blieben zwar noch die Ausnahme, aber hie und da wurden die tradi-

---

49 Vgl. K. O. v. ARETIN, Einleitung, in: DERS. (Hg.), Der Aufgeklärte Absolutismus.

tionellen Sozialstrukturen doch aufgebrochen. Die völlige Abschaffung der Zensur blieb zwar vorläufig ein Wunschtraum, aber dieses Manko verhinderte es nicht, dass die Möglichkeiten des Menschen, sich zu informieren, enorm expandierten. Ein wirklicher Grundbestand an Freiheitsrechten wurde vor der Revolution zwar nirgendwo garantiert – in gewissen Grenzen muss man England hier ausnehmen –, aber die neuen Kodifikationen des Rechts zeigten durchaus Spuren des aufklärerischen Gedankenguts – in geringerem Maße die Kreittmayrsche Kodifikation in Bayern (1751–56), weit mehr das Allgemeine Preußische Landrecht (1794) mit seinen beinahe 19 000 Paragraphen. Über diesen Kodifizierungen des geltenden Rechts, die das Gewohnheitsrecht direkt und indirekt mehr und mehr ins Abseits verwiesen, sollte man nicht übersehen, dass Aufklärer gerade im Justizbereich erste spektakuläre Erfolge verzeichneten, etwa die insbesondere von Voltaire betriebene postume Rehabilitation des wegen Mordes hingerichteten französischen Hugenotten Calas. Der Tatbestand der Hexerei konnte zwar noch nicht aus allen Strafgesetzbüchern eliminiert werden, aber die „letzten" Hinrichtungen häuften sich gegen das Jahrhundertende entschieden (Deutsches Reich 1775, Spanien 1780, Eidgenossenschaft 1782). Die Kirche und ihre Unterorganisationen mussten etliches von ihrer Omnipotenz abtreten, auch wenn es noch nicht gelang, eine ganz klare Scheidung von Kirche und Staat herbeizuführen. Das philanthropische Volumen der praktischen Aufklärung blieb sicher noch begrenzt, aber was in Bezug auf die Sklaverei gedacht und in Bezug auf die Folter, den Krankenhausbau, die medizinische Grundversorgung der Menschen und die medizinische Professionalisierung – um nur einige Punkte herauszugreifen – geleistet wurde, war respektabel. Sicher, die beträchtlichen regionalen Unterschiede machen es unmöglich, ein allgemeines Bild zu zeichnen. Die Praxis der Umsetzung aufklärerischer Anliegen wird deshalb folgerichtig in den nationalen Kontexten behandelt. Aber alles in allem war das ein gewaltiger Modernisierungsschub, der auch dadurch nichts von seiner Bedeutung verliert, dass er nach Ausbruch der Revolution in Frankreich vielerorts abbrach oder versandete. Das moderne Strafgesetzbuch Josephs II. beispielsweise wurde unmittelbar nach seinem Tod (1790) wieder zurückgezogen.

Aber mehr als das: Das Urerlebnis der Revolution, die ein ganzes System und Weltbild in Frage stellte, würde ja ein gewisses Zurückrudern ohne weiteres verständlich machen. Manche Fürsten hatten indes in gewisser Hinsicht auch schon vorher Angst vor der eigenen Courage bekommen. Die deutliche Lockerung der Zensur, die sogar die Ermunterung eingeschlossen hatte, auch am Staat und an der Person des Fürsten Kritik zu üben, wurde im josephinischen Österreich schon vor der Revolution wieder zurückgenommen. Die Entdeckung des Illuminatenordens diente vielerorts als Vorwand, um den Prozess der Konfrontation des autokratischen Staates mit der neuen Öffentlichkeit zu stoppen oder doch mit neuen Fragezeichen zu versehen. Die Fusion von Staat und Aufklärung war kein Selbstläufer.

Die Aufklärung war, sehr schablonenhaft, ein West-Ost-Prozess, der überall in Europa unterschiedliche Ausprägungen hatte und sich im Osten und Südosten, aber auch im Norden mit deutlicher Verzögerung gegenüber der Mitte oder Italien durchsetzte. Große Philosophen haben die östlich-nordischen Großregionen nicht hervorgebracht, auch keine Einrichtungen, die stilbildend wurden. Die Intensität des Diskurses war dort mit dem in England, Frankreich und im Deutschen Reich nicht vergleichbar.

Auch die Dichte der Bildungslandschaft und der Kommunikationsstrukturen blieb dort hinter dem west- und mitteleuropäischen Niveau deutlich zurück. Für Polen sind – neben der noch kaum der Aufklärung zuzurechnenden, 1730 begründeten Warschauer Ritterakademie – vor allem einige pädagogische Ansätze hervorzuheben, die aber erst in den 1770er und 1780er Jahren griffen und keinesfalls auf eine Mentalität trafen, die dazu neigte, die Gesamtheit der gesellschaftlichen Strukturen in Frage zu stellen; vor allem der polnische Adel war weit von solchen Tendenzen entfernt. Aber auch für die Kernzonen der Aufklärung muss man differenzieren: Die so genannte katholische Aufklärung war von der radikalen französischen Aufklärung grundverschieden und kann wohl nur als ein Vorgang arg defensiver Modernisierung charakterisiert werden. Wenn in diesem Kapitel recht pauschal von „Aufklärung" gesprochen wurde, gilt es stets, sich dessen bewusst zu bleiben: Je nach den politischen, religiösen, sozialen und kulturellen Rahmenbedingungen nahm sie überall einen anderen Verlauf, verzögerte sich, blieb embryonal oder wurde früh erstickt. Eine europäische Bewegung, die die ganze Differenziertheit des Kontinents und alle Gleichzeitigkeiten des Ungleichzeitigen widerspiegelt!

2.4.2 Wissenschaft und *République des Lettres*

Es gab Felder des öffentlichen Lebens, in denen sich die „Einheit" Europas im Sinn eines Zusammengehörigkeitsbewusstseins der Menschen – oder doch einzelner Gruppen – stärker manifestierte, und solche, in denen es schwächer ausgeprägt war. An eine grenzüberschreitende Gesundheitspolitik oder eine internationale Verbrechensbekämpfung dachte in der Vormoderne noch kaum jemand. Demgegenüber war der geistig-wissenschaftlich-literarische Austausch nie ein Vorgang, der durch Grenzen behindert oder gar unterbunden worden wäre. „Das gelehrte Europa" und „europäische Gelehrtenrepublik" waren nicht nur Schlagworte, sondern bezeichneten ein Phänomen wissenschaftlich-literarischer Interaktionen, das von dem unserer Tage gar so weit nicht entfernt ist.

Universitäten und *peregrinatio academica*

Das begann schon auf der untersten Stufe des Formationsprozesses einer geistigen Elite, der des Universitätsbesuchs. Bei allen Versuchen insbesondere der deutschen Landesfürsten, die eigenen Studenten stärker an die heimische Universität zu binden und eine staatliche Anstellung geradezu von dem dort bestandenen Examen abhängig zu machen: die *peregrinatio academica Europaea* blieb auch nach der Mitte des 17. Jahrhunderts selbstverständlicher Teil der sozialen Wirklichkeit. Sie wurde auch dadurch erleichtert, dass die damaligen Universitäten, die sich ungleichmäßig über den Kontinent verteilten und mit dem Deutschen Reich (etwa 40 Hochschulen), mit Frankreich und Spanien (je 24) und mit der italienischen Halbinsel (19) einige besonders dichte Standortregionen kannten, sich im Prinzip an einem gleichförmigen Organisations- und Studienmodell mit einem im Übrigen beachtlich hohen Autonomiegrad orientierten und dass der akademische Unterricht zunächst noch europaweit in einer einzigen *lingua franca* durchgeführt wurde, im Lateinischen. Das Phänomen soll an zwei besonders markanten Beispielen illustriert werden.

Unter den europäischen Universitäten des ausgehenden 17. Jahrhunderts[50] ragte das niederländische Leiden hervor, die mit Abstand anspruchs- und qualitätsvollste und auch vom Lehrkörper her internationalisierteste Hohe Schule des Ancien Régime. Die große Bedeutung der Leidener Universität wird im „nationalen" Rahmen zunächst einmal dadurch unterstrichen, dass sie während des 17. und frühen 18. Jahrhunderts allein mehr Studenten anzog als die anderen niederländischen Hohen Schulen zusammen, also Groningen, Franeker, Utrecht, Harderwijk. Unter ihnen befanden sich – der internationale Rahmen – traditionell besonders zahlreiche Studenten aus dem Ausland. Man hat errechnet, dass sich zwischen 1575, dem Gründungsjahr der Universität, und 1750 allein 11 000 Studenten aus dem Deutschen Reich dort eingeschrieben haben. Hinzu kamen die Engländer und Schotten, die Skandinavier und Eidgenossen und nicht zuletzt die meist hugenottischen Franzosen. Wenn man darüber hinaus in Rechnung stellt, dass der Anteil der Deutschen an den Groninger Studenten wohl 27 % und an den Franeker Studenten rund 17 % ausmachte, dann wird man die Bedeutung der *peregrinatio academica* und der deutsch-niederländischen akademischen Interaktionen exemplarisch würdigen können.

Für eine solche *peregrinatio academica* in Richtung niederländische Republik, die sich damals in ihrem „goldenen Zeitalter" befand, sprachen nicht nur der desolate Zustand der meisten deutschen Hohen Schulen, sondern auch die Qualität der akademischen Lehrer in Leiden, also die von diesen Personen ausgehende europäische Ausstrahlung. Von den „Studiengängen" oder dem Fächerspektrum her haftete Leiden an sich nichts Aufregendes an. Der Ausspruch eines deutschen Niederlandekenners aus dem Jahr 1711, wonach Leiden unter den „wohlbestellten Universitäten und Hohen Schulen" Europas der Vorzug zu geben sei[51], bezog sich auch damals auf die herausragenden Professorenpersönlichkeiten an der dortigen Universität. Man denke etwa an die Altertumswissenschaftler Daniel Heinsius und Gerhard Vossius oder an die Mediziner Herman Boerhaave und Franciscus Sylvius (der übrigens in Hanau geboren worden war) oder an die profilierten Juristen und Theologen. Die Leidener Professoren waren nicht selten das Ziel geradezu wallfahrtsähnlicher Kontaktreisen regierender Hochadliger, wie beispielsweise der Besuch des lothringischen Herzogs Franz Stephan bei dem Mediziner Boerhaave 1731 zeigt.

Für die angehende geistige Elite des katholischen Europa fehlte eine „Modeuniversität" dieser Art. Die *peregrinatio academica* nach Italien, noch 150 Jahre zuvor ein Muss, hatte deutlich nachgelassen, auch wenn für den geistlichen Nachwuchs nach wie vor ein Studium an einer der römischen Hohen Schulen beziehungsweise Kollegien wichtig blieb. Viele katholische Universitäten im Reich dämmerten eher vor sich hin: die Professorengehälter waren zu niedrig, die Räumlichkeiten häufig unzulänglich, ganz zu schweigen von den vielen anderen Defiziten. Reformimpulse nahmen sie kaum auf.[52] Hinzu kam bei den weitaus meisten die jesuistische Dominanz in den Artisten- und Theologischen Fakultäten, deren starre Lehrmethode kaum noch als zeitgemäß empfunden wurde. Auch inhaltlich wurde die in den artistischen Fächern praktizierte

---

50 Vgl. generell zu diesem Sachkomplex F. CADILHON u. a. (Hg.), Universités.
51 Zitiert bei H. LADEMACHER, Niederlande, 317.
52 Exemplarisch kann das am Beispiel Triers verdeutlicht werden; vgl. M. TRAUTH, Begegnung.

einseitige und ausschließliche Orientierung an Aristoteles für veraltet gehalten; sie basierte unverändert auf der *Ratio studiorum* von 1599 und sah für die gesamten Naturwissenschaften noch keinen Raum vor! Auch an den französischen Universitäten, an denen sich der akademische Unterricht im Diktat und anschließender Aussprache erschöpfte, war lähmende Sterilität eingetreten.

Angesichts der unverkennbaren Petrifizierungen im europäischen Hochschulwesen „wartete" die europäische Gelehrtenwelt gewissermaßen auf ein Signal – eine konzeptionell neue Universität, die den veränderten Bedürfnissen und Strömungen der Zeit Rechnung trug. In gewisser Weise stellte schon Halle einen solchen neuen Ansatz dar, insofern als hier die staatliche Omnipotenz das Prinzip der Autonomie nun deutlich überlagerte, als die Zensur faktisch aus dem Universitätsbetrieb ausgeschaltet wurde, als die modernen Entwicklungen insbesondere in der Rechtswissenschaft erstmals zum Tragen kamen – das *Corpus juris* wurde aus dem Zentrum der Juristenausbildung verdrängt und Natur-, Reichs- und Territorialrecht ungleich stärker als bisher betont – und als ein allmähliches Abrücken vom Lateinischen als der vorgeschriebenen Unterrichtssprache erfolgte. Zur eigentlichen „Modell-" und Modeuniversität des 18. Jahrhunderts aber wurde dann Göttingen (1734/37), an dem daher auch die europäische Dimension der *peregrinatio academica* noch einmal überprüft werden soll. Der entscheidende Pluspunkt Göttingens gegenüber allen bestehenden Hohen Schulen war die strikte Orientierung des Fächerkanons und der *Curricula* an den Bedürfnissen des Hof- und Staatsdienstes: also auch hier nicht mehr das alte *Corpus juris*, sondern Natur-, Reichs- und Territorialrecht, nicht mehr die Geschichte als Neben- und Hilfswissenschaft anderer Disziplinen, sondern als eigenständige Disziplin, nicht mehr die klassischen Autoren zur Schulung der Rhetorik, sondern Erwerb von Sprachkompetenz in den modernen Sprachen.

Freilich ist Göttingen seine Modernität unter der hier aufgeworfenen Fragestellung dann aber eher von Nach- denn von Vorteil gewesen. Gewiss, die modernen juristischen Disziplinen zogen, zum Teil sogar mit ausdrücklicher Billigung und Förderung ihrer Landesherren, auch Katholiken in großer Zahl an, aber für einen Schotten oder einen Franzosen waren Reichsrecht oder gar Territorialrecht nur von marginaler Bedeutung. Gewiss, die Juristen, Historiker und Theologen waren europaweit angesehene Kapazitäten, die sich ihrer eidlichen Verpflichtung entsprechend auch lebhaft publizistisch betätigten, aber ihre Vorlesungen in deutscher Sprache richteten eine Sprachbarriere auf, die zu überwinden nicht mehr alle wanderungswilligen europäischen Studierenden bereit waren. Der preußische „Universitätsbereiser" Friedrich Gedike warf jedenfalls in seinem ausführlichen Bericht über die Göttinger Universität aus dem Jahr 1789[53] den Anteil der Ausländer an den insgesamt 819 Studierenden nicht mehr eigens aus – offenbar war er nicht mehr beträchtlich.

So ist das Paradoxon festzuhalten, dass *die* europäische Reformuniversität des 18. Jahrhunderts schlechthin keineswegs große internationale Studentenwanderungen auslöste, wenn auch die Zahlen der aus Südosteuropa stammenden Studierenden

---

53 Veröffentlicht von H. Boockmann unter dem Titel: Mehr als irgend eine andere in Deutschland bekannt. Die Göttinger Universität im Bericht des 'Universitätsbereisers' Friedrich Gedicke aus dem Jahre 1789, Göttingen 1996.

in Göttingen wohl immer beachtlich blieben. Vielleicht wird man sogar Straßburg ein höheres Maß an Internationalität zusprechen müssen[54], denn auch dort wurde eine exzellente Jurisprudenz gelehrt und das Sprachenproblem – Französisch war für einen angehenden Wissenschaftler einfach unerläßlich – fiel nicht negativ ins Gewicht. Ab der Mitte des 18. Jahrhunderts bildete sich hier, zentriert um den Historiker Schoepflin und den Juristen Koch, eine Beamten- und Diplomatenschule mit wahrhaft europäischer Ausstrahlung aus, an der unter anderem Metternich, der bayerische Reformminister Montgelas und der nachmalige russische Zar Paul I. ihre Ausbildung erhielten. Goethe hat der Straßburger Hohen Schule dieser Jahre im neunten Buch von „Dichtung und Wahrheit" ja auch ein bemerkenswertes literarisches Denkmal gesetzt.

Die am Beispiel Göttingens beschriebene Tendenz, wonach im 18. Jahrhundert die internationale *peregrinatio academica* rückläufig war, die Regierungen ein Studium ihrer Landeskinder an fremden Universitäten nur bedingt wünschten und die „Nationalisierung" der Unterrichtssprache (Kopenhagen 1775) eine zusätzliche Hürde aufbaute, soll mit einer weiteren Beobachtung abgestützt werden. Neben den italienischen Universitäten waren für die deutschen Jungakademiker über viele Jahrhunderte hindurch die französischen Hohen Schulen eine prominente Anlaufstelle gewesen. Sie bildeten – in Paris, in Orléans, in Bourges – deutsche „Nationen" und organisierten sich nicht selten zusätzlich in Freundeskreisen (*sociétés allemandes*"). Hatte hier einerseits die Reformation und andererseits die verstärkte Einbeziehung der Universitäten in die königlichen Interessen schon im 16. Jahrhundert für ein Abknicken der Frequenzkurven gesorgt – auch wenn sich zur Zeit der Bartholomäusnacht noch etwa 1 500 deutsche Studenten in Paris befunden haben sollen –, so reduzierte die allgemeine Politik die Attraktivität eines Studiums in Frankreich immer mehr: War die Krone mit der Ausgabe von Schutzbriefen für eine gewisse Zeit noch eher großzügig, so stellte sich für viele Wanderstudenten, unter ihnen traditionell viele Adlige, dennoch das Problem der Sicherheit immer schärfer. Hinzu kam die seit 1598 geforderte Loyalitätserklärung für den König, hinzu kam für die Protestanten das Problem des Gottesdienstbesuchs, hinzu kam die Abschneidung des Wegs zu den Universitätsämtern für Ausländer, hinzu kam die strikte Haltung des königlichen Fiskus in Bezug auf das Vermögen der in Frankreich verstorbenen Studenten – kurzum, die Umwandlung der französischen Universitäten zu Staatsanstalten machte sie für Deutsche immer weniger anziehend. Kann man für die zweite Hälfte des 17. Jahrhunderts vor allem aus den süddeutschen Reichsstädten noch relativ viele künftige Funktionsträger als Studenten in Frankreich nachweisen, so sanken in den Folgejahren die Ziffern dramatisch. 1689 finden sich in den Matrikeln der Deutschen Nation in Orléans noch ganze vier Inskriptionen, für den Zeitraum 1748–1781 kam es dann nur noch zu sechs Eintragungen. In Bourges kam die Deutsche Nation faktisch 1689 zum Erliegen.

Insgesamt, um noch für einige Augenblicke beim Universitätswesen im Allgemeinen zu bleiben, wird man für das 18. Jahrhundert tendenziell von einer Stagnation, wenn nicht gar einer Krise der europäischen Universitäten sprechen müssen. Es war insofern bezeichnend, dass so bedeutende Wegbereiter einer neuen Zeit wie Spinoza,

---

54 Vgl. B. VOGLER/J. VOSS (Hg.), Strasbourg.

Locke oder Leibniz immer außerhalb der Universitäten blieben und dass sich letzterer mehr als einmal ausgesprochen geringschätzig über die Hochschulen geäußert hat. Von einer Vorbereitung und wirklichen Qualifizierung für einen Beruf waren sie im Allgemeinen weit entfernt, darüber können auch gelegentliche Modernisierungen des Lehrkanons, etwa durch Pombal im portugiesischen Coimbra oder durch Kołłątaj im ehrwürdigen Krakau, nicht hinwegtäuschen. In Trier etwa, einem Paradebeispiel der Rückständigkeit und Verweigerungshaltung, blieben so gut wie alle Reformimpulse der zuständigen Kurfürsten ergebnislos.[55] Symptomatisch für diesen unverkennbaren Abschwung, der auch von einzelnen Spitzenwissenschaftlern nicht aufgehalten werden konnte, sind die Zahlen der Inskribenten. Um die Mitte des 18. Jahrhunderts fielen sie in Oxford und Cambridge auf einen absoluten Tiefpunkt, Kiel zählte 1767 gerade noch einmal acht Neuimmatrikulationen, selbst Leiden büßte seit den 1740er Jahren an Attraktivität ein – und damit auch an internationalem Zulauf. Manche Fürsten versuchten diesen offenkundigen Niedergang des Universitätswesens einerseits durch Reformen aufzufangen, die aber meist zu moderat blieben und bei denen zudem immer zu prüfen ist, ob der guten Absicht entsprechende Taten folgten. Generell zielten diese Reformversuche auf ein Zurückschneiden der Autonomie und eine stärkere Verstaatung der Anstalten. Andererseits versuchten sie durch die Gründung von spezialisierten Hohen Schulen gegenzusteuern und eine Alternative zu schaffen: Es entstanden Polytechnische Anstalten wie etwa in Braunschweig oder in Kassel, Ingenieurschulen, Bergakademien wie in Freiberg/Sachsen oder im oberungarischen Schemnitz, von den reinen Offiziersschulen und Militärakademien ganz zu schweigen. Auch dass der europäische Adel sich an der traditionellen Universität nicht mehr wohl fühlte, weil sie seinen Bedürfnissen nicht mehr entsprach, gehört in diesen Kontext. Die Folge des erneuten Entfremdungsprozesses von Universität und Adel war die Gründung spezialisierter und sozial gebundener Ritterakademien in ganz Europa – in Warschau und in Sorø/Dänemark, in Saumur und in Sedan, in Lissabon und in Kremsmünster, in Wolfenbüttel und in Hildburghausen –, die auch Fächer wie Reiten, Fechten und Tanzen in ihrem offiziellen Fächerkanon hatten.[56] An den Universitäten blieben solche Disziplinen, sofern sie denn überhaupt gelehrt wurden, immer außerhalb der „normalen" Strukturen.

Der Wind stand den Universitäten also alles in allem ins Gesicht, und deswegen verwundert es nicht, wenn nach Göttingen im Deutschen Reich während des 18. Jahrhunderts nur noch vier Hochschulen (Erlangen 1743, Bützow 1760, Münster 1780, Bonn 1786) gegründet wurden und auch der europäische Bestand allenfalls an der Peripherie (Moskau 1755) ergänzt wurde. Universitäten waren zwar nach wie vor Prestigeobjekte, aber im öffentlichen Bewusstsein war ihr Prestige deutlich im Sinken begriffen. Bezeichnenderweise wurden im josephinischen Habsburgerstaat einzelne Universitäten degradiert oder gar völlig aufgelassen, was bei einem so resistenten Sozialkörper wie der Universität an sich nur Fundamentalkrisen zuwege bringen.

---

55 M. Trauth, Begegnung.
56 Grundlegend: Norbert Conrads, Ritterakademien der frühen Neuzeit. Bildung als Standesprivileg im 16. und 17. Jahrhundert, Göttingen 1982.

Forschung und Forschungsorganisation

Kennzeichnend für das vormoderne Universitätswesen war, dass eigentliche Forschung in seinem Rahmen noch kaum betrieben wurde. Zwar schrieben die Juristen ihre Bücher und nahmen einzeln oder als Fakultät gutachtend zu aktuellen Streitfragen Stellung, auch setzte sich in den Medizinischen Fakultäten nach und nach die Demonstration am lebenden oder toten Objekt durch[57], aber zukünftige Forscher wurden an den Universitäten nicht ausgebildet. Die großen Entwürfe der Zeit, die Welterklärungsmodelle eines Descartes (Rationalismus) und eines Newton (Empirismus), entstanden nicht an einer Universität, zudem fanden sie nur sehr bedingt Eingang in deren Lehrkanon. Auf der anderen Seite hatte sich seit der Mitte des 17. Jahrhunderts die Überzeugung immer mehr durchgesetzt, dass die Wissenschaft zur Gestaltung des Lebens – Benjamin Franklins Blitzableiter-Demonstration von 1752 war für die Zeitgenossen ein Schlüsselerlebnis, vergleichbar dem Guericke-Experiment in den 1640er Jahren –, zur Optimierung von Landwirtschaft und Bergbau, zur Weiterentwicklung des nautischen Potentials oder zur Nutzbarmachung chemischer Prozesse sehr viel beitragen könne. Um hierfür einen organisatorischen Rahmen, ein Forum und zudem auch eine verlässliche Dotierung bereitzustellen, wurde fast zeitgleich in England und in Frankreich in Anlehnung an ein entsprechendes Vorhaben in Florenz (1657) das Modell der Akademie entwickelt. Gemeint war damit der Zusammenschlusses einschlägig arbeitender Wissenschaftler, die ihre Forschungen zur Diskussion stellten, sie in entsprechenden Organen publizierten und damit öffentlich zugänglich machten. Das Zusammenwirken und die Diskussion von Forschern wirkten sehr belebend und förderten den Fortschritt. Selbst auf Gebieten, die eher peripher erscheinen mögen, wie etwa der Verbreitung des Wissensstandes über China, kam es in der Pariser *Académie des inscriptions et belles-lettres* im frühen 18. Jahrhundert zu einem fruchtbaren Austausch. In der 1662 begründeten *Royal Society*[58] in England fand ein förmlicher „Boom" naturwissenschaftlicher Entdeckungen statt – man denke etwa an die Astronomie oder die Nutzbarmachung des Elektrizitätsphänomens. Die Fürsten, von denen diese Akademien getragen wurden, haben den Forschungseifer mehr als einmal anzustacheln gewusst, zumal wenn es sich um praxisnahe Erfindungen und Entwicklungen handelte. In England und Frankreich wurden am Beginn des 18. Jahrhunderts zeitgleich Preise für die exakte Bestimmung der Längengrade auf See ausgelobt.[59] Ungewöhnliche Begabung und exzellierende Qualifikation konnten dann sogar die „natürlichen" Schranken der Zeit überwinden. In Italien wurde die bedeutende Mathematikerin Agnesi gleich in mehrere Akademien aufgenommen, vergleichbare Karrieren an den Universitäten der Zeit waren von ganz wenigen Ausnahmen abgesehen noch undenkbar. In Einzelfällen behielten sich Herrscher, die die Dotierung trugen, trotz des im Prinzip überall bestehenden Selbstergänzungsrechts der Akademien freilich auch Eingriffe vor. Bekannt ist der Fall Moses Mendelssohns, dessen Zuwahl zur Berliner Akademie Friedrich II. nicht approbierte, weil der Aspirant jüdischen Glaubens war.

---

57 In Trier dagegen gelang es nicht, die Anatomie zu etablieren; vgl. M. Trauth, Begegnung.
58 M. Hunter, New Science.
59 M. Mollat du Jourdin, Europa, 273.

London und Paris standen an der Spitze einer von ihnen ausgelösten Akademiebewegung; kein Staat, der etwas auf sich hielt, glaubte, auf eine Akademie verzichten zu können. Selbstverständlich schuf sich das ambitionierte Schweden seine Königliche Akademie (1739), sie wurde von dem großen Systematiker Carl Linné präsidiert. Wenige Monate vor seiner Königskrönung, also in einer Situation, als ganz Europa dorthin schaute, errichtete der brandenburgische Kurfürst Friedrich III. die Berliner Akademie der Wissenschaften. Auch für die russischen Herrscher war es keine Frage, dass, wollte das Land im europäischen Staatenwettbewerb mithalten, hierfür eine Akademie (1724) vonnöten sei. Selbst an der europäischen Peripherie, ob in Dublin, im siebenbürgischen Hermannstadt oder in Palermo, kam es zur Gründung von Akademien; sie erzielten freilich nicht ausnahmslos epochemachende Leistungen. Den politischen Strukturen entsprechend, bildete sich im Deutschen Reich und auf der Apenninenhalbinsel ein Netz dezentraler Akademien aus. Aber auch in der französischen Provinz wuchs ein ganzes Ensemble sich nicht nur für regionale Belange zuständig fühlender Akademien heran. Die Akademien standen, auch ohne institutionelle Klammern, in einem regen (Schriften-)Austausch, der Forschungsergebnisse rasch europaweit bekannt machte; manche der Organe, so die *„Philosophical Transactions"* der *Royal Society* oder die „Göttingischen Gelehrten Anzeigen", bestehen bis auf den heutigen Tag.

Gelehrtenkorrespondenzen und Gelehrtennetzwerke
Freilich bedurfte es bei der Kommunikation über laufende oder abgeschlossene Forschungen des Mediums der Akademien nicht zwingend. Die großen Wissenschaftler der Zeit haben einen unglaublich extensiven und intensiven Briefwechsel unterhalten und sich mit interessierten Kollegen permanent ausgetauscht, meist im Übrigen in französischer Sprache, selbst wenn es sich um Korrespondenzpartner der eigenen Nationalität handelte. Der Berner Universalgelehrte Albrecht von Haller stand in regelmäßiger Verbindung mit 1200 Korrespondenzpartnern, deren geographische Verteilung sich von Moskau bis Dublin und von Stockholm bis Malaga erstreckte. Paradigmatisch ist der umfangreiche Briefwechsel Gottfried Wilhelm Leibniz'; er wird seit vielen Jahrzehnten in mehreren Reihen herausgegeben und zählt zu den zentralen wissenschafts- und kulturgeschichtlichen Forschungsvorhaben zur Barockzeit. Ihm zur Seite gestellt werden kann die bisher in sechs Bänden publizierte Korrespondenz Isaac Newtons, des großen englischen Naturwissenschaftlers. Sie spiegelt freilich zugleich auch manche nicht nur der damaligen Zeit eigenen Charakteristika von Gelehrten wieder wie die Empfindlichkeiten, den kleinlichen Streit um die „Erstgeburt" mancher Einsichten und Entdeckungen und ähnliches. Man muss sich überhaupt von der Vorstellung lösen, alle diese bedeutenden Universalgelehrten seien weit über den Dingen stehende, in sich ruhende und von dem von ihnen mitgestalteten Weltbild getragene Männer gewesen. Einige wie Newton zeigten ganz erstaunliche esoterische Neigungen, andere ließen eine deutliche Affinität zur Alchemie erkennen, die ja generell die Menschen faszinierte – sie zog im Übrigen eine breite Produktion von Medaillen nach sich, die tatsächlich oder vermeintlich durch Transmutation von Metallen hergestellt worden waren. Manche, selbst „Prominente" in den Pariser Salons, ließen sich in den 1780er Jahren von dem vorgeblich allheilenden tierischen Magnetismus Franz

Anton Mesmers begeistern, also etwas Unsichtbar-Wunderbarem. Der in Salamanca lehrende Mathematiker Diego de Torres Villaroel wurde von seiten der Regierung öffentlich gerügt, weil er sich überwiegend mit dem Erstellen von Prognostiken abgab.

Buchmarkt und wissenschaftliche Literatur

Der auf Pierre Bayles *„Nouvelles de la république des lettres"* (seit 1684) zurückgehende Begriff europäische „Gelehrtenrepublik" hat sich durchgesetzt, weil er die prinzipielle Gleichordnung aller Gelehrten als deren Mitglieder zum Ausdruck brachte und bringt. Die Gelehrtenrepublik hat sich außer über das Medium des Briefs auch durch das gedruckte Wort artikuliert, so dass man für das 18. Jahrhundert von einer neuerlichen Leserevolution sprechen kann. Seit dem Ausgang des 17. Jahrhunderts erschienen nicht nur mehr und mehr Periodika wie etwa die Leipziger *„Acta Eruditorum"* (seit 1682), die naturwissenschaftliche Forschungen, philosophische Reflexionen und Ideen zur Verbesserung der Welt zu popularisieren suchten, sondern auch zunehmend entsprechende kleine Monographien, meist im Quart- oder Oktavformat und damit finanziell erschwinglich. Generell kann man seit dem beginnenden 18. Jahrhundert ein deutliches Zurücktreten der religiösen Literatur zugunsten der wissenschaftlichen und der schöngeistigen feststellen. Die steigenden Auflagen erlaubten es manchen Gelehrten nun sogar bereits, allein von ihren (populär-)wissenschaftlichen Arbeiten zu leben. David Hume zum Beispiel hat mit seiner *„History of England"* ein kleines Vermögen verdient, auch Voltaire hat bei zehn Auflagen seiner *„Histoire de Charles XII"* in nur zwei Jahren einiges an Honoraren eingestrichen. Der Typus des freien, unabhängigen, mit dem Publikum umzugehen wissenden Wissenschaftlers und sogar der des professionalisierten „Wissenschaftsjournalisten" begann sich abzuzeichnen. Er publizierte tunlicherweise nicht mehr in lateinischer, sondern in französischer Sprache, weil er nur dann einer europäischen Resonanz sicher sein konnte. Manche bedeutenden Werke wie die Christian Wolffs begannen erst nach ihrer Übersetzung ins Französische internationale Wirkung zu entfalten!

Der Buchmarkt, um mit einigen wenigen Worten darauf zu sprechen zu kommen, zeigte deswegen auch *eine* allgemeine Tendenz: die lateinische Sprache zog sich mehr und mehr auf den theologischen Bereich zurück, der Trend ging zum französischen Buch. Diesem Prozess ist übrigens unter anderem der literarische Verfall des Kirchenslawischen anzulasten. Da seit der Mitte des 18. Jahrhunderts zunehmend (standardisierende) Wörterbücher wie das der *Académie française* oder für den deutschen Sprachraum das Adelungs zur Verfügung standen, wurde die Aufgabe für Autoren und Rezipienten auch deutlich erleichtert. Dieser Trend hin zu der einen *lingua franca* verwies Bücher in anderen Sprachen auf den je eigenen Sprachbereich und schloss sie vom europäischen Markt mehr oder weniger aus. So ist beispielsweise ermittelt worden, dass der Anteil deutschsprachiger Bücher am französischen Büchermarkt nach 1715 geradezu dramatisch zurückging. Dieser Prozess wurde zudem dadurch beschleunigt, dass selbst hochrangige Intellektuelle neben dem Französischen, dem Lateinischen und – sofern nicht identisch mit der *lingua franca* – ihrer Muttersprache kaum noch weitere Sprachen beherrschten. Selbst die Kenntnis des Italienischen scheint in manchen europäischen Regionen rückläufig gewesen zu sein. Zu besonderem Nachteil gereichte dieser Vorgang einer der großen Sprachen der Vergangenheit, dem Spanischen; die spanische Kultur und Wissenschaft ist in Europa im 18. Jahrhundert kaum noch zur Kenntnis genommen worden.[60] Andererseits ist nicht zu übersehen, dass die Dominanz des Französischen abwehrende Reaktionen hervorrief. Das hatte schon in der ludovizianischen Zeit begonnen und beschleunigte sich seit der Mitte des 18. Jahrhunderts. Die Reaktion äußerte sich zunächst bei den Bühnenstücken mit ihrer besonderen Breitenwirkung: sie wurden in den Nationalsprachen in Szene gesetzt, zunehmend auch in „Nationaltheatern", die von Warschau (1765) bis Mannheim (1767) in rascher Folge errichtet wurden. Aber dann erreichte die Reaktion auch die Belletristik im Allgemeinen: In den 1770er Jahren wurden in Ungarn und Polen die ersten Romane in der Nationalsprache veröffentlicht (Bessenyei, Krasicki)[61], „nationale" Themen gewannen an Gewicht, 1769 widmete Klopstock seine „Hermanns Schlacht" Kaiser Joseph II. Auch infolge des Aufschwungs der englischen Sprache in Europa begann sich gegen Ende des 18. Jahrhunderts die lange unverrückbar erscheinende Dominanz des Französischen langsam zu relativieren. Unter den seit den 1780er Jahren in Deutschland veröffentlichten Juristischen Zeitschriften scheint sich keine einzige französischsprachige mehr befunden zu haben.

Das mathematisch-physikalische Jahrhundert

Über den Rahmenbedingungen der Wissenschaft dürfen die Inhalte nicht völlig in den Hintergrund treten. Das Zeitalter, das sich der Tatsache überdeutlich bewusst war, dass Kirche(n) und Religion(en) keine verbindlichen Wahrheiten mehr zur Verfügung stellten, man diese vielmehr ohne Bevormundung durch irgendwelche Autoritäten nun selbst finden müsse, war in seinem Kern mathematisch-naturwissenschaftlich orientiert. Die Geometrie wurde zu einer Art Schlüsselwissenschaft: Viele der bedeutenden Denker und Motoren des wissenschaftlichen Fortschritts, etwa Descartes, Malebranche, Leibniz und Newton, waren auch, wenn nicht in erster Linie, Mathematiker. Generell muss man wohl die Mathematiker zu den umworbensten und gefragtesten Gelehrten der Zeit rechnen; es war symptomatisch, dass es Mathematiker wie Leonhard Euler, d'Alembert und Lagrange waren, die als Vertreter der „Leitwissenschaft" schlechthin im 18. Jahrhundert die glänzendsten internationalen Karrieren machten – im Übrigen immer außerhalb der Universitäten. Es war die Suche nach der inneren Ordnung der Welt, ihren Gesetzmäßigkeiten, die die Wissenschaft umtrieb und die den Naturwissenschaften einen ungeheuren Auftrieb gab. Der Impetus betraf die Astronomie (neue Himmelskörper im Sonnensystem) ebenso wie die Elektrizitätslehre, erfasste die Chemie – 1750 wurde in Uppsala der erste Lehrstuhl eingerichtet, 1778 erschienen die ersten Fachzeitschriften –, er öffnete aber auch Weltdeutungsmodellen Tür und Tor; man mag an Leibniz' praestabilierte Harmonie und Monadologie denken oder an das Konzept des Naturrechts, in dem für Christian Wolff der Wille Gottes, die Moral und die Wahrheit zusammenflossen. Zu diesen Weltdeutungsmodellen zählten aber auch die Gesetze des menschlichen Lebens, also die Prozesse der Sin-

---

60 Vgl. H. DUCHHARDT, in: M. A. VEGA CERNUDA/H. WEGENER (Hg.), España y Alemania, mit weiteren Nachweisen.
61 Ignacy KRASICKI, Mikołaja Doświadczyńskiego przypadki (1775).

nes- und Selbstwahrnehmungen (Locke), die Motoren menschlicher Aktivität (Hume) und das dem Menschen innewohnende Pflichtgebot (Kant, Kategorischer Imperativ). Auch Newtons für die Zeitgenossen so ungeheuer beeindruckender Ansatz, das „Funktionieren" der Welt auf ein im Grunde kleines *Sample* von mechanischen und physikalischen Gesetzen zurückzuführen, ließ Raum für eine Weltdeutung, weil man die Gravitation natürlich auch als ewiges Wirken Gottes in der Welt und für sie auffassen konnte. Die Ordnung der Welt, die man *more geometrico* auch im Schlossgarten und im Stadtgrundriss abzubilden suchte, und die Aufdeckung ihrer (vermeintlich letzten) Geheimnisse waren ein Movens, das alles in allem der Philosophie und den Naturwissenschaften einen deutlichen Vorrang vor, beispielsweise, der Geschichts- und der Sprachwissenschaft sicherte.

Freilich fand auch die Geschichte mehr und mehr ihren spezifischen Platz im Wissenschaftssystem, wenn auch nur vereinzelt eine wirkliche Heimstatt (Bayerische Akademie der Wissenschaften). Die Anfänge der Quellenkritik reichten zwar schon deutlich ins 17. Jahrhundert zurück, als die französischen Bollandisten und Mauriner ganz Europa nach Quellen und Autographen durchforsteten und erste Kriterien zur Unterscheidung „guter" und „schlechter" Quellen entwickelten. Aber in der Geschichtsschreibung brachte dann doch erst das 18. Jahrhundert den entscheidenden Durchbruch. Ohne sich schon immer ganz von der überkommenen christlichen Chronologie (Vier-Weltalter-Modell) zu lösen, strebte die Geschichtsschreibung seit Beginn der Aufklärung – exemplarisch mag die so genannte Göttinger Historische Schule der Pütter, Schlözer und Spittler genannt sein – zum Aufzeigen der verschiedenen Faktoren aus Recht, Verfassung und Geschichte, um Entwicklungen verständlich und nachvollziehbar zu machen. Vom Rahmen her wurde nun verstärkt – Voltaires *„Siècle de Louis XIV"* mag hierfür als Beispiel dienen – ganz Europa in den Blick genommen, wenn nicht gar unter einer leitenden Fragestellung (Voltaire, *„Essai sur les moeurs"*; Buffon, *„Histoire naturelle"*) die gesamte Menschheitsgeschichte, für die seit Cellarius' *„Historia Universalis"* (1685–96) ja schon ein überzeugender Periodisierungsvorschlag auf dem Tisch lag. Geschichte wurde freilich, je mehr man über sie erfuhr, nun auch für andere Zwecke instrumentalisiert: für politisch-territoriale Ansprüche, für Kritik an der Kirche. Es war zum Beispiel kein Zufall, dass Edward Gibbons monumentale *„History of the Decline and Fall of the Roman Empire"* mit seiner These, dass die damalige Kirche erheblich zum Verfall des antiken Rom beigetragen habe, just zu einem Zeitpunkt (1776/88) erschien, als europaweit die Kirchenkritik auf ihrem Höhepunkt war.

Gibbons Opus mag im Übrigen auch als Beispiel dafür dienen, dass der grenzenlose und unbedingte Fortschrittsoptimismus nicht für alle Aufklärer galt; manche Autoren wurden im Gegenteil umgetrieben von der beunruhigenden Frage der Wiederholbarkeit historischer Prozesse, konkret also vom Verfall einer Hochkultur, als die sie ihre eigene Zeit ja ohne Einschränkung sahen.

Um es zu wiederholen: Die Aufklärung erbrachte ihre großen Leistungen nicht im Bereich der Geisteswissenschaften, sondern auf dem Gebiet der Naturwissenschaften. Dabei muss man sich freilich von der Vorstellung lösen, die große Welle naturwissenschaftlicher Erkenntnisse und technologischer Entwicklungen sei eine einzige Erfolgsgeschichte gewesen. Bei der Erforschung der Elektrizität, einem der großen Modethemen des 18. Jahrhunderts, wurde ebenso manche Sackgasse beschritten wie bei der mit vermeintlich naturwissenschaftlicher Methode betriebenen Erarbeitung einer Artenlehre, in der, zurückgehend auf den Italiener Bernardo Albinus, darüber diskutiert wurde, ob nicht ursprünglich alle Menschen weiß gewesen und die Sünder dann schwarz geworden seien. Auch der Astronom William Herschel, der 1781 den Planeten Uranus entdeckte, hat sehr viele Versuche unternommen, bevor schließlich ein benutzbares Teleskop konstruiert war. Mit der Nutzung des Dampfes für die Seeschifffahrt wurde schon seit dem Ausgang des 17. Jahrhunderts experimentiert, der Weg der exakten Bestimmung eines Schiffsstandorts führte nach beinahe einem halben Jahrhundert vergeblicher Bemühungen in den 1760er Jahren überraschenderweise zum Schiffschronometer.

Das wachsende Interesse an den fremden Welten und Kulturen schlug sich jetzt in den erstmals in dichter Folge durchgeführten großen Expeditionen nieder, die Grundlagenkenntnisse zu gewinnen suchten. So entsandte die Pariser *Académie des Sciences* schon 1736 eine von Maupertuis geleitete Expertenkommission nach Lappland, um die Annahme von der Abflachung der Kugelgestalt der Erde im Polarbereich überprüfen zu lassen. 1785 schickte Karl III. von Spanien eine Expedition nach Südamerika, die verwertbare Heilpflanzen aufspüren und nutzbar machen sollte. An solchen Beispielen wird deutlich, wie in vielen Fällen Neugier und Entdeckungsfreude mit Aufklärung – also dem Bemühen, die Lebensbedingungen der Menschen zu verbessern – eine Art Verbindung eingingen.

3   Die „nationalen" Entwicklungen

Wurde in den ersten Abschnitten dieses Buches vor allem die Frage nach der Einheit der Epoche und nach ihrem „europäischen" Potential diskutiert, so hat im Folgenden die Vielfalt zu interessieren: die Vielfalt der Europa zuzurechnenden Staaten, Gesellschaftsordnungen und Kulturen. Es bietet sich aus verschiedenen Gründen an, einen solchen Überblick mit jenem Staat zu beginnen, der in den Jahrzehnten nach 1650 mehr und mehr in die Rolle eines Vorbild-Staats für große Teile des Kontinents hineinwuchs: Frankreich.[1]

3.1   Frankreich

Frankreich als Leitbild und Orientierungmacht

An der Stellung Frankreichs als eines Orientierungs- und Leitbild-Staatswesens kann für die Zeit ab etwa 1670 nicht gezweifelt werden: Das galt in Bezug auf seine materielle und geistige Kultur, die überall in Europa Bewunderung und Nachahmung fand; das galt in Bezug auf seine Sprache, deren Beherrschung für alle Gebildeten unerlässlich wurde, derer sich Potentaten bedienten, weil sie die Sprache „ihres" Landes nicht zu erlernen gewillt oder imstande waren (die wettinischen Könige in Polen), deren Gebrauch im zwischenstaatlichen Verkehr, also unter den Diplomaten und in den internationalen Verträgen, das Lateinische verdrängte und deren „Europäisierung" ironischerweise durch die französischen Glaubensflüchtige, die sich im protestantischen Europa niederließen, nochmals befördert wurde. Aber auch die hohe Schule der französischen Diplomatie mit Einschluss ihrer (oft von skrupellosen Mitteln begleiteten) Interessenvertretungen und ihres Auftretens beeindruckte die Zeitgenossen; nicht zuletzt galt das auch für den ganzen Politikstil, die politischen Erfolge und den Grad der monarchischen Repräsentation. Ob man an die geradezu virtuose Medienbeherrschung des *Roi-Soleil* und die Indienstnahme der Musik, des Schauspiels, der Medaillenkunst für die Zwecke des Hofes, die Technik des Schlossbaus in Versailles, an Vauban und seine Theorie und Praxis des Festungsbaus denkt: es war diese einzigartige Symbiose von Kultur und Politik, wie sie bis dahin noch in keinem Gemeinwesen in solcher Weise perfektioniert worden war, die Europa Frankreich bewundern ließ.

---

1 L. BÉLY, France (sehr gut, mit politikgeschichtlicher Akzentuierung), in deutscher Sprache für den Bereich der Sozial- und Wirtschaftsgeschichte vorzüglich W. MAGER, Frankreich.

Der gesamte Bereich der materiellen Kultur des „Alltags" soll hier jedoch außer Betracht bleiben, obwohl er für das Bild Frankreichs als *dem* Orientierungsstaat schlechthin nicht minder bedeutsam war: französische Möbel und Kleider, Haarmode und kulinarische Spezifika, Tapeten und Bilder wurden über alle Maßen geschätzt und nachgeahmt. Keine andere Kultur hat in dem hier zur Diskussion stehenden Zeitraum eine vergleichbare Ausstrahlung gewonnen. Ihr Faszinosum lag im Zusammenspiel von Technik (Maschine) und Gestus, von Ästhetik und beherrschter Natur.

3.1.1 Die innen- und außenpolitische Ausgangslage

Dabei war Frankreichs Ausgangslage am Beginn des hier zu behandelnden Zeitraums alles andere als optimal. Gewiss, die französische Staatskunst hatte, aller internen Probleme innerhalb der heterogenen Diplomaten-Mannschaft ungeachtet, in Münster einen beachtlichen politischen Erfolg errungen, und sie hatte den Friedensverhandlungen in Westfalen ganz maßgeblich ihren Stempel aufgedrückt.[2] Der politische Erfolg bemaß sich nicht nur im Zugewinn von (bisher habsburgischem) Territorium und von ausbaufähigen Ansprüchen, die später in die Reunionen münden sollten, sondern vor allem in der Durchsetzung der Funktion eines Garanten der Reichsverfassung und in der Gewissheit, die Stellung der Reichsstände derart gestärkt zu haben, dass sie in Zukunft ein wirkliches Gegengewicht gegen die Kaiserkrone bilden würden. Der Erfolg bemaß sich nicht zuletzt daran, dass die Münsteraner Verhandlungen zur Grundlage für ein von der französischen Panegyrik nun verstärkt vermitteltes Bild vom französischen König als *Arbiter* und Führungsfigur der gesamten Christenheit wurden.[3] Aber dieser Erfolg wurde auf der anderen Seite doch stark relativiert durch die Unsicherheit im eigenen Land, wo ein minderjähriger, noch nicht dem Kindesalter entwachsener Monarch – Ludwig XIV. – sich einer breiten Adelsopposition zu erwehren hatte, und sein Gewicht reduzierte sich auch deswegen, weil der münstersche Friede nur ein Teilfriede war und der bewaffnete Konflikt mit dem zweiten Hauptgegner, der Krone Spanien, unverändert weiter lief. Mit einem raschen Abschluss war hier nicht zu rechnen, weil Madrid alles Interesse daran hatte, nach der ruhmlosen Liquidierung seines langen Krieges mit den Niederlanden (Achtzigjähriger Krieg) nun wenigstens gegen seinen nördlichen Nachbarn einen Prestigeerfolg zu erzielen.

Verglichen mit dem „Restkrieg" erwies sich freilich die Bewältigung der innerstaatlichen Kraftprobe als die deutlich größere Herausforderung der Krone – nicht grundlos wird bei der Analyse und Interpretation dieses Konflikts, der *Fronde*, gelegentlich die Revolution von 1789 als *tertium comparationis* bemüht.[4] Den Krieg gegen Spanien, das ja immer auch noch an einer „Heimatfront" – in Katalonien und in Portugal – beschäftigt war, konnte man gegebenenfalls mit einem Teilerfolg oder einem schöngefärbten Nichterfolg beenden, bei der Fronde aber ging es darum, wer künftig das Sagen im eigenen Haus hatte. Der Anlass der Auseinandersetzungen war kriegs- und strukturbedingt: Eine Regentschaft für einen unmündigen Kronprinzen, an deren Spitze

---

2 Viel Material bei L. Bély (Hg.), L'Europe.
3 Ch. Kampmann, Arbiter.
4 Grundlegend zur Fronde jetzt M. Pernot, La Fronde.

mit der (habsburgischen) Witwe Ludwigs XIII., mit Mazarin und Particelli ausnahmslos Ausländer standen, ein riesiger Staatsschuldenberg und eine geradezu unglaubliche Deckungslücke im Etat, die Befürchtung privater Anleihenzeichner, dass der Staat über kurz oder lang alle Zinszahlungen einstellen werde, die erkennbare Tendenz des Staates, die Zahl der zu verkaufenden Ämter zu verdoppeln (was natürlich den Wert bestehender Ämter vermindern musste) – eine Melange, die vor allem die Schicht der *officiers* und *commissaires* in Wallung brachte. Es gelang ihr, die Pariser Gerichts- und Rechnungshöfe und das Pariser Parlament zu gemeinsamen Aktionen zu veranlassen. Diese traten an die Stelle der Adelsrebellionen (und überlagerten sie), die das Land seit 1643 erschütterten. Die Aktivitäten gingen über die Ebene der bloßen Steuerverweigerung weit hinaus, sie steigerten sich zu einer Art Fundamentalopposition gegen Regentin und Regierung und damit auch gegen den unmündigen Thronfolger; in Bordeaux schloss die *Ormée* sogar einen Vertrag mit Spanien! Auch die gewaltige publizistische Lawine, die über das Land hereinbrach („*Mazarinades*") und in der durchaus schon Forderungen nach Grundrechten artikuliert wurden, drängte die Regierung in die Defensive, 1652 sah sie sich sogar einer Phase der „*Terreur*" – der Herrschaft durch Angst und Schrecken – gegenüber und vermochte erst im darauffolgenden Jahr zu obsiegen. Es unterliegt keinem Zweifel, dass die Fronde zu den Schlüsselerlebnissen Ludwigs XIV. zählte, der 1651 vorzeitig für volljährig erklärt worden war und nach 1653 zum glorreichen Sieger über die Fronde stilisiert wurde.

3.1.2   Das Régime Ludwigs XIV.

Doch das ruhigere Fahrwasser, in das die französische Politik nach der Niederschlagung der Fronde und dem das Prestige zusätzlich verstärkenden Abschluss des Pyrenäenfriedens (1659) zu kommen schien, erwies sich rasch als trügerisch. Der Wettbewerb der Monarchen, und die spektakulären Akzente, die Fürsten am Beginn ihrer Amtszeit zu setzen pflegten, zählten gewissermaßen zur europäischen Normalität. Aber dass ein Fürst sein (persönliches) Regime derart spektakulär begann wie Ludwig XIV. 1661 nach dem Tod Kardinal Mazarins, verblüffte Europa und erschreckte es zugleich. Schon aus Anlass seiner „*entrée*" in Paris ließ er an seinem Überlegenheitsanspruch gegenüber allen seinen königlichen Vettern auf den europäischen Thronen keinen Zweifel. Er brüskierte und demütigte seine Nachbarn und zog aus der im Pyrenäenfrieden verabredeten Eheschließung mit der spanischen Prinzessin Maria Theresia unter eher vorgeschobenen Begründungen viel weitergehende Konsequenzen, als die spanischen Verhandlungsführer hatten konzedieren wollen – insbesondere erhob er den mit einem brabantischen Sonderrecht (*droit de dévolution*) nur mühsam bemäntelten Anspruch auf die Spanischen Niederlande nach Philipps IV. von Spanien Tod.[5] Versucht man die Struktur der französischen Außenpolitik der 1660er und 1670er Jahre zu fassen, so ist zum einen das Moment erkennbar, militärisch vor allem

---

5 Die Literatur zu Ludwig XIV. ist abundant. Zuletzt in deutscher Sprache K. MALETTKE, Ludwig XIV. und in englischer D. STURDY, Louis XIV. Wegen seines Ansatzes besonders interessant P. BURKE, Fabrication.

gegen die kleinen – noch dazu nichtmonarchischen – Nachbarn vorzugehen (Genua, Niederlande), das Reich über den unter französischem Protektorat (1658) begründeten Rheinbund zu kontrollieren und politische Chancen, die sich aus der Unbestimmtheit von Verfügungen des Westfälischen Friedens ableiten ließen, konsequent zu nutzen. Dass Frankreich mit dieser skrupellos eigensüchtigen Politik allmählich den ganzen Kontinent gegen sich aufbrachte und selbst traditioneller Verbündeter nicht mehr sicher sein konnte, ist in Paris alles in allem wohl zu spät erkannt worden – 1668 wurde der Rheinbund nicht mehr erneuert, nach dem Nijmegener Frieden (1678/79), in dem Frankreich (letztmals) erhebliche territoriale Gewinne in Westflandern und im deutschen Südwesten davontrug, begann Schweden, sich von seinem Allianzpartner abzusetzen, mit dem es seit einem halben Jahrhundert verbunden gewesen war. Eine Politik der Brüskierung aller konnte nur bis zu einer bestimmten Schwelle auf Duldung rechnen; für das Deutsche Reich war dieser Punkt mit dem Devolutionskrieg und dem gleichzeitigen Erscheinen eines Pamphlets des Pariser Parlamentsrats Antoine Aubéry über den Vorrang des französischen Königs vor allen anderen Monarchen und über seine nicht nur ideell, sondern ganz handfest zu verstehenden Besitzansprüche auf das gesamte Karolingerreich (1667) erreicht.[6] Auch dass Ludwig XIV. in bestimmten Augenblicken, so 1688, seinem politischen Nahverhältnis zur Pforte, das sich in einem dichten Vertragsnetzwerk niederschlug, in dem unter anderem den französischen Diplomaten die Präzedenz gesichert wurde, Rechnung trug und seine europäische Politik in eine Funktion zur Situation des Osmanischen Reiches setzte, wurde als sittenwidrig empfunden und war seinem Prestige in hohem Maß abträglich. Dies war einer der wichtigen Faktoren, warum sich nach und nach der ganze Kontinent gegen den *Roi-Soleil* zu formieren begann: man bezog Stellung gegen seine Aggressivität, der erstmals im Frieden von Rijswijk (1697) Grenzen gesetzt wurden[7], gegen seine schrankenlose Bereicherung, die ganz Europa aus dem Lot zu bringen drohte und die im Spanischen Erbfolgekrieg gipfelte. Lange hatte man genügend Anlass, daran zu zweifeln, dass es dem Bourbonen mit der immerwährenden Trennung beider Königreiche – für die europäischen Mächte die Vorbedingung ihrer Zustimmung zum Übergang Spaniens an die Bourbonen – wirklich ernst war.

Dieser in hohem Maß riskanten Außenpolitik lief freilich – und dies faszinierte Europa nun in einem positiven Sinn – eine Politik der konsequenten Staatsverdichtung parallel, die ihresgleichen suchte. Man mag an den militärischen Bereich denken, wo durch die Ausrichtung aller Militäreinrichtungen auf den König, die Herstellung effizienter Verwaltungsstrukturen, die Verbesserung der Disziplin, den Ausbau der Nachschub- und Versorgungseinrichtungen und eine Militärindustrie ein Heer und ein Heerwesen zustande kamen, die ihres Umfangs und ihrer Qualität wegen zu einem europäischen Vorbild wurden. Man mag an den ökonomischen Bereich denken, wo Colbert als „Erfinder" des Merkantilismus die Infrastruktur verbesserte und die gezielte Förderung des Handels auf seine Fahnen schrieb, man mag an die Politik der Rechtsvereinheitlichung und die der Rechtsreformen, die in den *grandes ordonnances* fassbar werden, in die immer auch Wünsche und Anregungen der Untertanen und der

---

6 Vgl. jetzt A. Y. Haran, Le lys, dort auch die ältere Forschung.
7 Vgl. K. Malettke und J. Bérenger, in: H. Duchhardt (Hg.), Friede von Rijswijk.

Gerichte einflossen[8], und an vieles andere mehr bis hin zur Flotten- und Kolonialpolitik denken – einen derartigen Modernisierungsschub und Verdichtungsprozess hatte Europa noch nicht erlebt, auch nicht im Spanien Philipps II.

Freilich war auch auf diesem Gebiet die Stilisierung nicht gar so weit von der Legendenbildung entfernt. Ludwig XIV. hat es keineswegs geschafft, mittels einer konsequenten Binnenintegration und einer entsprechenden Abstützung durch eine Außengrenzenpolitik einen wirklichen Einheitsstaat zu bilden und sich völlig von den intermediären Kräften – um in anachronistischer Weise einen Montesquieuschen Begriff zu benutzen – zu lösen. Der französische Regionalismus blieb kräftig und war teilweise militant, vor allem wenn man an periphere Gebiete wie etwa das Béarn denkt, und in den sog. *Pays d'ètat* (unter anderem Bretagne, Burgund, Languedoc, Provence) bedurften Steuern selbstverständlich weiter der Zustimmung der Provinzialstände. Hier konnte es durchaus auch einmal zu Steuerrevolten kommen. Es war geradezu symptomatisch und ein untrügliches Anzeichen der Fundamentalkrise, dass und wie gerade in den Jahren vor der Revolution der Regionalismus wieder auflebte und sich ausweitete.

Man fand Mittel und Wege, um solche Faktoren nicht zu sehr ins Bewusstsein der europäischen öffentlichen Meinung dringen zu lassen. Man verhängte Nachrichtensperren, betrieb gezielte Nachrichtenpolitik: die Regierungsmannschaft des Monarchen gewann rasch an Virtuosität. Und sie praktizierte diese Virtuosität immer offensiver mit dem Zweck der Stilisierung des Königs. Es war die Art, wie sich dieser anfangs eklatant unterschätzte Monarch selbst inszenierte und stilisierte, die ganz Europa in ihren Bann schlug. Man hat davon gesprochen, dass er gleichsam als „Megastar" die ganze Monarchie zum „Medienspektakel" gemacht habe[9], und dies ist, die Pressesprache unserer Tage auf ein Phänomen des 17. Jahrhunderts appliziert, genau das, was der König wollte. Ob man sein mit der Sonne als Mittelpunkt des (Planeten-)Systems in einen sprachlich-ideologischen Zusammenhang gebrachtes System „absolutistisch" nennt, wie es der bedeutendste zeitgenössische Theoretiker Bossuet assoziiert hat, ohne damit des königlichen Pragmatikers lauten Beifall zu finden, oder ob man zu einer Begrifflichkeit wie der der „perfekten Monarchie" greift: ohne Zweifel waren die Steigerung der inneren und äußeren Durchschlagskraft des Staates und seine Außendarstellung zwei Seiten einer und derselben Medaille. Außendarstellung hieß vor allem, möglichst viele Sinne beim breiten Publikum ansprechen, um Gefühlsregungen zu evozieren: Zuneigung und Bewunderung, Stolz und Selbstbewusstsein sollten die Identifikation jedes Untertanen mit der repräsentativen Spitze des Staates bewirken, dadurch einen Rückfall in die Zeit der Fronde ausschließen und die Menschen auch harte Entbehrungen „schlucken" lassen. Deswegen die Verherrlichung aller großen und kleinen Taten, deswegen die Umdeutung auch eher fragwürdiger Erfolge zu glänzenden, deswegen die Einbeziehung des Publikums in die dynastischen Ereignisse – durch Medaillen, Denkmäler und Architektur, durch Kupferstiche und Triumphbögen, durch Ansprachen und Inschriften (zu denen seit den 1670er Jahren auch das *Louis le Grand"* zählte). Dabei wurde der Bourbone im

---

8 Vgl. L. Schilling, in: B. Stollberg-Rilinger (Hg.), Verfahren.
9 W. Schmale, Geschichte Frankreichs, 143.

Übrigen ehrlicherweise nicht zum ewig jungen Helden stilisiert, sondern seinem voranschreitenden Alter Tribut gezollt. Frankreich und Ludwig XIV. haben ein Modell der Herrscher- und Herrschaftsstilisierung geschaffen, das seinesgleichen in Europa suchte und deswegen bis ins ausgehende 18. Jahrhundert vorbildlich blieb. Das gilt zumindest für weite Teile des Kontinents, doch haben nicht alle protestantischen Fürsten jede Wendung der ludovizianischen Herrscherpanegyrik nachvollzogen.[10]

Sie taten es vor allem deshalb nicht oder nur zum Teil, weil Ludwig XIV. – persönlich in einfacher Weise zutiefst gläubig – aufgrund eines spezifischen, für die Zeit nicht untypischen Herrschaftsverständnisses (*„un roi, une loi, une foi"*) von einem bestimmten Zeitpunkt seiner Regierung an mit der mehr oder weniger systematischen Unterdrückung der protestantischen Minderheit begann. Diese hatte seit dem Edikt von Nantes (1598) Religionsfreiheit genossen – die allerdings auch in der Vergangenheit schon mehr als einmal („Gnadenedikt" von Alès, 1629) eingeschränkt worden war. Just zu einem Zeitpunkt, als ganz Europa voll Bewunderung nach Versailles blickte, auf dieses epochemachende Gesamtkunstwerk, auf die dort erreichte Harmonie von Technik und Naturbeherrschung, wurde durch das Edikt von Fontainebleau (1685)[11] eine Viertelmillion Hugenotten durch äußeren Druck gezwungen, das Land zu verlassen und sich in einem wahren „Exodus" im protestantischen Europa und sogar in Außereuropa (Südafrika) eine neue Heimat zu suchen. Die mit Abstand größte und dramatischste konfessionell bedingte Migration Alteuropas in dem hier zu behandelnden Zeitraum – sieht man von den polnischen Judenvertreibungen Mitte des 17. Jahrhunderts einmal ab – hat nicht nur dem Prestige des *Roi-Soleil* nachhaltig geschadet. Sie hat auch eine (allerdings schon länger marginalisierte) soziale Elite aus Frankreich weggeführt, die als Intellektuelle, als Handwerker oder Unternehmer in ihren Aufnahmeländern – in Brandenburg und den Niederlanden, in eidgenössischen Kantonen und England, in Hessen-Kassel und Brandenburg-Bayreuth – die Wirtschaft und das Kulturleben nachhaltig befruchteten. Die Protestanten blieben, obwohl die Kehrseite des Vorgangs rasch ins Bewusstsein auch der französischen Öffentlichkeit drang, in Frankreich auf Generationen unerwünschte Personen, ja *Outlaws*. Zwischen 1699 und 1704 wurden 466 protestantische Dörfer öffentlich niedergebrannt, noch 1745 und 1753 fanden ungeachtet des vorsichtigen Gegensteuerns mancher Intendanten die strengen Gesetze gegen Kryptocalvinisten Anwendung – Teile der französischen Öffentlichkeit befürchteten – gesteuert oder nicht – noch bis in den Siebenjährigen Krieg hinein einen Umsturz durch die Protestanten! Erst nach diesem Krieg scheinen die punktuellen Verfolgungen ganz aufgehört zu haben, vielleicht auch dadurch bedingt, dass Voltaire den Fall des des Mordes an seiner geistig behinderten Tochter angeklagten Protestanten Sirven publik gemacht und die Untersuchungsmethoden der Behörden 1766 seiner beißenden Kritik unterzogen hatte. Die förmliche Wiederzulassung von Protestanten erfolgte dann unmittelbar vor der Revolution.

---

10 Vgl. H. Duchhardt, in: K. Repgen (Hg.), Herrscherbild.
11 Das Gedenkjahr 1985 hat eine Fülle von Publikationen veranlasst, von denen hier nur R v. Thadden/M. Magdelaine (Hg.), Hugenotten, und H. Duchhardt (Hg.), Exodus, genannt seien.

Ludwig XIV. galt – und gilt – in der Geschichtsschreibung als eine Art Inkarnation des „Absolutismus", und da diesem (problematischen) Begriff zumindest eines eigen ist, nämlich die Vorstellung der Staatsverdichtung, sollen dem Bereich der Administration einige vertiefende Bemerkungen gewidmet werden. Das Problem der Vorgänger des Sonnenkönigs war nicht das Fehlen eines zentralen Regierungsorgans, sondern der Umstand, dass sie die Untertanen nicht in wünschenswerter Weise erreichten, vor allem wenn diese weit von der Hauptstadt beziehungsweise Residenz entfernt lebten. Die Einsetzung von Intendanten in den Provinzen war ein geradezu revolutionärer Schritt, weil diese vom König persönlich ernannten und immer aus dem System der Ämterkäuflichkeit herausgehaltenen Repräsentanten bald eine umfassende Zuständigkeit erlangten: die Verbesserung der Infrastruktur, die Überwachung der Gemeindefinanzen – das Ziel jedes „modernen" Fürsten war damit erreicht! –, Modernisierungsmaßnahmen jeglicher Art. Man würde die Beharrlichkeit der Kräfte der alten Ordnung unterschätzen, wenn man annähme, sie hätten das neue Institut des Intendanten ohne Widerspruch akzeptiert. Konflikte mit den Provinzparlamenten, mit den Provinzialständen und auch mit den (adligen) Gouverneuren blieben bis über Ludwigs XIV. Tod hinaus an der Tagesordnung. Aber das Amt hielt sich und wurde zu einem der maßgeblichen Motoren der Staatsverdichtung in Frankreich, übrigens auch zu einem Vorbild für andere Monarchien, etwa für Spanien.

Ein zweiter Aspekt, der in diesem Kontext Erwähnung verdient, sind Ludwigs Rechtsreformen, die sowohl vereinheitlichenden als auch lückenfüllenden Charakter hatten. Das französische Reich war bis dahin in ganz unterschiedliche Rechtskreise gegliedert, die einer wirklichen Nationwerdung im Weg standen. Natürlich gab es zudem aktuelle Bedürfnisse, die eine oder andere Materie, etwa den Sklavenhandel, juristisch zu regeln. Wie es Ludwigs systematischer und geradezu perfektionistischer Arbeitsweise entsprach, wurden dafür Kommissionen aus Fachleuten eingesetzt, die sich mit der Reform und Vereinheitlichung des Prozessrechts, des Strafrechts, aber auch des Militärrechts und anderer Bereiche beschäftigten. Es gelang zwar längst nicht, alle neuen Gesetzesentwürfe und Gesetze wirklich in die Praxis umzusetzen, aber dass das Problem überhaupt angepackt wurde, war ein auch als solches empfundenes Signal – eine der *nouveautés*, mit denen sich die Schlagzeilen der Presse erreichen ließen und die auf medialem Weg entsprechend „vermarktet" wurden. Ludwig XIV. war einer der ersten Monarchen, die vom Faszinosum des „Neuen" erfüllt waren, er beförderte bewusst die Modernisierung der Verhältnisse, er maß sich selbst und seinen Staat nicht mehr nur an der Elle der Wiederherstellung eines (vermeintlich) guten alten Zustands.

Dem ludovizianischen „Absolutismus" haftete – andere Beispiele könnten dies erhärten – trotzdem manch Unfertiges an, und wie unvollkommen die staatliche Durchdringung des Landes tatsächlich war, zeigte sich noch hundert Jahre später, als die Regierung sich bei der Organisation der Wahlen zu den Generalständen an Parlamente wandte, die überhaupt nicht mehr existierten, und andere übersah, die noch in Funktion waren! Das Unfertige spiegelt sich nicht zuletzt auch darin, dass es dem ludovizianischen System zwar gelang, Maßnahmen als grundstürzend zu „verkaufen", dass aber deren wirkliches innovatives Potential eher bescheiden blieb. Das Edikt von Marly (1707) beispielsweise, das die medizinische Versorgung angeblich auf ein völlig neues Fundament stellte, respektierte in Wirklichkeit die gegebenen Vorrechte der bestehenden Organisationen geradezu peinlich genau. Außerdem sollte man neben dem Unfertigen, neben dem propagandistisch Aufgebauschten auch die offensichtlichen Fehlschläge nicht verschweigen; mit seinen Handelskompanien erlitt Frankreich fast auf der ganzen Linie Schiffbruch.

3.1.3 Das „Erbe" des *Roi-Soleil*

Dass Ludwig XIV. seinen Untertanen mit den vielen Kriegen, die einem nahezu 50jährigen Perpetuum gleichkamen, doch zu viel zumutete und es daher zu Aufständen in der Provinz kam, war in der Sicht der Hagiographen – der zeitgenössischen wie der nachfolgenden – unerheblich. Sie zeichneten vielmehr das Bild eines geschlossenen Staatswesens, das einen Zustand des Glücks erreicht hatte, von dem die anderen kontinentalen Gemeinwesen noch weit entfernt waren. Das dürfte freilich am Ende der Ära Ludwigs XIV. alles in allem ein recht relatives Glück gewesen sein: Ludwig XIV. hatte seinen Staat militärisch und finanziell weit überfordert, und auch wenn dieser trotz einer gewaltigen Schuldenlast von wenigstens zwei, möglicherweise aber auch 3,5 Milliarden *livres tournois* bei seinem Tod (1715) noch nicht vor dem finanziellen Kollaps stand, mussten Sanierungsmaßnahmen ganz oben auf der Agenda stehen – zu allererst der Versuch, eine direkte, von allen Ständen zu zahlende Steuer durchzusetzen. In diesen Kontext der Sanierung der Staatsfinanzen ist das gewagte Unternehmen und Instrumentarium eines Ausländers einzuordnen, des Schotten John Law, der nach Ludwigs Tod eine wilde Spekulationseuphorie um die *Compagnie d'Occident* auslöste, sich dann aber mit einem vom Staat nicht mehr voll getragenen und gestützten Papiergeld-System konfrontiert sah, also einer faktischen Unterdeckung des im Umlauf befindlichen Geldes, bei gleichzeitigem Fehlen einer Staatsbank und einem daraus resultierenden generellen Misstrauen in die staatliche Finanzpolitik. Der französische Staat kam im vorrevolutionären Jahrhundert nur noch episodenhaft aus den roten Zahlen und dem Haushaltsdefizit heraus, auch wenn er sich durch John Laws Machenschaften kurzfristig eines Teils seiner Schulden entledigt hatte. Diese Entwicklung sollte sich im Übrigen im ausgehenden 18. Jahrhundert noch beschleunigen und den Schuldendienst am Vorabend der Revolution auf mehr als 50 % des Haushalts anwachsen lassen, so dass die Einschätzung sicher richtig ist, dass dies die eigentliche „Achillesferse des französischen Staates"[12] gewesen sei. Aber all das hinderte einen gewiss kritischen Geist wie den Marquis d'Argenson, den ehemaligen Polizeichef und langjähriges Mitglied des *Conseil*, zwei Jahrzehnte nach Ludwigs XIV. Tod nicht, seine Regierungszeit als die des vollkommenen Glücks für Frankreich zu bewerten.

Das war jedoch nur die eine Seite der Medaille, die des positiv gestimmten, zudem unter dem Eindruck der (eher schwachen) Nachfolger stehenden Rückblicks des Intellektuellen und loyalen Staatsdieners. Die andere waren Freudenbekundungen der Untertanen bei seinem Ableben. Sie hatten das Gefühl, dass das Land einen viel zu hohen Preis für den dynastischen und persönlichen Ehrgeiz bezahlt habe und dass auch die Zukunft denkbar unsicher sei: dynastisch, nachdem der vorzeitige Tod als Laune

---

12 W. DEMEL, Europäische Geschichte, 210.

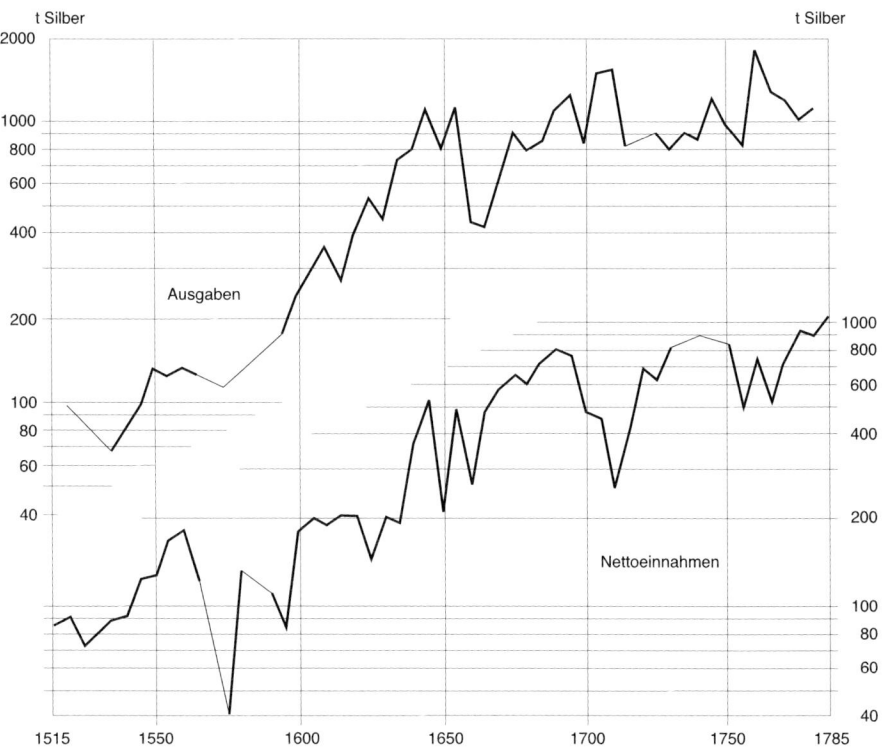

Abb. 9: *Ausgaben und Nettoeinnahmen der Krone Frankreich (16.–18. Jahrhundert).*

des Schicksals im Hause Bourbon in den zurückliegenden Jahren geradezu grassiert hatte, politisch, nachdem das Verhältnis zum Madrider Hof vermutlich zunächst einmal belastet bleiben würde und die so genannten „letzten Instruktionen" des *Roi-Soleil* zwecks Gründung einer Art katholischen Internationale nicht mehr gegriffen hatten, finanziell, nachdem der horrende Schuldenberg – wie skizziert – auf dem Land lastete.

Denn die kritische Finanzlage war alles andere als ein Phantom. Die Situation legte eine zunächst einmal zurückhaltende und das erneute Risiko scheuende Außenpolitik nahe. In glücklicher Weise korrespondierte das mit den Zielen anderer am Spanischen Erbfolgekrieg beteiligter Mächte, die dringend Regenerationsphasen benötigten (Niederlande) oder einen von ihnen herbeigeführten Friedenszustand möglichst lange beizubehalten suchten (Großbritannien). Natürlich wird man bei der Bewertung der seit einem halben Jahrhundert in Europa ungewohnten außenpolitischen Zurückhaltung des Bourbonenstaates die relative Unsicherheit der Regentschaft – *Régence* – nicht völlig außer Acht lassen dürfen, die im Übrigen einen überraschenden Wiederaufstieg des Pariser Parlaments im Sinn eines Verfassungskontrollorgans ermöglichte. Aber insge-

Abb. 10: *Die französischen Parlamente und Souveränen Räte 1789.*

samt dürfte wohl doch in der Erschöpfung der Monarchie das entscheidende Moment dafür zu sehen sein, dass Frankreich in den eineinhalb Jahrzehnten nach den Frieden von Utrecht (1713) in außenpolitischer Hinsicht eine für das Publikum geradezu irritierend neue Zurückhaltung übte.

„Erschöpfung" aber bedeutete selbstverständlich nicht, dass die Kritik am System – am König und seiner Mätressenwirtschaft, an den Hofcliquen, am Übermaß der Verschwendung und anderem – in der *Régence* und unter Ludwig XV. abrupt zurückgegangen wäre. Schon die Opposition gegen Ludwig XIV. war ja beachtlich gewesen, und sie fand nun mehr und mehr in den 16 *parlements* beziehungsweise *cours souveraines*, also den regionalen Zentralgerichten beziehungsweise souveränen Höfen der Provinzen, die der *Roi-Soleil* nicht hatte mundtot machen können, eine Heimstatt – bezeichnenderweise hatte er das für Frankreich zentrale Pariser *parlement* zwischen 1673 und 1713 nicht ein einziges Mal besucht! Da die Richter der *parlements* ihre Ämter in aller Regel gekauft hatten, verfügten sie über ein relativ hohes Maß an Unabhängigkeit, was ihnen die oppositionelle Wortführerschaft erheblich erleichterte. Für diese Rolle sprach zudem, dass sie nicht nur über jurisdiktionelle, sondern auch über exekutive Befugnisse und sogar legislative Kompetenzen verfügten. Mit Hilfe des Gesetzregistrierungsverfahrens konnten sie rechtliche Maßnahmen der Krone, die in ihren Augen obsolet waren, zumindest verzögern, wenn auch – wegen des Instituts des *lit de justice*[13], des symbolischen Staatsakts des „Bettes der Gerechtigkeit", wonach der König durch seine persönliche Anwesenheit die Inkraftsetzung erzwingen konnte – nicht völlig zum Scheitern bringen. Die offene oder verdeckte Opposition der Parlamente sollte für die Krone zu einem steten (und wachsenden) Ärgernis werden, so dass es nicht verwundert, wenn immer wieder Versuche gemacht wurden, diese oppositionelle Hydra an den kurzen Zügel zu nehmen oder gar mundtot zu machen. Entsprechende Maßnahmen schlossen etwa Exilierungen des Pariser Parlaments ein, aber auch symbolische Akte königlichen Zorns, so wenn Ludwig XV. sich 1731 beispielsweise weigerte, den Mitgliedern des haupstädtischen *parlement* eine erbetene Audienz zu gewähren.[14] Am weitesten ging der Vorschlag des Kanzlers Maupeou Anfang der 1770er Jahre: er wollte eine neue staatliche Justizhierarchie schaffen und die *parlements* völlig ausschalten. Maupeous „Staatsstreich von oben", der das Land ganz rational und gleichmäßig in sechs neue Gerichtsbezirke gliederte, deren Beamte keine Sporteln mehr von den Parteien kassieren durften und denen ein neues Verfahrensrecht an die Hand gegeben wurde, um die Prozesse zu beschleunigen, stieß auf heftigen Widerstand breiter Kreise und vor allem natürlich bei den Betroffenen. Diesem Druck gab Ludwig XVI. am Ende auf Anraten des neuen *Controlleur général* Turgot nach, womit er seinen vielen unglücklichen Entscheidungen eine der folgenreichsten hinzufügte. Denn die *parlements* wurden nach einer kurzen Phase friedlichen Nebeneinanders aufgrund ihres Anspruchs, die nationalen Interessen zu vertreten, nun erst recht zu Sprachrohren der verbreiteten Unzufriedenheit, die auch die Krone und die Dynastie nicht mehr aussparte. Die Vorgeschichte der Französischen Revolution ist ohne eine angemessene Berücksichtigung der Aktivitäten der *parlements* überhaupt nicht verständlich.

Die französische Außenpolitik nach dem Spanischen Erbfolgekrieg

Das gute Jahrzehnt nach Ludwigs XIV. Tod (1715) ist – auch bedingt durch dynastische Unsicherheiten und dadurch, dass niemand so recht wusste, ob die hochadlige Reaktion (Polysynodie – eine in Anlehnung an Reformvorschläge Fénelons gebildete Art

---

13 Vgl. S. HANLEY, Lit de justice.
14 Zu den weiteren Beziehungen zwischen dem König und dem Pariser Parlament vgl. J. ROGISTER, Louis XV.

aristokratischer Monarchie) in der Verwaltung dauerhaft bleiben würde – eine gemeinsam mit Großbritannien getragene Phase der Friedenswahrung und der außenpolitischen Zurückhaltung gewesen, die erst ausgangs der 1720er Jahre wieder von einer Epoche größerer Konfliktbereitschaft abgelöst wurde. Es dürfte kein Zufall
gewesen sein, dass just damals die Schrift des Abbé de Saint-Pierre über den Ewigen
Frieden ihre große Zeit hatte – sie war in ganz Europa weit verbreitet und erschien in
immer umfangreicheren Auflagen. Während des gesamten vorrevolutionären
18. Jahrhunderts behielt sie, auch dank der Bearbeitung durch Rousseau, ihren festen
Platz in den Köpfen der politischen Führer. Für diese Phase einer ausgesprochen ire-
nischen Politik stand stellvertretend der von 1723 an amtierende Premierminister
Fleury. Sein Einfluss ließ aber seit den frühen 1730er Jahren erkennbar nach – eine
Folge der Bestrebungen einflussreicher Hofparteien, an der Seite Spaniens, wo ja 1713
eine Bourbonendynastie installiert worden war, wieder kraftvoll auf die europäische
Bühne zurückzukehren. Zwar hielt sich Fleury bis zu seinem Tod (1743) an der Spitze der Regierung, aber am Ende wurde er von den neuen „Falken" völlig überspielt.

Mit dem so genannten Polnischen Thronfolgekrieg kehrte Frankreich zu seinen alten außenpolitischen Präferenzen zurück, das heißt zur Gegnerschaft zum Haus Habsburg, zur Distanz zu den Seemächten und zum Werben um innerreichische Alliierte.
Hinzu trat nun aber das neue, sich in verschiedenen Hausverträgen niederschlagende
Nahverhältnis zur Krone Spanien, die Ludwig XV. seit 1739 in einen Konflikt in Amerika hineinzuziehen begann. Außenminister d'Argensons optimistische Erwartung,
dass mit der im Wiener Frieden (1738) verankerten Anwartschaft auf Lothringen, das
zunächst auf Lebenszeit an den polnischen Schwiegervater des Monarchen überging,
die Zeit der Aggressivität, der Expansion und der Eroberungen vorbei sei, blieb eine un-
erfüllte Hoffnung. Überlagert wurde dieser transatlantische Krieg aber von dem Kalkül,
nach dem Aussterben der Habsburger im Mannesstamm den österreichischen Erzrivalen endgültig und auf Dauer aus dem Kaiseramt verdrängen und dem Reich eine noch
effektivere Außensteuerung auferlegen zu können. Der Österreichische Erbfolgekrieg
(1740–48) endete freilich nicht nur mit der ernüchternden Feststellung, dass das Reich
zur alten Dynastie (Habsburg-Lothringen) zurückkehrte, sondern auch mit der Erkenntnis, dass die traditionelle französische Klientel weiter schrumpfte, zumal auf das
unberechenbare Preußen, das in den vergangenen Jahren wiederholt die Fronten ge-
wechselt hatte, kein Verlass zu sein schien. Daher lag die gedanklich in den zurückliegenden Jahrzehnten mehr als einmal ins Auge gefasste Annäherung an die Wiener Hofburg nicht gar so fern. Frankreich entschloss sich nach heftigen, von dem eher
widersprüchlich-unentschlossen wirkenden König nicht unter Kontrolle zu bringenden
Faktionskämpfen 1756 um so eher dazu, als immer deutlicher wurde, dass die Konflikte mit der Hofburg gegenüber der globalen Auseinandersetzung mit Großbritannien
zweit- oder gar drittrangig geworden waren. Mit dem Siebenjährigen Krieg (1756–63)
trat die Auseinandersetzung um die Kolonien und den Handel ins Zentrum der französischen Politik – sie endete in einem Beinahe-Fiasko. Der militärische und finanzielle
Scherbenhaufen, vor dem die französische Führung 1763 stand – die Staatsschulden[15]

---

15 Vgl. J. RILEY, Seven Years War.

machten fast das Neunfache der jährlichen Einnahmen aus –, ließ sich bis zum Ausbruch der Revolution nie mehr ganz beseitigen, auch nicht um den Preis des aktiven Eingreifens in den Amerikanischen Unabhängigkeitskrieg, durch das man den englischen Rivalen endlich von seinem hohen Ross herunterholen wollte. Angesichts einer recht konsequenten Flottenbaupolitik waren die Voraussetzungen dafür im Prinzip nicht einmal schlecht. Insgesamt gab es jedenfalls eine ganze Menge Umstände – psychologische, finanzielle, auch mit einem Abnehmen des Vertrauens in die Dynastie zusammenhängende –, die der Revolution den Boden bereiteten. Das von den Kommentatoren noch ein halbes Jahrhundert zuvor beschworene „glückliche" Gemeinwesen war Frankreich allerspätestens seit 1763 nicht mehr.

3.1.4 Die Krone in der Kritik

Dieses Bild und diese Einschätzung waren sicher nicht zum wenigsten durch das Faktum beeinflusst, dass sich in keinem anderen europäischen Staat die Kritik an Staat und Gesellschaft so massiv zu Wort meldete wie in Frankreich. Anders als in Preußen beispielsweise, wo die Krone eine sehr konsequente Pressepolitik betrieb, waren die Medien in Frankreich zu keinem Zeitpunkt systemstabilisierend; es waren vor allem die Gegner des Königs wie insbesondere die Parlamente, die die Medien geradezu virtuos zu handhaben und dadurch die Öffentlichkeit in einem tendenziell destabilisierenden Sinn zu mobilisieren vermochten.[16] Sie wussten eben auch, wo die Ängste des Volkes saßen und wo seine Erbitterung herrührte: die Steuerbefreiung des Adels, die Dekadenz und Käuflichkeit des Hofes, die Mätressenwirtschaft (auch wenn die Forschung mehr und mehr erweist, dass der politische Einfluss selbst der Pompadour auf Ludwig XV. alles in allem höchst bescheiden war), eine Königin (Marie Antoinette), der man kein Vertrauen entgegenbrachte: das waren einige der Ärgernisse, und daher fand jene „graue" Literatur, die – vielfach im Ausland, in der Schweiz, in den Niederlanden gedruckt und eingeschmuggelt – die Schwächen und Verirrungen des Hofes, seine Skandale und seine Indolenz thematisierte und zelebrierte, eine sehr breite Resonanz. Auf diesem Wege wurde das französische Königtum bis zu einem gewissen Grad schon vor 1789 nachhaltig desakralisiert und entmythisiert.

Die mediale Fundamentalopposition gegen die Krone war nicht auf die Jahre unmittelbar vor 1789 beschränkt. Schon seit den 1750er Jahren häuften sich in Frankreich die Stimmen, die das Land auf dem Weg in eine Revolution sahen. Man wird ihnen zumindest zugute erhalten müssen, dass sie ein Gespür für jene tiefe Systemkrise hatten, wie sie sich symptomatisch im Attentat auf Ludwig XV. im Januar 1757 widerspiegelte. Wenn es dann in den 1770er und 1780er Jahren geradezu chaotisch zuging, die Parlamente entmachtet und (1774) restituiert wurden, der Getreidefreihandel im Gefolge des so genannten „Mehlkriegs" von 1775 eingeführt und wieder abgeschafft wurde, ein Radikalreformer wie Turgot, der sich am Gedanken einer egalitären Gesellschaft und eines mehrstufigen parlamentarischen Systems orientierte, zunächst vom König gestützt und ermuntert und dann fallengelassen wurde – das alles

---

16 Grundlegend D. ROCHE, La France des Lumières.

passt in das Bild einer Systemkrise, die irgendwann dann nur noch einen Ausweg zuzulassen schien. Es war kein Zufall, dass im Kontext des genannten „Mehlkriegs" das böse Wort die Runde machte, all das sei nicht nur von Spekulanten, sondern auch von der Regierung provoziert worden. Das Vertrauen in den Staat und in das System war auf einen Tiefstpunkt gefallen, der freilich mit der Halsbandaffäre um Marie Antoinette noch einmal unterschritten wurde. Auch (arg) begrenzte außenpolitische Erfolge – etwa, dass 1768 Korsika von Genua erworben werden konnte oder dass es 1779 gelang, an der westafrikanischen Küste wieder Fuß zu fassen (und damit das dramatisch geschrumpfte, sich auf einige Besitzungen in der Karibik und im Indischen Ozean reduzierende Kolonialreich ein wenig zu arrondieren) –, konnten diese Stimmung nicht mehr ins Positive wenden.

Trotz allem: Das Vorhaben Ludwigs XIV. und seiner „Mannschaft", Frankreich zum Kulturmodell Europas zu machen und davon direkt oder indirekt zu profitieren, war von erheblicher Langzeitwirkung. Im gesamten vorrevolutionären 18. Jahrhundert vermochte sich gegenüber der „kulturellen Referenz Frankreich" keine andere „kulturelle Referenz" entscheidend und dauerhaft durchzusetzen: weder die der Niederlande noch die Englands. Dieses französische Kulturmodell war natürlich keine *creatio ex nihilo*, es war keine Schöpfung aus dem Nichts, ohne Anleihen bei früheren Kulturmodellen – der Antike und Italien – kam es nicht aus. Doch die ihm eigentümliche Signatur rührte gerade nicht von der Fähigkeit, Bereitschaft oder dem dezidierten Willen her, die Vorgängermodelle zu integrieren und neuerlich fruchtbar zu machen. Das Schlüsselwort des französischen Kulturmodells war vielmehr das der *nouveauté*: technische Neuerungen, wie sie am Versailler Schlossbau exemplifiziert wurden, sollten die Beherrschung der Natur durch den Menschen zum Ausdruck bringen; die reale, nicht nur symbolische Allgegenwart des Monarchen, der im Feldlager, auf den Kriegszügen und bei vielen anderen Gelegenheiten körperliche Meisterleistungen vollbrachte und dies publikumswirksam verbreiten ließ; die einmalige und bisher nie gesehene Umfestigung eines ganzen Königreichs, das sind nur drei Bereiche, in denen dieses Bestreben zutage trat. Dabei war die Außenwirkung natürlich immer nur die eine Seite der Medaille. Die andere bestand darin, über die Allpräsenz des Monarchen und die (gelegentliche) Einbeziehung des breiten Publikums in sein spezifisches und unnachahmliches Leben die Solidargemeinschaft zu stärken und letztlich aus einem Fürsten und zwanzig Millionen Untertanen eine Nation zu formen. In welchem Maß das gelang, zeigen Untersuchungen des politischen Verhaltens in Rand- oder neu erworbenen Gebieten, wonach diese sich – wie etwa Nancy, Metz oder Lunéville – bereits nach zwei oder drei Generationen völlig an Paris ausrichteten. Auch Korsika hat sich rasch integrieren lassen, um so mehr als die französische Administration hier sehr geschickt vorging und mit dem *Plan Terrier* ein Modernisierungskonzept vorlegte, das die Inselbewohner nach einer langen Phase wirtschaftlicher und sozialer Stagnation durchaus für sich einnahm. Die französische Herrschaft mag nicht überall populär gewesen sein, aber vor dem Frühjahr 1793 wurde kein Ruf nach korsischer Unabhängigkeit laut.

Alles in allem aber war Ludwig XIV. doch eine exzeptionelle Gestalt gewesen, über deren Ausstrahlung und deren Fähigkeit, Solidaritäts- und Gemeinschaftsgefühle zu erzeugen, seine Nachfolger nicht in vergleichbarem Maß verfügten. Beide, Ludwig XV. (1715–1774) und Ludwig XVI. (1774–1793) – wenn man den Regenten Philipp von

Orléans einmal außer Betracht lässt –, waren alles andere als „starke" Gestalten, beiden fehlte auch die Bereitschaft anderer zeitgenössischer Fürsten, wenigstens punktuelle Reformen ernsthaft in Angriff zu nehmen und mit dem nötigen Fingerspitzengefühl dies und jenes aus dem bunten Angebotskatalog der Aufklärung aufzugreifen. Einige Militärreformen in den mittleren 1760er Jahren[17] sollen nicht verschwiegen werden, aber eine „aufgeklärte" Signalwirkung ging von ihnen nicht aus. Anders als in Russland und Preußen, in Österreich und Dänemark, in Spanien und Portugal, blieb es in Frankreich immer bei einem strikten Gegensatz von Krone und Aufklärung. Zu allem Überfluss provozierte die Krone die Aufklärungsbewegung dann auch noch, indem sie etwa 1759 die *„Encyclopédie"* indizierte oder 1757 den Königsattentäter Damiens auf so grausame Weise zu Tode bringen ließ, dass dies einen Aufschrei der Empörung nach sich ziehen musste. Es gibt Forscher (Van Kley), die gerade in dieser letztgenannten Episode den Wendepunkt sehen, an dem das Land den Weg zur Revolution einschlug. Reformen wurden allenfalls dann einmal angegangen, wenn es galt, die Voraussetzungen für ein neues außenpolitisches Abenteuer zu verbessern, etwa nach dem Siebenjährigen Krieg, als mehr oder weniger konsequent die schon kurz angesprochenen Marine- und Heeresreformen in Angriff genommen wurden. Aber da es im 18. Jahrhundert nie mehr gelang, die finanziellen Voraussetzungen für eine auf Dauer durchsetzungsfähige Außenpolitik zu schaffen, taumelte die Krone nur noch von einer Krise in die andere und ließ europapolitisch den Dingen schlicht ihren Lauf. Bezeichnend ist, dass die Erste Teilung Polens keine Angelegenheit mehr war, bei der Frankreich eine gestaltende Rolle gespielt hätte. Es mag nach dem Siebenjährigen Krieg das Gefühl hinzugekommen sein, dass man einem übermächtigen Gegner gegenüberstand. Das Gefühl, Großbritannien selbst bei einer extrem günstigen Konstellation wie etwa im Amerikanischen Unabhängigkeitskrieg nicht entscheidend schwächen zu können, mag seinen Anteil an jener *fin-de-siècle*-Stimmung gehabt haben, die im Frankreich der 1780er Jahre unübersehbar ist (und die im Übrigen in jenem revoltenreichen Jahrzehnt fast ein europäisches Charakteristikum war).

Das war aber nur eine und alles in allem eine nachgeordnete Facette der allgemeinen Krisenstimmung, die durch eine höchst widersprüchliche Innenpolitik geprägt war: Die Offenlegung des Staatsbankrotts, das Scheitern aller Versuche der Regierungen Calonne und Brienne, eine tiefgreifende Steuerreform durchzuführen, die erneute Auflösung des Pariser Parlaments (1787) und erste blutige Straßenkämpfe, die unheilvolle, von der Presse geradezu genüsslich „ausgeschlachtete" Halsbandaffäre und der damit verbundene weitere Glaubwürdigkeitsverlust der Krone, noch gesteigert durch das Debakel der französischen Niederlandepolitik 1787: das waren alles Zeichen, die auf Sturm standen. Die Revolution war kein zwingendes, aber ein von vielen für denkbar oder sogar für notwendig gehaltenes Ereignis.[18]

---

17 Dazu C. OPITZ-BELAKHAL, Militärreformen.
18 Die Literatur zur Revolution ist im Gedenkjahr 1989 noch einmal „explodiert" und selbst für den Spezialisten kaum noch zu überblicken. In deutscher Sprache sind unter anderem die Monographien von E. SCHULIN, Revolution, und W. SCHULZE, Der 14. Juli, zuverlässig und empfehlenswert; einen „moderneren" Zugang wählt insbesondere R. E. REICHARDT, Blut der Freiheit.

3.1.5 Die Revolution als nationales und internationales Ereignis

Mit den Revolutionsereignissen rückte Frankreich, ohnehin während des ganzen 18. Jahrhunderts als das Kulturmodell schlechthin einer der Fluchtpunkte des öffentlichen Interesses auf dem europäischen Kontinent, vollends in die Schlagzeilen der Presse, selbst wenn manche Höfe die Brisanz dessen, was sich da in Paris zu entwickeln begann, nicht vom ersten Moment an richtig einzuschätzen wussten. Im Folgenden muss die Ereignisgeschichte zum Tragen kommen, die freilich die zentrale Frage nicht aus den Augen verlieren darf, warum die Französische Revolution nicht wie viele andere Revolten der 1780er Jahre, etwa in den Niederlanden oder Genf, zu einer Fußnote der Geschichte wurde, sondern mit globaler Ausstrahlung und Resonanz zum Beginn einer neuen Ära.

Das Faszinosum liegt vor allem darin, dass ein Vorgang, mit dem Reformen in Staat und Gesellschaft initiiert werden sollten – also die Einberufung der Generalstände –, über diesen reformerischen Impuls rasch hinauswuchs und nach kurzer Zeit das ganze System zum Einsturz brachte: die, so hatte Bossuet formuliert, wie ein Punkt unteilbare Monarchie brach auseinander und ihre Einbettung in die feudalen Strukturen und Trägerschichten der Zeit ging verloren. Die Komponenten jener tiefen Staatskrise, von der Untergrundliteratur mehr und mehr angeprangert, waren, wie bereits angesprochen, das anhaltende Bevölkerungswachstum bei gleichzeitiger tendenzieller Abnahme der ländlichen und städtischen Erwerbsstellen, die steigenden Preise bei stagnierenden Löhnen, Krisen in den zentralen Gewerben, etwa dem Textilgewerbe, sowie die durch die Kriege des letzten Vierteljahrhunderts beschleunigte Staatsverschuldung und schließlich der Dauerkonflikt der Krone mit den *parlements* und deren Volksvertretungsansprüchen. Die 1787 in vielen Teilen des Königreichs zusammentretenden Provinzialversammlungen, die gravierende Steuererhöhungen absegnen sollten, politisierten das Land nachhaltig, um so mehr als bei ihnen – das Modell von 1789! – die Vertretung des Dritten Standes an Zahl bereits verdoppelt wurde. Einen weiteren Politisierungsschub zogen die beiden Notabelnversammlungen nach sich, die Ludwig XVI. nach Versailles einberief und die, statt bereitwillig nickend grünes Licht für die bescheidenen Reformversuche zu geben, zu einem Forum der Kritik an der Regierung wurden, wobei sich unter anderem der Held des amerikanischen Freiheitskrieges, der Marquis de La Fayette, hervortat. Vor dem Hintergrund dieses rasanten Prestigeverlusts der Krone verfügte die Regierung Anfang Juli 1788 die Einberufung der Generalstände, die seit 174 Jahren nicht mehr zusammengetreten waren: das war das Eingeständnis, mit der Krise allein nicht mehr fertig zu werden. Es lag angesichts einer derart langen Periode der Inaktivität der „eingemotteten" (Schmale) nationalen Vertretungskörperschaft auf der Hand, dass auch die öffentliche Diskussion über Form und Ziele der Generalstände freizugeben war. Der sofort einsetzende Federkrieg, dessen zentrales Thema die Repräsentanz des so genannten Dritten Standes war, ging nahtlos über in die Wahlen zu den Generalständen, denen rund 60 000 Wählerversammlungen im ganzen Land vorausgingen und die vor allem das (traditionelle) Zusammentragen der Beschwerden veranlassten. Die Ergebnisse dieser reichsweiten Volksbefragung fanden Eingang in etwa 400 000 *cahiers de doléance*, die zwar von bäuerlichen Klagen und bürgerlichen Forderungen überbordeten, aber die Wünschbarkeit oder Überfälligkeit eines politischen Systemwechsels nicht (oder allenfalls höchst verdeckt) anklingen ließen. Das relativ komplizierte mehrstufige Wahlverfahren hielt zwar viele Berechtigte – nominell fast alle männlichen Franzosen ab 25 Jahren – davon ab, sich tatsächlich an den Wahlen zum Dritten Stand zu beteiligen; vor allem in der Hauptstadt blieb die Wahlbeteiligung deutlich hinter den Erwartungen zurück. Auch bildeten die Delegierten des Dritten Standes keineswegs die von ihnen repräsentierte soziale Schicht ab; man zählte beispielsweise unter ihren 578 Abgeordneten nur einen einzigen Bauern! Aber das verhinderte nicht, dass sich dieser Teil der Generalstände unter dem Eindruck der enttäuschenden Eröffnungsreden des Königs und Neckers rasch radikalisierte: er forderte namentlich die gemeinsame Beratung der drei Stände und die Abstimmung nach Köpfen, nicht nach Kurien. Der Dritte Stand blieb mit diesen Forderungen nicht allein. Seit dem 12. Juni 1789 begannen mehr und mehr Delegierte der Geistlichkeit zu ihm überzulaufen, woraufhin sich die *Communes* am 17. Juni zur „Nationalversammlung" (*Assemblée nationale*) erklärten.

Das Entscheidende war somit, dass sich eine Vertretungskörperschaft nicht mehr mit bloßen Retouchen begnügte, etwa der Bestätigung ihrer eigenen Privilegien oder der Rückkehr zur normalen, in Vergessenheit geratenen Periodizität, sich ansonsten aber dem Willen der Krone fügte, sondern dass sie in einem präzedenzlosen Vorgang ihren eigenen Status veränderte und aus eigener Machtvollkommenheit heraus, also nicht aufgrund von Vorgaben der Krone, ein Gesamtpaket von Reformen entwickelte, das dem Gemeinwesen völlig neue Konturen verlieh. Das begann bereits mit dem „Ballhausschwur" als sich die Mitglieder der selbsternannten Nationalversammlung gelobten, nicht eher auseinanderzugehen, bis Frankreich eine Verfassung habe – notabene eine geschriebene Verfassung, die vor allem die Rechte der Untertanen fixierte. Die Tatsache, dass der Monarch den adligen Ständevertretern und denen der Geistlichkeit, sofern sie sich nicht bereits ins Lager der *Communes* begeben hatten, befahl, sich der Nationalversammlung anzuschließen, war im Grunde schon der Anfang vom Ende, weil dadurch neben dem traditionellen Repräsentanten des Gemeinwesens ein konkurrierender zweiter installiert wurde. Aber das Fahrwasser wurde damit nicht ruhiger. Jetzt kam nämlich das Volk von Paris, ohnehin seit dem Vorjahr in höchster Erregung und angesichts hochschnellender Brotpreise und Zusammenziehungen von Militär ebenso verunsichert wie empört, mit ins Spiel. Es wusste sich am 14. Juli zu bewaffnen und ließ sich das berüchtigte Staatsgefängnis Bastille von einer kopflosen Besatzung übergeben – von einer Erstürmung kann schlechterdings keine Rede sein, der Mythos hat nicht nur hier vieles überdeckt.

Bei aller Relativität der militärischen Seite des 14. Juli 1789 macht es in gewisser Hinsicht aber doch Sinn, mit diesem bis heute symbolischen Datum den eigentlichen Beginn der Revolution zu markieren: Mit dem Fall der Bastille war entschieden, dass die Nationalversammlung nicht mehr einfach mit militärischen Mitteln würde beiseitegefegt werden können, mit ihm wurden die Risse in der Hofgesellschaft unübersehbar, die sich unter anderem in der Rückberufung Neckers dokumentierten, vor allem aber in der „Heimkehr" des Monarchen nach Paris, wo er sich die blau-weiß-rote Kokarde der Revolution anheften ließ und an einem Dankgottesdienst für den Fall der Bastille teilnahm. Die Schleifung der Bastille wurde zum ersten wirklichen symbolischen Akt der Revolution, begleitet im Übrigen von einer ungeheuren europäischen Presseresonanz.

Der Bastillefall ging einher mit Unruhen und einer Massenpanik (*Grande peur*) in den Provinzen, die manche Beobachter – nicht nur an den Höfen der Großmächte – auf den Gedanken verfallen ließ, das ganze Land treibe ungebremst dem eigenen Kollaps entgegen. Die entscheidende Frage war, ob und wie die Nationalversammlung die Zügel wieder in die Hand bekam oder ob der König die Kraft finden würde, sich an die Spitze einer von den Eliten getragenen moderaten Revolution zu setzen. Sie beantwortete sich rasch. Nicht der König wurde zum Handelnden, sondern die Nationalversammlung. Schon in der Nacht vom 4. auf den 5. August 1789 löste sie in einem beispiellosen Akt des Selbstverzichts die gesamte Feudalordnung auf, zumindest soweit die persönlichen Vorrechte betroffen waren, und beschritt aufgrund ihrer Selbstqualifikation als *Constituante* dann rasch den (schon vorgezeichneten) Weg, eine geschriebene Verfassung auszuarbeiten. Bereits am 26. August lag der „Kompromisstext"[19] der *Déclaration des droits de l'homme et du citoyen* vor und wurde verabschiedet[20]; sie schrieb neben einem Grundbestand an bürgerlichen Grundrechten vor allem die „Freiheit der politischen Öffentlichkeit"[21] fest. Dieser Prozess der Konstitutionalisierung wurde zwar durch neuerliche Unruhen in Paris, die die bisherigen an Wucht deutlich übertrafen, aufgehalten, aber er konnte im Spätherbst mit der Nationalisierung der Kirchengüter und dann im Februar 1790 mit der – fiskalisch wichtigen – Aufhebung der Klöster, der Überführung der Priesterbesoldung in die Regie des Staates und der so genannten Zivilkonstitution des Klerus weitergeführt werden. Bis zum Frühsommer 1791 hatte sich dann die gesamte Binnenstruktur des Gemeinwesens gewandelt; das Spektrum der Veränderungen umfasste die Abschaffung der Adelstitel, der Zünfte und der Binnenzölle ebenso wie die Aufrichtung eines neuen Steuersystems, die Neuordnung des gesamten Zivil- und Strafrechts und die Verwaltungsneugliederung auf der Basis von Departements.

Hinter diesem imposanten Gesetzgebungswerk aber wurden Flügelkämpfe ausgetragen: basisdemokratische Volksgesellschaften und eher elitäre Revolutionsclubs, deren Gegensätze nach der (rasch abgebrochenen) Flucht des Königs vollends hervortraten und durch feierliche Akte wie das Fest der Konstitution am 18. September 1791 allenfalls befristet übertüncht werden konnten, standen einander gegenüber. Die Forschung spricht nicht ohne Grund von einer „Zweiten Revolution". Sie war insofern präfiguriert, als es in der neuen Nationalversammlung, die im Frühherbst 1791 gewählt wurde, keine konservative „Rechte" mehr gab. Veranschaulicht werden könnte dieser unübersehbare Radikalisierungsprozess am Beispiel der Pariser *Commune*, belegt werden kann er mit legislativen Maßnahmen wie der Zwangsvereidigung des Klerus und der Deportierung der Eidverweigerer sowie der Nationalisierung der Güter emigrierter Adliger. Das eindeutigste Indiz für die Radikalisierung der Revolution aber war natürlich die Kriegserklärung an den Wiener Hof, dem die in Frankreich nie populäre Königin entstammte, wobei das von vornherein berechenbare Druckmittel eingesetzt wurde, dem Kaiser ein Ultimatum zur Vertreibung der emigrierten französischen

---

19 R. E. REICHARDT, Blut der Freiheit, 127.
20 Vgl. den Forschungsbericht von W. SCHMALE, Frankreich.
21 R. E. REICHARDT, Blut der Freiheit, 127.

Adligen zu stellen. Alles in allem emigrierten in den ersten Revolutionsjahren rund 6 % des französischen Adels.[22]

Diese Radikalisierung wäre vielleicht aufzuhalten gewesen, wenn Krone und Regierung ein Mindestmaß an Kooperationsbereitschaft und vor allem an klarer Zukunftsorientierung gezeigt hätten. Aber Krone und Regierung waren eben keine kompakte Einheit mehr. Vor allem die Dynastie war inzwischen in hohem Maß in sich zerstritten – kein ganz neues Thema in Europa, wenn man nur an das zeitgenössische Großbritannien denkt. Sogar Voten aus der eigenen Familie zugunsten der Liquidierung des Königspaars schienen ab einem bestimmten Zeitpunkt vorstellbar. Diese elementare Verunsicherung mag auch einer der Gründe dafür gewesen sein, dass Ludwig XVI. den Dialog mit den Generalständen, die ja für jedes kleine Zeichen der Rückkehr zur alten Konsensverfassung dankbar gewesen wären, nicht mit dem nötigen Nachdruck gesucht hatte. Selbst nach den ersten legislativen Weichenstellungen der Nationalversammlung wäre ein solcher Dialog wohl noch möglich gewesen, und vielleicht wäre auch anderes noch vorstellbar gewesen – das Gedankenspiel, wie sich der aufstandserfahrene Schwedenkönig Gustav III. im Hochsommer verhalten hätte, ist nicht ohne Reiz.

1792 war es angesichts der Radikalisierung der Revolution für diesen Dialog zwischen Krone und revolutionären Trägerschichten indes zu spät, und es ist ein überaus erstaunliches Phänomen, wie sich die Revolution nach der Wendung zur Außenpolitik, die in erster Linie eine innenpolitische Funktion hatte, europäisierte und den ganzen Kontinent zu überziehen begann. In ihrem „Programm" war diese Wendung an sich nicht angelegt. Entgegen der Kriegspropaganda der Gegenseite und ihrem Konstrukt eines Pariser „Propagandaklubs" zur Internationalisierung der Bewegung – die Assoziation zur kirchlichen Kongregation *de propaganda fide* drängte sich geradezu auf – startete die Revolution sicher nicht mit der dezidierten Absicht, zu einem europäischen Ereignis zu werden, auch wenn eine europäische Perspektive immer latent mit im Spiel war –, man denke nur an die Verleihung des Ehrenbürgerrechts an achtzehn europäische und nordamerikanische Intellektuelle (1792). Aber das Schlagwort und das ideologische Fundament dieses europäischen „Exports" der Revolution wurde dann doch rasch gefunden; es war das einprägsame Bild vom „Krieg den Palästen, Friede den Hütten" (*„Guerre aux châteaux, paix aux chaumières"*).

Freilich waren die militärischen Anfänge der Revolutionäre mühsam. Der König, hin- und hergerissen zwischen Obstruktion der Arbeit der Nationalversammlung – unter anderem ratifizierte er das Gesetz zur Verstaatlichung der Emigrantengüter nicht – und begrenzter und verfassungsmäßig vorgeschriebener Zusammenarbeit mit ihr, hatte der Kriegserklärung gegen Österreich und Preußen als dem Verbündeten der Hofburg zwar zugestimmt, aber dies nur mit Hintergedanken. Sie waren nicht einmal abwegig: die Hoffnung, dass die in einem schlechten Zustand befindlichen und ihrer adligen Führer beraubten französischen Linientruppen unter den ersten militärischen Schlägen der europäischen Großmächte zusammenbrächen und dem Spuk der Revolution ein rasches Ende bereitet würde, war nicht unberechtigt. Die Spekulation schien

---

22 Ein zentraler „Sammelplatz" war Koblenz; vgl. Ch. HENKE, Coblentz.

auch aufzugehen. Im Frühjahr und Frühsommer 1792 erlebten die französischen Verbände eine Reihe geradezu verheerender Niederlagen und liefen scharenweise zu den Österreichern über. Es war wohl erst ein wenig kluges Manifest des österreichischen Heerführers, des Herzogs von Braunschweig, in dem der Vormarsch nach Paris und die Befreiung des Monarchen samt der Restauration des Königtums angekündigt und den Parisern eine beispiellose Exekution in Aussicht gestellt wurde, das den Dingen eine Wendung gab. In und um Paris kam es zu einer gewaltigen Mobilisierung von Freiwilligen, die mehr oder weniger konsequent mit den alten Linientruppen verschmolzen wurden. Es wurde der nationale Notstand ausgerufen, zugleich der König massiv unter Druck gesetzt und schließlich nach blutigen Auseinandersetzungen – und das war die eigentliche „Zweite Revolution" – am 10. August 1792 unter Hausarrest gestellt.

Es war die Koinzidenz von militärischer Bedrohung – Verdun fiel am 2. September in die Hände der Österreicher – und innenpolitischer Radikalisierung, die dem Herbst 1792 ihren eigentümlichen geschichtswissenschaftlichen Reiz verleiht: Die aus einer Massenhysterie geborenen Sondergerichte fällten hunderte und aberhunderte von Todesurteilen gegen vermeintliche Konspiranten, an den Parlamentswahlen beteiligten sich gerade noch einmal 10 % der Stimmberechtigten, und die neugewählte *Convention* radikalisierte sich unter dem beherrschenden Einfluss Robespierres und seiner *Montagnards* nun immer deutlicher. Unter dem Eindruck des ersten militärischen Erfolges von Gewicht, der Schlacht bei Valmy, mit der Goethe mit gutem Grund eine neue Epoche der Weltgeschichte heraufziehen sah, wurde auf der allerersten Parlamentssitzung die Monarchie förmlich abgeschafft und die „eine und unteilbare Republik" ausgerufen, am 11. Dezember 1792 wurde der Prozess gegen den Monarchen eröffnet, Mitte Januar entschied die *Convention* in viermaliger namentlicher Abstimmung auf das Todesurteil, das am 21. Januar 1793 in einem „Schauspiel der öffentlichen Rache" (Robespierre) auf der ehemaligen *Place Louis XV* vollstreckt wurde. Mit diesem Akt, vergleichbar nur dem von 1649 auf der anderen Seite des Kanals, hatte „die Revolution die Brücken zum Ancien Régime endgültig abgebrochen".[23]

Es versteht sich, dass mit diesem Befreiungsschlag allein das neue Regime noch keineswegs ruhigeres Fahrwasser erreichte. Seit den Septembermorden war die vormalige Begeisterung der aufgeklärten europäischen Intellektuellen über den Modernisierungsprozess in Frankreich abrupt abgekühlt, die (seit Valmy allerdings verunsicherten) Großmächte setzten weiter auf die militärische Karte, vor allem aber hatte die Guillotinierung des *Roi Très-Chrétien* die soziale Frage im Land mitnichten gelöst. Wachsende Arbeitslosigkeit, erneut steigende Brotpreise, der Wertverfall der Assignaten führten zu einer hochexplosiven Stimmung und städtischen Unruhen, die mit der Festsetzung von Preismaxima für Lebensmittel auch einen begrenzten Erfolg erzielten. Es war eine Stimmung, in der beinahe jeder unter Komplottverdacht geriet und sich mit dem Vorwurf der Konterrevolution konfrontiert sah; das betraf übrigens auch Militärs – etwa den General Dumouriez –, wenn sie Niederlagen hatten einstecken müssen. Es ist vor dem Hintergrund dieser Hysterie zu sehen, wenn auch ein großer

---

23 R. Reichardt, Blut der Freiheit, 150.

Bauernaufstand in der Vendée oder die bretonische Volksbewegung der *Chouannerie* rasch in die Nähe der Gegenrevolution und der Konspiration mit Großbritannien gerückt wurden, im Übrigen nicht immer ganz unbegründet.

Diese Stimmung, militärisch noch längst nicht über dem Berg zu sein, die sozialen Probleme des Landes noch nicht im Griff und ideologisch den Weg in die Zukunft noch nicht gefunden zu haben, führte im Frühjahr 1793 zu einer Reihe von Notstandsgesetzen, die letztlich die Grundlage bildeten für die Phase der *Terreur*, die in den Augen der europäischen Beobachter die Revolution vollends diskreditierte. Sondergerichte zur Verfolgung aller Anschläge gegen die Freiheit, Gleichheit, Einheit und Unteilbarkeit der Republik, Ausschüsse zur Überwachung und Bespitzelung aller und die penible Kontrolle aller Funktionsträger sorgten für ein Klima höchster Verunsicherung jedes *Citoyen*, das seinen politisch-verfassungsrechtlichen Gipfelpunkt erreichte, als unter dem Druck der Straße das Parlament seine Selbstreinigung beschloss. Aber die Katastrophenmeldungen rissen im Frühjahr 1793 auch nicht ab: föderalistische Revolten (Normandie, Bordeaux) und Bauernaufstände (Vendée), die Ermordungen führender Revolutionäre wie etwa Marats, die Verluste von Schlüsselstellungen (Toulon, Valenciennes) ließen den Eindruck sich verfestigen, dass das Revolutionsregime mit dem Rücken zur Wand stand. Der Konvent verfiel jedoch nicht in Apathie, sondern verfügte im Hochsommer die *levée en masse*, also die Heeresdienstpflicht für alle Franzosen, und eine Reihe von sozialen Maßnahmen zugunsten des „Volkes", unter anderem die Aufteilung von Emigrantengütern an landlose oder landarme Bauern. Trotzdem blieb er unter Druck: einem gewaltigen Druck der plebejischen *Sans-culottes* und der radikalrevolutioären *Enragés*, der Jakobiner und der Straße. Der Herbst 1793 erlebte den Übergang von der spontanen *Terreur* des Volkes zur institutionalisierten *Terreur* des neuen Gremiums des Wohlfahrtsausschusses, und die Diskussionen kreisten allenfalls noch darum, bis zu welchem Punkt man die Verfolgungen und Vernichtungen suspekter Elemente ausweiten solle. Die Forschung hat ermittelt, dass unter der Regie von Robespierres Wohlfahrtsausschuss allein in Paris im Juni/Juli 1794 1376 Hinrichtungen vollstreckt wurden und dass landesweit die *Terreur* annähernd 17 000 Opfer gefordert hat. Dass damit der Bogen weit überspannt und dem französischen Volk ein überzogener Blutzoll abverlangt worden war, erkannten die gemäßigteren Kräfte im Konvent dann aber doch; am 28. Juli 1794 wurde Robespierre seinerseits mit 105 seiner engsten Mitarbeiter guillotiniert.

Der Konvent hatte eine ganze Reihe von Maßnahmen zu treffen, die die Rückkehr zur „Normalität" ermöglichten, aber die basisdemokratischen Elemente meldeten sich noch mehr als einmal zu Wort, so im Mai 1795, bevor die Revolution in ihre „Phase der Verbürgerlichung" eintrat. An deren Beginn stand (August 1795) die Verabschiedung einer neuen Verfassung mit einem parlamentarischen Zweikammersystem (Rat der 500, Rat der Alten), das zwar, wie die Wahlen von 1798 und 1799 zeigten, die „Linken" keineswegs zu marginalisieren vermochte, aber doch den Anteil der Gemäßigten deutlich ansteigen ließ. Die revolutionären Klubs und Volksgesellschaften wurden mehr oder weniger stillschweigend aufgelöst – überall war das Bemühen spürbar, auf das Jahr 1791 zurückzugehen und dem Land ein geordnetes Leben zu ermöglichen. Freilich hatte auch die Rückkehr zur „Normalität" ihren Preis: Der revolutionäre Schwung brach rasch ab, das Direktorialregime beschränkte sich mehr und mehr darauf, bloß noch zu verwalten und mit den bürgerlichen Repräsentanten und denen der Wirtschaft Kompromisse einzugehen. Da sich nach den verschiedenen Friedensschlüssen mit den Mächten und Großmächten – Preußen und Spanien 1795, Habsburgermonarchie 1797 – auch das außenpolitische Bedrohungspotential deutlich reduziert hatte und die Errichtung eines „Systems" von Schwesterrepubliken auf einem guten Weg war, hatte das revolutionäre Gemeinwesen kurz vor der Jahrhundertwende eher einen Status der Selbstgenügsamkeit denn den ungebrochener Dynamik erreicht.

Napoleon Bonaparte, der nach einem beinahe schon „klassischen" Diktum Thomas Nipperdeys „am Anfang" war, soll hier nicht mehr behandelt werden, obwohl es immer reizvoll ist, seine Rückkehr in die (fast) traditionelle Hegemonialpolitik zu analysieren und mit Konzepten anderer französischer Staatsführer zu vergleichen: sein Dynastizismus, seine Versuche, Gürtel von Klientelstaaten zu bilden und sie strukturpolitisch am Mutterland auszurichten, waren interessante Fortsetzungen von Ansätzen, die im Kern das 17. Jahrhundert geboren hatte. Das Frankreich, das Bonaparte mit seinem Staatsstreich vom 9. November 1799, nach dem Revolutionskalender dem 8. Brumaire VIII, übernahm, war andererseits längst nicht mehr identisch mit jenem Staatswesen, das gut zehn Jahre zuvor in die Revolution getaumelt war. Inzwischen eine Gesamtfläche von 615 000 qkm einnehmend und auf eine Bevölkerung von 34 Millionen Menschen angewachsen, war Frankreich das einzige Land, das über einen wirklich gesicherten Grundbestand an Menschen- und Freiheitsrechten verfügte, dessen Parlamentarismus gefestigt erschien und das eine Gesellschaftsordnung „erfunden" hatte, die sich von der der meisten anderen europäischen Gemeinwesen deutlich unterschied. Im ständigen Rückgriff auf Forderungen der europäischen Aufklärung und der Pamphletisten aus dem eigenen Land war mit den Strukturen des Ancien Régime radikal gebrochen worden – bis hin zur Liquidierung eines Monarchen, von dem das kollektive Bewusstsein immer noch annahm, er sei mit dem direkt aus dem Himmel geflossenen heiligen Öl gesalbt worden. Ob dieses neue Frankreich das Kulturmodell der Zukunft würde, musste eben diese Zukunft zeigen. Es hing davon ab, ob Bonaparte dieses Kulturmodell mit weiterem Leben zu erfüllen, es attraktiv(er) zu machen vermochte, und ob sein Konzept eines französisch-karolingischen Europa positiven Widerhall finden würde, vor allem aber davon, ob die Kräfte der alten Ordnung von seiner (zumindest partiellen) Übernahme überzeugt werden konnten.

3.2 Großbritannien

In einem Maß, wie das für Frankreich gilt, ist England – seit der Realunion mit Schottland 1707 muss man endgültig von „Großbritannien" sprechen – niemals zum kulturellen Maßstab Europas geworden, obwohl doch an der politischen Führungsfunktion des insularen Gemeinwesens für die Zeit ab 1715 nicht gezweifelt werden kann und sich die Hoffnung, das Königreich werde eine solche Führungsfunktion für Alteuropa übernehmen, schon seit 1688 massiv verstärkt hatte. Gewiss, die Anzahl der Kavaliersreisen, die die britischen Inseln – in aller Regel allerdings nur London – einschloss, wuchs im 18. Jahrhundert deutlich an, ohne freilich jemals das Ausmaß der entsprechenden „Grands Tours" nach Frankreich oder Rom zu erreichen und ohne eine vergleichbare Apodemik nach sich zu ziehen, gewiss, das Interesse an den politischen Strukturen des Inselstaats nahm unter den kontinentalen Intellektuellen zu[1] –, man glaubte im charakteristischen Neben- und Miteinander von Krone und kräftigem Parlament immer deutlicher eine Art „Gegenmodell" zum europäischen „Absolutismus" zu erkennen –, und es ist auch keine Frage, dass die schottische Aufklärung[2] und die englische Kunst auf dem Kontinent verstärkt Beachtung fanden. Aber die deutlich wachsende Anglophilie, an deren Beginn Paul Rapin de Thoras' zehnbändige *„Histoire d'Angleterre"* (1723–1727), Beat Ludwig von Muralts *„Lettres sur les Anglois..."* (1725) und Voltaires *„Lettres philosophiques ou Lettres anglaises"* (1733/34) standen – Werke, die die englische Verfassung als eine Art Mischverfassung zu interpretieren suchten und sie als eine strahlende Folie der längst kollabierten politischen Freiheit der europäischen Gesellschaften entgegenhielten –, kann über das allenfalls schemenhafte Bild von den englischen Freiheiten und vom englischen *way of life* bei breiterer kontinentalen Bevölkerungsschichten nicht hinwegtäuschen. Zum kulturellen Vorbildstaat für Kontinentaleuropa ist Großbritannien nie geworden, obwohl seine Sprache seit den 1780er Jahren unverkennbar mehr und mehr Resonanz fand – selbst bayerische Kurfürsten wie Max III. Joseph und Karl Theodor sprachen recht passabel Englisch, ganz zu schweigen von den wirklichen Aufklärungsfürsten wie dem badischen Markgrafen Karl Friedrich, die die englische Aufklärungsliteratur rasch und ohne Umwege rezipierten.

Die bleibende Distanz zwischen Großbritannien und dem Kontinent mag darin ihren Grund gehabt haben, dass das politische System auf der Insel von dem der meisten kontinentalen Gemeinwesen sehr deutlich differierte, aber sie lässt sich auch damit erklären, dass die britische Regierung ihren Führungsanspruch nie so massiv demonstrierte, wie das Frankreich über Generationen hinweg getan hatte. Es ist kein Zufall, dass eine zentrale Quellensammlung zur internationalen Politik Englands[3] erst mit der *Glorious Revolution* (1688/89) einsetzt (und im Übrigen ein Torso blieb). Vorher war Großbritannien tatsächlich weit von der Rolle einer Gestaltungsmacht entfernt, und auch nach 1713/14 lenkte London die europäische Politik eher dezent, selten *à la française* massiv-auftrumpfend.

Auch die inneren Strukturen des Landes, das Mitte des 17. Jahrhunderts mit seinen rund fünf Millionen Einwohnern weit hinter Frankreich zurückblieb, waren für viele Kontinentaleuropäer durchaus ungewohnt: ein Staat, in dem der Adel immer nur auf ein Familienmitglied vererbt wurde, während dessen nachgeborene Brüder sich als *Commoners* wie selbstverständlich im Kommerz oder in den freien „bürgerlichen" Berufen betätigten (und der somit das Problem des „armen Adels" nicht kannte), ein Staat, dessen parlamentarisches, also Mitwirkung und Konsens der Beherrschten garantierendes System sich nicht zurückgebildet hatte oder zur hohlen Hülse erstarrt war, ein Staat schließlich auch, dessen geographische Distanz zu Kontinentaleuropa die Mentalitäten deutlicher widerspiegelte als alle Worte.

---

1 Für Deutschland vgl. etwa die Pionierstudie von M. Maurer, Aufklärung.
2 Vgl. F. Oz-Salzberger, Translating.
3 British Diplomatic Instructions. Nähere Nachweise der erschienenen Bände im Forschungsbericht.

3.2.1 Die Ausgangslage: Revolution und *Commonwealth*

Dass Großbritannien eine europäische Führungsrolle übernehmen würde, war lange nicht absehbar gewesen. Mitte des 17. Jahrhunderts drohte England vielmehr im Chaos zu versinken und in jeder Hinsicht zum europäischen *Outsider* zu werden. Nur wenige Wochen, nachdem man auf dem Kontinent (weitgehend) zum Frieden gefunden hatte, schickten die englischen Revolutionäre ihren König aufs Schafott – ein Ereignis, das auf dem Kontinent ein einhelliges und heftiges publizistisches Echo auslöste, das man nur als Aufschrei der Empörung bezeichnen kann : „Ein Diskurs über die abscheuliche in der Christenheit unerhörte Tat" aus dem Jahr 1649 ist nur ein bezeichnender Titel dieser Pamphletistik. Die Hinrichtung war die vorläufig letzte Etappe in einem seit Jahren schwelenden Konflikt, zu dem ganz verschiedene Komponenten beitrugen: die Infragestellung der politischen Grundordnung, die im (zu) langen Verzicht auf die parlamentarische Mitregierung gipfelte, der verbreitete Unmut über die Kosten der Hofhaltung, die Erbitterung darüber, dass die Krone das Prinzip der religiösen Uniformität auch in Schottland durchsetzen wollte. Zur Eskalation war es, nachdem die 1630er Jahre schon genug Blutvergießen gesehen hatten, seit 1640 gekommen, als das „Lange" Parlament engste Mitarbeiter des Monarchen zur Verantwortung gezogen und aufs Schafott geschickt hatte, woraufhin die Krone nach einer kurzen Phase der Kooperation einen Bürgerkrieg vom Zaun brach. Danach hatte die Suche nach einem neuen gesellschaftlichen Modell begonnen, das mehr Freiheit versprach, dessen Varianten sich von der kontinentalen Norm aber so gravierend abhoben, dass das Moment der Verständnislosigkeit alles überlagerte; was sollten Menschen des mittleren 17. Jahrhunderts, die in ihr Feudalsystem fest eingebunden waren, auch mit präkommunistischen Vorstellungen anfangen, wie sie etwa die *Diggers* vertraten?

Dennoch tut man – mit der Forschung – gut daran, zur Kenntnis zu nehmen, dass auch in dieser lebhaften, auf den alternativen gesellschaftlichen Weg fixierten Publizistik zunächst das Sozialgefüge des Inselstaates, das sich durch eine beachtliche Mobilität des Einzelnen und durch das Nebeneinander verschiedener religiöser Richtungen im Schoß einer Nation auszeichnete, noch nicht fundamental in Frage gestellt wurde. Erst nach der Liquidierung der Monarchie trat eine intellektuelle Radikalisierung ein, die zugleich das Bild des freien, mit Gewissensfreiheit und Rechtsgleichheit ausgestatteten Individuums hervorbrachte, das alle ständestaatlichen Ordnungsvorstellungen in Frage stellte und unter den Vorzeichen des Kontinuums von Revolutionen seit dem letzten Drittel des 18. Jahrhunderts zum Leitbild einer neuen Zeit wurde. Es unterliegt keinem Zweifel, dass der gewaltige Aufschwung des englischen Wissenschafts- und Geisteslebens um die Mitte des 17. Jahrhunderts mit dem Aufbrechen alter Strukturen, einem neuen Menschenbild und der Herausforderung des *Dissent* zusammenhängt.

Auf der anderen Seite hat kaum jemand in Europa in den revolutionären Unruhen auf der Insel eine systemgefährdende Bedrohung des Kontinents gesehen – dazu lag wohl zu viel Wasser zwischen dem Festland und den Inseln und dazu hatten diese sich in den zurückliegenden Jahrzehnten auch zu weit vom Kontinent entfernt. So dachte niemand in den europäischen Kapitalen – trotz der vielen dynastischen Verflechtungen mit den Stuarts – an ein Eingreifen im Sinn der Restabilisierung des alten Systems, und es dachte erst recht niemand daran, den neuen *Commonwealth*, der sich unter Cromwell

200 Die „nationalen" Entwicklungen

nur ganz allmählich stabilisierte, politisch und diplomatisch aufzuwerten. Die Initiative für eine allmähliche Wiederannäherung zwischen den dynastischen Staaten Alteuropas und dem dynastielos gewordenen Inselstaat ging deswegen auch ganz entschieden von Cromwell aus, der in seinen beiden letzten Lebensjahren England wieder zu einem Mehr an Normalität zurückzuführen und in die internationale Politik zu reintegrieren suchte und mit anderen über eine modifizierte Wiedereinführung der Monarchie diskutierte.

3.2.2 Restauration und Stuart-Regime

Zu dieser Rückkehr zur Normalität kam es dann nach seinem Tod (1658), als England, in verfassungsrechtlich freilich fragwürdigen Formen, die (Stuart-)Dynastie aus dem Exil zurückholte, deren Angehörige in Paris auf diesen Tag gewartet hatten. Die „Restauration" der Monarchie und des ältesten Sohns des hingerichteten Stuart-Monarchen, in der britischen Historiographie eine Art Standard-Zäsur, ist freilich nicht im Sinn einer Rückkehr zu den Verhältnissen von vor 1640 zu verstehen. Revolution und *Commonwealth* hatten im politischen System, in der politischen Kultur und auch in den Mentalitäten der Eliten vielmehr tiefe Spuren hinterlassen, die ihre Qualifizierung als bloße Episode in der britischen Geschichte als absolut unangemessen erscheinen ließe. Gewiss, Karl II. bemühte sich – ablesbar schon an seiner Krönung in Westminster am Georgstag, dem 23. April 1661 – in jeder Beziehung, an die vorrevolutionäre Zeit anzuknüpfen. Aber das England des Jahres 1660/61 war nicht mehr das, das sein Vater bei seinem Regierungsantritt vorgefunden hatte. Es war bezeichnend, dass Karl im Vorfeld seiner Rückkehr mit dem Parlament eine förmliche Vereinbarung abschließen musste, in der er sich mit allen von einem zukünftigen Parlament vorgeschlagenen Regelungen zur Amnestie, zur freien Religionsausübung und zur Wiederherstellung der alten Besitzverhältnisse einverstanden erklärte. „Restauration" ist insofern immer auch als parlamentarische Restitution zu verstehen, ja als deutliche Ausweitung der Befugnisse des Parlaments. Insbesondere nahm das Parlament in Reaktion auf die Ereignisse der 1630er und 1640er Jahre nunmehr dem Königtum jede – in der Vergangenheit nicht selten extensiv genutzte – außerordentliche Gerichtsbarkeit und jede Möglichkeit, ohne parlamentarische Zustimmung Steuern zu erheben.[4]

Die englische Geschichtsschreibung hat lange das Bild vom englischen „Sonderweg" besonders liebevoll gepflegt.[5] Es trifft nur teilweise zu. Lässt man einmal das im europäischen Vergleich doch beachtliche Gewicht der Nationalrepräsentation außer Betracht, unterschieden sich die beiden ersten Stuart-Könige Jakob I. und Karl I. in der Tendenz, ihren politischen Freiraum zu vergrößern und sich von intermediären Kräften zu emanzipieren, in nichts von der monarchischen Normalität ihrer Zeit. Und durch die Ausbildung eines effizienten und modernen stehenden Heeres während der „Revolution" war England sogar mit an die Spitze der europäischen Entwicklung gerückt. Erst durch die Tatsache, dass in England aus einem an sich nicht ungewöhnlichen Konflikt zwischen Krone und Ständen nicht, wie etwa in Frankreich oder in

---

4 Zur Restauration und den Problemen des karolinischen Königtums generell R. Hutton, Charles II, und P. Seaward, Cavalier Parliament.

5 Allgemein dazu: J. Osterhammel, Nation und Zivilisation.

Dänemark mit seiner *Lex Regia*, das Königtum als unumstrittener Sieger hervorging, macht die Singularität des englischen Beispiels aus. Wenn die Formel vom *King-in-Parliament* je die Realität abbildete, dann war das jetzt.

So zumindest die Vorstellungen des Parlaments und seiner publizistischen Hilfstruppen, die zur Beschreibung des Verhältnisses zwischen Krone und Parlament nun vermehrt auf die Formel vom Gleichgewicht der Kräfte zurückgriffen. Aber Karl II. hatte immerhin zehn Jahre am Pariser Hof verbracht, hatte dort die Fronde und die Behauptung des Königtums hautnah miterlebt, stand auch nach seiner Rückkehr nach London dem französischen Hof – bis hin zum Zeremoniell, zur Herrscherstilisierung und zum entfalteten Prunk – nahe, so dass es fast absehbar war, dass er, einmal fest im Sattel, den Kompromiss von 1660 nicht mehr ohne Einschränkung für das letzte Wort halten würde. Gründe und Vorwände waren rasch gefunden: Den Aufstand einer „linksradikalen" Splittergruppe, der *„Fifth Monarchy Men"*, nutzte er schon 1661 aus, um in bester „absolutistischer" Manier ein kleines, 6 000 Mann zählendes Berufsheer auf die Beine zu stellen[6] – für alle europäischen Ständekörperschaften eine Art Menetekel und ein rotes Tuch. Überraschenderweise gelang es ihm sogar, ein Parlament wählen zu lassen, das gänzlich royalistisch dominiert war (Kavaliersparlament) und das sich in vielen Bereichen, etwa der Kirchenpolitik, eine Zeitlang als ein mehr oder weniger verlässlicher Erfüllungsgehilfe der Krone erwies, bis die Wege nach der Uniformitätsakte von 1662 dann doch wieder auseinandergingen. Aber die für England und im europäischen Vergleich ungewöhnliche, enge Zusammenarbeit von Krone und Parlament war nur eine Episode, die auf die besondere Situation des Suchens beider Einrichtungen nach ihrem neuen Ort im politischen System zurückzuführen ist. Schon Anfang der 1670er Jahre spitzte sich die Situation gerade und vor allem im kirchenpolitischen Bereich wieder zu, als die Krone versuchte, Einzelpersonen vom Uniformitätsgesetz zu dispensieren – Spiegel der seit langem bekannten prokatholischen, aber auch der mit dem *Dissent* sympathisierenden Tendenzen der Stuarts. Die anglikanische *Gentry* beantwortete diese Bemühungen 1673 mit dem scharfen *Test Act*, der alle zivilen oder militärischen Funktionsträger verpflichtete, einen antipäpstlichen Treueid zu leisten und nach anglikanischem Ritus zu kommunizieren.

Der *Test Act* war nur der vorläufige Höhepunkt eines Entfremdungsprozesses, der vor allem in der tendenziell profranzösischen Außenpolitik des Monarchen gründete[7] und in seiner teils bekannten, teils erahnten Bestechlichkeit. Es ist kein Zufall, dass sich in dieser kritischen Spannung zwischen Königtum und Parlament die parlamentarische Opposition mehr und mehr zu formieren begann und in die Lager der *Whigs* und der *Tories* auseinandertrat. Die Spannungen schaukelten sich kontinuierlich auf, und Beobachter mussten den Eindruck gewinnen, dass die Krone aus den Erfahrungen der 1640er Jahren noch nicht die richtigen Konsequenzen gezogen hatte. Die nächste Eskalationsstufe wurde in den späten 1670er Jahren erreicht, als der König seinen (katholischen) Bruder Jakob zugunsten eines eigenen unehelichen Sohns von der Thronfolge auszuschließen suchte. Die *Exclusion Crisis*, die die politische Nation über alle Maßen bewegte und geradezu klassische Kontroversen – insbesondere die

---

6 W. Reinhard, in: J. Kunisch (Hg.), Staatsverfassung.
7 J. Black, System of Ambition.

zwischen Robert Filmer und John Locke – provozierte, wurde nun (erneut) zur Stunde des Parlaments, das entgegen allen Verfassungstraditionen, die bis in die Regierungszeit Heinrichs VIII. zurückreichten, die Regelung der monarchischen Erbfolge an sich zu ziehen suchte. Diesen vermeintlichen Eingriff in königliche Prärogativrechte beantwortete Karl II. hart und mit wiederholten Auflösungen des Parlaments, das sich 1679 „erkühnt" hatte, jedes stehende Heer in England für ungesetzlich zu erklären. Seit 1680 versuchte der Monarch dann völlig ohne Parlament zu regieren. Der Grund dafür, die Aufdeckung einer Verschwörung radikaler Whigs gegen sein eigenes und seines Bruders Leben, war rasch gefunden und reichte aus, um gegen die führenden Oppositionellen mit der ganzen Schärfe des Gesetzes vorzugehen und sie faktisch mundtot zu machen.

Da es aber auch Karl klar war, dass er die politische Elite des Landes nicht auf Dauer kaltstellen konnte, betrieb er gezielt die Stützung des königstreuen, sich weitgehend aus der *Gentry* rekrutierenden Lagers und verschaffte ihm durch Wahlrechtsänderungen nach dem Thronwechsel zu Jakob II. im neu gewählten Parlament eine erdrückende Mehrheit. Aber auch diesmal verpuffte die anfängliche Loyalität eines absolut königstreuen, von den Tories beherrschten Parlaments zu dem (nun offen katholischen) König sehr rasch wieder – auch diesmal, weil der König überreizte. Wie sein Bruder, konnte sich auch Jakob II. der Versuchung nicht entziehen, mit dem Aufbau eines stehenden Heeres zu beginnen, dessen Offizierscorps sich zudem überwiegend aus Katholiken rekrutierte. Da er außerdem versuchte, den *Test Act* systematisch zu umgehen und die lokale Machtposition der *Gentry*, auf der ihre Stellung im Verfassungsgefüge des Inselstaats beruhte, zu unterminieren, griff die Oppositon rasch über den Kreis der Whigs hinaus. Die neuerliche Auflösung des Parlaments war kein Allheilmittel mehr. Als der König im Frühjahr 1688 den *Test Act* förmlich aufhob und die allgemeine Freiheit des Bekenntnisses verkündete und als ihm auch noch ein Thronfolger geboren wurde, von dem angenommen werden musste, dass er das katholische Regime seines Vaters fortsetzen würde, lief das Fass über. Es formierte sich eine große nationale Front aus anglikanischer Kirche, Whigs und Tories, der zwar das parlamentarische Forum fehlte, die aber entschlossen Unterstützung außerhalb der Grenzen des Königreichs suchte und fand: in Wilhelm von Oranien, dem Ehemann von Jakobs II. ältester Tochter Maria. In verfassungsrechtlich sicher zu beanstandender Form wurde dem Oranier Beistand zugesichert, wenn er auf der Insel eingreifen würde. Der Generalstatthalter ließ sich tatsächlich auf den Coup ein, nach der englischen Krone zu greifen.

Die Jahrzehnte zwischen der Stuart-Restauration und dem Beginn der *Glorious Revolution* waren in einem Maß mit innenpolitischen Konflikten angefüllt, dass man die Außenpolitik leicht aus den Augen verlieren könnte.[8] Auf jeden Fall trifft es zu, dass nicht die Außenpolitik es war, die Englands Ansehen kontinuierlich steigen ließ. Die internationale Politik des Inselstaats war auf der einen Seite von einer zunächst ganz widersinnig erscheinenden Gegnerschaft zu dem protestantischen Nachbarn jenseits des Kanals und dann von einem hohen Maß an Sprunghaftigkeit geprägt. Die Seekriege ge-

---

8 Gencrell dazu G. HOLMES, The Making.

gen die Niederlande[9], die übrigens in der bildenden Kunst beider Beteiligten einen lebhaften Widerhall fanden, reichten bis in die Cromwell-Ära zurück: Kriege, in denen es um Vorrang und Prestige, aber auch um den Anteil am transozeanischen *Commercium* ging. Die 1660er Jahre waren dann von einem undurchschaubaren Intrigenspiel französischer und niederländischer Diplomaten und der berühmten *„cabal"* des Königs geprägt, ohne dass eine klare außenpolitische Richtung erkennbar geworden wäre. Die Option, mit anderen Frankreich einzudämmen, trug – sicher widerwillig, soweit es den König betraf – in der Tripelallianz den Sieg davon. Die drei Mitglieder – neben England waren das noch die Niederlande und Schweden – veranlassten Ludwig XIV., den Devolutionskrieg gegen Spanien vorzeitig und ohne den erwarteten großen Durchbruch zu beenden (Friede von Aachen 1668). Die Hoffnung, die sich mit der Tripelallianz in dem Sinn verband, sie könne auf Dauer als ein Friedensgarant auftreten, erfüllten sich freilich nicht, vor allem deswegen nicht, weil England unter französischem Druck schon nach kurzer Zeit ausscherte und einen (zunächst geheimen) Allianzvertrag mit Frankreich schloss (Vertrag von Dover 1670). Da die Stimmung im Land und zum Teil auch in der Entourage des Monarchen tendenziell frankophob war, wurde der Vertrag lange unter Verschluss gehalten, was die schwankende Politik des Stuart-Königs im Niederländischen Krieg zu einem guten Teil erklärt. Die mehr oder weniger deutliche Unterstützung Frankreichs musste nach kurzer Zeit, nicht zuletzt unter dem Druck der „öffentlichen Meinung", die seit 1673/74 endgültig zum Frankophoben hin „kippte", aufgegeben werden; statt dessen übernahm England, ohne dass der Geheimvertrag von 1670 schon ruchbar geworden wäre, den Auftrag, auf dem anstehenden Friedenskongress in Nijmegen eine Friedensvermittlung zu versuchen. Die englischen Diplomaten mit Leoline Jenkins und William Temple an ihrer Spitze haben sich redlich bemüht und in Bezug auf die Formalia eines solchen Kongresses auch etliches mit bewirkt, was Bestand haben sollte[10]; am Ende mussten sie dann aber doch erleben, dass die beteiligten Mächte zu Direktverhandlungen übergingen und der englischen Vermittlung – wie auch der des Papstes – den Boden entzogen. Mit Nijmegen trat England faktisch wieder von der internationalen Bühne ab, um sich zunächst ganz der Bewältigung seiner innenpolitischen Probleme zu widmen; es sollte die Bühne der internationalen Politik erst wieder im Kontext der *Glorious Revolution* betreten.

3.2.3 Die *Glorious Revolution* als politische Zäsur und Verfassungszäsur

Denn das Eingreifen des Oraniers Wilhelm III. in die innerenglischen Auseinandersetzungen – nach außen hin mit konfessionellen Motiven ummäntelt, der Sorge um die nicht mehr nur befristete, sondern in ihrer zeitlichen Erstreckung unabsehbar werdende Rekatholisierung des Inselstaats – hatte auch, wenn nicht in erster Linie, eine außenpolitische Komponente. Der Oranier war in den 1680er Jahren mehr und mehr zur Seele des Widerstands gegen Ludwigs XIV. Aggressivität und Expansionswillen geworden[11], und es lag auf der Hand, dass ein entschlossen im antifranzösischen Lager

---

9 J. R. JONES, Anglo-Dutch Wars.
10 H. DUCHHARDT, Studien.
11 Vgl. u. a. M.-L. RECKER, in: H. DUCHHARDT (Hg.), Rahmenbedingungen.

stehendes Inselkönigreich entscheidend dazu beitragen könnte, den *Roi-Soleil* in die Schranken zu weisen. Zwar war es mit militärischen Glanzleistungen der Briten noch nicht weit her, aber die Perspektive, einen über eine große Flotte verfügenden Partner zur Seite zu haben, musste ebenso verführerisch sein wie die Aussicht angsteinflößend, ein rekatholisiertes England in einem Dauerbündnis mit Frankreich zu sehen. Die mächtepolitische Komponente bei den Ereignissen von 1688/89 darf somit nicht bagatellisiert werden.

Aber selbstverständlich waren es die innenpolitischen Weichenstellungen, die die größte Langzeitwirkung hatten und die dann rasch von einer entschlossenen und übermächtigen Whig-Historiographie auch zum Mythos stilisiert wurden. Der weitgehend in Irland herbeigeführte militärische Triumph des Oraniers über den Stuart-König, die Proklamation des Fürstenpaares zum gemeinschaftlich handelnden Monarchen und seine Krönung am richtigen Ort und mit den richtigen Insignien – das war nur die äußere Seite eines epochalen Vorgangs. Die andere Seite waren die Reformen und die Veränderungen im Verfassungsgefüge, die als Antwort auf die Regierungen der beiden Stuart-Brüder zu sehen sind. Die Verfassungsgesetzgebung, die im Kontext des Ereignisses von 1689 initiiert wurde, war alles andere als systematisch, aber es wird sich sagen lassen, dass durch das Bündel sehr heterogener Gesetze das Fundament der englischen konstitutionellen Monarchie gelegt wurde. Für zahlreiche kontinentale Intellektuelle wurde diese Regierungsform zum intensiv studierten Anschauungsmaterial im Sinn einer Überwindung der mehr oder weniger autokratischen Strukturen in ihren Heimatländern. Die Zeit verstand unter „Revolution" eigentlich noch die Rückkehr zu einem früheren – guten – Zustand, aber die neue Konnotation des Begriffs im Sinn einer erheblichen Veränderung wird an dem Paket der Gesetze, das letztlich auch noch den *Act of Settlement* (1701) einschließt, bereits deutlich.[12]

Es versteht sich, dass in einer Phase der Schwäche der Krone – ein Monarch wird fortgejagt, der beziehungsweise die Nachfolger, in verfassungsrechtlich eher zweifelhafter Form installiert, sitzen noch nicht fest im Sattel – das Parlament es war, das die entscheidenden Punkte machte und darauf zielte, seine eigene Stellung im Verfassungsgefüge abzusichern und auszubauen: Der König hatte schon in seinem Krönungseid eine Formel akzeptieren müssen, die letztlich das Parlament über die Krone stellte, er musste auf die (von den Stuarts überstrapazierte) Prärogative verzichten, von den Gesetzen dispensieren oder sie sogar außer Kraft setzen zu können. In Friedenszeiten wurden Aufbau und Unterhaltung von Truppen an eine parlamentarische Zustimmung gebunden; die Steuerhoheit des Parlaments wurde als zentraler Bestandteil seiner Arbeit anerkannt, weswegen erstmals über die Periodizität hinaus auch die Länge der Legislaturperioden genau fixiert wurde (1694 und 1716). Unterlag die Krone somit einer – zumindest auf dem Papier – effizienten Kontrolle, so griff das Parlament mit Erfolg zudem noch in ein zentrales königliches Prärogativrecht ein: die

---

12 Die *Glorious Revolution* und das *Revolution Settlement* haben im Kontext des Gedenkjahres 1988/1989 vielfältige neue Beleuchtungen erfahren. Beide Ereignisse gelten als ein Schlüsseldatum der britischen Geschichte, dem nicht selten Zäsurcharakter beigemessen wird. Aus der Fülle der Publikationen seien hier nur J. I. ISRAEL (Hg.), Anglo Dutch Moment, und E. CRUICKSHANKS, Glorious Revolution, genannt.

Thronfolgeregelung. Die meisten europäischen Monarchien verfügten ja längst über statuiertes oder Gewohnheitsrecht, das über die Nachfolge im Königsamt kaum Zweifel ließ. England folgte nun auf diesem Weg, wobei dort auch das Bekenntnis eine Schlüsselrolle spielte. Unter Ausschluss aller (besser legitimierten) katholischen Prätendenten wurde die Sukzession des hannoverschen Zweigs des Welfenhauses festgelegt, die nach dem Tod Annas, der Schwester Marias und Schwägerin Wilhelms III. von Oranien, 1714 dann tatsächlich eintreten sollte. Insofern ist es auch gar nicht abwegig, Englands „Jahrhundert der Revolutionen", wie es eine neuere Synthese tut[13], erst mit 1714 enden zu lassen. Das schloss zwar Revisions- und Restaurationsversuche der entmachteten Stuarts[14] – bis hin zur Schlacht bei Culloden 1746 – nicht aus, und man wird zudem nicht übersehen dürfen, dass die Welfendynastie jenseits ihrer formalen Anerkennung durch die Staatengemeinschaft einige Zeit brauchte, um in dem neuen Sattel wirklich fest zu sitzen. Aber staatsrechtlich hatte England mit seiner Sukzessionsordnung nun doch eine neue Entwicklungsstufe erreicht.

Nimmt man zu dieser Austarierung des Verhältnisses Krone – Parlament noch jene Bestimmungen hinzu, die die Rechtssicherheit des Einzelnen (durch das Prinzip der Nichtabsetzbarkeit von Richtern) verbesserten und die zumindest den nichtkonformistischen Protestanten außerhalb der anglikanischen Staatskirche – wenigstens 7 % der Gesamtbevölkerung – freie Religionsausübung garantierten, dann wird man nicht umhin können, die *Glorious Revolution* als eine tiefgreifende Zäsur zu bewerten und zugleich als ein Ereignis, mit dem England im zeitgenössischen Europa einen absoluten Sonderplatz einnahm: Eine empfindliche Beschneidung der Königsgewalt, dessen sich die Krone, wie Wilhelms zeitweise recht gespannte Beziehungen zum Parlament illustrieren, auch voll bewusst war, korrespondierte mit einer deutlichen Aufwertung des ständeparlamentarischen Gremiums, das mit seinem aus den Bischöfen und den Peers besetzten Oberhaus und seinen (allerdings nie vollzählig anwesenden) rund 550 Abgeordneten des Unterhauses seit 1689 jährlich in Westminster tagte und periodisch (alle drei beziehungsweise sieben Jahre) wiederzuwählen war (ohne dass man diese Wahlen, zu denen am Beginn des 18. Jahrhunderts nur gut 5 % der Bevölkerung berechtigt waren, mit modernen demokratischen Wahlen gleichsetzen sollte). Hinzu kam die Herstellung eines im europäischen Vergleich ungewöhnlich großen individuellen Freiraums und eines öffentlichen Lebens (Presse, Publizistik, wegen der Wahlen fast permanenter politischer Diskurs) als Spiegel der politischen Kultur, wie es im kontinentalen Europa noch längst nicht an der Tagesordnung war. Die durch 1688/89 bewirkte neue innenpolitische Stabilität wurde auch durch das sich anschließende Vierteljahrhundert europäischen Engagements nicht mehr in Frage gestellt, zumal England selbst in den rauhen Zeiten des Neunjährigen Krieges und des Spanischen Erbfolgekrieges nicht mehr ernsthaft um seine Integrität fürchten musste: weder Invasionsversuche gegnerischer Heere noch die Restaurationsbemühungen der Stuarts konnten ihm gefährlich werden. Gerade weil sie von manchen kontinentalen Staaten (Frankreich) verdeckt und von der Kurie sogar bis 1766 offiziell gestützt wurden, blieben die Stuarts freilich ein Ärgernis. Man meint sie indirekt für die Verschärfung der

---

13 K. von Greyerz, England.
14 Ein überaus aktuelles Forschungsthema; vgl. u. a. D. Szechi, The Jacobites.

Antikatholikengesetze im frühen 18. Jahrhundert (Parlamentsmandate, Pachtzeiten, Realteilung), die erst seit 1778 Schritt um Schritt wieder gelockert wurden, mit verantwortlich machen zu können.[15]

3.2.4 England als Modell- und Vorbildstaat

Konnte England seiner neu austarierten Verfassungsordnung wegen allenfalls für einen kleinen Kreis kritischer, die Strukturnachteile der Staaten und der Staatengemeinschaft hinterfragender kontinentaler Intellektueller zu einem befruchtenden Anschauungsbeispiel post-autokratischer Staatlichkeit werden, wobei freilich die oligarchischen Elemente und die vom Hochadel praktizierte extreme Patronage nicht selten übersehen wurden, so lenkte der Inselstaat in Bezug auf seine Ökonomie – in einem weiten Sinn verstanden – und seinen wissenschaftlich-technischen Standard weit mehr bewundernde Blicke auf sich. Bei vielen Theoretikern und Beobachtern verband sich damit die Überlegung, dass die strukturellen Voraussetzungen für wirtschaftliche Prosperität in den ständeparlamentarisch dominierten Staaten, zu denen insbesondere noch die Niederlande gezählt wurden, offenbar günstiger waren als in den „absoluten" Monarchien. Nach der Pestepidemie von 1665, die rund 70 000 Opfer forderte, und dem großen Brand von 1666 wuchs London mit einer geradezu atemberaubenden Schnelligkeit zur größten Stadt Europas heran, zu *dem* Finanz- und Wirtschaftszentrum schlechthin – wobei über diesem Prozess die Hafen- und Industriestädte wie Liverpool und Manchester, die prozentual ähnliche Zuwachsraten hatten, nicht vergessen werden sollten. Zwar hatte das überseeische und transozeanische Engagement Englands eine lange, bis an die Wende zum 16. Jahrhundert zurückreichende Vorgeschichte, aber aktiv angenommen hatte der „Handelsstaat England" (Schulin) die merkantile Herausforderung der Niederlande doch erst seit der Cromwell-Ära. Der englische Außenhandel wurde durch die revolutionären Wirren kaum beeinträchtigt. Im Gegenteil: gerade Cromwell und sein Parlament haben ihm durch die Navigationsakte (1651) einen nachhaltigen Impuls gegeben und ihn gegen die niederländische Konkurrenz zu stärken gesucht. Für den ökonomisch-kommerziellen Bereich muss die Zäsur 1660 schlicht als nichtexistent bezeichnet werden. Die Krone institutionalisierte dann sogar das permanente Gespräch mit der Kaufmannschaft, indem sie 1666 den *Council of Trade and Plantation* einrichtete, sie hat aber andererseits – sieht man einmal davon ab, dass sie die Gründung dieser oder jener Oktroi-Kompanie begünstigte und sich auch finanziell daran beteiligte – von allen dirigistischen Maßnahmen Abstand genommen und der Dynamik des Unternehmertums und seiner Aktiengesellschaften vertraut. Einen Staatsmerkantilismus im kontinentalen Sinn hat es in England nie gegeben. Um so stärker mussten Beobachtern die Unterschiede in die Augen springen: Während die staatlichen französischen Handelskompanien ausnahmslos nach relativ kurzer Zeit wieder aufgelöst werden mussten, weil sie nicht in der Lage waren, sich dauerhaft in der Gewinnzone zu etablieren, verhalfen die nichtstaatlichen englischen Kompanien, insbesondere die (Ost- und West-) Indischen, dem Inselstaat zu einer

---

15 Vgl. C. Haydon, Anti-Catholicism.

merkantilen Spitzenstellung und begründeten Londons Führungsposition auf den Meeren und in Übersee. Ähnlich wie in den Niederlanden waren die privaten Kompanien verlängerte Arme der Regierung und übten in den von ihnen kontrollierten Gebieten quasi-hoheitliche Befugnisse aus, was es nur noch um so erstaunlicher macht, dass sie bis weit ins 18. Jahrhundert hinein bei Konflikten in Übersee ohne reguläre Truppen des Heimatlandes auskamen! Man wird mit Fug und Recht der „Doppelrevolution" des 17. Jahrhunderts eine „commercial revolution" zur Seite stellen können. Sie gründete zu einem guten Teil auf dem Zwischenhandel mit exportfähigen Gütern und weist die sozialgeschichtliche Eigenart auf, nicht nur von einer überschaubaren Gruppe von Kaufleuten getragen worden zu sein, sondern auch vom Hochadel und der *Gentry*, die sich in einem für den Kontinent ganz und gar ungewöhnlichen Maß dem Handel widmeten. Dass diese Gruppen auch durch das Zeichnen von Staatsschuldpapieren, die in England als absolut sicher galten, immense Profite einstrichen, ist eine weitere Facette der Akkumulation von Reichtum, wie sie in Europa ihresgleichen suchte.

Man muss hinzufügen, dass bei aller Bedeutung, die den Handelskompanien zukam, England mehr und mehr dem freien Spiel der Kräfte vertraute, indem es seit dem letzten Drittel des 17. Jahrhunderts für viele geographische Bereiche – zunächst 1673 für Skandinavien und 1699 für Afrika – die Monopole aufhob und den Handel für alle Kaufleute freigab. Ein guter Teil der Dynamik des englischen Handels resultierte aus dieser Öffnung und dem dadurch entstehenden Konkurrenzdruck.

Weniger bekannt ist, dass sich England auch im landwirtschaftlichen Sektor an die Spitze des europäischen Fortschritts setzte. Das hing ganz direkt mit den niederländischen Flüchtlingen zusammen, die – vor allem in East Anglia – den Gemüseanbau auf breiter Front heimisch machten, neue Kulturpflanzen wie die Ölsaat einführten und ihr Know-how auch in Bezug auf die Entwässerung und die Stickstoffanreicherung des Bodens zur Verfügung stellten – ein Beispiel von vielen dafür, dass und wie binneneuropäische Migrationen sich zum Vorteil des Aufnahmelandes auswirkten. Freilich dürfen über diesen agrarischen Modernisierungen die ländlichen Konflikte nicht übersehen werden, die sich zunehmend aus der Privatisierung von Gemeindeland ergaben (*enclosures*).

Schließlich sicherte sich der Inselstaat auch in wissenschaftlicher Hinsicht rasch eine Spitzenstellung in Europa. „Wissenschaft" meinte im 17. Jahrhundert zunächst einmal Anwendungsbezug und sodann Naturwissenschaft und Technik, die ja ohnehin dem ganzen Zeitalter ihren Stempel aufdrückten. Die organisatorische Voraussetzung hatte die Krone geschaffen, die, anknüpfend an vielfältige andere Bemühungen, den praktischen Wissenschaften aufzuhelfen, 1662 die Gründung der *Royal Society* initiierte, der ersten wissenschaftlichen Akademie, die sich gemäß den Statuten von 1663 dem Gesamtspektrum der naturwissenschaftlichen Forschung und, um es in der Sprache unserer Zeit zu formulieren, technologischen Verbesserungen und Entwicklungen widmen sollte. Damit war aber nur der Rahmen vorgegeben, innerhalb dessen die *Royal Society* in der Gestaltung ihrer Arbeitsschwerpunkte frei war – im Gegensatz etwa zu der nur wenige Jahre später (1666) in Paris gegründeten *Académie des Sciences*, der die Arbeitsvorhaben von der politischen Zentrale präzise vorgeschrieben wurden. Aus dieser nicht staatlich gelenkten, sondern wissenschaftlicher

Eigenverantwortung erwachsenden Forschungspolitik resultierten dann wohl auch die überragenden wissenschaftlichen Erfolge der Londoner Akademie, die sie seit 1669 in den „*Transactions*" regelmäßig der Öffentlichkeit zugänglich machte. Die *Royal Society* wurde neben anderen maßgeblich von Isaac Newton geformt, der 1672 aufgenommen worden war und dort seine bahnbrechenden mathematischen, astronomischen und physikalisch-chemischen Arbeiten vorlegte und zur Diskussion stellte, darunter seine Konstruktion des Reflexionsteleskops. Die Restaurationszeit mag in mancher Hinsicht aufgeheizt und kleinlich gewesen sein, in wissenschaftlicher Hinsicht war sie entschieden liberal. Es war wohl diese ganz spezifische Atmosphäre von freier Wissenschaft, herausragenden Forscherpersönlichkeiten und den Bedürfnissen, manches für die Gesellschaft leichter machen zu wollen, die England seinen Vorsprung vor den Kontinentalstaaten sicherte.

Europäische Verantwortung und Frankophobie

Mit der *Glorious Revolution* veränderte sich in England vieles: Die scharfen innenpolitischen Konflikte gehörten der Vergangenheit an, und wenn innenpolitische Auseinandersetzungen doch noch einmal härter wurden, dann standen sie regelmäßig in einer Funktion zur Außenpolitik: zur Frage, ob England einen Krieg führen wollte oder beginnen solle, welche generelle Richtung die Bündnispolitik nehmen solle, ob und unter welchen Konditionen ein stehendes Heer beibehalten werden solle – unter Königin Anna erreichte es einmal die für den Inselstaat geradezu unglaubliche Größe von 120 000 Mann. Mit der *Glorious Revolution*, um es zuzuspitzen, wurde aus dem Gemeinwesen an der europäischen Peripherie, das primär mit seinen eigenen Strukturen und Problemen beschäftigt war, ein Staat, der mehr und mehr in eine staatenpolitische Führungsrolle hineinwuchs. Das hatte zunächst etwas mit Menschen zu tun: etwa mit dem Oranierkönig, der schon vor seiner Thronbesteigung in Westminster zur Seele des europäischen Widerstands gegen Ludwigs XIV. Aggressionen geworden war und der nun England entschlossen in Bündnisse auch mit katholischen Staaten – dem Habsburgerstaat, Spanien – führte, die bis dahin undenkbar gewesen waren, zumindest aus der Sicht des Parlaments. Die „Große Allianz", die sich in der Anfangsphase jenes (Neunjährigen) Krieges formierte, der in den verschiedenen nationalen Geschichtsschreibungen so unterschiedliche Namen hat, wurde für Generationen von englischen Politikern ein politisches Schlüsselwort, ein politisches Credo, auf das sie immer wieder zurückkamen beziehungsweise dessen Zurückstellung zugunsten anderer politischer Optionen sie ihren Wählern gegenüber regelmäßig in Erklärungszwang brachte.

Das zweite Moment bestand darin, dass sich die Mentalitäten in England immer deutlicher zu einer grundsätzlichen Frankophobie wandelten.[16] Die Stuarts hatten mit ihrer engen Anlehnung an Ludwig XIV. die Geduld ihrer Landsleute entschieden überstrapaziert; diese sahen – bei direkten Nachbarn eher die Regel als die Ausnahme – in Frankreich ein Gemeinwesen mit einer alles in allem zu verachtenden politischen Kultur und einen Staat, den man selbst vom stolzen Höhepunkt kontinentaler Dominanz gestürzt hatte. Die Grundstimmung in England war, abgesehen von der kurzen Phase

---

16 Dazu vor allem J. Black, Natural enemies.

politischer Zusammenarbeit, auf die zurückzukommen sein wird, im Grunde schon seit 1673/74 antifranzösisch. Zu dieser Stimmung trug auch bei, dass die entthronte (Stuart-)Dynastie erneut in Frankreich Asyl gefunden hatte und von dort aus die verschiedenen Restaurationsversuche startete.

Die Analyse besagt natürlich nicht, dass in England und in Englands politischer Philosophie und Praxis das „Feindbild" Frankreich alles andere überlagert hätte. Wilhelm III. war klug genug, nachdem der Neunjährige Krieg und der Friede von Rijswijk (1697) Ludwig XIV. seine Grenzen aufgezeigt hatten, zum Pragmatismus überzugehen und vor allem in der Frage der spanischen Erbfolge, die die Kabinette ja schon seit den 1660er Jahren bewegte, in der der Oranier aber keine eigenen Interessen verfolgte, mit Frankreich vorzeitig auf eine Lösung hinzuarbeiten, um einen nicht mehr lokalisierbaren Konflikt zu verhindern. Er war in dieser Hinsicht auch durchaus erfolgreich; die Konstruktionsfehler bestanden darin, dass die spanische Opposition gegen das eine oder andere Lösungsmodell eklatant unterschätzt und der Habsburgerstaat nicht rechtzeitig in die Teilungslösung eingebunden wurde. Als Karl II. von Spanien im September 1700 das Zeitliche segnete, endeten, da Leopold I. den Teilungsvertrag noch nicht angenommen hatte und Ludwig XIV. daraufhin die gesamte Erbschaft für seinen Enkel reklamierte, alle Bemühungen des Oraniers um eine Konfliktprophylaxe im Nichts. Angesichts des Vorgehens der Bourbonen, die das gesamte spanische Erbe in Besitz nahmen, blieb Wilhelm III. unmittelbar vor seinem Tod (1702) – seine Gemahlin und Mitregentin war schon 1695 verstorben – nur die Option, gemeinsam mit den Niederlanden und der Wiener Hofburg (und dem Reich) auf eine Alternativlösung hinzuwirken. Es war erneut die Stunde der Großen Allianz und der Beginn eines langen militärischen Ringens, das wesentlich von den beiden Feldherren-Ausnahmegestalten Marlborough und Prinz Eugen von Savoyen geprägt wurde. Je mehr es dann in den Jahren 1708/9 absehbar wurde, dass Frankreich militärisch am Ende war, dass bestimmte Partner der Großen Allianz aber den Siegfrieden und die Demütigung des *Roi-Soleil* wollten, desto mehr begann sich der Wind in England zu drehen. Die Unterhauswahlen von 1710 – die ersten, an denen nach der Realunion mit Schottland (1707) auch dieses bisherige „Nebenland" beteiligt war – erbrachten erstmals seit langer Zeit eine Tory-Mehrheit, was nach der Programmatik der Tories als ein Votum der Nation für das baldige Kriegsende verstanden werden musste. Die neuen Minister streckten ganz folgerichtig ihre mit den Verbündeten nicht mehr abgestimmten Friedensfühler nach Versailles aus und intensivierten diese Bemühungen, als Kaiser Joseph I. im Frühjahr 1711 völlig überraschend verstarb und nun die Situation drohte, dass der habsburgische Prätendent für das spanische Erbe, Karl (III.), auch noch den Habsburgerstaat und die römische Kaiserkrone übernehmen würde. Vor einer solchen Perspektive schreckten in Europa manche zurück, am raschesten Konsequenzen zogen die Tory-Minister, die die Friedenskonditionen im Stil bester Geheimdiplomatie aushandelten und ihren Verbündeten dann auf dem Utrechter Friedenskongress in mehr oder weniger ultimativer Form präsentierten.[17]

---

17 Vgl. insbesondere L. Bély, Espions.

Die Verärgerung über das formal allianzwidrige Verhalten der Tory-Minister, das von einem heftigen innerenglischen Federkrieg begleitet wurde[18], war vor allem in Wien riesengroß und trug zur deutlichen Entfremdung beider Höfe bei, die sich erst in dem Augenblick wieder abzubauen begann, als die nächsten Wahlen die Tories vom Kabinettstisch verdrängten. Aber England hatte sich mit seinem Verhalten vor und in Utrecht in eine Schlüsselposition der Staatenpolitik manövriert, die es nun auch zu handhaben begann. Dabei kam ihm die Tatsache zugute, dass es nach dem Gewinn Gibraltars und Menorcas in Europa keine eigenen territorialen Ziele mehr verfolgte, und gleichwohl der kommerziellen (Asiento!) und kolonialen Zugeständnisse wegen als der große Gewinner angesprochen werden muss. Bezeichnend genug, wandelte sich der Premierminister, sicher begünstigt von der anfänglichen Schwäche der Welfendynastie, die 1714 den Thron übernommen hatte, von einer „Kreatur" des Monarchen, die sich mit dem Parlament zu arrangieren hatte, nun zu einem Repräsentanten der Parlamentsmehrheit, der eine bestimmte Politik zu vertreten hatte, also ein gewisses Maß an Berechenbarkeit mitbrachte. Sein primäres Ziel war die Erhaltung der Utrechter Friedensordnung, die insbesondere von den beiden zentralen Kontrahenten, dem jetzt bourbonischen Spanien und dem Habsburgerstaat, immer noch nicht voll akzeptiert war. Whitehall schreckte auch vor begrenzter Gewaltanwendung (gegen Spanien) nicht zurück, betrieb ansonsten aber eine intensive diplomatische Tätigkeit, um über Bündnisse und Konferenzen ein neuerliches Abdriften der Staaten in einen heißen Krieg zu verhindern. In dieser Phase erreichte die Zusammenarbeit mit Frankreich, wo seit 1723 der irenisch gesinnte Kardinal Fleury die Richtlinien der Politik bestimmte, eine Qualität wie nie mehr im ganzen folgenden 18. Jahrhundert. So oft die europäische Ordnung bedroht wurde – ob durch Spaniens militärisches Vorgehen im Mittelmeerraum oder durch Madrids geradezu ans Manische grenzenden Bemühungen, für die Söhne Philipps V. aus seiner zweiten Ehe in Italien Sekundogenituren zu errichten, oder auch durch die österreichische Ostendekompanie: die Lösungen wurden regelmäßig von London und Paris gemeinsam ausgearbeitet und betrieben.

London, das hieß im Übrigen jetzt: das Parlament, das mehr und mehr zum Zentrum des öffentlichen Lebens avancierte, über dessen regelmäßige Sitzungen die Blätter unvergleichlich mehr berichteten als über den Hof und das die Königsresidenz wohl generell als öffentlichen Referenzpunkt hinter sich ließ. Ebenso evident ist es im Übrigen, dass im ganzen 18. Jahrhundert das Oberhaus in zeremonieller Hinsicht einen deutlichen Vorsprung vor dem Unterhaus behielt.[19] Die englische *Gentry* orientierte sich im 18. Jahrhundert zwar nach wie vor an London, aber nun nicht mehr am Hof, sondern an der Hauptstadt an sich und ihrer sich formierenden ganz spezifischen adlig-bürgerlichen „Mischkultur".

Diese Phase der *Pax Gallo-Britannica* ging in den frühen 1730er Jahren zu Ende, als London eine gewisse Rückorientierung an die Seite der aktuell völlig isolierten Hofburg vollzog und Paris diese Wendung, der in Londoner Augen keine antifranzösische Spitze innewohnte, zum Anlass nahm, um seine Beziehungen zum dynastisch verwandten Madrider Hof zu normalisieren und auszubauen. Die englische Regierung

---

18 Hierzu u. a. J. Metzdorf, Politik, Propaganda, Patronage.
19 Vgl. R. G. Asch, in: B. Stollberg-Rilinger (Hg.), Verfahren.

vermied zwar in der Folge ein ausgesprochenes Nahverhältnis zur Wiener Hofburg und umging es unter Vorwänden bezeichnenderweise, im Polnischen Thronfolgekrieg an ihrer Seite einzugreifen und sich militärisch zu exponieren. Aber es war neutralen Beobachtern trotzdem klar, dass der britisch-französische Frühling unwiderruflich vorbei war.

Die britisch-bourbonischen Interkontinentalkonflikte

Diese Einschätzung wurde bestätigt, als sich seit 1739 die ökonomisch begründeten (mittel)amerikanischen Spannungen zwischen Spanien und England zuspitzten und Frankreich, wo der altersschwache Fleury seinen beherrschenden Einfluss verloren hatte, kaum noch zögerte, an der Seite seines bourbonischen Alliierten in den Konflikt einzugreifen, der im Übrigen auch von den Londoner Whigs um Newcastle und Harrington ganz dezidiert angestrebt wurde. Mit dieser Entscheidung war auch Englands Rolle im Österreichischen Erbfolgekrieg vorgegeben: Tendenziell auf eine rasche Beilegung bedacht – wie im Polnischen Thronfolgekrieg –, kam für die Whigs in London ein Zusammengehen mit der Krone Frankreich nicht in Betracht, wenn auch der hannoversche König erst seit 1743 massiv zugunsten des Habsburgerstaats eingriff. Spätestens ab diesem Zeitpunkt muss man auch jene *„natural and necessary enmity"* zu Frankreich datieren, die die Forschung immer wieder beschäftigt hat[20] und die für die beiden letzten Drittel des 18. Jahrhunderts zu einem konstitutiven Element des englischen Selbstverständnisses wurde. Die *Britishness* des Inselbewohners definierte sich zu einem guten Teil aus dem Gegensatz zur *Frenchness*.

Der Österreichische Erbfolgekrieg und die ihm folgenden Jahre führten in verschiedener Hinsicht zu einem Umdenken in London – nicht unbedingt, was die Allianzpartner betraf, aber in der Einschätzung der Gesamtpolitik. Ein Punkt war, dass der Konflikt erstmals nachdrücklich das Handicap einer Dynastie offengelegt hatte, die deutschen Ursprungs war und erwartete, dass ihr Stammland nicht zum Bauernopfer wurde. Viele Überlegungen in der Folgezeit gingen in die Richtung, einen Allianzpartner zu finden, der in der Lage war, das hannoversche Kurfürstentum rasch und wirksam zu schützen. Am Ende wurde durch den Westminstervertrag 1756 Preußen dieser Partner. Das zweite war, dass der dem kontinentalen Krieg parallel laufende koloniale Konflikt die Augen dafür öffnete, welches Gewicht die überseeischen Besitzungen inzwischen in der britischen Gesamtpolitik hatten. Die *City* verfügte über vielfältige Kanäle, um ihre Interessen zur Geltung zu bringen, und es war ja auch gar nicht daran zu deuten, dass England seine starke politische Stellung zu einem guten Teil seiner Wirtschaftskraft verdankte. Die Option Europa oder Außereuropa stellte sich zwar 1748 beim Aachener Frieden noch nicht, aber es wurde absehbar, dass England sich irgendwann diese Gretchenfrage stellen würde.

Damit ist zumindest indirekt angesprochen, in welchem Maß seit den 1730er Jahren alle Außenpolitik auch jenseits der großen Krisenphasen (Spanischer Erbfolgekrieg) zu einer Angelegenheit der „öffentlichen Meinung" und der publizistisch-parlamentarischen Auseinandersetzungen wurde. Die Wahlkämpfe und die parlamen-

---

20 Es sei nochmals auf J. BLACK, Natural enemies, verwiesen.

tarischen Redeschlachten polarisierten die Bevölkerung[21] – natürlich hauptsächlich die Londons –, und da hinter den weitaus meisten Abgeordneten, vor allem denen des Unterhauses, das *landed interest* und/oder das *commercial interest* standen, war es immer mehr das Parlament und nicht mehr König oder Kabinett, das in Steuer- und Finanzfragen seinen Willen durchsetzte und Englands Aufstieg zur führenden See- und Wirtschaftsmacht bewirkte. Insofern war dieser Prozess weniger das Produkt zielgerichteten politischen Handelns der Krone, als das Ergebnis der Interessenpolitik seiner sozialen Eliten.

Indirekt hat die beherrschende staatenpolitische Stellung Englands im Verein mit dem Aufstieg Preußens zu jenem Prozess Anlass gegeben, der dann in das so genannte *renversement des alliances* mündete: das Gefühl, dass die relativ „jungen" protestantischen Großmächte den „alten" katholischen den Rang abliefen. Es war von seiten der Whig-Politiker alles andere als ein gezielter politischer Akt, die alte Partnerschaft mit der Wiener Hofburg zur Disposition zu stellen, aber die kaiserlichen Minister ergriffen die Chance nur zu gern, das britisch-preußische Bündnis vom 16. Januar 1756 (Westminster-Konvention) zum Vorwand zu nehmen, eine Absicht umzusetzen, die seit Jahrzehnten immer wieder einmal ventiliert worden war: die Annäherung an Versailles. In dem Konflikt, den Preußen noch 1756 vom Zaun brach, kam England zwar seinen Subsidienverpflichtungen bis zum Bruch der Koalition 1762 nach, konzentrierte sich aber ansonsten auf den Konflikt in den Kolonien an den vier Brennpunkten Nordamerika, Karibik, Westafrika und Indien, wo erstmals reguläre britische Truppen in Kolonialangelegenheiten zum Einsatz kamen. Die Verschiebung der außenpolitischen Präferenzen ging im Übrigen einher mit einem heftigen Federkrieg, in dem es nicht nur um Personen, sondern sehr grundsätzlich auch um die englischen „Werte" ging.[22] Aus dem Frieden (Paris 1763) ging der Inselstaat ein weiteres Mal als glanzvoller Sieger hervor, während seinen bourbonischen Kontrahenten nur Frustration und das Lecken der erlittenen Wunden blieb. England mochte in der Modernität seiner Staatsverwaltung – die Zentralgewalt reduzierte sich, zudem mit manchen Überlappungen, auf die Bereiche Außen- und Handelspolitik, Marine und Post, während die mittleren und unteren Verwaltungsebenen fest in der Hand des hohen und niederen Adels waren – weit von der Spitze des europäischen Fortschritts entfernt sein: das Zusammenspiel von Krone, Parlament und City genügte allemal, um sich international durchzusetzen. Selbst wenn unter Georg III. das etablierte Parteiensystem kurzzeitig außer Kraft gesetzt wurde und der Monarch mit Personen seines Vertrauens zu regieren versuchte, minderte das Großbritanniens außenpolitische Durchsetzungsfähigkeit nicht entscheidend.

Die Emanzipation der amerikanischen Kolonien

Für beide Bourbonenstaaten trat seitdem neben dem Abbau ihres beachtlichen Reformstaus das Moment der Revanche, das heißt die Revision der Pariser Friedensordnung, in den Vordergrund, wohingegen die englischen Politiker – letztlich parteiübergreifend – der Entwicklung und dem Ausbau des Kolonialimperiums den Vorrang zu

---

21 Vgl. K. T. Winkler, Wörterkrieg.
22 Zuletzt: H. Wellenreuther, Pamphlets, dort weitere Literatur.

geben begannen.[23] Das war kein abrupter Rückzug aus der kontinentalen Politik, aber es war symptomatisch und bezeichnend, dass zentrale europäische Ereignisse wie die Krise um Polen und die erste Teilung dieses Staates oder die Auseinandersetzungen um die Bayerische Erbfolge nun ohne britische Beteiligung und ohne britisches Gegensteuern abliefen. Den Teschener Frieden (1779) vermittelten und garantierten Russland und Frankreich, nicht etwa Großbritannien.

Dieser außenpolitische Paradigmenwechsel war auch deswegen kaum überraschend, weil seit den mittleren 1760er Jahren ein Problem immer gewaltigere Dimensionen angenommen hatte, das volle Aufmerksamkeit – und ein Höchstmaß an Fingerspitzengefühl – erforderte: das Verhältnis des Mutterlandes zu den dreizehn nordamerikanischen Kolonien und deren wachsenden Emanzipationstendenzen. Es ist hier nicht der Ort, alle Facetten dieses Problems zu entwickeln, aber es wird sich ganz allgemein sagen lassen, dass das wirtschaftliche Moment, das Problem, einen Mittelweg zwischen Zentralismus und regionaler Autonomie zu finden, und die Frage des Kompetenzvolumens des Londoner Parlaments zu einer brisanten Mixtur wurden und die Entfremdung zwischen Kolonien und Mutterland beschleunigten. Der Emanzipationsprozess hat, vor allem nach der Unabhängigkeitserklärung (1776), Europa mit Einschluss des Deutschen Reichs in einem höchst bemerkenswerten Maß und meist auf hohem intellektuellem Niveau beschäftigt und stellte für die bourbonischen Staaten die erste reellere Chance dar, Revanchegelüsten freien Lauf zu lassen und eine schwierige Lage des Inselstaates auszunutzen. Die Stimmen, die darauf hinwiesen, dass auch Frankreich und Spanien gegenüber ihren eigenen Kolonien in eine ähnliche Lage geraten könnten, vermochten sich vorläufig noch nicht durchzusetzen. Es wurde aber, auch im Lichte des Echos, rasch klar, dass die zentrale verfassungsrechtliche Option der Kolonisten, die grundsätzliche Gleichheit aller Menschen, nachhaltig auch auf Europa und dessen Emanzipationsprozesse zurückwirken würde. Im Pariser Frieden (1783) musste England zwar die Unabhängigkeit der dreizehn nordamerikanischen Kolonien förmlich anerkennen (es verhielt sich auch in Bezug auf das noch unbesiedelte Land denkbar großzügig), seine territorialen Verluste an die beiden bourbonischen Staaten hielten sich aber in engen Grenzen (einige westindische Inseln und afrikanische Handelsstützpunkte, Florida und Menorca). Sicher wurde diese Entwicklung in London als schmerzlich empfunden, aber doch nicht als ein Tiefpunkt der nationalen Geschichte, vor allem deswegen nicht, weil durch den Pariser Frieden Großbritanniens beherrschende Stellung auf den Weltmeeren nicht nachhaltig beeinträchtigt wurde.

Auch finanziell überstand der Inselstaat die Kraftanstrengung einigermaßen glimpflich. Schon im Siebenjährigen Krieg war die britische Verschuldung enorm gestiegen; Ausgaben von 18 Millionen £ (Pfund) standen damals Steuereinnahmen von nur 8,6 Millionen £ gegenüber. Diese Entwicklung hatte sich im Amerikanischen Unabhängigkeitskrieg und der mit ihm einhergehenden ungeheuren militärischen Mobilisierung[24] nochmals beschleunigt; die Staatsschulden beliefen sich nach Kriegsende auf gigantische 242,9 Millionen £, der Schuldendienst schlug mit 66 % sogar noch viel deutlicher zu Buche als in Frankreich. Entscheidend war aber, dass diese britische

23 Für die Spätphase der britischen Außenpolitik ist grundlegend: H. M. Scott, British Foreign Policy.
24 St. Conway, Politics.

Staatsschuld nun rasch wieder abgebaut werden konnte, weil die Gläubiger in das System Vertrauen setzten und davon überzeugt waren, dass vom Parlament mobilisierte Gelder auch wieder zurückfließen würden. Das diametral unterschiedliche Vertrauen in den Staat erklärt, warum England mit einer tiefen Finanzkrise ganz leicht und Frankreich überhaupt nicht fertig wurde.

Wirtschaftliche Prosperität und soziale Konflikte

Über der Dominanz im Welthandel darf man Englands allgemeine wirtschaftliche Führungsrolle nicht aus den Augen verlieren. Die Londoner Börse, erst 1695 gegründet, war in kürzester Zeit zum beherrschenden Kapitalmarkt Europas geworden (zugleich aber auch zu einem Symbol für die Risiken des Aktienhandels, denn nach der *South Sea Bubble* 1720, einem riesengroßen, mit der Umschichtung von Staatsschulden zusammenhängenden Spekulationsfieber, sah sich die Regierung veranlasst, die Gründung von Aktiengesellschaften einzuschränken). Der Prozess der Industrialisierung nahm von England seinen Ausgang, und das war kein Zufall, weil nur hier viele entscheidende Faktoren in besonders glücklicher Kombination zusammentrafen: Die weitgehende Spezialisierung und Kommerzialisierung der Landwirtschaft, die gegen Ende des 18. Jahrhunderts nur noch etwa ein Drittel der Bevölkerung beschäftigte, hatte ein großes Reservoir landloser Lohnarbeiter bereitgestellt; im Unterschied zum Kontinent wurde es vom englischen Adel nicht für ehrabträglich gehalten, in die Wirtschaft zu investieren; die Transportverhältnisse mit einem überaus gut ausgebauten Fernstraßen- und Kanalsystem waren exzellent; die Kolonien stellten einen attraktiven zusätzlichen (und sicheren) Markt dar. Nicht zu vergessen sind dabei natürlich die besonderen technologischen Fähigkeiten und Fertigkeiten englischer Ingenieure, die England rasch zur unbestrittenen europäischen Führungsmacht im Technologiebereich machten. Die (von James Watt verbesserte) Dampfmaschine mag nur als ein Beispiel für den hohen Standard der insularen Maschinentechnologie stehen. Es war bezeichnend, dass England ausgangs des Ancien Régime geradezu zum Mekka von Ingenieurwissenschaftlern (und politischen Führungskräften) wurde[24a] – oft leitete sie allerdings auch der Gedanke der Industriespionage. Auf der anderen Seite wurden die englischen Experten zu begehrten und gesuchten „Fremdarbeitern", die mit Spitzenlöhnen und anderen Anreizen (Glaubensfreiheit!) auf den Kontinent gelockt wurden. Gegen diese Praxis einzuschreiten sah sich sogar das Parlament mehrmals bemüßigt.

Freilich hatte die Medaille – der ungeheure wirtschaftliche Höhenflug des Inselstaates – auch ihre Kehrseite. Die geplanten Emanzipationen der Juden und der Katholiken und das Problem der von vielen Seiten als überfällig angesehenen Wahlrechtsreform brachten 1753 und 1780 Tausende von Londonern – zugleich Ausdruck einer allgemeinen Unzufriedenheit mit den verfassungsrechtlichen Verkrustungen, die sich um die schillernde Figur John Wilkes' kristallisierte – auf die Beine, die ihre Wut dann aber schnell gegen die Reichen und ihre symbolischen Orte, etwa die Bank von England, richteten. Ein gewisses soziales Konfliktpotential ließ auch die imponierendste wirtschaftliche Hausse zurück. Die Regierung verstand es indes, dieses klein zu halten: Es wurde nur

---

24a Das Beispiel des Grafen Karl von Zinzendorf ist vor kurzem aufgearbeitet worden: E. Fattinger in Rees/Siebers/Tilgner, Europareisen.

wenig vom Parlament dekretiert, die Probleme vielmehr vor Ort – durch die Grafschaftsorgane, durch *commissioners* – gelöst, auch wurde beispielsweise die umstrittene erbliche Patrimonialgerichtsbarkeit 1747 abgeschafft, damit sorgte man für frühzeitige Konfliktprophylaxe und das – schwer fassbare – Gefühl, nicht fremdbestimmt zu werden.

Die Krone und die „Nebenländer"

Auf der anderen Seite darf man die verdeckten Probleme der *composite monarchy* nicht übersehen, die aus den Reserven gegen die volle Integration der beiden „Nebenländer" Schottland und Irland erwuchsen.[25] Schottland[26], seit dem Übergang von der Personal- zur Realunion 1707 mit 45 (Unterhaus) beziehungsweise 16 (Oberhaus) Abgeordneten im Londoner Parlament repräsentiert – nachdem das Edinburgher Parlament in den Jahrzehnten zuvor kaum noch einberufen worden war –, blieb seiner latent stuartfreundlichen Haltung wegen, die die Aufstände von 1715 und 1745 widerspiegelten, für die welfischen Könige immer ein Problemfall. Bezeichnenderweise hat keiner von ihnen im 18. Jahrhundert Schottland jemals besucht. Es hat, etwa während der Administration Newcastle, wiederholt Versuche gegeben, Schottland stärker in das englische politische System zu integrieren, aber all das war letztlich halbherzig geblieben, weil den meisten englischen Politikern entweder der Wille abging, eine kohärente Schottlandpolitik zu betreiben, oder weil sie die Spezifika des schottischen Klientelsystems nicht verstanden. Angesichts der verbreiteten Haltung, Schottland den dortigen Eliten zu überlassen, die sich im ganzen 18. Jahrhundert dann auch weit stärker an den schottischen Traditionen und einer übernationalen Elitenkultur denn an der Metropole London orientierten, ist es erstaunlich, dass sich allmählich doch eine Art Gesamtstaatsbewusstsein entwickelte, was freilich nicht ausschloss, dass sich gegen bestimmte Maßnahmen der Krone – etwa ein Militärfinanzierungsgesetz 1759 – heftiger Widerstand artikulierte.

Viel gravierender war das Irland-Problem – nicht, weil sich dort die in den 1690er Jahren massive Unterstützung der Stuarts ähnlich lange wie in Schottland gehalten hätte, sondern weil die englische Regierung traditionell einen Gutteil des stehenden Heeres in Irland als jenem Reichsteil stationierte, dem sie seiner gewachsenen und nie bestrittenen Katholizität wegen immer elementar misstraute.[27] Das Dubliner Parlament, das nach der Cromwell-Ära restituiert worden war, opponierte in diesem Punkt beharrlich, und dies war einer der Hauptgründe dafür, dass es selbst den permanent in Irland residierenden Statthaltern nie gelang, ein Gefühl der Gleichberechtigung zu erzeugen. Der Graben zwischen der *Protestant Ascendancy*, der dünnen protestantischen Oberschicht, und der breiten, durch viele Strafgesetze unterdrückten katholischen Mehrheit blieb einfach zu groß. Die Spannungen, die zudem wirtschaftliche Ursachen hatten, nahmen im Amerikanischen Unabhängigkeitskrieg zu. Aufgrund der Befürch-

---

25 Die „Nationwerdung" Großbritanniens ist ein in letzter Zeit besonders intensiv gepflegtes Forschungsfeld. Vgl. insbesondere L. COLLEY, Britons, und C. KIDD, British Identities.
26 Generell dazu: J. ROBERTSON (Hg.), A Union for Empire.
27 R. G. ASCH, Englische Herrschaft. Überblicksdarstellungen: J. ELVERT, Geschichte Irlands; M. MAURER, Geschichte Irlands. Zur konfessionellen Seite: S. J. CONNOLLY, Religion.

tung, dass eine in Ulster formierte Bürgerwehr einen Umsturz versuchen könnte, gestand die Londoner Regierung dem Dubliner Parlament 1782 volle Gesetzgebungsgewalt zu, zugleich wurde ein Gesetz aus dem Jahr 1719 außer Kraft gesetzt, das das britische Oberhaus als Appellationsinstanz für irische Fälle eingesetzt hatte. Während der durch Georgs III. Gesundheitszustand verursachten Regentschaftskrise 1788/89 nahm das irische Parlament eine völlig andere Haltung ein als sein Londoner Pendant, indem es Georg (IV.) einlud, seine königlichen Vorrechte auf der Insel ohne Einschränkung auszuüben. Es hatte den Anschein, dass die gut gemeinten Zugeständnisse von 1782 sich eher als kontraproduktiv erwiesen. Die politische Union von 1801 – seitdem lautete die offizielle Staatsbezeichnung „Vereinigtes Königreich von Großbritannien und Irland" – konnte die Probleme nur überdecken, aber nicht lösen.

3.2.5 Großbritanniens antirevolutionäre Führerschaft

Recht betrachtet, führte erst der Ausbruch der Französischen Revolution den Inselstaat wieder voll in die kontinentale Politik zurück: natürlich nicht nur deswegen, weil vom Moment des „Exports" der Revolution an auch die Stammlande der Dynastie elementar gefährdet waren, sondern weil in England die negative Sensibilität für eine Politik, die auf Ausgrenzung sozialer Schichten, auf Intoleranz und auf Guillotine und Gewalt aufruhte, besonders hoch entwickelt war.[28] Da die eigentlichen Protagonisten des Sozialsystems des Ancien Régime, Preußen und Österreich, relativ rasch zu einer Art Agreement mit der Revolution fanden, wurde England, obschon verzögert, zur Seele des Widerstands gegen die Französische Revolution und auch, an der Person Edmund Burkes festzumachen, zum publizistischen Wortführer dieses Widerstands.[29] Am Ende steht mithin das Paradoxon, dass jener Staat, der am wenigsten dem Standard des europäischen Ancien Régime entsprach, zum eigentlichen Verteidiger dieses Systems wurde. Die Folgezeit sollte allerdings zeigen, dass dieser britische Konservatismus mit einer Rückkehr zu den alten Strukturen und Mechanismen nicht verwechselt werden darf.

Seit Februar 1793 befand sich Großbritannien, geführt von seinem „Premierminister" William Pitt (1783–1801, 1804–06), mit dem Revolutionsregime im Krieg – in hohem Maß sensibilisiert für die Gefahren, die dem Inselstaat von jenseits des Kanals drohen könnten, weswegen unter anderem das Presserecht eingeschränkt, das Versammlungsrecht und das Gesetz gegen Hochverrat verschärft und die altehrwürdige *Habeas-Corpus*-Akte zeitweise außer Kraft gesetzt wurde.[30] Der (1. Koalitions-)Krieg hatte tatsächlich gravierende innenpolitische Auswirkungen, darunter eine Meuterei bei der Marine, derer man nur mit Mühe Herr wurde. 1798 sollte dann noch ein Unabhängigkeitsaufstand im immer unruhigen Irland folgen. Zu diesem Zeitpunkt stand Großbritannien schon allein im Krieg; mit Campo Formio (1797) war auch Österreich aus dem Kampf ausgeschieden. Ein ähnlicher Rückzug kam für die britische Nation zunächst nicht in Betracht; Pitt vermochte es mit viel Überzeugungskraft, die gesamte

---

28 Zum Folgenden u. a. der Sammelband M. Philp (Hg.), French Revolution.
29 St. Andrews, British Periodical Press.
30 Allgemein dazu M. Wagner, England.

Nation unter der Parole *law, liberty and religion* zur Verteidigung zu versammeln. Allerdings war sie nicht auf Dauer belastbar. Nachdem Pitt 1798/99 noch eine zweite Koalition gegen Frankreich zustandegebracht hatte, wuchs auch auf den Inseln allmählich die Kriegsmüdigkeit. Mitte September 1801 schloss England einen Präliminar- und im März 1802 den Definitivfrieden (von Amiens). Alles in allem war das aber nur ein Atemholen; schon seit 1803 wurde Großbritannien wieder zur eigentlichen Seele und zum Motor des Kampfes, nun gegen eine sich in der Person Bonapartes verkörpernde neue Form der alten „Universalmonarchie".

3.3 Niederlande

Das republikanische Staatswesen der Niederlande mochte Reisenden seiner innerstaatlichen Strukturen wegen nicht weniger „archaisch" erscheinen als das Deutsche Reich – aber wie dort wäre zugleich auch eine gehörige Portion Bewunderung mit im Spiel gewesen.[1] Die Republik an Nordsee und Ärmelkanal war das damals einzige auf revolutionärem Weg ins Leben getretene Gemeinwesen Alteuropas: ein Verbund von Provinzen, der sich in einem langwierigen und mühsamen Prozess seit den 1570er Jahren vom spanischen Mutterland emanzipiert hatte und dessen Unabhängigkeit faktisch im befristeten Waffenstillstand von 1609 und völkerrechtlich verbindlich im spanisch-niederländischen Separatfrieden von Münster am 30. Januar 1648 bestätigt worden war.

3.3.1 Verfassungs- und Verwaltungsstrukturen

Relativ archaisch wirkte das Gemeinwesen vor allem seiner schwerfälligen Entscheidungsstrukturen wegen: Außenpolitische Maßnahmen mussten nicht nur einzeln von und in jeder der Ständeversammlungen der sieben Provinzen, sondern abschließend auch von den so genannten Generalstaaten („*Staten Generaal*") beraten und (einstimmig) entschieden werden. Letztere setzten sich aus den (etwa sechs bis acht) Repräsentanten der Provinzparlamente zusammen, allerdings waren die Provinz Drente und die so genannten Generalitätslande hier nicht vertreten. Es bereitet keine Mühe, sich nicht nur den Zeitaufwand, sondern auch die Schwierigkeit vorzustellen, bei einem derart großen Personenkreis Vertraulichkeit zu wahren. Diese zwischen Staatenbund und Bundesstaat oszillierenden Strukturen machten die Niederlande auf der internationalen Bühne dann auch zu einem eher problematischen Partner: hier gab nicht das Wort eines Souveräns den Ausschlag. Es war Wasser auf die Mühlen seiner vielen Kritiker, wenn eine Provinz (Zeeland) sich 1648 der Unterschrift unter den spanischen Frieden entzog oder wenn bei verschiedenen Allianzbildungen im frühen 18. Jahrhundert („Quadrupelallianzen") der vierte Platz für die Niederlande reserviert wurde, diese aber den Beitritt nie vollzogen. Das Einstimmigkeitsgebot der Unionsakte (1579) konnte im Bereich der Außenpolitik desaströse Auswirkungen haben. Die Spannung zwischen den Regenten, also den städtischen Führungsschichten, und den Statthaltern der Provinzen aus dem Haus Oranien, meist als ein Gegensatz zwischen Tauben und

---

1 H. LADEMACHER, Wo Glanz ist.

Falken auftretend, war ein Grundthema der gesamten niederländischen Geschichte in der Vormoderne. In verwaltungs- und verfassungsgeschichtlicher Perspektive wird sie von der Forschung zunehmend als eine Art „Handlungszusammenhang" und damit positiver gesehen.

Dem für die Zeit eher antiquiert wirkenden Regiment der Ständeversammlungen, in denen die (dort meist auf Lebenszeit tätigen) Angehörigen der bürgerlichen Eliten das Sagen hatten, entsprach es, wenn die Republik nur über einen kaum nennenswerten bürokratischen Apparat verfügte. Als Verwaltungsrat der Generalstaaten fungierte ein Staatsrat (*„Raad van State"*), dessen Tätigkeit sich aber auf die Kriegführung und die Finanzpolitik beschränkte. Der Ratspensionär stand sogar gewissermaßen außerhalb der Verfassung, weil sich sein Amt – Leitung von Verwaltung, Außenpolitik und Finanzen – aus der Praxis ergab und die faktische Personalunion mit dem Leiter der holländischen Delegation in den Generalstaaten nirgendwo festgeschrieben war. Man kann die Ratspensionäre, insbesondere in den statthalterlosen Zeiten, als die eigentlichen Repräsentanten der Niederlande ansehen – sie waren nicht selten außerordentlich starke Figuren mit europäischer Ausstrahlung wie Anthonie Heinsius, Gaspar Fagel oder Simon van Slingelandt. Ob das zeitweise dichte System von *Besognes*, von mehr oder weniger dauerhaften Kommissionen, von den Ratspensionären ausging oder eher zu ihrer subtilen Kontrolle diente, wird von der Forschung noch weiter zu diskutieren sein.

3.3.2 „Goldenes Zeitalter"

Der archaischen Strukturen ungeachtet – in der Forschung werden sie freilich zunehmend als Stärke, nicht etwa als Defizit des Systems bewertet[2] – wurde den Niederlanden mit Bewunderung begegnet: Bewunderung dafür, dass eine Reihe von ethnisch und sprachlich nicht einmal sehr homogenen Provinzen den Kampf gegen eine übermächtig erscheinende Weltmacht bestanden hatte, Bewunderung auch für den geradezu atemberaubenden kommerziell-kolonialen Höhenflug dieses Staatsgebildes, mit dem es in kurzer Frist an die Spitze aller in Außereuropa engagierten Staaten – sieht man einmal von Spanien und Portugal ab – rückte, Bewunderung nicht zuletzt für seine materielle und geistige Kultur, die vorbildlich wurde, auf ganz Europa ausstrahlte und dieses Diffusionsvorgangs und der damit verbundenen Stilbildung wegen ein eminent „europäisierendes" Phänomen war. Die Geschichtswissenschaft spricht geradezu vom Goldenen Zeitalter der Niederlande und will damit zum Ausdruck bringen, dass dem schnell wachsenden wirtschaftlichen Reichtum des Zwei-Millionen-Volkes ein kultureller Aufschwung parallel lief, der zumindest für einige Jahrzehnte stilbildend wurde. Ob man an die bildende Kunst[3] oder die Literatur (Huygens, van den Vondel), an die Philosophie oder an die mit der Nautik zusammenhängenden ingenieurwissenschaftlichen Disziplinen denkt: überall traten Niederländer mit ganz besonderen Leistungen hervor. Man hat zu errechnen versucht, dass allein in der Provinz Holland im 17. Jahrhundert pro Jahr bis zu 50 000 Gemälde entstanden sein dürften. Dass

---

2 Vgl. J. L. PRICE, Holland, und O. MÖRKE, in: B. STOLLBERG-RILINGER, Verfahren.
3 U. a. M. NORTH, Kunst.

selbst Handwerker bis zu hundert Gemälden – sicherlich längst nicht mehr überwiegend religiöse Sujets! – ihr eigen nannten, kann angesichts einer solchen Zahl nicht überraschen. In Anbetracht der großen Konkurrenz waren bei den in aller Regel in Gilden organisierten Malern Spezialisierungen erfolgt.[4] Dem entsprach die niederländische Vorreiterrolle in einigen hochspezialisierten Handwerken wie dem Schiffsbau; es war kein Zufall, wenn Zar Peter I. sich gerade in den Niederlanden um den Erwerb entsprechenden Know-hows bemühte! Aber auch die Universität Leiden wurde für die Blüte des wissenschaftlichen Nachwuchses aus halb Europa zu einer Art Pilgerstätte.

Wurden die Niederlande letztlich wegen des einmaligen Zusammenspiels von überseeischem Engagement und technisch überlegenem heimischem Gewerbe zum bewunderten Vorbild ganz Europas, so kam – neben ihrer kulturellen Blüte – schließlich noch ein dritter Faktor hinzu, der das kleine Staatswesen zu einer Art Orientierungs-Staat machte. Während in den europäischen Gemeinwesen des 17. Jahrhunderts die konfessionelle Homogenität der Untertanenschaft zu den selbstverständlichen Standards zählte und die Regierungen im Fall von Mehrkonfessionalität mit (subtilem oder gar militärischem) Druck gegen die Minderheitengruppen vorgingen, war das in den Niederlanden ganz anders. Auch das junge, vom Calvinismus geprägte Staatswesen hatte seine von konfessioneller Abgrenzung und von Verfolgung geprägte Phase hinter sich zu bringen, aber seit den 1630er Jahren gehörte diese stürmische Jugendzeit mit den besonders heftigen Konflikten zwischen Remonstranten und Kontraremonstranten über Charakter und Ausdehnung der Prädestinationslehre der Vergangenheit an, obwohl auch die innercalvinistische Synode von Dordrecht (1618/19) die Differenzen nur bedingt beigelegt hatte. Die Republik fand zu einer für die Zeit höchst beachtlichen Toleranz, also einer Nicht-Konfessionalisierung, von der viele christliche Glaubensgemeinschaften bis hin zu den Katholiken und auch die Juden profitierten. Die Multikonfessionalität, von der man bei aller Dominanz des Calvininismus im öffentlichen Leben sprechen kann, wurde geradezu zum Gütezeichen der Republik. Von dieser Art religiöser Toleranz[5] profitierte im Übrigen auch der Buchdruck ausgiebig. Die Niederlande wurden zu dem Druckzentrum Alteuropas schlechthin, von hier nahmen viele Publikationen ihren Ausgang, die anderenorts der Zensur zum Opfer gefallen wären. An der Multikonfessionalität vermochten auch die verschiedenen Umwälzungen – etwa jene von 1672, die zu Lasten der etablierten Regentenschicht ging – nichts zu ändern.

3.3.3 Die Republik als europäische Großmacht

Die Vorreiterrolle in verschiedenen Zweigen der Produktion und des wissenschaftlich-technischen Fortschritts war es wohl auch, die die objektiven Strukturmängel der Republik – im Vergleich natürlich immer zu den Zentralstaaten der Epoche – mehr als wettmachte. In Bezug auf Heeresaufbringung und militärische Schlagkraft, in Bezug auch auf die Qualität ihres diplomatischen Corps konnten die Niederlande mit jedem

---

4 Ebd., sowie die Gesamtdarstellungen von H. LADEMACHER, Niederlande, und DERS., Wo Glanz ist.

5 U. a. J. van EIJNATTEN, Mutua Christianorum Tolerantia, und DERS., in: H. DUCHHARDT/G. MAY (Hg.), Union.

anderen Staat mithalten. Sie wurden daher rasch – und das lange vor ihrer formellen Unabhängigkeit – zu einem begehrten Partner. Während es in der Zeit bis zum Westfälischen Frieden selbstverständlich war, dass als Allianzpartner nur die „natürlichen" Gegner Spaniens (und der gesamten *Casa d'Austria*) in Betracht kamen, sollte sich das nach 1648 insofern ändern, als nun grundsätzlich auch die beiden habsburgischen Mächte eine Koalitionsoption[6] darstellten. Die verschiedenen englisch-niederländischen Seekriege der 1650er und 1660er Jahre zeigten deutlich, dass die Republik größere Konflikte gegen potente Nachbarn nur im Verein mit anderen Staaten bewältigen konnte. Hatte unter dem Regime der Gebrüder De Witt dabei zunächst die Partnerschaft mit Frankreich Priorität, so erfolgte der staatenpolitisch entscheidende Umschwung 1672 mit dem Überfall Ludwigs XIV. auf die Generalstaaten – der Sonnenkönig rechtfertigte seine Aggression mit Vorwänden, etwa dem, die Republik steuere die Stellung eines Arbiter an. In der Folge wurde nicht nur das Regime De Witt hinweggefegt, sondern unter dem Einfluss des neuen Generalstatthalters Wilhelm von Oranien trat nun ganz dezidiert eine andere außenpolitische Option in den Vordergrund: die Orientierung am Kaiser und damit auch an Spanien, von denen man die entscheidende militärische Hilfe erhoffte, um Ludwig XIV. Paroli bieten zu können. Die Niederlande waren für ihre Bündnispartner zwar nie ein ganz „leichter" Alliierter, weil sie – wie etwa in Nijmegen – die Tendenz zeigten, mit dem gemeinsamen Gegner Frieden zu schließen, sobald ihre eigenen Wünsche erfüllt waren oder zu sein schienen; in aller Regel schlossen Bündnisverträge ja gerade ein solches egoistisches Verhalten aus. Man war in den europäischen Hauptstädten dann aber immer bereit, dieses (Fehl-) Verhalten den einander widerstreitenden Interessen der Einzelprovinzen anzulasten und insofern mit einem vermeintlichen Strukturdefizit dieses Staates in Verbindung zu bringen. Zu einer dauerhaften Verstimmung führte das nicht vertragskonforme Verhalten indes nicht. Im Gegenteil wurden die Beziehungen des Haag – dem Sitz der Generalstaaten – zur Wiener Hofburg seit Beginn des Neunjährigen Krieges nur noch intensiver, unter dem Schlagwort der „Großen Allianz" nahmen sie dann fast ideologische Züge an.

Nach der politischen Lösung von Frankreich wäre als zweites Strukturelement der niederländischen Außenpolitik in der hier behandelten Epoche die enge Partnerschaft mit England zu nennen. Sie setzte sich bis in die zeitgenössische Begrifflichkeit fort: Diplomaten und Publizisten sahen diese Verbindung als so unverbrüchlich und irreversibel an, dass sie stereotyp nur noch von den „Seemächten" sprachen. Diese enge Partnerschaft war, bei allen Gemeinsamkeiten der beiden Staatswesen, kein Automatismus; von den drei englisch-niederländischen Seekriegen der 1650er und 1660er Jahre war oben schon kurz die Rede. Durch die Person Wilhelms von Oranien, der mit einer englischen Prinzessin verheiratet war, nahm diese Verbindung aber festere Formen an, wobei als Ziel der Partnerschaft immer pointierter das Zurückdrängen und Verhindern der französischen „Universalmonarchie" deklariert wurde. Seit der *Glorious Revolution* und der Übernahme des englischen Throns durch den Oranier und seine Gemahlin schlug sich diese Partnerschaft auch sehr direkt in gemeinsamen politischen

---

6 Vgl. H. Gabel/V. Jarren, Kaufleute. Es handelt sich dabei um eine Untersuchung der niederländisch-kaiserlichen Beziehungen.

Aktionen nieder; so traten beispielsweise die Diplomaten beider Staaten mehr als einmal gemeinsam als Vermittler bei internationalen Konflikten auf. Für die Zeit nach dem Spanischen Erbfolgekrieg, mit dem die Großmachtstellung der Niederlande ihrem Ende entgegenzugehen begann, weil sich zeigte, dass die Kombination von Seemachtrolle und Landmachtanspruch die Kräfte der Republik auf Dauer überforderte, hat die Geschichtsschreibung das einprägsame Bild von der Schaluppe geprägt, die an der Fregatte hängt, um das Nahverhältnis beider Staaten zu umschreiben.[7] Die Seemächte traten auf der internationalen Bühne als Tandem auf und wurden als Tandem empfunden; das änderte sich auch nach dem Übergang der englischen Krone an die Kurfürsten von Hannover zunächst nicht.

Schwieriger wurde die Situation für die Generalstaaten erst ab dem Augenblick wieder, als die Krone England in der Hierarchie ihrer Außenpolitik den Kontinent hinter die Kolonien zurückfallen ließ. Schon der Österreichische Erbfolgekrieg hatte erwiesen, wie problematisch es für den Haag war, wenn sich London nur halbherzig oder gar nicht auf dem Kontinent engagierte, weil das Land dann französischer Bedrohung und Intervention offenstand. Diese Tendenz verstärkte sich noch im Siebenjährigen Krieg, in dem die Niederlande, seit dem *Renversement des alliances* faktisch auch der französischen Bedrohung ledig, über eine recht kraftlose Neutralität nicht mehr hinaus kamen. Wenn man das Ende der niederländischen Großmachtzeit nicht bereits mit dem Abschluss des Spanischen Erbfolgekrieges datiert: mit dem Siebenjährigen Krieg war dieser Punkt auf jeden Fall erreicht, auch wenn der Handel und die Finanzen der Republik von diesem Konflikt noch einmal kräftig profitierten. Es war kein Zufall, dass die Generalstaaten den mit dem Amerikanischen Unabhängigkeitskrieg zusammenhängenden (vierten) englisch-niederländischen Seekrieg (1780–84) nicht mehr erfolgreich zu gestalten vermochten und dass sie die über viele Jahrzehnte hinweg von ihnen unterhaltenen Barriere-Festungen in den südlichen (österreichischen) Niederlanden an Kaiser Joseph II. abzutreten hatten. Zwar gelang es in den mittleren 1780er Jahren, die von Joseph geforderte Aufhebung der Sperre des Antwerpener Hafens abzuwehren, aber dies – Ironie der Geschichte – nur mit französischer Unterstützung – und vollends als Demütigung wurde empfunden, dass man dafür dann auch noch eine Entschädigung von 10 Millionen fl (Gulden) zu zahlen hatte.

Das Haus Oranien

Für die Gestaltung der Außenpolitik der Republik war das spannungsvolle Mit- und Gegeneinander der Regenten und des Hauses Oranien mit entscheidend. Es gab in der hier zu behandelnden Epoche lange Phasen, in denen die Provinzparlamente und die Generalstaaten die Ämter der Statthalter vakant ließen (und dann meist eine profranzösische oder aber passive Politik verfolgten). In Krisensituationen erhob sich aber regelmäßig der Ruf nach den Oraniern, die im Gesamtspektrum der niederländischen Politik das dynamische Element verkörperten.[8] Eine Krise, nämlich die von 1747, als

---

7 H. Schilling, in: Heinz Duchhardt (Hg.), In Europas Mitte. Deutschland und seine Nachbarn, Bonn 1988, 28.

8 Vgl. H. Lademacher (Hg.), Oranien-Nassau.

die Republik zum größten Teil in französische Hand gefallen war, war es auch, die zur Erblichmachung der Statthalterwürde in den männlichen und weiblichen Linien der Dynastie führte. Damit konnten die oranischen Statthalter nun für alles und jedes zur Verantwortung gezogen werden. Für das Desaster im englischen Krieg der frühen 1780er Jahre, der von den um ihre amerikanischen Handelsinteressen fürchtenden Eliten betrieben worden war, wurde der Statthalter Wilhelm V. ganz persönlich verantwortlich gemacht. Die so genannte Patriotenbewegung, die eine Art Bürgerkrieg gegen den Oranier in Szene setzte, war dank französischer Unterstützung anfangs erfolgreich, musste sich schließlich aber doch den von Wilhelm ins Land geholten preußischen Truppen beugen, die den Aufstand trotz objektiv schwieriger Bedingungen der Kriegführung fast ohne Blutvergießen niederschlugen. Immerhin war damit eine Art Modell des Aufstandes gegen die Dynastie entwickelt worden. Es beruhte auf dem Zusammenspiel von patriotischen Gesellschaften, Freikorps und Presse und konnte nach Ausbruch der Revolution im Nachbarland reaktiviert und repetiert werden. Letztlich führt von der Patriotenbewegung der mittleren 1780er Jahre ein ziemlich direkter Weg zur Batavischen Republik von 1795.

3.3.4 Der ökonomische Höhenflug und der wirtschaftliche Abstieg der Republik

Der zunehmenden Schwäche der niederländischen Außenpolitik im 18. Jahrhundert entsprach eine deutlich zurückgehende Wirtschaftskraft – zumindest in der Tendenz, auch wenn die Wirtschaftshistoriker über Qualität und Begrifflichkeit dieses Nicht-Mehr-Booms noch streiten mögen: Stagnation oder plötzlicher Niedergang?[9] Das hohe Ansehen und die Bewunderung der Republik an der Nordsee hatten ja nicht zuletzt darin gewurzelt, dass hier Handels- und Gewerbegewinne in einer Höhe akkumuliert wurden wie in keinem anderen europäischen Staat. Die großen Handelsgesellschaften hatten zwar eine eigene Binnenstruktur, unterlagen aber der Aufsicht der Generalstaaten, und deren handelspolitische Aggressivität war für die Nachbarn oft nur schwer erträglich. Die oben schon genannten englisch-niederländischen Seekriege gründeten in einer nur als universalistisch zu bezeichnenden und auf Exklusivität zielenden niederländischen Handelspolitik, gegen die sich der Inselstaat mit *Navigation Acts* und der Auflage zu wehren suchte, dass Waren nur auf eigenen Schiffen oder solchen des Ursprungslandes nach England verbracht werden durften.

Damit war ein Kardinalpunkt aller folgenden Auseinandersetzungen thematisiert: der niederländische Zwischenhandel. Niemand konnte etwas dagegen einwenden, wenn die Schiffe der Kompanien Waren aus den eigenen Kolonien nach Amsterdam verbrachten, aber musste auch der Handel mit Waren aus Drittländern in Drittländer zu einem extrem hohen Prozentsatz zwingend über niederländische Schiffe erfolgen? Die Ostsee war fast zu einem niederländischen Meer geworden; im 17. Jahrhundert wickelten die Niederlande 60 bis 70 % des dortigen Warenumschlags ab! Aber selbstverständlich resultierte der Reichtum der Niederlande nicht nur aus dem Zwi-

---

9 Diskussion u. a. bei J. C. RILEY, Dutch Economy.

Tabelle 2: Die finanziellen Resultate der VOC in Asien, 1620–1790 (in Gulden, abgerundet auf Hunderttausend)

Zeitraum	Ausgaben	Einkünfte	Gewinne / Verluste	
1621–1630	17.400.000	18.300.000	900.000	
1631–1640	16.400.000	28.400.000	12.000.000	
1641–1650	27.000.000	37.400.000	10.400.000	
1651–1660	38.400.000	40.700.000	2.300.000	
1661–1670	41.500.000	57.900.000	16.300.000	
1671–1680	44.900.000	47.300.000	2.400.000	
1681–1688	35.700.000	38.700.000	3.000.000	
1689–1700	69.000.000	58.700.000		10.300.000
1701–1710	55.800.000	44.300.000		11.500.000
1711–1721	63.400.000	54.200.000		9.200.000
1722–1730	58.200.000	44.900.000		13.300.000
1731–1740	74.900.000	54.200.000		20.700.000
1741–1750	81.800.000	70.000.000		11.000.000
1751–1760	82.700.000	74.600.000		8.100.000
1761–1768	67.000.000	49.200.000		17.800.000
1769–1780	88.500.000	58.400.000	30.100.000	
1781–1790	100.400.000	50.000.000		50.400.000

Tabelle 3: Zahl der VOC-Schiffe insgesamt, im Vergleich zu den im 17. und 18. Jahrhundert in Asien im Dienst stehenden

	Insgesamt	In Asien
1641	?	56
1651	?	60
1659	112	83
1670	?	107
1680	ca. 125	88
1700	150	66
1725	161	52
1750	135	43
1775	118	30
1794	108	?

Bemerkung: 1659 waren 20 der 83 Schiffe in Asien in so schlechtem Zustand, dass sie nur für kurze Fahrten innerhalb des Malaiischen Archipels benutzt werden konnten; 1670 gab es nicht weniger als 44 solcher Schiffe unter den 107, die in asiatischen Gewässern im Einsatz waren und 1680 waren es 35 von 88.

schenhandel, sondern auch aus anderen Faktoren. William Temple, ein scharf beobachtender englischer Diplomat, führte den niederländischen Wohlstand Mitte des 17. Jahrhunderts indirekt auf die hohe Bevölkerungsdichte zurück, die alle lebensnotwendigen Erzeugnisse verteuere und die Reichen zum Sparen und die weniger Begüterten zu Fleiß und Arbeit zwinge.[10] An dieser banalen Aussage mag sogar manches richtig sein, denn das für die Standards der Zeit extrem dicht besiedelte und wohl auch am stärksten urbanisierte Land war zur Konzentration gezwungen. Im agrarischen Sektor bedeutete das Modernisierung und Kommerzialisierung mit dem Zweck der Produktivitätssteigerung und die Konzentrierung des Anbaus auf hochwertige Gewerbepflanzen, da Brotgetreide aus dem Ostseeraum preisgünstig importiert werden konnte. Während im nach wie vor überwiegend agrarischen Kontinentaleuropa annähernd 90 % der Bevölkerung in der Landwirtschaft arbeiteten, waren es in den Niederlanden nur noch etwa 30 und in der Provinz Holland gar nur 20 %. Damit war die große Masse der Bevölkerung für die expandierenden Gewerbe- und Dienstleistungssektoren freigestellt.

Lässt man den Fisch- und Walfang unberücksichtigt – der mit einem gewissen Recht dem Gewerbe zugerechnet werden kann und bei dem die Niederlande verglichen mit allen anderen Atlantik- und Ostseeanrainern die weitaus besten Konditionen hatten –, so war der sekundäre Wirtschaftssektor für die Niederlande fast so wichtig wie der tertiäre, der Dienstleistungsbereich. Zentrale Bedeutung hatte das Textilgewerbe, in dem die Republik, vor allem was die gefärbten Tuche betrifft, eine absolute Führungsrolle innehatte. Aber auch der Schiffbau sah die Generalstaaten an der europäischen Spitze, er wurde geradezu industriell betrieben, wobei die niederländischen Reeder vor allem der Entwicklung von Handelsschiffen Vorrang einräumten – die erfolgreichste Neuentwicklung war sicher die Fluyt (Fluit). Damit schließt sich der Kreis: Die niederländischen Handelsschiffe mit ihren gut eingespielten und gut genährten Crews liefen in Europa aller Konkurrenz davon, waren schneller und sauberer und letztlich wegen relativ geringer Verluste auch billiger. Sie konnten die mit Abstand günstigsten Frachttarife anbieten, und das war es schließlich, was ihre Dominanz im Zwischenhandel garantierte.

Der Handel mit den eigenen Kolonien war Sache der Kompanien, von denen die WIC, die 1621 gegründete *West-Indische Compagnie*, und die noch einige Jahre früher ins Leben getretene *Vereinigde Oost-Indische-Compagnie* (VOC), die meisten Schlagzeilen machten. Im Unterschied zur WIC war die VOC eine Aktiengesellschaft, der die Generalstaaten Funktionen eines Quasi-Souveräns übertragen hatten, unter anderem das Recht, mit nichteuropäischen Potentaten Verträge abzuschließen und Soldaten anzuwerben. Mit ihren Hauptaktivitäten in der südostasiatischen Inselwelt und auf dem indischen Subkontinent errang die VOC eine beherrschende Stellung in verschiedenen Zweigen des Gewürzhandels (Nelken, Muskat) und war auch in der Lage, einen Großteil des innerasiatischen Handels (mit Einschluss Japans) an sich zu ziehen.

Vieles, oder fast alles änderte sich in der zweiten Hälfte des 18. Jahrhunderts. In Relation zum Wirtschaftswachstum und zum Kommerz Englands ging die Wirtschafts-

---

10 Zitat nach: M. NORTH, Niederlande, 44.

kraft der Republik deutlich zurück, zumal die niederländischen Kompanien etliche ihrer Handelsmonopole verloren. Das begann schon beim Heringsfang, bei dem andere Staaten den technologischen und sich in die günstigeren Preise hinein fortsetzenden Vorsprung der niederländischen Fischer zusehends aufholten und deren Gewerbe in eine tiefe Krise stürzten. Auch im Textilbereich gingen, vor allem wegen der englischen Konkurrenz, die Produktionszahlen geradezu dramatisch zurück. Um 1750 endete zudem die Hoch-Zeit des niederländischen Schiffbaus, weil auch in diesem Bereich Konkurrenten technologisch gleichzogen. Dies hatte im Übrigen eine deutliche Zunahme struktureller Arbeitslosigkeit zur Folge. Es sei zugegeben, dass das Bild nicht völlig einheitlich ist. So nahm zum Beispiel der niederländische Ostseehandel im 18. Jahrhundert sogar noch leicht zu und die Tonnage der Handelsflotte blieb im Vergleich von 1670 zu 1780 fast identisch. Selbst die von den Zeitgenossen als gravierend empfundene zunehmende Arbeitslosigkeit relativiert sich, wenn man bedenkt, welche Bedeutung die Saisonarbeit landfremder Deutscher, die so genannte Hollandgängerei, regional gewann. Aber selbst eine bloße Stagnation der Gesamtwirtschaft kann subjektiv als ein Niedergang empfunden werden, vor allem wenn man die Zuwachsraten des unmittelbaren und vor der eigenen Haustür sitzenden Konkurrenten mit ins Kalkül und in den Blick nimmt.

Doch der Niedergang sprang auch in die Augen. Nachdem das neutrale Land im Siebenjährigen Krieg noch einmal eine (überhitzte) Hochkonjunktur erlebt hatte, die 1763 abrupt zusammenbrach, stürzte Amsterdam in eine tiefe Krise (was im Übrigen Kettenreaktionen auch an anderen Finanzplätzen nach sich zog und zum Beispiel in Hamburg Dutzende von Banken kollabieren ließ). Die Zeit empfand diesen Vorgang als Symbol für unwiderruflichen Niedergang, als das dramatische Ende einer großen Hoch-Zeit, die auch geradezu panegyrische Schriften von Aufklärern wie Diderot („Voyages de Hollande", 1774) nicht mehr zurückholen konnte. Aus diesem wirtschaftlichen Tief haben sich die Niederlande letztlich nie mehr befreien können.

Denn mit dem wirtschaftlichen Niedergang korrespondierten wachsende Armut und vor allem die Infragestellung der bisherigen Herrschaft der Regenten-Oligarchie, die sich seit den frühen 1780er Jahren mit der Forderung der „Patrioten" nach politischer Mitsprache konfrontiert sah und von einem Bürgerkrieg überrollt zu werden drohte. Die Entwicklung konnte zwar durch das militärische Eingreifen des preußischen Nachbarn, dessen König mit dem oranischen Statthalter (Wilhelm V.) verwandtschaftlich verbunden war, abgewendet werden. Aber das Terrain für die stärkere Partizipation bisher diskriminierter Schichten war doch bereitet, so dass die französischen Revolutionäre und die mit ihnen aus dem Exil zurückkehrenden Träger der Patriotenerhebung 1795 ein leichtes Spiel damit hatten, der alten Verfassung ein Ende zu bereiten und die ehemalige Großmacht zu einer Schwesterrepublik (Batavische Republik) zu degradieren und 1810 sogar zu annektieren. Die Franzosenzeit hatte für die Niederlande die Konsequenzen, fortwährenden britischen Repressalien ausgesetzt zu sein und auch fast des gesamten Kolonialimperiums verlustig zu gehen.

3.4   Heiliges Römisches Reich

Der „Glanz", der nach Meinung der Zeitgenossen von Frankreich ausging – und über dem sie die gefährliche permanente Imbalance des Staatshaushalt und die wachsende Sprengkraft der sozialen Probleme oft genug übersahen –, überstrahlte denjenigen des Reiches bei weitem. Dennoch hat sich die politische Publizistik der Zeit in einem höchst bemerkenswerten Maß gerade mit diesem Gemeinwesen beschäftigt. Dafür gab es sicher ganz unterschiedliche Gründen.

3.4.1   Der verfassungsrechtliche Sonderfall

Ein Grund für das Interesse an diesem Mitte des 17. Jahrhunderts auf 11 bis 13 und um 1700 auf 15 bis 17 Millionen Einwohner geschätzten Gebilde mit einem Wahlmonarchen an seiner Spitze und weiteren rund 250 quasi-souveränen Herrschaftsträgern dürfte der Umstand gewesen sein, dass das Reich das gerade „Gegenmodell" einer Monarchie war, die sich strikt auf ihre Spitze hin strukturiert, während der Adel nur noch auf der lokalen und gelegentlich auf der regionalen Ebene Bedeutung behält. In diesen Zahlen sind im Übrigen die 1648 defintiv souverän gewordenen Niederlande und die Eidgenossenschaft nicht mehr enthalten, ebensowenig wie die vielen kleinen Territorien Reichsitaliens; an der Mehrsprachigkeit des Reiches änderte das allerdings nichts. Das Reich war – aus Gründen, die hier nicht zu erörtern sind – so wie andere Gemeinwesen auch, dem Prozess der von der Krone ausgehenden Staatsverdichtung nicht gefolgt – die Verdichtung als den europäischen Normalfall zu bewerten bleibt gleichwohl problematisch. Im Reich hatte sich der Dualismus Krone – regionale Herrschaftsträger immer mehr zugespitzt und zu dem Ergebnis geführt, dass die Krone die wirkliche „Verstaatung" – mit festen Behörden, dem Gewaltmonopol, der Finanzhoheit und anderen Momenten – kaum zu erreichen vermochte, während die Territorien sich immer deutlicher zu „Staaten im Staat" entwickelten: sie verfügten über ein differenziertes Behördensystem mit eigener Beamtenschaft, schufen entsprechende Ausbildungsanstalten, hatten das Münzrecht und beanspruchten das Gewaltmonopol. Das Begriffspaar 'zentrifugal – zentripetal' erfasst diesen Prozess einigermaßen. Mit modernen staatsrechtlichen Kategorien lässt sich der skizzierte Sachverhalt aber schwer erfassen.

Auch die Historiographie tat sich lange schwer damit, diesen Prozessen gerecht zu werden und zu erkennen, dass die Verdikte von borussischen und nach-borussischen Historikergenerationen über die vermaledeite Kleinstaaterei und Zersplitterung des vormodernen Deutschland an der Sache vorbeigingen. Die Forschung sieht heute klarer als noch vor fünf oder vier Jahrzehnten, dass diese „Staaten im Staat" eine ordnungspolitische Leistung ersten Ranges erbracht haben, wozu ihnen allerdings von beiden Seiten, der der Krone und der der Landstände, zugearbeitet werden musste.

Freilich waren Territorialstaat und Territorialstaat nicht immer und überall dasselbe. Übergeht man einmal den Niederadel, der es in seinen Herrschaftsgebieten nicht zur wirklichen Verstaatung gebracht und sich im 16. Jahrhundert in der Reichsritterschaft organisiert hatte, so gilt es, den weltlichen Territorialstaat vom geistlichen Fürstentum zu unterscheiden – wobei es sich bei letzterem um eine in Europa singuläre

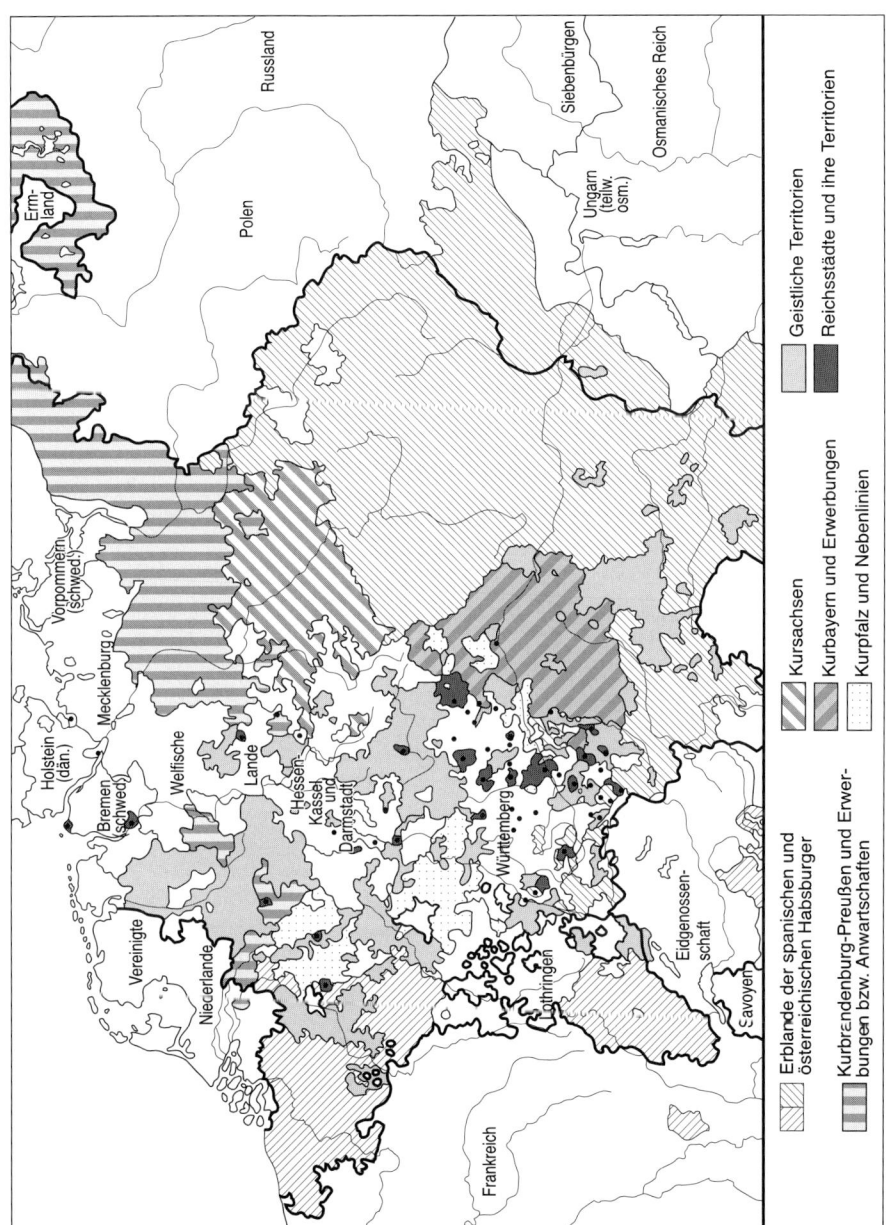

Abb. 11: *Das Römisch-Deutsche Reich nach dem Westfälischen Frieden.*

Erscheinung handelt. Während es in den weltlichen Territorialstaaten eine dynastische Kontinuität gab und damit politische Planung in die nächste und übernächste Generation hinein möglich war – die Tatsache, dass das Primogeniturrecht sich nur allmählich, zum Teil erst im frühen 19. Jahrhundert (Sachsen-Meiningen), durchsetzte, widerspricht dem nicht –, stellte sich die Situation in den Staaten mit einem gewählten Bischof oder Fürstabt an der Spitze grundsätzlich anders dar. Es war insofern kein Zufall, dass die geistlichen Staaten, wo man immer gewärtig sein musste, dass ein neuer Bischof/Abt die Politik seines Vorgängers konterkarierte, in Bezug auf den Staatsaufbau relativ rückständig blieben. Bezeichnenderweise wurden die frühesten von geistlichen Fürsten gegründeten Universitäten – lässt man das von der Kommune getragene Kölner *Studium generale* und die kurzlebige Würzburger Gründung außer Acht (1402–1411) – erst in der so genannten zweiten Gründungswelle (Trier 1473, Mainz 1476) errichtet.[1]

Der Menge der geistlichen und weltlichen Fürsten, deren Anzahl wegen der häufigen Landesteilungen und dynastischen Erbfälle und Übergänge immer Schwankungen unterworfen war, stand der von dem kleinen Kreis der berechtigten Kurfürsten gewählte König gegenüber. Er führte seit dem frühen 16. Jahrhundert auch dann den Kaisertitel, wenn er nicht nach Rom gezogen war, um sich dort vom Papst mit der einzigen Krone, die für die gesamte Christenheit eine Funktion hatte, krönen zu lassen. Seit dem frühen Mittelalter galt der Träger der Kaiserkrone als das weltliche Haupt der Christenheit. Auch wenn die aus dieser Würde fließenden Verpflichtungen, vor allem die Aufgabe, für den Schutz und die Verteidigung der Christenheit und ihrer heiligen Stätten zu sorgen, längst obsolet geworden waren, war dem Kaiser ein Ehrenvorrang vor allen anderen Monarchen geblieben, wie aus sämtlichen päpstlichen und anderen Rangtabellen des ausgehenden Mittelalters zu ersehen ist.

Der politische Handlungsspielraum des deutschen Königs und Römischen Kaisers, vom Selbstbewusstsein der Territorialfürsten ohnehin arg bedrängt, war infolge der Reformation noch einmal um einiges eingeschränkt worden, weil dem immer katholisch bleibenden Reichsoberhaupt nun eine neue, die alten Grenzen der Reichstagskurien überschreitende Front von Ständen gegenübertrat, die den Kaiser – nicht ohne Grund – der Parteilichkeit zieh und die Reichsverfassung zur Gänze zu paritätisieren suchte. Bekanntlich ist in diesem vor allem von einer calvinistischen Aktionspartei konfessionell aufgeladenen Verfassungskonflikt eine der Ursachen des Dreißigjährigen Krieges zu sehen, wobei man freilich heute nüchtern zu konstatieren hat, dass ohne die Einwirkungen von außerhalb die Reichsinstitutionen mit einiger Wahrscheinlichkeit mit diesem Konflikt fertig geworden wären. Am Ende des Krieges wurden dann Mechanismen geschaffen, um den Konfessionskonflikt als potentiellen Sprengsatz der Reichsverfassung zu entschärfen: durch die Einbeziehung des Calvinismus in die Reichsverfassung, durch das Institut der *Itio in partes*, demzufolge alle von einer Seite zum Religionskonflikt erklärten Angelegenheiten auf dem Reichstag nicht auf dem Mehrheitsweg, sondern auf dem Weg der gütlichen Vergleichung (*amicabilis compositio*) zwischen den beiden konfessionellen Corpora (*Corpus Evangelicorum, Corpus Catholicorum*) beigelegt werden sollten, und durch die psychologisch wichtige Regelung, dass

---

[1] Grundsätzlich zu den geistlichen Staaten: K. ANDERMANN, Geistliche Staaten.

zumindest beim Reichskammergericht als dem einen der beiden Zentralgerichte das Prinzip der Parität Platz greifen sollte (selbst wenn es dann nicht in der beabsichtigten Weise verwirklicht werden konnte). Auch die Tatsache, dass beim Konfessionswechsel eines (weltlichen) Fürsten seine Untertanen besser gestellt wurden als im Religionsfrieden von 1555 vorgesehen und keine „automatische" Auswanderung mehr verlangt wurde, trug zur Entschärfung der konfessionellen Gegensätze bei.

Das heißt nicht, dass das Reich nun einem neuen Goldenen Zeitalter ohne Konfessionskonflikte entgegengegangen wäre. Bei Glaubensunterschieden zwischen Fürst und Landständen, in den oberschwäbischen Reichsstädten, für die 1648 konfessionelle Parität verfügt worden war, vor Gericht, wenn sich eine Partei aus konfessionellen Gründen zurückgesetzt fühlte, und bei vielen anderen Gelegenheiten waren konfessionelle Auseinandersetzungen nicht ausgeschlossen. Auch als der Kaiserhof langem welfischem Drängen nachgab und das Haus Hannover 1692 mit einer neuen (protestantischen) Kurwürde bedachte und damit eine seit Jahrzehnten bestehende Disparität im Kurkolleg etwas abmilderte, provozierte er damit heftige Reaktionen von sich zu kurz gekommen glaubenden katholischen Fürsten und auch von so genannten altfürstlichen Protestanten. Aber insgesamt traten die Konfessionskonflikte an Zahl und auch an Intensität zurück: keiner der religiös motivierten Konflikte nach 1648 stellte Existenz und Funktionieren des Reiches wirklich in Frage.[2] Die kaiserliche Publizistik bemühte sich zudem erkennbar, die spezifische, in einer extremen Marien-Verehrung wurzelnde *pietas austriaca* – die österreichische Frömmigkeit – dahingehend zu interpretieren, dass sie keine Gefahr in Religionssachen darstelle. Für die Unverwechselbarkeit der materiellen und politischen Kultur des Reiches war die Glaubensverschiedenheit geradezu konstitutiv und daher auch ein gewisser Pragmatismus angesagt. Im Grunde regte sich niemand mehr sonderlich auf, als 1771 im Zuge der „Wiedervereinigung" Badens ein katholisches Territorium an einen protestantischen Fürsten überging, zumal dieser bei dem Vorgang ein hohes Maß an Sensibilität an den Tag legte.[3]

Der „Dualismus" Stände – Krone

Schon eher litt das Reich nach 1648 unter den Spannungen, die sich zwischen der Reichsspitze und den Reichsständen aufgebaut hatten, und zwar den Ständen beider konfessionellen Lager. Der „Dualismus" war seit Jahrhunderten ausgeprägt und hatte durch die Versuche des Habsburgers Ferdinand II., dem Reich sozusagen in letzter Minute und unter Ausnutzung des Glaubenskrieges doch noch eine zentralstaatliche Ausrichtung zu geben, eine zusätzliche Aufladung erfahren. Das Schicksal des Restitutionsedikts (1629) und der kaiserlichen Politik in den 1630er Jahren insgesamt sowie die Tatsache, dass es nicht gelang, die Reichsstände von den westfälischen Friedensverhandlungen fernzuhalten, signalisierten dann aber unüberhörbar, dass an eine „Monarchisierung" des Reiches – der in den 1950er Jahren vorgeschlagene Begriff des ‚Reichsabsolutismus' hat sich mit gutem Grund nicht durchgesetzt – nicht mehr zu denken war. In Münster und Osnabrück wurde es rasch absehbar, dass die Reichsstände die Gelegenheit ergreifen würden, um sich auch formell mit Rechten ausstat-

---

2 Vgl. auch D. STIEVERMANN, Politik und Konfession.
3 H. NEUHAUS, Wiedervereinigung Badens.

ten zu lassen, die sie bisher nicht oder allenfalls in Ausnutzung eines rechtsfreien Raumes genossen hatten: insbesondere mit dem Recht, Bündnisse mit auswärtigen Staaten abzuschließen, wobei diese sich nicht gegen Kaiser und Reich richten durften. Auch die Verankerung des Prinzips, dass Krieg und Frieden nur mit Zustimmung der Gesamtheit der Stände erklärt werden dürften[4], konnten die Stände guten Gewissens auf der Habenseite verbuchen – in der Vergangenheit hatten die Kaiser in solchen Situationen allenfalls den kleinen elitären, leichter zu lenkenden Kreis der Kurfürsten kontaktiert. Die Fürsten blieben zwar lehensabhängig vom Reichsoberhaupt – das Kernstück der hierarchischen Ordnung des Reichs blieb also unangetastet, die Auflösung des Reichsverbundes wurde von niemandem ernsthaft betrieben –, aber sie hatten sich doch, zumal sie andere Kompetenzbezirke (Gesetzgebung, Gerichtsbarkeit, Polizeigewalt, Religionsbann) konsequent auszubauen vermochten, in bemerkenswerter Weise von ihm emanzipiert. Schon damals wurde über die adäquate Begrifflichkeit für den neuen Rechtszustand nicht ohne Leidenschaft diskutiert[5], insbesondere interessierte, ob dieser bereits die Kriterien von „Souveränität" erfüllte.

Es war insofern kein Zufall, dass die Frage nach der Einordnung des Reichs in eine der aristotelischen Kategorien, die die Juristen des Reichsstaatsrechts seit einer guten Generation beschäftigte, nun an Aktualität gewann. Freilich konnte sie auch in so resignierende Feststellungen wie die Pufendorfs münden, wonach das Reich – *„irregulare aliquod corpus"* – sich einer präzisen Qualifizierung schlicht entziehe. Die Vorbehalte gegenüber einer unzweideutigen Zuordnung des Reiches zur aristotelischen Kategorie der „Monarchie" waren umso verständlicher, als Kritiker des Kaisertums die *iura reservata* des Reichsoberhaupts ja ohne Mühe als eine quantité négligeable beschreiben konnten, die sich darin erschöpfte, Nobilitierungen, Volljährigkeitserklärungen, Legitimierungen und die Verleihung von akademischen Graden vorzunehmen. Wie viele letztlich kaum zu beantwortende Fragen, hat dieses Thema selbstredend auch die Forschung immer wieder fasziniert. Als besonders fruchtbar erwies sich dabei das Interpretationsmodell Karl Otmar von Aretins.[6] Demzufolge sei das Reich nach 1648 weder ein Bundesstaat mit föderalistischer Verfassung gewesen, da die Reichsstände mehr als autonome Provinzen dargestellt hätten, noch sei es ein Staatenbund gewesen, da selbst die großen Reichsstände den Status der Souveränität nie wirklich erreicht hätten. Es sei daher die relativ komplizierte Charakterisierung des Reiches als einer auf Ungleichheit seiner Glieder beruhenden, hierarchisch bestimmten und strukturierten Privilegienordnung angebracht, deren Ziele die Friedenssicherung und die Bestandsgarantie der Einzelstaaten gewesen seien. Inwieweit Interpretamente, die auf den Nachweis eines stärkeren zeitgenössischen „Staats"-Verständnisses des Reiches zielen, wieder Bewegung in die Forschungsdiskussion bringen, bleibt abzuwarten.[7] Was auf jeden Fall gesagt werden kann, ist, dass der primär in der Wahrung des Rechts und der Aufrechterhaltung des politisch-konfessionellen *status quo* seine Zielperspektive er-

---

4 Der Westfälische Friede hat vor, im und nach dem Gedenkjahr 1998 vielfältige neue Beleuchtung erfahren, die u. a. niedergelegt ist in: H. DUCHHARDT (Hg.), Der Westfälische Friede.
5 Vgl. u. a. M. STOLLEIS, Geschichte des öffentlichen Rechts.
6 K. O. von ARETIN, Das Alte Reich.
7 G. SCHMIDT, Geschichte des Alten Reiches. Neue Akzente setzt W. BURGDORF, Reichskonstitution.

blickende Ständeverbund zu dem politischen Denken, wie es sich in Europa unter dem Schlagwort der Staatsräson durchzusetzen begann, zunächst Distanz hielt. Juristen und fürstliche Räte neigten dazu, ein solches sich nüchtern an den Staatsinteressen orientierendes Denken unter den stark pejorativ besetzten Begriff des Machiavellismus zu subsumieren und es insofern in einem mehr oder minder „vorpolitischen" Raum zu belassen. Macht- und Interessenpolitik waren nicht Sache der Reichsstände und konnten es nicht sein; insofern kam das Schlesienunternehmen Friedrichs II. 1740 einem tiefen Einschnitt gleich!

Hier liegt auch der starke Vorbehalt gegenüber der Absicht, dieses ganz singuläre Gebilde des Alten Reiches mit dem „Staats"-Begriff gewissermaßen zu „adeln" und auf die Stufe der europäischen „Normalität" zu transferieren. Mögen noch so viele literarische Belege für den deutschen „Reichs-Staat" zusammengetragen werden: der Begriff entsprach nicht dem Selbstverständnis des Reiches. Deutschland werde, so hat es Johann Jacob Moser formuliert, auf „teutsch" regiert, und das hieß einerseits, anders, als es der Bodinschen Kategorisierung entsprach, aber andererseits auch, nicht vergleichbar den benachbarten „Staaten".

Die entscheidenden Fragen gingen dahin, wie – zum einen – die neue Rechtsqualität der Reichsfürsten in der politischen Praxis würde geltend gemacht werden können. Das erwies sich als schwierig, weil die europäischen Mächte eine Art völkerrechtliche Parität der Reichsfürsten keinesfalls akzeptieren wollten. Und zum anderen stand offen, wie sich die Beziehung zwischen Kaiser und „Reich" gestalten – ob hier das Contra auf Dauer dominieren – würde. Zunächst, das ist offensichtlich, herrschte auf Seiten der Stände das Misstrauen gegen den Kaiser vor. Man hatte ihn nur unter starkem Druck zum Frieden bewegen können (gab ihm allerdings auch dessen Garantie auf), und man konnte nicht sicher davor sein, dass er das Reich angesichts des weiterlaufenden spanisch-französischen Krieges nicht doch wieder indirekt oder direkt zu Spaniens Vorteil instrumentalisierte. Das Misstrauen war so groß, dass nicht nur in die Wahlkapitulationen der 1650er Jahre – die des vorzeitig verstorbenen Ferdinand (IV.) und vor allem die Leopolds I. – entsprechende Passagen eingerückt wurden, sondern dass etliche Stände auch glaubten, gegen den perhorreszierten habsburgischen Dominat ein Gegengewicht aufbauen zu müssen, darunter auch solche mit einer deutlich konfessionellen Färbung (Waldeckscher Unionsplan 1653). Nach verschiedenen reichsständischen Bündnisversuchen, in denen den 1648 reaktivierten Reichskreisen neue Bedeutung zuwuchs[8], schlossen 1658 eine Reihe von Kurfürsten und Fürsten, darunter der Reichsstand Schweden, mit der Krone Frankreich eine Allianz (Rheinbund), die als erster wirklicher Testfall des *ius foederis* der Stände angesehen werden muss. Der Rheinbund war ein aus der vorgeblichen oder tatsächlichen Furcht vor den internationalen Verflechtungen, Verpflichtungen und Tendenzen der Habsburgerdynastie geborenes Bündnis, das sich selbst als eine legitime Umsetzung des Verfassungsrechts von 1648 verstand, aber natürlich auch einen antihabsburgischen Affekt hatte. In der Reichspolitik spielte es über mehrere Jahre hinweg eine beachtliche Rolle; es entwickelte sich generell zu ihrem zweiten Zentrum. Unter anderem

---

8 Vgl. außer der Übersicht von W. Dotzauer, Reichskreise, P. C. Hartmann (Hg.), Regionen.

stützte es Mitglieder bei der Verfolgung politischer Ansprüche – etwa Kurmainz bei seinen Bemühungen, die Unabhängigkeitsbestrebungen Erfurts einzudämmen.

Ludwig XIV. und die Reichsstände

Der Rheinbund und die Jahre nach seinem Abschluss, als es zu weiteren aus Sicherheitsbedürfnissen gespeisten fürstlichen Formationsversuchen kam, verdeutlichten mehr als alles andere, wie sehr der junge französische König und sein für das Reich völlig ungewohnter Herrschaftsstil, seine „Selbstinszenierung", die deutschen Fürsten faszinierte und wie klar die Fäden der Reichspolitik in seiner Hand zusammenliefen. Hier harrte der kaiserlichen und reichischen Publizistik die große Aufgabe, das Bild des Bourbonen als Schutzherr der „teutschen Libertät" und als kulturellen Referenzpunkt wieder zu relativieren. Von dem bezeichnenderweise aus dem deutsch-französischen Überlappungsbereich stammenden Freiherrn von Lisola wurde diese Aufgabe mehr oder weniger energisch in Angriff genommen[9], sie führte dann rasch zu Stilisierungen des *Roi-Soleil* als dem Bösen und Schlechten an sich und als dem Gegenbild „deutscher" Tugenden.[10]

Wenn der Rheinbund nach Ablauf seiner zweiten Laufzeit nicht mehr erneuert wurde, dann hatte das auf der einen Seite etwas damit zu tun, dass bestimmte „vertrauensbildende Maßnahmen" des 1658 nach einem aufwendigen Wahlkampf gewählten Königs und Kaisers (Leopold I.) Wirkung zeigten, und zum anderen damit, dass Frankreichs aggressive Außenpolitik für allgemeine Ernüchterung sorgte: Devolutionskrieg und das Vorgehen gegen Mindermächtige wie etwa den Kirchenstaat seien hier als Stichworte genannt. Die Klientel Ludwigs XIV. begann, ablesbar an den Bündnissen und Subsidienverträgen mit deutschen Fürsten, seit der Mitte der 1660er Jahre erkennbar abzubröckeln, ohne dass damit proportional die kaiserliche Klientel gewachsen wäre. Viele Maßnahmen der Hofburg, so ihre zeitweise Annäherung an die Krone Frankreich, die sich sogar in einem (geheimen) Vertrag über die Teilung des spanischen Erbes niederschlug, wirkten auf die Stände eher irritierend als beruhigend. Es bereitete den kaiserlichen Propagandisten deshalb auch erkennbare Mühe, die Befürchtung auf protestantischer Seite, es zeichne sich die Gründung einer katholischen Internationale ab, zu zerstreuen. Ohne Frage aber standen das sinkende Ansehen des *Roi-Soleil*, das in der Publizistik nun schon häufig mit Warnungen vor dem verhängnisvollen französischen Kultureinfluss verband, und das allmählich wieder wachsende Prestige des Kaisers in einem so oder so gearteten kausalen Zusammenhang. Die Irritationen und das deutliche Befremden mancher Fürsten darüber, dass das Reichsoberhaupt die Erledigung der 1648 „liegengebliebenen" Verfassungsfragen, die *negotia remissa*, eher zu verschleppen als zügig voranzutreiben suchte, wurden durch das sich zögernd ändernde Kaiserimage allerdings nicht beseitigt, (ohne dass ein wirklicher Modernisierungsdruck aufgebaut worden wäre). Leopold I. war sicher nicht der Mann, dem an einer irgendwie gearteten „Modernisierung" des Reiches gelegen gewesen wäre.

---

9 Vgl. M. Baumanns, Das publizistische Werk.
10 Vgl. die (noch ungedruckte) Dissertation von M. Wrede, Das Reich.

Die Territorialstaaten vor den Herausforderungen der Zeit

Manche Stände haben den neuen politischen Freiraum, den ihnen das *jus foederis* des Westfälischen Friedens eröffnete, nicht nur über den Rheinbund und sonstige Bündnisverträge mit auswärtigen Staaten genutzt, sondern etwa auch durch Versuche, in den internationalen Konflikten der Zeit einen Part – etwa als Vermittler – zu spielen. Bei einigen, so dem brandenburgischen oder den bayerischen Kurfürsten, ging dies mit der Erkenntnis einher, dass regionale Grenzen und ein auf die Region begrenztes Renommee nur über den Aufbau und den Unterhalt eines „stehenden" Heeres überwunden werden konnten. Hier aber stießen viele sehr rasch an die Grenzen des ihnen Möglichen: Der Wiederaufbau des Landes musste, gleich, welchen Zerstörungsgrad es aufwies, zunächst Vorrang haben, was nicht nur Investitionen und Peuplierungsmaßnahmen – unmittelbar nach dem Krieg wurden rund 300 000 Immigranten aus Nachbarstaaten ins Reich geholt –, sondern auch Verzicht auf Steuern, Moratorien und ähnliches erforderte. Da die Landstände, die traditionell und zwingend für Militärausgaben zuständig waren, vor langfristigen Zusagen immer zurückschreckten, blieben nur zwei Optionen offen, sofern man nicht hemmungslose Verschuldung riskieren (und damit unter Umständen das Tätigwerden einer kaiserlichen Kommission provozieren) wollte: die Stände ausschalten und die Militärfinanzierung in die eigene Hand nehmen oder sich in fremde Abhängigkeit begeben. So weitgehend alle deutschen Fürsten in den 1650er und 1660er Jahren zunächst einmal „innere" Fürsten zu sein hatten: die Außenpolitik verloren sie dabei nicht aus den Augen, auch wenn nicht jeder sich so extensiv darin betätigte wie der Münstersche „Kanonenbischof" Galen, der über Jahre hinweg den ganzen Nordwesten des Reiches und Europas in Atem hielt. Die Tatsache, dass den Fürsten im „Jüngsten Reichsabschied" (§ 180) förmlich das Recht zugesprochen wurde, von ihren Untertanen auch ohne Zustimmung der Landstände Leistungen für das Militärwesen zu verlangen, hat diese Tendenzen eindeutig verstärkt. Die Stände sahen hier ihre lang gehegten Befürchtungen bestätigt, denn durch den zitierten Paragraphen wurde ihr Steuerbewilligungsrecht in einer zentralen Frage unterhöhlt.

Der genannte „Jüngste Reichsabschied" von 1654 schloss den letzten herkömmlichen Reichstag ab.[11] Er war nach altem Modus – das heißt, bei Bedarf, von Fall zu Fall – einberufen worden und nach dem Abarbeiten seiner Agenda wieder auseinander getreten. Seit den Reformationsjahrzehnten mit ihrer dichten Abfolge von Reichsversammlungen war das Prinzip der Beschickung mit Diplomaten immer mehr in Übung gekommen, eine Tendenz, die sich nach dem Westfälischen Frieden nochmals verstärkte. Die neue reichspolitische Kompetenz, die der Gesamtheit der Stände 1648 zugewachsen war, machte indes eine dichtere Sequenz der Reichsversammlungen erforderlich, oder aber, da man nicht auf Dauer mit ständeparlamentarischen Rumpfversammlungen wie der Reichsdeputation (1655–1663)[12] arbeiten konnte und wollte, die Perpetuierung des Reichstags unter gleichzeitiger irreversibler Umwandlung in einen Diplomatenkongress. Es mag zunächst eher ein Zufall gewesen sein, wenn der 1663 wegen einer erneuten Türkenbedrohung nach Regensburg einberufene Reichstag „stehenblieb", doch sprach gewissermaßen auch die politische Logik für eine Per-

---

11 A. Müller, Regensburger Reichstag.
12 M. Schnettger, Reichsdeputationstag.

manenz des Reichstags[13]: aus der Sicht seiner Mitglieder war es die Überlegung, nur so wirksam Kontrolle ausüben zu können, aus der Sicht des Reichsoberhaupts die Perspektive, dieses Gremium als Informationskanal und als Instrument seiner Klientelpolitik nutzen zu können. Dass sich bei einer ständigen Einrichtung ein anderer (freilich sehr rasch dann auch kritisch kommentierter) Arbeitsstil entwickelte, als er beim herkömmlichen periodischen Reichstag üblich gewesen war, und dass auch die konfessionellen *Corpora* ein neues, den Geschäftsgang veränderndes Element darstellten, sei kurz erwähnt, ebenso das Faktum, dass die Produktivität des Reichstags, soweit es sich um wirklich nach vorn weisende (Rahmen-) Gesetze handelte, eher beschränkt blieb; mit dem großen „Ausstoß" an wichtigen Reichsgesetzen im 16. Jahrhundert kann das nicht verglichen werden.

3.4.2 Das Reich in den internationalen Konflikten des ludovizianischen Zeitalters

Die Reichspolitik hatte mit dem ständigen Reichstag neben dem Kaiserhof einen zweiten Kristallisationspunkt gewonnen; das war auch bitter nötig, weil das Reich nach 1648 vor gewaltigen Herausforderungen stand. Neben der Wiederaufbauproblematik, die allerdings primär „Ländersache" war und die in Verbindung mit anderen Faktoren (Heer, Reichssteuern, Hof) vor allem die kleineren Dynastien oft extrem verschuldete, und der Frage, wie die „restierenden" Verfassungsprobleme (Wahlkapitulation u.a.) anzugehen seien, waren es die internationalen Konflikte, die das Reich als ganzes oder einzelne seiner Mitglieder tangierten. Das fing bei dem Problem des Abzugs jener Kriegsparteien vom Reichsboden an, die wie Lothringen, Spanien und Schweden unter diesem oder jenem politisch-rechtlichen Konstrukt und kaum verhüllten Vorwand feste Plätze in ihrer Gewalt behalten hatten[14], setzte sich über den (ersten) Nordischen Krieg fort, der vor allem Kurbrandenburg zu Optionen für Schweden oder Polen zwang (und zu einem alles in allem erfolgreichen Wechselspiel, das in die Unabhängigkeit des bisher von Polen zu Lehen gehenden Herzogtums Preußen mündete[15]) und der erstmals die beunruhigende Perspektive enthüllte, dass die Garantiemächte des Westfälischen Friedens selbst dessen Boden verließen, und es endete (zunächst) bei einem neuerlichen Türkenkrieg, für den der Kaiserhof wie stets auf eine Reichshilfe setzte – die er auch erhielt. Der Devolutionskrieg, den Ludwig XIV. 1664 vom Zaun brach, zeigte deutlich, dass Frankreich in der Person seines jungen Königs die Friedensordnung von 1648 für sich nicht mehr als verbindlich ansah. Er führte zugleich ein Problem in die internationale Politik ein, das von nun an für ein halbes Jahrhundert eines ihrer zentralen bewegenden Momente bleiben sollte: das Schicksal des spanischen Weltreichs nach dem absehbaren Ende dieses Zweigs der Habsburgerdynastie.

Die vielen Konflikte der späten 1650er und der 1660er Jahre hatten zweierlei gezeigt: Zum einen, dass eine effizientere Reichsmilitärorganisation unumgänglich geworden war, und zum anderen, dass das Prestige der Hofburg allmählich wieder so weit

---

13 A. SCHINDLING, Anfänge.
14 Vgl. A. OSCHMANN, Nürnberger Exekutionstag.
15 H. DUCHHARDT/B. WACHOWIAK (Hg.), Souveränität.

gewachsen war, dass zumindest der Versuch gemacht werden konnte, das Reich militärisch auf föderalistischer Grundlage besser zu organisieren. Leibniz' erste große, im Auftrag des Mainzer Hofs erarbeitete Denkschrift von 1670, die „Bedencken welcher gestalt Securitas interna et externa ... auf festen Fuß zu stellen", steht für derartige Überlegungen. Ein weiterer Plan zielte darauf, das Reich als Corpus in die Kriege gegen die Krone Frankreich einzubinden: das war ein verfassungsrechtliches Novum. Der Niederländische Krieg wurde zum Testfall für diese neue Politik. In dem Konflikt engagierte sich Kurbrandenburg viel früher als die Wiener Hofburg für die unter eklatantem Bruch allen Völkerrechts überfallenen Generalstaaten, auch bevor der Kaiserhof mit deutlicher Verzögerung 1674 die Zustimmung des Reichstags zu einem förmlichen Reichskrieg erwirkte.[16] Parallel dazu, publizistisch durch den Freiherrn von Lisola unterstützt, stellte er eine antifranzösische Koalition aus Spanien, Dänemark, Lothringen und etlichen deutschen Fürsten auf die Beine. Nach Beendigung des Krieges durch den Nijmegener Frieden, von dem die Hofburg das Reich als Corpus mit Erfolg fernzuhalten suchte, musste das Vorhaben der Vereinbarung einer Reichskriegsordnung erneut Vorrang gewinnen, um so mehr als Frankreich die allgemeine Unsicherheit über die politische Zukunft konsequent auszunutzen begann und in Bezug auf Straßburg und das Elsass jene Entscheidungen herbeizuführen suchte, die im Westfälischen Frieden bewusst offen und mehrdeutig interpretierbar belassen worden waren. Die Reunionen und die gesamte französischen Reunionspolitik haben das reichisch-französische Verhältnis auf Dauer belastet, auch wenn sich Kaiser und Reich im Regensburger Stillstand schon relativ früh mit den vollzogenen Veränderungen einverstanden erklärten. Auch die faktische Vertreibung der Hugenotten war, zumindest im protestantischen Deutschland, nicht geeignet, das zunehmend negativ besetzte Frankreich-Bild aufzuhellen, das sich in der breiten Publizistik und unter anderem in der bekannten Vorlesung von Christian Thomasius („Von der Nachahmung der Franzosen") niederschlug. Gerade der Vorgang von 1685 provozierte eine neue zusätzliche Ausrichtung der Publizistik, die nun verstärkt deutsche Glaubensfreiheit französischem Glaubenszwang gegenüberstellte. Dass sich trotz seiner wenig zupackenden Politik das Prestige des Kaisers gerade im Kontext des Übergangs Straßburgs an die Krone Frankreich (1681) noch einmal deutlich erhöhte, ablesbar unter anderem an den vielen neuen kaiserlich-ständischen Bündnissen, wird von der Forschung inzwischen recht deutlich gesehen.

Auf der anderen Seite unterliegt keinem Zweifel, dass die Augen der deutschen Fürsten unablässig und fest auf Frankreich gerichtet waren: auf ein Staatswesen, dessen Monarchen man sich zum großen Vorbild erkor, dessen Herrschaftsstil man zu kopieren suchte, dessen Modernisierungspotential man bewunderte, dessen Sprache man in den Rang einer *lingua franca* des gebildeten Reichs erhob. Man darf sicher nicht übersehen, dass auch anderen Nachbarstaaten des Reichs Interesse entgegengebracht wurde, dass es zum guten Ton gehörte, während der Kavaliersreise auch die Niederlande oder Italien aufzusuchen, dass die Leidener Universität im „Ranking" der Präferenzen weit oben stand, dass auch die schnell wachsende Metropole London mehr und mehr deutsche Besucher anzog: mit dem Magneten Frankreich konnte sich das alles aber doch nicht messen.

---

16 Zur rechtstechnischen Seite vgl. Ch. KAMPMANN, Reichskriegserklärung.

Gegen dieses Bild eines den Zeitgeschmack bestimmenden Fürsten und Staates anzugehen, war ein schwieriges Unterfangen, und die Publizistik musste dann auch durchaus zu den schweren Säbeln greifen; mit dem Florett ließ sich dieses Bild nicht zerstören. Doch bot das politische und persönliche Verhalten des Monarchen ein ausreichendes Arsenal für den schweren Säbel: Hochmut, Verblendung, Verletzung des göttlichen, natürlichen und positiven Rechts, eine tyrannische Regierung, nicht zuletzt auch sein „privater" Lebenswandel wurden seit den späten 1660er Jahren in unzähligen Pamphleten aufgespießt, die Ludwig XIV. geradezu zum zweiten Türken, zum „occidentalischen Erbfeind", zum Haremsherrn stilisierten.[17] Man sollte diese Flugschriftenliteratur nicht als belanglos für die „große" Politik abtun: es gelang ihr durchaus, auch mittels der „Ridikülisierung und Banalisierung des Monarchen" (Wrede), das Bild des *Roi-Soleil* radikal und anhaltend zu verfinstern. Diese Pamphlete hatten darüber hinaus eine „innenpolitische" Funktion, da über das Konstrukt des Anti-Deutschen das Zusammengehörigkeitsgefühl und reichspatriotische – um nicht zu sagen: prae-nationale – Tendenzen einen beachtlichen Auftrieb erhielten. Der lange Weg zu einem „deutschen" Nationalbewusstsein[18] führte zu einem guten Teil über die Abgrenzung vom „Anderen" jenseits des Rheins, vom Stereotyp des „Nicht-Deutschen".

Der zunehmenden Integration des Reiches in die großen internationalen Konflikte der Zeit entsprach eine wachsende Internationalisierung seiner Dynastien. Außer der offenen oder verdeckten Kandidatur des brandenburgischen Kurfürsten und seines pfalz-neuburgischen Rivalen bei polnischen Königswahlen waren im letzten Viertel des Jahrhunderts weitere Momente einer allgemeinen „Europäisierung" des deutschen regierenden Adels zu beobachten: Man suchte das Konnubium mit italienischen oder polnischen Dynasten, man hing dem Traum nach, mit Hilfe der Mächte eine neue Königswürde schaffen zu können (Spanische Niederlande[19], Armenien), was letztlich nur den Hohenzollern gelang, man erwarb eine auswärtige Königskrone, die durch Wahl vergeben wurde (Polen 1697) und vermochte sie für über ein halbes Jahrhundert zu behaupten, man begab sich in eine Wartestellung, um eine der herausragenden Kronen Alteuropas (England) zu übernehmen. Nicht nur die Reichspolitik war seit 1648 zu einer internationalen Angelegenheit geworden, auch die Dynastien des Reiches „internationalisierten" sich unverkennbar.

Dass sie diesen Weg einschlugen und einen zusätzlichen Akzent in Richtung „Monarchisierung" setzten, war zu einem guten Teil Ausfluss der ernüchternden Erkenntnis, dass sie auf der Bühne der internationalen Politik doch nur im zweiten Glied standen, mochte ihre militärische Bedeutung auch durchaus beachtlich sein. Vor allem die großen Friedenskongresse – der von Nijmegen, der von Rijswijk am Ende des Neunjährigen Krieges – stellten schlagartig unter Beweis, dass die Gesandten der Reichsstände von einer Gleichbehandlung mit den Diplomaten der Mächte weit entfernt waren – daran vermochten auch heftige Flugschriftenkämpfe nichts zu ändern. So wie die „Souveränität" der deutschen Fürsten nicht als vollständige angesehen wurde, so vermochten sie es auch nicht, die politisch-völkerrechtliche Parität durchzusetzen. Das

---

17 Ich beziehe mich hier erneut auf die Dissertation von M. WREDE.
18 Grundsätzlich dazu H.-M. BLITZ, Aus Liebe zum Vaterland.
19 Vgl. R. DE SCHRYVER, Max II. Emanuel.

gelang auch den regionalen Ständeorganisationen, den Reichskreisen, nicht mehr, die 1697 in Rijswijk noch einmal – letztmals – mit dieser Perspektive antraten. Aus der Tatsache, dass das Reich es seit 1660 mit einem besonders unruhigen Nachbarn zu tun hatte, der ausdrücklich Grenzveränderungen zum eigenen Vorteil suchte, erwuchsen eine Reihe von Einsichten: die (oben schon angesprochene) Einsicht in die Notwendigkeit einer verbindlichen Militärverfassung des Reiches – sie wurde nach langen Vorüberlegungen und Verhandlungen 1681 verabschiedet, erfüllte aber wegen der Bindung der Reichsarmee an die Kreise und nicht an die Truppen der „armierten" Stände in der Folgezeit nicht alle Hoffnungen –, dann aber auch die Einsicht, sich im Bedrohungsfall rasch organisieren zu müssen, wozu in Form der bisher unbekannten Reichskriegserklärung ein rechtliches Instrument zu schaffen war, und nicht zuletzt die Einsicht, nicht in jeder Situation auf den Kaiser zählen zu können und daher Selbstverteidigungsorganisationen aufbauen zu sollen. Namentlich die Assoziationen der so genannten „Vorderen" Reichskreise, die daraufhin geschaffen wurden, erlangten über einige Jahrzehnte hinweg eine gewisse Bedeutung und avancierten zu Verhandlungspartnern selbst der Großmächte.

Reichsbewusstsein und Abgrenzungstendenzen

Das Faktum, dass die unruhige Nachbarschaft im Westen einen beachtlichen Reichspatriotismus initiierte, der den an Dynastie und Territorium gebundenen „Patriotismus" zu ergänzen begann, wurde schon angesprochen. Zwar ist gegenüber manchen Ansätzen der älteren Forschung, bei denen aus den französischen Übergriffen auf das Reich und ihrem publizistischen Niederschlag schon auf ein keimendes Nationalbewusstsein geschlossen wurde, Skepsis geboten, aber es ist keine Frage, dass die Empörung über das französische Fehlverhalten die mentale Ausrichtung beeinflusste und die Neigung verstärkte, über die engen Grenzen des eigenen Territoriums hinaus zu schauen. Diese neue Tendenz nutzte und war elementar angewiesen auf den Vergleich, um einen (positiven) Gegenentwurf „teutsch" zum Staats- und Kulturmodell Frankreich entwickeln zu können. Aus dem Vergleich mit dem ebenso bewunderten wie beargwöhnten Nachbarn erwuchs namentlich das spezifische Bewusstsein von einem höheren Maß an Rechtssicherheit, das den Untertanen und den Fürsten garantierte, nicht wegen fehlender oder mangelnder Justiz ungehört zu bleiben. Der Instanzenzug vom lokalen Gericht bis zu den Reichsgerichten[20] bot dem Einzelnen Gewähr, nicht einer irgendwie gearteten Kabinettsjustiz zum Opfer zu fallen, und dem Fürsten die Sicherheit, auch als Mindermächtiger nicht jedem Appetit des mächtigeren Nachbarn nachgeben zu müssen. Das Reich war in seinem Kern ein Verbund zur Wahrung des (alten) Rechts, und hier waren namentlich die beiden Reichsgerichte in Speyer beziehungsweise seit 1691 in Wetzlar und in Wien von einer eminenten Bedeutung. Die so genannten Untertanenprozesse und auch die Prozesse mindermächtiger Fürsten um Wahrung oder Wiederherstellung des *Status quo* sind Legion, das

---

20 Die Erforschung der Rechtsprechung namentlich des Reichskammergerichts hat in den letzten Jahrzehnten riesige Fortschritte gemacht. Die Ergebnisse sind zu einem guten Teil niedergelegt in der Schriftenreihe „Quellen und Forschungen zur höchsten Gerichtsbarkeit im Alten Reich". Vgl. zuletzt den – allerdings nicht unproblematischen – Band von A. BAUMANN, Gesellschaft.

Reichskammergericht als (fast) paritätische Einrichtung wurde geradezu zu einem Symbol des zeitgenössischen Reichsverständnisses. Es gab deswegen auch immer wieder Versuche anderer Städte, so etwa Mühlhausens während der westfälischen Friedensverhandlungen, dieses Symbol der spezifischen Rechtskultur des Reiches in ihre Mauern zu holen. Der zähe Prozess, bis das Reichskammergericht dann in Wetzlar eine zweite Heimat fand, war alles in allem atypisch und kein Spiegelbild der emotionalen Nähe vieler Reichsstände zu dieser Behörde. Wie auch immer: der Grad der Rechtssicherheit im Alten Reich stand hinter dem anderer Königreiche und Republiken keineswegs zurück, und es ist entschieden an der Zeit, sich von den Verdikten des 19. Jahrhunderts über eine angeblich im Kern marode und unfähige Reichsjustiz ein für allemal zu lösen.

Territoriales Binnenleben

Blickt man auf das Binnenleben der Territorien, so sind etliche neue Entwicklungen unübersehbar. Soweit dieses Prinzip sich noch nicht durchgesetzt hatte, gingen die bisher an vormodernen Sukzessionsordnung (Teilungen, Samtregierungen) festhaltenden Territorialstaaten nun zum Primogeniturrecht über, was sicher ein Faktor der Staatskonsolidierung war. Da die Vergangenheit erwiesen hatte, dass Ordnungen für den Fall des Erlöschens einer Dynastie schnell dem politischen Tageskalkül geopfert zu werden pflegten, entschlossen sich mehr und mehr Dynastien, ihre Sukzessionsordnungen zu einer Sache des *Ius Publicum Europaeum* zu machen und von den europäischen Mächten bestätigen zu lassen, so etwa die Wittelsbacher und die Habsburger. Der Konsolidierung sollte es auch dienen – ohne dass damit irgendwo das dualistische Herrschaftsmodell grundsätzlich in Frage gestellt worden wäre –, wenn die Stände aus bestimmten Schlüsselpositionen (Beamtenernennungen) verdrängt wurden oder wenn man sie auf längerfristige Bewilligungen verpflichtete. Generell arbeiteten die Fürsten darauf hin, die Plenarversammlungen der Landstände durch Rumpfversammlungen oder Ausschüsse abzulösen, die neben anderen vorteilhaften Faktoren, die damit verbunden waren, auch leichter zu steuern waren.

Hier soll noch ein Blick auf jene Territorialstaaten geworfen werden, in denen sich die Konfession der Untertanen von der des Herrschers unterschied. Bis 1648 hatte im Wesentlichen nur Brandenburg diesen Typus vertreten, in den Jahrzehnten nach dem Westfälischen Frieden aber folgten andere Staaten: 1685 die Kurpfalz nach dem Erlöschen der Linie Pfalz-Simmern, 1697 Kursachsen nach der Konversion des Kurfürsten August II. zum Katholizismus im Kontext seiner Bewerbung um die polnische Krone, 1733 schließlich dann noch Württemberg. In allen diesen Fällen handelte es sich im Übrigen um „Positionsgewinne" des Katholizismus, was den Bemühungen um Schaffung eines politischen Ausgleichs im Sinn der Wiederherstellung einer vorgeblichen Parität nun auch eine emotionale Note verlieh. Vor allem die spektakulären „Fälle" Sachsen und Württemberg stehen für das Phänomen, dass Fürstenkonversionen seit dem ausgehenden 17. Jahrhundert in Deutschland fast nur noch in einer Richtung erfolgten und den Katholizismus favorisierten. Nachgerade zu einem Schock für den deutschen Protestantismus wurde es, dass 1749 sogar ein calvinistischer Fürst – der nachfolgeberechtigte Landgrafensohn von Hessen-Kassel – zum Katholizismus übertrat. Über die Gründe ist hier nicht zu spekulieren, aber dass die Kühle des Protestantismus auf der einen Seite und die die Sinne und Emotionen nachhaltig ansprechenden liturgischen Formen des Katholizismus auf der anderen Seite mit im Spiel waren, dürfte auf der Hand liegen.

Entscheidend, um zur Ausgangsfrage zurückzukehren, war die Konfessionsverschiedenheit von Fürst und Untertanenschaft nach dem Westfälischen Frieden aber nicht mehr. In den §§ 34 ff. des V. Artikels des *Instrumentum Pacis Osnabrugense* waren zum einen die auf den Augsburger Religionsfrieden zurückgehenden Bestimmungen über den Auswanderungszwang andersgläubiger Untertanen entscheidend abgeschwächt worden. Zum anderen war glaubensverschiedenen Untertanen ausdrücklich das Recht zum *cultus privatus* zugebilligt worden. Von einem generellen Auswanderungszwang – die kaiserlichen Erblande immer ausgenommen – konnte also bei konfessioneller Divergenz keine Rede mehr sein, auch versuchten die Fürsten dergleichen in der Regel nicht mehr durchzusetzen. Der Erfolg wäre ohnehin fraglich gewesen, weil inzwischen eine hoch sensibilisierte „Öffentlichkeit" über alle noch so geringen Anzeichen religiöser Unterdrückung peinlich wachte und auch innerstaatliche Kontroll- und Aufsichtsmechanismen (Kirchenräte) Maßnahmen zum Nachteil einer Konfessionsgruppierung zu verhindern wussten und gegebenenfalls auch an die Öffentlichkeit trugen. Die katholischen Pfalz-Neuburger mochten in der Kurpfalz noch so viele Maßnahmen zur Begünstigung der katholischen Kirche in die Wege leiten: am Ende mussten sie mit Kompromissen einverstanden sein, die die beiden protestantischen Konfessionen einschränken mochten, aber nicht grundsätzlich in Frage stellten.[21] Es war vor diesem Hintergrund selbstverständlich, dass die Vertreibung der Salzburger Protestanten durch den Erzbischof 1731[22] nicht nur reichs-, sondern europaweit einen Sturm der Entrüstung hervorrief, der zwar das Geschehene nicht mehr rückgängig zu machen vermochte, aber doch zum Ausdruck brachte, als wie unangemessen die Zeit inzwischen derartigen Zwang empfand.

Alles in allem war das halbe Jahrhundert nach dem Westfälischen Frieden die Stunde der Landesfürsten, und zwar ungeachtet aller vielleicht schon in die frühen 1670er Jahren zu datierenden Tendenzen der Habsburger, in die Reichspolitik nicht nur zurückzukehren, sondern sie als einen wichtigen Pfeiler ihrer Gesamtpolitik zu begreifen. Angesichts ihres Misstrauens gegenüber dem Kaiser versuchten die Fürsten ihren Schutz selbst zu organisieren – die Ständebündnisse und dann die „Assoziationen" von Reichskreisen in dem fraglichen Zeitraum sind Legion. Die Landesfürsten hatten die darniederliegende Wirtschaft durch ökonomische Maßnahmen, aber auch durch die Organisation des Zuzugs Landfremder neu zu beleben, sie versuchten ihren Staat zu modernisieren und, sofern möglich, ein „stehendes" Heer aufzubauen. Und nicht zuletzt waren sie bestrebt, das „Bild" ihres Staates aufzupolieren: sie errichteten eindrückliche Residenzbauten und entfalteten üppige kulturelle Aktivitäten. Zwar sollte man das Beispiel Brandenburg nicht verallgemeinern oder es zum Maß aller Dinge machen, aber die besagten Tendenzen sind dort doch besonders gut zu fassen: die Einbeziehung landfremder Immigranten und Flüchtlinge in das Wirtschaftsleben, die Verstetigung des Heeres unter gleichzeitiger Verbesserung der bürokratischen In-

---

21 Ch. Flegel, Lutherische Kirche.
22 Vgl. M. Walker, Salzburg Transaction.

frastruktur, der Ausbau Berlins – nun schon im Vorfeld der Königskrönung von 1701 – zu einer attraktiven Hauptstadt, die Gründung der Universität Halle und einer Akademie der Wissenschaften, um nur die wichtigsten Aspekte herauszugreifen.[23]

Selbst geistliche Fürsten standen diesen Aktivitäten nicht fern, so beispielsweise der Münstersche Bischof, der ein beachtliches Heer auf die Beine zu stellen vermochte und über Jahre hinweg im Nordwesten ein gesuchter Allianzpartner (und ein gefürchteter dazu) war, oder der Mainzer Kurfürst, der eine Residenz nach der anderen erbaute oder modernisierte und auf der europäischen Bühne einen Part zu spielen versuchte. Es mag in der Retrospektive verwundern, aber der politische und kulturelle Wettbewerb der Fürsten machte einen Gutteil der Faszination aus, die das Reich auf Fremde ausübte, auch wenn sie über seine Kleinräumigkeit, die adlige „Inzucht" in den Domkapiteln, die Familien*clans* in den geistlichen Staaten, die Bistumskumulationen und die lächerlichen und prestigiösen, auf jeden Fall aber augenmaßlosen Verhaltensweisen von Duodezfürsten spöttelten.

Reichsverwaltung und Institutionen

Viele Kommentatoren projizierten ihre Vorstellungen von einem „Staat" in den Gebieten deutscher Zunge auf die Landesfürstentümer – sicher nicht ohne Grund. Nur hier bildeten sich feste partizipatorische Spielregeln und Institutionen aus, nur hier konnte es über das „Staatsvolk" keine Diskussion geben und auch nicht über die Außengrenze. Hingegen war es eine als durchaus offen empfundene Frage, ob die vielen vom Kaiser lehensabhängigen, aber längst nicht mehr auf den Reichstagen präsenten italienischen Staaten oder die Territorien, die zum (seit 1548 eher nur noch auf dem Papier existenten) Burgundischen Reichskreis zählten, als Teile des Reiches angesehen werden durften. Und selbst wenn man nur das sich im Reichstag konstituierende Reich im Auge hatte, war das Defizit im bürokratischen Bereich unübersehbar. Der seit 1663 in Permanenz tagende und mit Beamten beschickte Reichstag in Regensburg und die beiden Reichsgerichte in Speyer beziehungsweise Wetzlar und in Wien können nicht darüber hinwegtäuschen, dass dem Reich manches zur Staatlichkeit fehlte – vor allem wenn man die Elle des 19. Jahrhunderts anlegt: Es gab weder Behörden zur Steuererhebung und -verwaltung – bei allem Respekt gegenüber dem Amt des Reichsfiskals! – noch Organe zur Heeresaufbringung in Reichskriegen oder ein autochthones diplomatisches Corps und auch keine Gremien oder Beamten zur Überwachung der inneren Sicherheit und des weiten Bereichs der *Policey*. In Auftragsverwaltung vom Reich einerseits und von den Ständen andererseits nahmen hier die Reichskreise Funktionen wahr, deren Volumen immer mehr anwuchs und neben Aufsichtskompetenzen im Wirtschafts-, Steuer-, Münz- und *Policey*-Bereich auch die Unterhaltung von Gemeinschaftseinrichtungen (Gefängnisse und ähnliches) umfassen konnte.[24] Aber die jeweiligen Beamten und Funktionsträger standen eben nicht in Diensten des Reiches, sondern in denen der regionalen Selbstverwaltungskörperschaften, obwohl einige dieser Corpora, insbesondere die kurfürstlich dominierten, den

---

23 Vgl. H. Duchhardt, in: Preußen 1701, dort auch weitere Hinweise.
24 Vgl. P. C. Hartmann (Hg.), Regionen.

1648 projektierten Verdichtungsgrad nie erreichten.[25] Der spezifische deutsche Regionalismus und die hohe Bedeutung landsmannschaftlicher Traditionen leiten sich nicht zuletzt von diesem ausgeprägten Mangel an Zentralismus im Ancien Régime her.

Habsburgischer „Dominat" versus landesfürstliches Selbstbewusstsein

Wenn man es nüchtern betrachtet, war der Spanische Erbfolgekrieg der entscheidende Punkt, ab dem die Interessen der habsburgischen Dynastie und die der Stände sich immer weiter voneinander entfernten, nachdem zwischenzeitlich die antifranzösischen Kriege und der Große Türkenkrieg einen deutlichen Solidarisierungseffekt gezeitigt hatten. Die gewaltige militärische und politische Herausforderung, das „Totum" der Dynastie zu erhalten, zwang die Hofburg zu vielen Kompromissen im Reich, weil sie elementar auf die Hilfe potenter Verbündeter angewiesen war. Die doppelte „Aufwertung" Braunschweigs – zwar noch im Vorfeld des spanischen Konflikts, der aber doch schon absehbar war – und Brandenburgs (1700/01), die vielen Allianz- und Subsidienverträge mit deutschen Reichsfürsten schufen ein wachsendes Gefühl der Gleichordnung. Ähnliche Gedanken verbanden sich mit der veränderten Heiratspolitik der Hofburg, die seit dem letzten Viertel des 17. Jahrhunderts von den außerreichischen zu den reichischen Eheverbindungen überging. Und da Wien zudem nach dem Frieden von 1713/14 aus dynastischen Gründen auf den *good will* der mächtigen Reichsstände angewiesen war oder zu sein glaubte, wurde seitdem eine neue Stufe des Dualismus Kaiser–Reich erreicht. Erst jetzt wurde es möglich, dass Reichsstände sich in größerer Zahl in Subsidienverhältnisse mit erklärten Gegnern der Hofburg begaben – in den 1660er und 1670er Jahren waren das doch eher noch Einzelfälle gewesen. Erst jetzt wurde es möglich, dass antihabsburgische Kräfte Entscheidungen des Reichstags überhaupt nicht oder nur unter starkem Vorbehalt mittrugen und sich, wie zwei der drei wittelsbachischen Kurfürsten, im Spanischen Erbfolgekrieg sogar dem „Reichsfeind" (Frankreich) anschlossen oder sich von Konflikten zumindest fernhielten. Erst jetzt opponierten Reichsfürsten ausdrücklich gegen dynastische Maßnahmen der Hofburg, etwa die Vermählung Maria Theresias mit dem lothringischen Herzog, und ließen klar ihren Widerstand gegenüber allfälligen Königswahlprojekten Wiens erkennen. Kaiser und Reich drifteten unverkennbar, auch wenn das Lager der unzweideutigen Opponenten immer noch überschaubar blieb, auseinander, um so mehr als der Kaiserhof sich während des (spanischen) Krieges und später in den Augen mancher Kommentatoren viel zu wenig um die von den kleinen Staaten sehnlich gewünschte (westliche) Reichsbarriere bemühte. Wenn man diesen langfristigen Prozess genauer analysiert, lag das, was 1740/41 geschah, beinahe in der Logik der Entwicklung: Territorialfürsten, die eine akute und aktuelle Schwäche des Kaiserhauses, das nach Karls VI. Tod von einem auf den anderen Augenblick ohne männliche Spitze dastand, ausnutzten und ihm eine seiner wichtigsten Provinzen und gar die Kaiserkrone streitig machten.

Neben den Kompromissen, die den Dualismus begünstigten, sollte man allerdings die Hartnäckigkeit der Wiener Politik nicht übersehen, mit der trotz aller gegenläufiger

---

25 Zum Beispiel der Obersächsische Reichskreis; vgl. neuestens Th. NICKLAS, Macht oder Recht.

Tendenzen auf einer exzeptionellen Vorrang-Stellung im Reich bestanden wurde. Bei Prozessen vor dem Reichshofrat, den Stände gegen ihre Landesherren anstrengten, oder bei Herrschaftsübertragungen wie im Fall Tecklenburg setzte die Hofburg relativ schnell auf Reichsexekutionen, während diese in der Vergangenheit immer nur eine *ultima ratio* gewesen waren. Die wiederholte Instrumentalisierung – insgesamt lassen sich in der hier zur Diskussion stehenden Epoche rund 20 Exekutionen nachweisen – ließ die Maßnahme dann auch das eine oder andere Mal ohne wirklichen Effekt verpufften. Gespür für das richtige Maß hatten Karl VI. und seine Minister in den 1720er und 1730er Jahren durchaus nicht immer. Schon der kurpfälzische Religionsstreit am Ausgang des zweiten Jahrzehnts des Jahrhunderts[26] hatte davon einen Eindruck vermittelt.

3.4.3 Die Zäsur von 1740 und die Konflikte um das österreichische Erbe

Nach 1740 aber war vollends nichts mehr so, wie es vorher gewesen war. Man kann über den genauen Zeitpunkt streiten, aber es war klar, dass das erfolgreiche Bestehen des Schlesien-Abenteuers Preußen in die Stellung einer zweiten deutschen Orientierungsmacht und zu einer Fast-Großmacht beförderte, auch wenn dieser Großmacht-Status immer einer auf tönernen Füßen blieb.

Österreich gestaltete diese Bewährungsprobe wenig erfolgreich, obwohl es sich seit beinahe einem Vierteljahrhundert politisch und völkerrechtlich auf diesen Tag X vorbereitet hatte: die fast europaweite Garantie seiner Pragmatischen Sanktion, die auch die weibliche Erbfolge bekräftigte, war durchgesetzt und das Bündnisnetzwerk wieder aufgebaut, nachdem die Hofburg in den ausgehenden 1720er Jahren arg in die Isolation geraten war. Das Versagen hatte etwas mit seiner inneren Struktur zu tun; Österreich war weder militärisch noch administrativ ein „moderner" Staat, sondern eher ein antiquiert wirkender „Verbund von Ständestaaten". Prinz Eugen von Savoyen hatte noch nicht einmal den militärischen Sektor entscheidend modernisieren können, so dass zwar dank seines Genies und seiner unkonventionellen Kampfweise im Türkenkrieg Mitte des zweiten Jahrzehnts des 18. Jahrhunderts noch spektakuläre Erfolge erzielt werden konnten; aber schon im Polnischen Thronfolgekrieg und im Türkenkrieg der ausgehenden 1730er Jahre an der Seite Russlands war das nicht mehr der Fall. Erst Maria Theresia sollte aus den offenkundigen Defiziten der Habsburgermonarchie Konsequenzen ziehen und jene Reformen in die Wege leiten, die dann seit 1749 unter der Regie des Grafen Haugwitz durchgeführt wurden. Es handelte sich dabei um weit mehr als um bloße Verwaltungsreformen.

Nach dem raschen, biologisch bestimmten Ende des wittelsbachischen Kaisertums Karl Albrechts von Bayern, das immer (1742–1745) ein Kaisertum von Frankreichs Gnaden gewesen war, konnte die Wiener Hofburg zwar die Kaiserkrone zurückgewinnen – zugunsten Franz Stephans, des Ehemanns der Maria Theresia, der nach dem Ende des Polnischen Thronfolgekriegs sein lothringisches Stammland mit dem Großherzogtum Toskana vertauscht hatte. Aber seitdem war klar, dass der Kaiserkrone im Kalkül der Hofburg allenfalls noch eine nachgeordnete Bedeutung zukam; das Hauptaugenmerk der Kronträger und ihrer Beamten galt dem Ausbau und der Ent-

---

26 Zu seiner Vorgeschichte und den Anlässen: Ch. FLEGEL, Luherische Kirche.

wicklung der österreichischen Staatlichkeit, nicht den Interessen des Reiches, auch wenn man die Kaiserkrone aus Gründen der Präzedenz und des Weiteren Zugangs zu einer traditionellen Klientel nach wie vor für wichtig und erstrebenswert halten mochte. Dieser Paradigmenwechsel war natürlich auch eine Folge der vollzogenen Emanzipation der deutschen Fürstenstaaten und namentlich dessen, was man später dann als den Dualismus bezeichnen sollte: des Aufkommens des friderizianischen Preußen, das zu einem begehrten Partner der Großmächte geworden war und seit dem Erwerb und der völkerrechtlichen Sanktionierung des Besitzes Schlesiens selbst unter die Großmächte gezählt zu werden begann. Seit den 1740er Jahren war der österreichisch-preußische Antagonismus *das* Thema der deutschen Geschichte schlechthin: seinetwegen betrieb die Hofburg den neuerlichen kontinentalen Krieg, der 1756 ausbrach und unter dem Namen Siebenjähriger Krieg in die Geschichtsbücher eingehen sollte, seinetwegen beendete die Hofburg die „geborene" Gegnerschaft zu den französischen Bourbonen, die für einen sehr langen Zeitraum geradezu eine Art Strukturelement der zwischenstaatlichen Politik gewesen war, seinetwegen verblieb die Hofburg auch nach dem Frieden von Hubertusburg (1763) an der Seite von Versailles, obwohl nach Lage der Dinge das der schwächste aller denkbaren Verbündeten war und obwohl das für sie in der öffentlichen Meinung des Reiches katastrophale Folgen hatte, seinetwegen, das heißt um einen adäquaten Ersatz für das reiche Schlesien zu finden, betrieb die Hofburg ihre vielen Ländertauschprojekte und ließ sich auf den riskanten Konflikt um die bayerische Erbfolge ein, was ihr Prestige unter den Reichsfürsten nachhaltig beeinträchtigte. Die Prussophobie in Wien schloss zwar nicht aus, dass man – in diesem Fall aus übergeordneten internationalen Gesichtspunkten – punktuell mit den Hohenzollern einmal gemeinsame Sache machte und sich beim Projekt der Teilung Polens zusammen an einen Tisch setzte – ein Vorgang im Übrigen, der in der öffentlichen Meinung ein weiteres Mal eklatant zum Nachteil der Hofburg ausschlug.[27] Aber grundsätzlich war das Verhältnis beider Staaten vom Contra geprägt, was exemplarisch daraus erhellt, dass und wie die preußische Diplomatie die seit den frühen 1780er Jahren verfolgten habsburgischen Fürstenbundpläne konterkarierte und dem Fürstenbund von 1785 eine ganz deutlich antihabsburgische Spitze zu geben vermochte.[28]

Reichsreformen vor dem Hintergrund des preußisch-österreichischen Dualismus?

Im Schatten dieses die politische Szene beherrschenden österreichisch-preußischen „Dualismus", der manche kleinere und mittlere Fürstenstaaten durchaus geteilter Sympathien wegen in arge Verlegenheit brachte[29], bildete sich das Konzept eines „dritten Deutschland" aus[30], das zwar an eine lange Tradition innerreichischer Einungen, Ligen und Assoziationen anknüpfen konnte, aber sich von diesen Vorläufern doch dadurch fundamental unterschied, als es jetzt nicht mehr um den Schutz einer Gruppe

---

27 Vgl. T. Cegielski, Das alte Reich.
28 Vgl. K. O. von Aretin, Das Reich, Teil III.
29 Vgl. E. Hinrichs, Die großen Mächte.
30 Dazu P. Burg, Die deutsche Trias.

von sich bedroht fühlenden Staaten ging, sondern generell um den Schutz der Reichsverfassung und der ständischen Libertät. Zugegebenermaßen erhielten diese Projekte nach dem und durch den Ausbruch der Französischen Revolution eine neue Dynamik, aber sie lassen sich, oft von protestantischen Höfen im mittleren Deutschland (Kassel, Weimar) ausgehend, schon seit dem Ende des Siebenjährigen Krieges fast kontinuierlich nachweisen. Sie resultierten elementar aus der Sorge, dass für die beiden deutschen Großmächte die Reichsverfassung eigentlich nur noch Makulatur und das Reich eine „Spielwiese" war, auf der man miteinander um Sympathien und Reichstagsstimmen konkurrierte. Vielen Ministern und Fürsten der Klein- und Mittelstaaten bot das keine Perspektive, vor allem deswegen nicht, weil sie von der Notwendigkeit überzeugt waren, die altehrwürdige Reichsverfassung an eine neue Zeit anzupassen. Reformen auch grundsätzlicher Natur schienen auf der Agenda zu stehen, wobei die Überlegungen – freilich zunächst noch auf einer akademischen Ebene – bis hin zu der Frage gingen, ob die geistlichen Staaten noch zeitgemäß seien oder liquidiert werden könnten. Die berühmte Preisfrage des Freiherrn von Bibra löste jedenfalls ein erstaunlich breites Echo aus, das keineswegs überwiegend affirmativer Art war. Gerade in den geistlichen Staaten war das Gefühl für die Überfälligkeit von Reformen zumindest in den Kreisen der Intellektuellen besonders ausgeprägt. Gelegentlich wurden dort gar Projekte entworfen, wonach auf der Grundlage eines (vagen) Begriffs der Volkssouveränität das Domkapitel zu einem Organ der Landesrepräsentation umzufunktionieren wäre.[31]

So kann es nicht verwundern, dass bei den Diskussionen im Vorfeld des Fürstenbundes die Reform der Reichsverfassung ganz im Vordergrund stand, zumal gerade ein gutes Jahrzehnt zuvor die Visitation des Reichskammergerichts erwiesen hatte, wie schnell selbst objektiv notwendige Veränderungsvorhaben zwischen den Mühlsteinen der beiden deutschen Großmächte zerrieben wurden und wie bedenkenlos sogar ein Kaiser aus einem nichtig scheinenden, aber für das Denken der Zeit überaus sprechenden Anlass – dem Streit um die Führung einer Stimme des Reichsgrafenkollegiums – den Reichstag lahmzulegen bereit war. Dass man in dieser Hinsicht, trotz aller gut gemeinten Vorschläge unter anderem des Mainzer Koadjutors Dalberg oder auch Herders, der dem Reich über die Wissenschaften und die Kultur einen stärkeren Zusammenhalt geben wollte, keinen Schritt weiter kam, da Preußen – an sich seit dem Siebenjährigen Krieg in den Augen vieler Intellektueller ein Hoffnungsträger in Bezug auf eine behutsame Fortentwicklung des Reichsverbundes – allen solchen Ansätzen die kalte Schulter zeigte, zählt zu den tragischen Seiten des ausgehenden Ancien Régime. Eine richtige Einsicht, die der Einheit der Nation in einem vielgliedrigen, aber zeitgemäßen Reich, war politisch nicht umsetzbar. Man dachte dabei in den Traditionen des altbewährt Guten und allenfalls an eine moderate Anpassung bestehender Institutionen an die veränderten Verhältnisse, nicht etwa an ihre Liquidierung. Dass man selbst gegen Ende der napoleonischen Ära wieder an die alten Einrichtungen und Institute anzuknüpfen, ja sie wiederzubeleben suchte, lässt erahnen, wie weit die Erinnerung an die „gute alte Zeit" in die neue Epoche hineinragte.

---

31 B. Stollberg-Rilinger, Wahlkapitulation.

3.4.4 Aufklärung im Alten Reich

Mit dem Diskurs der „aufgeklärten" Autoren über die Auflösung der geistlichen Staaten ist zugleich der Stellenwert der „Aufklärung" im öffentlichen Leben des Reiches angesprochen. Gewiss, das Heilige Römische Reich hat kein Fanal der Aufklärung wie die „*Encyclopédie*" hervorgebracht, keine europäischen Lichtgestalten wie Voltaire oder Montesquieu, aber deswegen sollte die deutsche Aufklärung nicht unterschätzt werden. Freilich war sie „anders" als die französische Aufklärung: weniger grundsätzlich, weniger radikal auch. Es darf aber nicht übersehen werden, dass die zeitweise Radikalität der französischen Aufklärung sich selbstverständlich in erster Linie durch ihr „Gegenüber" erklärt, dem trotz allem Glanz inaktiven und die Dinge laufen lassenden, morbiden und zur Selbsterneuerung unfähig erscheinenden Königtum und feudalen Strukturen, die noch nicht in Frage gestellt wurden. Die deutsche Aufklärung – sofern dieser Begriff angesichts deutlicher Unterschiede zwischen „katholischer Aufklärung" und „protestantischer Aufklärung" überhaupt legitim ist – war pragmatischer und publikumsorientierter: Durch „Moralische Wochenschriften" und andere berufsbezogene Periodika wurde versucht, den Einzelnen auf eine neue sittlich-moralische Stufe zu heben, durch „Preisfragen" von gelehrten Akademien wurden praktische Anleitungen zur besseren Gestaltung des Lebens und des Berufs vermittelt. Nicht selten instrumentalisierte „der Staat" Ziele und Tendenzen der Aufklärung für die eigenen Zwecke, indem er – etwa durch die Verminderung der Zahl der Feiertage – die Produktivität zu steigern, oder indem er – so durch Emanzipationsedikte – bisher ausgegrenzte Bevölkerungsgruppen wie die Juden in das Wirtschaftsleben zu integrieren suchte. Das war kein Zufall, da eine große Zahl deutscher Aufklärer „Funktionsträger" des Staates war.

Viele Zeitgenossen wiesen den geistlichen Staaten im Prozess der Aufklärungsrezeption insofern einen Sonderplatz zu, als sie diese für besonders aufklärungsresistent und geradezu modernisierungsunfähig hielten. Die Forschung sieht das freilich inzwischen differenzierter, indem sie der objektiven „Rückständigkeit" auf manchen Feldern des öffentlichen Lebens – die in letzter Zeit sogar als eine „intendierte Rückständigkeit" (Hersche) interpretiert wird[32] – die pazifistische Grundhaltung der geistlichen Staaten, ihre unbestrittene Fähigkeit, den Untertanen ein sinnstiftendes und „stimmiges" Weltbild zu vermitteln und ihr Engagement auf dem karitativen Sektor gegenüberstellt.[33] Die *Germania sacra* umfasste im Heiligen Römischen Reich immerhin ein Gebiet von annähernd 100 000 Quadratkilometern mit einer Einwohnerzahl von mehr als drei Millionen Menschen, war also alles andere als eine *quantité négligeable*. Sie galt im Übrigen als besonders reichs-typische politische Landschaft; so meinten Besucher aus den Erblanden, wenn sie „ins Reich" reisten, die *Germania sacra*. Die Kritik der Aufklärer war auch deswegen so vehement, weil es sich bei der *Germania sacra* in ihrem bischöflichen Teil – sieht man einmal von dem Hochstift Brixen ab – um ein Gebiet handelte, das vom Adel beherrscht wurde, der, so der Vorwurf, die Untertanenschaft bewusst in einem Zustand der Unaufgeklärtheit halte und allen zeitgemäßen Tendenzen, insbesondere aller Toleranz, unzugänglich sei. Freilich, um es zu wieder-

---

32 Vgl. P. Hersche, in: G. Schmidt (Hg.), Stände.
33 K. Andermann, Geistliche Staaten.

holen, überzeugen diese Behauptungen nicht ausnahmslos. Es können durchaus Fürstbischöfe mit zumindest begrenztem Toleranzpotential namhaft gemacht werden, einzelne waren Mitglieder arkaner und nicht-arkaner aufgeklärter Sozietäten und auch die Modernisierungen mancher Universitäten in geistlichen Staaten können sich im Vergleich mit denen weltlicher Staaten sehen lassen.

Aus der Sicht der Fürsten war der „aufgeklärte Absolutismus", wie die Forschung pointierend herausgearbeitet hat, vielleicht wirklich in erster Linie ein Prozess des ökonomischen Anschluss-Findens an die Wirtschaftsriesen der damaligen Zeit, auch wenn man bei den ganz „Kleinen", einem Franz von Anhalt-Dessau oder einem Ernst II. von Sachsen-Gotha, andere Motive nicht in Abrede stellen sollte. Für die Menschen in den deutschen Territorien war es ein Schlüsselerlebnis, nach der faktischen Freistellung des Bekenntnisses nun auch noch an einem Diskurs teilhaben zu können, der auf das Aufbrechen verkrusteter Strukturen und auf gesellschaftliche Modernisierungen zielte. Schon allein das Bewusstsein, über die gelehrten Journale gewissermaßen im Gespräch mit den bedeutendsten Intellektuellen zu sein, wirkte befreiend. Obwohl man im Deutschen Reich an sich eine gute Kenntnis der Emanzipationsvorgänge jenseits des Atlantik hatte und auch die sonstigen „atlantischen Revolutionen" mit Interesse verfolgte, fand der Gedanke des gewaltsamen Umsturzes der Sozial- und der politischen Verfassung in Deutschland keinen Ankerpunkt. Dazu bedurfte es dann erst des Impulses und der unmittelbaren Einwirkungen der Französischen Revolution.

Bei aller diskursiven Modernisierungsbereitschaft musste sich einem neutralen Beobachter am Vorabend der Revolution aber doch der Gedanke eines alles in allem verkrusteten Gemeinwesens aufdrängen: Verkrustet waren die Struktur und die Arbeitsweise seiner zählebigen Institutionen, selbst wenn sich beispielsweise bei etlichen Assessoren des Reichskammergerichts durchaus aufgeklärtes Gedankengut hat nachweisen lassen. Verkrustet war die Sozialstruktur, wenn man etwa an die nach wie vor dominante Stellung der Zünfte denkt oder auch an die Art und Weise, wie anderskonfessionelle Gruppen von den Entscheidungsgremien der Reichsstädte ferngehalten wurden. Verkrustet waren auch die Hohen Schulen und der dort vermittelte Unterricht; erst unter dem Eindruck der Blüte Göttingens kam in den 1780er Jahren etwas Bewegung im Sinn der Etablierung neuer Fächer und der Akzeptanz Anderskonfessioneller in die Universitäten. Verkrustet war die ganze Ordnungspolitik, die nach wie vor rasch an die engen Grenzen der vielen Klein- und Kleinstaaten stieß und diese – etwa im Währungsbereich oder bei Bekämpfung der Kriminalität – gar nicht oder nur mit der allergrößten Mühe überwinden konnte.

3.4.5 Das Alte Reich und die Revolution

Und über dieses mehr oder weniger verkrustete, durch den Dualismus gelähmte, wegen der Struktur seiner Institutionen nicht auf rasches Reagieren angelegte Reich brachen die Auswirkungen der Revolution im Nachbarland herein, das bei aller Kritik und bei aller Perhorreszierung doch in der gesamten hier zu betrachtenden Epoche eine Art kultureller Maßstab geblieben war. Wir wissen inzwischen aufgrund der lebhaften Forschungstätigkeit im Vorfeld und im Gefolge des *Bicentenaire* 1789/1989, in welchem Maß die Ereignisse seit der Einberufung der Generalstände und vollends seit dem Sturm auf die Bastille die öffentliche Meinung im Reich bewegten.[34] Ihre Kenntnis der Vorgänge stützte sich keineswegs nur auf die Berichte der nach Koblenz geflüchteten Adligen. Die „Revolutionsbibliothek" der zwischen 1770 und 1815 aus dem Französischen ins Deutsche übertragenen einschlägigen Monographien und Artikel umfasst über 17 000 Einheiten, die Anzahl der zwischen 1789 und 1799 ins Deutsche übersetzten (meist gemäßigten) Revolutionsschriften betrug rund 6 000! Aber hiermit ist nur ein Teil der Revolutionsrezeption erfasst: Viele Deutsche, gerade auch Intellektuelle wie Wilhelm von Humboldt, Joachim Heinrich Campe, Konrad Engelbert Oelsner, Karl Friedrich Reinhard, Johann Wilhelm Archenholtz, Georg Forster nicht zuletzt, reisten nach Paris, um sich einen unmittelbaren Eindruck von den Ereignissen zu verschaffen[35], und manche kehrten zurück, um in örtlichen Klubs für die Ideen von 1789 zu werben. Verleger machten verschiedentlich Versuche, Kupferstichwerke nach dem Vorbild der *„Tableaux historiques de la Révolution Française"* auf den Markt zu bringen. Lokale Unruhen knüpften direkt oder indirekt an die Begebenheiten im Nachbarland an. Als die französischen Revolutionstruppen, perhorresziert von den deutschen Behörden[36], sich des gesamten linken Rheinufers bemächtigten, versuchten die politisch Verantwortlichen eine breite Revolutionierung der deutschen Bevölkerung in Szene zu setzen: die Mainzer Republik von 1792/93 ist das bekannteste Beispiel, zugleich aber auch ein Beleg dafür, dass Breitenresonanz nur höchst bedingt zu erzielen war.[37] Unter dem Eindruck der *Terreur* begann die Stimmung auch unter den Intellektuellen wieder deutlich ins Negative zu „kippen"; sie war aber nicht von Anfang an von strikter Abwehr und Konservatismus gekennzeichnet.

Dieser Stimmungsumschwung konnte freilich politische Entscheidungen, die in der Zwischenzeit gefallen waren, nicht mehr rückgängig machen. Die Friedensschlüsse zwischen Preußen und Frankreich (Basel 1795) und dann Österreichs mit dem Revolutionsregime (Campo Formio 1797), die den Kollaps der Reichsverfassung vorzeichneten, auch wenn Österreich die Bestimmungen „seines" Friedens lange geheim hielt, brachten das gesamte linke Rheinufer definitiv in französische Hand und ließen eine ganze Reihe von Staaten gänzlich verschwinden oder auf ihr rechtsrheinisches Territorium zurückfallen. Das Reich hatte einen Gebiets- und damit Bevölkerungsverlust dieser Größenordnung noch nie erlebt. Das betraf nicht nur die involvierten Reichsstände, sondern hatte auch Konsequenzen für die Reichsgremien; Pfalz-Zweibrücken, um nur ein Beispiel anzuführen, war als Reichstagsmitglied im Prinzip nicht mehr existent.

Über der Frage der Entschädigung der depossedierten Fürsten brach das Ende des Alten Reiches herein – vielleicht nicht unabwendbar, aber doch insofern unvermeidlich, als die beiden Großmächte das Interesse am Erhalt dieses Organismus, trotz aller gegenteiligen Beteuerungen des Kaisers vor dem Rastatter Kongress, verloren hatten. Über dem Reichsdeputationshauptschluss (1803) mit den einschneidenden Säkulari-

---

34 Vgl. u. a. K. O. Frhr. v. ARETIN/K. HÄRTER (Hg.), Revolution.
35 U. a. K. HAMMER, in: J. VOSS (Hg.), Deutschland.
36 E. SCHNEIDER, in: J. VOSS (Hg.), Deutschland.
37 F. DUMONT, Mainzer Republik.

sierungen und Mediatisierungen kam es 1806 dann zu der – einseitigen und staatsrechtlich deshalb zumindest problematischen – Entscheidung Franz' II., die Kaiserkrone niederzulegen und das Reich sich selbst – oder wem auch immer – zu überlassen. Ab jetzt war Nostalgie an der Tagesordnung: man pflegte die Vorstellung, in irgendeiner Weise und möglichst weitgehend an die Strukturen des Alten Reiches anzuknüpfen, wenn es denn eines fernen oder nahen Tages zu einer politischen Neuordnung der Mitte Europas käme. Das sollte eine Illusion bleiben.

Das heißt aber nicht, dass die Reliktstaaten des untergegangenen Reichs nicht direkt oder indirekt von der Erfahrung der Revolution im Nachbarland „profitiert" hätten. Die Revolution war ja von den Revolutionären und Napoleon mehr oder weniger konsequent europäisiert worden und bildet überall einen der zentralen „europäischen" *lieux de mémoire*. Man denke nur an die napoleonischen Rechtskodifikationen, die in weiten Teilen Deutschlands übernommen wurden, oder an die Entaristokratisierung der (katholischen) Kirche und an das Bewusstwerden eines Kanons von Freiheits- und Menschenrechten: das war nicht wenig. Zwar hatte die Frage des Festhaltens an der ständischen Repräsentation oder des Übergangs zu einer Repräsentativverfassung die deutschen Publizisten schon seit Friedrich Karl von Mosers „Patriotischen Briefen" von 1767 beschäftigt, aber durch die Revolution hatte sie natürlich einen neuen gewaltigen Schub erhalten. Die Fremderfahrung hat ganz sicher auch dem bisher nur embryonal existenten Gefühl nationaler Zusammengehörigkeit einen neuen Anstoß gegeben. Es sollte bis zu seiner Konkretisierung im Nationalstaat von 1871 das politische Denken in der Mitte Europas maßgeblich prägen.

Die Anfänge des Nationalbewusstseins

Denn für das Reich ist die Frage eines sich noch in der Zeit vor 1789 ausbildenden „Nationalgefühls" und -bewusstseins schwerer zu beantworten als für die anderen hier behandelten Gemeinwesen.[38] Die Vielzahl der Staaten, die je für sich ihren eigenen „Patriotismus" pflegten, behinderte trotz der Klammern Reichstag, Reichsgerichte und Kaiser die Bildung eines Reichs-Patriotismus, der einen organischen Übergang zum modernen Nationalgedanken ermöglicht hätte. Das Bewusstsein kultureller Einheit hatte sich zwar – man denke an die Sprachgesellschaften und die Wendung gegen das Überhandnehmen des Französischen – seit der Mitte des 17. Jahrhunderts vorbereitet, und auch die Wirkungen der Reichs-Abwehrkriege gegen den Expansionismus Ludwigs XIV. und der Begleitpublizistik, die auf der Klaviatur der Reichseinheit und des reichischen „National"gefühls spielte, sollten nicht unterschätzt werden. Aber einen echten Aufschwung erlebte der auch nationale Momente einschließende Reichspatriotismus erst im dritten Drittel des 18. Jahrhunderts, als sich die Literatur erkennbar „nationalisierte", als ein Verbund von „Patrioten" wie der Göttinger „Hainbund" einen wahren, mit einem geradezu pathologischen Hass auf den westlichen Nachbarn gepaarten Vaterlandskult initiierte und als die ersten „Nationaltheater" ins Leben traten. Zunächst war das natürlich noch eine Sache der Eliten, sie erreichte die

---

38 Die Forschung ist in diesem Punkt inzwischen ausgesprochen lebhaft. Außer auf G. SCHMIDT, Geschichte des Alten Reiches, verweise ich auf H. SCHULTZ, Mythos und Aufklärung, D. LANGEWIESCHE, Reich, und auf H. DUCHHARDT/A. KUNZ (Hg.), Reich oder Nation?

breiten Schichten der Bevölkerung nicht, diese ließen sich – bei aller publikumswirksam betriebenen Heroisierung Friedrichs II. von Preußen zur nationalen Lichtgestalt – noch nicht für ein fiktives, real nicht existierendes Deutschland begeistern. Entscheidend war, dass ein äußerer Zwang zur Identifikation fehlte und dass der staatliche Verdichtungsprozess, der anderswo die Bildung eines Nationalbewusstseins beförderte, noch nicht eingesetzt hatte. Beides änderte sich mit der Französischen Revolution und der weitgehenden Französisierung des Alten Reiches: Die alten staatlichen Strukturen entfielen und damit auch die Grundlagen der bisherigen regionalen Patriotismen, die Bahn wurde frei für das neue Denken in der nationalen Kategorie – es wurde um so wirksamer, als damals der Nationalstaat von vielen Seiten und an vielen Ecken Europas zum Symbol einer neuen Zeit erhoben wurde. Doch blieb das altehrwürdige Gebilde des Alten Reiches als Reminiszenz und als mögliche Zukunftsperspektive in den Köpfen vieler Menschen bis weit über den Wiener Kongress hinaus präsent, zudem wurde der im Ancien Régime wurzelnde Reichspatriotismus nicht von einem Tag auf den anderen von dem „modernen" Nationalbewusstsein abgelöst.

3.5   Der Habsburgerstaat

Es wäre ein problematischer Ansatz, die Geschichte des Habsburgerstaates im Kontext der Reichsgeschichte mitzubehandeln. Gewiss, im Zentrum dieses Staates stand die Kaiserwürde, eine Reichsinstitution, auch war ein Großteil dieses Gemeinwesens integrierter Bestandteil des Reiches und in die Reichskreisverfassung einbezogen – die so genannten deutschen Erblande bildeten gemeinsam mit dem österreichischen Teil der Markgrafschaft Istrien, der Grafschaft Gradisca, der Grafschaft Görz, dem „österreichischen Litorale" mit Triest, der gefürsteten Grafschaft Tirol, den vorarlbergischen Herrschaften und den so genannten vorderösterreichischen Landen im deutschen Südwesten den Österreichischen Reichskreis. Aber das Faszinosum des Habsburgerstaates lag in der diskutierten Epoche nicht – oder doch nicht nur – darin, wie seine Herrscher sich unter einer Eigenstaatsperspektive aus dem Reich zurückzuziehen begannen, sondern wie sie aus den sehr heterogenen, ethnisch und sprachlich-kulturell ganz unterschiedlichen Teilen ihres Imperiums eine Einheit zu bilden versuchten. Es ist an der Zeit, eine groß- oder kleindeutsch dominierte Sicht der Geschichte „Österreichs" zu überwinden. Der Habsburgerstaat war schon 1648 eine zusammengesetzte Monarchie beziehungsweise ein Verbund von Monarchien und verfolgte diesen Weg – unter anderem über die Erblichmachung der ungarischen Krone – konsequent weiter. Diese Feststellung ist kein prinzipielles Votum gegen eine historiographische Perspektive, die den Kaiser für die Zeit nach dem Westfälischen Frieden ins Reich „zurückzuholen" sucht, doch ist in einer Geschichte Europas dem Ansatz Vorrang einzuräumen, der die Dynastie in einer größeren Raumordnungsfunktion würdigt.

3.5.1   Die Dynastie als Integrationsfaktor

Mit dem Stichwort „Dynastie" ist zugleich angedeutet, dass das Ensemble von Ständestaaten (Ob der Enns, Unter der Enns, Tirol, Steiermark und so weiter) und die be-

Abb. 12: *Die Habsburgermonarchie bis 1763.*

nachbarten Königreiche (Böhmen samt Nebenlande, Ungarn) sowie die im Lauf des 18. Jahrhunderts hinzukommenden Nebenlande (Niederlande, Mailand und so weiter) nur von *einem* Integrationsfaktor zusammengehalten wurden: der Herrscherfamilie. Deshalb wird in diesem Kapitel konsequent der Begriff des Habsburgerstaats verwendet, auch für die Zeit nach dem Erlöschen der Dynastie im Mannesstamm. Die Integrationskraft der Dynastie ist in ihrer Bedeutung für den Gesamtstaat kaum zu überschätzen. Zudem muss man mit der neueren Forschung festhalten, dass das Nicht-Auseinanderbrechen des Reiches in eine Vielzahl von Einzelstaaten, wie es zumindest zeitweise den „beiden Kronen" (Frankreich und Schweden) im Verlauf der westfälischen Friedensverhandlungen vorgeschwebt hatte, zu den beachtlichen Leistungen der Habsburger zu zählen ist – die im Übrigen mit ihren relativ geringen Verlusten (Sundgau) sicher nicht zu den großen Verlierern von 1648 gehören und immerhin auch eine Garantenstellung der beiden *Instrumenta pacis* übernahmen. Es gab nach dem Westfälischen Friedens nicht wenige Beobachter (etwa Pufendorf), die einen Kollaps des Reiches für denkbar hielten, aber im Gegensatz zu derartigen Befürchtungen hielt das Reich zusammen und richtete sich sogar mehr und mehr wieder nach Wien hin aus. Das hatte, bei aller „nationalen" Stilisierung Kaiser Leopolds I. zum Türkensieger, wohl kaum etwas mit dem eher mäßigen Charisma des Habsburgers zu tun, sondern war ein Ergebnis nüchterner Überlegungen: nur der Kaiserhof schien in der Lage zu sein, Widerstand gegen die als immer bedrohlicher empfundenen Übergriffe Dritter und namentlich des französischen Nachbarn zu formieren und zu organisieren; nur am Kaiserhof gab es ein Zentralgericht, das – zum Teil auch über seine Kommissionen[1] – bei politisch brisanten und/oder spektakulären Prozessen zu Lösungen (und entsprechenden Exekutionen) kam; nur der Kaiser war in der Lage auf internationaler Ebene, wo die Reichsstände immer nachgeordnete Juniorpartner blieben, für die Interessen und Belange des Reiches einzutreten.

Dynastie und Kaiserkrone

Aber auch für die Habsburger blieb, ungeachtet vieler periodisch wiederkehrender Reflexionen über den Nutzen der Kaiserkrone für die Dynastie, die Führungsposition im Reich eine attraktive Aufgabe, und es lag deswegen nahe, dass in wichtigen Verträgen mit Kurfürstendynastien (Kurtraktat 1692, Krontraktat 1700) und in Einzelverabredungen mit – vor allem geistlichen – Kurfürsten deren Verpflichtung auf das Haus Habsburg eine zentrale Rolle spielte. Die Kaiserkrone sicherte – in einer Zeit, in der Konkurrenz und Prestige in den Staatenbeziehungen einen eminenten Stellenwert hatten, ein nicht zu marginalisierender Gesichtspunkt – den ersten Rang in der Fürstenhierarchie und damit auf internationalem Parkett den Vorrang der kaiserlichen Diplomaten. Auf die Kaiserkrone hin orientierte sich eine breite Klientel von Reichsfürsten und Personenverbänden wie die Reichsritterschaft, die nicht nur personell die Wiener Zentralbehörden verstärkten, sondern auch dafür sorgten, dass zumindest im Süden und Südwesten des Reiches die politischen Vorstellungen der Hofburg breite Unterstützung fanden. Es soll zwar nicht übersehen werden, dass sich mit voranschreitender Zeit vor dem Hintergrund offenkundiger Emanzipationstendenzen der größeren nord- und nordostdeutschen Flächenstaaten die Einflussmöglichkeiten und vor allem die Durchsetzungsfähigkeit der Wiener Hofburg deutlich reduzierten, aber über das Medium der Lehenserneuerungen, der Lehensexpektanzen und der Vergabe neuer Lehen behielt sie auch in diesem traditionell eher „kaiserfernen" geographischen Raum die Chance, politische Zustimmung einzuwerben. Dass Kurbrandenburg im frühen 18. Jahrhundert über Jahrzehnte hinweg an der Seite der Hofburg blieb, hatte nicht nur etwas mit dem Krontraktat vom November 1700, sondern auch mit der 1694 erteilten Lehensanwartschaft auf das Fürstentum Ostfriesland zu tun, die dann 1744 nach dem Aussterben der Cirksena wirksam werden sollte. Auch die Vermählungen der späteren Kaiser Joseph (I.) mit der Welfenprinzessin Wilhelmine Amalie (1699) und Karl (VI.) mit der Wolfenbüttelerin Elisabeth Christine (1708) erfolgten selbstverständlich mit dem Nebengedanken, dadurch im mittel- und norddeutschen Raum präsent zu sein.

---

1 Dazu neuestens für die Zeit Ferdinands III.: E. ORTLIEB, Im Auftrag.

Das wichtigste Instrument der kaiserlichen Reichspolitik war selbstredend der – seit 1663 nicht mehr an Periodizität gebundene – Reichstag[2], dem ein vom Kaiser bestellter repräsentativer Prinzipalkommissar vorstand und dessen Beschlüsse, sollten sie Gesetzeskraft erhalten, der Kaiser zu sanktionieren hatte. Zwar waren die Habsburger nur in der mittleren der drei Reichstagskurien ständig vertreten – der auf eine (gefälschte) Urkunde des 14. Jahrhunderts zurückgehende Titel Erzherzog galt zwar als dem Status der Kurfürsten äquivalent, brachte dem Träger jedoch nur einen Platz in der Fürstenkurie ein –, aber über den Prinzipalkommissar und die kurmainzische „Geschäftsführung" hatten sie die Dinge meist unter Kontrolle. Zudem machte der Kaiserhof über eine zunehmend intensiver werdende, allerdings lange noch fallweise diplomatische Präsenz Politik: durch Beschickung von Bischofswahlen mit Wahlkommissaren zur Demonstration der *Praesentia Regis* und durch Abgesandte bei Kreisversammlungen, durch Entsendung von Diplomaten in Ad-hoc-Angelegenheiten an die politisch bedeutsamen Fürstenhöfe, durch die Etablierung mehr oder weniger fester Gesandtenposten etwa in Berlin und in Dresden. Subtilere Mittel kamen hinzu: Fürsten konnten mittels hoher Orden – bis hin zum Goldenen Vlies – für die kaiserlichen Interessen gewonnen werden, landesfürstliche Minister erhielten kaiserliche Ehrentitel, Mätressen oder außerehelich geborene Nachkommen von Fürsten wurden nobilitiert. In der Reichskirche verdiente oder im diplomatischen Dienst unverzichtbare Niederadelsfamilien wie die Schönborn oder die Kaunitz wurden in den Grafenstand oder gar in den Reichsunmittelbarkeitsstatus erhoben und über Besitz in den Erblanden noch enger an die Dynastie gebunden. Der Süden und Südwesten des Reiches blieb ein vorrangiges Rekrutierungsfeld für die Besetzung von Schlüsselpositionen in der kaiserlichen Administration, etwa des Reichshofrats oder der Reichskanzlei. Hier war sicher eine gehörige Portion Patronage und Instrumentalisierung von Klientelsystemen mit im Spiel, aber der Erfolg gab der kaiserlichen Politik recht.

Denn ihre Erfolge konnten sich durchaus sehen lassen. Die Mehrzahl der Reichsstände sah es dem Kaiser nach, wenn er anderer Interessen wegen gegen die militärischen Maßnahmen Ludwigs XIV. zu Lasten des Reiches nicht so entschlossen vorging, wie es wünschenswert gewesen wäre. Sie drückten beide Augen zu, wenn der Kaiser, den sie nur zu gerne – trotz seiner im Grunde unentschuldbaren Abwesenheit vom Kriegsschauplatz – zum großen Türkensieger stilisierten, sie nach 1683 um Hilfe und Unterstützung in einem Türkenkrieg anging, in dem es augenscheinlich nicht mehr um die Belange des Reiches, sondern um die Expansion des Habsburgerstaats ging. Wenn das Maß der kaiserlichen Lethargie überschritten war oder schien, mochte den Reichsfürsten freilich auch einmal der Geduldsfaden reißen und ihnen ein selbständiges politisches Vorgehen angeraten erscheinen. Die Kreisassoziation von 1697 etwa, die unter Umgehung von Kaiser und Reichstag zustande kam, war eine Antwort auf Leopolds (vermeintliche oder tatsächliche) Option, dem Türkenkrieg Vorrang vor dem Reichskrieg zu geben.

---

2 Grundlegend: A. SCHINDLING, Anfänge.

3.5.2 Der Dreikronenverbund

Aber die Dynamik – oder auch die Lethargie – der *Casa d'Austria* kann nicht allein von ihrer Reichspolitik her beurteilt werden. Seit 1526 waren die österreichischen Erblande über die Dynastie mit den Ländern der Wenzels- und der Stephanskrone verbunden. Das war bis ins frühe (1621) beziehungsweise ausgehende 17. Jahrhundert (1688) zunächst eine reine Personalunion, die auch deswegen auf unsicheren Fundamenten ruhte, weil es sich bei beiden Königreichen um Wahlkönigreiche handelte, im Prinzip also jederzeit die Erhebung eines Nicht-Habsburgers möglich war. Dieser Fall war ja 1619 in Böhmen eingetreten, als die dortigen Stände den pfälzischen Kurfürsten Friedrich V. zum König erhoben. Der dynastische Erfolg relativierte sich auch dadurch, dass der größte Teil Ungarns schon bald an die Osmanen verloren ging und das königliche Ungarn sich seitdem auf einen schmalen Streifen im Westen und im Norden mit der neuen Hauptstadt Pressburg reduzierte. Aber dem standen zwei Königskronen gegenüber, die in Verbindung mit der Kaiserkrone den Abstand zwischen den Habsburgern und allen anderen europäischen Herrschern – zumindest in ihren eigenen Augen – noch einmal gewaltig anwachsen ließen und die Dynastie endgültig mit einer säkularen Aufgabe betrauten, die von der Panegyrik dann sehr schnell zu einem integralen Teil der Kaiserideologie aufgewertet wurde: dem Schutz der ganzen Christenheit vor ihrem Erbfeind. Das Argument der Schutzfunktion und damit der Verantwortung für den ganzen Kontinent setzten die Habsburger übrigens fortan mit viel Geschick ein, um den jeweiligen Kronbesitz zu perpetuieren, wobei es völlig klar war, dass sie diesen Schutz nicht mit dem eigenen, eher bescheidenen Heer und den eigenen sonstigen Ressourcen bewerkstelligen konnten, sondern dafür auf Partner – das Reich oder Drittstaaten – angewiesen waren.

Es mag sein, dass die Entscheidung für Wien als dauerhafte Residenz[3] – und damit die Option gegen die Alternativen Linz oder Prag – ein Indikator dafür war, dass die Habsburger einen zentralen Ort für die Verwaltung ihres Gesamtstaats suchten und der räumlichen Nähe ihrer Residenz zum Reich keine Priorität mehr einräumten; Innsbruck als Residenz der Tiroler Nebenlinie schied aktuell als Residenzort der Hauptlinie wohl aus. Zwar mussten bestimmte ständische Einrichtungen in den beiden Königreichen Böhmen und Ungarn verbleiben, aber andere zentrale Institutionen wurden nun nach Wien überführt, so bereits 1624 die böhmische Hofkanzlei als oberstes Verwaltungsorgan der böhmischen Länder. Der Transfer der zentralen böhmischen Regierungsbehörde war symptomatisch für die Entschlossenheit der Habsburger, sich dieses auch ökonomisch wichtige Land nicht noch einmal, was in der Zeit des „Winterkönigtums" Friedrichs V. von der Pfalz ja hatte befürchtet werden müssen, aus der Hand nehmen zu lassen. Nachdem schon in den 1620er Jahren die Rekatholisierung massiv eingesetzt hatte, wurde im Westfälischen Frieden auch die Nichtrestitution der aufständischen böhmischen Adligen verfügt, was praktisch einem fast kompletten Elitenaustausch gleichkam. Mit Ungarn, das keine Schlacht am Weißen Berg erlebt hatte und danach auch nicht durch einen weitgehenden Elitenaustausch domestiziert worden war, musste selbstredend vorsichtiger verfahren werden.

---

3 Vgl. J. P. Spielman, City.

Die böhmische Krone

Das Königreich Böhmen war für den Habsburgerstaat ein eminent wichtiger Faktor, und das nicht nur wegen seiner Wirtschaftskraft und der seiner „Nebenländer", vor allem Schlesiens. An Böhmen hing eine der sieben (seit 1648 acht, seit 1692 neun) Kurstimmen, somit die einzige, über die die Habsburger direkt verfügten, auch wenn sie diese seit 1612 für ein knappes Jahrhundert ruhen ließen und nur bei den Kaiser- und Königswahlen reaktivierten. Rein formal war Böhmen somit in die Reichsverfassung eingebunden, auch wenn es niemals in die Kreisverfassung einbezogen worden war – ein auch für die an staatsrechtliche Absonderlichkeiten gewohnten Zeitgenossen ungewöhnliches Konstrukt: ein souveräner König, der in einem gewollten Rechtsverhältnis zu einem anderen Gemeinwesen stand. Für ein wirkliches politisches Problem wurde das jedoch von niemandem gehalten. Da bedeutete das magyarische Königtum für die Habsburger schon eine ganz andere politische Herausforderung.

Problemzone Ungarn

Alles in allem stellte Ungarn nach der Mitte des 17. Jahrhunderts für die Wiener Hofburg das weit größere Problem dar. Das hatte etwas damit zu tun, dass sich in dem Königreich aller Rekatholisierungsbemühungen ungeachtet eine protestantische Minderheit gehalten hatte, es lag vor allem aber daran, dass hier viel stärker als in Böhmen mit einem ständisch-oppositionellen Potential gerechnet werden musste, das allen Verdichtungsbestrebungen der Habsburger ablehnend gegenüberstand und im Konfliktfall auch im siebenbürgischen Teil Ungarns oder sogar an der Pforte Rückhalt fand. Hinzu kam nicht zuletzt, dass sich unter den ungarischen Magnaten immer wieder Personen fanden, die den Konflikt tendenziell provozierten und mit ihm spielten. Das zeigte sich insbesondere seit den mittleren 1660er Jahren, als die Habsburger eine gute militärische Ausgangsposition (Schlacht bei St. Gotthard a.d.Raab) nicht konsequent genutzt und den Osmanen gegenüber keine Gebietsansprüche geltend gemacht hatten. Vielerorts wurde das als ein Verrat an der ungarischen Sache ausgelegt. Die 1670er Jahre waren angefüllt mit dem Kleinkrieg der Kuruzzen, der phasenweise auch auf die Erblande ausgriff und siebenbürgische Unterstützung fand. An seiner Spitze stand Graf Tököly, der insofern beinahe zu einer Figur der großen Politik wurde, als Ludwig XIV. ihn in seine antihabsburgischen Aktivitäten einzubinden suchte. Nach einem zwischenzeitlichen Ausgleich mit dem Kaiser kam es Anfang der 1680er Jahre zu einem neuerlichen Aufstand, in dem deutlich konfessionelle Untertöne mitschwangen und der am Ende sogar zu einem förmlichen Bündnis Tökölys mit dem Sultan führte.

Die Niederlage der Osmanen vor Wien 1683 veränderte die Situation grundlegend, weil das Heer Tökölys nun schnell dahinschmolz und er selbst von den Osmanen sogar gefangengenommen wurde, und weil nun ein generelles Umdenken einsetzte, das die große Masse der Ungarn veranlasste, fortan an der Seite der habsburgischen Feldherren – Karl von Lothringen, Max Emanuel von Bayern, Ludwig Wilhelm von Baden – an der Befreiung ganz Ungarns von der türkischen Herrschaft mitzukämpfen. Auch Siebenbürgen mit seinem Fürsten Michael Apafi unterstellte sich jetzt definitiv der Hofburg, wobei es auf die Respektierung seiner weitgehenden religiösen Toleranz hoffte. Doch hier hat die *Casa d'Austria* – an der Einschätzung führt wohl kein Weg vorbei – eine historische Chance vertan. Statt den Stimmungswandel durch eine sensible und

Empfindlichkeiten ausklammernde Politik zu befördern und zu verstärken, ging die österreichische Administration in den wiedereroberten Gebieten nach Kriegsrecht vor, schreckte vor Massenexekutionen von Anhängern Tökölys ebensowenig zurück wie vor konfessionellen Verfolgungen – Maßnahmen, die jede nationale Hochstimmung nach kürzester Frist in ihr gerades Gegenteil umschlagen lassen mussten. Und da Leopold I. nach der säkularen Schlacht von Mohács (12. August 1687) in dem bisher türkischen Teil Ungarns die Macht der Stände konsequent brach, das alt überkommene, sich letztlich aus der Goldenen Bulle von 1222 herleitende Widerstandsrecht förmlich disqualifizierte und am Ende die Erblichkeit der Krone im Haus Habsburg durchsetzte, stand dem Zugewinn eine erhebliche Hypothek gegenüber: ein durch und durch unzufriedenes, sich betrogen fühlendes Land, ein Pulverfass, das nur auf den Funken zu warten schien, um erneut zu explodieren.

So kann es kaum verwundern, dass auch das so genannte Einrichtungswerk, eine Art Wiederaufbauprogramm, keineswegs auf breite Unterstützung stieß, zumal es voller antiständischer und antiprotestantischer Elemente steckte und zentrale ungarische Traditionen missachtete: militärische Steuereintreibungen vertrugen sich nicht mit dem ungarischen Selbstverständnis, ebensowenig wie die Versuche der Habsburger, *more bohemico* die Implementierung eines neuen königstreuen Adels zu betreiben. Auch dahingehende Überlegungen in den Jahren vor der Jahrhundertwende, Ungarn als Reichsfürstentum in den Reichsverband zu integrieren, zeugten nicht gerade von Fingerspitzengefühl. Ohne dass der auslösende Funke ganz klar ersichtlich gewesen wäre, spitzte sich die Verbitterung insbesondere in Oberungarn zu ersten Bauernunruhen zu. Der Adel schloss sich rasch an, da er in dem Bewusstsein, in Bezug auf Vermögen und Lebensweise nicht den in Österreich üblichen Kriterien für Adelszugehörigkeit zu entsprechen, auf zentralisierende Tendenzen immer hochempfindlich reagierte.

Dieser neuerliche Aufstand rüttelte ernsthaft an den Grundfesten der habsburgischen Macht in Ungarn. An die Spitze der Erhebung trat mit Franz II. Rákóczi nicht nur das Mitglied einer ungarischen Märtyrerfamilie – sein Vater war vor Jahrzehnten als Verschwörer gegen die *Casa d'Austria* hingerichtet worden –, sondern auch jemand, der mit seiner Person eine Art Brücke von der einen zur anderen Erhebung schlug, war doch seine Mutter in zweiter Ehe mit Tököly, dem Führer des seinerzeitigen Kuruzzen-Aufstands, verheiratet gewesen. Der Aufstand ging weiter als jeder andere vor ihm: Nicht nur, dass der regierende König – der Habsburger Joseph (I.) – unter Hinweis auf den Bruch des Herrschaftsvertrags förmlich abgesetzt wurde (1707), auch in ihrer internationalen Vernetzung übertraf die Rákóczi-Revolte alles bisher Dagewesene, selbst wenn die Unterstützungsbemühungen in Polen, Russland, Preußen und Frankreich nur sporadisch und nicht auf Dauer zum Erfolg führten. Der achtjährige Bürgerkrieg bedeutete für Ungarn in vieler Hinsicht – demographisch, wirtschaftlich, kulturell – einen Rückschritt, den auch der Verständigungsfriede von Szátmar (1711) nicht mehr wettmachen konnte. Zwar wurden die Religionsstreitigkeiten (bloß) auf einen Reichstag verschoben und wegen der Notwendigkeit, die Wiederbesiedlung des Landes zu planen und zu forcieren, die frühere Freizügigkeit der Bauern aufgehoben. Aber andererseits ging nun nicht ein neues Strafgericht über das Land nieder. Überhaupt war der neue König/Kaiser Karl VI. am Beginn seiner Amtszeit geradezu peinlich darauf bedacht, die Ungarn durch unbedachte Maßnahmen nicht erneut zu provozieren und eine stärkere Integration Ungarns in die Gesamtmonarchie eher dilatorisch zu behandeln.

So schien das Nebeneinander von Hauptland und „Nebenland" – ein Begriff, den die Ungarn natürlich nie verwendet hätten – auf einem deutlich besseren Weg als dreißig Jahre zuvor zu sein, als ein erneuter Türkenkrieg zusätzlich für ein Aneinanderrücken der beiden Reichsteile sorgte. Der Zugewinn des Banat und des nördlichen Serbien mit Einschluss Belgrads stützte die Bemühungen der Hofburg, die gesamte Region mehr oder weniger generalstabsmäßig zu „peuplieren" und ihre Infrastruktur (Flussregulierungen, Sumpftrockenlegungen, Anlage von Kanälen und Straßen) nachhaltig zu verbessern. Das Hereinströmen von Siedlern aus ganz verschiedenen Regionen (Schwaben, Lothringer, aber auch Serben, Slowaken und Bulgaren) veränderte ungewollt, aber gründlich die Sozialstruktur, weil viele dieser Bauern – als Anreiz – mit einem besseren Recht ausgestattet wurden; es veränderte aber auch die Bevölkerungsdichte und die demographischen Strukturen. Dieses neue Mischverhältnis der Bevölkerung im ungarischen Königreich veränderte in gewissen Grenzen schließlich sogar die Mentalitäten – wenn im Jahrhundert nach 1687 44 % der Neubürger des ungarischen Pest aus dem Reich stammten, dann hatte das natürlich Auswirkungen auf die Stadt-Umland-Beziehungen und auf die Prozesse des Elitenwandels. Die Dynastie verlor das Ziel der völligen Rekatholisierung Ungarns zwar auch jetzt nicht aus dem Auge, aber sie ging – vor allem dank des Geschicks des Grafen Mercy als Gouverneur des Banats – nun viel zurückhaltender, ja rücksichtsvoller vor. Es ist keine Frage, dass in den 1720er und 1730er Jahren Ungarn näher an die Dynastie heranrückte, so dass es fast schon in der Logik dieser Entwicklung lag, dass sich die Ungarn in der existentiellen Krise des Hauses Habsburg nach Karls VI. Tod für seine Tochter in ganz besonderer Weise engagierten.

Leopold I. und das Reich

Aber der Blick hat von den Schicksalsjahren der Dynastie, den frühen 1740er Jahren, noch einmal zurückzugehen in die Zeit Leopolds I. (1658–1705), der von der Forschung lange wohl unterschätzt worden ist.[4] Er war ursprünglich von der Familie für die Reichskirche vorgesehen und vor allem philosophisch und mathematisch geschult. Ohne wirkliches Charisma zu besitzen[5], lenkte er doch manches ganz pragmatisch in die richtige Richtung. Es sei nur an die Beendigung der nicht mehr zeitgemäßen Aufsplittung der Dynastie in zwei mehr oder weniger selbständige Linien erinnert (1665), die sich freilich aus biologischen Gründen geradezu aufdrängte. Das stärkere Engagement des Kaiserhauses im Reich, insbesondere durch diplomatische Präsenz, war das eine, und es war auch nicht umsonst, weil dadurch ein Abtriften mancher tendenziell eher „kaiserferner" Dynastien verhindert werden konnte. Das andere aber war ein bleibendes, wenn auch manchmal subkutanes Misstrauen: Man befürchtete, dass die Wiener Hofburg doch wieder die Allianz mit der Krone Spanien stärker favorisieren und das Reich in „spanische" Konflikte hineinziehen könnte – trotz des Verbots im In-

---

4 A. SCHINDLING, in: DERS./W. ZIEGLER (Hg.), Kaiser.
5 Zu seiner Stilisierung jetzt: M. GOLOUBEVA, Glorification.

strumentum Pacis Monasteriense (§ 3) und des so genannten Assistenzartikels in der Wahlkapitulation von 1658, zweier Dokumente, die immerhin die Funktion von Warntafeln behielten. Und man meinte zu beobachten, dass die Habsburger das Reich nur noch als eine lästige Bürde ansahen und seinen spezifischen Interessen kein Verständnis mehr entgegenbrächten, insbesondere seinen Schutz vernachlässigten. Diesen Überlegungen entsprangen in den 1650er und 1660er Jahren sowohl die militärischen Selbstverteidigungsorganisationen der Stände oder Reichskreise – darunter die ersten „Assoziationen" der so genannten Vorderen Reichskreise mit der Kurrheinischen Einung (1651) an der Spitze –, als auch die Bündnisse mit auswärtigen Mächten, insbesondere mit Frankreich – im (ersten) Rheinbund fassbar –, und die verstärkten Aktivitäten, die darauf zielten, eine seit langem als überfällig angesehene Reichskriegsorganisation auf die Beine zu stellen. Sie führten 1681 tatsächlich zum Erfolg, das Ergebnis konnte aber keine Seite so recht begeistern.

Obwohl vor dem Hintergrund und Trauma der französischen Aggressionen und der Reunionen die große Masse der Reichsstände sich wieder deutlich der Hofburg zuwandte – so wurden beispielsweise Allianzverträge mit Ludwig XIV. nicht mehr verlängert –, blieb das Misstrauen im Spiel. Es waren im Grunde immer zwei oder drei Kardinalvorwürfe an die Adresse des Kaiserhauses, die bei gegebenen (oder auch konstruierten) Gelegenheiten aus dem Arsenal der Pamphletistik hervorgeholt wurden: die (vermeintliche oder tatsächliche) Zurücksetzung des Reichs im Rahmen seiner Gesamtpolitik zugunsten des Ausbaus des österreichischen Gesamtstaates, und die Internationalität, insbesondere die habsburgische Internationale, die dem Reich nicht zu-, sondern vielleicht sogar abträglich sei. Hinzu kam der in der gegebenen Situation brisante Vorwurf konfessioneller Einseitigkeit, die zur Stützung katholischer Interessen und einem entsprechenden irreversiblen Gegensatz zu den protestantischen Ständen führe. Es ist zwar richtig, dass das konfessionelle Moment in der Reichspolitik nach 1648 an jener Schärfe verlor, die zum Ausbruch des Dreißigjährigen Krieges mit beigetragen hatte, aber es wäre unrichtig, das Weiterbestehen eines konfessionellen Konfliktpotentials gänzlich zu marginalisieren oder zu negieren. Die kaiserliche Publizistik erkannte das sehr genau und bemühte sich konzentriert um den „Nachweis", dass von der Hofburg in Konfessionssachen keine Gefahr mehr ausgehe. Dass Kaiser Leopold I. die Bemühungen des Wiener Neustädter Bischofs Rojas y Spinola um eine Reunion der Kirchen – auch wenn sie eher den Akzent einer bloßen Rückführung der Protestanten hatte – nicht nur billigte, sondern mehr oder weniger offen unterstützte[6], liegt auf dieser nämlichen Linie.

Die vollkommene Harmonie zwischen Reichsoberhaupt und Reichsständen bestand also nie, ein permanentes verhaltenes Gemurre war gewissermaßen systemimmanent, es steigerte sich in bestimmten Konfliktsituationen in Umfang und Lautstärke: so etwa nach dem säkularen Ereignis des Sieges über die Türken vor Wien 1683, als trotz des unverkennbaren persönlichen Engagements etlicher Reichsfürsten im Türkenkrieg dann doch die Meinung nach und nach die Oberhand gewann, die Hofburg räume nun ganz entschieden dem Aufbau des Gesamtstaats Priorität ein; so auch nach dem so genannten Regensburger Stillstand 1684, als gezielt an dem Bild gearbeitet wurde,

---

6 Vgl. M. SCHNETTGER, in: H. DUCHHARDT/G. MAY (Hg.), Union.

wonach der Kaiser vor Frankreich zurückweiche und die Belange des Reiches zurücksetze, und so auch nach dem Rijswijker Frieden (1697), als dem Kaiserhof – in dieser Situation wohl zu Unrecht – der Vorwurf gemacht wurde, auf die völlige Rekatholisierung des Reiches hinzuarbeiten und die Ordnung des Westfälischen Friedens außer Kraft setzen zu wollen. Auch die Religionspolitik der Hofburg wurde immer wieder ins öffentliche Interesse gerückt. Die Tatsache, dass der Kaiserhof 1648 die Erblande und Böhmen samt Nebenlanden von den Religionsbestimmungen ausgenommen hatte und die Normaljahrregelung nicht umzusetzen brauchte, blieb lange auf der Agenda der „nationalen" und internationalen Politik. Die geringfügige Lockerung des Glaubenszwangs zugunsten des niederösterreichischen Adels fiel nicht wirklich ins Gewicht, ebenso wenig die winzige Konzession der drei evangelischen Friedenskirchen in Schlesien (Schweidnitz, Jauer, Glogau), die sich seit ihrer Errichtung eines kontinuierlichen Interesses der europäischen Öffentlichkeit sicher sein konnten – und das natürlich nicht nur ihrer faszinierenden Ausstattung wegen! Im Zuge gegenreformatorischer Prozesse in den schlesischen Mediatfürstentümern gerieten sie trotz heftiger protestantischer Reklamationen in Inaktivität, 1707 sollten sie durch die in der Altranstädter Konvention vereinbarten sechs „Gnadenkirchen" in Freyberg, Hirschberg, Landeshut, Militsch, Sagan und Teschen abgelöst werden.

Beginnende Bürokratisierung

Völlig fehlgeleitet war der aus konfessionellen oder verfassungspolitischen Gründen kritisch auf die Wiener Hofburg gerichtete Blick letztlich nicht. Die allgemeine Bürokratisierung konnte auch am Kaiserstaat nicht vorbeigehen, doch hatte das Konsequenzen für die althergebrachten Institutionen. So bedeutete die Einrichtung der ständigen Geheimen Konferenz – wohl 1664 –, dass die mehr oder weniger regelmäßigen Konferenzen mit den Kurfürsten als der exklusiven Spitze der Ständehierarchie nun außer Übung kamen und tatsächlich überflüssig wurden. Auch wenn der Reichsvizekanzler der Geheimen Konferenz noch angehörte: sie wurde zur zentralen Behörde der sich allmählich formierenden Großmacht Österreich, zumal diese zugleich auch andere Behörden mit gesamtstaatlicher Zuständigkeit einrichtete (Kommerzienkolleg) oder straffte (Hofkriegsrat). Wenn dann unmittelbar nach dem prestigeträchtigen und von der Panegyrik weidlich ausgenutzten „Sieg" Leopolds I. über die Türken der Kameralist Philipp Wilhelm von Hörnigk 1684 eine Schrift mit dem Titel „Österreich über alles, wenn es nur will" veröffentlichte, musste man in den deutschen Fürstenstaaten hellhörig werden. Hörnigk stammte wie andere Berater des Kaisers *in oeconomicis* (Johann Joachim Becher) aus „dem Reich", er wurde für sein Werk mit einem Titel und einer jährlichen Pension der Hofburg belohnt. Die „Botschaft" dieser Schrift war ebenso einfach wie weitreichend: Österreich – und damit meinte der Verfasser bezeichnenderweise die Gesamtheit der habsburgischen Territorien inner- und außerhalb des Reiches, also mit Einschluss Ungarns – könne den Zustand völliger „Independenz" erreichen, weil es ökonomisch gänzlich „independent" werden könne: dank seiner natürlichen Ressourcen (und – zeittypisch – seines Überflusses an Gold und Silber!), die ein solches Gewicht hätten, dass sie vom ganzen Rest Europas nicht mehr übertroffen würden. Es war höchst bezeichnend (und für manche alarmierend), dass Hörnigk in der ganzen Schrift die Funktion des Kaisers als Reichsoberhaupt überhaupt nicht mehr thematisierte.

Man könnte Hörnigks Schrift im Übrigen auch als Spiegel eines Prozesses lesen, der auf eine charakteristische Kultur der Gesamtmonarchie zielte, für die Kirche und Glaube konstitutive Elemente waren – eine Perspektive, die von der angelsächsischen Forschung schärfer als von der deutschen gesehen wurde. Da der Katholizismus Krone und Stände – ausgenommen in Ungarn – nicht trennte, sondern im Gegenteil auf ein enges Miteinander verwies, konnte der Eindruck einer beachtlichen Homogenität dieses Verbundes von monarchischen und nichtmonarchischen Ständestaaten entstehen.

Der Habsburgerstaat im Konkurrenzkampf der Monarchien

Aber der Habsburgerstaat sah sich nicht nur vor der Herausforderung, die innere Homogenisierung voranzutreiben, wobei er seine spezifische Kultur und das Band der Dynastie, aber auch erste Modernisierungsmaßnahmen einsetzte – etwa den Versuch Josephs I., das böhmische und mährische Recht kodifizieren zu lassen –, sondern er hatte auch im internationalen Konkurrenzkampf zu bestehen. Es war nicht zuletzt ein Spiegel des neuen Denkens in der Kategorie einer europäischen Großmacht, wie die Habsburger nun auch architektonisch-künstlerisch den Wettbewerb mit den anderen europäischen Mächten suchten.[7] Gewiss, da war eine ganze Portion Kaiserideologie mit im Spiel, wie es etwa für Karl VI. gezeigt worden ist, aber diese besondere Note diente letztlich doch nur dazu, über ein einmaliges Amt einen winzigen Positionsvorteil herauszuholen. Der Konkurrenzkampf bewegte sich ansonsten auf einer Ebene mit den anderen Großmächten, und er ließ an der Entschlossenheit der Wiener Hofburg, in kurzer Zeit mit der europäischen Kapitale Paris zumindest gleichzuziehen, keinen Zweifel. In Wien nahm die Bevölkerung, zum Teil aufgrund äußerer Anreize, fast sprunghaft zu. Hier wurde nach 1683 wirklich geplant: noch 1687, mitten im Türkenkrieg, begannen die Planungen für Schönbrunn, das in seinen Ausmaßen, wären die Entwürfe Fischer von Erlachs verwirklicht worden, die französische Königsresidenz Versailles bei weitem übertroffen hätte. Das Kontinuum der Kriege – der Türkenkrieg ging ja nahezu ohne Verschnaufpause in den Spanischen Erbfolgekrieg über – ließ es dann aber erst ab 1713 zur architektonischen Explosion kommen. 1713 entstand die außerhalb der Stadtbefestigungen gelegene Karlskirche – ein Signal, dass sich 1683, also die Einschließung Wiens durch die Osmanen, nie wiederholen würde! –, 1721 begann der Bau der Hofbibliothek, 1723 der des Reichskanzleitrakts, 1730 der Ausbau des Stifts Klosterneuburg zu einer mit dem spanischen Escorial in Parallele zu setzenden gewaltigen Klosterresidenz. Es unterliegt auch keinem Zweifel, dass die vielen Adelspaläste – mit dem Unteren und Oberen Belvédère des Prinzen Eugen, dem Lobkowitz-Palais, dem Palais Liechtenstein an der Spitze – integraler Teil einer umfassend geplanten und auf Außenwirkung bedachten Baupolitik der Dynastie waren. Man hat in diesem Kontext vom „steingewordenen habsburgischen Triumphalismus"[8] gesprochen, der, unter anderem durch die geradezu erdrückende Instrumentalisierung von Motiven wie den Säulen des Herkules, nur auf eins zielte: die Demonstration der Unvergleichlichkeit des Habsburgerstaates.

---

7 Grundlegend: F. Matsche, Kunst.
8 H. Klueting, Reich und Österreich, 115.

„Außenwirkung" zielte im Übrigen nicht nur auf den bourbonischen Hauptrivalen, sondern seit der Wende vom 17. zum 18. Jahrhundert auch auf die neuen inner-reichischen Konkurrenten, die den Habsburgern zwar noch nicht die Kaiserkrone streitig machten, aber doch zu neuen „Orientierungsmächten" zu werden drohten: die Hohenzollern – auch sie hatten im Vorfeld der Königskrönung von 1701 architekto-nisch in ihrer Residenzstadt Akzente gesetzt – sowie die Wettiner, die nach dem Er-werb der polnischen Königskrone (1697) Dresden architektonisch „aufzurüsten" be-gannen, und nicht zuletzt die bayerischen Wittelsbacher, die ihre Eignung und Idonetät für irgendeine europäische Krone architektonisch zu unterstreichen suchten. Die Zeit, als den Reichsständen nur die Alternative geblieben war, sich politisch und kulturell entweder nach Wien zu orientieren oder nach Paris, näherte sich um 1700 ihrem Ende; seitdem wurden auch andere politisch-kulturelle Optionen denkbar.

3.5.3 Die Dynastie in der Offensive und in der Defensive

Für Karl VI. (1711–1740), den letzten männlichen Habsburger, und seine Entourage war es eine schreckliche Vision, gewissermaßen nicht mehr Herr im eigenen Haus – dem Reich – zu sein. Es ist ein ganz auffälliger Trend hin zur straffen Führung des Reichs und der Betonung des oberstrichterlichen Anspruchs der Institution Kaisertum zu registrieren und zudem die Tendenz, konfessionelle Konflikte wie den großen, sich an der Simultanbenutzung der Heidelberger Heiliggeistkirche entzündenden Religions-streit der Jahre 1719–1724 eher anzuheizen als zu besänftigen. Auch in der innerstaat-lichen Religionspolitik sind die schärferen Töne unüberhörbar, sie zogen folgerichtig eine ganze Sequenz von konfessionellen Unruhen nach sich (1712/13, 1732, 1738), schafften es aber trotz allen „gegenreformatorischen" Eifers nicht, den österreichischen Kryptoprotestantismus verschwinden zu lassen, zumal dessen Angehörige bemerkens-werte Überlebensstrategien entwickelten. Auch Karls Bruder und Vorgänger Joseph I. (1705–1711) hatte ja schon im Durchgreifen gegen die ins Lager des „Reichsfeinds" ab-gewanderten Wittelsbacher und in seiner Reichsitalienpolitik[9] deutlich zwingender ge-handelt als Leopold I., aber seine Amtszeit – er starb nach nur 6jähriger Regierung mit-ten im Spanischen Erbfolgekrieg an einer Pockeninfektion – war zu kurz und zu kriegsbelastet, um tiefe Spuren zu ziehen oder die große Masse der Stände zu verprel-len. Immerhin hatte unter anderem sein Versuch, das Recht des Kaisers auf Exklusion eines Bischofskandidaten in Münster in Anwendung zu bringen (1706), allgemeines Befremden hervorgerufen. Die Regierung Karls VI. zählt zu den am wenigsten er-forschten Amtszeiten römisch-deutscher Kaiser, aber es zeichnet sich doch schon die Erkenntnis ab[10], dass über der Sorge um den Fortbestand der Dynastie die Reichspoli-tik oft zu kurz kam. Auch Männer wie der Hofkriegsratspräsident Eugen von Savoyen und der Reichsvizekanzler Friedrich Karl von Schönborn, der bezeichnenderweise nach und nach entmachtet wurde, konnten hier nur noch bedingt gegensteuern.

Denn es wurde für die beiden Söhne Leopolds I. das große Leitthema ihrer Amts-zeiten, vor dem Hintergrund eines dynastischen Problems – des Fehlens männlicher

---

9 Hierzu insbesondere K. O. von Aretin, Das Reich, Teile I und II.
10 Zusammenfassung des Forschungsstandes bei H. Schmidt, in: A. Schindling/W. Ziegler (Hg.), Kaiser.

Nachkommen – den Gesamtstaat in eine sichere Zukunft zu überführen: das heißt, die Erblande und die beiden Königreiche Ungarn und Böhmen, in denen prinzipiell die männliche Thronfolge galt, sowie die im Frieden von Utrecht neu erworbenen Teile aus der spanischen Erbmasse mit den südlichen Niederlanden und dem Herzogtum Mailand an der Spitze für die Dynastie als Einheit zu erhalten. Es war ein nachgerade verzweifelter Kampf, den Karl VI. nach Erlass der Pragmatischen Sanktion, die das ältere *Pactum mutuae successionis* ersetzte, wenige Tage nach Abschluss des Utrechter Friedens begann, um die Integrität des Gesamtstaats auch für den Fall des Fehlens direkter männlicher Deszendenten zu gewährleisten: er erwarb die Zustimmung der Land- und Ständetage bis hin zu denen Ungarns, Siebenbürgens und der 1700 und 1714 neu erworbenen Reichsteile, erhielt das – allerdings löchrige, also nicht einstimmige – Votum des Regensburger Reichstags (1732) und band das Hausgesetz in das *Ius Publicum Europaeum* ein und damit in die Garantie durch die Staatenfamilie. Das alles gelang in einem bemerkenswerten Umfang: zwischen 1725 und 1738 anerkannten praktisch alle europäischen Mächte mit Einschluss des bourbonischen „Erbfeinds" die Pragmatische Sanktion. Die Kehrseite war, dass hierdurch die österreichische Politik oft gelähmt und erpressbar wurde. Am Ende erwies es sich aber, dass ein Vierteljahrhundert politischen Bemühens, zahllose diplomatische Aktivitäten, Unsummen von Geld nicht den erwarteten Effekt hatten, dass vor allem die Erbansprüche der Töchter Josephs I. (und damit ihrer bayerischen und sächsischen Ehemänner) nicht zum Ruhen hatten gebracht werden können.

Das Geld, das im Kontext der Sicherung der Erbfolge verausgabt wurde, fehlte natürlich an anderen Stellen, und dies war mittelfristig gravierend. Zur Zeit des Spanischen Erbfolgekriegs wies der – virtuelle – Haushalt der Monarchie auf der Einnahmenseite 12 Millionen Gulden aus. Von ihnen gelangten *realiter* aber nur vier Millionen in die Wiener Kassen. Subsidieneinwerbungen, die allerdings zweckgebunden waren, und Kreditaufnahmen waren Auswege aus diesem Dilemma. Bei dem jüdischen Hoffaktor Oppenheimer mussten noch während des Krieges nicht weniger als acht Millionen Gulden aufgenommen werden. Dass das ungesund und der Weg in eine Sackgasse war, ist in der kaiserlichen Konferenz nicht allen Ministern klar gewesen. Zum finanziellen Befreiungsschlag fand vorderhand niemand den Mut, und in Verbindung mit einer seit etwa 1720 wieder deutlich nachlassenden Wirtschaftskonjunktur war das keine gute Perspektive.

Der Zugewinn der (Spanischen) Niederlande

Die habsburgische Gesamtstaatsidee wurde nach dem Friedensschluss von 1713/14, nachdem gerade eben erst ein Weg gefunden worden war, Ungarn zu befrieden und näher an die Dynastie heranzuführen, auf eine neue Probe gestellt. Damals kam mit den südlichen Niederlanden – neben dem bereits 1700 als erledigtes Reichslehen eingezogenen und besetzten Herzogtum Mailand und anderen Teilen der spanischen Erbmasse (Neapel, Sardinien, *Stato dei Presidi*) sowie dem 1708 als erledigtes Reichslehen eingezogenen Herzogtum Mantua – ein Reichsteil hinzu, der schon allein seiner geographischen Lage wegen – weit entfernt von den Erblanden und in problematischer französischer Nachbarschaft – zunächst ein eher ungeliebtes Stiefkind war. Die Geringschätzung resultierte zudem daraus, dass die Souveränität dieses bisher spanischen

Reichsteils wegen der Überlassung der Barrierefestungen an die Republik der Niederlande deutlich eingeschränkt war und das Oberquartier von Geldern von den Provinzen abgetrennt worden war. Zwar hätte man sich in Wien auf den Anfall der Spanischen Niederlande schon länger einstellen können, weil fast alle früheren Teilungsverabredungen sich in diesem Punkt einig gewesen waren. Zudem erreichte der Habsburgerstaat mit den Zugewinnen von 1713/14 (in Verbindung mit denen des Friedens von Passarowitz und des Tauschs Sardinien – Sizilien 1721) seine größte Ausdehnung. Aber das änderte an den Vorbehalten nichts: ein Danaergeschenk, so empfanden führende Hofkreise mit dem böhmischen Hofkanzler Wratislaw an der Spitze diesen Zugewinn. Es entsprach der Logik solchen Denkens, wenn maßgebende Repräsentanten der Hofburg nun über viele Jahrzehnte hinweg dem Gedanken nachhingen, die Niederlande auf dem Tauschweg wieder loszuwerden. Es war Wasser auf die Mühlen dieser Leute, als es ausgangs des zweiten Jahrzehnts des 18. Jahrhunderts wegen Steuerforderungen der Krone zu recht massiven und der Hofburg denkbar ungelegenen Aufständen kam. Andererseits verbanden sich mit den südlichen Niederlanden, die als Teil des Burgundischen Reichskreises nur noch in einem formalen Verhältnis zum Heiligen Römischen Reich standen, auch Perspektiven, die man in Wien erst allmählich zu erkennen begann.

Diese Perspektiven ergaben sich aus der Lage des Territoriums am Atlantik und aus der Tatsache, dass es dort Handelskompanien gab, die nur darauf warteten, reaktiviert zu werden. Alle Versuche der Habsburger in der Vergangenheit, über Triest in wenigstens bescheidenem Maß in den lukrativen Überseehandel einzusteigen, waren mehr oder weniger kläglich gescheitert. Angesichts des hohen Stellenwerts des Überseehandels im wirtschaftspolitischen Denken der Zeit drängte es sich förmlich auf, von den Niederlanden aus, konkret: von Ostende, einen neuerlichen Versuch zu wagen.

Die Ostende-Kompanie wurde in den 1720er Jahren zu einem zentralen Faktor der internationalen Politik, und dies nicht nur, weil ihre beträchtlichen Gewinne Neid erregten, sondern mehr noch, weil die „traditionellen" Kolonialmächte keinen neuen Konkurrenten mehr akzeptieren wollten. Sie wurde ein Spielball der „großen Politik", ein Objekt, um dessen Aufgabe oder Perpetuierung geradezu gefeilscht wurde: am Ende gab die Hofburg sie – und damit überhaupt die Option des Überseehandels in großem Stil – aus übergeordneten politischen Überlegungen wieder auf.

Zu diesem Zeitpunkt (1729) waren die Niederlande schon längst in den Habsburgerstaat integriert. Für die Verwaltung der ehemals spanischen Gebiete war bereits 1717, analog den zentralen Gremien für Böhmen und Ungarn in Wien, eine eigene Zentralbehörde geschaffen worden, der Spanische Rat, neben den im selben Jahr in Brüssel dann der Hohe Rat der Niederlande trat. An der Spitze dieses *Conseil Suprême des Pays-Bas* stand ein hochrangiger Statthalter: zuerst Prinz Eugen, dann (1725–1741) die Erzherzogin Maria Elisabeth, eine Schwester Karls VI., anschließend (1741–1743) Graf Friedrich Harrach und dann sogar ein Bruder des Kaisers.[11] Problematisch war der Hohe Rat insofern, als ihm zunächst – so wie dem (schon von den Zeitgenossen und auch in der Forschung meist überaus kritisch betrachteten) Spanischen Rat, in dem Nichtspanier geradezu als ausgeschlossen galten – weitaus überwiegend Spanier an-

---

11 Vgl. zu letzterem M. GALAND, Charles de Lorraine.

gehörten und nur zum geringeren Teil Männer, die aus den Niederlanden gebürtig waren. Seine spanische Orientierung spiegelte sich eindringlich auch darin, dass die Berichte der Statthalter nach Wien lange, bis 1740, überwiegend in spanischer Sprache expediert wurden und erst seit 1733 die deutsche Sprache allmählich zunahm. Wenn man so will, waren der Spanische und der Hohe Rat Garanten von Kontinuität und Beharrung; beispielsweise blieb die überkommene Gerichtsorganisation unverändert in Kraft, um erst im Zug des josephinischen Reformismus – der Kaiser beurteilte sie als „chaotisch" – in den späten 1780er Jahren radikal durchforstet zu werden.

Die Staatskrise der 1740er Jahre und ihre Konsequenzen

Im Schicksalsjahr des Habsburgerstaats 1740 konnte Böhmen als ein voll integrierter, Ungarn als ein empfindlicher, in seiner Eigenständigkeit zu respektierender, und die Niederlande als ein eher ungeliebter Bestandteil der Gesamtmonarchie gelten. Vergleicht man die beiden Neuerwerbungen von 1714, die Niederlande und Mailand, so zeigt sich, dass das (seit 1737 dann von einem *Consiglio* beziehungsweise *Dipartimento d'Italia* ferngesteuerte) oberitalienische Herzogtum deutlich höher geschätzt wurde als das Gemeinwesen am Kanal. Seit dem Übergang zum neuen Jahrhundert war das reiche, von seiner Produktpalette wie auch kommerziell interessante Oberitalien wiederholt das Ziel einer engagierten kaiserlichen Refeudalisierungspolitik gewesen. Das bedeutete zwar nicht, dass Karl VI. Mailand optimal und zukunftsorientiert verwaltet hätte; bezeichnenderweise fand die österreichische Herrschaft im Polnischen Thronfolgekrieg gegenüber den bourbonischen Invasoren kaum die erwartete Unterstützung. Aber Fingerspitzengefühl war generell nicht die Stärke Karls VI. An seiner hohen Wertschätzung Mailands besteht indes kein Zweifel, ebensowenig an der Neapel-Siziliens und generell alles „Spanischen".

Der Tod Karls VI. und die ihm folgenden Wirren, die allen Bemühungen seit Erlass der Pragmatischen Sanktion zum Trotz eben doch zu einem „Österreichischen Erbfolgekrieg" führten, stellten die Weichen in mehrfacher Hinsicht dann aber neu.

Die Tatsache, dass die Kurfürsten sich bei der Nachfolge im Kaiseramt nicht für den Gemahl der Kaisertochter Maria Theresia, den Ex-Herzog von Lothringen und nunmehrigen Großherzog von Toskana, entschieden, gab in Wien jenen Kräften Aufwind, die generell nach dem Nutzen der Kaiserkrone für den Habsburgerstaat fragten. Sie konnten sich in der gegebenen Situation zwar noch nicht durchsetzen, aber sie artikulierten sich in vorsichtiger Form in der Folgezeit immer wieder einmal. Es ist in hohem Maß bezeichnend, wie nach der schließlich doch erfolgten Wahl Franz Stephans von (Lothringen-)Toskana zum römisch-deutschen Kaiser 1745 die Reichspolitik der Hofburg an Farbe und Kontur verlor und sich letztlich darauf reduzierte, den wachsenden Einfluss des preußischen Rivalen auszubalancieren. Das Reich wurde für die Hofburg mehr und mehr zu einem Schauplatz, wo man mit Preußen um das größere Prestige, die Rolle der Orientierungsmacht und letztlich um die Vorhand im „Dualismus" stritt. Es kann vor diesem Hintergrund kaum erstaunen, dass seit den 1760er Jahren die ersten Pläne für ein von beiden Großmächten unabhängiges „Drittes Deutschland" Gestalt annahmen.[12]

---

12 P. Burg, Deutsche Trias.

Aus den Defiziten, die der Krieg enthüllt hatte, und im Blick auf eine strukturelle Unterlegenheit gegenüber einem Gegner, dessen Ressourcen trotz des Zugewinns Schlesiens[13] weit hinter den eigenen zurückblieben, begann die Hofburg unmittelbar nach dem Aachener Frieden (1748), Konsequenzen zu ziehen: Konsequenzen, die auf eine stärkere Zentralisierung, auf ein Zurückdrängen der Stände aus lebenswichtigen Bereichen (Steuererhebung) und auf eine Bündelung der Kräfte abzielten. Hier schuf sich wohl letztlich auch die Verärgerung über das Verhalten der böhmischen Stände Luft, die einige Jahre zuvor mehrheitlich einen „falschen" Prätendenten, den bayerischen Kurfürsten Karl (VII.) Albrecht, unterstützt hatten. Die Reformen, die sich mit dem Namen des Grafen Haugwitz verbanden, waren weit mehr als eine bloße „Verwaltungsreform": mit ihnen trat Österreich als ein veritabler Nachzügler in den Kreis der „modernen" Staaten ein. Die Haugwitzschen Reformen, so umstritten sie auch waren, haben der österreichischen Gesamtstaatsidee entscheidenden Auftrieb gegeben, er wird verwaltungstechnisch insbesondere in dem 1761 eingerichteten Staatsrat fassbar, der für die Gesamtmonarchie Zuständigkeit besaß. Die Reformen hatten aber vor allem deswegen epochalen Charakter, weil die Stände in den böhmischen und österreichischen Reichsteilen nun erstmals – um den Handlungsspielraum der Krone zu erweitern – Steuern für längere Zeiträume bewilligten.

Die dritte Weichenstellung ist wohl darin zu sehen, dass die Dynastie in Ungarn einen absolut verlässlichen Partner erkannte, der sich für die junge Königin in einem Maß engagierte, das zumindest überraschend war – die Legende hat die Tatsachen noch überhöht, aber es ist keine Frage, dass bei der Stilisierung Maria Theresias (1740–1780), der resoluten Habsburgerin, die sich im kollektiven Gedächtnis der Zeit und der Nachwelt weit mehr als Herrscherin einprägte als ihr Ehemann, zum Sinnbild einer (alles in allem immer recht fragilen) Reichseinheit viele Emotionen mit im Spiel waren. Militärisch und moralisch wären die Krisenjahre ohne die Unterstützung durch Ungarn für die Dynastie wohl kaum zu bewältigen gewesen. Der Dank ließ denn auch nicht lange auf sich warten; 1741 wurden dem ungarischen Adel seine Steuerprivilegien in vollem Umfang bestätigt. Die Dynastie hat seitdem ein sehr emotionales Verhältnis zum Reich der Stephanskrone entwickelt, das erwidert wurde und an dem auch die Eingriffe in das Ständewesen und die Staatsstruktur nichts änderten – der ungarische Landtag, der lange überaus kooperationswillig gewesen war, wurde seit 1765 nicht mehr einberufen. Das gute Einvernehmen von Dynastie und *Regnum* wurde erst in dem Augenblick wieder gefährdet, als Joseph II. seine Vorstellung von einem nivellierten und homogenen Gesamtstaat umzusetzen begann und die Eigenständigkeit Ungarns in Frage stellte[14]; bezeichnenderweise hatte er geradezu programmatisch 1780 auf die förmliche ungarische Krönung verzichtet und die Stephanskrone stattdessen nach Wien in die Schatzkammer verbringen lassen. Die Reaktion war erbittert; zeitweise wurde in Kreisen oppositioneller ungarischer Adliger sogar daran gedacht, Joseph den Thron zu entziehen und ihn mit preußischer Unterstützung dem Herzog von Sachsen-Weimar anzutragen, Goethes Landesherrn. Auch hier hatten Josephs Nachfolger wieder zurückzustecken; 1790 wurden die Privilegien der Stände,

13 W. Bein, Schlesien.
14 E. H. Balázs, Hungary and the Habsburgs.

die Rolle des Reichstags und der selbständige Status Ungarns in vollem Umfang restituiert.

Die vierte Weichenstellung, die direkt aus den Ereignissen der Jahre seit 1740 abgeleitet werden kann, war, dass das Bewusstwerden der militärischen Anfälligkeit der Niederlande nur eine Konsequenz zuließ: man musste sich weiter und noch stärker darum bemühen, diese strategische Achillesferse loszuwerden und die Niederlande gegen ein günstiger gelegenes Territorium einzutauschen. Es war kein Zufall, dass sich die Augen dabei immer wieder auf Bayern richteten, das die Habsburger ja im Spanischen Erbfolgekrieg schon einmal in Sequester gehabt hatten und dessen Dynastie seit langem nachgesagt wurde, liebend gerne nach Brüssel transferiert zu werden, möglichst natürlich mit dem „Sahnehäubchen" einer Königskrone. Von der Erfahrung des Österreichischen Erbfolgekriegs führt ein direkter Weg zu den vielen Tauschprojekten, die am Wiener Hof entwickelt oder von ihm in Auftrag gegeben wurden und die auch nach dem Fehlschlag des Vorhabens, nach dem Aussterben der wittelsbachischen Hauptlinie 1777 Bayern einzutauschen, keineswegs in den Registraturen verschwanden. Die Niederlande wurden bis in die Revolutionszeit hinein als eine Hypothek der habsburgischen Gesamtstaatspolitik empfunden, was nicht ausschloss, dass Joseph II. gerade sie zu einem Experimentierfeld seiner Reformpolitik machte und beispielsweise hier erstmals das Institut der Zivilehe (1784) und das der Rechtmäßigkeit der Ehescheidung auch von Katholiken verfügte. Die Reaktionen, auch gegen die erst jetzt eingeführte Permanenz von Steuern und die Auflösung der Ständekörperschaften, waren so gewaltig, dass es im Januar 1790 sogar zur Ausrufung einer belgischen „Republik" kam. Bezeichnenderweise griff deren Manifest sowohl auf Formulierungen des französischen Radikalaufklärers Baron d'Holbach als auch auf die Gehorsamsaufkündigung von 1581 zurück. Josephs Nachfolger mussten bis 1793 fast das gesamte Paket der josephinischen Reformen, die vorher nicht einmal mit den dortigen Instanzen abgestimmt worden waren, wieder zurücknehmen.

Und die fünfte Konsequenz war, dass Italien nun endgültig zu einem neuen Schwerpunkt der kaiserlichen Politik wurde.[15] Nachdem in den zurückliegenden Jahrzehnten seit der Übernahme Mailands in Ober- und Mittelitalien vieles in Bewegung gewesen war und sich die Hofburg insbesondere mit den spanischen Ansprüchen auf die beiden Reichslehen Toskana und Parma-Piacenza als Sekundogenituren für die nachgeborenen spanischen Infanten hatte auseinandersetzen müssen, hatten schon der Wiener Friede (1735/38) und dann in letzter Konsequenz der Aachener Friede insofern zu Klärungen geführt, als die Verschachtelung der Wiener und der Madrider Besitzungen und Einflusssphären weitgehend aufgehoben war. Seitdem konnte man von einer mehr oder weniger klaren Trennung zwischen einem habsburgisch-lothringischen Norden und einem spanisch-bourbonischen Süden ausgehen. Mit dem Norden und der nördlichen Mitte der Halbinsel hatte die Hofburg sicher alles in allem das bessere Los gezogen; es ließ sie auch den Verzicht auf Sizilien relativ leicht verschmerzen. Österreichisch-Italien war aus ökonomischen Gründen – lässt man den „Import" italienischer Musiker und Künstler, die das Kulturleben der Hauptstadt nach-

---

15 Vgl. insgesamt: B. Mazohl-Wallnig/M. Meriggi (Hg.), Österreichisches Italien.

haltig prägten (Caldara, Salieri, Metastasio) hier einmal außer Betracht – für den Gesamtstaat ein enormer Zugewinn und erwies sich für eine junge Garde aufgeklärter
Erzherzöge zunehmend auch als eine Art „Testgelände" von Modernisierungsmaßnahmen – auf die Toskana und Pietro Leopoldo wird in anderem Zusammenhang noch
zurückzukommen sein. Es war deswegen, sofern man auch dieser Ebene ein gewisses
Volumen an „symbolischer Handlung" zubilligt, kein Zufall, wenn seit den 1760er Jahren die italienischen Eheschließungen von Erzherzögen und Erzherzoginnen stark zu-
nahmen.

3.5.4 Der preußisch-österreichische Dualismus

Die (ehemals spanischen) Niederlande standen zwar zeitweise im Fokus der Wiener
Politik, nach 1740 war aber doch das Verhältnis zu Preußen das eigentliche Antriebs-
moment der Hofburg. Die Annexion Schlesiens durch den Hohenzollernstaat wurde
als eine Art schwerstes Vergehen gegen die guten Sitten, als ein Unrechts- und Ge-
waltakt ohnegleichen und als ein das denkbar schlechteste Beispiel abgebender Bruch
des Völkerrechts verstanden und zerrüttete alles in allem das Verhältnis zum Berliner
Hof nachhaltig. Es ging nicht nur darum, dass der Hohenzollernkönig sich ein Filet-
stück aus der habsburgischen Ländermasse[16] herausgetrennt hatte, das ökonomisch
besonders attraktive böhmische Nebenland, es ging vor allem darum, dass dies in
schreiendem Widerspruch zu allen völkerrechtlichen Zusagen – also der Garantie der
Pragmatischen Sanktion durch Preußen separat (1728) und das Reich kollektiv – erfolgt war. Die Versuche Berlins, diesen Bruch des Völkerrechts juristisch zu verbrämen,
fielen dann bezeichnenderweise auch allenfalls halbherzig aus. Am Wiener Hof baute
sich in kürzester Frist ein neues Feindbild auf, das kaiserliche Beamte in der Vergangenheit unter konfessionellen Vorzeichen und mit Begriffen wie den protestantischen
potentiores zwar gelegentlich schon einmal beschworen hatten, das aber doch im dia-
metralen Gegensatz zu den politischen Beziehungen im zurückliegenden halben Jahrhundert stand. Der Wiedererwerb Schlesiens wurde über wenigstens zwei Jahrzehnte
hinweg zum Dreh- und Angelpunkt der Wiener Politik. Er war es letzten Endes auch,
der Wien den säkularen Gegensatz zum Haus Bourbon hintanstellen ließ und der es
veranlasste, einen neuerlichen europäischen Krieg gegen den preußischen Parvenu zu
betreiben – er brachte allerdings keineswegs das erhoffte Ergebnis.

    Dieser Misserfolg gab den Tendenzen, an anderer Stelle einen Ausgleich für den
Verlust Schlesiens zu finden, neuen Auftrieb; hier ist das Wiederaufleben der niederländischen Tauschprojekte zu erwähnen, die Okkupation der Grafschaft Zips (1769),
die bis dahin in polnischem Pfandbesitz gewesen war, aber auch – trotz aller Mah-
nungen Maria Theresias – Österreichs Beteiligung an der Zerstückelung Polens (Erste
Teilung Polens 1772). Mit Galizien und Lodomerien brachte sie umfangreiche, wenn
auch hinsichtlich ihrer Wirtschaftskraft mit Schlesien nicht zu vergleichende Territori-
en in österreichische Hand, sie wurden nach und nach in den Zuständigkeitsbereich
der Böhmischen Kanzlei überführt. Man wird die These der älteren Forschung, mit
dem Hubertusburger Frieden (1763) und damit der Einsicht in die Irreversibilität des

---

16 Vgl. W. Bein, Schlesien.

Verlusts Schlesiens sei eine grundsätzlich neue Orientierung der österreichischen Politik „weg vom Reich" verbunden gewesen, so wohl nicht akzeptieren können. Sicher richtig ist aber, dass sich die Qualität der Wiener Reichspolitik nun noch einmal änderte. Es war nicht mehr so sehr – wie seit 1745 – ein gewisses Desinteresse, sondern es war nun bei allem grundsätzlich guten Willen Kaiser Josephs II. ein kaum noch zu übertreffendes Maß an Ungeschicklichkeit und fehlender Sensibilität für die Interessen und das hochkomplizierte System des Reiches. Man kann das an der Visitation des Reichskammergerichts exemplifizieren, insbesondere aber an der so genannten Diözesanreform, die Gewachsenes durch kühle *ratio* zu ersetzen suchte. Die Folge waren Formationsversuche der sich nicht mehr verstanden fühlenden Reichsstände, die am Ende, bezeichnend für den Umschwung in der öffentlichen Meinung, in einen Fürstenbund einmündeten, der unter preußischer Führung stand und dem sich sogar geistliche Fürsten anschlossen. Joseph II. hatte das Prestige des Kaiseramts fast völlig verspielt, und da Österreich auch unter seinen beiden Nachfolgern Leopold II. (1790–1792) und Franz II.(1792–1806) nicht mehr energisch in die Reichspolitik zurückkehrte, sondern in den Wirren der Revolutionskriege die eigenen dynastischen und territorialen Interessen mehr als deutlich favorisierte, tat sich zwischen Reichsoberhaupt und dem „Rest" des (inzwischen nur noch linksrheinischen) Reiches eine tiefe Kluft auf. Freilich hatte auch die Vorstellung, das Reich könne in Preußen eine Art „Ersatz-Kaiser" finden, inzwischen ausgedient; spätestens im Baseler Frieden (1795) hatte auch Preußen klar demonstriert, dass es ihm nicht auf die Rettung und Fortentwicklung eines altehrwürdigen Gebildes ankam, sondern nur und allein auf sein eigenes staatliches Überleben.

Joseph II. als „innerer Monarch"

Das hohe Maß an Skepsis gegenüber der Reichs- und Außenpolitik Josephs II. (1765–1790) darf allerdings nicht dazu führen, das zu marginalisieren, was er für die innere Entwicklung seines eigenen Staatswesens geleistet oder doch angestoßen hat. Es ging weit über das hinaus, was sein kaiserliches Elternpaar etwa in Bezug auf die Trennung von Innen- und Finanzverwaltung oder auf die Reform des Straf- und Strafprozessrechts („Nemesis Theresiana", 1768) initiiert hatte. Der Josephinismus war eine der großen Modernisierungsleistungen der Epoche, in manchen Ausprägungen – Judenemanzipation – griff er direkt auf Aufklärungsschriften zurück, und generell atmete er die Aufklärung, wie sie Joseph als Kronprinz und Mitregent auf seinen vielen *incognito*-Reisen, unter anderem auch nach Frankreich, persönlich kennengelernt hatte. Die vielfältigen modernisierenden Maßnahmen richteten sich gegen bestimmte Formen der Volksfrömmigkeit ebenso wie gegen die weite Verbreitung „unnützer", dem Gemeinwohl entbehrlicher Orden. Sie suchten, unter anderem durch die Einbindung vermeintlich oder tatsächlich innovativer und unternehmerisch erfolgreicher Gruppen wie der Juden und der Protestanten in die ökonomischen Prozesse, die Wirtschaftskraft des Staates zu erhöhen und ein möglichst geschlossenes Staatsgebiet zu schaffen. Der Kaiser wollte die Untertanen generell näher an den Staat heranführen, wobei er auch offen mit künstlerischen Entwicklungen sympathisierte, die sich die Marginalisierung der Religionsgrenzen oder die Perhorreszierung adliger Willkür zum Gegenstand wählten – man denke an Mozarts „Entführung" oder seinen „Figaro".

Hier soll aus dem bunten Strauß der Aktionsbereiche des Josephinismus die Kirchenpolitik mit einigen wenigen Sätzen vertieft werden, weil sie nicht nur den Kaiser wachsender innerer Opposition aussetzte, sondern auch sein Verhältnis zur Kurie ernsthaft belastete. Selbst durch eine persönliche Begegnung mit Papst Pius VI. ließ Joseph sich nicht von seinem Weg abbringen. Die eine der ihn leitenden Idee ging dahin, freie oder in die falsche Richtung gelenkte Ressourcen dem Staat zuzuführen. Mit den Aufhebungen schwach besetzter Klöster hatten Frankreich (1766/70) und seine Mutter in Oberitalien bereits den Weg gewiesen. Das waren allerdings im Vergleich mit den Säkularisierungen Josephs II., der rund ein Drittel der Klöster im Habsburgerreich aufhob, Kleinigkeiten gewesen. In diesen Kontext gehört auch die radikale Verminderung der kirchlichen Feiertage, da Festtage das Wachsen des Bruttosozialprodukts hemmten, und die schon von Kaunitz in den 1750er Jahren betriebene Beschränkung der Übertragung von Vermögenswerten auf die so genannte tote Hand. Andere Maßnahmen schossen über das Ziel hinaus wie etwa die berühmt-berüchtigten Bestimmungen über die Zahl der Altarkerzen oder die Benutzung von wiederverwendungsfähigen Klappsärgen. Josephs zweite Grundidee zielte auf die Eingrenzung der Kirche auf den ihr spezifischen Bezirk, also die Seelsorge, und ihre gleichzeitige „Entlastung" durch den Staat. Die Priesterausbildung wurde verstaatlicht, die Grenzen der Diözesen wurden an die staatlichen Verwaltungsgrenzen angeglichen, neue Diözesen wurden ohne Rücksichtnahme auf die Rechte anderer geistlicher Fürsten gegründet (St. Pölten, Linz). Man wird Joseph die besten Absichten eines aufgeklärten, am Aufschwung seines Staates interessierten Fürsten nicht absprechen, doch wirkte seine Kirchenpolitik alles in allem wie ein Stich ins Wespennest.

Ähnlich verhielt es sich mit seiner Sprachenpolitik: auch hier mangelte es entschieden an Fingerspitzengefühl. Die Grundidee, über die Sprache das Gesamtstaatsbewusstsein zu fördern und die Verwaltung des Vielvölkerstaats zu vereinfachen, war nicht abwegig, aber die Betroffenen sahen das völlig anders. 1784 ließ Joseph in Ungarn das Lateinische als Verwaltungssprache durch das Deutsche ersetzen, 1780 wurde das Tschechische zugunsten des Deutschen von den böhmischen Gymnasien verbannt, 1784 wurde im galizischen Lemberg (unter Maria Theresia undenkbar!) eine zur Gänze deutschsprachige Universität gegründet. In einer Zeit, da gerade die „kleinen" Sprachen dank Herders und anderer Impulsen ein Selbstwertgefühl zu entwickeln begannen, war das ein Schritt in die falsche Richtung und rief entsprechende Reaktionen hervor. Spätestens seine Nachfolger hatten dem dann auch Rechnung zu tragen: 1793 wurde an der Prager Universität der erste Lehrstuhl für tschechische Sprache und Literatur errichtet.

Das „Totum" des Habsburgerstaats

In der europäischen Perspektive dieses Buches ist die Besonderheit des „Habsburgerstaates" in der Vormoderne noch einmal hervorzuheben. Staaten und Dynastien, die über Bundesformen oder Personalunionen verschiedene Gemeinwesen und/oder Ethnien miteinander zu verknüpfen suchten, hat es im Ancien Régime häufiger gegeben; es sei hier nur an das Doppelreich Polen-Litauen oder an die Zugehörigkeit Finnlands zum schwedischen Imperium erinnert. Eine Dynastie, die sich mit Erfolg der Aufgabe stellte, ethnisch-kulturell ganz unterschiedliche Reichsteile wirklich, wie es Prinz Eugen immer wieder gefordert hatte, zu einem „Totum" zu machen, gab es im Ancien Régime kein zweites Mal – wobei die russischen Zaren hier außer Betracht bleiben sollen, weil der Politisierungsgrad der von ihnen annektierten oder integrierten zis- und transuralischen Reichsteile mit dem Ungarns oder der Niederlande nicht verglichen werden kann. Der Habsburgerstaat war eine Art Modell für Föderationen, die von einer geistig-„ideologischen" oder personalen Klammer – in diesem Fall einer Dynastie – zusammengehalten wurden und die existente Unterschiede als solche respektierten. Erst ab dem Augenblick, als Joseph II. die sensible Heterogenität in Frage stellte und unifizierenden Tendenzen freien Lauf zu lassen suchte, kam es zu einer ernsthaften Krise des dynastiezentrierten Föderationsmodells. Sie schlug sich insbesondere in der belgischen Revolution von 1787 nieder, die auf eine überstürzte und auf gewachsene Strukturen keine Rücksicht nehmende Justizreform zurückging, und führte in Ungarn zu Unruhen, die den Kaiser bewogen, die Stephanskrone nach Buda zurückzusenden! In einer Zeit, in der „nationale" Emotionen der Ethnien zwar schon eine Rolle spielten, aber noch längst nicht das entscheidende Kriterium für staatliche Organisation waren, stellte der Versuch, eine Symbiose von sehr heterogenen Ethnien und Kulturen herzustellen, ein bemerkenswertes Anschauungsmaterial für die Zukunft dar.

3.5.5 Der Habsburgerstaat und die Revolution

Es war nicht etwa so, dass man sich in Wien den Ausbruch der Revolution in Frankreich, auf dessen Thron immerhin eine Kaisertochter saß, schwer zu Herzen genommen hätte. Ein Türkenkrieg, die durch Josephs Reformen ausgelösten Unruhen in etlichen Provinzen, dann der durch Tuberkulose und eine Malariainfektion bewirkte Tod des Kaisers brannten viel eher auf den Nägeln als die Ereignisse im fernen Paris.[17] Hinzu kam, dass das Heer zwar über eine Sollstärke von 300 000 Mann verfügte, die österreichischen Finanzen[18] aber immer noch geradezu hoffnungslos darniederlagen und die angewachsenen Schulden samt Zinsendienst aus den laufenden Einnahmen längst nicht gedeckt werden konnten. 1798 soll die Gesamtschuld auf 527 Millionen Gulden angewachsen sein, die Soll-Einnahmen lagen bei 100 Millionen! So war es schon früh absehbar, dass ein neuerlicher Krieg nur eine Konsequenz haben konnte: den Staatsbankrott. 1811 wurde er dann tatsächlich erklärt.

Während Leopold (II.), der Nachfolger und Bruder Josephs II., den förmlichen Krieg noch vermieden und einer besonnen-abwägenden Politik, die dem Gedanken an eine militärische Intervention nur zögernd näher trat, den Vorzug gegeben hatte[19], suchte sein Sohn Franz (II.), der ihm 1792 nach seinem unerwarteten, durch eine Lungenentzündung hervorgerufenen Tod auf dem Thron gefolgt war, den Krieg ganz entschieden voranzutreiben, obwohl maßgebliche Berater wie Kaunitz über diese Wendung der Dinge alles andere als glücklich waren. Am Hof setzte sich die Kriegspartei

---

17 Zur österreichischen Großmachtpolitik zwischen dem Beginn des Türkenkriegs und der „Zweiten diplomatischen Revolution" jetzt: M. HOCHEDLINGER, Krise und Wiederherstellung.

18 Für die mariatheresianische Zeit vgl. P. G. DICKSON, Finance.

19 U. LAPPENKÜPER, Balance of Power.

durch. Frankreich fühlte sich provoziert und erklärte 1792 den Krieg. Franz II. fand in Johann Thugut[20] dann auch das Werkzeug, das voll hinter dieser Entscheidung stand – nach dem zweiten Koalitionskrieg wurde er umgehend wieder fallen gelassen und entlassen. Zunächst empört über das Ausscheren des preußischen Allianzpartners aus dem Krieg (Friede von Basel, 1795), hielt auch der Habsburgerstaat nur bis 1797 durch (Friede von Campo Formio). Erst nach dem Fiasko des 3. Koalitionskrieges und des Negativerlebnisses des Pressburger Friedens (1805) fand er dann die Kraft zu den längst überfälligen Reformen. Das Modell, dass aus der militärischen Niederlage neue Kraft erwuchs, wird uns auch bei dem großen Antagonisten des Habsburgerstaats begegnen.

3.6   Brandenburg-Preußen

Aus der Vielzahl der dem Reichsverbund angehörenden Reichsstände ist neben der „Habsburgermonarchie" *ein* deutsches Fürstentum hervorzuheben – nicht nur, weil es in der hier zu behandelnden Epoche zu einer (wie auch immer zu definierenden) Großmacht aufstieg, sondern weil es lange als eine Art Gegenmodell zum französischen Vorbild angesehen wurde: ein erfolgreiches protestantisches Staatswesen, das sich an anderen Tugenden orientierte als das Frankreich Ludwigs XIV., das vor allen anderen einen Herrscher „produzierte", der sich den Prinzipien der Aufklärer verpflichtet fühlte, das seine knappen Ressourcen in ganz besonderer Weise zu bündeln und zu optimieren verstand. Freilich gilt es zugleich bei Preußen mehr als bei allen anderen hier behandelten Gemeinwesen, auf Abstand bedacht zu sein und nicht Metaphern und Positionen der borussischen Historiographie des 19. und auch noch des 20. Jahrhunderts zu erliegen.

3.6.1   Die Ausgangslage: Kurbrandenburg unter dem Großen Kurfürsten

Das Kurfürstentum Brandenburg: das war nach dem Westfälischen Frieden zunächst nicht mehr und nicht weniger als einer jener weltlichen Kurstaaten, die, jeder auf seine Weise, durch die Friedensregelung von 1648 territorial gewonnen hatten. Bestanden diese Zugewinne im Fall Kursachsens in der Lausitz und im Fall Kurbayerns in der Oberpfalz, so hatten die Hohenzollern[1] Hinterpommern, einige säkularisierte Bistümer, unter ihnen Halberstadt, und die Anwartschaft auf das Erzbistum Magdeburg erhalten, die endgültig freilich erst 1680 eingelöst werden sollte. Das war territorial nicht wenig, wurde aber dennoch als politischer Misserfolg bewertet, zumal diese Zugewinne die Kompaktheit des hohenzollernschen Staates kaum gesteigert hatten – er erstreckte sich vom Niemen und von der Memel bis nach Wesel und zum Niederrhein und war von vielen fremden Territorien unterbrochen. Denn man hatte sich in der Umgebung des mitten im Krieg zur Regierung gelangten Kurfürsten Friedrich Wilhelm (1640–1688) viel weitergehende Hoffnungen gemacht. Man hatte nämlich auf den Erwerb des gesamten Herzogtums Pommern spekuliert, auf das man nach dem Erlö-

---

20 K. A. Roider, Baron Thugut.
1 Biographische Essays: F.-L. Kroll (Hg.), Preußens Herrscher.

schen der dortigen Greifendynastie (1637) aufgrund eines Erbvertrags aus dem frühen 16. Jahrhundert einen Rechtsanspruch zu haben glaubte. Aber Rechtsansprüche hatten bei dem umfassenden deutschen und europäischen Revirement in Münster und Osnabrück nur wenig Gewicht, sie wirkten nur dann, wenn die Interessen anderer Mächte nicht davon berührt waren. Im Fall Pommerns aber waren andere Interessen mit im Spiel: Schweden erwartete für seinen Kriegseinsatz nicht nur finanzielle Entschädigung, es suchte sich zudem unter der Metapher vom *dominium maris baltici* – der Herrschaft über die gesamte Ostsee – an der Südküste der Ostsee – und auch an ihrer Ostküste – festzusetzen. Der erzwungene Verzicht auf den lukrativeren Teil Pommerns wurde für den jungen Kurfürsten fortan zu einem starken Impetus, den Westfälischen Frieden in dieser Hinsicht über kurz oder lang zu revidieren. Eine Voraussetzung dafür war mit den Bestimmungen des Westfälischen Friedens bereits geschaffen worden, das Recht der Stände zum Abschluss von Bündnissen auch mit auswärtigen Mächten. Brandenburg hatte das übrigens wie selbstverständlich schon während des Dreißigjährigen Krieges praktiziert und verdankte diesem Vorgehen seine nicht weiter zu hinterfragende Beteiligung an den Friedensverhandlungen. Die anderen Voraussetzungen schuf sich der Kurfürst selbst: So traten nach zum Teil heftigen Auseinandersetzungen die Stände der verschiedenen Provinzen ihre Kompetenzen im Bereich der Heeresrekrutierung und -finanzierung an den Staat ab. Der Kurfürst gab dem nun verstetigten Heer eine angemessene Administration und machte es zu einem zentralen Faktor seiner politischen Ambitionen. Des Weiteren – damit zusammenhängend – betrieb er den mehr oder weniger konsequenten „Einstieg" in die Arena der Mächtepolitik, das heißt er nutzte die „Conjuncturen", um durch Bündnisse oder Bündniswechsel politisch etwas zu erreichen: sein Fernziel blieb dabei stets (Vor-)Pommern. Schon während des (ersten) Nordischen Krieges gelang es ihm durch wiederholte Bündniswechsel, einen stattlichen Preis zu erringen, nämlich die Lösung des Herzogtums Preußen aus der polnischen Lehensabhängigkeit.[2] Was damals niemand ahnte: dieser Vorgang war die formale Voraussetzung der späteren Erhebung der Hohenzollern zu Königen „in Preußen". Publizistisch verstand es der Kurfürst im Übrigen, etwa durch die geradezu zum Bestseller avancierende Flugschrift „Gedenke, dass du ein Teutscher bist", sein Vorgehen optimal zu legitimieren. Der Eindruck, dass Friedrich Wilhelm in seiner Außenpolitik zwischen Neigung und Skrupellosigkeit hin und her schwankte, ist sicher nicht ganz unzutreffend: Er folgte einer Neigung, wenn er 1672 zu einem Zeitpunkt, als noch kein anderer Staat in Europa daran dachte und die Hände rührte, die Partei der Generalstaaten ergriff, die sich einem Überfall Ludwigs XIV. konfrontiert sahen. Er unterstützte damit jenes Staatsgebilde, dem er sich durch einen langjährigen Jugendaufenthalt und über seine erste Gemahlin besonders verbunden fühlte. Andererseits ging der Kurfürst ziemlich skrupellos vor, wenn er trotz erkennbarer, durch die Reunionen potenzierter antifranzösischer Stimmung im Reich in Bündnisse mit Frankreich eintrat – so etwa 1681 –, wobei er hoffte, damit nicht nur seine niederrheinischen Besitzungen zu schützen, sondern auch seine Ansprüche auf Vorpommern zu flankieren. Gerade an seiner Außenpolitik lässt sich ermessen, in welchem Maß Friedrich Wilhelm bereits in europäischen Kategorien dachte, während er gemäß

---

2 Vgl. H. Duchhardt/B. Wachowiak (Hg.), Souveränität.

seiner ganzen Erziehung – sein Politisches Testament von 1667 spricht diesbezüglich eine deutliche Sprache – immer noch seine Reichspflichten und seine Verbindung zum Kaiserhof betonte.

Die große Leistung des Kurfürsten[3] besteht nicht nur darin, seinen Staat auf die europäische Bühne geführt zu haben, sondern auch darin, mit seiner zwar nicht unaggressiven, aber erfolgreichen Wirtschaftspolitik neue Akzente (darunter den Müllroser Kanal, der es ermöglichte, den lästigen schwedischen Zoll zu umgehen) gesetzt, Kolonialpolitik und Überseehandel aus seinem Denken nicht ausgeschlossen[4] und die Verwaltung über die Ebene eines deutschen Mittelstaates deutlich hinausgeführt zu haben. Der administrative Aufbruch betraf vor allem die Militärverwaltung, deren Effizienz die Grundlage jeder ambitionierten Außenpolitik sein musste. Das Institut des *Commissarius* mag stellvertretend stehen für jene Tendenz, einen straff hierarchisch organisierten Befehlsstrang aufzubauen mit Männern, die direkt dem König verantwortlich und rechenschaftspflichtig waren und nicht mehr irgendwelchen ständischen Gremien. Es war nämlich nicht nur die Größe, sondern vor allem die Schlagkraft des brandenburgischen Heeres, die die Zeitgenossen beeindruckte – obwohl man gerade auf diesem Feld vor Verzeichnungen und Ideologisierungen warnen muss. Fehrbellin und das Zurückschlagen der Schweden 1675 waren eine bemerkenswerte militärische Leistung, aber dem stehen nicht allzuviele andere Beispiele zur Seite, die Anlass für einen exzeptionellen Ruf des brandenburgischen Militärs im deutschen oder gar europäischen Spektrum gegeben hätten.

3.6.2 Der lange Weg zur Krone und Großmacht

Immerhin wird sich sagen lassen, dass die allgemeinen politischen Strukturen – ein Zeitalter, das überwiegend vom Krieg bestimmt war und in dem militärisch potente Allianzpartner zu den gesuchten *rarissimi* zählten – dem Aufstieg Brandenburgs ausgesprochen günstig waren. Aber es kam nach dem Tod des schon von manchen Zeitgenossen mit dem Epitheton „der Große" bedachten Kurfürsten Friedrich Wilhelm etwas hinzu, was man nur mit dem Begriff der außenpolitischen Konstanz bezeichnen kann. Dem Zeitalter des hohenzollernschen „Wechselfiebers" folgte seit 1686 eine Ära der mehr oder weniger strikten Orientierung an der Wiener Hofburg, die sich noch in eben diesem Jahr in der Teilnahme brandenburgischer Truppenkörper am Türkenkrieg dokumentierte. Die Perspektive „Pommern" war dabei unverändert im Spiel, aber nun dachte man auch an andere mögliche Arrondierungen, etwa in Schlesien (Liegnitz, Brieg und Wohlau) – und schließlich kam seit den frühen 1690er Jahren auch ein nichtterritoriales Ziel hinzu, nämlich die Promotion zum Königreich. Sicher haben solche Pläne der Schaffung beziehungsweise des Erwerbs von Königskronen damals eine ganze Reihe von deutschen (und nichtdeutschen) Dynastien – die Wettiner, die verschiedenen wittelsbachischen Zweige, die Welfen – beschäftigt. Aber es war nicht nur das Moment,

---

3 Wichtig für die Gesamtpolitik: G. HEINRICH (Hg.), Sonderbares Licht.
4 Freilich blieb hier manches im Bereich des Projekts und der Luftschlösser; vgl. zum Beispiel: M. HUNDT, „Woraus nichts geworden", zu den Versuchen, einen Seidenhandel mit Persien aufzubauen.

mit den potentiellen Konkurrenten mithalten zu müssen, das die Pläne über Jahre hinweg nicht von der brandenburgischen Agenda verschwinden ließ. Hinzu kam nämlich die Erkenntnis, zwar ein gesuchter Militärpartner zu sein, aber auf den Friedenkongressen, also dann, wenn es um die Neuverteilung der politischen Gewichte ging, das Nachsehen zu haben, weil der Kreis der souveränen Mächte immer bestrebt war, seine Exklusivität nicht ohne Not auszuweiten. Die brandenburgischen Diplomaten hatten bei verschiedenen Gelegenheiten, zuletzt bei den Friedensverhandlungen im holländischen Rijswijk, schmerzhafte Zurücksetzungen erfahren – und solche Vorfälle ließen sich nur vermeiden, wenn Rangparität erreicht war. Was in der frühen Neuzeit auf „normalem" Weg bis dahin nie gelungen war, eine Rangerhöhung und ein Vorstoß in den exklusiven Kreis der Monarchen, gelang dann tatsächlich. Unter geschickter Ausnutzung des Truppenbedarfs der Wiener Hofburg und im unmittelbaren Vorfeld eines neuen, seit langem absehbaren großen Konflikts (um die spanische Erbfolge) konnte die formale Zustimmung des Kaisers erwirkt werden. Nach der Königsberger Krönung Kurfürst Friedrichs III. (1688–1713, seit 1701 König Friedrich I.) vom 18. Januar 1701 folgte die Anerkennung der anderen Mächte relativ schnell. Bis zum Utrechter Frieden (1713) hatte die gesamte Staatenfamilie die preußische Königswürde anerkannt.

1701 war in der Geschichte des Hohenzollernstaates eine eminent wichtige Zäsur[5], nicht nur, weil dieses Ereignis für die Formierung eines Gesamtstaatsbewusstseins wesentliche Voraussetzung und Antrieb zugleich war, sondern auch deswegen, weil sich dieses neue Königreich nach dem Thronwechsel von 1713 sehr bewusst im Sinn eines „Gegenmodells" von den Schwestermonarchien abzusetzen begann. Es mag sein, dass der Pietismus als gestalterische Kraft überschätzt worden ist[6], aber es ist keine Frage, dass in Preußen ein hohes Ethos gegenüber dem Staat systematisch propagiert und von allen Gruppen der Gesellschaft erwartet wurde, insbesondere vom Adel – der überaus gezielt in die (staatliche) Pflicht genommen wurde und im Übrigen nur zögerlich zu einem „preußischen Adel" zusammenwuchs –, und dass von allem unnötigen Aufwand Abstand genommen und eine Bündelung aller Kräfte und Ressourcen in einem an sich menschen- und ressourcenarmen Land zum leitenden Prinzip erhoben wurde. Aber wozu das alles? Um sich der Zugehörigkeit zum Kreis der Monarchien würdig zu erweisen? Um zumindest mittelfristig weiter zu arrondieren und zu expandieren? Um die hohe gestalterische Kraft des Protestantismus unter Beweis zu stellen?

Außenpolitischer Aufstieg, innenpolitische Straffung

Alles mag eine Rolle gespielt haben. Zwar war die Außenpolitik des Hohenzollernstaates in den Jahrzehnten nach 1701 keine reine Erfolgsstory, aber die rasche Anerkennung des Königstitels, der Zugewinn des von den spanischen Erblanden abgetrennten Oberquartiers von Geldern in Utrecht (1713), die Erwerbungen von Moers und des schweizerischen Neuenburg aus der oranischen Erbschaft (1702 beziehungsweise 1707), der Anfall zumindest eines kleinen Teils Vorpommerns nach dem (Zweiten) Nordischen Krieg und die faktische Partnerschaft mit der anderen nach oben strebenden Macht, dem Russland Peters des Großen, zur Kontrolle und Außensteuerung

---

5 Vgl. die Ausstellungskataloge „*Via Regia*" und „Preußen 1701".
6 Vgl. u.a. R. L. Gawthrop, Pietism.

des gemeinsamen polnischen Nachbarn konnten sich sehen lassen. Zumindest von gleichem Gewicht war, dass und wie rasch Preußen voll integrierter Teil des europäischen Mächtekonzerts wurde, Allianzpartner der Großen, Gegengewicht zu anderen Koalitionen. Preußen stieg über den Rang einer bloßen regionalen Ordnungsmacht ausgesprochen schnell in den Rang einer Macht von europäischem Gewicht auf, und dies alles, ohne dass das unter dem „Soldatenkönig" Friedrich Wilhelm I. (1713–1740) nochmals kräftig aufgestockte preußische Heer im zweiten, dritten oder vierten Jahrzehnt des 18. Jahrhunderts jemals eine wirkliche militärische Bewährungsprobe abgeliefert hätte.

Auch die Konsequenz, mit der in Preußen „modernisiert" wurde, hat alles in allem die Zeitgenossen beeindruckt. Das betraf die Reorganisation der Zentralverwaltung mit einem Generaldirektorium und verschiedenen Departements (1723), obwohl der Weg zur reinen Sachzuständigkeit mit ihnen (zunächst) noch nicht gefunden wurde, das betraf aber auch die Heeresrekrutierung. Mit dem Kantonsystem, das sich bis zu einem gewissen Grad an dem schwedischen *Indelta*-System – dem Einteilungswerk – orientierte, schuf Preußen ein Modell, das in der Folgezeit für viele Vorbildcharakter gewinnen sollte. Auch die Konsequenz, mit der in Preußen altständische Elemente, etwa die Selbstverwaltung der Städte, beseitigt oder abgeschwächt wurden und mit der die Krone versuchte, durch das Institut des Landrats, also eines vom König ernannten Regionalbeamten, den Zugriff auf die Untertanen möglichst weit nach „unten" voranzutreiben, hat in den europäischen Kabinetten unverhohlen Anerkennung gefunden. Dass die Verdichtung durchaus zu Lasten anderer Einbindungen ging, hat man in Berlin bewusst riskiert; bei aller Kaisernähe ist die Tendenz unübersehbar, durch den Rückzug aus der Reichsjustiz und die Autonomisierung der eigenen Rechtsprechung oder den Aufbau eines konkurrierenden Postsystems[7] bestimmte Verklammerungen mit dem „Reich" eher zu reduzieren denn zu stärken.

Die Annexion Schlesiens als Wendepunkt

Trotz dieses rasanten Aufstiegs eines scheinbar peripheren, scheinbar kulturfernen und seiner Zerrissenheit wegen scheinbar viel zu „anfälligen" Territorialstaats zu einer Macht von europäischem Ansehen kam das, was sich im Dezember 1740 ereignete, für die meisten Beobachter völlig überraschend: Ein Gemeinwesen, das sich bisher stets dem Kodex der Reichsverfassung verpflichtet gefühlt und sich am Recht orientiert hatte, das zudem an seiner „Kaisernähe" in den zurückliegenden Jahrzehnten kaum jemals, trotz mancher Enttäuschungen, hatte zweifeln lassen, überfällt und annektiert unter offensichtlichen Vorwänden, also unter Bruch des Völkerrechts, eine der reichsten Provinzen des Kaiserstaates. Nach 1740 war nichts mehr so, wie es vorher gewesen war. In das Reich war nackter Egoismus eingebrochen, skrupellose Vorteilnahme zu Lasten eines – einer! – Dritten. Schlesien war ein Schlag ins Gesicht des Völkerrechts, wie ihn Europa seit den schlimmsten Tagen Ludwigs XIV. nicht mehr erlebt hatte. Mit dem Verlust ihrer reichsten Provinz trug die Geschädigte zugleich das Moment der Revision dieses Vorgangs in die internationale Politik hinein, das fortan über mehr als zwei Jahrzehnte zu seinen bewegenden Faktoren zählen sollte.

---

7 Vgl. M. Dallmeier, in: W. Lotz (Hg.), Deutsche Postgeschichte.

Mit Schlesien, das für die Wirtschaft des preußischen Staats von eminenter Bedeutung war, dessen Inbesitznahme dann auch umgehend eine statistische Erhebung folgte und dessen Verwaltung der König, höchst bezeichnend, nicht dem Generaldirektorium übertrug, sondern sich selbst vorbehielt, hing an Friedrich II. (1740–1786) in der öffentlichen Meinung der Ruf des notorischen Friedensbrechers, des unkalkulierbaren Partners. Und die Jahre nach 1740 waren denn auch von mannigfachen außenpolitischen „Wechselspielen" geprägt, die nur einen festen Fluchtpunkt hatten: ein Bündnis mit der Wiener Hofburg würde für viele Generationen außerhalb der außenpolitischen Optionen des Hohenzollernstaats bleiben müssen. Entscheidend war freilich, dass dieser Gegensatz nicht nur die Außen- und Mächtepolitik strukturierte, sondern auch für das Reich nachhaltige Konsequenzen hatte. Der preußisch-österreichische Dualismus teilte das Reich ebenso tief und nachhaltig, wie es ein gutes Jahrhundert zuvor der konfessionelle Antagonismus getan hatte. Neben den Kaiserhof als Orientierungsmacht für den süd- und westdeutschen Katholizismus und für die große Gruppe der Mindermächtigen trat nun, vor allem nachdem 1744 auch noch auf dem Erbweg die Grafschaft Ostfriesland an Preußen gefallen war, eine neue Orientierungsmacht für den mittel- und norddeutschen Protestantismus. Es kann deswegen auch nicht überraschen, dass Friedrich II. und überhaupt das preußische Königtum schon von Zeitgenossen und auch von der modernen Forschung[8] geradezu in die Nähe eines „Gegenkaisertums" gerückt wurde. Die mitteldeutschen Höfe, etwa die anhaltischen Fürsten, schickten ihre nachgeborenen Söhne nicht mehr nach Wien, sondern zur militärischen Ausbildung nach Berlin, es war nicht Franz I., sondern Friedrich II., der zum Heros, zum glänzenden *Roi-Connétable*, sogar zum Wortführer der deutschen Aufklärung stilisiert wurde. Es gibt Historiker[9], die sogar die Anfänge eines wirklichen deutschen Nationalbewusstseins in einen ursächlichen Zusammenhang bringen mit den militärischen Erfolgen des Preußenkönigs, insbesondere denen im Siebenjährigen Krieg.

Diese militärischen Erfolge waren in der Tat beeindruckend[10], auch wenn man sich – erneut – vor manchen Überzeichnungen der borussischen Geschichtsschreibung hüten muss. Das Beeindruckendste für die Zeitgenossen war sicher nicht die anfängliche Behauptung des schlesischen Zugewinns im Österreichischen Erbfolgekrieg, also in einer wirren Zeit, sondern die Behauptung von Staat und Status im Siebenjährigen Krieg gegen eine weit überlegen scheinende „große Koalition" Wiens, Sankt Petersburgs und Frankreichs (und kleinerer Alliierter). Friedrich hatte, nicht unproblematisch, den Krieg, lediglich abgestützt durch die Westminster-Konvention mit Großbritannien, selbst mit einem Präventivschlag gegen den sächsischen Nachbarn begonnen – nicht unproblematisch vor allem deswegen, weil er fast die gesamte veröffentlichte Meinung damit gegen sich aufbrachte. Es musste ihm nach allem, was in den zurückliegenden Jahren, auch durch eigene unbedachte Äußerungen, geschehen war, klar sein, dass die Gegenseite entschlossen war, Preußen zumindest auf den Status einer

---

8 Diese These hat K. O. von Aretin immer wieder vertreten.
9 So etwa H. Möller, Fürstenstaat.
10 Das Kriegsgenie Friedrichs II. ist über Generationen hinweg besonders intensiv behandelt worden. Vgl. zuletzt D. W. Showalter, Wars of Frederick.

bescheidenen Mittelmacht zurückzustutzen. Aber zur allgemeinen Überraschung hielt der Hohenzoller durch, obwohl sich London 1762 aus der Allianz (und damit von den Subsidienzahlungen) zurückzog. Bei der Erklärung dieses Sachverhalts war in der retrospektiven Betrachtung natürlich immer ein gewisses Maß an Mythos und Legendenbildung mit im Spiel, bis hin zu Friedrichs eigener These vom „Mirakel" des Hauses Brandenburg, dem Tod der russischen Kaiserin Elisabeth und dem Rückzug ihres Nachfolgers Peter III. aus dem Krieg. Aber zum Zeitpunkt des vermeintlichen „Mirakels" dauerte der Krieg schon sechs Jahre an, so dass dieser Erklärungsversuch eher auf eine falsche Fährte führt. Die moderne Forschung[11] hat demgegenüber strukturelle Gesichtspunkte in den Vordergrund gerückt und vom Gedanken des Fatums oder gar eines allen überlegenen Feldherrngenies deutlich Abstand genommen: die Probleme der Koalitionskriegführung, das tiefreichende Misstrauen zwischen den Alliierten, die langen Entscheidungswege. Friedrich hat im Siebenjährigen Krieg nicht nur strahlende Siege erfochten, er stand mehr als einmal mit dem Rücken zur Wand[12], kam über die reine Defensive nicht mehr hinaus und trug sich zeitweise sogar mit Selbstmordabsichten. Aber alle militärischen Erfolge der Gegner blieben am Ende Stückwerk, wurden nicht entsprechend ausgenützt, wurden mit Diskussionen über das weitere Vorgehen wieder vertan. Es war nicht das Genie des *Roi-Connétable*, das den Siebenjährigen Krieg entschied, es war die Uneinigkeit und Unentschlossenheit der gegnerischen Koalition, die in Hubertusburg den Großmachtstatus Preußens nun ein weiteres Mal und jetzt definitiv anzuerkennen hatte.[13]

Der *Roi-Connétable* als „innerer Fürst"

Friedrich II. ging aus dem Krieg nicht nur mit einem ungeheuren Zugewinn an Popularität hervor, als jemand, der seine wichtigste Provinz und überhaupt die Integrität seines Staates gerettet hatte, als jemand, der mit Russland nun auf Dauer einen Bündnispartner gewann, sondern zudem als jemand, der erstmals den Rücken frei hatte für innere Reformen. Sein Vater, der „Soldatenkönig", wird oft mit dem Schlagwort von Preußens „innerem König" bedacht, und ganz falsch ist das ja auch gar nicht, wenn man sich seine oben kurz erwähnten tiefgreifenden Reformen in der Zentralverwaltung und auf dem Feld der Heeresrekrutierung vergegenwärtigt. Aber mit ähnlicher Berechtigung wird man auch Friedrichs Königtum nach dem Hubertusburger Frieden als die (zweite) „innere Halbzeit" seiner Regierung bezeichnen können. Mindestens zwei Komponenten trafen hier zusammen: Die ganz aktuelle Sorge für das Land, das unter den Kriegen gewaltig gelitten hatte und nun dringend nicht nur eine Erholungs- und Regenerationsphase benötigte, sondern auch nachhaltige Maßnahmen, um es zu entwickeln und zu stärken. Die andere Komponente war das Ideengut der Aufklärung, das Friedrich bei seinen vielen Kontakten mit bedeutenden Aufklärern – Voltaire an der Spitze – nahegebracht worden war. Schon seinen Regierungsantritt hatten viele Hoffnungen der Aufklärern begleitet, aber erst jetzt gewann Friedrich den Freiraum, um zumindest dies und jenes aus dem Arsenal der Aufklärung aufzugreifen und um-

---

11 J. KUNISCH, Mirakel.
12 Zur problematischen Lage der preußischen Westprovinzen vgl. jetzt H. CARL, Okkupation.
13 J. BURKHARDT, Vom Debakel zum Mirakel.

zusetzen: nicht mit der Absicht, die Welt und sein Gemeinwesen von Grund auf zu verändern, wohl aber mit der, es vernünftigen Prinzipien gemäß an eine sich ändernde Zeit anzupassen. Manche Aufklärer, Diderot und Voltaire mit Vorrang, haben das dann auch zu würdigen gewusst.

Dabei waren für ihn, der sich in vielen Schriften auch theoretisch mit den Prinzipien seiner Herrschaft beschäftigte, die Begriffe „Gemeinwohl" und „Herrschaft des Gesetzes" wohl Schlüsselworte seiner praktischen Politik. Herrschaft des Gesetzes – das meinte eine deutliche Tendenz hin zu einem Mehr an Rechtsstaatlichkeit, was sich unter anderem an den verschiedenen Etappen einer Gerichtsreform (seit 1748), an der immer konsequenter verfolgten Trennung von Justiz und Verwaltung, an einer deutlichen Humanisierung des Strafrechts unter gleichzeitigem Verzicht auf alle „Kabinettsjustiz" und schließlich an der zugleich der Harmonisierung des Rechts in der Monarchie dienenden Kodifikation des „Allgemeinen Landrechts für die preußischen Staaten" ablesen lässt, das in friderizianischer Zeit angestoßen und zur (öffentlichen) Diskussion gestellt wurde, auch wenn es dann erst 1794 in Kraft trat. „Gemeinwohl" – das bedeutete nicht, dass die bisherige Agrar- und Sozialverfassung, die allein und nur dem Adel vorteilhaft war, über Bord geworfen worden wäre, aber das umschloss eine sehr „liberale" Religionspolitik, die allen im Staat vertretenen Konfessionen ihren Frei- und Gestaltungsraum beließ, das umschloss eine relativ freizügige Pressepolitik, die dem sich verstärkenden Informations- und Diskursbedürfnis breiterer Schichten entgegenkam, das umschloss nicht zuletzt tiefgreifende Wirtschafts- und Finanzreformen, auch wenn dadurch die merkantilistisch-kameralistischen Prinzipien der Staatswirtschaftspolitik noch nicht in Frage gestellt wurden. Das Gesamtpaket der einschlägigen Maßnahmen ist zeitgenössisch als „Rétablissement" bezeichnet worden und hatte noch weitgehend staatsdirigistische Züge: die Urbarmachung bisher brachliegender Landstriche, der Wiederaufbau der durch den Krieg zerstörten Kommunen, Maßnahmen zur „Peuplierung" des Landes, auch mit ausländischen Kolonisten, die neues Know-how mitbrachten, Bau neuer Verkehrswege, insbesondere von Kanälen, um den Warenaustausch zu befördern, Errichtung von Getreidemagazinen und überhaupt eines überdurchschnittlich guten Getreideversorgungssystems, vor allem aber die Einrichtung staatlicher Monopole, unter anderem für Porzellan, Tabak und Kaffee, und Maßnahmen, um dem (während des Siebenjährigen Krieges selbst herbeigeführten) Münzverfall entgegenzuwirken. Von Bedeutung war auch, dass innerhalb des Generaldirektoriums neue Departements – also eine Art Ministerien – eingerichtet wurden für verschiedene Bereiche der Staatswirtschaft (1766 Zoll- und Akzisewesen, 1768 Bergwerks- und Hüttenwesen, 1770 Forstverwaltung).

Der König hat der wirtschaftlichen Konsolidierung seines Staates – Voraussetzung jeder ambitionierten Außenpolitik – in den eineinhalb Jahrzehnten nach dem Hubertusburger Frieden hohe Priorität eingeräumt und zum Teil persönlich flächendeckende und für alle Grundherren verbindliche Maßnahmen ergriffen, etwa nach der großen Agrarkrise in den frühen 1770er Jahren in den östlichen Provinzen die Einführung des Fruchtwechsels nach englischem Vorbild. Man würde den in einer deutlichen Nähe zur Aufklärung stehenden Fürsten aber gründlich missverstehen, wenn man annähme, er habe alle oder sehr viele Forderungen der Aufklärung umgesetzt. Gewiss, sein General-Landschul-Réglement von 1763 kann sich auch im innerdeutschen Vergleich sehen lassen, und man muss natürlich auch im Auge behalten, dass sich in seinem Staat manche Probleme – etwa die große Zahl kirchlicher Feiertage oder das Wallfahrtswesen – nicht in ähnlicher Schärfe stellten wie in Österreich oder Bayern. Aber, um nur zwei Beispiele anzuführen, zu einer gründlichen Modernisierung des Hochschulwesens oder gar zu Maßnahmen, um die „Leibeigenschaft" der Bauern zu mildern oder möglicherweise abzuschaffen, was in Baden, ohne mit der neueren Forschung diesen Vorgang überschätzen zu wollen[14], ja angegangen wurde, kam es in Preußen während Friedrichs Regierungszeit bezeichnenderweise nicht. Auch die Tendenz der zunächst unter dem Titel „Allgemeines Gesetzbuch" der Öffentlichkeit bekannt gemachten Rechtskodifikation, des späteren „Allgemeinen Preußischen Landrechts", ist bezeichnend; bei aller punktuellen Modernität (Eigentumsschutz, soziale Besserstellung von ledigen Müttern und unehelichen Kindern) überschritt es doch an einem Punkt nie die alten Grenzen: bei der Bewahrung der ständischen Privilegienordnung.

3.6.3 Preußens außenpolitische Optionen und Zwänge nach dem Siebenjährigen Krieg

Mit diesem durchaus gedrosselten „Reformabsolutismus" – um einen in der neueren Forschung vermehrt gebrauchten Begriff in diesem Zusammenhang zumindest einmal zu erwähnen – korrespondierte, dass Friedrich II. bei allen Maßnahmen zur inneren Stabilisierung seines Staatswesens der Außenpolitik vor allem seit den ausgehenden 1760er Jahren wieder verstärkt sein Augenwerk zuwandte, wohl wissend, dass nur sie es war, die Preußens Großmachtanspruch begründete. Der Hohenzollernstaat war seit 1764 ja in der beneidenswerten Lage, in einem „Wunschbündnis" mit Russland, der Hegemonialmacht des ostmitteleuropäischen Raumes zu stehen. Als Gegengewicht gegen die auf absehbare Zeit wohl irreversible Gegnerschaft zur Habsburgermonarchie und zu den nur noch auf Sparflamme gehaltenen, nachhaltig gestörten Beziehungen zu Frankreich war das Bündnis unabdingbar, für Preußen war es aber auch deswegen eminent wichtig, weil es die seit langem praktizierte Partnerschaft zur Kontrolle und Außensteuerung Polens reaktiviert und bekräftigt hatte. Hinzu kam, dass Österreichs Partnerschaft mit dem bisherigen „Erbfeind" der Deutschen – eine Diskussion, die durchaus schon zeitgenössisch war – genügend Material zur Verfügung stellte, um Preußen zum Verteidiger der deutschen „Libertät" und zur Seele einer künftigen „Nation" zu stilisieren. Russlands Eingreifen in Polen zur Vereitelung dortiger Modernisierungstendenzen und das Einmünden dieses Konflikts in einen neuerlichen Türkenkrieg in den späten 1760er Jahren musste dann auch die Interessen der anderen Regionalmächte berühren, schon allein aus der Sorge, Russlands Stellung könne überdimensionierte Ausmaße annehmen. Um einen umfassenden militärischen Konflikt zu verhindern, tauchte der Gedanke auf, die interessierten Regionalmächte proportional mit territorialen Zugewinnen auszustatten, die niemandem „weh" taten. Als Kompensationsobjekt drängte sich Polen auf, ohnehin seit zwei Generationen Gegenstand aller möglichen Teilungsprojekte und seiner geopolitischen Lage wegen wie geschaffen für einen solchen Raubakt der drei Anrainer.

---

14 G. Metzler, Markgraf Karl Friedrich.

Die Forschung schließt nicht aus, dass die erste Anregung zur Aufteilung polnischen Territoriums zwischen den drei Regionalmächten von Berlin ausging, wo der König die außenpolitischen Zügel allein in der Hand hielt und die Kabinettsminister kaum mehr als eine Staffage darstellten. Doch die Mutmaßungen über den Stichwortgeber sind müßig: Entscheidend war, dass der Gedanke rasch Widerhall fand, wobei Kaiserin Maria Theresia noch am ehesten Skrupel zeigte. Die erste Teilung Polens, die nicht nur, aber doch überwiegend auf heftige Kritik in der Öffentlichkeit stieß, weil die Befürchtung um sich griff, dies könne nun das Schicksal aller Mindermächtigen werden[15], bedachte Preußen mit einem Landstrich, der aus geostrategischen Gründen besonders begehrt (und in den beiden Politischen Testamenten des Monarchen von 1752 und 1768 folglich auch direkt angesprochen worden) war: Westpreußen als das Verbindungsglied zwischen den Kernlanden und dem „Kronland" (Ost-)Preußen. Im Blick auf die „Kompaktheit" des Hohenzollernstaates war das also eine wichtige Stunde, auch deswegen, weil damit und mit dem Zugewinn Schlesiens die Bevölkerungszahl eine Größenordnung erreichte, die von der anderer Großmächte nicht mehr gar so weit entfernt war (1740: 2,3 Millionen, 1800: knapp 9 Millionen). Zudem war dieser Besitzzuwachs deswegen bedeutsam, weil er die Legitimation schuf, den Titel des Monarchen in „König von Preußen" – statt wie bisher „König in Preußen" – zu verändern.

Die erste Teilung Polens und die Arrondierung des Hohenzollernstaates mit einer Region, für die kaum eine historische Legitimation beigebracht werden konnte, hatte aber zugleich eine bedrohliche Perspektive blitzartig aufscheinen lassen. Trotz des Zugewinns von 1772 war und blieb Preußen eine Großmacht auf tönernen Füßen, die zum einen vom guten Ruf – man kann auch sagen: vom Mythos – ihrer Armee „lebte", zum anderen von dem russischen Bündnis als Korsett der gesamten Außenpolitik. Mit Österreich würde auf absehbarer Zeit keine Aussöhnung herzustellen sein, auch Frankreich und Großbritannien schieden seit dem Siebenjährigen Krieg als potentielle Partner aus; was aber würde geschehen, wenn Russland auf den Gedanken verfiele, sich politisch umzuorientieren? Gesprochen miteinander hatte man immerhin wieder, und niemand konnte eine Prognose wagen, wie lange das Trauma des Rückzugs Russlands aus dem gemeinsamen Krieg gegen Preußen in Wien noch nachwirken würde. Allianzen und Gegenallianzen waren im 18. Jahrhundert schnelllebige und unkalkulierbare Phänomene.

Von dieser Ausgangslage her entbehrte es nicht einer gewissen Logik, wenn Friedrich II. seit den frühen 1770er Jahren der Reichspolitik ein neues Gewicht beizumessen begann[16] – er, derjenige, der 1740 die Reichsverfassung und ihre Verhaltensnormen mit Füßen getreten hatte, der von der gegnerischen Propaganda immer wieder als „Reichszerstörer" apostrophiert worden war, der im Siebenjährigen Krieg nur knapp der Reichsacht entgangen war, „entdeckte" nun das Reich als politisches Instrument. Das geschah mit einer wenigstens doppelten Zielsetzung: Zum einen, eine über den bisherigen Kreis preußenorientierter Staaten hinausgehende Klientel zu gewinnen, die auch am Reichstag in Regensburg im preußischen Sinn agierte, zum anderen die Diskreditierung der Kaiserdynastie als gleichgültig, wenn nicht sogar den In-

---

15 Vgl. T. Cegielski, Das alte Reich.
16 V. Press, in: H. Duchhardt (Hg.), Friedrich der Große, Franken und das Reich, Köln/Wien 1986.

teressen des Reiches gegenwirkend – und dies schon über einen sehr langen Zeitraum hinweg. Es war kein Zufall, dass die berühmte antihabsburgische Schrift des Hippolythus a Lapide aus den 1640er Jahren jetzt in Preußen[17] eine Neuauflage erlebte.

Die erneute Zuspitzung des preußisch-österreichischen Dualismus

Der Diskreditierung der Kaiserdynastie durch den Preußenkönig kam es entschieden entgegen, dass in Wien von einem jungen Kaiser, der von seiner Mutter kaum noch gezügelt werden konnte, in der Tat eine Politik initiiert wurde, die nur noch höchst bedingt mit dem Epitheton „reichsverfassungskonform" bedacht werden konnte. Am gravierendsten in den Augen vieler Beobachter war das, was sich beim Eintritt des Erbfalls in Bayern abspielte, der seit Jahren absehbar gewesen war und auf den sich die Wiener Behörden entsprechend hatten vorbereiten können. Statt den (im Übrigen auch reichsrechtlich sanktionierten) wittelsbachischen Hausverträgen ihren Lauf zu lassen, plante die Beratermannschaft Josephs II. nicht mehr und nicht weniger als den Einzug bestimmter Teile des Kurfürstentums Bayern als erledigtes Reichslehen, für das der – im Prinzip als Nachfolger unstrittige – pfälzische Kurfürst in den Niederlanden entschädigt werden sollte. Der österreichische Einmarsch in Bayern löste einen Sturm der Entrüstung aus, zu dessen Wortführer sich der preußische König machte, der umgehend militärisches Vorgehen mit militärischem Vorgehen beantwortete (und übrigens im Kontext dieser Auseinandersetzungen endgültig die Instrumentalisierbarkeit der Formel vom Gleichgewicht der Kräfte „entdeckte").[18] Der Krieg von 1778/79, der im Grunde keiner war, sondern sich im Abernten von Kartoffelfeldern erschöpfte („Kartoffelkrieg"), gleichwohl aber gravierende Defizite im preußischen Militärwesen (Stimmung, fehlende Disziplin, unzureichender medizinischer Dienst, Versorgung) enthüllte, endete mit einem eklatanten Gesichtsverlust der Wiener Hofburg, weil Reich und reichische Öffentlichkeit Wiens Alleingänge dieser Art nicht mehr tolerierten.

Die Forschung spricht nicht ganz zu Unrecht davon, dass Friedrich II. nach dem Teschener Frieden (1779), der ihm im Übrigen seine Ansprüche auf das Erbe seiner fränkischen Vettern in Ansbach und Bayreuth ausdrücklich bestätigte, in die Rolle eines „Gegenkaisers" hineingewachsen sei.[19] Preußen wurde weit über das bisherige Maß hinaus zu einer Potenz, von der man den Schutz und die Bewahrung der Integrität des Reiches erwartete – gegen den Kaiser: eine Ironie der Geschichte. Und der Zulauf verstärkte sich nach 1780 noch, je mehr Joseph II. seine Reformen ohne jedes Verständnis für historisch Gewachsenes und ohne jeden Respekt vor Recht und Gewohnheit umzusetzen begann. Es war bezeichnend für das Renommee, das sich Preußen in kurzer Zeit erworben hatte, dass es – zwar nicht ohne Mühe und nur dank konzentriertem diplomatischem Einsatz – gelang, einen Bund von mindermächtigen Ständen, der sich unter der Fackel der Bewahrung und der Reform der Reichsverfassung fand, um-

---

17 HIPPOLYTUS A LAPIDE, Dissertatio de ratione status in imperio nostro romano-germanico, Freistadt 1640. – Die Ortsangabe Mainz/Koblenz bei der neuen Ausgabe von 1761 war natürlich fiktiv. Die Forschung streitet im Übrigen daüber, ob der Übersetzer und Verfasser der Fußnoten Johann Heinrich Gottlieb von Justi oder Johann Philipp Carrach war.
18 F. ALTHOFF, Gleichgewicht.
19 Dies eine These K. O. von Aretins.

zufunktionieren in ein dezidiert antikaiserliches Bündnis, an dessen Spitze der preußische König stand. Er sollte und musste die aktuell nicht mehr vorhandene Einbindung Preußens in ein internationales Netzwerk substituieren.[20]

Preußen und die Herausforderung der Revolution

Friedrichs Preußen überstand den Tod seines großen Königs (1786), ohne dass es – Friedrichs geradezu traumatische Vision über Jahre hinweg – angesichts eines schwachen Nachfolgers, dessen Wendung zur (in sich widersprüchlich bleibenden) Innenpolitik nicht übersehen, aber auch nicht überschätzt werden darf, und einer faktischen staatenpolitischen Isolierung sofort kollabiert wäre. Das Bündnis mit Russland war tatsächlich, wie insgeheim befürchtet, 1781 zu seinem Ende gekommen. Immerhin gelang es Außenminister Hertzberg, Russlands weitere Machtausweitung dadurch zu verhindern, dass ein von beiden Seiten an sich gewünschtes polnisch-russisches Bündnis hintertrieben wurde; und dass der Dammbau gegen weiteres russisches Ausgreifen ein genereller Zug der preußischen Politik war, spiegelt der (am Ende dann wirkungslos gebliebene) Bündnisvertrag mit der Pforte vom 31. Januar 1790 wider, der eine deutlich antirussische Spitze (Mithilfe Preußens bei der Wiedergewinnung der Krim) hatte. Es war dann wohl der Revolution jenseits des Rheins zu verdanken, dass Preußen eine Schlüsselrolle behielt und sich mit den beiden anderen östlichen Großmächten 1792 und 1795 noch über zwei weitere Teilungen Polens verständigen konnte, die die *Rzeczpospolita* gänzlich von der politischen Landkarte verschwinden ließen. Aber während die „Partner" das eine taten und das andere – den Krieg gegen ein System, das als elementare Bedrohung der alteuropäischen Ordnung empfunden wurde – nicht ließen, fühlte sich ein Hohenzollernstaat, der selbst im Bereich des Militärwesens viele überfällige Reformen seit langem vor sich hergeschoben hatte, mit beidem überfordert. Die Organisation und Integration der neuen Provinz Südpreußen und die Niederschlagung des Kościuszko-Aufstands gemeinsam mit den Russen sowie das rasche, nur zwei Kampagnen überdauernde Wegschmelzen des Staatsschatzes ließen das Interesse am Koalitionskrieg gegen Frankreich so rasch sinken, dass Preußen schon im April 1795 einen auf zehn Jahre befristeten Separatfrieden mit dem Revolutionsregime schloss – als erster Staat Alteuropas überhaupt und natürlich entgegen dem Wortlaut aller Bündnisverträge mit seinen bisherigen Partnern. Der Basler Friede, der Preußen für seine Verluste am Niederrhein noch zu säkularisierende geistliche Territorien als Kompensation in Aussicht stellte und das Berliner Kabinett zwang, seine Politik gegenüber den französischen Revolutionsflüchtlingen gründlich zu revidieren, verschaffte ihm immerhin „Luft", um in der norddeutschen Neutralitätszone einen Aufschwung des geistigen Lebens (Weimarer Klassik, Jenaer Idealismus) zu ermöglichen und um erste Reformen zu initiieren, deren Notwendigkeit Friedrich Wilhelms II. (1786–1797) gleichnamiger Nachfolger seit 1797 nicht nur erkannte, sondern auch anpackte. Bezeichnenderweise stand die Bauenbefreiung auf den königlichen Domänen ganz an der Spitze dieser ersten Reformwelle, die aber dann erst nach den neuerlichen militärischen Niederlagen Preußens 1805 (Austerlitz) und 1806 (Jena und Auerstedt) ihre volle, den ganzen Staat neu strukturierende Dynamik erhalten sollte.

---

20 H. M. Scott, Aping the Great Powers.

3.7 Dänemark

Wenn man in der Geschichtswissenschaft seit einiger Zeit den so genannten zusammengesetzten Monarchien ein besonderes Augenmerk glaubt zuwenden zu sollen, so erweist sich das skandinavische Königreich als ein besonders anschauliches Demonstrationsobjekt. Neben dem eigentlichen Dänemark gebot der König über Anteile an den Herzogtümern Schleswig und Holstein, von denen letzteres zum Reich gehörte und dem dänischen König deswegen die Reichsstandschaft und die Präsenz auf dem deutschen Reichstag einbrachte. Aufs Ganze gesehen aber behielten die Teilherzogtümer, fassbar in der separaten „Deutschen Kanzlei" in Kopenhagen, ein hohes Maß an Autonomie. Des Weiteren gebot der dänische König über Norwegen, mit dessen Verwaltung er in der Regel einen eigenen Statthalter betraute, sowie über die Färöer-Inseln, Island und das riesige Grönland, dazu kamen noch einige kleine westindische Inseln. Von der Fläche her zählte das Königreich Dänemark zu den größten Staaten Alteuropas.

3.7.1 Die Auswirkungen des Hegemonialkampfes gegen Schweden

Aber diese Feststellung allein wäre natürlich Augenwischerei, denn die Bevölkerung, die sich zu je 38 % auf das eigentliche Dänemark und Norwegen samt Inseln und zu 24 % auf Schleswig-Holstein verteilte, erreichte alles in allem kaum die Zwei-Millionen-Grenze, und außerdem befand sich das Königreich Mitte des 17. Jahrhunderts unverkennbar in einer Abschwungphase seiner Entwicklung. Das dominierende Thema der vorhergehenden Jahrzehnte war die Rivalität zu Schweden gewesen, und die Friedensschlüsse zunächst von Brömsebro (1645) und dann von Roeskilde (1658) und Kopenhagen (1660) signalisierten überdeutlich, dass die Krone Schweden in diesem Konkurrenzkampf eindeutig in Führung gegangen war. Die Tatsache, dass die dänische Friedensvermittlung in Münster und Osnabrück nicht mehr zum Zug gekommen war, hatte den Prestigeverlust Dänemarks deutlich vor der europäischen Öffentlichkeit demonstriert.[1]

Das Bewusstwerden des außenpolitischen Prestigeverlusts war nur das eine, hinzu kam die tiefe Unzufriedenheit im Land. Die langen Kriegen der zurückliegenden Jahrzehnte während der Regierung Christians IV. (1588–1648) hatten die Wirtschaft und auch die Demographie des Landes nachhaltig gestört und bei den Nichtprivilegierten, die die erhöhten Kontributionen vor allem zu tragen hatten, großen Unmut hervorgerufen. Der Unmut richtete sich freilich erst in zweiter Linie gegen die Krone, weit stärker galt er dem Hochadel. Dieser dominierte den Reichsrat und hatte die im Prinzip mehrkuriale Ständeversammlung nicht nur überspielt, sondern weitgehend ausgetrocknet. Die rund 150 Familien umfassende Reichsaristokratie verfügte in Dänemark über die Hälfte des nutzbaren Bodens, genoss – natürlich – Steuerfreiheit und hatte das Recht, von den Gutsbauern ungemessene Frondienste einzufordern, was es ihr mehr und mehr ermöglichte, gewinnorientiert für den Export produzieren zu lassen. Aus der Regional- und Lokalverwaltung mit Einschluss der Kontrolle der Steuereintrei-

---

1 Vgl. M. Bregnsbo, in: H. Duchhardt (Hg.), Der Westfälische Friede.

bung war die Reichsaristokratie schlechterdings nicht wegzudenken. Die Machtstellung des Hochadels schien so gewaltig, dass das Königtum ernsthaft um seine politischen Gestaltungsmöglichkeiten fürchten musste.

Der Weg zum Kongelov

1648 bei der Königswahl Friedrichs III. hatte sich der Hochadel seine führende Stellung gesetzlich zusichern lassen, doch das oligarchische Regiment des neuen Monarchen brach unter dem Druck der Schulden und der sozialen Probleme viel rascher zusammen, als irgend jemand das erwartet hatte. Zu den Reaktionen der nichtadligen Stände, die unter den Auswirkungen des vorigen und des neuen – des Ersten Nordischen – Krieges am meisten zu leiden hatten – die Bevölkerungsverluste waren seit den mittleren 1640er Jahren auf 20 % angestiegen und die Zahl der zerstörten Bauernhöfe auf ein Drittel –, trat als zweites Moment der Unwille des Monarchen hinzu, der im Wahlrecht der Stände und des Reichsrats eine Prestigeminderung der Krone und einen unzulässigen Eingriff in die Rechte der an sich erblichen Monarchie erblickte. Diese im europäischen Vergleich durchaus ungewöhnliche Koalition eines Fürsten mit dem Bürgertum, die wegen des Verdachts der Kollaboration Hochadliger mit dem schwedischen Gegner noch stärker zusammengeschweißt wurde, führte auf einer Kopenhagener Ständeversammlung 1660 zu der ganz und gar aus dem europäischen Rahmen herausfallenden Entscheidung, Dänemark förmlich und irreversibel in eine Erbmonarchie umzuwandeln und gleichzeitig die Ratsprivilegien von 1648 zu kassieren. Diese von Hofaktivitäten geschickt gesteuerte Selbstentmachtung der Stände fand in dem von Peter Schumacher, dem persönlichen Sekretär des Königs, konzipierten berühmten Königsgesetz (*Kongelov*) von 1665 ihren Abschluss. Es stellt das einzige Beispiel einer geschriebenen Verfassungsurkunde „absoluter" Königsmacht dar[2], von den Ständen wurde es feierlich bestätigt (und blieb im Übrigen bis 1849 in Kraft!).

Der Vorgang, ein „vertragsförmiger Staatsstreich"[3], war für die innere Entwicklung Dänemarks von nachhaltiger Bedeutung. Der sich aus dem Hochadel rekrutierende Reichsrat verschwand faktisch von der Bildfläche, die Regierung ging in die Hand des Kollegialpräsidenten und des Geheimen Rats als oberstem Regierungskollegium über. Das Reich wurde in Ämter aufgeteilt, deren Leiter, die Amtmänner, strenger und kontinuierlicher Kontrolle der Zentralbehörden unterstanden, jedenfalls keine Kreaturen des Hochadels mehr waren. Die Krone ging nun rigoros geradezu in Form von Schauprozessen gegen Mitglieder des Hochadels vor: sie demonstrierte, dass auch Aristokraten nur noch Untertanen waren. Das eigentliche Gravamen der Vergangenheit, die einseitige steuerliche Belastung der Städte und der Bauern, konnte zwar nicht mit einem einzigen Federstrich beseitigt werden, weil die Krone – Teil des Gesamtpakets von Forderungen und Zugeständnissen von 1660 – die Steuerfreiheit des Adels ausdrücklich bestätigt hatte. Aber der neuen, kurz nach 1660 eingeführten Landsteuer, die auf einer reichsweiten Landesaufnahme beruhte, konnte sich niemand mehr entziehen, auch nicht der Hochadel. Den tiefen verfassungsrechtlichen und politischen Einschnitt markierte nochmals der Herrschaftsübergang von Friedrich III. auf

---

2 Mit der Lex Regia eingehend beschäftigt hat sich J. KUNISCH, Staatsverfassung.
3 P. BRANDT, Adelsmonarchie. Auf den Aufsatz sei generell verwiesen. Das Zitat: 60.

Christian V. (1670–1699): zu dessen Salbung außerhalb der Hauptstadt quasi unter Ausschluss der Öffentlichkeit war nur ein sehr kleiner Kreis ausdrücklich Eingeladener zugelassen – Distanz zwischen Krone und der breiten (adligen und nichtadligen) Untertanenschaft war die Losung.

Die Sozialstruktur

Freilich zeigte sich bald auch die Kehrseite dieses massiven Eingriffs in das Sozial- und Verfassungssystem, der im Kern darauf gezielt hatte, den Hochadel aus seiner politischen Dominanz zu verdrängen. Die neue Landsteuer belastete, bei allen richtigen Überlegungen, die ihr vorausgegangen waren, mit Abstand am stärksten die Bauern, und da die Krone, um finanziell unabhängiger zu werden, auch noch in massiver Weise Kronland veräußerte, das zum guten Teil in die Hände des Bürgertums und des Dienstadels überging – 1688 waren im eigentlichen Dänemark nur noch 2 % der bäuerlichen Betriebe im bäuerlichem Besitz –, war das Ergebnis dieser gesamten Politik eher kontraproduktiv. In Norwegen, wo das freie Bauerntum in der Lage war, in großem Stil Kron- oder auch Adelsland aufzukaufen, verlief die Entwicklung diametral anders. Eigentlich konnte es nicht im Interesse der Krone liegen, eine immer stärkere Schollengebundenheit des Bauerntums in Dänemark entstehen zu sehen mit allem Konfliktpotential, das fast an ostelbische Verhältnisse erinnerte.

In stärkerem Maß als der Bauernstand war das Bürgertum Nutznießer der sozialen und politischen „Revolution" von 1660, auch wenn seine große Vision, dank staatlicher Fördermaßnahmen rasch Anschluss an den Welthandel zu finden, sich so nicht realisierte. Immerhin erlebte zumindest die Hauptstadt einen beachtlichen wirtschaftlichen Aufschwung. In ihren Mauern entstand eine selbstbewusste Kaufmannsaristokratie, als deren Exponent vielleicht der schon genannte Bürgersohn Peter Schumacher angesehen werden kann, der einen steilen Aufstieg in der Staatsverwaltung erlebte und 1673 in den Adelsstand erhoben wurde. Aber der Aufschwung hatte seinen Preis: die Autonomie der Städte wurde drastisch reduziert, die Stadtregierungen jetzt von der Krone ernannt, die Zünfte unter staatliche Kontrolle gestellt.

3.7.2 Der Konflikt mit Schweden als innen- und außenpolitisches Problem

Sofern die Krone die Verfassungsrevolution von 1660 auch als eine Maßnahme verstanden haben sollte, für den Konkurrenzkampf mit dem schwedischen Nachbarn administrativ und finanziell besser gerüstet zu sein, so sollte diese Annahme sich nur zum geringen Teil verwirklichen. Hatte schon der Erste Nordische Krieg die akute Unterlegenheit Dänemarks unterstrichen, so erhielt der Dauerkonflikt mit dem skandinavischen Nachbarn nun noch eine besondere Aufladung dadurch, dass er gewissermaßen in das Königreich selbst hinein getragen wurde: Der Herzog von Schleswig-Holstein-Gottorf, Teilhaber an der „Gemeinsamen Regierung" der Herzogtümer, schloss noch 1661 ein Bündnis mit der Krone Schweden. Die dänischen Könige wurden damit erst recht auf den Weg verwiesen, nicht nur die innenpolitische Entwicklung in Schweden sorgfältig zu beobachten, sondern auch nach Partnern im europäischen Staatengefüge Ausschau zu halten, die in der nächsten, geradezu absehbaren Konfliktsituation zu politisch-militärischen Stützen werden könnten. Hier boten sich im Prinzip zunächst drei Optionen an: die Orientierung nach England, nach Frankreich oder nach Russland. Die außenpolitische Option Polen war angesichts der zunehmenden Schwäche der Kronrepublik wenig sinnvoll und erfolgversprechend. Die dänische Diplomatie hat denn auch in den 1660er Jahren – nicht ohne Erfolg – die außenpolitische Isolierung Schwedens betrieben. Als entscheidend erwies sich dabei, dass es gelang, die so genannte Tripelallianz von 1668, die Schweden mit England und den Niederlanden verband, zu sprengen und Schweden in die einseitige Vertragsbindung mit Frankreich hineinzumanövrieren. Entgegen der Empfehlung maßgeblicher Berater hat der auf Revanche eingestellte neue König Christian V. (1670–1699) dann auch die erste Chance genutzt, um 1675 an der Seite Kurbrandenburgs mit der Perspektive der Restitution der in Brömsebro und Roeskilde erlittenen Verluste in den Krieg gegen Schweden einzutreten. Nach sehr beachtlichen Anfangserfolgen, die zeitweise ganz Schonen und Rügen, Stralsund und Greifswald in dänische Hand brachten, wurde Dänemark ebenso wie sein brandenburgischer Alliierter bei den Nijmegener Friedensverhandlungen völlig überspielt und musste sich hörbar grollend mit dem *Status quo ante* begnügen.

Es versteht sich, dass dieses erneute außenpolitische Negativerlebnis nicht nur Enttäuschung, sondern auch ein neues Überdenken der politischen Alternativen hervorrief, das sogar Gedanken an eine engere Zusammenarbeit der beiden nordischen Kronen und die Eheschließung einer Schwester König Christians mit Karl XI. von Schweden einschloss. Und man überdachte die weiteren politischen Alternativen. Parallel zu Schwedens Umorientierung an die Seite des Kaiserhofs suchte Dänemark den Schulterschluss mit Frankreich. Ungeachtet dieser neuen Stütze überschätzte die dänische Politik dann aber doch wieder ihren Handlungsspielraum, als sie in der leidigen Gottorfschen Frage über das Ziel hinausschoss und dem Gottorfer Herzog seinen Anteil an Schleswig absprach. Sie rief dadurch eine Reaktion norddeutscher Fürsten, des Kaisers und Schwedens hervor, die 1689 für die Restitution des Gottorfer Herzogs in Schleswig sorgten. Gottorf blieb, bildlich gesprochen, somit ein schwedischer Pfahl im dänischen Fleisch, so dass an ein Ende der antischwedischen Politik Kopenhagens vorerst nicht zu denken war.

Den neuen Waffengang gegen den Rivalen am Sund hatte durch Bündnisse mit Moskau und Warschau noch Christian V. vorbereitet, aber nach dessen Tod (1699) übernahm sein Sohn Friedrich IV. (1699–1730) die Verantwortung. Er wurde indes rasch aus allen hochfliegenden Träumen auf den Boden der Tatsachen zurückgeholt, als die Seemächte Schweden in der Gottorf-Frage stützten und Dänemark zum Frieden von Travendal (1700) zwangen, in dem es auf alle Ansprüche auf Gottorf Verzicht leisten musste, aus der Koalition auszuscheiden hatte und die zusätzliche Auflage erhielt, sich keinem neuen, gegen Schweden gerichteten Bündnis anzuschließen. Die Beschlüsse wurden als schwere Beeinträchtigung des nationalen Selbstbewusstseins und des internationalen Prestiges empfunden. Die Krone nutzte die verordnete Friedenszeit, um das Militärwesen durch die Einführung eines Landmilizsystems zu verbessern und um die Staatsfinanzen zu sanieren. Als Dänemark nach der militärischen Wende in Nordischen Krieg 1709 dann doch an der Seite Russlands und Polens wieder in den Konflikt eintrat, waren somit die strukturellen Voraussetzungen für einen erfolgreicheren Waffengang besser als seit langer Zeit. Aber die militärischen Erfolge blieben erneut bescheiden. Dänemark sah sich zudem mit der Möglichkeit konfrontiert, dass nach dem absehbaren Tod des kinderlosen Karl XII. die Gottorfer Herzöge in Schweden die Nachfolge antreten könnten. Bei den Friedensregelungen hatte sich Dänemark – wie inzwischen gewohnt – erneut den Zielvorstellungen der Großmächte unterzuordnen, die es insbesondere nicht zum Erwerb Vorpommerns und Rügens kommen ließen. Immerhin aber wurde in dem von Frankreich und England garantierten Frieden von Frederiksborg (1720) die Vereinigung Schleswigs mit der dänischen Krone und die Nichteinmischung Schwedens in die Politik des Reststaats Holstein-Gottorf stipuliert.

Das war sicherlich erneut kein berauschender politischer Erfolg, aber entscheidender war, dass allem Anschein nach die Großmachtzeit Schwedens zu ihrem Ende gekommen und die Gottorf-Frage entscheidend entschärft worden war. Dies eröffnete die Perspektive eines bisher immer gescheiterten politischen Zusammengehens mit Schweden, zumal die militärischen Unternehmungen namentlich in Schonen in den zurückliegenden Jahrzehnten den Eindruck vermittelt hatten, dass die dortige Bevölkerung nicht geradezu auf die dänischen „Befreier" wartete. Dänemarks Besitzstand ist dann auch im 18. Jahrhundert unverändert geblieben, mit der einen Ausnahme, dass die Krone 1773 ihre beiden deutschen Grafschaften Oldenburg und Delmenhorst gegen den herzoglichen Anteil Gottorfs in Holstein an Katharina II. von Russland eintauschte (und damit erheblich an territorialer Geschlossenheit gewann). Anders als in Schweden blieb auch das politische System – es beruhte auf der *Lex Regia* – im 18. Jahrhundert im Prinzip unverändert.

3.7.3 Das 18. Jahrhundert als „inneres" Jahrhundert

Bei allem außenpolitischen Engagement Dänemarks auch im 18. Jahrhundert, das zu einem guten Teil direkt und indirekt mit Russlands Gottorf-Politik zusammenhing: insgesamt war dieses Jahrhundert für Dänemark eher ein „inneres" Jahrhundert. Das schloss beispielsweise Schritte zur besseren Erschließung Grönlands und zur Wirtschaftsförderung Islands ein, vor allem aber Sozialreformen. Sie griffen zwar letztlich erst in der Struensee-Ära, aber dass – auch vor dem Hintergrund der extremen Gegensätze zwischen einem weitgehend freien und zudem wohlhabenden Bauerntum in Norwegen und der extremen Schollengebundenheit des Bauerntums in Dänemark – hier Handlungsbedarf bestand, ist dem königlichen Kabinett das ganze 18. Jahrhundert hindurch bewusst gewesen. Da Dänemark in Norwegen über beachtliche Ressourcen an Bodenschätzen, aber auch an Holz verfügte, lag es nahe, dass sich die Krone in diesem Bereich mit merkantilistisch-protektionistischen Absichten besonders engagierte und insgesamt das dänische Wirtschafts- und Handelsbürgertum stark begünstigte. Da Dänemark in den großen Konflikten des 18. Jahrhunderts Neutralität wahrte, konnte sein Handel gerade in solchen Krisensituationen gewaltig expandieren.

Dies soll trotz der Feststellung, dass das 18. ein eher „inneres" Jahrhundert war, den Blick noch einmal zurücklenken zur Außenpolitik. Obwohl der Friedensvertrag von 1720 in Bezug auf das Gottorf-Problem, zumindest was den schwierigen Anteil der Dynastien betraf, einige Klärung gebracht hatte, begleitete das Thema Gottorf die gesamte dänische Geschichte bis hin zu dem erwähnten Vertrag von 1773. Ging es hier zunächst noch um die bloße Anwartschaft der Gottorfer auf die schwedische Krone, die von Russland gestützt, wenn nicht betrieben wurde, so wurde die Situation für Dänemark seit der tatsächlichen Installierung des Gottorfer Herzogs Adolf Friedrich auf dem schwedischen Thron (1743) doppelt brisant, weil es nun einem schwedisch-russischen Doppeldruck ausgesetzt war, zumal der russische Thronfolger Karl Peter Ulrich Ansprüche auf Schleswig geltend machte. Abgesichert durch ein französisches Bündnis, versuchte die dänische Geheimdiplomatie seit den mittleren 1740er Jahren, durch Konzessionen und Tauschangebote eine Situation zu erreichen, die die Herzogtümer ungeteilt in dänische Obedienz überführte – über die Stationen eines dänisch-schwedischen Vertrags (1749/50) und des erwähnten dänisch-russischen Vertrags gelang das am Ende tatsächlich. Entscheidend für Dänemark war, dass die Feindschaft zu Schweden, aller mentalen Vorbehalte im Land ungeachtet, nicht mehr die irreversible Konstante schlechthin war, sondern es zu Phasen der Kooperation kommen konnte. Vor dem Hintergrund der Re-Dynamisierung der dortigen Politik in den 1770er Jahren wurden sie dann wieder von einer Phase der engen Anlehnung an Russland abgelöst.

Ein wirklich Handelnder ist Dänemark im 18. Jahrhundert auf der europäischen Bühne nicht mehr gewesen. Aber es war ein Staat, der ausgangs des Jahrhunderts – den Wendepunkt markierte der Regierungsantritt Friedrichs V. 1746 – seiner aufgeklärten Reformen wegen in Europa Beachtung fand. Hier sind vor allem die Maßnahmen zum Bauernschutz und zur Bauernbefreiung der 1770er/1780er Jahre zu nennen, die von der Begrenzung der Frondienste ausgehend zur versuchsweisen Aufteilung der Allmende weiterschritten und in der Aufhebung der Schollenbindung (1788) und der völligen bäuerlichen Freizügigkeit gipfelten. Die dänischen Reformen waren, anders als etwa in Österreich, nicht an die Person des Monarchen gebunden, sondern Sache einer Reihe fähiger Minister. Christian VII., der 1766 den Thron bestieg und 1768 in Paris noch spektakulär mit den Spitzen der französischen Aufklärung zusammentraf, war geisteskrank und somit regierungsunfähig, aber auch sein 1784 die Regentschaft übernehmender Sohn Friedrich (VI.) überließ den Ministern zunächst noch weitgehend die Politikgestaltung: dem Hallenser Struensee, dem Favoriten der Königin Karoline Mathilde, dann der Ministerdynastie der aus dem Hannoverschen stammenden Bernsdorffs, die freilich eine zunehmende antideutsch-nationaldänische Reaktion auf den Plan rief (was einem recht intensiven deutsch-dänischen Kulturaustausch aber lange überhaupt nicht im Wege stand).[4] Struensee, der „Seiteneinsteiger", und der bewährte Vewaltungspraktiker Andreas Peter Graf Bernstorff waren in ihren Zielen gar nicht so weit voneinander entfernt – Reorganisation der Zentralverwaltung mit Einschluss der Trennung von Justiz und Verwaltung, Pressefreiheit, Sozialfürsorge –, beide waren aber im Temperament völlig unterschiedlich: Struensee der kompromisslosere, dessen Sturz und (nur als Justizmord zu charakterisierende) Hinrichtung zu einem europäischen Medienereignis wurde[5], Bernstorff der bedächtigere, der aber jene Akzente setzte, die auch europaweit Resonanz fanden, etwa die ersten Maßnahmen gegen den Sklavenhandel in der Karibik und in Afrika. Das aufgeklärte Potential in Dänemark, das sieht die Forschung immer deutlicher, war beeindruckend, ob man nun an den so genannten Emkendorfer Kreis oder daran denkt, dass Schiller seine „Ästhetische Erziehung" mit einem dänischen Stipendium beendete.

---

4 Vgl. K. BOHNEN/S. A. JØRGENSEN (Hg.), Der dänische Gesamtstaat.
5 Ch. KEITSCH, Fall Struensee.

In der Revolutionszeit war Dänemark lange in der Lage, sich trotz erheblichen britischen Drucks und britischer Übergriffe in der bewaffneten Neutralität zu halten. Sie wurde allerdings in dem Moment problematisch, als die Kontinentalsperre die Kopenhagener Regierung zu einer klaren Entscheidung zwang – die Dänemark zwischen die britischen und französischen Mühlsteine bringen musste. Die Revolutionszeit sollte die Physiognomie des Staates, der unter anderem Norwegen an Schweden abzutreten hatte, durch eine gezielte Sprachpolitik die Einheit des „Rest"-Staates zu festigen suchte und 1813 dann den Staatsbankrott erklären musste, grundlegend verändern. Dänemark zählte gewiss nicht zu den Gewinnern der großen Umbruchzeit, wurde andererseits im Interesse des nordischen Gleichgewichts aber nach wie vor für unverzichtbar gehalten.

3.8   Schweden

In mächtepolitischer Perspektive führt kein Weg daran vorbei, das skandinavische Königreich zu den großen Aufsteiger-Staaten der ersten Hälfte des 17. Jahrhunderts zu zählen. Es war Schweden, das die zweite Hälfte des Dreißigjährigen Krieges geprägt hatte, nicht etwa Dänemark oder der dynastische Rivale Polen, auch war es Schweden, das den Friedensverhandlungen in Westfalen seinen Stempel aufgedrückt hatte, nicht Dänemark, das sich vergeblich um die prestigeträchtige Vermittlerrolle bemüht hatte. In der Mitte des 17. Jahrhunderts entschied sich definitiv das Ringen um die Führungsrolle im europäischen Norden zugunsten Schwedens: der Friede von Brömsebro (1645) hatte sinnfällig den Führungswechsel im Norden zum Ausdruck gebracht, das wird nicht nur an den erheblichen territorialen Verlusten Dänemarks (Ösel, Gotland, Provinzen im Zentrum der skandinavischen Halbinsel) sichtbar, sondern auch daran, dass Dänemark dem schwedischen Rivalen die Zollfreiheit im Sund zugestehen musste.

3.8.1   Die Krone Schweden in den 1650er Jahren: Erfolge und neue Konflikte

Und es war absehbar, dass Dynamik und Expansionswillen des Wasa-Königreichs damit noch nicht die Peripetie erreicht hatten. Der Westfälische Friede hatte Schweden bedeutende weitere Zugewinne im Norden des Deutschen Reiches gebracht – Vorpommern mit der Odermündung, Wismar, das Herzogtum Bremen und Verden –, die ihm einerseits die Reichsstandschaft, andererseits regionale Schlüsselpositionen, die geo- und handelsstrategisch von eminenter Bedeutung waren, verschafften. Solcher Schlüsselorte wegen war Dänemark seinerzeit in den Krieg eingetreten, ihr Übergang an die Krone Schweden konnte von Kopenhagen nur als permanente Bedrohung seiner Sicherheit verstanden werden. Zudem gab es noch jenes große, letztlich überdimensionierte schwedische Heer, das nach dem Westfälischen Frieden keineswegs zur Gänze abgerüstet wurde, sondern zu einem guten Teil „stehenblieb". Dänemark musste ernsthaft befürchten, dass die Planungen auf die Sicherung der linkselbischen schwedischen Besitzungen und damit auf die Infragestellung vielleicht sogar der gesamten staatlichen Existenz Dänemarks zielten. Der Dauerkonflikt der nächsten Jahrzehnte über Schleswig-Holstein hat hier jedenfalls seine Wurzel.

Aber es war nicht nur Dänemark, das wegen des mächtepolitischen Aufstiegs des schwedischen Imperiums besorgt war – zumal dieses schon seit den 1630er Jahren in Schrift, Bild und Symbolik, auch unter Rückgriff auf seine gotischen Wurzeln, seinen Führungsanspruch in der Großregion immer aufs Neue deklamiert und reklamiert hatte. Fast die gesamte Staatenwelt im Ostseebereich war irritiert und sann auf Revision des *Status quo*: Brandenburg, weil ihm im Westfälischen Frieden nur Hinter- und nicht Gesamtpommern zugefallen war, Polen, weil der dynastische Gegensatz in Gestalt der Ansprüche der polnischen Wasa auf die Krone Schweden noch virulent war und die Verstärkung der schwedischen Position im baltischen Raum auch eigene Interessen berührte, das Moskauer Zarenreich nicht zuletzt, zu dessen mittelfristigen Zielen Livland zählte. Und da Schweden nach dem Frieden von 1648 viel daran setzte, auch wirtschaftlich zur unbestrittenen Führungsmacht der Region aufzusteigen und dem Schlagwort des *Dominium Maris Baltici* auch diese Konnotation hinzuzufügen, verstärkten sich die Aversionen der Anrainerstaaten noch mehr.

Königin Christina, die Tochter Gustav Adolfs, die ihrer katholischen Neigungen wegen seit Jahren eher eine Belastung als eine Gestaltungskraft der schwedischen Politik gewesen war, dankte 1654 ab; auf dem Thron folgte ihr Vetter Karl X. Gustav, ein pfälzischer Prinz. Der Zufall wollte es, dass dieser Thronwechsel und ein Konflikt im ostmitteleuropäischen Raum, der die Chance eröffnete, einige weitere Gegner zu schwächen, zeitlich zusammenfielen. Die Kosakenunruhen in der Ukraine hatten einen Krieg Moskaus gegen das polnisch-litauische Doppelreich nach sich gezogen, und da die öffentliche Meinung glaubte, der Zar beabsichtige, seine militärischen Erfolge bis nach Livland zu tragen, griff der neue schwedische Monarch – unter Zurückstellung eines Präventivkriegs gegen Dänemark (bei den Planungen spielte auch Bremen eine Rolle) – in Polen ein, um die schwedischen Interessen in dieser Region zu wahren.[1] Im Bündnis mit Kurbrandenburg – das allerdings bald zu der riskanten Politik des mehrmaligen Bündniswechsels überging, um das Herzogtum Preußen aus polnischer Lehensabhängigkeit zu lösen und es in souveränen Besitz zu nehmen – gelang es in der Tat zunächst, Polen an den Rand des staatlichen Kollapses zu bringen. Es gab sogar Überlegungen, die auf die Aufteilung der gesamten Kronrepublik zielten. Aber das lag nicht im Interesse der Staatengemeinschaft, so dass nicht nur die Niederlande, sondern auch der Kaiserhof direkt oder indirekt – auch publizistisch – in den Konflikt eingriffen, während zugleich russische Truppen in Ingermanland und in Livland einfielen. Karl Gustav zog aus diesem Scheitern seiner polnischen Aktivitäten die Konsequenzen und verlagerte seine militärischen Bemühungen in Richtung Dänemark, das ihm im Sommer 1657 den Krieg erklärt hatte. Nun ohne brandenburgische Bundesgenossenschaft, gestaltete der Monarch diesen Waffengang um vieles erfolgreicher und diktierte dem Nachbarn schon wenige Monate später, im Februar 1658, den Frieden von Roeskilde. Er brachte der Krone wichtige Küstenprovinzen, die mittelnorwegische Region um Drontheim und Bornholm ein und installierte sie damit definitiv am Sund und an der Nordseeküste. Weitergehende Gedankenspiele, die möglicherweise sogar auf die völlige Aufteilung Dänemarks zielten, kamen auch in diesem

---

1 Vgl. J. Kunisch, in: H. Duchhardt (Hg.), Rahmenbedingungen.

Fall im Interesse des Staatengefüges über das Stadium des vagen Projekts nicht hinaus. Selbst nach der durch den Waffenstillstand des Zaren mit Schweden (1658) begünstigten Wiederaufnahme des Krieges gegen Dänemark lebte der Plan nicht wieder auf, da eine ganze Phalanx europäischer Staaten auf diplomatischem Weg alle Überlegungen dieser Art ad absurdum führte.

Der vorzeitige Tod Karl Gustavs hat den Ostseebereich in einen Zustand relativer Stabilität überführt, weil die polnischen Wasa alle Ansprüche auf den schwedischen Thron nun aufgaben (Friede von Oliva, 1660), weil Schweden Bornholm und Drontheim an die dänische Krone restituierte und damit das dortige Aggressions- und Revisionspotential zunächst einmal dämpfte (Friede von Kopenhagen, 1660) und weil Russland im Frieden von Kardis (1661) letztlich zum territorialen *Status quo ante* zurückkehrte. Die breite und großdimensionierte Arrondierung des schwedischen Großmachtimperiums hatte der Erste Nordische Krieg somit sicher nicht bewirkt. Auch konnte man in Stockholm nicht übersehen, dass allem politischen und territorialen Erfolg zum Trotz das Verhältnis zu keinem der anderen Ostseeanrainer als wirklich dauerhaft entspannt gelten konnte.

3.8.2 Die Verfassungsentwicklung

Wie überall in Europa, waren Vormundschaftsregierungen – 1660 war der Thronerbe Karl (XI.) erst vier Jahre alt – auch in Schweden für die politischen Eliten eine Chance, um ihren Gestaltungs- und Mitbestimmungsrahmen auszuweiten. Das hatte sich schon in der langen Phase der Vormundschaftsregierung für Königin Christina gezeigt, als sich der so genannte Ratskonstitutionalismus mit einem senatsartigen Verfassungsorgan, dem Reichsrat, ausgebildet hatte, den allein der Hochadel besetzte und der sich gegenüber dem auch von Bürgern und Bauern beschickten Reichstag in die absolute Vorhand gebracht hatte. Der permanenten Kriege in seiner Regierungszeit wegen hatte Karl X. Gustav nur mit geringem Nachdruck gegen dieses Gremium, das die Königsgewalt ganz offenkundig empfindlich beschränkte, vorgehen können. Es hätte nun in der Logik der Entwicklung gelegen, wenn der hochadlige Reichsrat in der neuen Vormundschaftsphase seine Position weiter ausgebaut hätte. Das aber geschah erstaunlicherweise nicht, und zwar vor allem deswegen nicht, weil der Reichstag ein neues Selbstbewusstsein entwickelte: er setzte durch, dass in den (aufgestockten) Reichsrat nun auch eigene Repräsentanten entsandt wurden und dass eine allgemeine Bewegung um sich griff, den Einfluss des Hochadels zu „reduzieren". Ganz ähnlich wie in Dänemark, zeichnete sich in den 1660er Jahren also eine – für die Zeit eher atypische – Koalition der Krone mit dem Niederadel (und den Städten) ab, die nach Karls XI. früher Mündigkeitserklärung 1672 in einen zügigen Prozess der Entmachtung des Hochadels einmündete. Die wichtigsten Wegmarken waren eine Reichstagserklärung von 1680, die faktisch die konstitutionelle Machtverteilung zwischen Krone und Ständen aufhob, den König vom Zwang der Konsultation des Reichsrats befreite und ihm konzedierte, nur Gott für seine Entscheidungen verantwortlich zu sein[2]; es folgten die förmliche Selbstentmachtung des Reichstags, der 1682 kritiklosen

---

2 Vgl. A. F. Upton, Riksdag.

Gehorsam gegenüber allen Maßnahmen und Beschlüssen der Krone zusagte, und schließlich 1693 die so genannte Souveränitätserklärung, die, sogar über den Beschluss von 1680 hinausgehend, den König auch von der damals stipulierten Bindung an die „Gesetze des Landes" befreite. Freilich sollte sich diese in letzter Instanz vom Gottesgnadentum der Krone her legitimierende Fürstensouveränität, die in dieser Zuspitzung im „westlichen" Europa etwas Exzeptionelles war, nur als eine recht kurzlebige Erscheinung erweisen.

Über die Beweggründe der Krone für diese wahrhafte Revolution der Verfassung ist viel spekuliert worden – schon damals, und erst recht in der Forschung. Es scheint manches dafür zu sprechen, dass sie von finanziellen Zwängen motiviert war: vor allem von dem Zwang, eine nach wie vor stattliche Armee unter Waffen zu halten, und zwar unabhängig von fremden Subsidien. Da die Staatsfinanzen mit Hilfe von Zöllen und indirekten Steuern allein nicht zu sanieren waren, bedurfte es einer konzentrierten Finanzpolitik der Krone, die nicht mehr ständig unter dem Druck stand, Kronland an den Hochadel veräußern zu müssen. Für diese These spricht auch das zeitliche Zusammentreffen der „Verfassungsrevolution" mit einer Heeresreform, die unter dem Namen *Indelta*, „Einteilungswerk" bekannt geworden ist. Das „Einteilungswerk" band die Kavallerie an die Kron- und Zinsbauernhöfe und die Infanterie an die Landschaften in dem Sinn, dass die von dort nach einem festen System benannten Berufssoldaten in einer kleinen Hofstelle ihren Unterhalt fanden. Das schwedische „Einteilungswerk" sollte im Übrigen eine beachtliche europäische Resonanz finden und in modifizierter Form mehrfach auf andere Staaten übertragen werden. Auch das preußische System der Heeresaufbringung und der Verklammerung des Heeres mit der Gesellschaft verdankte ihm viel.

Die Wirtschafts- und Sozialverfassung
An diesem Punkt ist der enge Zusammenhang von Großmachtpolitik und Umstrukturierung der Sozial- und Wirtschaftsverfassung besonders deutlich zu fassen, aber das ist nicht das einzige Beispiel. Die ambitionierte Außenpolitik erforderte Geld und noch einmal Geld, und die einzige realistische Möglichkeit, die Staatseinnahmen spürbar zu erhöhen, war die Ankurbelung des Exports insbesondere von Rohstoffen – an den lukrativen Export von Getreide war ja struktur- und klimabedingt kaum zu denken. Das schwedische Reich hatte in dieser Hinsicht tatsächlich einiges zu bieten: Da war das schwedische Kupfer, dessen Produktion so gesteigert wurde, dass sie in der zweiten Hälfte des 17. Jahrhunderts deutlich mehr als die Hälfte der europäischen Produktion ausmachte und dessen Export in der Hand der Krone monopolisiert war, und da war das Eisen, dessen Export schon im 17. Jahrhundert etwa 50 % des schwedischen Außenhandels ausmachte, um im 18. dann noch weiter zu steigen; Schätzungen zufolge soll das schwedische Eisen, das übrigens überwiegend nach England floss, um die Mitte des 18. Jahrhunderts rund 35 % der Weltproduktion ausgemacht haben.

Aber der Ehrgeiz der Krone zielte natürlich nicht nur auf den Export solch wertvoller Rohstoffe, sondern auch auf ihre Nutzung im eigenen Land im Sinn hochwertiger gewerblicher Produktion. Hier entwickelte sich insbesondere die Waffenherstellung zu einem Gewerbe mit europäischer Ausstrahlung. Bei seiner Formierung standen freilich landfremde Unternehmer mit Pate; sie wurden im Übrigen relativ rasch in die schwedische Gesellschaft – bis hin zu Nobilitierungen! – integriert. Freilich darf man auf der anderen Seite solche spektakulären Erfolge wie den lukrativen Waffenexport nicht überschätzen. Aus Schweden wurde nicht innerhalb kurzer Frist eine blühende Industrielandschaft mit einer Fülle prosperierender Städte, das Land blieb vielmehr überwiegend agrarisch geprägt mit einer eher verkrusteten Verfassung; auch der Bevölkerungsanstieg – für 1720 muss man von nur 1,4 Millionen Menschen ausgehen – hielt sich in sehr überschaubaren Grenzen. Da aber die Politik der Krone, große Mengen von Krongut und Fiskaleinnahmen an den Hochadel zu veräußern, aus den genannten politischen Gründen nach 1680 beendet wurde, war auch die Gefahr gebannt, dass das Gros der schwedischen Bauern der Mediatisierung durch den Adel anheimfiele. Der Adel konzentrierte sich seitdem auf die Bewirtschaftung seines Altbesitzes, was im Übrigen eine gewisse Resistenz gegenüber dem Staatsdienst nach sich zog, die Kronbauern hatten wieder Naturalien abzuführen, aber keine personengebundenen Leistungen zu erbringen. Im Vergleich zum dänischen Bauern war der schwedische um Längen „freier".

Die schwedische Außenpolitik zwischen Erstem und Zweitem Nordischen Krieg

Die Friedensschlüsse von 1660/61 hatten im Ostseebereich aus der Sicht Schwedens einen erträglichen, wenn auch nicht in jeder Hinsicht stabilen Friedenszustand hergestellt. Allerdings wohnte ihm das eine oder andere Unsicherheitsmoment inne, so insbesondere die Gottorf-Frage und die offenkundigen brandenburgischen Bemühungen, die Pommern-Lösung von 1648 wieder zur Disposition zu stellen. Da die allgemeine Polarisierung im Zeichen des sich zuspitzenden bourbonisch-habsburgischen Antagonismus seit den ausgehenden 1660er Jahren eine nach beiden Seiten hin offene Politik irgendeines Staates auf Dauer nicht mehr zuließ, optierte die Krone Schweden 1672 für die Bindung an Frankreich – wenn man so will eine Wiederauflage des alten Kriegsbündnisses Richelieus und Gustav Adolfs und wegen der gemeinsamen Garantiemächtefunktion im Hinblick auf die Reichsverfassung vielleicht sogar eine logische Option. Sie gewann zusätzlich insofern an Logik, als die französischen Subsidien für den Unterhalt des schwedischen Heeres schlicht unverzichtbar waren. Die Option hatte freilich den Nachteil, dass Schweden in einem Maß in die ludovizianischen Kriege hineingezogen wurde, das seine Kräfte deutlich überstieg. Im Niederländischen Krieg stand Schweden gegen Brandenburg (Fehrbellin) und Dänemark mit dem Rücken zur Wand und konnte nur dank Frankreichs diplomatischem Einsatz bei den Nijmegener Friedensverhandlungen vor größeren territorialen Einbußen in Deutschland bewahrt werden. Der Eindruck, nur mit knapper Not einer nationalen Katastrophe entgangen zu sein, führte zu einem Umdenken und zu einer Umorientierung, die Schweden über die Episode eines Ausgleichs mit Dänemark an die Seite der Gegner Ludwigs XIV. führte, des Kaisers und der Republik der Niederlande, was immerhin mit beträchtlichen Konzessionen an die Generalstaaten zur Absicherung der Ostsee-Handelsinteressen der Republik erkauft werden musste. Diese Orientierung an der Wiener Hofburg und den Niederlanden beziehungsweise – seit der *Glorious Revolution* – den Seemächten wurde gut eineinhalb Jahrzehnte durchgehalten, und zwar trotz aller (zeitweisen) Annäherung der beiden Rivalen in Kopenhagen und Berlin an Versailles. Es war allerdings alles in allem eine Phase der außenpolitischen Stagnation, weil eine wirkliche Garantie der Ostgrenze der schwedischen Imperiums ausstand und zudem aus den rasch und konsequent „schwedisierten" baltischen Provinzen immer mit oppositionellen Regungen und Bewegungen gerechnet werden musste, die die Integrität des Gesamtstaats gefährdeten.

Es war vor dem Hintergrund einer eher stagnierend-defensiven Außenpolitik dann auch nicht ein neuer Paradigmenwechsel, der Stockholm abermals in bewaffnete Auseinandersetzungen führte, sondern eine große Koalition von Gegnern, die sich seit 1697 formierte und die den territorialen *Status quo* zu ihren Gunsten zu verändern suchte. Dass der Eindruck bei den Nachbarn entstehen konnte, das schwedische Imperium warte nur darauf, neu verfügt zu werden, kann vor dem Hintergrund einer defensiven, Konflikte eher scheuenden Außenpolitik in der Ära Bengt Oxenstiernas nicht überraschen. Dass dieses politische Denken gerade 1697 in die Konstituierung einer großen antischwedischen Koalition einmündete, hing (wieder einmal) mit einem Thronwechsel und dem Übergang in ein Vormundschaftsregime für den erst 15jährigen Karl (XII.) zusammen, was ein gutes Terrain für einen mächtepolitischen Überraschungscoup zu werden versprach. Womit die Gegner Schwedens sicher nicht gerechnet hatten, war, dass der junge Fürst[3] nach nur wenigen Monaten, bereits im November 1697, vorzeitig für mündig erklärt wurde, weil der Hochadel aufgrund seiner jüngeren Erfahrungen sich nicht dafür begeistern konnte, für einen längeren Zeitraum die Verantwortung zu übernehmen, und weil der Niederadel und die nichtadligen Stände einer Wiederbelebung des Ratskonstitutionalismus vergangener Zeiten vorzubauen suchten.

Nachdem in den wenigen Vormundschaftsmonaten in Stockholm ausgiebig der Gedanke eines neuerlichen Bündniswechsels an die Seite Frankreichs ventiliert worden war, war es nach Karls XII. aus dem Rahmen des Üblichen fallenden Thronübernahme keine Frage, dass Schweden seine bisherigen mächtepolitischen Präferenzen – und das hieß vor allem die Anlehnung an die Seemächte – beibehielt. Das schloss allerdings nicht aus, dass man in der Gottorf-Frage weiterzukommen suchte und eine dynastische Verbindung einging sowie Herzog Friedrich IV. zum schwedischen Generalissimus in Deutschland bestellte.

3.8.3 Karl XII. und der Große Nordische Krieg

Der Konflikt, der sich seit der Formation der Antischwedenliga aus Dänemark, Russland und dem wettinischen Kurfürst-König August abzuzeichnen begann, hatte freilich erst in zweiter Linie mit Schwedens reichischen Besitzungen zu tun, er gründete primär in der Absicht, eine sehr umfassende Revision der durch die schwedische Imperiumsbildung geschaffenen Machtverhältnisse im Ostseebereich durchzuführen. Wie Karl XII., der über einen Staat ohne große Ressourcen herrschte und deshalb zur Politik der umfassenden Verpfändung von Kronbesitz und Staatseinkünften zurückkehren musste, es vermochte, dieser erdrückenden Allianz nicht nur lange standzuhalten, sondern sie an den Rand einer totalen Niederlage zu bringen, hat nicht nur die

---

3 Letzte Biographie in deutscher Sprache: J. P. Findeisen, Karl XII.

Zeitgenossen beeindruckt, sondern auch die Nachwelt. Sowohl Voltaire als auch Friedrich der Große haben sich mehrmals mit dem schwedischen *Roi-Connétable* beschäftigt, wobei sich beide im Grund in der Bewertung *„moitié Alexandre, moitié Don Quichotte"* einig waren.[4] Das Faszinosum liegt wohl darin, wie ein sehr junger Fürst – „ein verschlossener, eigensinniger, gefühlsarmer, aber geradliniger Mann und genialer Feldherr"[5] – mit einem zwar gut ausgebildeten, aber nicht sonderlich großen Heer viel größeren Militärverbänden nicht nur Paroli bot, sondern sie ausmanövrierte, wie ein Staat mit bescheidenen Ressourcen über mehr als eineinhalb Jahrzehnte eine solche Belastung aushielt und wie es einem Feldherrn gelang, weit entfernt vom heimischen Nachschub, also mit eminenten logistischen Nachteilen, erfolgreich Krieg zu führen.

Das militärische Kalkül Karls XII. war, nachdem er den dänischen Rivalen Friedrich IV. schnell zu einem für ihn demütigenden Frieden (Travendal, 1700 August 13) gezwungen hatte, zunächst den scheinbar schwächsten der Gegner, den polnischen König und sächsischen Kurfürsten, auszuschalten, und zwar auch unter Ausnutzung oppositioneller Strömungen, um sich dann, möglichst mit polnischer Unterstützung, gegen den russischen Hauptgegner zu wenden. Diese Politik der Sprengung der gegnerischen Koalition ist lange relativ erfolgreich gewesen. Sie führte bekanntlich bis zur Absetzung des Wettinerkönigs und zur Installierung eines Marionettenkönigs in der Gestalt Stanisław Leszczynskis. Was aber nie gelang, war, die polnische Kronrepublik voll in den Kampf gegen Russland einzubinden, der dann bei Poltawa (1709) zur Katastrophe des schwedischen Heeres und zur Peripetie des Nordischen Krieges führte. Bei allen militärischen Zufälligkeiten: Poltawa war eine der wirklich großen, fast schon Entscheidungscharakter tragenden Schlachten der neueren Geschichte. In der Folgezeit – der König war nach Poltawa im Osmanischen Reich untergetaucht – machte es sich zudem nachteilig bemerkbar, dass Karl XII. zwar ein glänzender Militär war, aber die Diplomatie nicht ähnlich souverän zu handhaben wusste. So wurden relativ leichtfertig englische Vermittlungsangebote ausgeschlagen, um sich die Option eines massiven Vorgehens gegen Dänemark nicht zu verbauen, das nach Poltawa wieder in den Krieg eingetreten war. Am Ende – der König fand im November 1718 in Norwegen den Soldatentod[6] – standen die Dynastie und das Land vor dem Scherbenhaufen ihrer Politik.

Schweden vor einem innen- und außenpolitischen Scherbenhaufen

Das Land: Das meinte zunächst den Verlust der Ostseeprovinzen mit Einschluss des wichtigen Danzig[7] und ihrer Getreideproduktion, das meinte die Belastungen der Bevölkerung durch die russischen und dänischen Einfälle und die von der Bevölkerung der betroffenen Provinzen zu tragenden Kontributionen, das meinte neue Steuern und Zollerhöhungen, das meinte eine große Pestepidemie (1710–1712) und nicht zuletzt einen rapiden Verfall des gesamten Währungssystems. Und die Dynastie: Der Kö-

---

4 O. Haintz, Peter der Große, 6.
5 W. Demel, Europäische Geschichte, 224.
6 Nach wie vor wird in der Forschung darüber diskutiert, ob dies unter Umständen durch eine schwedische Kugel erfolgte.
7 H. Saarinen, Bürgerstadt.

nig war kinderlos geblieben, er hatte seiner 15jährigen Abwesenheit von der Heimat wegen auch kaum Vorkehrungen für den Eventualfall treffen können, so dass mit seinem Tod, hinter dem eine Zeitlang sogar ein Komplott vermutet wurde, der Kampf um die Nachfolge voll entbrannte. Seine Schwestern waren mit dem Gottorfer Herzog beziehungsweise dem Kasseler Erbprinzen Friedrich verheiratet, und obwohl der König mit an Sicherheit grenzender Wahrscheinlichkeit seinen Gottorfer Schwager lieber auf dem schwedischen Thron gesehen hätte, setzte sich am Ende die hessische Partei durch, deren außenpolitisches Konzept die Anlehnung Schwedens an die Seemächte war, um mit ihrer Hilfe die schwedischen Positionen in der östlichen Ostsee gegen Russland wiederzugewinnen. Mindestens im gleichen Maß wie das Weltbild und die große politische Perspektive hat zum Sieg der hessischen Partei aber der Umstand beigetragen, dass der bisherige starke Mann in Stockholm, Georg Heinrich von Görtz, ein Holsteiner war, dessen Unbeliebtheit seiner verhängnisvollen Münzpolitik und seines staatskapitalistischen Dirigismus wegen kaum zu übertreffen war. Es konnte deswegen auch kaum jemanden überraschen, dass Baron Görtz zu den allerersten Opfern des neuen Regimes zählte und bereits vor der förmlichen Regierungsübernahme Ulrike Eleonores und des Erbprinzen inhaftiert wurde.

Die oben gewählte Metapher vom Scherbenhaufen ist nicht überzogen. In den Friedensschlüssen von 1719/20/21 verlor Schweden seine sämtlichen deutschen Besitzungen mit Ausnahme eines kleinen Rests von Vorpommern mit Greifswald und Wismars und jeden institutionalisierten Einfluss auf Gottorf sowie alle baltischen Besitzungen: der Traum vom *Dominium Maris Baltici* war endgültig ausgeträumt. Und die Vermutung, dass dieser tiefe mächtepolitische Einschnitt von dem einen oder anderen Teil der politischen Elite erneut benutzt werden würde, um gegenüber einem *rebus sic stantibus* zunächst einmal schwachen Königtum Positionsvorteile zu erringen, war so abwegig wohl nicht. Der Reichsrat knüpfte die Anerkennung Ulrike Eleonores als Königin an die Zusage, in Zukunft wieder „auf alte Weise" mit seinem Rat zu regieren, und der Niederadel setzte einen Reichstag durch, der der Königin jedes Erbrecht auf die Krone absprach und sie nachträglich noch einmal förmlich „wählte". Ihr Wunsch, Friedrich zum Mitregenten erklären zu lassen, wurde abgelehnt, stattdessen wurde auch der Hesse – nach seinem Übertritt zum lutherischen Glauben! – förmlich gewählt und dann zum König ausgerufen.

3.8.4 Die Libertätszeit: verfassungspolitische und soziale Umbrüche

Das waren untrügliche Signale dafür, dass die politische Elite mit dem tiefen mächtepolitischen Fall Schwedens nun auch seine „absolutistische" Phase für abgeschlossen ansah, und dies schlug sich dann eindrücklich auch in der so genannten Regierungsform von 1720 nieder, mit der sich das Königreich ein wirkliches Grundgesetz gab. Zum Teil geschah das sicher in Anküpfung an die alten schwedischen Verfassungstraditionen, aber ebenso gewiss in Umsetzung vertragsrechtlicher Postulate des naturrechtlichen Staatsdenkens der Zeit. Entscheidend war, dass die starke Bindung des Königs und auch des Reichsrats an die Zustimmung des Reichstags, ohne die beispielsweise Angriffskriege fortan völlig ausgeschlossen waren, verfassungsrechtlich verankert wurde. Die Steuerbewilligung und die Verfügung über die Staatsfinanzen[8], die gesamte Gesetzgebung und nach und nach auch die Rechtspflege gingen in die Kompetenz des Reichstags über, der entsprechend seiner gewachsenen Zuständigkeit nun spätestens jedes dritte Jahr einzuberufen war.

Im Vergleich mit diesem Aufstieg des ständestaatlichen Parlamentarismus in Gestalt des Reichstags kam das, was mit dem Reichsrat geschah, einer nochmaligen Degradierung und Demütigung gleich. Nicht nur, dass die Zahl der „geborenen" Mitglieder reduziert und die traditionellen fünf hohen Reichsämter ganz abgeschafft wurden; der Reichstag wusste sich auch noch das Vorschlagsrecht und am Ende sogar das Entlassungsrecht des Rates zu sichern. Es war der Triumph der ständestaatlichen „Libertät".[9]

Diese in kürzester Frist vollzogene „Verfassungsrevolution" korrespondierte freilich nicht mit einer ähnlich gravierenden Umgestaltung der Sozialstrukturen. Schweden, über dessen relativ schwache Bevölkerungsbewegungen man für die Zeit ab 1749 besonders gut informiert ist, war und blieb ein von der Landwirtschaft geprägtes Land: sie beschäftigte wohl gegen 80 % der Bevölkerung. Allerdings reichte auch dieser – im europäischen Maßstab nicht aus dem Rahmen des Üblichen fallende – Anteil von im agrarischen Sektor tätigen Menschen nicht aus, um den nationalen Getreidebedarf zu decken. Erst die per Gesetz dekretierten Zusammenlegungen von Höfen und die Eingriffe in die Besitzverhältnisse nach der Mitte des 18. Jahrhunderts schufen eine neue Situation, die sich überaus vorteilhaft auf die Produktion auswirkte. Während die Exportziffern bei Eisen und Kupfer auf einem hohen Niveau blieben und erst am Ausgang des Jahrhunderts wieder rückläufig wurden, machte sich der Ausbau der Handelsflotte nach 1720 positiv bemerkbar; er ging mit ziemlich rigorosen Beschränkungen von Importen mit Schiffen fremder Nationalität einher.

Aber es waren alles in allem nicht die Wirtschaftszahlen, aus denen das europäische Interesse an dem nordischen Königreich resultierte, auch nicht das 1734 nach jahrzehntelangen Diskussionen verabschiedete, auf einen Entwurf Gustav Cronhielms zurückgehende Reichsgesetzbuch (*Rikes Lag*)[10], sondern die Art und Wese, wie sich hier zwei politische Lager gegenüberstanden, die für die eine oder andere außenpolitische Option standen. Die zentrale Stellung des Reichstags im Verfassungsleben eröffnete interessierten Mächten – ganz ähnlich wie im polnischen *Sejm* – Einwirkungsmöglichkeiten, die auch mit dem Mittel der Bestechung wahrgenommen wurden und die allmählich zwei „Parteien" entstehen ließen, die der Hüte (*Hattar*) und die der Mützen (*Mössor*). Sie repräsentierten die Optionen der Anlehnung an Frankreich beziehungsweise der an Russland. Es macht wenig Sinn, alle außenpolitischen Kehrtwendungen und Halbkehren, die Schweden in der „Freiheitszeit" (1720–1772) vollzog, hier nachzuzeichnen: entscheidend war, dass das skandinavische Königreich außenpolitischen Pressionen unterworfen war wie seit langer Zeit nicht mehr. Schweden geriet in die unmittelbare Gefahr, zur Spielwiese der großmächtlichen Diplomatie zu werden, zu einem bloßen Objekt der Politik, nicht mehr zu deren Gestalter. Selbst wenn die Krone einmal wie im Österreichischen Erbfolgekrieg, in diesem Fall sogar auf Drängen des Reichstags, eine klare Politik verfolgte – hier mit dem Ziel des Rück-

---

8 Zu den daraus resultierenden Problemen: H. GUSTAFSSON, Political Interaction.
9 Über die schwedische Freiheitszeit nach wie vor unersetzt: M. ROBERTS, Age of Liberty.
10 Zur Edition vgl. W. WAGNER, Reichsgesetzbuch.

erwerbs der baltischen Provinzen – dann endete auch dies im Desaster. Die Situation änderte sich auch nicht grundlegend, als nach Ulrike Eleonores Tod (1741) nach einem heftigen Wahlkampf und tiefreichenden inneren Unruhen der Gottorfer Herzog Adolf gegen einen dänischen Kandidaten das Rennen um die Königskrone machte. Das bedeutete enge Anlehnung an Russland, aber die russlandfreundlichen Mützen konnten sich im Reichstag dennoch nicht entscheidend durchsetzen. In den späten 1740er Jahren erfolgte aller russischen Drohungen ungeachtet sogar eine mächtepolitische Umorientierung nach Preußen und Frankreich hin. Das wiederum verhinderte nicht, dass sich der Reichstag im Siebenjährigen Krieg erneut äußerem Druck beugte und in die Antipreußenallianz eintrat und dem Land einen im höchsten Maß unpopulären und zudem gänzlich erfolglosen Pommernkrieg zumutete, der zudem für die Staatsfinanzen ruinös war.

Die Krone war diesem Spiel der Hüte und Mützen mehr oder weniger hilflos ausgeliefert, da ihr die verfassungsrechtlichen Mittel fehlten, um die Zügel entschlossen in die Hand zu nehmen. Sie begünstigte zwar den Aufbau einer „dritten Partei", die sich durch ein gewisses reformerisches Potential auszeichnete und generell die Stärkung der Königsmacht auf ihre Fahnen geschrieben hatte. Aber beim Versuch eines Staatsstreichs 1756 erwies sich, dass diese Partei viel zu klein war, um sich gegen die dominierenden Hüte durchzusetzen, die im Gegenzug die Königsfamilie geradezu demütigend abstraften. Das Hüteregime kam erst zu seinem Ende, als unter russischem und preußischem Druck die Mützen und die bis dahin recht schwache royalistische Hofpartei ein Zweckbündnis eingingen und sich seitdem entschieden an England und Russland anlehnten, zugleich aber Modernisierungsmaßnahmen wie eine konsequente Deflationspolitik und innenpolitische Liberalisierungen ins Werk setzten, die nicht nur zeitgemäß, sondern auch populär waren. Zu grundlegenden Verfassungsreformen kam es aber auch jetzt nicht, so dass sich eine enttäuschte Hofpartei allmählich wieder zur Seite der (profranzösischen) Hüte hin bewegte, die auch deswegen Auftrieb erhielten, weil der Kronprinz Gustav ausgesprochen frankophil orientiert war. Obwohl das Fernziel des Kronprinzen – die Umwandlung Schwedens in eine starke zentralistische Monarchie – mit dem Weltbild der Hüte an sich überhaupt nicht korrespondierte, setzte sich die ungleiche Koalition im Reichstag immer deutlicher durch. Als nach der Thronübernahme Gustavs III. (1771) die Mützen ein weiteres Mal an die Macht zu kommen drohten, wagte der junge König einen Staatsstreich, der das Parlament entmachtete und die Krongewalt umfassend restituierte.

3.8.5 Der Staatsstreich von 1772 und die Restitution der Krongewalt

Der monarchische Staatsstreich von 1772 entsprach wenig den zeitgenössischen Vorstellungen von Partizipation und Gewaltenteilung, aber er war im Land populär, weil er einem Parteienregime ein Ende bereitete, das alles in allem Schwedens Prestige nicht förderlich gewesen war und das vor allem die innere Entwicklung kaum positiv beeinflusst hatte. Die erneute „Verfassungsrevolution" fand auch deswegen im Land zunächst durchaus Resonanz, weil der junge, von der französischen Aufklärung nachhaltig geprägte Monarch eine konsequente, den seit langem erkannten „Reformstau" abbauende Reformpolitik nach innen initiierte, die beispielsweise auch eine Lockerung des schwedischen Konfessionalismus in dem Sinn einschloss, dass jetzt erstmals Nichtprotestanten das Recht zum Bau eigener Kirchen erhielten. Diese Reformpolitik hatte freilich von der ersten Stunde an auch eine weitere Funktion: sie sollte Schwedens mächtepolitisches Gewicht wieder stärken und ihm einen deutlich vergrößerten außenpolitischen Handlungsspielraum verschaffen. Das Beispiel Polen hatte in allerjüngster Vergangenheit gezeigt, dass die russische Politik an solchen Dynamisierungsprozessen in ihrem unmittelbaren Vorfeld kein Interesse hatte. Es lag daher auf der Hand, dass sich die bilateralen Beziehungen ungeachtet allen Briefwechsels zwischen den Monarchen tendenziell gefährlich zuspitzten, was dem König eine enge Anlehnung an Versailles nur noch mehr nahelegte. Er versuchte einen Türkenkrieg Katharinas II. auszunutzen, um mit militärischen Mitteln unter souveräner Ignorierung des verfassungsrechtlichen Verbots, einen Offensivkrieg ohne Zustimmung der Stände zu beginnen, Positionen im baltischen Raum zurückzugewinnen. Für St. Petersburg war das eine böse, höchst ungelegene Überraschung. Russlands politisches und militärisches Potential war aber trotz der anderweitigen Bindung seiner Heere groß genug, um dem skandinavischen Gegner früh seine Grenzen aufzuzeigen. Es begünstigte eine Offiziersverschwörung (Anjala-Verschwörung) und animierte seinen dänischen Verbündeten zu einem von Norwegen ausgehenden Vorstoß auf Göteborg. Noch während des Krieges übrigens gelang es Gustav III. – wenige Monate vor Ausbruch der Revolution in Frankreich! –, die Adelsprivilegien weitgehend abzuschaffen und die Schollenbindung der Bauern aufzuheben sowie für sich selbst das alleinige Verfügungsrecht über die Staatsfinanzen und die alleinige Kompetenz bei der Besetzung der Staatsämter durchzusetzen – greifbar wird das insbesondere in der Abschaffung des hochadligen Reichsrats und der Einrichtung eines Obersten Gerichts und eines Ministerrats.

Da Gustav III. schon 1792 – Verdis „Maskenball" hat das Thema musikalisch umgesetzt – einem von der Adelsopposition inszenierten Mordanschlag zum Opfer fiel und es zunächst eine Vormundschaftsregierung für den damals gerade 14jährigen Gustav (IV.) gab – der neue König übernahm erst 1796 die volle Verantwortung –, spielte Schweden beim Aufbau der antirevolutionären Koalitionen oder auch als potentieller Allianzpartner des Revolutionsregimes keine markante Rolle, um so weniger als der Regent eine Zeitlang daran gedacht hatte, sich mit dem Revolutionsregime zu verbünden. Der junge Monarch blieb der „inneren" Reformpolitik seines Vaters treu, sah sich dann aber doch mit der Tatsache konfrontiert, dass die Kontinentalsperre Schwedens Wirtschaft nachhaltig in Mitleidenschaft zog; die Erklärung der bewaffneten Neutralität (1801) änderte daran nichts. Als zu diesen Problemen noch einige Missernten kamen, geriet das gesamte Währungssystem in Verfall. Der Niedergang konnte auch durch die Ausgabe von assignatenähnlichen Reichsschatzscheinen nicht dauerhaft gebremst werden und zwang die Krone 1803 sogar, die Stadt Wismar auf hundert Jahre an den Herzog von Mecklenburg-Schwerin zu verpfänden. Die eigentlich dramatische Entwicklung begann für Schweden aber erst nach 1807, als nicht nur der König von der Krone ausgeschlossen wurde, sondern auch der Verlust Finnlands, wo ein an der Person Henrik Porthans' festzumachender kultureller Emanzipationsprozess schon seit längerem in Gang gekommen war, an Russland und am Ende sogar der Übergang zu einer ganz neuen Dynastie hinzunehmen waren. Die Reformbemühungen zweier

Herrscher hatten nicht ausgereicht, um das nordische Königreich organisch in eine neue Zeit zu überführen.

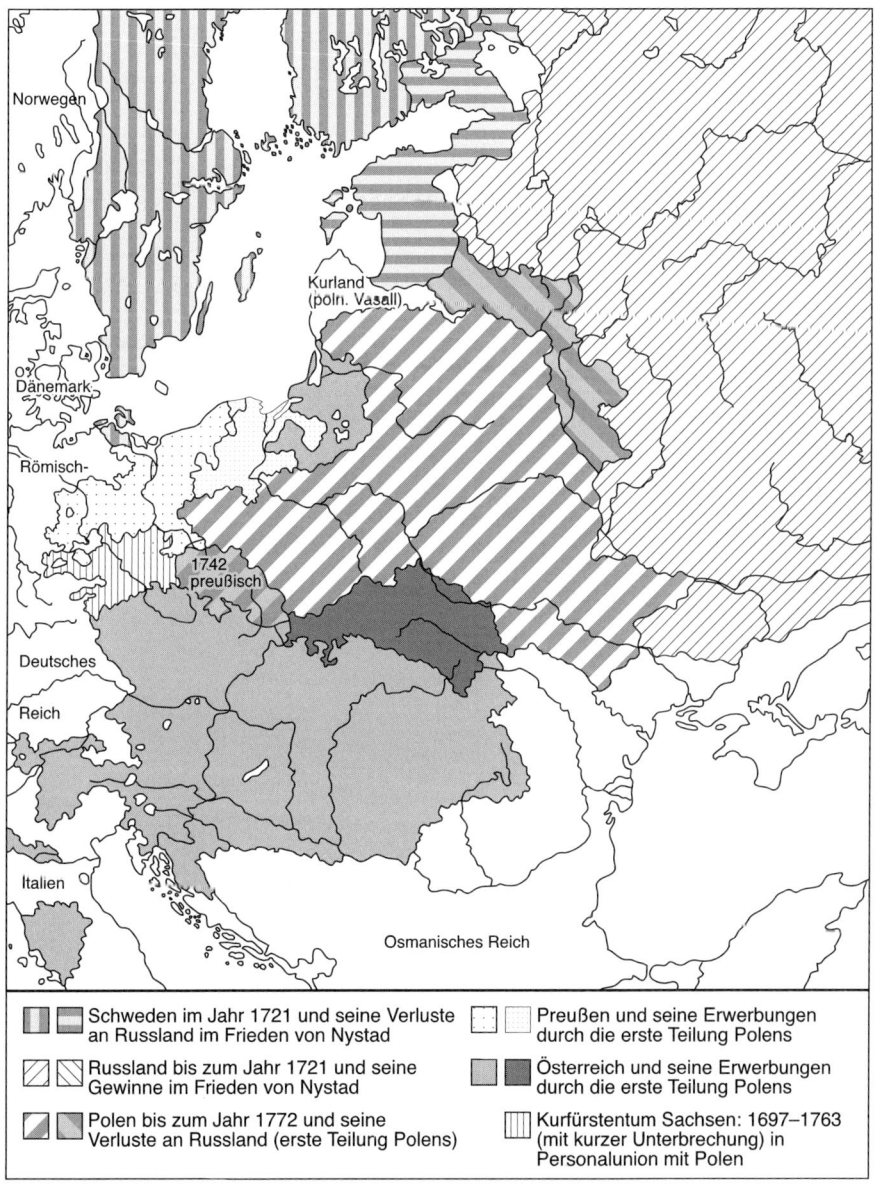

Abb. 13: *Ostmitteleuropa im 18. Jahrhundert.*

3.9 Polen

Legt man die Elle der Mächtepolitik an, so führt kein Weg daran vorbei, das polnische Großreich – korrekter muss man sagen: das durch die Lubliner Union von 1569 geschaffene Doppelreich Polen-Litauen – zu den Absteiger-Staaten der Epoche zu zählen. Jenes meist als „Adelsrepublik" gekennzeichnete Gemeinwesen mit einem gewählten König an seiner Spitze, der aber weitgehend dem vom Adel dominierten Reichstag (*Sejm*) untergeordnet war, das noch am Beginn des 17. Jahrhunderts kurz davor war, einen piastischen Prinzen, den Königssohn Władysław, in Moskau als Zaren zu inthronisieren, das 1683 vor Wien entscheidend mithalf, die Osmanen zurückzuschlagen, musste im letzten Drittel des 18. Jahrhunderts nicht weniger als drei Teilungen über sich ergehen lassen, die es als nationales Staatswesen von der Landkarte verschwinden ließen. Aber die Elle der Mächtepolitik ist natürlich nicht das Maß aller Dinge.

Große Überblicksdarstellungen, etwa die „klassische" von Gotthold Rhode[1], messen der Mitte des 17. Jahrhunderts, die für dieses Buch als Einschnitt vorgegeben ist, auch für den Ablauf der polnischen Geschichte den Rang einer tiefen Zäsur zu. Dies ist insofern auch nicht abwegig, als Polen, jenes gewaltige Gebilde zwischen Ostsee und Krimkhanat mit seinem annähernd eine Million qkm umfassenden Territorium und zehn Millionen Einwohnern, im Dreißigjährigen Krieg zu einem von vielen Seiten umworbenen Bündnispartner geworden war[2] – die Eheverbindung König Władysławs IV. mit einer Schwester Kaiser Ferdinands III. spiegelt dieses hohe Ansehen –, und just 1648, im Jahr des Westfälischen Friedens, eine Katastrophe über das ambitionierte Reich hereinbrach, die außenpolitische Höhenflüge zunächst einmal – und wie sich zeigen sollte: auf Dauer – unterband.

3.9.1 Zäsurcharakter des mittleren 17. Jahrhunderts?

Diese Katastrophe hatte einen präzise zu benennenden Hintergrund: einen Türkenkrieg, der seit 1644 geplant wurde und für den König Władysław auch namhafte auswärtige Unterstützung gefunden hatte, der aber reichsintern gegenüber dem *Sejm* nicht durchgesetzt werden konnte. Die an der Grenze, im Dnjeprgebiet, also auf dem heutigen Territorium der Ukraine, lebenden Kosaken, die unter verschiedenen Organisationsformen als im Prinzip freie Grenzbewohner in die Verteidigung des polnisch-litauischen Doppelreiches gegen die Tataren mehr oder weniger fest eingebunden waren, hatten auf diesen Türkenzug gehofft, weil sie sich von ihm Beute und eine rechtliche Besserstellung versprochen hatten. Als sich das Scheitern des Türkenkriegsprojekts abzeichnete, kam es zu einer völlig überraschenden Annäherung der Kosaken an ihre bisherigen Todfeinde, die Tataren. Der gemeinsame Aufstand beider Völker brach wie eine Springflut über Polen herein, das, zudem noch gehandikapt durch ein Interregnum nach Władysławs Tod, zunächst militärische Niederlagen (Piławce) erlitt

---

1 Gotthold RHODE, Geschichte Polens: ein Überblick, 3. Aufl., Darmstadt 1980.
2 Vor allem der russische Historiker B. F. Porshnev ist in den 1940er und 1950er Jahren dem ostmitteleuropäischen Schauplatz des 30jährigen Krieges verschiedentlich nachgegangen.

und sich in kaum als ehrenvoll zu bezeichnende Waffenstillstandsabkommen einlassen musste, ehe sich die (orthodoxen) Kosaken formell – bei recht weitgehender Autonomie – dem Moskauer Zaren als neuem Schutzherrn unterstellten (1654). Dies konnte nur den Krieg der *Rzeczpospolita* gegen das Zarenreich bedeuten, wobei letzteres aber 1654/55 im Nordosten, also im Gebiet Smolensk/Mohilev/Minsk/Wilna, rasche und irreversible militärische Erfolge erzielte.

Zu diesen beiden Gegnern gesellte sich – auch durch den Vormarsch der Moskowiter auf den Plan gerufen, der potentiell das schwedische Livland bedrohte – zu allem Überfluss noch das nordische Königreich, an dessen Spitze inzwischen ein pfälzischer Wittelsbacher stand (Karl X. Gustav). In der polnischen Historiographie wird dieser Krieg nicht zufällig mit dem Begriff „Sintflut" versehen[3], und ähnlich desaströs wie eine große Naturkatastrophe waren denn auch die Ergebnisse des ersten Kriegsjahrs: fast das gesamte Land befand sich in schwedischer Hand, der König, jener „verweichlichte, lenkbare und sprunghafte" Ex-Kardinal Johann II. Kasimir[4], war nach Oberschlesien geflohen, die ersten Teilungspläne wurden zwischen schwedischen und siebenbürgischen Diplomaten ventiliert. Bei dieser katastrophalen Situation blieb es dann zwar nicht, weil Johann Kasimir Verbündete (kurzfristig den Zaren, Dänemark, den Kaiser, den brandenburgischen Kurfürsten, bei dem sich sein später fast sprichwörtliches „Wechselfieber" erstmals zeigte) zu gewinnen wusste, und am Ende kam Polen sogar ohne größere Verluste aus dem Konflikt heraus, sieht man einmal von den abgetretenen Teilen Livlands und dem Verlust der Lehenshoheit über das Herzogtum Preußen ab.[5] Allerdings setzte sich der Krieg mit Russland noch bis zum Abkommen von Andrussowo 1667 fort. Das Jahrzwölft zwischen 1648 und 1660 hatte aber doch nachdrücklich eine Reihe bedenklicher struktureller Probleme des polnisch-litauischen Doppelreichs offengelegt:

1. Wie bei Personal- und auch Realunionen nicht ungewöhnlich, gab es auch bei der zwischen Polen und Litauen keine Interessenkongruenz des Adels der beiden Länder. Es bereitete potentiellen Gegnern meist keine großen Schwierigkeiten, hier oder dort oder gar hier *und* dort Parteien zu finden und zu aktivieren (und zu finanzieren).

2. Das musste für jede auswärtige Macht um so verführerischer sein, als den virtuell in zwei Kammern (Senat, Landbotenstube) geteilten und in seinem „Unterhaus" von einer mit englischen Verhältnissen auf eine Stufe zu stellenden Zahl von Wahlberechtigten getragenen polnischen *Sejm* eine ständegeschichtliche Besonderheit auszeichnete, das Prinzip des *liberum veto*, demzufolge eine einzige Stimme einen Reichstagsbeschluss verhindern konnte. Im März 1652 wurde dieses Prinzip zum ersten Mal wirksam. Das bedeutete faktisch, dass der Staat auf (außen)politische Herausforderungen nicht mehr rasch reagieren konnte, weil jeder Schritt und Antrag erst sehr gründlich vorgesprochen und nach allen Seiten hin abgefedert werden musste. So wenig wie die Niederlande, war Polen ein Gemeinwesen der raschen Entscheidungen.

3. An seiner extrem langen Ostgrenze hatte die *Rzeczpospolita* Nachbarn, die vom Grad der in „Europa" erreichten staatlichen Organisation und Verdichtung noch weit

---

3 Vgl. R. I. Frost, After the Deluge.
4 J. K. Hoensch, Geschichte Polens, 143.
5 Vgl. H. Duchhardt/B. Wachowiak (Hg.), Souveränität, und D. Makiłła, Miedzy.

entfernt waren. Solche Kräfte, zu denen natürlich auch keine formalisierten diplomatischen Beziehungen bestanden, waren verlässlich nicht zu kontrollieren und waren immer für Überraschungen gut. Eine „Staatlichkeit" nach „westlichem" Vorbild war für die Kosaken und die Tataren schließlich auch gar kein erstrebenswertes Ziel.

4. Polen hatte es in Gestalt Schwedens und Russlands (und, wenn man so will, auch Brandenburgs) mit Nachbarn zu tun, die sich in einer Phase des dynamischen Aufschwungs und der Expansion befanden. In ihren Augen musste ein ohnehin überdimensioniertes und zum kontinuierlichen Schutz seiner territorialen Integrität unfähiges Staatswesen wie Polen-Litauen ein besonders „dankbares" Objekt für eigene territoriale Arrondierungspläne sein – nicht zufällig wurden im Ersten Nordischen Krieg die ersten Teilungspläne diskutiert. Da Polen nicht über ein schlagkräftiges Heer verfügte, das in Friedenszeiten zusammenblieb – es umfasste im Frieden nur etwa 4000 Mann, kaum mehr als eine der vielen Privatarmeen der großen Adelsgeschlechter! –, versprachen Überraschungsangriffe immer Erfolg.

Die zwölf Jahre kontinuierlicher Bürger- und auswärtiger Kriege zwischen 1648 und 1660 – nimmt man den russischen Krieg noch hinzu, der Polen erhebliche Abtretungen (unter anderem die ganze Ukraine jenseits des Dnjepr) kostete, kommt man leicht auf zwei Jahrzehnte! – waren für die polnische Mentalität von nachhaltiger (negativer) Bedeutung, weil sie weiten Kreisen bewusst machten, dass es mit Polens langer Vormachtstellung im Osten vorbei war oder zu Ende zu gehen drohte. Es lag nahe, sich Gedanken darüber zu machen, wie dieser Prozess gestoppt oder rückgängig gemacht werden könnte. So wurde bei Hof und im Adel eine Zeitlang darüber diskutiert, wie man das unter dem Gesichtspunkt des raschen Reagierens verhängnisvolle *liberum veto* wieder beseitigen könnte. Aber es blieb beim Diskurs, zumal Aufstände und Auseinandersetzungen über die Nachfolge Johann Kasimirs im Königsamt in den späten 60er Jahren viele Energien absorbierten und Reformen verhinderten.

3.9.2 Türkenkrieg als Ausweg aus der Verfassungskrise?

Als einen Königsweg, um an frühere glanzvolle Zeiten anzuknüpfen, sahen manche Kreise in Polen, unbeschadet enger politischer und wirtschaftlicher Verflechtungen der Adelsrepublik mit dem Osmanischen Reich, den Türkenkrieg an; die Metapher vom *Antemurale Christianitatis* – der Schutz- und Vormauer der Christenheit – war durch die Jahrhunderte hindurch ja fast zu einer polnischen Staatsphilosophie geworden.[6] Aber der Weg zum Erfolg in jenem Türkenkrieg, in den sich die Krone seit den späten 1660er Jahren durch kosakische Aktivitäten hineinziehen ließ, war steinig – und ein gutes Ende war trotz der zeitweiligen Allianz mit dem Zarenreich lange nicht absehbar. Man kann von einem fünfzehnjährigen bewaffneten Konflikt sprechen, der erst 1683 vor Wien zu einem Ende kam. Die Schlacht am Kahlenberg sollte auch Polen spürbar entlasten und dort wie in den unmittelbaren Nachbarterritorien, zum Beispiel in Schlesien, eine lebhafte Panegyrik hervorrufen. Aber in Polen wollte man mehr, nicht zuletzt König Johann Sobieski (1674–1694) ganz persönlich, der wesentlichen Anteil an dem Schlachtensieg hatte. Und so beteiligte man sich zwar nicht mehr an

---

6 Vgl. jüngst M. Morawiec, Antemurale.

den weiteren Kämpfen auf dem nördlichen Balkan, zumal sich die Beziehungen zum Kaiserhof rasch wieder abgekühlt hatten, hatte aber die Vision, über die vom türkischen Joch zu befreienden Donaufürstentümer Moldau und Walachei bis ans Schwarzen Meer vorzustoßen und die Verluste von 1667 so zu kompensieren. Dass das Russland auf den Plan gerufen hätte, lag auf der Hand.[7] Es blieb beim Traum – zeitweise gefährdeten die Osmanen sogar Lemberg, und nur mit Mühe konnte 1699 Podolien mit der wichtigen Festung Kamieniec zurückerobert werden. Eine gestaltende Kraft kam Polen in den Türkenkriegen des 18. Jahrhunderts dann nicht mehr zu; insofern ging es jetzt auch einer lange und mit Stolz wahrgenommenen „europäischen" Funktion verlustig.

3.9.3 Die wettinische Personalunion

Das Jahr 1697 markiert in der polnischen Geschichte einen Einschnitt, weil mit diesem Jahr die zwei Generationen während Herrschaft einer landfremden Dynastie begann, für die Polen keineswegs durchgängig das Zentrum ihres politischen Bemühens war und die von der polnischen Geschichtsschreibung deswegen lange auch als eins der dunkelsten Kapitel der Nationalgeschichte eingestuft wurde.[8] Um die wettinische Zeit angemessen beurteilen zu können, empfiehlt sich ein kurzer Rückblick. Aus dem oben Gesagten erhellt, dass Johann Sobieski seinem sächsischen Nachfolger im Königsamt keineswegs ein intaktes und geordnetes Staatswesen hinterließ. Wegen des Kontinuums an Kriegen war in der Sobieski-Ära an der Steuerschraube ständig gedreht worden, wobei die *Szlachta*, der Adel, es so einzurichten wusste, dass sie von diesen finanziellen Sonderleistungen im Wesentlichen verschont blieb. Die äußeren Kriege waren zudem ein Nährboden für zahlreiche bewaffnete Konflikte zwischen Adelsfamilien, die es nahelegen, von bürgerkriegsähnlichen Zuständen zu sprechen. Und hinzu kam nicht zuletzt, dass die oben angesprochene Praxis, durch das *liberum veto* einzelner Landboten, die nun oft genug schon im Auftrag fremder Mächte agierten, Reichstagsbeschlüsse zu verhindern, sich kontinuierlich fortsetzte und die Adelsrepublik zu einem beinahe unregierbaren Gebilde machte. Über das *liberum veto* begann sich die Außensteuerung Polens abzuzeichnen.

Der sächsische Kurfürst Friedrich August I. (1697–1733), der sich gegen viele (polnische und nichtpolnische) Bewerber, darunter auch den anfangs mit überwältigender Mehrheit gewählten französischen Prinzen François Louis de Conti, durchsetzte, wusste als unmittelbarer Nachbar der *Rzeczpospolita* natürlich um die aktuellen und strukturellen Probleme des polnisch-litauischen Doppelreichs. Aber man ginge in die Irre, wenn man annähme, er wäre mit einem groß angelegten Reformprogramm in das Rennen um die polnische Krone gegangen. Nein, für den Wettiner stand der Aufstieg in den exklusiven Kreis der Majestäten im Zentrum seiner Überlegungen, dem der Landesherr des allerprotestantischsten Fürstentums und der Direktor des *Corpus Evangelicorum* sogar seine Konfession opferte. Zu aller Unfähigkeit, die strukturellen Pro-

---

7 A. S. Kaminski, Republic vs. Autocracy.
8 Hier hat freilich ein neues Nachdenken eingesetzt, fassbar beispielsweise an der neuen Biographie von J. Staszewski, August III.

bleme Polens wirklich mit Entschlossenheit und gestalterischer Kraft anzupacken, kam als weiteres Moment hinzu, dass ein kraftloser Riese von den Nachbarn gar nicht ungern gesehen wurde: ein Raum, den man zu den relativ unverdichteten, jedenfalls nicht mehr dynamisch aufgeladenen zählen muss und der von den Anrainerstaaten als Puffer und potentieller Einflussbereich plötzlich eine völlig neue Qualität gewann. Die *Szlachta* mochte die bequeme und eher selbstgenügsame Ideologie entwickeln, dass Polen durch seine Anarchie bestehe und durch seine Wehrlosigkeit geradezu ein Modell für friedliches Zusammenleben in Europa darstelle: für das europäische Bild von Polen und auch für das eigene Selbstbewusstsein war es schlicht verhängnisvoll, dass Polen im großen Nordischen Krieg, natürlich auch infolge von strukturellen Defiziten, keine gute Figur machte, dass Teilungspläne die Runde machten, dass die unmittelbaren Anrainerstaaten schließlich ein System gemeinsamer Kontrolle schufen und die Wehrfähigkeit Polens *ad absurdum* führten. Der erste Wettiner konnte nicht nur der verbreiteten Ansicht nicht entgegenwirken, dass in Polen fast jede politische Entscheidung käuflich sei, sondern er war auch nicht in der Lage, eine Verfassungsreform im Sinn eines wirklich funktionierenden ständeparlamentarischen Systems zu betreiben oder den Staat mit dem Ziel der Errichtung von effizienten Zentralbehörden und der Wiederherstellung seiner Wehrfähigkeit zu modernisieren und zu verdichten. August II. hat die innere Ordnung Polens nie in den Griff bekommen, hat die Sonderinteressen verschiedener sozialer Gruppen nicht abbauen können, hat die konfessionellen Gegensätze eher noch verschärft als gemildert – als Beispiel mag das so genannte. Thorner Blutgericht (1724) genannt sein. Dass er einiges für das kulturelle Leben in Warschau getan hat und auch die Wirtschaft seiner beiden Staaten einander anzunähern suchte, hebt diesen Befund nicht auf.

Vor dem Hintergrund einer alles in allem halbherzigen Politik gegenüber Polen, das für den Wettiner in erster Linie eine Funktion in Bezug auf seinen persönlichen Rang hatte und in zweiter Linie strukturelle Nachteile Sachsens ausgleichen sollte, und in Verbindung mit der Tatsache, dass er recht unverhohlen erbdynastische Projekte betrieb, überrascht es nicht, dass August II. in Polen nie Popularität erwarb. So erstaunt es nicht, dass dem von der schwedischen Aggressionsmacht im Nordischen Krieg auf den polnischen Thron gehievten Stanisław Leszczynski zeitweise deutlich mehr Sympathien entgegenflogen als dem rechtmäßig gewählten Monarchen. Die Abdankung von Altranstädt (1706) unter dem Druck der schwedischen Waffen blieb dennoch Episode, weil Karl XII. von Schweden nach Poltawa keinen Druck mehr ausüben konnte und Zar Peter I. seit 1709 um den Preis eines starken Mitspracherechts in den innerpolnischen Angelegenheiten den Wettiner nachhaltig protegierte, auch wenn nach einem kurzen Türkenkrieg das russische Protektorat über Polen noch längst nicht jenen Aggregatzustand erreichte, den der Zar sich 1709/10 erhofft hatte.

Wie schwach und defizitär aber auch nach seiner Re-Installierung als König – Europa war seitdem im Übrigen mit dem Problem eines Ex-Königs konfrontiert, den niemand so recht unterzubringen wusste und der fortan über Jahre und Jahrzehnte in Zweibrücken seinen Königsträumen nachhing – sein Renommee in Polen war, sollte sich 1716 nach dem Bekanntwerden von auf den König zurückgehenden Teilungsplänen zeigen, als sich eine weite Aufstandsbewegung (Konföderation von Tarnogród) formierte, die nur mit russischer Hilfe niedergeschlagen werden konnte und in deren

Konsequenz Polen nun vollends (Stummer *Sejm* 1716) der russischen Kontrolle unterworfen wurde. Sie wurde nicht nur durch im Land stationierte russische Truppen gewährleistet, sondern auch dadurch, dass die eigene Truppenstärke auf maximal 24 200 Mann festgeschrieben wurde; die tatsächlichen Zahlen blieben übrigens noch deutlich darunter. Im Zusammenhang mit dem Potsdamer Traktat von 1720, in dem sich die Herrscher Russlands und Preußens darauf verständigten, fortan alle etwaigen Bemühungen um eine Reform der altständischen Verfassung in Polen zu unterbinden, war die *Rzeczpospolita* damit einer Außen- und Fremdkontrolle unterworfen, wie sie in Europa für einen souveränen Staat ohne Beispiel war.[9]

Mit dem staatlichen Niedergang Polens, der ein Beleg neben anderen dafür ist, dass landfremde Dynastien längst nicht immer ein Segen für das „zweite" Territorium sind, korrespondierte ein nicht weniger gravierender innenpolitischer Niedergang, der sich, vor allem durch den Nordischen Krieg bedingt, in dem Polen in Permanenz Durchmarschgebiet aller möglichen Heere war, in einer deutlich abfallenden demographischen Kurve zeigte – zwischen 1709 und 1720 soll Polen, allerdings unsicheren Quellen zufolge, bis zu einem Viertel seiner Bevölkerung verloren haben –, und sich in einer ökonomischen Baisse sowie in sich verstärkenden konfessionellen Auseinandersetzungen niederschlug: aus dem einstigen „Musterland" der konfessionellen Toleranz, das in der Warschauer Konföderation von 1573 den konfessionellen Minderheiten religiöse Toleranz ausdrücklich garantiert hatte, dessen gelebte Toleranz auf die Anrainerterritorien – wie der Schlesier Martin Opitz bezeugt – nachhaltig ausstrahlte und in dem noch 1645 um die Wiedervereinigung der Konfessionen gerungen worden war[10] (Thorner *Colloquium Charitativum*), drohte die Hochburg einer militanten Gegenreformation zu werden, in der der Abfall vom Katholizismus mit Landesverweisung bestraft, die Abhaltung nichtrömischer Gottesdienste dramatisch erschwert und protestantische Kirchen zerstört wurden. Dieser Prozess, der gewissermaßen symbolisch in der Erhebung der Schwarzen Madonna von Tschenstochau zur „Königin der Krone Polen" (1717) und im bereits genannten Thorner Blutgericht (1724) kulminierte und der im Übrigen auch die griechisch-katholischen Christen (und die zunehmend unter Druck gesetzten Juden)[11] nicht unberührt ließ, veranlasste 1730 wiederum ein Eingreifen der beiden Anrainerstaaten, die durch einen Vertrag zum Schutz ihrer jeweiligen Glaubensgenossen die Außensteuerung Polens nochmals verstärkten.

Auch von dieser Konstellation her kann es nicht verwundern, dass die polnischen Angelegenheiten nun zu einer europäischen Sache wurden, in der die beiden Anrainerstaaten den Ausschlag zu geben versuchten. Sie waren es letztlich, die nach Augusts II. Tod 1733 und nach einem nur dem Namen nach mit Polen verknüpften, aber weit darüber hinausweisenden und sich primär im Reich und in Italien abspielenden militärischen Konflikt den erneuten Übergang der Krone an Ex-König Stanisław Leszczynski verhinderten, der immerhin inzwischen zum Schwiegervater Ludwigs XV. avanciert war. Sie waren es auch, die den Faktionskämpfen in Polen, gegen die der

---

9 Jetzt M. Schulze Wessel, Rußlands Blick.
10 Vgl. H.-J. Müller, in: H. Duchhardt/G. May (Hg.), Union. Müllers einschlägige Dissertation erscheint in absehbarer Zeit im Druck.
11 M. J. Rosmann, The Lord's Jews; H. Haumann, Ostjuden.

energielose und der Landessprache nicht mächtige August III. (1733–1763) weder einschreiten konnte noch wollte, ihren Lauf ließen. Es war nicht wie in Schweden, wo zwei auf dritte Mächte gestützte abgegrenzte Adelsparteien einander gegenüberstanden: hier war das Gegeneinander der adligen „Kleinkönige", der Radziwill, der Potocki, der Czartoryski und anderer mehr, viel unübersichtlicher. Natürlich entstand unter den Vorzeichen der Frühaufklärung und eines wachsenden „nationalen" Bewusstseins ein breites Reformschrifttum, das sich zu einem guten Teil aus „westlicher" Literatur speiste, die über französische Übersetzungen rezipiert wurde, das Verbesserungen in Verfassung und Rechtswesen anmahnte und einforderte und etwa die Praxis geißelte, dass unter August III. jeder der dreizehn Reichstage „zerrissen", also beschlussunfähig gemacht wurde. Aber es sollte dann doch noch bis in die 1760er Jahre dauern, bis dieser staatsphilosophisch-praxisorientierte Diskurs auch politikwirksam werden konnte.[12]

3.9.4 Die Reformära und die Teilungen Polens

Dieser Eindruck eines geradezu dramatischen staatlichen Niedergangs, dem ein verhängnisvolles Zusammenwirken einer untätigen und desinteressierten Dynastie und zweier potenter, aber nur und ausschließlich egoistischer Anrainerstaaten zugrunde lag und der sich in den großen Konflikten des zweiten Drittels des 18. Jahrhunderts in kraftloser, zudem von niemanden mehr respektierter Neutralität niederschlug, wurde erst nach dem Abgang der wettinischen Dynastie relativiert. Zwar war auch der neue, 1764 auf den Thron gelangte König ein „politisches Produkt" eines der beiden Anrainerstaaten, aber Stanisław August Poniatowski (1764–1795), dessen Wahl von Russland mit Waffengewalt erzwungen worden war, war ein „Piast" – und zudem kein so „pflegeleichter", wie seine Protagonistin Katharina II. sich das vorgestellt hatte. Statt wie sein Vorgänger mit geradezu leidenschaftlicher Passivität in den inneren Unruhen eine Art unabwendbares Fatum und in der Außensteuerung Polens durch seine beiden Nachbarn eine irreversible politische Logik zu sehen, legte der begabte Fürst fast von der ersten Stunde seines Königtums an eine bemerkenswerte *activitas* und Reformbereitschaft an den Tag, die sich zunächst in den Bereichen Finanzen und Wirtschaft bewegte, sich dann aber auch auf das Heerwesen und die allgemeine Staatsverfassung ausdehnte; unter anderem sollte das verhängnisvolle *liberum veto* massiv auf einige wenige Fälle eingeschränkt werden. Abgestützt wurden diese reformerischen Ansätze durch eine lebhafte, meist anonyme und nicht in allen Fällen gedruckte Gelegenheitspublizistik sowie durch die erste politische Zeitschrift Polens, den vom König inspirierten „Monitor" (1765–1785). Es ist als Kuriosum festzuhalten, dass in Polen der moderne Journalismus auf den Wunsch der Regierung zurückgeht, die eigene Reform publizistisch abzustützen. Aber es blieb nicht bei der Publizistik: 1764/65 bildete der *Sejm* zentrale Kommissionen für verschiedene Ressorts, also Vorstufen künftiger Ministerien, die die Schlagkraft der polnischen Politik erhöhen mussten, und die Pläne für eine nachhaltige Entmachtung der Magnaten und eine Art parlamentarisches System lagen schon in den Schubladen. Diese „Gefahr", dass sich die *Rzeczpos-*

---

12 Für einen Einzelaspekt dieses Reformdiskurses vgl. St. SALMONOWICZ, Wiederherstellung.

polita in einen modernen, vielleicht sogar dynamischen Staat verwandeln würde, rief fast zwangsläufig beide Anrainerstaaten auf den Plan, die gerade das seit Jahrzehnten zu verhindern gesucht hatten. Es kostete sie kaum Mühe, in Polen Verbündete zu finden – in Gestalt der unterdrückten konfessionellen Minderheiten, zu deren Schutz sich beide „Protektoren" ohnehin auch in den zurückliegenden Jahrzehnten schon gelegentlich öffentlichkeitswirksam in Szene gesetzt hatten, und in Gestalt potenter reformfeindlicher Adelsgruppierungen. Dieser unheiligen *Status-quo*-Allianz gelang es dann auch sehr rasch, alle Reformen abzuwürgen und die polnische Verfassung förmlich unter russischen Schutz zu stellen (1768).

Es war freilich ein Symptom eines gewandelten „Zeitgeistes", dass sich die emanzipatorischen Kräfte jetzt nicht mehr einfach beiseite schieben ließen. Es kam zu einer im Grund nicht weniger merkwürdigen Allianz von antirussischen, dezidiert katholischen und Anti-Poniatowski-Kräften (Konföderaton von Bar), die in ihrer militärischen Unterlegenheit auch vor einem Zusammengehen mit der Pforte nicht mehr zurückschreckte und die einen Emanzipationskampf führte, aus dem sie nach vierjähriger Dauer als Verlierer hervorging. Gegen eine völlig uneingeschränkte russische Dominanz in Polen regten sich dann aber internationale Vorbehalte, die in die Erste Teilung Polens einmünden sollten. Teilungsprojekte hatte es seit dem großen Nordischen Krieg, wie erinnerlich, immer wieder gegeben, der Gedanke lag also gewissermaßen „in der Luft". Und trotzdem kam das, was 1772 vor sich ging[13], einem politischen Erdbeben gleich[14]: Drei Großmächte, die sich nur in diesem einen Moment einmal einig waren, verfügten unter totaler Negierung aller Völkerrechtsprinzipien über einen mindermächtigen souveränen Staat. Kleine Staaten als Verfügungsmasse größerer Nachbarn – diese Vision ließ viele, auch im Deutschen Reich, für die Zukunft Schlimmes befürchten, und auch ein Wort wie das Voltaires, der die Weitsicht und Rationalität der beteiligten drei Fürsten pries, die durch die Teilung Polens einen europäischen Konflikt verhindert hätten, war nicht geeignet, die allgemeine Stimmung ins Positive zu wenden.

Die *Rzeczpospolita* verlor durch die Abtretungen an Russland, Österreich und Preußen über 200 000 qkm mit 4,5 Millionen Einwohnern, aber sie war bei verbleibenden 527 000 qkm nach wie vor ein Riesenstaat – und sie blieb trotz gewaltiger Nachteile für den polnischen Außenhandel, der fortan zu vier Fünfteln über preußisches Gebiet lief, durchaus lebensfähig. Ja, man wird sogar sagen können, dass – wie nicht selten in der Geschichte – aus der tiefsten Demütigung neue Kräfte erwuchsen. Unter dem Schock der Teilung und einer davon ausgelösten neuerlichen Reformdiskussion, an der sich unter anderem auch Rousseau mit seinen „Considérations sur le gouvernement de Pologne" beteiligte und die gleichzeitig den nationalen Kräften nachhaltigen Auftrieb gab – die erste polnische Enzyklopädie entstand in dieser Zeit –, kam es schon 1775 zu einer Reihe grundlegender Reformen, die das Steuerwesen, das Heerwesen und die Sozialgesetzgebung betrafen, aber, begünstigt durch die Aufhebung des Jesuitenordens, auch das Bildungswesen, das nun erstmals in der europäischen Geschichte in seiner Totalität von einem einzigen Ressort verantwortet wurde. Hervor-

---

13 Vgl. zuletzt J. Lukowski, Partitions.
14 Vgl. T. Cegielski, Das alte Reich.

zuheben ist zudem, in welch beachtlichem Maß Polen jetzt, unterstützt durch viele Artikel im „Monitor", zur religiösen Toleranz zurückfand. Wenn Stanislaw Staszic 1785 von dem aufgeklärten Despotismus als der für Polen in der gegebenen Situation akzeptablen und angemessenen Regierungsform sprach, traf er damit wohl eine verbreitete Grundstimmung seiner Landsleute. Bemerkenswerterweise fand auch das *liberum veto* nun in der politischen Praxis keine Anwendung mehr. Seinen Höhepunkt erlebte

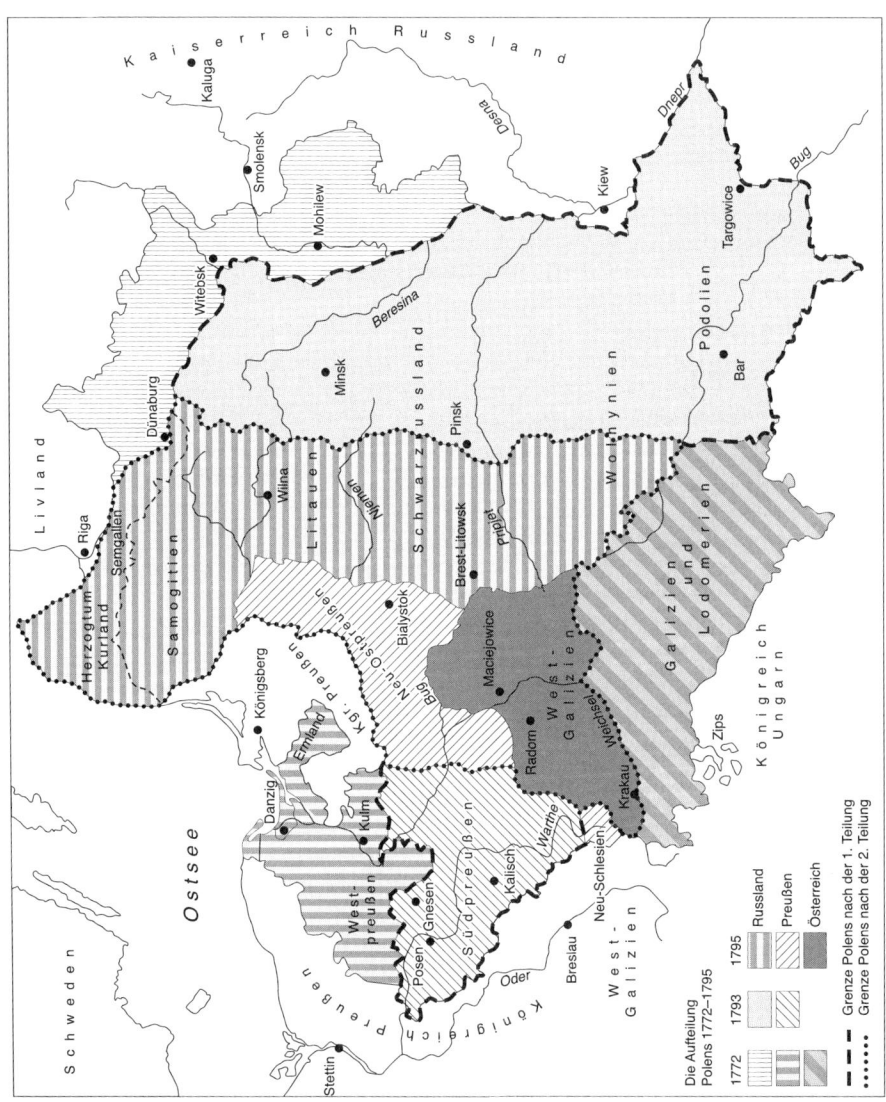

Abb. 14: *Die Teilungen Polens 1772–1795.*

dieser Aufschwung auf vielen Gebieten des öffentlichen Lebens auf einem großen vierjährigen Reformreichstag (*Sejm Wielki*, 1788–1792)[15], der nicht zufällig zu einem Zeitpunkt zusammentrat, als die „Protektionsmacht" Russland durch auswärtige Kriege (Osmanisches Reich, Schweden) in ihrem Spielraum eingeschränkt war. Der Reformreichstag seinerseits mündete in jene berühmte Konstitution vom 3. Mai 1791, der in der Geschichte des europäischen Konstitutionalismus ein hoher Stellenwert zukommt[16], auch wenn ihr die Bewährung in der politischen Praxis verwehrt blieb: eine Verfassung, die die „Exzesse der Freiheit" radikal zurückschnitt, die die Landbotenkammer, für die nun auch die reichen Stadtbürger wahlberechtigt sein sollten, zur Volksvertretung erhob, die zentrale Regierungsinstanzen vorsah, Verwaltung und Gerichtswesen modernisierte, grundsätzliche Glaubensfreiheit dekretierte, die Wirtschaft und den Handel unter staatlichen Schutz stellte und sich für ein am englischen Beispiel und an Rousseau und Montesquieu orientiertes Modell einer konstitutionellen Monarchie aussprach – übrigens zugunsten des Hauses Wettin als Erbmonarchen![17]

Aber es wiederholte sich das Paradigma von 1768: Die Nachbarn waren konsterniert (diesmal über diese Emanation von Volkssouveränität und Nationalfreiheit), Russland organisierte die oppositionellen Kräfte, die sich diesmal in der so genannten Konföderation von Targowica formierten, stützte sie militärisch und einigte sich 1793 mit Preußen (Österreich wurde diesmal nicht beteiligt und auf zukünftige Erwerbungen zu Lasten Frankreichs vertröstet!) auf eine neuerliche Teilung Polens, der nach dem Nationalaufstand Kosciuszkos dann 1795 sogar noch eine dritte Teilung folgte, die mit der Abdankung Stanisławs II. Poniatowski den gesamten polnischen Staat (vorläufig) von der Landkarte Europas verschwinden ließ. Hoffnungen vieler polnischer Emigranten, die auf die traditionelle polnisch-französische Freundschaft setzten, Frankreich werde Polen rasch wiederherstellen, erfüllten sich nicht. Dass einer der flächengrößten Staaten des Kontinents nach einem Abschwungprozess von nur rund fünf Generationen völlig verschwand, dürfte zu den Einmaligkeiten der neueren Geschichte zählen. Aber es gehörte wenig Phantasie zu der Prognose, dass auch dieser Tiefpunkt eines geschichtlichen Prozesses neue Kräfte freisetzen würde.

3.10 Russland

Vergleicht man die europäischen Staaten in der Perspektive von Aufstieg und Niedergang miteinander, ragen wohl zwei Gemeinwesen ob ihres rasanten Aufschwungs heraus: neben England/Großbritannien war es Russland, das zwischen der Mitte des 17. und dem ausgehenden 18. Jahrhundert einen politischen „Quantensprung" hinter sich brachte und sich eine Führungsrolle in der Staatenfamilie sicherte, die zunehmend unbestrittener wurde.

---

15 Dazu zuletzt A. Litýński, Reformgedanke.
16 Vgl. R. Jaworski (Hg.), Nationale und internationale Aspekte.
17 A. Kobuch, Angebot.

3.10.1 Russlands Aufstieg zu einer Regionalmacht

Das Moskowiterreich um die Mitte des 17. Jahrhunderts – das war eine Regionalmacht, die lange im Schatten eines aktiveren und potenteren polnischen Nachbarn gestanden hatte, die unter dem Terror Iwans IV. „des Schrecklichen" in der Zeit der *Smuta*, der Zeit der Wirren, am Beginn des 17. Jahrhunderts am Rand des völligen Untergangs zu stehen schien, fast die Hälfte seiner damals rund 15 Millionen Menschen zählenden Bevölkerung verloren und sich aus einer tiefen ökonomischen und sozialen Krise bis um die Mitte des Jahrhunderts nur mit Mühe erholt hatte. Obwohl, wie soziale Unruhen noch in den 1670er Jahren zeigen, diese innere Krise des Staates unter der Decke weiter schwelte, kann man mit der Mitte des 17. Jahrhunderts eine Art Wende datieren, die mit der negativen Wende des polnisch-litauischen Großreichs korrelierte.

Sie nahm ihren Ausgang von einer Militärreform, die die traditionelle Adelsreiterei durch stehende Infanterietruppen ergänzte und die die Wiederaufnahme der Expansion in Richtung Westen ermöglichte, von der man im ausgehenden 16. Jahrhundert wohl oder übel hatte Abstand nehmen müssen. Die markanten Punkte dieser Westexpansion waren der Erwerb der östlichen Ukraine samt Kiew sowie von Smolensk zu Lasten Polens.[1] Das waren nicht irgendwelche Erwerbungen, sondern solche, die dank der dortigen Bildungseinrichtungen, insbesondere der 1631 von einem Vertrauten des polnischen Königs, Peter Mogila, gegründeten Kiewer Akademie[2], zu einem eminent wichtigen Einfallstor für westliche Einflüsse in das Moskauer Zarenreich wurden; das Kiewer Kollegium hatte schon seit den 1640er Jahren in zunehmender Zahl junge Adlige auch aus dem Zarenreich angezogen. Die Ukraine, zunächst (seit 1722) von einem eigenen Kollegium verwaltet, wurde dann mehr und mehr – auch institutionell – als ein integrierter Teil des Reiches behandelt; 1754 hob der Senat die Grenze zwischen der Ukraine und Russland förmlich auf, was Autonomiebestrebungen indes eher beförderte als abwürgte.

Dabei muss man zugleich die gravierenden Unterschiede festhalten, die das Moskauer Reich der Mitte des 17. Jahrhunderts vom „europäischen" Modell von Staatlichkeit abhoben. In „Europa" war Herrschaft prinzipiell nur auf der Grundlage eines Konsenses zwischen Herrscher und Beherrschten möglich, der sich in der Mitwirkung der Beherrschten – beziehungsweise ihrer Vertreter – an der Bestellung des Herrschers und in seiner Kontrolle manifestierte. Das alteuropäische Herrschaftsmodell war ein konsensuales Modell, das ohne ständeparlamentarische Gremien, ohne Akklamation nicht auskam. In Moskau dagegen mochte zwar der *Semskij Sobór*, die Landesversammlung, in extremen Krisensituationen einmal die Initiative ergreifen, 1613 nach der *Smuta* bei der Berufung einer neuen Dynastie sogar eine Wahlfunktion ausüben und eine Zeitlang weitertagen, aber er ist niemals in die Rolle eines Kontrollorgans des Herrschers hineingewachsen. Der Zar mochte informell die Voten des *Sobór* zur Kennt-

---

[1] Eine eigenständige ukrainische Geschichtswissenschaft ist noch in der Formationsphase. Vgl. als Gesamtdarstellung vorläufig: P. R. Magocsi, History.

[2] Vgl. dazu und zum Prozess der Ausstrahlung der Kiewer Akademie: A. Sydorenko, Kievan Academy.

Abb. 15: *Die Entwicklung der russischen Westgrenze.*

nis nehmen, aber dieser erlangte nie wirkliche Permanenz oder die Bedeutung eines zweiten Brennpunkts der Ellipse, um eine Metapher des alteuropäischen Herrschaftsverständnisses zu benutzen. Sobald in Moskau die neue Dynastie der Romanows fest im Sattel saß, wurde das embryonale Wahlrecht des *Semskij Sobór* rasch wieder durch das Erbrecht überlagert. Die Forschung hat wohl zu Recht verschiedentlich betont, dass die Geschichte der *Semskije Sobóry* die Geschichte ihres Verfalls gewesen sei.[3]

Erschöpfte sich das aktive Handeln der *Semskije Sobory* somit in einigen Aktivitäten wie etwa der Mitwirkung an einer bemerkenswerten Gesetzessammlung (1648/49), so trat der Unterschied des russischen Staats- und Gesellschaftsmodells zum alteuropäischen auch noch in anderer Hinsicht zutage. Eine Überordnung der Kirche über die Repräsentanten der Politik gab es um die Mitte des 17. Jahrhunderts nirgendwo in Europa mehr, wohl aber – zumindest vom Anspruch her – noch im Moskauer Reich. Zu einem guten Teil hing das mit den Persönlichkeiten der Patriarchen zusammen, die – wie der Zarenvater Filarét († 1633) – nicht nur den Titel *„Welikij Gosudar"* – großer Herrscher – führten, sondern faktisch geradezu als Nebenherrscher agierten. Zum anderen Teil hing das aber auch mit den Herrschern direkt zusammen, die, wie insbesondere der zweite Romanow-Zar Aleksej (1645–76), an Kirchenfrömmigkeit kaum zu überbieten waren; nicht zufällig wurde Aleksej von seinen Zeitgenossen „der Sanfteste" (*Tischajschij*) genannt. Das enge Bündnis des Zaren mit der Geistlichkeit ermöglichte nicht nur wiederholt die Niederschlagung lokaler Aufstände, sondern verschaffte auch Filaréts zweitem Nachfolger im Patriarchenamt, Nikón, eine überaus starke Stellung, die er im Gegensatz zu Filarét aber nun förmlich in Richtung Staatslenkung auszubauen suchte. Überall im Staat, vor allem aber an der Spitze, sollte das Prinzip des Vorrangs der geistlichen vor der weltlichen Macht greifen. Aber damit war der Bogen dann doch überspannt. Eine Synode unter Mitwirkung sämtlicher orthodoxer Kirchen setzte den herrischen und hochfahrenden Patriarchen 1666 förmlich ab und brachte damit auch Russland auf den Weg der alteuropäischen Normalität, nämlich den der Unterordnung der geistlichen Gewalt unter die weltliche. Auf Dauer gesehen wurde damit der Prozess wachsender Abhängigkeit der Kirche vom Staat eingeleitet.

Der an Heftigkeit kaum zu überbietende Konflikt der frühen 1660er Jahre hatte freilich noch eine andere Konsequenz mit nachhaltigen Auswirkungen auf die russische Gesellschaft. Patriarch Nikón hatte in seiner Amtszeit eine sich im Wesentlichen auf liturgische Fragen und Äußerlichkeiten des Glaubensvollzugs konzentrierende Kirchenreform vorangetrieben, die vor allem auf der größeren Zuverlässigkeit der griechischen liturgischen Bücher gegenüber den russischen gründete. Auch aus Gründen der Harmonisierung der ukrainischen Liturgie, die die russische Entwicklung nicht mitgemacht hatte[4], mit der russischen erschien eine solche Reform wünschenswert. Freilich führten diese Reformversuche zu heftigen Reaktionen und geradezu zu einer schismatischen Abspaltung des konservativen Teils des russischen Klerus und des Kirchenvolks, die unter dem Begriff „Altgläubige" zusammengefasst werden. Nonkonformisten hatte es in allen Staatswesen Alteuropas gegeben, das Entscheidende war, dass die russischen Altgläubigen für eine grundsätzlich xenophobe Stimmung sorgten und

---

3 H. v. Rimscha, Geschichte Rußlands, 239.
4 Die Kiewer Metropolie zählte bis 1667 zum Verband der polnischen Kirche.

die in der russischen Mentalität tief wurzelnde Ablehnung des Fremden und die Überlegenheit des Russischen nochmals nachhaltig verstärkten. Hier ist ein Grund dafür zu sehen, dass es alle späteren Europäisierungs- und Modernisierungsversuche schwer hatten und rasch an mentale Grenzen stießen.

Das Zarenreich und seine unmittelbaren Nachbarn
Man würde in die Irre gehen, wenn man aus den zuletzt berichteten Prozessen schlösse, dass Russland seit der Mitte des 17. Jahrhunderts im Wesentlichen mit sich selbst beschäftigt gewesen wäre. Man kann für die Jahrzehnte bis hin zu Peters Regierungsantritt zwar noch nicht von einer konsequenten und stringenten Außenpolitik sprechen, aber es ist keine Frage, dass die Zaren bestimmte günstige Konjunkturen zu nutzen versuchten, um die Grenzen ihres Reichs vor allem nach Westen vorzuschieben. Zu diesen „günstigen" Konjunkturen zählten vor allem die unübersehbar werdende Schwäche des polnisch-litauischen Doppelreichs und die Schaukelpolitik des ukrainischen Kosakenstaats, der so genannten Saporoger Setsch.

Dieser Kosakenstaat, der nicht zufällig mit einem Ritterorden verglichen worden ist, führte mit seinen Gliedern – ausnahmslos ledigen Männern – vor allem eins: Krieg vornehmlich gegen die Tataren und die Osmanen. Seine lange Orientierung an der polnischen Adelsrepublik war freilich nie unproblematisch gewesen, vor allem deswegen nicht, weil sich die ukrainischen Kosaken ganz dezidiert als Protagonisten der Orthodoxie verstanden (und in Kiew im Übrigen auch eine ganze Reihe entsprechender Kultureinrichtungen schufen). Bei aller Orientierung der Oberschicht am „westlichen" Polen: die unteren Schichten tendierten eindeutig zum glaubensverwandten Moskauer Staat. 1651/54 begaben sich die Kosaken aus eigener Initiative, nicht etwa der des Zaren, in ein förmliches Schutzverhältnis zum Moskauer Staat, was selbstverständlich polnische Reaktionen hervorrufen musste, die den Vorgang aber nicht mehr zur Gänze umzukehren vermochten. Im so genannten Stillstand von Andrussowo 1667 wurde die Ukraine zwischen den beiden Anrainerstaaten geteilt.

Das Schutzbündnis mit einem glaubensverwandten Nachbarstaat gab ähnlichen Tendenzen in Gemeinwesen, die auf dem Balkan unter direkter oder indirekter osmanischer Herrschaft standen, Auftrieb. So bot etwa 1654 auch der Hospodar der Moldau dem Zaren seine Unterwerfung an. Die Zaren haben sich solchen Bitten zwar mit guten Gründen verschlossen, aber sie haben doch dazu geführt, dass Moskau seine bisher freundlich-wohlwollende Türkenpolitik überprüfte. Seit den 1670er Jahren datiert eine deutlich verschärfte Osmanenpolitik, die im Anschluss an die so genannte Heilige Liga 1686 ihren ersten Höhepunkt fand, ohne dass sie bereits zu spektakulären Erfolgen geführt hätte; im Gegenteil hat die relative Erfolglosigkeit des damaligen Türkenkrieges maßgeblich zum Sturz der Regentin Sofija (1689) beigetragen.

3.10.2 Die Anfänge des Europäisierungsprozesses

So wichtig dieser Prozess mittel- und langfristig war, also die Formierung einer antiosmanischen Konstante der russischen Außenpolitik: in einer „Geschichte Europas" kommt anderen Prozessen Vorrang zu, nämlich denen der allmählichen Europäisierung Russlands. An ihrem Beginn standen, wie so oft, wenn es um Öffnungen und das

Aufbrechen eines festen Gehäuses geht, wirtschaftlich-merkantile Interessen. Englische und niederländische Handelskompanien erhielten schon im frühen 17. Jahrhundert Privilegien und das Recht, im Zarenreich Niederlassungen zu begründen. Zudem schien das Reich westlichen Experten – Militärs, Technikern, Wissenschaftlern – besonders viele Chancen zu eröffnen, so dass vermehrt Ausländer ins Land strömten, die sich zu einem guten Teil in der so genannten „deutschen" Vorstadt Moskaus (*nemézkaja slobodá*) niederließen; manche dieser ausländischen Experten (der Holländer Vinius, der Engländer Bulmer und andere) waren für den Prozess der russischen „Frühindustrialisierung" eminent wichtig. Diese Öffnung für westliche Fachleute korrelierte mit einer sich verstärkenden, die bisherige okkasionelle hinter sich lassenden permanenten diplomatischen Präsenz Russlands in Nachbarstaaten, namentlich in Polen[5] und in Schweden. Dass man bei diesem allmählichen Aufbau eines diplomatischen Corps – übrigens bis weit in die petrinische Ära hinein – zunächst in starkem Maß auf Ausländer angewiesen war, versteht sich von selbst[6]; der erste Moskauer Gesandte in Stockholm beispielsweise war ein zum orthodoxen Glauben übergetretener Deutscher namens Franz Békow. Da diplomatische Beziehungen immer eine Zug-um-Zug-Angelegenheit sind und dem Prinzip der Reziprozität unterlagen, bedarf es keines Wortes, dass den russischen diplomatischen Aktivitäten im Ausland solche ausländischer Staaten in Moskau entsprachen. Nachdem mehr oder weniger dauerhafte Gesandtschaften Englands, Schwedens, der Niederlande und Dänemarks schon aus der ersten Hälfte des 17. Jahrhunderts datierten, kam 1673 eine polnische hinzu. Die diplomatischen Kontakte verstärkten das Wissen um die „westlichen" Gesellschaften selbstredend erheblich; so war es beispielsweise höchst bemerkenswert, dass man im Moskauer Außenamt schon Mitte des 17. Jahrhunderts über eine höchst entwickelte Begrifflichkeit der komplizierten Verfassungsstrukturen des Deutschen Reiches verfügte.

So sehr die Hofkultur in der Ära Aleksejs bereits westlich geprägt war, darf man die Resistenz gegenüber diesem Prozess selbstverständlich nicht unterschätzen. Da die gesamte Schulbildung unverändert in den Händen der Kirche lag, blieb die breite Bevölkerung von den Europäisierungstendenzen von Teilen der Elite völlig unberührt und damit auch unbeeindruckt. Schon allein deshalb konnte ein Europäisierungsprozess kein „Selbstläufer" sein, und dies um so weniger, als auch in den Reihen an sich aufgeschlossener Intellektueller das Moment wieder an Gewicht gewann, die Europäisierung werde die in sich geschlossene altmoskowitische Kultureinheit zerstören und somit einem Bruch in einer organischen Entwicklung gleichkommen. Viele, auch prominente „Europäer" in Moskau sahen sich angesichts dieses Zusammenpralls zweier Kulturen in einem schweren, für manche unauflösbaren Dilemma. Und die Krone trug dem auch wieder deutlich Rechnung: „Westreisen" wurden zu einem Privileg weniger Privilegierter (Diplomaten, Handelsleute), der Besitz polnischer und lateinischer Bücher wurde per *Úkas* unter Strafe gestellt, ebenfalls verboten war es, Dinge, die jemand im Ausland gesehen hatte, öffentlich zu loben. 1675 kam es sogar zu einem Erlass gegen „europäische" Kleidung.

---

5 Zu den polnisch-russischen Beziehungen in der fraglichen Zeit – ausgangs des 17. Jahrhunderts – vgl. A. S. Kaminski, Republic vs. Autocracy.
6 Einige Beispiele bei H. Duchhardt, Balance.

Das ganze Dilemma einer zwischen Tradition und Bewegung hin- und hergerisse-
nen russischen Gesellschaft trat schlaglichtartig noch einmal in der kurzen Regierungszeit von Aleksejs Sohn Fjodor (1676–1682) hervor, als zum einen die altmoskowitische Reaktion bestimmte westliche Erscheinungen des Hoflebens – zum Beispiel
Theateraufführungen – abzuwürgen suchte, andererseits der kranke Zar sich mit einer
polnischen Prinzessin, Agaja Gruschézkaja, vermählte, die recht konsequent eine Po-
lonisierung betrieb und unter anderem polnische und lateinische Schulen ins Leben
rief. In dieser ebenso spannungsvollen wie unentschiedenen Phase der russischen Geschichte betrat Fjodors jüngerer, bei seinem Tod (1682) allerdings erst zehnjähriger
Halbbruder Peter die politische Bühne, der zunächst die Dinge der älteren Halbschwe-
ster Sofija überließ, sie dann aber entmachtete und nach einer erneut recht taten- und
energielosen Übergangszeit 1698 die Alleinregierung übernahm, mit der unter der
Perspektive der Europäisierung ein völlig neues Kapitel der russischen Geschichte auf-
geschlagen wurde.

Peter I. und die Öffnung Russlands
Zu dieser Einschätzung muss man kommen gerade im Wissen um die vielen Öffnungs-
und Europäisierungsansätze der zurückliegenden Jahrzehnte. Ihnen hatte immer noch
etwas Unentschlossenes, etwas Halbherziges angehaftet, ein Schwanken zwischen So-
lowki-Kloster und London, um es einmal in dieses Bild zu fassen. Peter war da aus anderem Holz geschnitzt: Überzeugt von einer Idee, setzte er sie rücksichtslos, scho-
nungslos und bedenkenlos durch – Konflikte mit den Kräften der alten Ordnung
riskierend, innenpolitische Probleme aber auch wieder höchst geschickt mit Solidarisierungen aufgrund außenpolitischen Engagements auffangend. Wenn der Begriff nicht
allzu abwegig wäre, könnte man von einem Gesamtkunstwerk der Politik Peters I. sprechen, in dem innenpolitische Modernisierung und die Verfolgung außenpolitischer
Leitideen – Zugang zu den Meeren, Integration Russlands in das Leitungsteam europäischer Staatenpolitik – eine besonders innige Verbindung miteinander eingingen.
   Peter, der auf seine russischen Zeitgenossen nicht nur seiner ungewöhnlichen Kör-
pergröße wegen eher unrussisch wirkte, hat schon als Heranwachsender mit großer
Konsequenz und abseits aller Fesseln altmoskowitischer Prinzenerziehung den Kontakt zu den Ausländern in der deutschen Vorstadt gesucht, hat sich dort beeindrucken
und inspirieren lassen, um dann loszulegen, und zwar ohne Kompromisse: „Peter
machte das Fremde zum Gesetz, zu Zwang und Pflicht; er verband seine Reformen mit
einer grundsätzlichen Höherbewertung des Fremden".[7] Dabei leiteten ihn nicht etwa
Emotionen im Sinn einer nebulösen Europaideologie, sondern ganz entschieden
zweckrationale Überlegungen: die Vorstellung, Russland geistig und materiell zu stärken und es „fit" zu machen für den Wettbewerb mit und gegebenenfalls auch gegen
Europa.
   Am Beginn des Reformprozesses, den die westliche Presse zunächst eher beiläufig
verfolgte und zur Kenntnis nahm[8], stand Peters legendäre und für russische Verhältnisse alles Vorstellbare sprengende Europareise, die ihm nicht nur die Kenntnis des

---

7 H. v. Rimscha, Geschichte Rußlands, 273.
8 A. Blome, Das deutsche Rußlandbild.

westlichen *way of life* und der politischen Eliten vermittelte und erste Kontakte zu „europäischen" Fürsten ermöglichte, sondern auch neue Erfahrungen bis hin zum Zimmermannshandwerk (dessetwegen er übrigens gleichzeitig auch noch eine Gruppe junger Russen nach Venedig schickte). Nach der vorzeitigen, durch einen Putschversuch erzwungenen Rückkehr und parallel zum Krieg gegen das schwedische Imperium initiierte Peter dann seine inneren Reformen, von denen zu Recht gesagt worden ist, dass sie einer umfassenden Planung ermangelten und oft sprunghaft und überstürzt aus der Situation heraus geboren wurden: Einführung einer Tracht nach europäischem (ungarischem) Muster, Verbot des Barttragens (davon ausgenommen nur die Geistlichkeit), Abschaffung der byzantinischen Zeitrechnung, Reorganisation des Heeres mit Hilfe ausländischer Instrukteure und Offiziere, Aufbau einer Militärgroßindustrie. Der Adel wurde dienstverpflichtet und hatte sich einem Lernzwang (Ziffernschulen) zu unterwerfen, wohingegen Peters Versuch einer Ständereform zwecks Schaffung eines potenten Bürgertums gänzlich scheiterte (wie manches andere auch). Bestand hatten demgegenüber Peters Verwaltungsreform, auch wenn sie manche Inkonsequenzen und Grauzonen beließ, und seine Kirchenreform, die vornehmlich darauf abzielte, die Kirchenverwaltung aus der Zuständigkeit des Patriarchen zu lösen und in die staatliche Gesamtverwaltung einzugliedern.

Entscheidend war, dass Peter immerhin lange genug lebte, um die Reformen, die alles in allem denkbar unpopulär waren, wenigstens die ersten Wurzeln fassen zu lassen, auch wenn seine Nachfolger in Bezug auf die Zentralbehörden bald Abänderungen vorzunehmen begannen. Wichtig war zudem, dass der Opposition vor allem nach dem mehr oder weniger gezielt herbeigeführten Tod des Zarewitsch Aleksej jeder Kristallisationspunkt und jede Perspektive fehlte, um Peters Maßnahmen mit Aussicht auf Erfolg zu konterkarieren oder zu torpedieren.

Peters I. Kriege

Dieses riesengroße Reformpaket wurde konzipiert und realisiert während eines Krieges, der vier Fünftel von Peters Regierungszeit umfasste und der seinerseits oft genug den unmittelbaren Anstoß zu Reorganisationsmaßnahmen gab. Nachdem sein erstes, allenfalls mäßig, eher aber wohl unzureichend vorbereitetes militärisches Abenteuer am Schwarzen Meer (1695/96) zu keinem dauerhaften Erfolg geführt hatte und insofern Episode geblieben war, kann man wohl davon ausgehen, dass er in vollem Bewusstsein des bevorstehenden Konflikts um das spanische Erbe eine günstige „Konjunktur" nutzen wollte und nutzte, um einem alten Ziel der russischen Politik, dem direkten Zugang zur Ostsee, näherzukommen. Nach Lage der Dinge, das heißt der geostrategischen Situation, war Schweden mit seinen baltischen Besitzungen hier der „geborene" Feind, und es ist sicher, dass schon während seiner Europareise die Umrisse einer antischwedischen Allianz verabredet wurden. Mit Dänemark und Polen(-Sachsen) standen die natürlichen Partner bereit, und es konnte nur noch darum gehen, gegebenenfalls das aufstrebende Brandenburg in eine solche Koalition einzubinden. Dass der Kaiserhof, London, der Haag und Paris andere Prioritäten – die Neuverteilung des spanischen Erbes – haben würden, konnte als sicher gelten.

Nachdem Peter sich mit Dänemark und Polen(-Sachsen) über ein offensives Vorgehen verständigt (1699) und sich den Rücken freigemacht hatte (Friedensschluss mit den Osmanen 1700), begann der Krieg auf breiter Front, dessen einzelne Etappen hier nicht zu schildern sind. Markante Punkte waren (1703) der russische Vorstoß zur Newa-Mündung und der symbolträchtige Bau der Peter-und-Pauls-Festung sowie die Gründung der Stadt Petersburg, die Krise 1706–08, als die Verbündeten wegbrachen und in der Ukraine der Masepa-Aufstand losbrach, die Schlacht bei Poltawa (1709), die nicht nur die militärische Situation von Grund auf veränderte, sondern mit der das Ende von Schwedens Großmachtstellung zu datieren ist, nicht zu vergessen die Schlussphase des Krieges, als die Russen sich nun auch noch in Norddeutschland, in Finnland und schließlich in Schweden selbst festzusetzen suchten. Der Nystader Friede hat Russland deutlich größere Gewinne gebracht, als es am Beginn des Krieges zu hoffen gewagt hätte, nämlich mit Estland, Livland und Ingermanland fast das gesamte Baltikum, dazu Karelien. Das war freilich mehr als irgendeine territoriale Erwerbung, das waren vielmehr Regionen, die ihrer ganzen politischen und sozioökonomischen Struktur und ihrer geistigen und materiellen Kultur wegen „Europa" waren – sie besaßen beispielsweise Ständevertretungen! Aber Peter wäre nicht Peter gewesen, wenn er hier auf eine schleunige Russifizierung bedacht gewesen wäre; vielmehr behielten die neuen Provinzen ihr durch die deutsche Oberschicht geprägtes Eigenleben (Kirche, Selbstverwaltung, Gerichtswesen, Schulwesen, sprachliche Autonomie) und konnten damit in einem zweiten Schritt zum Motor weiterer Modernisierungen werden. Auf jeden Fall stellten sie ein fast unerschöpfliches Reservoir von Führungskräften dar, die sich, wie die Zukunft zeigte, auch nicht verweigerten.

Die Einbindung des Zarenreichs in das europäische Staatensystem

Der militärische Erfolg, an dessen Sicherung Peter auch nach dem Nordischen Krieg weiter arbeitete – unter anderem durch Maßnahmen (Errichtung von Marineakademien und Navigationsschulen), um seine Armee und insbesondere seine Marine auf dem Stand zu halten –, katapultierte das Zarenreich, dessen Herrscher 1722 den Kaisertitel annahm, innerhalb kürzester Frist in den exklusiven Kreis jener Handvoll Mächte, die eine Art Führungsfunktion in der Staatenfamilie wahrnahmen. Dieser Kreis bedurfte nach dem Ausscheiden der Niederlande, Schwedens und auch Spaniens ohnehin der Auffüllung, und dieses Vakuum hat Russland schnell und richtig als solches erkannt. Es war kein Zufall, dass und in welchem Maß russische Diplomaten seitdem in der Kategorie des Staatensystems dachten und argumentierten[9], von dem Russland noch ausgeschlossen sei, das ihm aber geöffnet werden müsse. Nach Nystad nahm die Präsenz Russlands an den europäischen Höfen sprunghaft zu, nachdem bisher (seit etwa 1700) nur die Beziehungen zu Berlin und Wien verstetigt worden waren. Es wurde darüber hinaus eine gezielte „westliche" Heiratpolitik initiiert, auch wenn sie vorläufig nicht über das Niveau angesehener deutscher Reichsfürsten hinaus führte; schon Zarewitsch Aleksej war ja mit einer Wolfenbütteler Prinzessin verheiratet gewesen, die allerdings früh (1715) verstorben war.[10] Hinzu kam, dass die Entschlossenheit wuchs, zumindest das unmittelbare Vorfeld Russlands einer informellen Kontrolle zu unterwerfen – hier war zweifellos am wichtigsten, dass Polen im Sinn ei-

---

9 Vgl. M. Schulze Wessel, Systembegriff.
10 Vgl. M. v. Boetticher (Hg.), Braunschweigische Fürsten.

ner „negativen" Außenpolitik[11] über den dortigen Reichstag und die Diplomatie in ein Abhängigkeitsverhältnis gebracht wurde, das staatengeschichtlich zu einer Grundkonstante der internationalen Beziehungen im 18. Jahrhundert werden sollte. Vor diesem Hintergrund drängte sich ein weiteres Nahverhältnis geradezu auf, das zu dem zweiten Aufsteigerstaat Preußen. Aber auch die Beziehungen zu den Großmächten der damaligen Zeit, zu Frankreich und Großbritannien, gewannen in den letzten Regierungsjahren Peters „des Großen" – so schon zu seinen Lebzeiten – im Sinn einer politischen Option eine neue Qualität. Aus der wenig ambitionierten Regionalmacht war innerhalb eines guten halben Jahrhunderts eine europäische Führungsmacht geworden – wobei Russlands asiatische Politik, deren Beachtung die Forschung zu Recht immer wieder anmahnt, hier gar nicht weiter gewichtet werden soll; schon 1652 waren Irkutsk am Baikalsee und 1649 Ochotsk erreicht worden.

Diese neue Funktion einer europäischen Führungsmacht korrespondierte mit einer unübersehbaren Europäisierung Russlands im geistig-intellektuellen Bereich. Nur zwei Schlaglichter mögen das beleuchten: 1718 wurde in St. Petersburg eine russische Übersetzung von Pufendorfs bekanntem Traktat „Einleitung zu der Historie der vornehmsten Reiche und Staaten [...] in Europa [...]" vorgelegt; und fast zur selben Zeit verfassten russische Diplomaten wie Kurakin und Mankiev historisch-politische Schriften, die ein ganz spezifisches Interesse an Englands „Sonderweg" spiegeln. Sicher erreichten solche Publikationen nur einen winzigen Bruchteil der russischen Bevölkerung, aber sie stehen trotzdem für Öffnung, mochte sie auch oktroyiert und nicht organisch gewachsen sein. Auch dass an der der St. Petersburger Akademie angeschlossenen Oberschule bis 1742 in deutscher und lateinischer Sprache unterrichtet wurde und erst dann der Übergang zum Russischen erfolgte, gehört in diesen Kontext.

Es versteht sich, dass es diese Tendenzen – die Öffnung Russlands zum Westen hin, das Reformpaket, das Russland aus einer noch dunklen Zeit herausführen sollte – waren, die Peters Bild in der Geschichtsschreibung lange prägten, nicht seine Brutalität, seine Grausamkeiten, seine Maßlosigkeit. Voltaire, der sich über Jahrzehnte hinweg mit dem Projekt einer Biographie des russischen Kaisers beschäftigte, die sich klar und positiv abheben sollte von der Gestalt Karls XII. von Schweden, hat bezeichnenderweise im Endprodukt, seiner *„Histoire de l'empire de Russie sous Pierre le Grand"*, diese positiven Seiten ganz nach vorne gestellt, obwohl ihm aus preußischen Quellen genug Material vorlag, das seine verklärende Sicht deutlich relativierte.[12]

3.10.3 Peters I. Nachfolgerinnen und Nachfolger

Jeder Nachfolger hätte es im breiten und langen Schatten des Hünen auf dem Zarenthron schwer gehabt, um so mehr als Peter vieles, so etwa die Verwaltungsreform, höchst unfertig hinterlassen hatte. Jeder Nachfolger musste sich im Pro oder Contra an Peter beweisen, jeder würde unter massivem Druck der Kräfte der alten Ordnung und der inzwischen zunehmend verwestlichten Oberschicht stehen und würde eine Option in dieser oder jener Richtung zu treffen haben.

---

11 Den Begriff „negative Polenpolitik" hat Klaus Zernack geprägt. K. ZERNACK, Polen und Rußland.
12 O. HAINTZ, Peter der Große.

Aber Peters unmittelbare Nachfolgerin, seine Witwe Katharina (I.), die in Ermangelung eines verbindlichen Testaments des Verstorbenen durch Intrigen auf den Thron gelangte, war überhaupt nicht in der Lage, selbst irgendwelche Optionen zu treffen. Nicht mehr als ein Werkzeug in der Hand Menschikows, Peters einflussreichem Vertrauten, begann mit ihr eine Phase der russischen Geschichte, die von Palastrevolutionen und Faktionskämpfen bei Hof geprägt war, von einer Abfolge meist nur kurz regierender Frauen, die vor allem eins vermissen lässt: eine konsequente Weiterentwicklung des petrinischen Ansatzes oder aber die ebenso konsequente Abkehr von ihm. Die neuere Forschung mag das Moment der Kontinuität stärker gewichten als frühere Historikergenerationen – der wesentliche Eindruck bleibt: Über mehr als eine Generation hinweg stagnierte die innere Entwicklung Russlands, der Hof wurde zum Ärgernis des ganzen Landes, der Außenpolitik mangelte es an Stetigkeit, obwohl Russland ein aktives Mitglied des Mächtesystems und in den Konflikten der Zeit ein gesuchter Bündnispartner blieb. Die einst stolze, bei Peters Tod 34 Kriegsschiffe und viele Galeeren zählende Marine verfiel zusehends. Bezeichnenderweise war es Russland im Verbund mit Österreich und Frankreich im Siebenjährigen Krieg noch nicht einmal möglich, das vergleichsweise unbedeutende und schwache Preußen entscheidend niederzuwerfen.

Die Phase der Katharina I. (1725–1727), Peter II. (1727–1730), Anna (1730–1740), Iwan VI. (1740/41)[13] und Elisabeth (1741–1762)[14] war in den Augen vieler Russen aber auch deswegen ein Ärgernis, weil die Ausländer am Hof immer mehr das Heft in die Hand bekamen, ob sie nun Bühren/Biron, Münnich oder Ostermann[15] hießen. Aber xenophobe Tendenzen in der russischen Bevölkerung gingen angesichts der inzwischen erreichten internationalen Vernetzung der Herrscherfamilie durch Konnubium und angesichts des eklatanten Mangels an qualifizierten und berechtigten „russischen" Prätendenten für den Thron an der Wirklichkeit vorbei. Der Petersburger Hof wurde geradezu zum Treffpunkt des deutschen Hochadels, der, gerufen oder ungerufen, die Entwicklung der Dinge abwartete oder zu beeinflussen suchte. Diese Offenheit gegenüber andersethnischen Führungspersönlichkeiten kontrastierte übrigens scharf mit einer vehementen Russifizierungstendenz nach innen, die sich insbesondere nachteilig für Kultur und Sprache der Kosaken und der Ukrainer auswirkte; bereits 1720 war der Druck von Büchern in ukrainischer Sprache stark reglementiert worden, und über einen längeren Zeitraum wurde intensiv daran gearbeitet, das kosakische Hetmanat, die militärische Führung, abzuschaffen, was erst 1765 gelang.

3.10.4 Katharina II.: Reform- und Großmachtpolitik

Es war dann freilich just eine deutsche Prinzessin[16], die Russland wieder in eine neue Phase der Modernisierung und seiner endgültigen Europäisierung führte. Und ein

---

13 Vgl. die biographischen Essays bei: H. J. TORKE (Hg.), Russische Zaren.
14 Nur Elisabeth I. hat in jüngster Zeit neue Beleuchtung erfahren; vgl. E.V. ANISIMOV, Empress Elizabeth, und J. F. BRENNAN, Enlightened Despotism.
15 Zuletzt: J. V. WAGNER (Hg.), Ein Deutscher.
16 Die Forschungsliteratur zu Katharina II., ohnehin schon gewaltig (vgl. C. SCHARF, Katharina II., Deutschland), ist im Gefolge des Gedenkjahrs 1996 noch einmal deutlich angewachsen. Vgl. C. SCHARF (Hg.), Katharina II., Rußland, und E. HÜBNER u. a. (Hg.), Rußland zur Zeit Katharinas II.

neuer Entwicklungsschub war nach diesen „verlorenen Jahrzehnten", in denen einige wenige positive Akzente – eine Heeresreform in den 1750er Jahren, die Gründung der Moskauer Universität – zwar nicht übersehen, aber auch nicht überbewertet werden sollen, auch hochnotwendig, wollte Russland nicht abermals, nun vor allem ökonomisch, den Anschluss verpassen. Es sei nur darauf verwiesen, welche geringe Rolle in einem immer mehr auf Wirtschaft und Handel setzenden Europa Geld und Kredit bis dahin in Russland spielten, wo erst 1754 das staatliche Zinsverbot aufgehoben wurde!

Die Zerbsterin auf dem russischen Thron ist sicher in mehrfacher Hinsicht mit Peter I. zu vergleichen, nicht nur, weil beide von den Zeitgenossen und der Geschichtsschreibung mit dem Epitheton „der/die Große" ausgezeichnet worden sind. Beide versahen ihr Regentenamt über einen langen Zeitraum hinweg, beide waren, um einen für einen preußischen Herrscher geprägten Begriff aufzugreifen, „innere" Herrscher und zugleich engagierte Außenpolitiker, beide waren überzeugt davon, ihren Staat europäisieren zu sollen. Beiden war es bei alledem aber auch bewusst, dass Russland sein eigenes Profil zu behalten hatte. Vielleicht hatte die Zerbsterin in dieser Hinsicht – was ist realistisch, was kann Russland zugemutet werden, ohne seine spezifische Physiognomie zu verändern? – gegenüber dem Romanow sogar einen Vorsprung.

Der entscheidende Unterschied zu ihrem großen Vorgänger ist wohl darin zu sehen, dass Katharina der Entwicklung Russlands keine völlig neue Wende zu geben vermochte – und dies vielleicht ja auch gar nicht wollte. Sie wollte Russland modernisieren, an die Standards der Zeit und die Forderungen der europäischen Aufklärung heranführen, aber ihr schwebte nicht ein Staatswesen vor, das bar jeder spezifischen Signatur gewesen wäre. Ihr war mehr als irgend jemandem sonst bewusst, dass sich die Ideale der Aufklärer längst nicht zur Gänze auf Russland übertragen ließen – an eine wirkliche Bauernbefreiung war hier noch überhaupt nicht zu denken, die weit hinter den Standards der Zeit her hinkende Alphabetisierung ihres Reiches stand einem wirklich breiten aufgeklärten Diskurs im Wege, mochte die Buchproduktion in ihrer Amtszeit auch auf über 4 000 Titel pro Jahr hochschnellen. Aber es ist auf der anderen Seite eindrucksvoll, was sie in kaum zu bremsender Umtriebigkeit alles anpackte, und diese Vielfalt stellt sie neben die bedeutenden aufgeklärten Standesgenossen ihrer Zeit, ob sie nun Joseph II., Friedrich II. oder Karl III. hießen. Dabei hatte sie es objektiv viel schwerer als die genannten kongenialen Throninhaber: Die riesige Weite des Landes mit all ihren logistischen Problemen, ein an Zahl und Ausbildung defizitärer Beamtenapparat und Bevölkerungsgruppen, die sich einer (zu) weitgehenden Integration nach wie vor verweigerten, mögen hier als wesentliche Strukturdefizite nur stellvertretend genannt sein. Dass sie nach der staatsstreichähnlichen Übernahme des Throns[17] zudem eine Zeitlang brauchte, um sich im Sattel wirklich fest einzurichten, kam hinzu.

Typisch für den aufgeklärten Fürsten war ein höheres Maß an Rechtssicherheit durch ein neues Gesetzbuch, das zugleich Novellierung wie Kodifikation einschloss und das in Russland eine (zu) große Kommission, eine aus den verschiedenen Stän-

---

17 Zu Peter III. siehe C. S. Leonard, Reform.

den durch Wahl gebildete, nicht mehr vom Adel dominierte und im Übrigen auch gemischtkonfessionelle Vertretungskörperschaft, zu erarbeiten hatte. Typisch war die stärkere Nutzung – und das umgriff auch die Säkularisierung (1762/64) – von Kirchen- und Klosterbesitz, typisch war die in Russland mit seinem fehlenden bürgerlichen „Unterbau" enorm schwierige Aufgabe der verwaltungsmäßigen Durchdringung und Vereinheitlichung des (wachsenden) Reiches durch – etwa – eine Gouvernemtsordnung mit Kreiseinteilung oder die Erhebung von Kommunen zu „Städten". Typisch (und unabdingbar) war nicht zuletzt, allein schon um Unterbeamte heranzubilden, eine nachhaltige Verbesserung der schulischen Situation, bei der eine Kommission bezeichnenderweise auf Gedanken des österreichischen „Reformabts" Johann Ignaz Felbiger zurückgriff. Typisch war schließlich aber auch – und dies nun war, sieht man von Ausnahmen (Montesquieu!) ab, kein Anliegen der Aufklärung – die Stärkung der Position des Adels. Dies war dann auch ein Punkt, an dem die Kritik im eigenen Imperium mit besonderer Massivität einsetzte. Die Zarin ließ, obwohl eine von ihr initiierte „Freie Ökonomische Gesellschaft" sich in dieser Hinsicht differenzierter geäußert hatte, eine Bestätigung der Schollenbindung zu, hielt Russland noch auf lange Zeit hin nicht für reif, mit einer möglichen Aufhebung der Leibeigenschaft zurechtzukommen. Und diese Zurückhaltung[18] wurde in dem großen, blutig niedergeschlagenen und wohl an die 20 000 Menschenleben fordernden Pugačev-Aufstand (1773/74), der erneut wie seine Vorläufer (Stenka Rasin 1669–71, Bulawin 1707/08) von der Steppenregion zwischen der unteren Wolga und dem Ural seinen Ausgang genommen hatte, dann auch mit großem Nachdruck angeprangert.

Man mag, wie es die ältere Forschung häufig genug tat, Katharinas Reformpolitik mangelnde Tiefe, Eklektizismus und ein Schielen nach dem Beifall der Öffentlichkeit vorwerfen – dann muss man das aber wohl bei jedem anderen aufgeklärten Fürsten auch tun. In ihrer intimen Kenntnis des aufklärerischen Schrifttums übertrafen sie auf keinen Fall viele ihrer Standesgenossen, auch nicht darin, wie sie selbst, unter anderem über ihre satirische Zeitschrift, den Finger in Wunden legte. Was man aber ebenfalls zu konstatieren hat, ist, dass ihre Reformeuphorie schon seit den ausgehenden 1760er Jahren überlagert zu werden begann von ihrer Entschlossenheit, die außenpolitische Zurückhaltung, die in einen Begriff wie den der „Ruhe des Nordens" gefasst wurde, hinter sich zu lassen und auf dem Gebiet der Außenpolitik spektakuläre Erfolge zu erzielen. Ob man diesen Paradigmenwechsel mit Begriffen wie Pleonexie und Ländergier bedenkt, ob man ihn scharf oder weniger scharf – in dem Sinn, dass die inneren Reformen immer auf der Agenda blieben, aber nicht mehr so stark in die Öffentlichkeit getragen wurden – bewertet, bleibe hier auf sich gestellt. Es ist jedenfalls eine Tatsache, dass ihrer Expansionspolitik eine gewisse innere Logik nicht abgesprochen werden kann und dass Katharina es war, die den äußeren Umfang ihres Imperiums wie keiner ihrer Vorgänger erweiterte. 1780 umfasste das russische Reich 19 Millionen qkm, für denselben Zeitpunkt nimmt man etwa 24 Millionen Einwohner an, und diese Ziffer sollte sich aufgrund territorialer Neuerwerbungen unter anderem in Polen bis zur Jahrhundertwende noch einmal deutlich, auf 37 Millionen erhöhen.

---

18 Vgl. J. Kusber, Grenzen der Reform.

Die beiden zentralen Gesichtspunkte ihrer Außenpolitik, denen sich auch die notorisch miserable Finanzsituation unterzuordnen hatte, die sich unter anderem im Übergang zum Papiergeld und dessen fast ungebremster Vermehrung niederschlug, waren wohl die weitere Vorfeldsicherung nach „Westen" und die Umwandlung des Schwarzen Meeres in ein russisches Binnenmeer. Dem erstgenannten Ziel diente die Politik gegenüber Polen, wo Katharina zunächst mit Stanisław August Poniatowski einen vermeintlich zuverlässigen Parteigänger auf dem Thron installierte, dann aber angesichts dessen Reform- und Emanzipationsbemühungen zur Politik der Intervention überging, die schließlich in die Erste Teilung Polens mündete. Aber auch Schweden galt schon im Kontext des Paninschen Konzepts der „Ruhe des Nordens", dann aber vor allem nach Gustavs III. „absolutistischem" Staatsstreich besonderes Augenmerk, das auch die Möglichkeit eines Krieges einschloss (zu dem es dann 1788 tatsächlich kommen sollte). Nicht zuletzt ist die Politik gegenüber dem Osmanischen Reich hier anzuführen, dessen Vasallenstaaten im Donaubereich, die so genannten Donaufürstentümer, unter Ausnutzung der religiösen Gemeinsamkeit enger an die russischen Interessen gebunden wurden. Entscheidender aber war es, dass Katharina in zwei beinahe zehn Jahre währenden Kriegen, die sich nicht nur auf das größte Landheer des Kontinents (470 000 Mann) stützten, sondern in deren Kontext auch die russische Flotte konsequent wiederaufgebaut wurde, gelang, den ganzen Süden einschließlich der Krim und des Kaukasus unter volle russische Souveränität zu bringen und alle osmanischen oder tatarischen Bedrohungen dieses neuen Besitzstandes irreversibel zu unterbinden. Welch zentrale Bedeutung gerade dieser Prozess in Katharinas Weltbild hatte, mag daraus ersehen werden, dass sie unmittelbar nach dem Ende des ersten Türkenkriegs zwei ausländische Maler damit beauftragte, auf 16 großformatigen Bildern in Peterhof die entsprechenden russischen Seesiege zu verewigen.

Dass Katharinas Perspektiven aber noch weit über diesen enormen territorialen Zuwachs – die Erwerbungen in Mittelasien und in Sibirien bleiben hier außer Betracht – hinausgingen, beleuchtet schlaglichtartig ihr so genanntes Griechisches Projekt, das auf die Schaffung einer russischen Sekundogenitur in Griechenland zu Lasten des Osmanischen Reiches abzielte und dessen potentielle geostrategische Auswirkungen überhaupt nicht überschätzt werden können.

Die zögerliche Führungsmacht

Unmittelbar vor der Revolution in Frankreich musste Russland als europäische Führungsmacht angesehen werden, der nicht zufällig im von ihr vermittelten Teschener Frieden (1779) die Rolle eines Garanten der Reichsverfassung zugesprochen wurde, die mit ihren Diplomaten überall im Reich präsent war, die schlicht die Fäden der europäischen Politik in ihrer Hand hielt. Zunächst weit entfernt von den revolutionären Eruptionen, schien Katharina von der um sich greifenden Unruhe eher noch weiter zu profitieren – die Zweite und Dritte Teilung Polens und der Friede von Jassy (1792), der einen nicht unwichtigen Teil der nördlichen Schwarzmeerküste in russische Hand brachte und die Gründung Odessas erst ermöglichte, sprechen eine deutliche Sprache. Aber die Kaiserin war von dem, was sich in Frankreich abspielte, viel stärker berührt, als man vermuten sollte. Wie bei manchen ihrer Fürstenkollegen, waren reaktionäres Verhalten und die Abkehr von manchen Experimenten ihre Antwort.

Reformvorhaben wurden, ohne dass man ihren ungebrochenen Reformwillen in Frage stellen darf, sistiert, in mancher Hinsicht das Rad der Entwicklung zurückgedreht. Indirekt beendete die Französische Revolution auch in Russland einen mehr als eine Perspektive eröffnenden Weg in die Moderne, was August Ludwig Schlözer bewogen hatte, schon kurz nach Katharinas Regierungsantritt von einem „neuveränderten" Russland zu sprechen (1767) – nach Peters I. Tod hatte ein deutscher Autor (Friedrich Christian Weber) den Begriff des „veränderten" Russland geprägt. Bezeichnend für den Stimmungsumschwung war, dass schon Katharina französische Adelsemigranten aufnahm und dass ihr Sohn und Nachfolger Paul 1798 dem Bruder des hingerichteten französischen Königs das kurländische Schloss Mitau als Residenz überließ. In den Krieg trat Russland zwar erst 1799 ein, um dann aber rasch in die Rolle einer Führungsmacht in der antinapoleonischen Koalition hineinzuwachsen.

Den Europäisierungsprozess, in dem sich Russland befand, vermochte die Revolution dagegen nicht nachhaltig zu unterbrechen. Man kann diesen Prozess vielleicht am besten an Geschichtsschreibern und ihren Produkten verfolgen: an einem August Ludwig Schlözer, der fast ein Jahrzehnt (1761–1769) in St. Petersburg lebte und arbeitete und der es sich geradezu zu einer „Lebensaufgabe"[19] erkor, Russland historiographisch zu einem integrierten Teil Europas zu machen, und nach der Revolution dann an Wassilij Schulgin, der in einer auch für die Schule zugelassenen Weltgeschichte der europäischen Geschichte den zentralen Platz zuwies und die russische Geschichte als eins ihrer Elemente behandelte. Drei Generationen hatten ausgereicht, um aus einem peripheren und eher Kopfschütteln hervorrufenden Gebilde eine voll akzeptierte europäische Führungsmacht zu machen.

3.11 Osmanisches Reich

Die wenigsten Zeitgenossen waren davon überzeugt, dass das Osmanische Reich als solches in der hier zur Diskussion stehenden Epoche ein integraler Teil „Europas" sei – unbeschadet der Tatsache, dass der direkt oder indirekt von ihm kontrollierte Raum auf dem Balkan bis etwa 1700 als „Europäische Türkei" bezeichnet wurde. Aber selbst wenn man sich dem Rankeschen Grundsatz verpflichtet fühlt, jede Epoche aus sich selbst heraus zu verstehen, ist es keine Frage, dass in einer modernen Geschichte Europas das Osmanische Reich seinen selbstverständlichen Platz haben muss. Konflikte noch der jüngsten Vergangenheit haben gezeigt, dass dieses kulturelle und politische Erbe keineswegs mit einer Handbewegung abgetan werden kann. Und eingedenk der Tatsache, dass in der hier zu behandelnden Zeit der gesamte südosteuropäische Raum bis zur Südgrenze Polens und bis in die ungarische Tiefebene hinein direkt oder indirekt Teil dieses nichtchristlichen Riesenimperiums und dass der südliche Rand des Mittelmeerbeckens zur Gänze in der Hand osmanischer Vasallen war, käme es einer Geschichtsklitterung gleich, diesen Teil der europäischen Geschichte – was oft genug geschah und geschieht – völlig zu übergehen.

---

19 W. Schmale, Geschichte Europas, 142.

3.11.1 Die Andersartigkeit des Osmanischen Reichs

Dabei ist man sich in Zentraleuropa über die Andersartigkeit des Osmanischen Reiches immer im Klaren geblieben. Dieses Bewusstsein war über Jahrhunderte hinweg nur in eins eingemündet: die Türkenfurcht, von der viele Flugschriften und Bildzeugnisse künden und die durchaus geeignet war, den Gedanken neuer Kreuzzüge zu konterkarieren. Dieses Bewusstsein von der Andersartigkeit gründete schon darin, dass eine derart ungebremste, scheinbar kaum Grenzen kennende Expansion in alle Himmelsrichtungen, wie sie das Osmanische Reich seit dem Ausgang des 14. Jahrhunderts betrieb, weit über alle Europäern vertraute Maßstäbe hinausging. Ein zweiter Faktor war, dass mit dieser Expansion erstmals auch Menschen außerhalb des Mittelmeerbeckens mit dem Islam in direkten Kontakt kamen, dessen Theologie und daraus fließende politische Dynamik über Jahrhunderte hinweg eine Unbekannte geblieben und deswegen zu einem Mythos geworden war. Hinzu kam, dass die Europäer einen gewaltigen Respekt vor dem türkischen Heer hatten, das sie lange für unbesiegbar hielten: eine Armee, die häufig mit der Flucht einer kleinen Einheit und einem an einer günstigen Stelle wartenden Hauptheer um den Sultan Kriegslisten praktizierte, die die christlichen Heere nicht gewohnt waren, die aber auch ihrer Struktur wegen (das Institut der Knabenlese der Janitscharen muss hier erwähnt werden, die im Übrigen während ihrer aktiven Dienstzeit unverheiratet blieben) für die Europäer ungewöhnlich war. Nicht zuletzt aber war das gesamte Herrschaftssystem den Europäern in hohem Maß befremdlich: ein System, in dem der Herrscher, der (meist nicht gerade mit einem Übermaß an politischer Erfahrung und Weltkenntnis in sein Amt gelangende) Sultan, nach seiner Thronbesteigung zwecks Vermeidung von Bürgerkriegen seine immer als Rivalen eingestuften Brüder umbringen ließ, in dem es lange kein Primogeniturrecht gab, sondern eher eine Art institutionalisierten Thronfolgestreit noch zu Lebzeiten des – im Übrigen meist schwachen, wenn nicht sogar kranken – Sultans. Erst im ausgehenden 17. Jahrhundert trat in dieser Hinsicht ein Wandel ein. Nicht zuletzt konnten die Europäer wenig mit einem System anfangen, das ganz auf dem religiösen Recht, dem *Şeriat*, aufruhte, das lediglich subsidiär durch ein Sultansrecht, das *kanum*, ergänzt wurde. Bei der Formulierung des fallweise dekretierten Sultansrechts unterstützte den Herrscher der *divan*, eine Art Kleinstkabinett.

Die Köprülü-Ära

Der Zufall will es, dass auch für dieses von den europäischen Prozessen weitgehend abgekoppelte islamische Gemeinwesen, das sich seit dem „langen Türkenkrieg" (beendet 1606) konsequent von den europäischen Konflikten der ersten Jahrzehnte des 17. Jahrhunderts ferngehalten hatte, die Mitte des 17. Jahrhunderts eine deutliche Zäsur bildet. War die erste Jahrhunderthälfte eine Zeit innerer Wirren und Konflikte gewesen, insbesondere von unzähligen militärischen Rebellionen, die im sinkenden sozialen Status, aber auch im sinkenden Reallohn der Söldner und Janitscharen und in der Tatsache gründeten, dass Gouverneure die Militärgewalt zunehmend in die eigene Hand nahmen, so veränderte sich die Lage mit dem Beginn des Großwesirats der Köprülüs 1656 fundamental und rasch. Köprülü Mehmet, ein immerhin zu diesem Zeitpunkt bereits 80jähriger ehemaliger *Beglerbeg* von Tripolis, übernahm das Amt des

Großwesirs während des Sultanats des kleinen Mehmet IV. (1648–87) und bereitete der in der osmanischen Historiographie mit dem Begriff „Weiberherrschaft" bedachten Epoche auf der Grundlage weitreichender Vollmachten nun ein rasches Ende. Die Niederschlagung der Soldatenaufstände und die Rückverweisung vieler Profiteure der Krise in ihren alten Stand gingen Hand in Hand mit einer energischen Außenpolitik, die schon in den 1650er Jahren in der Ägäis zu den ersten Erfolgen führte und in der Vollendung der Eroberung Kretas (1669) und der südpolnischen Festung Kamieniec-Podolsk (1672) ihren Höhepunkt erlebte. Vor allem die Erfolge in Polen ließen das Osmanische Reich auf eine in der Zukunft nie wieder erreichte Ausdehnung anwachsen. Auch die Rückführung des Vasallenfürstentums Siebenbürgen, das unter Georg II. Rákóczi unübersehbare Emanzipationstendenzen entwickelte und in den späten 1650er Jahren an der Seite Karls X. von Schweden eine sehr eigenständige Außenpolitik betrieb, unter die osmanische Botmäßigkeit muss in diesem Zusammenhang genannt werden. Als Reaktion auf seine riskante Regionalpolitik wurde das Fürstentum nicht nur verwüstet, sondern ging auch seines freien Fürstenwahlrechts zunächst einmal verlustig.

Aber die „große" Politik der Expansion, die entscheidend abhängig war von den Persönlichkeiten der Großwesire, weniger der der im Lauf der Zeit immer schwächer werdenden Sultane, war nur das eine, das hier zu interessieren hat. Das andere war, wie es dieses schon von seinen äußeren Abmessungen her gigantische Reich schaffte, große Teile des Balkan, die andersgläubig waren, auf Dauer unter Kontrolle zu halten.

Das osmanische Herrschaftssystem auf dem Balkan

Die den Ost- und Südabhängen der Karpaten vorgelagerten Fürstentümer Moldau und Walachei hatten sich im ausgehenden Mittelalter trotz – oder wegen? – ihrer exponierten Lage zwischen den Königreichen Ungarn und Polen, den Krimtataren und den vorrückenden Osmanen eine beachtliche Selbständigkeit erhalten, die sie in gewisser Hinsicht auch in die Türkenzeit hinüberzuretten vermochten. Zur Anerkennung der osmanischen Oberhoheit mussten sich beide Fürstentümer zwar anfangs des 15. (1411 Walachei) beziehungsweise anfangs des 16. Jahrhunderts (1513 Moldau) verstehen, aber in beiden Fällen wussten sie sich, ganz ähnlich wie das benachbarte Siebenbürgen, das Recht der freien Fürstenwahl, der Verwaltungsautonomie und der eigenen Gesetzgebung zu bewahren. Ihre Sonderstellung im Osmanischen Reich – Fürstentümer mit eigenen Herrschern an der Spitze und einem autochthonen Adel – konnten die Fürsten bis ins frühe 18. Jahrhundert aufrechterhalten, als sich beide an dem missglückten Pruth-Feldzug Zar Peters I. beteiligten. Die tiefe Verärgerung über dieses politische Fehlverhalten veranlasste den Sultan nicht nur, seitdem die Fürstenwahlen zu manipulieren, sondern auch die Kandidaturen landfremder (griechischer) Hospodare zu betreiben und durchzusetzen. Der Übergang zu den (nach dem Griechenviertel der Hauptstadt Istanbul benannten) „Phanarioten" ließ die bis 1711 beachtliche Autonomie der beiden Fürstentümer weitestgehend zusammenbrechen. Es kann nicht verwundern, dass dieser tiefe Einschnitt eine Rückbesinnung auf die nationalen Traditionen und eine – zunächst nur literarische – Wendung gegen jede Form der Fremdherrschaft auslöste, wie sie insbesondere an der Person des Geschichtsschreibers Cantemir († 1723) festzumachen ist.

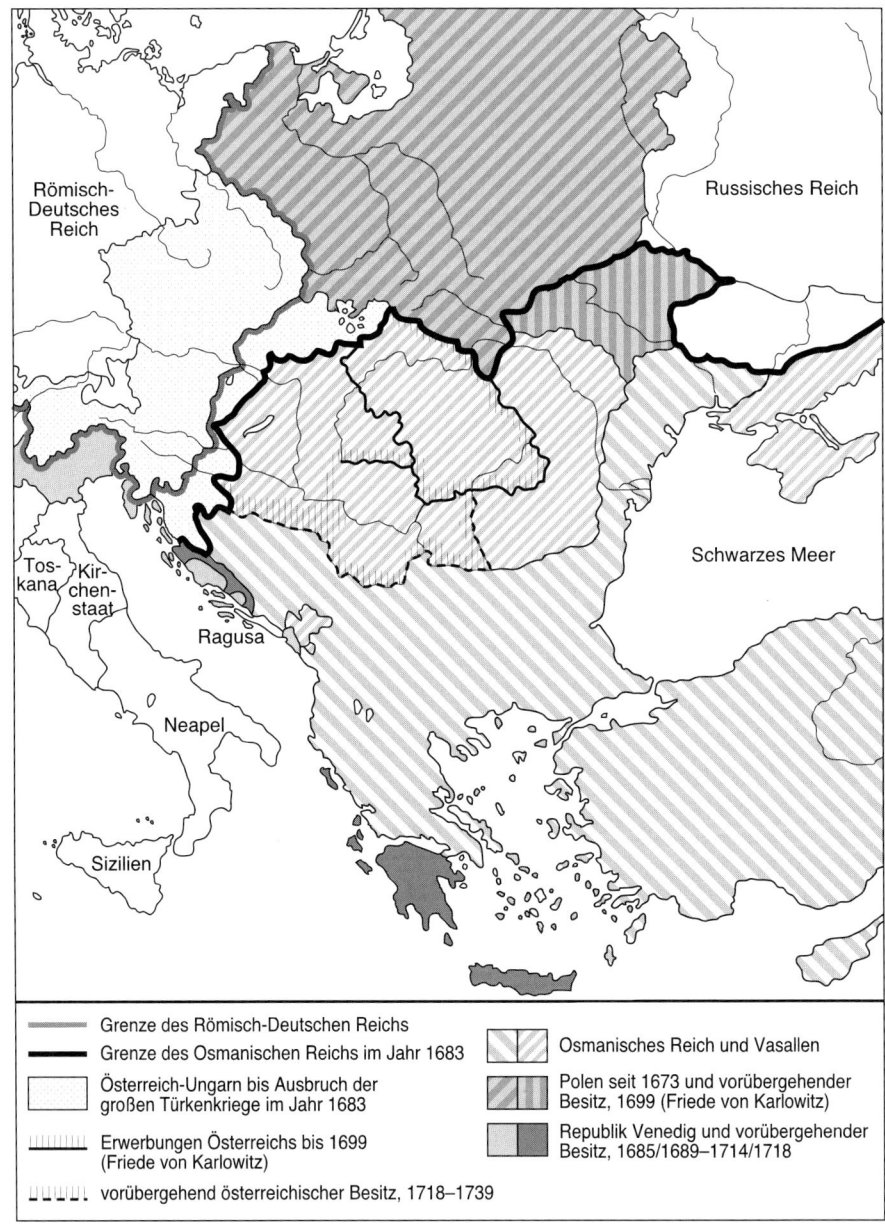

Römisch-
Deutsches
Reich

Russisches Reich

Tos-
kana Kir-
chen-
staat

Ragusa

Schwarzes Meer

Neapel

Sizilien

———————— Grenze des Römisch-Deutschen Reichs

━━━━━━━━ Grenze des Osmanischen Reichs im Jahr 1683

Österreich-Ungarn bis Ausbruch der
großen Türkenkriege im Jahr 1683

Erwerbungen Österreichs bis 1699
(Friede von Karlowitz)

vorübergehend österreichischer Besitz, 1718–1739

Osmanisches Reich und Vasallen

Polen seit 1673 und vorübergehender
Besitz, 1699 (Friede von Karlowitz)

Republik Venedig und vorübergehender
Besitz, 1685/1689–1714/1718

Abb. 16: *Der Balkan im 18. Jahrhundert.*

Es war nicht der Stil der osmanischen Reichspolitik, auf eine konsequente Islamisierung hinzuarbeiten. In beiden Fürstentümern hatte sich im 14./15. Jahrhundert der byzantinische Ritus in der slawischen Form durchgesetzt, der im Übrigen in den Klöstern – unter anderem in Neamţ, Vodiţa und Putna – ein reiches kulturelles Leben entfaltete. Diese kirchliche und Kulturtradition wurden von den Osmanen nie angetastet; nur deswegen konnten so zahlreiche Klosterbauten und Freskenmalereien überdauern. Und diese Respektierung der Kultur- und Verwaltungsautonomie der in Abhängigkeit gebrachten Ethnien mit Einschluss ihrer spezifischen Rechtstradition setzte sich auch bei jenen Gemeinwesen fort, deren Einbindung in das Osmanische Reich viel weiter ging als in Bezug auf die beiden Donaufürstentümer. Das lässt sich etwa daran ablesen, dass überall auf dem christlichen Balkan die Steuern nicht etwa von türkischen Beamten, sondern von den kirchlichen Behörden der jeweiligen Religionsgemeinschaft erhoben wurden. Über die Kirchenorganisation wurden überall Autonomiebezirke aufgebaut, die vielfältige Aufgaben des „öffentlichen Lebens" in eigener Regie erledigten.

Diese bemerkenswerte religionspolitische Haltung der Hohen Pforte, die bei europäischen Intellektuellen – etwa Voltaire – dann vorbehaltlose Anerkennung finden sollte, ist freilich auch im Licht der Tatsache zu sehen, dass sie einherging mit der von der Pforte begünstigten und betriebenen Ausdehnung der Vorrangstellung des griechischen Patriarchen in Konstantinopel/Istanbul auf den gesamten Balkanbereich, dem – abgeschlossen wurde dieser Prozess 1766/67 mit der Auflösung der Erzbistümer Ipek und Ochrid – die Unabhängigkeit der serbischen und bulgarischen Kirchen zum Opfer fiel. Der griechische Patriarch muss als unbedingter und loyaler Gefolgsmann der Pforte angesehen werden, der seine Erhebung ihr verdankte, der sie finanziell stützte und die Ausweitung seiner Jurisdiktion nur ihr schuldete: eine Art überkonfessionelle Symbiose. Dass der Patriarch in Konstantinopel wegen seines notorischen Nahverhältnisses zur Pforte bei den oft durchaus „national" gestimmten Balkanchristen nicht über alle Maßen populär wurde, steht dabei auf einem anderen Blatt. Die wachsende Entfremdung zwischen den hohen griechischen Prälaten und dem nichtgriechischen, slawischen Kirchenvolk sollte auf Dauer nationalkirchliche Bestrebungen nachhaltig begünstigen und zu einer der Ursachen und Begleiterscheinungen der politischen Emanzipation der Balkanvölker im 19. Jahrhundert werden.[1]

Einen mit den beiden Donaufürstentümern vergleichbaren Grad an Autonomie vermochten die anderen Balkanstaaten nicht zu bewahren. Die Adria-Anrainer hatten zwar wegen ihres Rückhalts an der Republik Venedig relativ lange gegen die osmanische Eroberung Widerstand leisten können, aber Albanien war nach dem Ende des Skanderberg-Aufstands zur Gänze Anfang des 16. Jahrhunderts und Montenegro 1499 nominell Teil des Osmanischen Reiches geworden, wobei sich die Türken angesichts der Unzugänglichkeit des Hinterlandes mit der Kontrolle der strategisch wichtigen Plätze begnügten. Ein ähnliches Schicksal war der übrigen balkanischen Staatenwelt beschieden. Das bulgarische Zarenreich war nach dem Fall der Residenzstadt Tarnova (1393) und der Niederlage von Nikopolis (1396) seit Ende des 14. Jahrhunderts fest in osmanischer Hand, das serbische Despotat wurde trotz ruhmreicher Ab-

---

1 Generell zum „griechischen" Balkan vgl. H.-J. HÄRTEL/R. SCHÖNFELD, Bulgarien.

wehrschlachten auf dem Amselfeld Ende der 1450er Jahre vom Osmanischen Reich aufgeso gen, ähnlich erging es fast zeitgleich dem bosnischen Reich (1463). Mittelungarn samt Siebenbürgen wurde nach dem Tod des türkischen Vasallen Johann Zápolya (1540) in das Osmanenreich eingegliedert, und schließlich gingen auch die bisher venezianischen Besitzungen in der Ägäis und im Schwarzmeerbereich seit dem ausgehenden 15. Jahrhundert nacheinander in türkische Hand über – die Eckpunkte markierten hier ein türkisch-venezianischer „Friede" 1540 und der Verlust Zyperns 1571. Auch das Khanat der Krim war nach der Niederschlagung eines Aufstandes 1628 wieder in fester Abhängigkeit von der Pforte.

Die sozialen und ökonomischen Strukturen

Am Beginn der hier zu betrachtenden Epoche war somit der gesamte Balkan- und Adria-Ägäis-Bereich mit ganz wenigen Ausnahmen, zu denen vor allem Ragusa zu zählen ist, das sich seiner wirtschaftlichen Bedeutung wegen gegen Tributzahlungen eine beachtliche Unabhängigkeit bewahrte, fest, wenn auch unter unterschiedlichen Rechtsformen in osmanischer Hand, was die Formierung einer „innerbalkanischen Kultursynthese eigener Art"[2] sicher begünstigt hat. Bei aller Bereitschaft indes, ein hohes Maß an kultureller Autonomie zuzulassen: vor allem in den größeren Städten hatte der Anteil von Muslimen an der Gesamtbevölkerung – durch Zuzug, aber natürlich auch durch Übertritt, für den selbstredend wirtschaftliche und rechtliche Anreize geboten wurden – kontinuierlich zugenommen, ohne andererseits jemals die Grenze von einem Drittel zu überspringen. Und die Städte waren es wohl in besonderer Weise, die von den Chancen eines riesengroßen, trotz noch nicht erreichter völliger Zolleinheit im Prinzip einheitlichen Wirtschaftsraums profitierten – die Vorstellung, dass der gesamte Balkan während der osmanischen Herrschaft in einem ökonomischen Dämmerschlaf verharrt hätte, wäre absurd. Auf der anderen Seite entsprach es den unübersehbaren Reglementierungs-, Zentralisierungs- und auch Normierungstendenzen des Osmanischen Reiches, im Wirtschaftsbereich wenig oder nichts dem freien Spiel der Kräfte zu überlassen, sondern einer Regelungswut in Bezug auf Preise, Monopole und Arbeitsorganisation zu frönen, die in nichts hinter jener der christlichen Gemeinwesen zurückstand.

Aber auch diese Eingriffe in das Wirtschaftsgeschehen vermochten wirtschaftlichen Aufschwung zumindest bei bestimmten Balkanvölkern nicht zu verhindern. Ein besonders markantes Beispiel sind griechische Reeder- und Unternehmerfamilien auf den küstennahen Ägäisinseln, die die Chancen des Ost-West-Handelsverkehrs erkannten und ganze Handelsflotten aufbauten und unterhielten, die Mitte des 18. Jahrhunderts eine Gesamttonnage von über 150 000 Tonnen erreichten. Auch die aus dem westlichen Mittelmeerraum vertriebenen und im Osmanischen Reich mit offenen Armen aufgenommenen sephardischen Juden erwiesen sich als ein dynamischer und innovativer Wirtschaftsfaktor, zum Beispiel im Textilbereich – zeitweise war die Herstellung des Uniformstoffs für die Janitscharen fast zur Gänze in ihrer Hand. Freilich ging der Anteil der jüdischen Bevölkerung, die sich im Übrigen relativ schnell assimiliert hatte, seit dem 18. Jahrhundert wieder erkennbar zurück, weil nun die neuen atlan-

---

2 E. Hösch, Geschichte der Balkanländer, 104.

tischen Handelszentren eine Sogwirkung ausübten und die Rahmenbedingungen für die jüdischen Kaufleute insbesondere in Großbritannien, wo sie lange kein Bleiberecht gehabt hatten, sich wieder günstiger gestalteten.

3.11.2 Niedergangsphase?

Die Forschung ist sich darin einig, dass das Osmanische Reich Mitte des 17. Jahrhunderts längst den Zenit seiner Weltstellung überschritten hatte. Darüber konnte auch die Tatsache nicht hinwegtäuschen, dass die Hauptstadt in der zweiten Hälfte des 17. Jahrhundert mit 700 000 Einwohnern zur größten Stadt Europas (und des Nahen Ostens) aufstieg. Dass es dennoch – das Stichwort der Köprülü-Restauration wurde oben gegeben – seit den späten 1650er Jahren noch einmal zu einer beachtlichen Offensive der Pforte kam, die die Grenzen des Reiches bis nach Podolien ausdehnte (Friede von Buczacz, 1672) und die zeitweise recht selbstherrlichen Fürsten von Siebenbürgen (Gabriel Bethlen, Georg I. Rákóczi) wieder in ein enges Abhängigkeitsverhältnis zwang und – unter anderem wegen der Lethargie des Wiener Hofkriegsrats – die oben genannten Eroberungen strategisch wichtiger Plätze ermöglichte, wurde freilich von den Mitlebenden keineswegs als überraschend empfunden, sondern als Bestätigung einer nach wie vor verbreiteten Türkenfurcht. Aber die Schlacht bei St. Gotthard an der Raab signalisierte dann doch, dass der Höhepunkt der militärischen Durchschlagskraft des Osmanenreiches überschritten war, auch wenn diese türkische Niederlage mit einem überraschend günstigen Frieden (Eisenburg-Vasvár, 1664) noch gut kompensiert werden konnte. Die defizitäre Entschlossenheit der Wiener Hofburg und namentlich des in erster Linie zuständigen Hofkriegsrats, die Gunst der Stunde zu nutzen und mit dem Ziel zumindest der Befreiung Ungarns – wenn nicht mehr: Montecuccolis Visionen reichten bis an den Bosporus! – entschlossen nachzusetzen, führte zu Reaktionen im ungarischen Adel: zunächst einer Magnatenverschwörung, die von den habsburgischen Behörden blutig niedergeschlagen wurde und große Konfiskationen nach sich zog, dann in ihrem Gefolge zur Ausbildung einer von der Pforte nicht nur geduldeten, sondern anerkannten selbständigen Herrschaft in Oberungarn mit dem Grafen Imre Tököly an ihrer Spitze. In der Entourage Tökölys wurden zeitweise Pläne ventiliert, das Fürstentum auf Dauer mit der Krone Polen zu verbinden. Der Vorstoß eines großen osmanischen Heeres bis vor die Tore Wiens war auch als Entlastungsmaßnahme zugunsten dieses zunehmend wieder in Bedrängnis geratenden Fürstentums gedacht.

Die Niederlage des von dem Großwesir Mustafa Paşa geführten Heeres gegen eine europäische Koalition 1683 aber hatte Konsequenzen, die über Oberungarn weit hinaus reichten. Wien 1683 war ein weiterer – und nun viel gewichtigerer – Beleg dafür, dass die Unbesiegbarkeit des osmanischen Heeres allenfalls noch ein Mythos war und dass sich das Osmanische Reich in einer offenkundigen Abschwungphase befand. Wenn man so will, war die Kahlenbergschlacht sogar das Startsignal für die schrittweise Ablösung der osmanischen Herrschaft auf dem Balkan – nicht zufällig formierte sich in Nordwestbulgarien 1688 erstmals eine größere Aufstandsbewegung gegen die osmanische Fremdherrschaft. Die deutsche Türkenpublizistik hat dem dann auch rasch Rechnung getragen, indem sie seit Wien mehr und mehr das Bild vom anarchischen und ohnmächtigen Osmanischen Reich entwickelte und propagierte.[3] In Wien fiel die Grundsatzentscheidung, erstmals die Militärgrenze, die sich alles in allem bewährt hatte, hinter sich zu lassen und offensiv gegen die Osmanen vorzugehen; zur Abstützung dieser Entscheidung formierte sich mit kurialer Unterstützung eine neue Heilige Liga (1684), der 1686 erstmals auch das Russische Reich beitrat, das sich in der Vergangenheit den Hilfeersuchen der orthodoxen Glaubensbrüder auf dem Balkan immer versagt hatte, aber durch das Agieren der unruhigen Tataren, deren Khanat formal dem Sultan unterstellt war, immer wieder herausgefordert wurde, über die Vasallen der Pforte auch diese selbst zu schwächen. Es sollte zwar noch Jahrzehnte dauern, bis Russland dauerhafte Erfolge zu Lasten des Osmanischen Reiches zu erzielen vermochte, aber diese Erkenntnis des Historikers ändert nichts an dem Paradigmenwechsel von 1684/86: Die gesamte Anrainerschaft des Osmanischen Reiches ging, sich mehr oder weniger deutlich der Krisensymptome dieses Imperiums bewusst werdend, von der Defensive zur Offensive über und internationalisierte zugleich das weitere Schicksal dieses Kolosses. Freilich war das politische Bewusstsein am Ausgang des 17. Jahrhunderts unter dem Eindruck des Schlagworts von der *Balance of Power* schon sensibel genug, um eine schrankenlose Bereicherung der Anrainerstaaten auf dem Balkan aus der osmanischen Verfügungsmasse in den Bereich der Utopie zu verweisen. Es wurde in den europäischen Hauptstädten zunehmend klarer, dass das Osmanische Reich auch für das europäische System eine Funktion hatte, und einer raschen Demembrierung des Osmanischen Reiches stand nicht zuletzt auch sein Nahverhältnis zu Frankreich entgegen.

Die osmanisch-französischen Beziehungen

Dieses Nahverhältnis hatte sich über viele Verträge seit den 1530er Jahren immer mehr konkretisiert und konsolidiert – Verträge, so genannte „Kapitulationen", in denen die französischen Staatsangehörigen handfeste wirtschaftlich-merkantile und rechtliche Privilegien erhielten, um die andere Staaten (Venedig, Niederlande, England) dann mühsam kämpfen mussten. Das Nahverhältnis der Pforte zu Paris, das sich auch in der schon ganz frühen und dann permanenten diplomatischen Repräsentanz Frankreichs an der Pforte niederschlug, hat am Ende sogar das Protektoratsrecht des französischen Königs über die katholischen Christen im Osmanischen Reich eingeschlossen! Im Gegenzug gegen die wirtschaftlich-merkantilen Zugeständnisse und die engen Handelsverbindungen, die vor allem von der Marseiller Kaufmannschaft getragen wurden, hatte die französische Diplomatie der osmanischen Politik manche guten Dienste – metaphorisch und im technischen Sinn verstanden – erwiesen, die unter anderem 1740 zu einer umfassenden Bestätigung aller französischen Vorrechte führen sollten. Auch wenn bei größeren Konflikten in der hier in Rede stehenden Zeit gelegentlich die beiden Seemächte an die Stelle Frankreichs treten mochten, erreichte ihr Verhältnis zur Pforte doch niemals jenen Grad der Verdichtung, der die osmanisch-französischen Beziehungen auszeichnete – unbeschadet der Tatsache, dass mehr oder weniger formalisierte Beziehungen zwischen London und Istanbul bis in die 1580er Jahre zurückdatierten, freilich bis ins frühe 19. Jahrhundert einen merkwürdigen

---

3 Dazu jetzt M. WREDE, Das Reich und seine Feinde.

Zwittercharakter behielten, weil der britische Geschäftsträger von einer Handelskompanie besoldet wurde.

Die Türkenkriege des späten 17. und beginnenden 18. Jahrhunderts

Freilich: Auch das ludovizianische Frankreich konnte den anfänglichen Siegeszug der Gegner der Pforte nicht verhindern. Die habsburgischen Waffenerfolge der 1680er und 1690er Jahre[4], die letzten von ihnen bereits mit dem Namen des Prinzen Eugen verbunden und von serbischen und albanischen Truppen nachhaltig mit herbeigeführt, hatten ihre Sternstunden in den Rückeroberungen Budas und Belgrads und in der Schlacht von Zenta (1697) und wurden, nachdem in einen europäischen Kontext einzuordnende Friedensverhandlungen 1689 gescheitert waren, gekrönt durch den Frieden von Karlowitz (Sremski Karlovci) 1699, der Ungarn mit Ausnahme des Banat, aber einschließlich des Fürstentums Siebenbürgen an die Hofburg fallen ließ und der im Osmanischen Reich eine Phase schwerer innerer Unruhen und Selbstzweifel auslöste. Der für Österreich nicht minder grandiose Waffengang im zweiten Jahrzehnt des 18. Jahrhunderts ließ im Frieden von Passarowitz (1716) dann noch das Banat, Nordserbien und die Kleine Walachei folgen – ein Türkenkrieg, der, ablesbar an der Publizistik, zugleich deutlich werden ließ, dass diese ehemals emotional hoch aufgeladenen Konflikte zu ganz „normalen" zwischenstaatlichen Konflikten geworden waren. Aber diese – aus österreichischer Sicht – „Erfolgsstory", die in den Flugschriften eifrig beklatscht wurde und geradezu in eine Verächtlichmachung und Ridikülisierung des bisherigen Erbfeindes einmündete, setzte sich dann nicht fort. In den 1730er Jahren wurde ein gemeinsamer russisch-österreichischer Türkenkrieg zu einem ziemlichen Desaster, nicht nur, weil er in erneute Gebietsverluste zugunsten des Osmanischen Reiches mündete (so genannte Österreichische Walachei, Belgrad), sondern weil er nachdrücklich den völlig unzulänglichen Stand des österreichischen Militärwesens enthüllte.

3.11.3 Die Anfänge eines „Europäisierungsprozesses"

Auf osmanischer Seite zog diese durch die letztgenannten Ereignisse nur moderat relativierte Folge von empfindlichen Niederlagen in den Amtszeiten eher wenig herausragender Sultane nicht nur einen Paradigmenwechsel der Art nach sich, dass man sich mehr und mehr den Spielregeln der europäischen Diplomatie öffnete und – so erstmals in Karlowitz – zeitlich unbegrenzte Friedensschlüsse und das Prinzip der festen Grenze akzeptierte, sondern auch darin, dass die osmanische Bürokratie den neuen internationalen Bedürfnissen des Reiches angepasst wurde. Hier kamen dem Amt und der Behörde des „Obersten Schreibers" (reis efendi) zentrale Bedeutung zu, eine Anlaufstelle auch für die nun an Zahl zunehmenden ausländischen Diplomaten. Weniger der Sultan, sondern vielmehr die Bürokratie bereitete den Weg des Osmanischen Reiches in die europäische Moderne. Immerhin muss man eine Regierungszeit hier wohl ausnehmen, die des Sultans Ahmed III., der – fassbar an seiner Begeisterung für

---

4 Zu den habsburgisch-osmanischen Beziehungen zwischen „Wien und Belgrad" vgl. I. Parvev, Habsburgs.

holländische Tulpen („Tulpenzeit"), aber unter anderem auch an der Rezeption „westlicher" Architekturelemente und an der Einrichtung der ersten Druckerei für türkische Bücher (historischen, geographischen und wissenschaftlichen Inhalts) in Istanbul 1729 – sein Imperium erstmals begrenzt dem Westen öffnete. Aber die Tulpenzeit blieb alles in allem, nachdem schon ganz zögerliche Annäherungen an die westliche Kultur in der Köprülü-Ära überaus punktuell geblieben waren, zunächst eine Episode, obwohl zu vermerken bleibt, dass das Osmanische Reich es beim kulturellen Import nicht beließ, sondern beispielsweise auch über militärisches Know-how des Westens zu verfügen suchte, das ihm unter anderem von dem ehemaligen kaiserlichen General Bonneval zugetragen wurde – ein Beispiel von vielen, dass auch Renegaten im Osmanischen Reich im Prinzip eine große Karriere offenstand. Der unübersehbare kulturelle Annäherungsprozess war im Übrigen keine Einbahnstraße; zur selben Zeit griff in West- und Mitteleuropa die *Turquerie* um sich, die Türkenmode, das Türkenfest, der Buffo-Türke – viele Facetten der osmanischen Kultur wurden (meist) auf eigenwillige Weise rezipiert (oder auch ridikülisiert).

3.11.4 Russland und das Osmanische Reich

Mit dem Belgrader Frieden von 1739, der die so genannte Österreichische Walachei und Nordserbien wieder an das Osmanische Reich zurückfallen ließ, kam die aktive Phase der österreichischen Türkenpolitik an ihr Ende, weil neue Prioritäten – der Erhalt der Kaiserkrone und des dynastischen Staates, der Kampf gegen das „räuberische" Preußen – sich in den Vordergrund schoben. Mehr und mehr trat seitdem Russland als Hauptträger des Türkenkriegs an die Stelle Österreichs, um aber letztlich erst seit den späten 1760er Jahren entschlossen und mit Fortune gegen die Pforte vorzugehen. Das russische Kaiserreich hatte gegenüber der Hofburg dabei den immensen Vorteil, immer zugleich auch zu Wasser die Pforte in Bedrängnis bringen zu können und gerade auf den Meeren – ob im Schwarzen Meer oder in der Ägäis – nachhaltige Erfolge zu erzielen, so 1770 bei Çeşme die Vernichtung fast der gesamten türkischen Kriegsflotte. In der katharinäischen Zeit wurde der Türkenkrieg für Russland nicht nur zur vorrangigen außenpolitischen Option, sondern auch zu einem einzigen Siegeslauf. Die wichtigsten Stationen waren dabei der Friede von Kütschük-Kainardschi (1774), in dem der Sultan auf wichtige Festungen an den Flussmündungen von Don, Dnjepr und Bug verzichtete, darunter das wichtige Azov, und in dem das Krimkhanat in die „Unabhängigkeit" entlassen wurde (und kurz danach dem russischen Kaiserreich förmlich eingegliedert wurde, das dadurch den Zugang zum Schwarzen Meer gewann), und der Friede von Jassy (1792), der das Mündungsgebiet von Dnjestr und Bug in russische Hand brachte. Der Schwarzmeerzugang war ja seit den Tagen Peters des Großen eine Art Leitmotiv der russischen Außenpolitik gewesen, auch wenn er in der Priorität gelegentlich zurückgetreten war, und man wird deswegen sagen können, dass sich für Russland mit der Eingliederung der Krim (1783) und dem Erwerb des Küstenstreifens zwischen Bug und Dnjestr das Jahrhundert nun gewissermaßen vollendete. Russland war zur beherrschenden Schwarzmeermacht geworden. Der Türkenkrieg Josephs II. in den späten 1780er Jahren, der in der publizistischen Öffentlichkeit viel geringere Spuren hinterließ als jeder andere Konflikt mit den Osmanen zuvor, konnte dieses

Hineinwachsen Russlands in die Rolle der dominierenden Regionalmacht nicht mehr relativieren oder gar wettmachen, zumal Österreich hier als Bundesgenosse des Zarenreichs agierte.

Freilich waren für die Pforte nicht nur die territorialen Verluste spürbar, sondern in gleicher Weise auch die Art und Weise, wie Katharina II. in die inneren Belange des Osmanischen Reiches einzugreifen suchte; ihr Vorgehen war nicht nur Spiegel einer konsequenten Machtpolitik, sondern auch einer voranschreitenden Desintegration. Hier war neben den wiederholten Versuchen, Aufstände der orthodoxen Christen gegen die Pforte anzuzetteln (so auf der Peloponnes), das Protektorat über die orthodoxen Griechen und Slawen von zentraler Bedeutung, von deren beachtlicher Zahl oben die Rede war und die nun zunehmend von ihrem bisherigen Referenzpunkt, dem (ganz und gar von der Pforte abhängigen) Patriarchat in Istanbul, umorientiert wurden. Über die Betonung der orthodoxen Glaubensgemeinschaft hinaus gewann das russische Kaiserreich hier eine Art stille Reserve, die bei zukünftigen antiosmanischen Unternehmungen jederzeit aktiviert werden konnte. Das bedeutete auf der anderen Seite aber auch, dass der österreichische Einfluss auf den orthodoxen Balkan kontinuierlich abnahm; den politischen und propagandistischen Vorsprung, den die russischen Agenten erarbeiteten, konnte die Hofburg nie mehr wettmachen. In dem „Griechischen Projekt" Katharinas II. wurde in den späten 1780er Jahren eine Art Maximalziel der russischen Politik formuliert, das auf die Errichtung eines christlich-orthodoxen Balkanstaats als russischer Sekundogenitur zugunsten eines mit dem Programmnamen Konstantin bedachten Enkels der Kaiserin hinauslief. Das „Griechische Projekt" blieb zwar Gedankenspiel, aber es musste gegen Ende des Jahrhunderts jedermann an der Pforte klar sein, dass die osmanische Herrschaft auf dem Balkan mittlerweile auf arg tönernen Füßen stand und irgendein Aufstand unter emanzipatorisch-nationalen Vorzeichen einen Flächenbrand auslösen konnte. Es war insofern auch kein Zufall, dass unter dem Eindruck und Einfluss der Französischen Revolution in den beiden Donaufürstentümern die Kräfte sich deutlich zu Wort meldeten, die auf Emanzipation, auf „nationale" Unabhängigkeit sowie auf eine geschriebene Verfassung zielten und die den Schlüsselbegriffen der Revolution in den „rumänischen" Provinzen eine weite Verbreitung sicherten. Die Westorientierung der beiden Donaufürstentümer – mit allen denkbaren Konsequenzen – wurde in den 1790er Jahren unübersehbar. Beispielhaft ließe sich dieser Prozess an der Rezeption der westlichen Aufklärung an der „rumänischen Schule" im siebenbürgischen Blaj veranschaulichen. Diesem Prozess zur Seite gestellt werden können die bulgarischen Emanzipationstendenzen, die ihren ersten Ausdruck in der schon 1762 abgeschlossenen slawobulgarischen Geschichte des Paisij Xilendarski fanden.

Zur gleichen Zeit muss man aber betonen, dass bei aller potentiellen Instabilität, um die man letztlich seit 100 Jahren wusste, die man aber trotz mancher innerer Reformen nicht hatte steuern können, das Osmanische Reich weithin, so etwa von dem toskanischen Großherzog Peter Leopold, dem nachmaligen Kaiser Leopold II., und von dem österreichischen Staatskanzler Kaunitz, als ein integraler Teil des europäischen Mächtekonzerts gesehen wurde, es mit vielen Staaten in – zunächst noch fallweise, seit 1793 allmählich verfestigten – diplomatischen Verbindungen stand, sich bei seinen Truppenmodernisierungen seit dem Sultanat Selims III. (1787–1807) deutlich an den europäischen Standards orientierte (und sie mit westlichen Militärinstrukteuren betrieb). Hinzu kam, dass dem politischen Niedergang keineswegs auch ein wirtschaftlicher parallel lief. Für die Zeit zwischen 1720 und 1760 muss man geradezu von einer Hochkonjunktur sprechen, die im Übrigen auch die Landwirtschaft einschloss, wo die verbreitete Landflucht gestoppt werden konnte. Man wird zudem festzuhalten haben, dass die weltwirtschaftliche Interaktion zumindest der küstennahen Regionen des Osmanenreiches, ablesbar unter anderem an den gewaltigen, auf den Ägäisinseln beheimateten Handelsflotten, mit schnellen Schritten voranging und beispielsweise Baumwollproduzenten in Thessalien und Westmazedonien nun den englischen und österreichischen Markt zu bedienen vermochten. Aus dem Außenseiter war ein Imperium geworden, das für das christliche Europa in mehrfacher Hinsicht unverzichtbare Funktionen hatte.

3.12 Italienische Staatenwelt

„Italien" war um die Mitte des 17. Jahrhunderts zwar mehr als ein geographischer, aber noch längst kein politischer Begriff. Seitdem die Humanisten des 14. Jahrhunderts den geographischen Begriff mit antiken Motiven konsequent angereichert hatten, meinte „Italianità" das Bewusstsein eines gewaltigen und gar nicht wegzudiskutierenden kulturellen Vorrangs, der auf einem Amalgam von römischer, griechischer und byzantinischer Tradition, dem Sitz der Universalkirche, der Wiege der Wissenschaft und anderem gründete. Das Bewusstsein von einer kulturellen Ausnahme- und Vorrangstellung sollte in Italien während der gesamten hier zu betrachtenden Epoche nicht verlorengehen.

Auf der andere Seite ermangelte diese – ihrem Selbstverständnis nach – Kulturgemeinschaft jedes gemeinsamen politischen Dachs, jeder institutionellen Klammer. Die Apennin-Halbinsel umfasste in ihren natürlichen, vom Meer und von den Alpen vorgegebenen Grenzen eine Vielzahl politischer Gebilde, die nicht nur in der Staatsform, im politischen Anspruch und in ihrer (Lehens-)Abhängigkeit differierten, sondern auch in der Sprache. Auch wenn sich beim Übergang zur Neuzeit so etwas wie eine Hochsprache gebildet hatte, lagen zwischen den südalpinen Gemeinwesen und Sizilien ähnliche sprachliche Welten wie zwischen dem Friesischen und dem Tirolischen im Deutschen Reich. Die Vielgliedrigkeit und fehlende politische Organisation der italienischen Staatenwelt hat die politischen Denker und Praktiker immer wieder zu Reflexionen und zu Ligaplänen herausgefordert, ob sie nun Richelieu, d'Argenson oder wie auch immer hießen. Aber selbst in der mit viel nationalem Pathos angereicherten revolutionären Umbruchzeit sollte man in dieser Hinsicht, wie zu zeigen sein wird, keinen einzigen Schritt weiterkommen.

Die Faszination „Italiens" für Fremde – und Italien war *das* klassische Reiseland der Vormoderne, Ziel ungezählter Bildungs- und Studienreisen, ungezählter *peregrinationes academici*, ungezählter Glaubensreisen – lag in seiner Vorreiterrolle auf vielen Gebieten, ob man nun an Geldverkehr und Bankenwesen, die frühe Verhofung und Verstädterung, die allen anderen europäischen Regionen vorangehende Ausbildung einer Universitätslandschaft, den Vorsprung in Literatur und Malerei oder anderes denkt.

Aber diese Phänomene haben sich nie gleichmäßig und gleichzeitig über die ganze Halbinsel verbreitet, so dass selbst eine vom Kulturellen ausgehende Gesamtschau Italiens problematisch bliebe. Es bietet sich deshalb nur der Ausweg an, aus der Fülle der Stadtstaaten, der Republiken, der Signorien einige wenige exemplarisch zu behandeln, die in ihrer Addition und Zusammenschau dann etwas vom Faszinosum Italien erkennen lassen. Wenn dabei ein Weg von Nord nach Süd beschritten wird, dann hat das nichts mit der Annahme eines Kulturgefälles oder ähnlichem zu tun, sondern soll lediglich etwas von der Dynamik geschichtlichen Nebeneinanders widerspiegeln.

Immerhin soll für diesen Strauß sehr unterschiedlicher Gemeinwesen eine Gesamtzahl angegeben werden, die die noch fehlende politische Organisation nur noch um so nachdrücklicher ins Bewusstsein rufen soll, weil sie nur additiv zustande kommt. Nachdem Italien – weniger durch direkte Kriegshandlungen als vielmehr durch allgemeine demographische Krisen – seinen Bevölkerungsrückgang in der ersten Hälfte des 17. Jahrhunderts wie die meisten europäischen Regionen erst um 1700 wieder ausgeglichen hatte, stieg die Zahl der auf der Apennin-Halbinsel lebenden Menschen im Verlauf des 18. Jahrhunderts von etwa 13,4 auf 17,8 Millionen. Die Gesamtbevölkerungszahl blieb somit deutlich hinter der Frankreichs zurück. Dieser Bevölkerungsanstieg lag nicht nur in einem allgemeinen europäischen Trend, sondern hing auch damit zusammen, dass die Halbinsel schon seit dem Aachener Frieden (1748) und dann vollends seit dem bourbonisch-habsburgischen Ausgleich von 1756 eine ungewohnt lange Friedensperiode erlebte, die erst in der napoleonischen Zeit wieder zu Ende ging.

Dass Italien trotz seiner durch die territoriale Vielfalt bedingten wenig entwickelten politischen Durchsetzungsfähigkeit und seines Charakters als nichtverdichtete Zone in einer Geschichte Europas einen ganz prominenten Platz beansprucht, unterliegt keinem Zweifel. Wenn man mit der neueren Forschung die Kultur als Integrationsfaktor in der Hierarchie identitätsstiftender Momente an hervorgehobener Stelle plaziert, dann sorgte die italienische Kultur auch noch im 17./18. Jahrhundert für ein Maß an „Europäizität", das unübertroffen blieb. Das betraf die in den europäischen Raum exportierten Kulturgüter von Bildern und Skulpturen bis hin zur Musik, das betraf Bücher mit einem Pilotcharakter, etwa in den Bereichen Architektur oder politische Philosophie, das betraf nicht zuletzt Menschen, die als Musiker oder Maler, als Gelehrte oder auch als Kaufleute die Diffusion des „Italienischen" nördlich der Alpen beförderten. Die Reisen des europäischen Adels und vieler Intellektueller nach Italien waren deswegen kein Zufall; hier glaubte man sich an der Wiege einer „europäischen Kultur".

3.12.1 Savoyen

Das Herzogtum Savoyen in der Nordwestecke der Apennin-Halbinsel, sieht man einmal von Nizza ab ohne direkten Zugang zum Meer, dafür aber in einer exzeptionellen geostrategischen Lage, hatte sich aus tiefen dynastischen Krisen und einer Phase der Opferrolle in den Großmachtkämpfen um Oberitalien erst seit der Mitte des 16. Jahrhunderts wieder allmählich konsolidiert; erst 1563 wurde Turin zurückgewonnen und dann zielstrebig zur Hauptstadt ausgebaut. Schon früh – allerspätestens seit den 1630er

Jahren – mit dem Gedanken einer Aufwertung des Herzogstitels zum Königstitel spielend und dies auch publizistisch und kulturell untermauernd, begann die große Stunde der Dynastie seit dem Ausgang des 17. Jahrhunderts zu schlagen.[1] Vor dem Hintergrund der den Zustand von Permanenz annehmenden ludovizianischen Kriege begann sie die geostrategische Lage ihres Staates zwischen Frankreich und dem habsburgischen Mailand auszunutzen, durch mehrmaligen, mit den eingegangenen Allianzverpflichtungen nur schwer in Einklang zu bringenden Frontenwechsel – so 1696 auf die französische und 1703 auf die österreichische Seite – suchte sie ihren Preis hochzutreiben und trug am Ende nicht nur das seit Jahrhunderten gesuchte Montferrato als Gewinn davon, sondern wurde auch mit der – damals (1713) auf Sizilien radizierten – Königswürde belohnt. Zwar gelang es nicht auf Dauer, Sizilien zu behaupten, es musste 1720 auf Druck der Großmächte gegen das ärmere und auch weniger prestigeträchtige Sardinien getauscht werden. Aber alles in allem war das ein phänomenaler staatenpolitischer Aufstieg, der sich in den 1730er und 1740er Jahren mit weiteren kleineren Zugewinnen und Abrundungen an der Ostgrenze sogar noch fortsetzte und dem die Dynastie mit ihrer über Turin angelegten, dem Escorial vergleichbaren Grabstätte, der Superga-Basilika, selbst am prägnantesten Ausdruck verlieh.

Diesem v. a. dynastischem Ehrgeiz und einer geostrategisch exzeptionellen Lage zu verdankenden mächtepolitischen Aufstieg eines im Grunde ressourcenarmen Alpenstaats korrelierte eine deutliche Straffung der Verwaltung, die auf die Perspektive der konsequenten Zurückdrängung aller intermediären Kräfte (Stände, Korporationen) und der Kirche gründete und die es unter Viktor Amadeus II., der nach einer mehrjährigen Vormundschaftsregierung seiner einer Nebenlinie entstammenden Mutter 1680 den Thron bestiegen hatte, erstmals in Europa schaffte, einen regelmäßigen Staatshaushalt einzuführen. Ein gegliedertes, dem Staat unterstelltes Schul- und Universitätssystem zur Ausbildung der Staatsbeamten, das schon bald nach der Königserhebung reformiert wurde, ein effizientes Gerichts-, Verwaltungs- und Steuersystem und v. a. die Einbindung des Adels in militärische und administrative Aufgaben machten aus dem neuen Königreich ein bemerkenswert modernes Staatswesen, das nicht zufällig gelegentlich mit Preußen verglichen worden ist und das geradezu ein Paradebeispiel für Staaten ist, die die heterogenen Teile der Monarchie zusammenzuführen gezwungen sind. Zu diesem durchaus positiv gemeinten Vergleich mit dem Hohenzollernstaat, dessen Kehrseite eine gewisse Kühle gegenüber Kunst und Belletristik sowie der Spitzenwissenschaft war und manch einen – den Mathematiker Lagrange, den Dramatiker Alfieri, den Historiker Denina – bewog, in die Fremde zu gehen, trug auch die Tatsache bei, dass das ausgangs des 18. Jahrhunderts etwa 2,7 Millionen Einwohner zählende Königreich mit 60 000 Mann im Kriegsfall eine überaus beachtliche Heeresmacht auf die Beine stellen konnte.

Wie viele andere italienische Staaten, traf die Französische Revolution das Land hart. Da die Dynastie mit den Bourbonen verwandtschaftlich verbunden war und Turin deswegen ein frequentierter Zufluchtsort von Adelsemigranten wurde, wurde Sardinien-Savoyen schon im Frühherbst 1792 der Krieg erklärt. Die französische Okku-

---

1 Dazu jetzt: Ch. STORRS, Diplomacy.

pation konnte zwar kurzfristig noch einmal rückgängig gemacht werden, aber das Land war für den französischen Generalstab aus geostrategischen Gründen einfach zu wichtig, um es in einem neutralen Status oder gar im österreichischen Lager zu belassen. 1796 wurde es definitiv okkupiert, was unter anderem zur Abdankung König Viktor Emanuels I. führte, im Frühherbst 1802 wurde der festländische Teil des Reiches dann mit Frankreich vereinigt, um schließlich erst auf dem Wiener Kongress wiederhergestellt und bis an die ligurische Küste vergrößert zu werden.

3.12.2 Mailand

Savoyens direkter Nachbar, zu dessen Lasten man sich immer wieder zu arrondieren suchte, war das Herzogtum Mailand. Im frühen 16. Jahrhundert im Fokus der Machtpolitik sowohl der Habsburger als auch – aufgrund vager, auf eine Heiratsverbindung eines Visconti mit einer französischen Prinzessin aus dem Jahr 1389 zurückgehender Ansprüche – der Franzosen, war das Herzogtum zu Beginn des hier zu betrachtenden Zeitraums als ein von einem Gouverneur und einem „Obersten Rat für Italien" in Madrid regiertes und im Übrigen regelmäßig visitiertes Reichslehen noch Teil des spanischen Imperiums, um im Kontext des Erlöschens des spanischen Zweigs der *Casa d'Austria* erneut in die „große Politik" der Mächte hineinzugeraten und als nunmehr „erledigtes" Reichslehen 1700/01 und endgültig nach der Schlacht bei Turin 1706 an die Wiener Hofburg zu fallen.[2] Die Zeit, als Mailand gemeinsam mit anderen Signorien und Republiken – fassbar etwa im Frieden von Lodi 1454 und in der Italienischen Liga von 1455 – Einflusszonen abgesteckt, Verantwortung für die allgemeine Friedenssicherung übernommen und insofern eine höchst aktive und gestaltende Rolle in der Region gespielt hatte, war damit endgültig vorüber. Mit dem Frieden von Utrecht wurde Mailand ein „Nebenland" des Kaiserstaats, mit dessen Statthalterschaft, bezeichnend genug, zunächst der Prinz Eugen betraut wurde. An dem hohen Rang, den Mailand im Gesamtkontext der Wiener Politik im Spanischen Erbfolgekrieg als geostrategischer Schutz der Erblande und als Brücke nach Mittelitalien und somit für die Großmachtstellung des Habsburgerstaats hatte, darf bei alledem nicht gezweifelt werden, auch nicht an der wirtschaftlichen Bedeutung des *Stato di Milano* mit seiner nur knapp unter einer Million Menschen liegenden Einwohnerzahl und seiner blühenden Protoindustrialisierung (Papier, Textilien, Eisenerz) für den Gesamtstaat – auch wenn Karl VI. das seine mailändischen Untertanen nicht jeden Tag spüren ließ.[3] Im Gegensatz zu manchen anderen in Ober- und Mittelitalien gelegenen österreichischen oder österreichisch gewordenen Herrschaften ist die Zugehörigkeit des Herzogtums Mailand zum Kaiserhaus in Wien zwar bis in die Revolutionszeit hinein nicht mehr ernsthaft in Frage gestellt worden, aber das schloss nicht aus, dass Mailand noch das eine oder andere Mal Zielobjekt von militärischen Maßnahmen dritter Staaten war und beispielsweise im Österreichischen Erbfolgekrieg zeitweise von den Spaniern besetzt wur-

---

2 Die Erforschung Reichsitaliens verdankt Entscheidendes Karl Otmar von Aretin. Zu Mailand vgl. ders., Das Reich.
3 Eine Reihe einschlägiger Studien in: B. Mazohl-Wallnig/M. Meriggi (Hg.), Österreichisches Italien.

de. Eine politische Aufwertung erhielt das Herzogtum sicher dadurch, dass seit der Mitte des Jahrhunderts die Gouverneurfunktion, die bis dahin von oberitalienischen (Gianluca Pallavicini, Beltram Cristiani) und erbländischen Adligen (Ferdinand von Harrach, Karl von Firmian) versehen worden war, Erzherzögen überantwortet wurde. Das war ein deutliches Signal, das die Tendenz bestätigte, dass die Habsburger eher geneigt waren, Verluste im Westen hinzunehmen als in Oberitalien, wo sie seit 1708 ja auch noch über Mantua verfügten.

Eine eminente Ausstrahlung – und zwar auch über die Apenninenhalbinsel hinaus – gewannen die Stadt und der *Stato di Milano* durch den dort geführten aufgeklärten Diskurs[4], der sich um die (freilich nur kurzlebige) Zeitschrift „*Il Caffè*" und den Kreis ihrer Protagonisten zentrierte, unter ihnen auch der Marchese Cesare Beccaria, der seines „Bestsellers" über die Notwendigkeit einer Strafrechtsreform[5] wegen zu einer europäischen Berühmtheit werden sollte. Diesem Kreis gehörten prominente Verwaltungsbeamte wie etwa Pietro Verri an, die nicht nur das Unterrichtswesen auf einem hohen Stand hielten, sondern sich auch nachdrücklich um die gelehrten Gesellschaften und Akademien kümmerten, sich mit staatsökonomischen Fragen beschäftigten, Verbesserungen und Neuerungen in der Landwirtschaft diskutierten und die nicht nur bei den Gouverneuren, namentlich dem Jansenisten Firmian, sondern bis zu einem gewissen Grad auch in der Wiener Hofburg, mehr bei Maria Theresia als bei Joseph II., ein offenes Ohr fanden. Das große Fanal war sicher, dass es im europäischen Süden nur in Mailand gelang (1782), die Inquisition, die ohnehin in der spanischen Zeit nur mit Abstrichen hatte eingeführt werden können, völlig zu beseitigen. Aber von kaum geringerer Bedeutung für die Zukunft war die Errichtung der ersten Handelskammer südlich der Alpen (1786).

Die Revolution, die Mailand im Frühjahr 1796 (Schlacht bei Lodi, Mai 10) erreichte und im Oktober 1796 zu seiner Umwandlung zur Cispadanischen (später zur Cisalpinischen) Republik führte, veränderte vieles – allerdings nicht die Reformoffenheit und Politisierung seiner Eliten. Kurzfristig (1799/1800) noch einmal an die Hofburg zurückfallend, behielt Mailand auch in der napoleonischen Zeit seine besondere Affinität zu sozialen und administrativen Veränderungen. Auf dem Wiener Kongress wurde die alte dynastische Verbindung zur Wiener Hofburg wiederhergestellt.

3.12.3 Venedig

Die dritte Gestaltungsmacht in Oberitalien war über Jahrhunderte hinweg Venedig. Aber die *Serenissima* war, obwohl sie über ein bedeutendes Territorium auf der *terra ferma*, dem Festland, verfügte, das sich bis Bergamo, Brescia, Padua und fast bis Ferrara erstreckte und durchaus mit dem Herzogtum Mailand und dem Kirchenstaat vergleichbar war, immer weit mehr als eine Regionalmacht, sie war über lange Zeiträume hinweg eine europäische Potenz mit einem großen, im Adriabereich[6] und in der griechischen Inselwelt gelegenen Besitzstand. Der Struktur nach eine Adelsrepublik mit

---

4 Allgemein vgl. N. JONARD, L'Italie des lumières.
5 Cesare BECCARIA, Dei delitti e delle pene, Livorno 1764.
6 L. WOLFF, Venice and the Slavs.

einem gewählten Dogen an der Spitze, gewann der Lagunenstaat seine spezifische Signatur durch die überaus erfolgreiche Betätigung des Adels im Kommerz und durch das kaum in Zweifel gezogene Prestige der politischen Elite, die gegenüber den ihrer Gruppe nicht angehörenden Schichten der Bevölkerung solche Ausgleichsmechanismen zu schaffen verstand, dass es dort kaum einmal zu wirklichen innerstädtischen Verfassungs- und Sozialkonflikten gekommen ist. Aber diese Mechanismen „griffen" gewissermaßen auch nach oben: Staatsstreiche zur Entmachtung des Adels und zur Perpetuierung ihrer Herrschaft haben Dogen nach dem 14. Jahrhundert nicht mehr in Szene gesetzt, sie akzeptierten vielmehr die Kontrolle des Adels und der von ihm besetzten Gremien. Wie überall in Italien (und in Europa), kann man natürlich nicht von einer homogenen beziehungsweise homogen bleibenden Adelsschicht ausgehen; den reichen *nobili* standen immer und zunehmend verarmte Sippenzweige gegenüber, die von einer Einstufung als aristokratisches Proletariat nicht gar so weit entfernt waren (und die indirekt auch mehr oder weniger regelmäßig Neuaufnahmen von Familien in die politikberechtigte Schicht veranlassten). Aber diese inneren Spannungen drangen nicht so tief ins Bewusstsein der breiteren Öffentlichkeit, um Staatstheoretiker wie etwa James Harrington davon Abstand nehmen zu lassen, gewissermaßen an einem Mythos Venedig mitzustricken: am Modell eines stabilen, vom Abgleiten in die Tyrannis ebensowenig wie von der Herrschaft des Pöbels bedrohten Gemeinwesens. Es war vielleicht auch dieser Mythos – und nicht nur die Anziehungskraft des frivolen Karnevals –, der Venedig im 17. Jahrhundert zu der am meisten besuchten Stadt des Kontinents machte.

Freilich hatte die *Serenissima* am Beginn des hier zu betrachtenden Zeitraums die expansive Phase ihrer Politik längst hinter sich gelassen. Die Türken bedrohten bereits seit dem ausgehenden 15. Jahrhundert ihr adriatisch-ägäisches Imperium, die Erschließung des Seewegs nach Asien wirkte sich negativ auf Handelsvolumen und Gewinne sowie auf das städtische Gewerbe aus, so dass die Einschätzung, wonach venezianische Politik sich seit dem Ausgang des 16. Jahrhunderts im Bewahren des *Status quo* erschöpfte, nicht irrig sein dürfte. Dem entsprachen Verkrustungen innerhalb des Staates: Selbst die Eliten der Städte der *terra ferma* blieben von den politischen Entscheidungsgremien ausgeschlossen – was andererseits die Beibehaltung der überkommenen kommunalen Autonomiestrukturen bedeutete! –, die politikberechtigten Aristokraten machten beim Übergang in die Franzosenzeit noch allenfalls tausend Männer aus, die rund 800 Ämter unter sich verteilten. Es kam im 18. Jahrhundert zu keinen nachhaltigen Auffüllungen der Adelskaste mehr – das Goldene Buch, dem traditionell alle neuen Mitglieder des Adelspatriziats inseriert wurden, blieb für über ein halbes Jahrhundert, von 1718 bis 1775, gänzlich unbenutzt. Es blieb bei Phänomenen wie der Ämterrotation, dem Wahlstimmenverkauf und zahlreichen Kompetenzüberlappungen, so dass die aufgeklärten Kritiker zunehmend dazu übergingen, gerade die Markusrepublik als ein Paradebeispiel von Reformunfähigkeit und Inkarnation des Egoismus einer Adelskaste zu sehen und zu perhorreszieren.[7] Am gravierendsten in diesem Kontext war sicher, dass sich viele Adelsfamilien nun auch aus dem Handel

---

7 Zum venezianischen Adel des 17./18. Jahrhunderts liegen zwei neuere deutschsprachige Untersuchungen vor: V. HUNECKE, Der venezianische Adel; O. Th. DOMZALSKI, Politische Karrieren.

zurückzogen, der ohnehin mehr und mehr an Venedig vorbeizulaufen begann, nicht zuletzt seit dem nachhaltigen Ausbau von Triest zu einem internationalen Freihafen durch die Habsburger (1719). Das Volumen des venezianischen Handels brach zwar nicht ein, es verharrte in der 2. Hälfte des 18. Jahrhunderts sogar auf einem und demselben Niveau, aber das verdankte sich weit mehr dem oberitalienisch-regionalen als dem Überseehandel.

Die neuere Forschung dürfte recht haben, wenn sie den Rückzug des Adels aus dem Handel nicht nur als Symptom zunehmender Dekadenz interpretiert, sondern als eine gezielte Überlebensstrategie, die angesichts der Unsicherheiten und Schwankungen im Kommerz mehr und mehr den Landerwerb und damit sichere Grundrenten (und den Bau geradezu fürstlicher Landvillen im Veneto) favorisierte. Dieser zumindest partielle Paradigmenwechsel war wohl auch mitverantwortlich für eine recht lebhafte physiokratische Debatte, die sich zum Teil um das *„Giornale d'Italia"* zentrierte und insgesamt den Agrarwissenschaften – bis hin zu den ersten einschlägigen Lehrstühlen an der Universität Padua – einen erheblichen Auftrieb gab.[8] Die Reorganisationen im Handel – 1763 wurde eine Handelskammer gegründet, 1794 wurden alle Binnenzölle aufgehoben – standen deswegen auch in einer Funktion zur Landwirtschaft, sie dienten der Stabilisierung der Agrarpreise und der Ankurbelung der landwirtschaftlichen Produktion.

Aber diese „partiellen Reparaturen" (Caizzi) vermögen den Gesamteindruck nicht zu verwischen, dass der große Atem einer konsequenten Reformpolitik fehlte. Und der weitgehenden Verkrustung im Inneren, die sich auch in einer ganz gegen den Trend laufenden Bevölkerungsstagnation der Lagunenstadt selbst (1702: 138 000, 1797: 137 000) niederschlug, entsprach Passivität nach außen. Bei den westfälischen Friedensverhandlungen durch Contarinis Vermittlerdienste noch einmal im Blickpunkt der breiten Öffentlichkeit, sank der Stern der *Serenissima* seitdem geradezu unaufhaltsam: weitere Verluste gegen die Osmanen konnten nicht vermieden werden (und selbst wenn noch einmal ein Erfolg gelang wie 1687 die Eroberung Athens, bekam man eine schlechte Presse, weil dabei der Parthenon in Schutt und Asche sank), bei prestigeträchtigen völkerrechtlichen Aufgaben griff man nicht mehr auf Venedig zurück, einen letzten Türkenkrieg konnte man an der Seite der Wiener Hofburg 1714/16 nicht mehr erfolgreich gestalteten, jedenfalls nicht mehr den Peloponnes wiedergewinnen, auf dem man sich einer strammen Katholisierungs- und einer bedenklichen Personalpolitik wegen, die die Amtsinhaber geradezu anhielt, die Bevölkerung auszusaugen, denkbar unbeliebt gemacht hatte. Von den sonstigen größeren Konflikten des 18. Jahrhunderts hielt man sich fern, und bezeichnenderweise versuchte die Lagunenrepublik, die am Ende des 18. Jahrhunderts (Stadt, *Dogado, Terraferma*) 2,36 Millionen Einwohner zählte, auch die Wirren der Revolutionskriege zunächst im Zustand der Neutralität zu überstehen, bis sie dann doch zum bloßen Kompensationsobjekt herabsank und im Frieden von Campo Formio (1797) als Ersatz für das zur Cisalpinischen Republik umgewandelte Herzogtum Mailand teilweise dem Habsburgerstaat zugeschlagen wurde.[9]

---

8 Vgl. A. Nützenadel, Aufklärung und Physiokratie.
9 Zu den Rückwirkungen des Friedens von Campo Formio auf die italienischen Territorialverhältnisse: G. Bergamini (Hg.), Napoleone e Campoformio.

Dieser Prozess außenpolitischer und staatsstruktureller Sklerose kontrastierte mit einer ungebrochenen Vitalität auf vielen Gebieten der Kunst und der Kultur, für die Namen wie Tiepolo, die beiden Canaletto, Vivaldi und Goldoni stehen und die, wie erwähnt, Venedig für Reisende, die einmal in ihrem Leben lockere Sitten und eine vielleicht etwas fragwürdige Moral erleben wollten, zu einem der Hauptmagneten machte – gerade vielleicht deswegen, weil Venezianer ihre eigene Gesellschaft bereits Mitte des Jahrhunderts für dechristianisiert hielten und es für sie deswegen auch keine Überraschung mehr war, dass 1767/68 von den 440 auf venezianischem Staatsgebiet befindlichen Klöstern 127 aufgelassen wurden. Dass politische Bedeutung und kulturelle Ausstrahlung nicht immer deckungsgleich sein müssen, dafür gibt es im Italien des 18. Jahrhunderts allerdings auch noch andere Beispiele.

3.12.4 Toskana

Eines davon ist Florenz, die Metropole des nördlichen Mittelitalien, aus deren Herrschaftsgebiet dann später das Herzogtum und (1569) Großherzogtum Toskana werden sollte: lange Zeit „Gralshüterin republikanischer Freiheitswerte"[10], hatte es im 16. Jahrhundert endgültig seinen republikanischen Charakter verloren und war zum Zentrum des Medici-Fürstentums geworden. Nach dem Aussterben dieser bedeutenden Adelsfamilie 1737 ging Florenz – ein Beispiel dafür, wie stark Italien im 18. Jahrhundert zur Verfügungsmasse der Großmächte zu werden begann – in habsburgische Hände über, in denen es bis in die Revolutionszeit hinein verblieb, mit Unterbrechungen sogar bis 1860.

Florenz: auch das war eine Stadt, die im 17. Jahrhundert die Herzen vieler Reisender aus Regionen nördlich der Alpen höher schlagen ließ: das Zentrum des italienischen Humanismus, der hier vielleicht gerade wegen der lange existenten verfassungsrechtlichen Mischform von Republik und *Signoria* besonders gute strukturelle Voraussetzungen fand, zumal die großen Bankiers und Großhandelsgeschlechter sich seit jeher auch mäzenatisch betätigten. Aber das war nicht nur zweckfreie Kunst- und Kulturförderung, um aus der Arno-Stadt endgültig ein neues Athen zu machen, das Mäzenatentum hatte immer viel mit Politik zu tun: mit der Stilisierung von Florenz zu einer, nein, zu *der* Republik in einem Umfeld finsterer Tyrannis und mit der exzessiven Nutzung von Bauten, Plastiken und Bildern durch die Medici, die die Übernahme der Herrschaft und ihr neues Mixtum-Kompositum-Herrschaftsmodell visualisierend abstützte. Die lange Übergangsphase von der informellen zur formellen Medici-Herrschaft ist die eigentliche Stunde der florentinischen Kulturexplosion, die seitdem für Reisende Florenz zu einem Muss machte.

Aber Florenz stand nicht nur für politische Kunst, stand nicht nur für eine gleichbleibend gute Wirtschaft auf einem hohen Niveau, für die unter anderem die vielen seit dem späten 16. Jahrhundert aufgenommenen Juden und Moriskos verantwortlich waren und die ihr in seiner Bedeutung stetig zunehmender Freihafen Livorno widerspiegelt. Florenz stand auch – vor allem vor dem Hintergrund der verschiedenen Vertreibungen und Comebacks der Medici – für ein bis dahin in seiner Nüchternheit un-

---

10 V. Reinhardt, Geschichte Italiens, 17.

bekanntes politisches Denken, das sich vor allem an Person und Werk Niccolò Machiavellis festmachen lässt, stand zudem für ein neues Geschichtsdenken, das sich von der Vorstellung der *Historia vitae magistra* löste und Geschichte als „Aufbruch ins Unbekannte" verstand.[11] Dafür, dass auch die Naturwissenschaften einen guten Nährboden fanden, sorgte die 1657 begründete *Accademia del Cimento*, die als eine Art Vorstufe der Londoner und der Pariser Akademien angesehen werden kann.

In den letzten Jahrzehnten der Medici-Herrschaft – die Dynastie starb 1737 aus – ist das um diese Zeit etwas mehr als eine Million Einwohner zählende Großherzogtum Toskana weit weniger im Fokus der Großmächte gewesen als Mailand, hat aber natürlich auch weit weniger spektakuläre Erfolge zu erzielen vermocht als Savoyen. Der von vielen Untertanen angesichts des deutlichen wirtschaftlichen Abschwungs im frühen 18. Jahrhundert gar nicht ungern gesehene Übergang an Franz Stephan von Lothringen und die habsburgische Herrschaft, die einherging mit einem bemerkenswerten „Kulturtransfer" und der Integration mehrerer hundert lothringischer Beamter und Wissenschaftler, Künstler und Architekten, die von einem der relativ früh der Aufklärung geöffneten Höfe (Lunéville) im Gefolge ihres Herzogs übersiedelten, bereiteten dann zögernd den Weg für eine dezente Modernisierung. Dazu bedurfte es nicht unbedingt des Großherzogs persönlich, er besuchte Florenz nur ein einziges Mal! Modernisierung wurde hier zunächst verstanden als Zurückdrängung kirchlicher Zuständigkeiten zugunsten weltlicher Instanzen; 1743 beispielsweise wurde die Zensur aus der kirchlichen in die staatliche Regie überführt. Im wirtschaftlichen Bereich, der den Lothringer ja generell in besonderer Weise interessierte, sind weitere gute Ansätze unübersehbar, etwa die von dem Finanzminister Gianni konsequent betriebene Abtragung der Staatsschuld. Aber auch sonst tat ein Durchforsten der überkommenen Strukturen in Florenz mehr als anderswo not. Für ein auf Egalität zielendes modernes Denken war es kaum noch nachzuvollziehen, dass praktisch jede Bevölkerungskategorie ihren eigenen Rechtsstand hatte – was zu nicht weniger als 44 Gerichten führte! Über einen in der Toskana und namentlich bei der dortigen – zahlenmäßig geringen – Beamtenschaft ausgesprochen starken Widerhall findenden Spätjansenismus, der vor allem in der geradezu aufregenden, sogar die Lehrautorität der Kurie in Frage stellenden Synode von Pistoia fassbar wird, gingen die Reformansätze in das säkulare Verfassungsexperiment über, das mit dem Namen von Peter Leopold, dem jüngeren Bruder Kaiser Josephs II., verbunden ist (1781) und das eine Reaktion auf die „despotische", also unüberlegte und überhastete josephinische Politik darstellte. Peter Leopolds Ansatz, der allerdings Wiener Interventionen wegen nie geltendes Recht wurde, gründete auf der Einbeziehung der Eliten im Sinn der Vertreter der verschiedenen wirtschaftlichen „Klassen" in den Veränderungsprozess und auf der Aktivierung der öffentlichen Meinung und zielte auf nicht mehr und nicht weniger als auf eine Gewaltenteilung, die seinem eigenen Gewaltmonopol konstitutionelle Grenzen setzte.

Aber auch wenn das Verfassungsexperiment nicht politisch relevant wurde, kann man die Regierung Peter Leopolds in ihrer Bedeutung für den Modernisierungsprozess wohl kaum überschätzen; nur beispielshalber sollen hier die Gemeindereform, die auf ein deutliches Mehr an Autonomie zielte und auch Handwerker und Pächter in die

---

11 Ebd., 62.

Gremien einbezog, und die Agrarreform, die aus der Zusammenarbeit mit den Fachleuten der *Academia dei Georgofili* erwuchs, genannt sein. Man geht wohl nicht fehl in der Einschätzung, dass die Toskana nun erneut zu dem Zentrum des geistigen und politischen Diskurses in Italien wurde; bezeichnenderweise etablierten sich in den 1780er Jahren gleich zwei bedeutende aufgeklärte Zeitschriften mit Subskribentenzahlen von annähernd oder deutlich mehr als 2 000, die weit jenseits des europäischen Standards lagen.

Auch wenn, bedingt durch Peter Leopolds Wahl zum Römischen Kaiser (1790) und durch die Revolution, vieles unausgeführt blieb, war das umgesetzte Reformpaket des Kaiserbruders beeindruckend genug: Abbau der Zollschranken, Übergang der Steuerhoheit an den Staat zu Lasten der bisherigen Pächter, Veräußerung von Staatsland zur Förderung bäuerlicher Mittelschichten, Justizreform und Abschaffung der Todesstrafe. Der Sohn und Nachfolger Peter Leopolds, Ferdinand III., konnte situationsbedingt an diese Reformpolitik nicht mehr anknüpfen. Er musste verschiedene Besetzungen der Stadt Florenz und des Großherzogtums durch Revolutionstruppen erleben und 1801 auf sein – jetzt zum Königreich Etrurien erhobenes – Land verzichten und auf Entschädigungen in Deutschland hoffen.

3.12.5 Der Kirchenstaat

Zu einer solchen Reformanstrengung fand der unmittelbare Nachbar des Großherzogtums, der Kirchenstaat[12], keine Kraft mehr. Aber verwundern darf das nicht, denn unter den Gemeinwesen Alteuropas eignete dem Kirchenstaat wohl besonders wenig Ehrgeiz, Anschluss an eine sich wandelnde Zeit zu finden. Das sich quer über die mittlere Halbinsel legende, für italienische Verhältnisse beachtlich dimensionierte Territorium hatte zwar nach der Rückkehr der Päpste aus Avignon noch einige Arrondierungen erfahren und auch in seinem inneren Gefüge diese und jene Entwicklung erlebt. Aber mit den Prozessen im 16. Jahrhundert war das Modernisierungspotential des Kirchenstaats dann auch schon weitgehend erschöpft. Allerdings war es in dieser Phase gelungen, die potentiellen innerstaatlichen Konkurrenten des gewählten Staatsoberhaupts – also die Kardinäle, die alten Clans, die *Signori* und Republiken auf dem Boden des weitläufigen Kirchenstaats – zu entmachten und zu domestizieren, so dass, wenn man auf den Begriff zurückgreifen will, im Kirchenstaat wohl ein ganz frühes Beispiel von fürstlichem „Absolutismus" zu sehen ist.

Die Entmachtung der lokalen Eliten gelang den Päpsten seit dem Ausgang des 15. Jahrhunderts vor allem dadurch, dass sie die Ausstattung der eigenen Verwandtschaft nicht nur im bisherigen Umfang weiter betrieben, sondern schlagartig ausdehnten. Das betraf vor allem das Kardinalskolleg: Sixtus IV. erhob statt wie bisher üblich einen Kardinalnepoten gleich sechs engste Verwandte zum Kardinalat. Das betraf zum anderen aber auch die Schaffung eigener Staaten für die eigene Verwandtschaft. Das spektakulärste Beispiel waren in der ersten Hälfte des 16. Jahrhunderts die Farnese, die sich von ihrem Familienmitglied Paul III. die (vom Kaiser – dies freilich nicht un-

---

12 Grundlegend zur Geschichte des Kirchenstaates: P. Prodi, Papal Prince, und H. Gross, Rome.

umstritten – lehensabhängigen) Herzogtümer Parma und Piacenza übertragen ließen und gegen zum Teil heftigen Widerstand auch bis zu ihrem Aussterben 1731 zu behaupten vermochten. Im Übrigen ist das ein erneutes Paradebeispiel dafür, wie im 18. Jahrhundert durch das Aussterben von Dynastien frei gewordene Staaten zu einer Verfügungsmasse der europäischen Mächte wurden: Parma und Piacenza kamen zunächst für kurze Zeit als Sekundogenitur in spanische Hand, um dann 1735/38 an Wien überzugehen und 1748 im Aachener Frieden erneut für die Versorgung eines nachgeborenen spanisch-bourbonischen Prinzen herangezogen zu werden.

Der hemmungslose Nepotismus der Päpste im 16. Jahrhundert bis hin zur Schaffung neuer Fürstendynastien der im Übrigen durchaus die unteren Ränge der kurialen Verwaltung einschloss, war aber nur die eine Sache; die andere war, dass die Päpste in einem bisher nicht gekannten Maß sich in die „große Politik" einschalteten und auch militärisch gegen die Großmächte der damaligen Zeit, Frankreich und die *Casa d'Austria*, vorgingen. Zu alledem erwuchsen aus den durch das Trienter Konzil geschärften Normenkontroll- und Überwachungsansprüchen der Kirche neue Konflikte mit den Nationalstaaten, die ihre jeweilige Kirche schon längst „nationalisiert" hatten.

Über der „europäischen" Politik der Päpste darf ihre „innere" Politik nicht vergessen werden, die zum einen auf Verwaltungsintensivierung zielte, zum anderen auf Arrondierung des Kirchenstaats durch heimgefallene Lehen. In dieser Hinsicht legten fast alle Päpste beachtliche Zähigkeit an den Tag. 1597/98 gelang der Heimfall von Ferrara an die Kirche, 1631 konnte nach dem dynastischen Ende der della Rovere Urbino und 1649 Castro dem Kirchenstaat eingegliedert werden, der damit die größte Ausdehnung seiner Geschichte überhaupt erreichte und unter Einschluss der Exklaven Avignon und Venaissin sich mit seiner Gesamteinwohnerzahl auf die zwei Millionen zu bewegte. Die Auseinandersetzungen mit den Habsburgern um heimgefallene Lehen sollten in den Jahren um 1700 und bis weit in die erste Hälfte des 18. Jahrhunderts hinein zu einem Leitmotiv der italienischen, ja der europäischen Politik werden Ein förmlicher Krieg zwischen den beiden Spitzen der *christianitas* war auch für eine sich emanzipierende Welt des frühen 18. Jahrhunderts etwas Besonderes.

Es entsprach dem politischen Anspruch der Päpste insgesamt und der mit dynastischem Ehrgeiz ausgestatteten im Besonderen, dass sie der Visualisierung von Politik hohe Priorität einräumten. Gerade das 17. Jahrhundert wurde zu einer Art Exerzierfeld der „politischen" Kunst, ob man nun an den unmittelbar nach dem Westfälischen Frieden errichteten Pamphili-Obelisken auf der Piazza Navona[13] denkt, ob an die Kunstsammlungen in den Palazzi Barberini und Braschi oder der Villa Borghese. Rom wurde im 17. Jahrhundert nicht nur zum künstlerischen, sondern auch zum mäzenatischen Zentrum Europas. Der kuriale Nepotismus hatte viele Schattenseiten – in dieser Hinsicht ist seine positive Wirkung nicht zu übersehen.

Durch ihren Protest gegen den Westfälischen Frieden, mit dem sie ihre Nichtbereitschaft zum Ausdruck gebracht hatte, der politisch-konfessionellen Entwicklung Alteuropas Rechnung zu tragen, hatte sich die Kurie für eine Zeitlang selbst aus der „großen" Politik ausgeschaltet. Aber es war nur eine Frage der Zeit, bis sie versuchen würde, in der internationalen Politik wieder eine tragende Rolle zu spielen. Das Pro-

---

13 Vgl. E. Fehrenbach, in: H. Duchhardt (Hg.), Der Westfälische Friede.

blem war, dass die großen Konflikte der zweiten Hälfte des 17. Jahrhunderts durchweg multilateralen Charakter hatten und immer auch protestantische Staaten einschlossen, die einer etwaigen Übernahme völkerrechtlicher Aufgaben durch die Kurie mit den allergrößten Reserven gegenüberstanden. So trat zwar bei dem Nijmegener Friedensverhandlungen ein Nuntius – Bevilacqua – in Aktion, um als Mediator bei der Friedensherstellung zu helfen, aber er gelangte nie über eine bescheidene Nebenrolle hinaus.[14] Ähnliches lässt sich von Rijswijk sagen. Die einschlägigen Bemühungen der Kurie ließen zwar – bis in den Siebenjährigen Krieg hinein – nie nach, aber an den großen politischen Entscheidungsprozessen des 18. Jahrhunderts war die Kurie nicht mehr federführend beteiligt. Im Gegenteil wurde sie durch die kaiserliche Politik des Reklamierens vermeintlicher oder vermuteter Reichslehen im Kirchenstaat am Anfang des 18. Jahrhunderts sogar als Regionalmacht arg in die Defensive gedrängt, als sie – bourbonenfreundlich, wie Klemens XI. sie geprägt hatte – in einem offenen Krieg gegen den Kaiser (1708/09) in geradezu ernüchternder Weise den Kürzeren zog.[15]

Dieser eher unfreiwillige Rückzug aus der „großen" Politik, der auch durch die großzügige Vergabe spezifisch päpstlicher Ehrenzeichen und Auszeichnungen (goldene Rose, geweihter Degen) an katholische Prominente nicht mehr ausgeglichen werden konnte, korrespondierte nicht unbedingt mit einer Hinwendung zur Innenpolitik im Sinn des Aufbrechens überkommener Strukturen. Gewiss, die Begrenzung des Nepotismus (1692) war ein wichtiger Schritt nach vorne, weil sie eine in den Augen der europäischen Öffentlichkeit besonders anstößige Erscheinung aus den ganz fetten Schlagzeilen herausnahm, aber in der Wirtschaftspolitik beispielsweise kam es zu keinen neuen modernisierenden Impulsen; hier verharrte der Kirchenstaat vielmehr in „einer alteuropäisch-paternalistischen Wirtschaftsethik, die herrscherliche Fürsorge vor wirtschaftliche Dynamik stellte"[16] und die unter den Besuchern der Tiberstadt dann auch auf viel Kritik stieß, fassbar etwa in Montesquieus „Lettres persanes". Den Typus des wachen, Innovationen und aufgeklärten Tendenzen gegenüber aufgeschlossenen Untertanen brachte das alles nicht hervor, eher jene apolitische Mentalität, die man mit den Begriffen *campanilismo* und *menefreghismo*, also Kirchturmdenken und Interesselosigkeit, zu umschreiben suchte.[17] Selbst die Erstellung eines neuen Katasters, der unter anderem die Getreideproduktion stimulieren sollte und als Vorstufe einer in hohem Maß überfälligen Heeresreform gedacht war, scheiterte während des Pontifikats Pius' VI. (1775–1799), so dass es nahelag, gegenüber den heranziehenden Revolutionstruppen sich zunächst einmal in die Neutralität zu flüchten. Aber natürlich wurde diese Neutralität nicht lange respektiert; 1796 wurde der Kirchenstaat, in den Augen der Revolutionäre ein Muster an Rückständigkeit (und seines ausgeprägten und nie unter Kontrolle zu bringenden Bandenunwesens wegen auch an Unberechenbarkeit), von Napoleons Truppen überrannt, und nachdem es zu allem Überfluss in Rom auch noch zu einem Übergriff auf einen französischen General gekommen war, wurde im Februar 1798 dort die Römische Republik ausgerufen und der Papst als Gefangener nach Frankreich verbracht (und die na-

---

14 H. Duchhardt, Studien, 62 ff.
15 Vgl. K. O. v. Aretin, Das Reich, dort weitere Nachweise.
16 V. Reinhardt, Geschichte Italiens, 79.
17 Allgemein vgl. V. Elm, Moderne und Kirchenstaat.

poleonische Kunstraubpolitik zu einer ersten Blüte geführt). Freilich erwies sich auch diese Schwesterrepublik keineswegs als Garant der Stabilität in Mittelitalien, wo im Gegenteil fortan auf Jahre hinaus nichts von Bestand war. Auf dem Wiener Kongress wurde der Kirchenstaat in seinen Grenzen von 1796 wiederhergestellt.

3.12.6 Neapel-Sizilien

War der Kirchenstaat durch den häufigen Wechsel der Quasi-Monarchen und deren quasi-dynastische Interessen geprägt, so lag die unruhige Phase des Königreichs Neapel-Sizilien mit den häufigen Dynastiewechseln schon länger zurück. Der mehrfache Herrschaftswechsel im ausgehenden Mittelalter hatte freilich eine entscheidende Konsequenz, die auch im 17. Jahrhundert noch virulent war: eine starke Stellung des Adels, der sich mit dem ehemaligen reich begüterten städtischen Patriziat weitestgehend verschmolzen hatte und der dafür sorgte, dass die sozialen Hierarchien dem „Staat" in vielen Bereichen überlegen blieben. Die spanischen Vizekönige, die das Königreich seit seinem Übergang an die Krone Spanien 1503/04 verwalteten, waren in aller Regel klug genug, diese Dominanz des Adels nicht anzutasten und dem Parlament in Palermo seine Rolle als Festung adligen Eigeninteresses und als Bollwerk gegen ein Zuviel an Reformpotential zu belassen. Auf der anderen Seite hatte das einen förmlichen „Reformstau" zur Folge, der sich insbesondere in der von einer Missernte und einer von den Großgrundbesitzern initiierten Steuerreform ausgelösten großen Krise von 1647/48 entlud, in deren Verlauf es sogar trotz aller anfänglichen Bekenntnisse zur Krone Spaniens zur Ausrufung der Republik kam. Dieser (besonders gut erforschte) Aufstand war kein Unikum; ihm könnte zum Beispiel eine Revolte im Jahr 1674 an die Seite gestellt werden, in deren Verlauf die Führer sogar die Protektion Ludwigs XIV. suchten. Das süditalienische „Nebenland" war für die Krone alles andere als ein bequemer Partner.

Mit dem Übergang der Königreiche Neapel und Sizilien an die österreichische Linie[18] der *Casa d'Austria* 1714 beziehungsweise 1720 und dem abermaligen Herrschaftswechsel 1735/37, als die spanischen Bourbonen hier eine Sekundogenitur installierten, begann für den Süden der Apennin-Halbinsel insgesamt eine neue Ära, weil dank reformbewusster Herrscher – vor allem Don Carlos (Karl VII.) ist hier zu nennen, der nachmalige spanische König Karl III. – die Reformkräfte einen erheblichen Auftrieb erlebten. Man geht wohl nicht fehl in der Bewertung, dass Neapel, ohnehin von seiner Bevölkerungszahl her (gegen Ende des 18. Jahrhunderts 400 000 Einwohner) die Kapitale Italiens, eine Art heimliche Hauptstadt des europäischen Reformismus wurde, wo mit großer Konsequenz die radikale Trennung von Kirche und Staat gefordert und mit eben solcher Rigidität Religionskritik geübt wurde (Pietro Giannone, *Istoria civile del regno di Napoli*, 1723) und wo sich zugleich ein neues Geschichtsverständnis ausbildete, das fern aller Gegenwartsverherrlichung vergangene Zeiten aus ihren eigenen Strukturbedingungen heraus zu verstehen suchte (Giovanni Battista Vico). Auch im ökonomischen Denken kamen gerade aus dem Süden Italiens viele neue Anregungen, die sich überwiegend an westeuropäischen Vorbildern orientierten (Antonio Genovesi, Ferdinando Galiani) und die sich unter Karl VII. in vielen Maßnahmen, etwa

---

18 F. Pesendorfer, Österreich – Großmacht im Mittelmeer?

der Einrichtung eines Gerichtshofs für Handelsfragen, der Einbeziehung der Juden in das Wirtschaftsleben und der Anwerbung ausländischer Spezialisten, niederschlugen. Aber der nach Karls III. Weggang nach Spanien (1759) von einem maßgeblich von dem Radikalaufklärer Bernardo Tanucci geprägten Regentschaftsrat fortgeführte Reformdiskurs war nur die eine Seite der Medaille. Die andere war das Beharrungsvermögen und die Resistenz des Adels gegenüber allen Einschränkungen seiner ökonomisch-sozialen Stellung. Gewiss, der Adel mochte zustimmen, wenn der Kirche und der Geistlichkeit bestimmte Privilegien – etwa die Steuerfreiheit oder der eigene Gerichtsstand – genommen wurden, aber wenn Reformen zu Lasten seiner eigenen Position zu gehen drohten, blockte er konsequent ab. So war es vielleicht kein Zufall, dass die letzte radikale Judenvertreibung in alten Europa just in Neapel (1746) stattfand. Zu einer wirklichen „Reform von oben" kam es auch in der spanischen Zeit nicht; das Königreich beider Sizilien, dessen Einwohnerzahl man für den Ausgang des 18. Jahrhunderts auf etwa 6,4 Millionen Menschen veranschlagen muss, blieb bis zu seinem Untergang eine Art Inkarnation des Adelsfeudalismus: eine extrem ausgebeutete, ökologisch zerstörte und auch infrastrukturell weit hinter der italienischen Mitte und dem Norden zurückgebliebene Geschichtslandschaft.

Das blieb um so eher so, als das Herrscherpaar – Ferdinand IV. und Maria Carolina, eine Habsburgerin – nach Tanuccis Ablösung (1776) über einige hoffnungsvolle Reformansätze nicht mehr hinauskam und sich bald nach Ausbruch der Revolution in Frankreich der Koalition anschloss und die bisherige Reform- durch eine rigide Repressionspolitik ersetzte. Neapel und das süditalienische Königreich – seit 1799 „Parthenopäische Republik" – hatten in der Folgezeit besonders viele politische Kehrtwendungen, besonders viele blutige Ereignisse und besonders viel kurzlebige Herrschergestalten zu überstehen, bevor das Königreich auf dem Wiener Kongress dann an die angestammte (Bourbonen-)Dynastie zurückfiel.

3.12.7 „Italien" und die Revolution

Wie eingangs erwähnt, blieb die italienische Staatenwelt, zum größten Teil direkter oder indirekter Annex anderer Reiche und „Nebenland" landfremder Potentaten, während des Ancien Régime von jeder „nationalen" Organisation weit entfernt, so sehr das auch von der Geschichtsschreibung (Ludovico Antonio Muratori, *Annali d'Italia*, 1744–1749) direkt oder indirekt inzwischen beklagt wurde. Aber das Urerlebnis der Französischen Revolution, die nach 1795, also nach ihrer blutigen Phase, über die geographischen Grenzen der Apenninhalbinsel getragen wurde, verstärkte seit den 1790er Jahren ganz entschieden und entscheidend die Hoffnungen und Perspektiven einer zukünftigen Vereinigung „Italiens", die ohnehin durch das Sich-Bewusstwerden der antik-römischen Kulturtradition und die unter anderem von dem deutschen Archäologen Johann Winckelmann angefachte Begeisterung für die antiken Kunstschätze schon eine Art Ferment gefunden hatte. Wie in Deutschland, schossen auch in Italien Klubs aus dem Boden, die dort allerdings von Anfang an einen stärker patriotischen Charakter hatten als westlich des Rheins und sich namentlich früh des Zusammenhangs von Sprache und Nationalität bewusst wurden. Allem Anschein nach waren es auch Jakobiner, die 1797/98 erstmals „Italien" als einen konkreten politischen Begriff verwendet haben. Entscheidend war freilich, dass Napoleon diesen Unifikationstendenzen reserviert gegenüberstand[19] und Italien als eine Landmasse ansah, die in die Verhandlungen mit anderen Mächten eingebracht wurde – das Muster der Mächtepolitik des 18. Jahrhunderts, wenn man so will. So edel und patriotisch die Ausrufungen von Republiken – ob in Mailand, Genua, Rom oder Neapel – gemeint waren: sie wurden von den nachrückenden französischen Truppen eher als ein Besatzungsgebiet denn als Bestandteil und Nukleus eines italienischen Gesamtstaates angesehen. So viele gesellschaftliche Fortschritte auch hier die Franzosenzeit brachte, etwa die Einführung der Zivilehe oder die Abschaffung etlicher Feudalrechte: in Bezug auf die Schaffung des italienischen Nationalstaats blieb dieser kurze Zeitabschnitt eine Phase unerfüllter Träume.

3.13 Eidgenossenschaft

Auch für die Eidgenossenschaft, den Verbund der Schweizer „Orte", sind die für dieses Buch vorgegebenen zeitlichen Einschnitte von Belang und damit sinnvoll, wobei die Mitte des 17. Jahrhunderts allerdings eine weniger deutliche Markierung darstellte.

3.13.1 Die staatsrechtliche Signatur

Die Schweizer „Orte" fielen in mehrfacher Hinsicht aus den europäischen Standards der Zeit heraus. Am augenfälligsten war sicher ihre staatsrechtliche Einzigartigkeit, die nicht nur darin gründete, dass sie generell als ein bündisches Gemeinwesen in einem überwiegend monarchischen Europa deutlich von der Norm abwichen, sondern auch darin, dass die altständisch-demokratischen Momente ein relativ großes Gewicht behalten hatten. Den angemessensten Einstieg in die Schweizer Geschichte stellt deswegen die Verfassungsgeschichte dar.

Die Eidgenossenschaft hatte sich seit der Mitte des 14. Jahrhunderts zunächst als eine lockere Verbindung von teils städtischen, teils ländlichen Selbstverwaltungskörpern zu einem Staatenbund innerhalb des Organismus des Heiligen Römischen Reiches entwickelt. Von dem „normalen" Territorialisierungsprozess innerhalb des Reiches hob sich der Vorgang in den Westalpen vor allem dadurch ab, dass sich nur hier genossenschaftlich organisierte bäuerliche Gemeinwesen hielten und dass der Adel infolge von Abwanderung und Aussterben völlig verschwand und durch eine neu aufsteigende Oberschicht bäuerlich-bürgerlicher Provenienz ersetzt wurde. Ohne dass man diesen Prozess ganz präzise mit Daten fassen könnte, hatte seit dem 16. Jahrhundert dann ein Desintegrationsvorgang eingesetzt, der, vor allem wegen eines immer spürbarer werdenden Mangels an Gemeinsamkeiten, zu einem Auseinanderleben führte, zu einer stillen, aber unumkehrbaren Lockerung der „Orte" vom Reich. In manchen staatsrechtlichen Werken des späteren 16. Jahrhunderts, etwa in der *Respublica Helvetiorum* Josias Simlers, ist dieser Verselbständigungsprozess schon the-

---

19 G. BERGAMINI (Hg.), Napoleone e Campoformio.

matisiert worden, ehe er dann im Westfälischen Frieden in völkerrechtlich eindeutiger Form abgeschlossen wurde – ohne dass die jahrhundertealte Bindung an das Reich damit von einem Moment zum anderen aus dem kollektiven Bewusstsein der Eidgenossen verschwunden wäre. Ganz gelegentlich wurde sogar noch einmal die Perspektive einer Rückkehr in den Reichsorganismus entwickelt und artikuliert.

Prozesse des Herauswachsens von Gemeinwesen aus einem Staatsverband hat es in der Frühen Neuzeit häufiger gegeben, wenn man etwa nur an die Niederlande oder an die Auflösung der Kalmarer Union denkt. In keinem Fall verlief dieser Vorgang so undramatisch wie hier, so wenig spektakulär. Es mag sein, dass für diesen sich völlig unaufgeregt vollziehenden Vorgang das Gefühl mitentscheidend war, dass sich hier in der Tat ein Verbund mit ganz eigenen Mentalitäten und ganz differenten Rechtsvorstellungen und Institutionen herausgebildet hatte, der mit den Normen des Reiches schlicht nicht mehr kompatibel war. Es war nicht minder bemerkenswert im deutschen und im europäischen Vergleich, dass dieses Gebilde in Bezug auf seine eigenen Außengrenzen, also seine Mitglieder, lange im Fluss blieb und in der gesamten hier zu betrachtenden Zeit noch nicht einmal einen Versuch unternahm, die extremen Unterschiede in rechtlicher Hinsicht zwischen den Herrschaftsgebieten abzubauen und zu nivellieren.

Die dreizehn „Orte" der Eidgenossenschaft und die so genannten „Zugewandten" (Sankt Gallen, Biel, Mülhausen, Rottweil, später Genf) unterteilten sich in Städte und bäuerliche Großgemeinden (Uri, Schwyz, Unterwalden, Glarus, Appenzell), die sich unter Nutzung ihrer Reichsunmittelbarkeit nicht nur territorialisierten, sondern bis zum Beginn des 15. Jahrhunderts durch ein Geflecht von Bündnisverträgen auch locker zusammenfügten. Das politische Gewicht der einzelnen „Orte" war höchst unterschiedlich; die so genannten neuen Orte (Freiburg, Solothurn, Basel, Schaffhausen, Appenzell) beispielsweise waren nicht befugt, ohne Zustimmung der Mehrheit der anderen Orte sonstige Bündnisse abzuschließen und mussten sich bei Konflikten der Vermittlung der anderen Orte unterwerfen. Verkompliziert in jeder Hinsicht wurde dieser an sich schon stark differenzierte Organismus von souveränen beziehungsweise selbständigen „Orten" durch die entweder gemeinsam von allen „Orten" oder aber nur von zwei oder drei „Orten" verwalteten, somit Kondominaten ähnlichen „Untertanengebiete" und die so genannten Schirmherrschaften. Symbol dieses lockeren Bundes war die Tagsatzung als ein gewissermaßen überregionales ständisches Gremium, das im Laufe der Zeit immer mehr Geschäfte an sich zog und mit seiner Tendenz zu Mehrheitsbeschlüssen eine Einschränkung der Selbständigkeit der Bundesglieder zugunsten des Gesamtbundes Vorschub leistete. Das so genannte Stanser Verkommnis (1481) hatte diesen Prozess allenfalls mildern, aber nicht völlig umkehren können. Man muss auch im Auge behalten, dass die für die Eidgenossenschaft charakteristischen Verträge mit Drittstaaten über Söldnerwerbungen nie in die Kompetenz der Tagsatzung übergingen, sondern immer Sache der einzelnen „Orte" blieben, deren politischer Wille sich im Großen oder Kleinen Rat der Städte oder der so genannten Landsgemeinde der bäuerlichen „Orte" manifestierte, also einem Gremium, dem alle männlichen Landleute über 14 beziehungsweise 16 Jahre angehörten.

Die Tagsatzung ist gelegentlich mit den Generalstaaten der Niederlande verglichen worden, und in der Tat ist das nicht völlig abwegig: ein Gremium von (je zwei) Delegierten der einzelnen Orte, das auf einer alljährlichen „ordentlichen" Sitzung über die großen Fragen von „nationalem" Belang befand und in dem in der Regel das Prinzip der Einstimmigkeit galt. Freilich litt es extrem unter der konfessionellen Spaltung des Bundes, weshalb sich relativ früh konfessionelle Untergliederungen bildeten und auch getrennt berieten, ganz ähnlich wie am deutschen Reichstag die *Corpora Evangelicorum* und *Catholicorum*. Nach dem Ende des Zeitalters des Konfessionalismus trat die Tagsatzung regelmäßig in Frauenfeld zusammen, nachdem bis 1713 Baden Tagungsort gewesen war.

Die Eidgenossenschaft im internationalen Vertragsnetzwerk

Mit der lautlosen und unspektakulären Emanzipation der Eidgenossenschaft vom Reich seit dem frühen 16. Jahrhundert korrespondierte ein dichtes Netzwerk von „internationalen" Verträgen mit den Nachbarn, die den als obsolet angesehenen Schutz des Reiches substituieren sollten. Der entscheidende Punkt war, dass diese auf Dauer angelegten Verträge („Ewiger Friede", „Erbeinigung") mit allen potentiellen Kontrahenten der damaligen Zeit geschlossen wurden und so – unter der Voraussetzung des Einhaltens, das auch Werbungen von Söldnern einschloss – eine Art Bestandsgarantie des Bundes darstellten: ein auf Mehrseitigkeit beruhendes Sicherheitssystem, das nur deswegen funktionieren konnte, weil die Mehrseitigkeit unbeschadet des besonderen und zeitweise fast erdrückenden Gewichts, das den Verträgen mit Frankreich zukam, ihr Prinzip war. Das System war aber auch deswegen für die „Orte" von Interesse, weil es Pensionszahlungen einschloss, deren Verwendung allmählich zu einem zentralen Diskussionsgegenstand der Tagsatzungen avancierte, und weil es der Eidgenossenschaft gelang, die Kosten für den eigenen Grenzschutz auf die Vertragspartner abzuwälzen – 1688 bis 1691 etwa finanzierten Österreich und Frankreich gemeinsam die eidgnössischen Grenzbesatzungen. Erst im frühen 18. Jahrhundert, nach dem zweiten Vilmerger Krieg, wurde das Prinzip dadurch zerstört, dass sich nun verstärkt protestantische „Orte" dem Bündnis mit der einen Seite, dem katholischen Frankreich, aus konfessionellen Gründen entzogen. Zwar gelang es der Krone Frankreich 1776, die alte Allianz mit allen Orten wiederherzustellen, aber jetzt kam das neue Moment ins Spiel, dass man in den „Orten" befürchtete, aus der neuen, 1756 ins Leben getretenen Verbindung der Häuser Bourbon und Habsburg-Lothringen Nachteile zu ziehen.[1] Es ist kein Zufall, dass sich just damals in der Eidgenossenschaft ein neues politisches Denken in der Kategorie völliger und durch keine Dauerbindung mehr beeinträchtigter Souveränität entwickelte.

Das auf Verträgen mit den mittelbaren und unmittelbaren Nachbarn basierende Sicherheitssystem der Eidgenossenschaft implizierte auf der anderen Seite das so genannte „Stillsitzen" gegenüber den Nachbarn, also die Nichtbeteiligung an ihren kriegerischen Konflikten. In den Phasen der politischen Dominanz der „Schutzmacht" Frankreich war es gelegentlich nicht einfach, sich deren militärischen Erwartungen zu entziehen, aber letztlich erschöpfte sich das eidgenössische Militärwesen dann doch in der Gestellung von Söldnern an Staaten. Die besondere Situation des Spanischen Erbfolgekriegs brachte es mit sich, dass die Eidgenossenschaft sowohl der bourbonischen

---

1 Vgl. St. Meyen, Vorbote.

als auch der habsburgischen Seite je 20 000 Mann überließ! Dieses Prinzip des „Stillesitzens" hatte einerseits etwas mit der Einsicht zu tun, trotz der lange unbestrittenen Qualität der eidgenössischen Soldaten militärisch mit den mächtigen Nachbarn nicht mehr mithalten zu können, und andererseits damit, vor dem Hintergrund der konfessionellen Teilung des Bundes eine politische Option für diese oder jene Seite nur ganz schwer realisieren zu können. Bezeichnenderweise hatte sich der Gedanke von einer gemeinsam zu finanzierenden Soldarmee Mitte des 17. Jahrhunderts (Defensionale) nicht realisieren lassen, sondern war nach kurzer Zeit wieder in sich zusammengefallen. Das Prinzip der mächtepolitischen Neutralität zeichnete sich schon relativ früh ab, lässt sich erstmals konkret im Niederländischen Krieg und einem entsprechenden Tagsatzungsbeschluss vom Mai 1674 nachweisen und wurde im 18. Jahrhundert zum Standard, ehe die Staatenfamilie es der Eidgenossenschaft förmlich und auf Dauer 1815 konzedieren sollte. Dieser Neutralitätstendenz entsprach es im Übrigen auch, dass die Eidgenossenschaft nach 1713/14 zunehmend davon Abstand nahm, sich und ihre territoriale Integrität in die großen Friedensschlüsse einbinden zu lassen.

Die politische Vernetzung, die sich die Eidgenossenschaft nach allen Seiten hin schuf, könnte geradezu dazu verleiten, von ihr als einer europäischen Drehscheibe zu sprechen. Es verstand sich, dass die unmittelbaren Anrainer, aber natürlich auch die Kurie in dem politisch und geostrategisch interessanten Gebilde diplomatisch präsent waren, und damit korrespondierte umgekehrt auch, dass Eidgenossen überall in Europa anzutreffen waren: als Soldaten – die Schätzungen schwanken für das 18. Jahrhundert zwischen 40 000 und 75 000 Söldnern, geographisch spannte sich ihr Betätigungsfeld von Rom über Frankreich bis nach Großbritannien –, als Gelehrte (Petersburger Akademie)[2] und Universitätslehrer, als Handelsleute.

3.13.2 Soziale und politische Unruhen

Orientiert man sich an einer Zusammenstellung in einem bekannten Standardwerk zur Verfassungsgeschichte der Alten Schweiz[3], dann war der hier zu behandelnde Zeitraum von einem Kontinuum innerer Unruhen geprägt: von Bauernaufständen und von innerstädtischen Konflikten zwischen den Zünften und dem Rat. Da die Eidgenossenschaft ihres konsequenten „Stillesitzens" wegen an den europäischen Konflikten keinen oder kaum Anteil nahm, springen diese inneren Unruhen selbstverständlich eher ins Auge als in Gemeinwesen, in denen das außenpolitische Engagement alles überlagerte. Grundsätzlich lassen sich wohl drei Typen von Konflikten unterscheiden: Solche primär sozioökonomischer Natur, für die etwa der große Bauernkrieg von 1653 steht: ein Konflikt, der aus einer schweren Nachkriegskrise, dem abrupten Nachlassen der Nachfrage schweizerischer Agrarprodukte und einer durch eine plötzliche Aufwertung ausgelösten vermehrten Schuld- und Zinsbelastung der Bauern erwuchs. Daneben kam es zu – auch aus dem übrigen Europa hinlänglich bekannten – Konflikten von Ständen gegen ihre Landesherren und deren „absolutistische" Neigungen und fiskalische Neuerungen; hierfür mögen die Ständekämpfe im Bistum Basel

---

2 Zu den in Russland tätigen Schweizern generell vgl. jetzt J. Soom, Avancement.
3 H. C. Peyer, Verfassungsgeschichte, 139 ff.

(1726–1740) und die sogar noch langwierigeren (1748–1768) Auseinandersetzungen der Neuenburger Stände mit ihrem neuen Fürsten, dem preußischen König, als Beispiele dienen. Tendenziell gewannen aber – dritter Typus – die innerstädtischen Konflikte an Gewicht, in denen sich meist Unmut über die wachsende Abschließung kleiner sozialer Gruppen von „regierenden" Familien Luft schuf, die aber nicht nur dem Parameter des Gegensatzes Zünfte-Patriziat zugeordnet werden können. Fast alle großen eidgenössischen Städte – so Basel 1691, Solothurn 1689, Zürich 1713 und 1777, Bern 1749 – erlebten im 17./18. Jahrhundert solche Auseinandersetzungen, die ja auch in deutschen Reichsstädten in vergleichbarer Form (Hamburg, Frankfurt) auftraten und dort dann meist durch einen Spruch kaiserlicher Kommissare beendet wurden, der in aller Regel eine sehr lange Lebensdauer (in Hamburg eineinhalb Jahrhunderte) hatte. Es gab im Übrigen vereinzelt auch Länderorte, in denen es zu oppositionellen Bewegungen gegen die „Regierenden" kam, so insbesondere in Schwyz. Ausnehmen von dieser Typologie muss man Genf, die Hauptstadt des europäischen Calvinismus, eine „multikulturelle" und zugleich ebenso reiche wie neuem Gedankengut aufgeschlossene Kommune, die als „zugewandter Ort" mit der Eidgenossenschaft lediglich verbündet, also kein Vollmitglied war und zwischen 1704 und 1784 gleich vier miteinander zusammenhängende Unruhen erlebte, die nicht ganz grundlos als ein „Laboratorium" der Französischen Revolution bezeichnet worden sind.[4]

Entscheidender als diese Vielzahl lokaler und regionaler Konflikte aus ökonomischen oder sozialen Gründen aber war etwas anderes. Die innere Geschichte der Eidgenossenschaft hatte seit den 1530er Jahren unter dem Leitmotiv gestanden, zwischen den protestantischen Führungsmächten und den katholisch bleibenden Orten mit ihren immer mehr als unzeitgemäß empfundenen Vorrechten einen *modus vivendi* zu finden und zu praktizieren und die staatskirchlichen Kompetenzen der Obrigkeiten ohne allzu viele Reibungsverluste zu optimieren. Hinzu waren immer die Konflikte zwischen verschiedenkonfessionellen Obrigkeiten und Untertanengruppen gekommen, etwa in Glarus, wo es 1683 sogar zur Einrichtung zweier separater Verwaltungen kam. Der letzte große Konflikt dieser Art, der nicht zufällig in einem Augenblick zur Entladung kam, als die französische Protektionsmacht anderweitig absorbiert und im Übrigen auch nicht in der Lage war, die Erbfolge im Fürstentum Neuenburg (1707) im französischen Sinn zu regeln, war der Toggenburger Krieg (zweiter Vilmergerkrieg) 1712/13, dessen Hintergrund ein seit langem schwebender Streit des Abtes von Sankt Gallen mit seinen evangelischen Toggenburger Untertanen war. Aber wie üblich kam es in diesem Kontext zu einem generellen konfessionellen Revirement, in dem unter anderem die Parität in allen Gemeinen Herrschaften – und dann auch noch in Toggenburg – festgesetzt wurde. Insgesamt stellte der Toggenburger Krieg einen Triumph der beiden protestantischen Führungsstädte Bern und Zürich dar, der aber nun den fast unerwarteten Nebeneffekt hatte, dass die konfessionellen Auseinandersetzungen sich aus dem öffentlichen Leben der Eidgenossenschaft so gut wie völlig verabschiedeten, vor allem wegen der als geradezu revolutionär empfundenen Bestimmung, dass alle konfessionellen Angelegenheiten fortan durch ein konfessionell paritätisch be-

---

4 Vgl. in Kürze die (noch ungedruckte) Mainzer Habilitationsschrift von A. V. HARTMANN, Reflexive Politik.

setztes Schiedsgericht entschieden werden sollten. Die konfessionellen Verhältnisse blieben seitdem „eingefroren".[5] Zur gleichen Zeit, als im Deutschen Reich und in Polen die konfessionellen Streitigkeiten noch einmal einem letzten Höhepunkt zutrieben, verabschiedete die Eidgenossenschaft faktisch das konfessionelle Zeitalter.

3.13.3 Aufbruch und Modernisierung

Das setzte Kräfte frei, die bisher vom konfessionellen Tageskampf absorbiert worden waren. Das eine war, dass in den einzelnen „Orten" administrative Modernisierungsprozesse in Gang kamen, die einen deutlichen Zuwachs an „Staatlichkeit" mit sich brachten. Das andere war, dass sich der Verbund der Orte im 18. Jahrhundert, dessen Bevölkerung um 1700 mit rund 1,2 Millionen angesetzt werden kann, relativ schnell „industrialisierte" im Sinn der Ausweitung und Verdichtung von „modernen" Gewerben, worunter unter anderem die hoch spezialisierte Textilverarbeitung (Stickerei, Spitzenklöppelei) und die Uhrmacherei zu verstehen sind. Freilich entsprach diesem Prozess kaum eine angemessene „nationale" Handelspolitik, und er hatte auch nicht die Dynamik, dass die gewerbliche Industrie die Landwirtschaft aus ihrer volkswirtschaftlichen Spitzenstellung hätte verdrängen können. Das dritte – weit wichtigere – war, dass sich die Aufklärung auf breiter Front durchzusetzen begann und der Eidgenossenschaft zu einer kulturellen Blüte verhalf, die in Europa noch längst nicht die Regel war. Das pulsierende geistige Leben in den Städten mit ihren gelehrten Gesellschaften, etwa der Berner „Ökonomischen Gesellschaft" (begründet 1759) oder der ‚überörtlichen' „Helvetischen Gesellschaft" (begründet 1761), ihre bedeutenden Periodika wie der *„Mercure Suisse"* oder die „Ephemeriden der Menschheit", ihre Lesevereine und ihre bedeutenden Wortführer sind in letzter Zeit intensiv erforscht worden, durch Arbeiten, die vom Klischee einer verträumten Bauernrepublik oder vom Müßiggang in „Seldwyla" weit weg geführt haben. Man mag an die protestantische Theologie und ihre „Lichtgestalt" Johann Caspar Lavater denken, der sich in „undogmatischer Freiheit" der Aufklärung öffnete, an politische Schriftsteller wie Beat Ludwig von Muralt, die dem englischen Freiheitsideal huldigten, an bedeutende Mathematiker und Mediziner wie Leonhard Euler und Albrecht von Haller, die nicht zufällig im Ausland zu Ehren gelangten, an Naturrechts-Philosophen und Völkerrechtler wie Jean-Jacques Burlamaqui und Emer de Vattel – überall atmete die Aufklärung, der Aufbruch zu neuen Ufern.

Freilich fehlte auch das im 18. Jahrhundert nicht: Nostalgie, die Stilisierung der eigenen Vergangenheit, die Betonung der Exzeptionalität der Eidgenossenschaft. Das fing mit der Staatsliteratur an, die die republikanischen Traditionen und die Landsgemeindedemokratien pries und der auch der *„Contrat Social"* des Genfer Bürgers Jean-Jacques Rousseau (1762) zugeordnet werden muss, schloss die ersten großen Arbeiten – insbesondere von Johannes von Müller – zum „Mythos" Eidgenossenschaft ein, und das setzte sich in Studien zur Naturgeschichte der Alpen, etwa von Johann Jakob Scheuchzer (dem auch die erste annähernd richtige Ermittlung der Höhenwerte der

---

5 H. C. Peyer, Verfassungsgeschichte, 100.

Alpen verdankt wird), von Moritz Anton Kappeler und von Johannes Gessner, fort, die einem völlig neuen Naturgefühl Bahn brachen. Und das wurde dann auch ein Thema für ganz Europa: die verbreitete Alpenbegeisterung, die Mitte des Jahrhunderts einsetzte, machte sich vor allem an den Schweizer Bergen fest, die seitdem zum Mekka vieler europäischer Intellektueller wurden, die hier Größe, Natur, unverfälschtes Menschentum und Pathos suchten.

Es versteht sich, dass in der geistigen Bewegung der Aufklärung auch manche Ideen in Worte gefasst wurden, wie die alles in allem archaische Bundesverfassung modernisiert werden könne. Ob man an Bodmer, Iselin oder Johannes von Müller denkt: die Grundideen – eine nach dem Mehrheitsprinzip beschließende Tagsatzung, die Beseitigung der vielen rechtlichen Ungleichgewichte zwischen den Bundesgliedern – waren sich ziemlich gleich. Aber es blieb, wie in den Niederlanden, beim Diskurs, der auch durch die „Angst" vor möglichen Übergriffen Josephs II.[6] nicht in politisches Handeln überführt wurde. Verkrustungen und Archaismen zu beseitigen, gelang während des Ancien Régime nicht mehr; auch die militärischen Reformvorschläge des preußischen Generals Rupert Scipio von Lentulus (1767) blieben toter Buchstabe. Wie in den Niederlanden, bedurfte es erst des geistigen und auch ganz handfesten Anstoßes durch die Französische Revolution, die 1798 über die dreizehn Orte hereinbrach, um zumindest ein System gleichberechtigter und gleichgeordneter Kantone zu schaffen. Es sollte erst in der napoleonischen Zeit gelingen, das hierarchische System der „Orte", „zugewandten Orte", „gemeinen Herrschaften" und der verbündeten Gebiete über Bord zu werfen. Die Eidgenossenschaft machte erst jetzt Anstalten, sich zumindest partiell zu reformieren und alte Strukturen in Frage zu stellen. Beispielhaft dafür stehen der aus dem Waadtland gebürtige langjährige Erzieher des nachmaligen Zaren Alexander I. La Harpe und der Basler Patrizier Peter Ochs, der 1798 einen Verfassungsentwurf für die neue Helvetische Republik vorlegte. Dieser Verfassungsentwurf orientierte sich zwar gänzlich am Vorbild der französischen Direktorialverfassung und stieß deswegen in den Urkantonen auch auf heftigen Widerstand, aber immerhin wurde nun doch über Entwicklungen, nicht mehr nur die Beibehaltung des *Status quo*, nachgedacht. Auf der anderen Seite behielt auch das neue Staatswesen in den Westalpen nach „seiner" Franzosenzeit sehr viele mittelalterlich-ständische Elemente, die es nach wie vor in Europa zu einem bunten Farbtupfer und zu einem Modell des bewussten Sonderwegs machen.

3.14 Spanien

Es kann keinem Zweifel unterliegen, dass von allen hier zu behandelnden europäischen Gemeinwesen Spanien es war, das – neben Polen – den tiefsten Fall erlebte. Sein glänzendes, kulturell auf ganz Europa einwirkendes *Siglo de Oro*, sein Goldenes Zeitalter, ging fast nahtlos in eine Phase relativer kultureller Bedeutungslosigkeit über, seine Dezennien während politisch-militärische Überlegenheit verschwand beinahe von einem Tag – dem der Schlacht von Rocroi (1643) – auf den anderen, der bewunderte

---

6 St. Meyen, Vorbote.

Herrschaftsstil seiner Monarchen und ihre (bürokratische) Herrschaftstechnik wurden rasch zu Tradition und bloßer Reminiszenz, abgelöst von einem anderen Ideal: dem Modell Frankreich, dem großen Konkurrenten was die Repräsentation von Herrscher und Herrschaft anlangt. Entsprechend änderte sich auch die Außenansicht: Für das Deutsche Reich – beziehungsweise für dessen publizistisch den Ton angebende protestantische Hälfte – hatte Spanien generationenlang *das* Negativstereotyp schlechthin gebildet, einen Staat, in den man alles Schlechte und Dunkle hineinprojiziert hatte. Das änderte sich nun abrupt: Man verlor jedes Interesse an Spanien, seine Strahlkraft reduzierte sich in kürzester Zeit, sie war dem Erlöschen nahe, und auch seine Kultur mit Einschluss der Sprache entschwanden dem europäischen Blickfeld.[1]

3.14.1 Westfälischer und Pyrenäenfriede als negative Einschnitte

Es gibt nicht wenige Historiker (und Völkerrechtshistoriker)[2], die den Begriff „Spanisches Zeitalter" für berechtigt halten und es mit Philipps II. Regierungsantritt beginnen und dem Westfälischen Frieden enden lassen. Die Sinnhaftigkeit einer solchen Epochengliederung ist hier nicht zu diskutieren, der Periodisierungsvorschlag belegt jedoch: der Westfälische Friede war eine tiefe Zäsur für die Krone Spanien. Zwar konnte sie am 30. Januar 1648 endlich – vielleicht Jahrzehnte zu spät – den seit langem als Ballast empfundenen 80jährigen Konflikt mit der abtrünnigen niederländischen Provinz liquidieren, die als Völkerrechtssubjekt faktisch längst anerkannt war und sich zudem jenseits der Säulen des Herkules zu einem gewichtigen und ernsthaften Konkurrenten entwickelt hatte. Aber an eine Beendigung des „Hauptkrieges" Spanien contra Frankreich war nicht mehr zu denken, das wollten weder der spanische Hof noch der französische – man wollte vielmehr, aller anderen Belastungen nun ledig, versuchen, eine Entscheidung auf dem Schlachtfeld herbeizuführen. Die Erfahrung der zurückliegenden Jahrzehnte hätte eigentlich lehren müssen, dass die Zeit der alles entscheidenden Schlachten vorbei war.

Die denkbar unbefriedigende Situation von 1648 sollte nicht vergessen lassen, dass das Regiment Philipps IV. mit vielen und begründeten Hoffnungen und Perspektiven begonnen hatte: Der gebildete und den Regierungsgeschäften durchaus nicht abgeneigte Habsburger hatte unter dem beherrschenden Einfluss seines „Favoriten", des *Conde-Duque* Olivares, in den mittleren 1620er Jahren eine Fülle von bevölkerungspolitischen, sozialen und wirtschaftlichen Reformen initiiert, allerdings griffen längst nicht alle, und zum Teil wurden sie von Olivares selbst konterkariert. Der Schwung war freilich rasch verebbt und die inneren Reformen traten der außenpolitischen Zwänge wegen immer mehr in den Hintergrund. Die Zwänge der Außenpolitik bestanden einerseits in der Notwendigkeit, die überseeischen Besitzungen und Handelsrouten gegen die Niederlande zu verteidigen, und andererseits in der Behauptung des Rings um Frankreich. Beides brachte erhebliche Belastungen für die eigene Bevölkerung mit sich. Diese dürfte in der hier behandelten Zeit rund 8,5 Millionen Menschen umfasst haben – ohne Portugal, das seit 1580 mit der Krone in Personalunion ver-

---

1 H. Duchhardt, in: M. A. Vega Cernuda/H. Wegener (Hg.), España y Alemania.
2 So beispielsweise in seinem völkerrechtsgeschichtlichen Standardwerk: W. G. Grewe, Epochen.

bunden war. Am gravierendsten war die Lage in Katalonien, wo erhebliche Truppenkontingente stationiert waren, die den Krieg in den Süden Frankreichs hineintragen
sollten – in den ausgehenden 1630er Jahren war es einer spanischen Armee von Norden kommend schon einmal gelungen bis kurz vor Paris vorzustoßen. Es lag deshalb
beinahe in der Logik der Sache, dass es diese Provinz war, die sich 1640 als erste gegen die Krone erhob, förmlich ihre Beziehungen zu Kastilien für beendet erklärte und
– *horribile dictu* – Ludwig XIII. von Frankreich als Souverän anerkannte. Aber das war
erst der Anfang: Noch im selben Jahr folgte Portugal, wo die Stimmung in den zurückliegenden Jahren gänzlich umgeschlagen und antispanisch geworden war. Nach der
Gefangennahme der Vizekönigin wurde unverzüglich ein heimischer Herzog aus der
Familie Braganza zum neuen König proklamiert. Die Gründe für den Abfall lagen
außer in den hohen Steuerlasten auch im Abbröckeln des portugiesischen Kolonialimperiums, dem die Krone Spanien keineswegs jene Beachtung schenkte, die man
sich vor zwei Generationen erhofft hatte und die man sich wünschte. Hinzu kamen
wenig später eine – allerdings noch rechtzeitig aufgedeckte – Verschwörung in An-
dalusien und 1647 Versuche Siziliens und Neapels sich von der Krone loszusagen.
Kurz: die Situation der Krone und der Regierung schienen verzweifelt zu sein: sie standen einem unzufriedenen, erschöpften, auch sozial aus dem Gleichgewicht geratenen
Volk gegenüber, konnten auf das Wegbrechen wichtiger Provinzen nicht mehr angemessen reagieren, wurden sich bewusst, dass auf den Schlachtfeldern und den Meeren – Rocroi 1643, Kanalschlacht 1639 – alles gegen Spanien lief. 1643 entließ der König den *Conde-Duque* und übernahm die Regierungsgeschäfte selbst, aber damit kamen
die Dinge nicht in ein ruhigeres Fahrwasser, um so weniger als es immer offenkundiger wurde, dass dem Monarchen Energie und Entschlusskraft abgingen.

Dass es 1648 wegen der Katalonien-Frage nicht zum Frieden mit Frankreich kam,
wird man nachvollziehen können, warum Spanien die Fronde nicht konsequent aus-
nutzte, um militärisch gegenüber Frankreich in die Vorhand zu kommen, lässt sich dagegen nur mit der Halbherzigkeit des Monarchen (und der objektiven Schwierigkeit,
größere Truppenkontingente auszuheben und zu finanzieren) erklären. So kann es nicht
verwundern, dass die Dinge militärisch eine immer deutlichere antispanische Wendung
zu nehmen begannen, vor allem seit (das revolutionäre) England an Frankreichs Seite in
den Krieg eintrat (1655). Der seit 1656 verhandelte, dann auf einer Insel in dem Grenz-
fluss Bidassoa abgeschlossene Pyrenäenfriede (1659) war ein überdeutliches Zeichen
dafür, dass Spaniens große politische Zeit vorbei war, mochten sich die Abtretungen an
Frankreich auch noch in Grenzen halten (Roussillon, Cerdagne, Teile der Niederlande).

Spanien im Kalkül der Mächte: die Perspektive
einer erlöschenden Dynastie

Der Pyrenäenfriede legte zugleich die Fundamente des Konflikts der Zukunft. Wie in
vielen vergleichbaren Fällen auch, wurde der „ewige" Friede mit einem Heiratsvertrag
abgerundet, er sah die Eheschließung der Infantin Maria Theresia mit dem jungen
französischen König vor. Beide beschworen zwar anlässlich des tatsächlichen Vollzugs
der Vermählung in feierlicher Form, auf alle Ansprüche auf den spanischen Thron zu
verzichten. Aber als Philipp IV. 1665 starb, waren die Versprechen nur noch Schall und
Rauch – es war das erste Mal, dass sich Ludwig XIV. in eklatanter und nur mühsam

mit einem regionalen Sonderrecht (Devolutionsrecht) verbrämter Weise über geltendes nationales und internationales Recht hinwegsetzte.

Denn mit dem Devolutionskrieg, in dem sich diese Ansprüche Ludwigs XIV. auf das spanische Erbe erstmals Bahn brachen, war es ja nicht getan; das Schicksal des spanischen Imperiums stand seitdem für ein halbes Jahrhundert auf der Agenda und im Kalkül der europäischen Mächte. Die Situation spitzte sich vor allem deswegen zu, weil sich schnell erwies, dass der neue spanische König Karl II. – der einzige überlebende männliche spanische Habsburger – nicht nur gegenüber Gleichaltrigen (er war bei seiner Thronbesteigung gerade vier Jahre alt) zumindest erkennbar zurückgeblieben, wenn nicht debil war, sondern dass von ihm wohl nur schwerlich Nachkommen zu erwarten sein würden. Neben Maria Theresia gab es noch eine weitere Schwester, Margarete Theresia, die mit Kaiser Leopold I. vermählt war – die Hauptrivalen standen damit, ungeachtet aller formellen Verzichterklärungen, fest, auch wenn später noch andere Prätendenten hinzukommen mochten. Die spanische Frage wurde zu dem Gestaltungsprinzip der internationalen Politik schlechthin, an ihr und aus ihr heraus sollte sich eine neue Physiognomie der Staatenfamilie entwickeln.

Der Eindruck, am tiefsten denkbaren Tiefpunkt der nationalen Geschichte zu stehen, musste sich den durch eine schwere Wirtschaftskrise und Epidemien zusätzlich aufgewühlten spanischen Zeitgenossen vor allem auch deswegen aufdrängen, weil schon die Jahre unmittelbar nach dem Pyrenäenfrieden erwiesen, dass er weit entfernt von jedem Ewigkeitsanspruch blieb und den Konflikt mit dem französischen Nachbarn keineswegs für alle Zeiten aus der Welt geschaffen hatte. In Spanien wurde man sich auch immer deutlicher bewusst, dass nicht nur das weit gespannte Kolonialimperium riesengroße Angriffsflächen bot, sondern auch die (südlichen) Niederlande zu einer Achillesferse der spanischen Monarchie wurden. Ihre Behauptung – und auch die südlichen Provinzen waren im Vergleich mit den meisten Provinzen des Mutterlandes ein reiches Land! – musste den Blick auf neue Allianzpartner richten, darunter auch die gerade eben erst in die Souveränität entlassenen Generalstaaten.

Verlässliche Bündnispartner waren auch deswegen Stichwort und Thema der Stunde, weil schon die ausgehenden 1650er und dann auch die frühen 1660er Jahre erwiesen, dass Spanien zu militärischen Anstrengungen von einigem Gewicht nicht mehr in der Lage war. Noch nicht einmal gegen die Portugiesen konnte man sich durchsetzen, sondern musste im Gegenteil 1663 und 1665 eine Reihe empfindlicher und geradezu peinlicher Niederlagen einstecken – Rocroi hatte offenbar das militärische Selbstbewusstsein erheblich beeinträchtigt. Und auch mit dem politischen Selbstbewusstsein war es, allen Deklamationen zum Trotz, nicht mehr gar so weit her, angesichts eines Regentschaftsrats für den Kindkönig, den die zunehmend unbeliebt werdende österreichische Mutter Mariana immer mehr an die Wand spielte und statt dessen Hofintrigen und einer anstößigen Günstlingswirtschaft freien Lauf ließ. Man übertreibt nicht sonderlich, wenn man feststellt, dass sich das Land in einem Beinahe-Bürgerkrieg befand, dass Recht und Gesetz nichts mehr galten, dass die innere Ordnung dem Kollaps nahe war. 1669 sah sich die Königin-Regentin gar mit einem bewaffneten Aufstand eines unehelichen Sohns Philipps IV., Don Juan, konfrontiert, was sich 1676 unter anderen personellen Vorzeichen nochmals wiederholte! Vor allem entstand angesichts von Missernten, Epidemien und einer rasch wachsenden Arbeitslosigkeit ein soziales

Konfliktpotential, das sich auf keinen Fall mehr von einem zum anderen Tag würde beseitigen lassen und das auch noch deswegen an Brisanz gewann, weil die königliche Verwaltung der Situation allem Anschein nach nicht mehr gewachsen war und zumindest eine partielle „Refeudalisierung" der Bürokratie zu Lasten der Krone einsetzte.

Immerhin, bei allen fast hektischen Veränderungen an der Spitze des Staates, kam es seit den 1680er Jahren zu einer allmählichen Beruhigung der innenpolitischen Lage und einigen Reformen im Wirtschaftssektor, etwa der Begründung regionaler Handelskommissionen in Granada, Sevilla, Barcelona und Valencia, denen freilich keine außenpolitische Beruhigung entsprach: 1667 hatte sich Spanien in den Niederlanden einer ersten französischen Invasion zu erwehren, die mit den vermeintlichen Ansprüchen von Ludwigs XIV. Gemahlin auf ihr Erbe begründet wurde und die die Krone am Ende zwang, nicht nur eine Reihe wichtiger Orte an die Republik der Niederlande – ihren Verbündeten – abzutreten, sondern auch im Süden der Franche-Comté alle Festungsanlagen zu schleifen. Es war ein Akt der Solidarität mit dem Helfer in der Zeit der Not, dass Spanien dann an der Seite der Generalstaaten auch in jenen Krieg eintrat, den 1672 gegen den Rat maßgeblicher Minister Ludwig XIV. vom Zaun brach. Während die Generalstaaten den Krieg ohne wesentliche Beschädigungen überstanden, hatte Spanien am Ende die Hauptzeche zu zahlen: Zwar konnte die Pyrenäengrenze gehalten werden, aber erhebliche Verluste in den Niederlanden (Franche-Comté, Teile des Hennegaus, der Grafschaft Artois) schlugen schmerzhaft zu Buche. Und dann wiederholte sich fast das Verhaltensmuster von 1659/67: Herstellung einer Heiratsverbindung, dessenungeachtet aber weitere Forderungen, nun im Rahmen der umfassenderen Reunionspolitik (Herzogtum Luxemburg). Und wieder musste Spanien nachgeben, auch weil Frankreich inzwischen das „Modell" für sich entdeckt hatte, im Norden Forderungen zu stellen und zugleich in Katalonien einzufallen und auf die Zwänge einer „Heimatfront" zu hoffen. An demselben Verhaltensmuster orientierte sich Frankreich auch im Neunjährigen Krieg: Einfall in Katalonien, zugleich aber engagiertes militärisches Vorgehen gegen die beiden nun fast schon als „natürliche" Verbündete empfundenen Alliierten Spanien und Niederlande. Dies war im Übrigen der erste internationale Konflikt seit langer Zeit, aus dem Spanien nicht erneut als der Hauptleidtragende hervorging, wurden ihm doch nicht nur ganz Katalonien, sondern auch das früher abgetretene Luxemburg restituiert.

Der Neunjährige Krieg, der Spanien auch deswegen aufwühlte, weil er von einem großen Aufstand in Valencia begleitet wurde, fand mit dem Rijswijker Frieden 1697 ein für keine Seite rundum zufriedenstellendes Ende, weil ganz Europa inzwischen wie gebannt nach Spanien schaute, wo das Ende der Dynastie unmittelbar bevorzustehen schien.

Die beiden Ehen des Königs (mit einer Prinzessin von Orléans und einer Pfalz-Neuburgerin) waren – erwartungsgemäß – unfruchtbar geblieben, was den schon in den ausgehenden 1660er Jahren virulenten Teilungsprojekten immer mehr Auftrieb gegeben hatte. Es bestand zeitweise weitgehender Konsens darüber, dass dieses riesengroße Imperium nur geteilt weiterbestehen würde – 1668 hatte sich, wie an anderer Stelle erwähnt[3], ja auch die Wiener Hofburg mit diesem Gedanken anfreunden kön-

---

3 Vgl. Kapitel 3.4.1 (Ludwig XIV. und die Reichsstände), S. 232.

nen. Enkel Philipps III. waren sowohl Leopold I. als auch Ludwig XIV., beide waren zudem mit Töchtern Philipps IV. verheiratet: wenn man nicht das Gewicht der Dynastie entscheidend ins Spiel brachte, waren die Ausgangslagen der beiden Protagonisten ziemlich identisch. Dem stand aber in Wien immer eine starke Fraktion entgegen, die an dem Gedanken der uneingeschränkten Übernahme des spanischen Großreichs durch die andere Linie des Hauses Habsburg festhielt. Freilich war auch diese Front der „Hardliner" einsichtig genug, den direkten Anfall Spaniens an Leopold I. nicht zu betreiben, denn für eine solche Wiedergeburt des Reiches Karls V. wäre in der Tat international keine Mehrheit zu finden gewesen. So hatte sich der Kaiser bei verschiedenen Gelegenheiten seinen Anspruch auf das ungeschmälerte spanische Erbe bestätigen lassen – etwa 1684 von England –, aber es bestand ausgesprochen oder unausgesprochen Konsens darüber, dass es nur zugunsten einer neu zu gründenden Linie zu reklamieren sein würde. Aber in diesem liebsten Spiel aller Diplomaten der damaligen Zeit gab es auch noch eine Alternative, die die Gefahr einer zu großen Machtkumulation in der Hand einer Dynastie zu bannen schien: Philipp IV. hatte testamentarisch für den Fall seines Todes ohne männliche Deszendenz verfügt, dass die Krone an seine Tochter Margarete Theresia übergehen sollte, die Gemahlin Leopolds I., und bei den vielen Projekten, wie ein großer europäischer Konflikt nach dem (mutmaßlichen) Aussterben des spanischen Zweiges der *Casa d'Austria* verhindert werden könne, fand der Gedanke immer mehr Resonanz, die spanische Gesamtmonarchie auf Margarete Theresias Enkel, den bayerischen Kurprinzen, zu übertragen. Diese Option fand dann auch in Karls II. Testament von 1693 Eingang.

Aber man ginge fehl in der Annahme, damit sei der gordische Knoten nun durchhauen gewesen. Das eine war, dass Wien und Versailles Bemühungen in Gang setzten, um diesen Kompromiss wieder zu Fall zu bringen. Die beiden Botschafter Harrach und Harcourt bauten in Madrid regelrechte Hofparteien auf, die einander mit allen erlaubten und unerlaubten Mitteln auszustechen suchten. Das andere war, dass hinter den Kulissen die Agitationen der beiden Hauptprätendenten um eine Teilungs- oder eine andere als die bayerische Gesamtlösung weitergingen; zum Beispiel einigten sich Ludwig XIV. und Wilhelm III. in einer der kurzen Episoden französisch-englischen *rapprochements* auf eine Lösung, die alle drei in Rede stehenden Prätendenten berücksichtigte. Das dritte aber war die Erkenntnis, dass gegen die Laune der Natur kein Kraut gewachsen war. Völlig unerwartet verstarb im Februar 1699 der kleine bayerische Kurprinz, der als Universal oder zumindest Teil-Erbe vorgesehen war, womit die schon seit Jahrzehnten andauernden Verhandlungen erneut auf ihren Ausgangspunkt zurückgeworfen wurden. In der Phase der nun beginnenden hektischen Aktivitäten wurden zwar viele neue Teilungsmodelle geboren, aber da die Stimmung in Spanien deutlich zugunsten der Bourbonendynastie „kippte", weil dort das Moment der Unteilbarkeit des Imperiums erste Priorität genoss und man sie am ehesten bei einem unabhängigen und von der französischen Thronfolge auszuschließenden französischen Kandidaten, dem Herzog von Anjou, gewährleistet sah, kam am Ende ein eindeutiges Votum des Staatsrates zugunsten der bourbonischen Sukzession zustande, das sich dann in das letzte Testament Karls II. hinein fortsetzte.

Es muss für viele Spanier eine bittere Erfahrung gewesen sein, dass und wie ihr Staat eines dynastischen Defizits wegen zu einem reinen Objekt der europäischen Diplomaten und Großmächte wurde, dass und wie mehr als einmal über den Kopf der eigenen Regierung hinweg entschieden wurde. Und dass Spanien nach Karls II. Tod erst recht – angesichts einer klaren Option für den einen und gegen den zweiten Bewerber – zum Spielball der Mächte werden würde, lag auf der Hand und war absehbar. Damit fand zugleich eine an sich bemerkenswerte innenpolitische Konsolidierungsphase wieder ihr Ende. Die Politik des ständigen Drehens an der Steuerschraube hatte aufgehört, die Inflation war zum Stillstand gekommen, einige Gewerbezweige wie die Wollproduktion und der Schiffbau hatten einen gewissen Aufschwung erlebt, so dass die neuere Forschung pointiert hervorhebt, man dürfe den Verfall der Dynastie nicht mit einem unaufhaltsamen Abschwung des Landes gleichsetzen.[4] Auch im geistigen Bereich ist eine bemerkenswerte Auflockerung erstarrter Strukturen festgestellt worden, ja sogar eine recht intensive Diskussion „europäischer", also nichtspanischer Phänomene wie der Jansenismus.

All das aber wurde, wie gesagt, durch den Krieg wieder abgebrochen, der in dem Augenblick unvermeidbar wurde, als Ludwig XIV. das spanische Testament förmlich annahm und seinen Enkel schon im Februar 1701 als neuen König in Madrid einziehen ließ. Die Mächte brauchten eine gewisse Zeit, um auf diese überraschend schnelle Entwicklung zu reagieren; am Ende vereinigten sich die beiden Seemächte mit dem Kaiserhaus (und den meisten Reichsständen, später auch noch Portugal und Savoyen) in der so genannten Haager Allianz, die sich zum Ziel setzte, die bourbonische Lösung des spanischen Problems wieder zu Fall zu bringen. Dem Interesse der Staatenfamilie wurde Vorrang vor einem wie auch immer zustande gekommenen Rechtsdokument eingeräumt. In den spanischen Eliten fand der habsburgische Prätendent, der nachgeborene Sohn Kaiser Leopolds I., Karl (III.), zwar einen gewissen Rückhalt, weil sie von den Bourbonen eine konsequentere „Absolutisierung" Spaniens befürchteten, aber insgesamt war die Popularität des bourbonischen Prätendenten (Philipp V.) deutlich größer, vor allem im Kernland Kastilien.

Es kann hier nicht darum gehen, die über zehnjährigen militärischen Auseinandersetzungen, die außer im spanischen Mutterland selbst auch in den spanischen Nebenlanden (Süd- und Oberitalien, Niederlande) ihr „Theater" fanden, im einzelnen zu schildern. Ein Charakteristikum dieses Krieges war sicher das Zusammenwirken von Seekrieg (durch die englischen und niederländischen Flottenverbände) und Landkrieg, ein weiteres die enge Kooperation des spanischen und des französischen Heeres. Im Sommer 1706 schien nach der Eroberung Madrids der Sieg der Haager Allianz unmittelbar bevorzustehen, aber große Sympathien fand der Habsburger allenfalls in den Ländern der Krone Aragón, nicht aber in Kastilien. Da auch im rein militärischen Bereich Fehler gemacht wurden, gelang den bourbonischen Truppen eine rasche Trendwende, für die stellvertretend die Schlacht von Almansa (1707) steht; auch die neuerlichen militärischen Erfolge der Engländer und Österreicher 1710 vermochten daran alles in allem nichts mehr zu ändern.

1711 wurde dann vollends zum spanischen Schicksalsjahr, als nach Kaiser Josephs I. Tod der einzige überlebende Habsburger – Karl III. – von den deutschen Kurfürsten zum Nachfolger seines Bruders gewählt wurde und sich nun auch für die

---

4 W. L. Bernecker/H. Pietschmann, Geschichte Spaniens, 141.

Seemächte, insbesondere England nach dem Wahlerfolg der Tories, eine neue Situation und eine Überprüfung der bisherigen Politik ergab. Am Ende stand im Frieden von Utrecht die Anerkennung des bourbonischen Königtums in Madrid mit Einschluss aller Kolonien, während der Habsburger – als Kaiser Karl VI. – mit den Niederlanden und den spanischen Besitzungen in Italien (mit Ausnahme von Sizilien, das an Savoyen fiel) bedacht wurde. So wenig dem Habsburger diese Lösung gefallen mochte – und er hat noch über Jahre und Jahrzehnte einer revisionistischen Politik zum Erfolg zu verhelfen gesucht –: für Spanien war das kein schlechter Ausgang dieses langen Konflikts, weil er im Prinzip das Imperium ungeteilt ließ, das Mutterland aber von problematischen und eher als Achillesferse empfundenen Nebenländern entlastete.

3.14.2 Der fragile Frieden: Die Revision der Utrechter Friedensordnung als außenpolitisches Axiom

Freilich war das nur eine arg begrenzte Genugtuung, denn der Krieg hinterließ nicht nur ein zumindest sozial und wirtschaftlich, vielleicht weniger demographisch mitgenommenes Mutterland, sondern auch ein Gemeinwesen, dessen Außenwirtschaft aufgrund der Zuerkennung von Handelsprivilegien vornehmlich an England stark beeinträchtigt und fast einer Art Außenkontrolle unterworfen war. Und zu alledem stand der Friede mit dem Habsburger noch aus, der nach wie vor spanische Titel benutzte und das Goldene Vlies verlieh und an seiner Entschlossenheit, das Friedenswerk von Utrecht/Rastatt/Basel wieder zur Disposition zu stellen, kaum einen Zweifel ließ. Da zu allem Überfluss die Beziehungen zu Frankreich, zu dessen Regenten Philipp V. ein überaus gespanntes Verhältnis hatte, kritisch blieben, drohten rasch alle rosaroten Perspektiven verlorenzugehen. Die außenpolitische Isolierung und Selbstisolierung des Bourbonenregimes sollte für Europa für eineinhalb Jahrzehnte gewichtige und schmerzliche Folgen haben.

Aber zunächst einmal hatte man in Madrid nach dem Ende des Erbfolgekrieges zur Kenntnis zu nehmen, dass die Großmachtepoche Spaniens definitiv zu Ende war – wenn sie das nicht schon 1648/59 gewesen war. Aufgrund des verbleibenden und nach wie vor intakten Überseeimperiums blieb Spanien zwar eine feste Größe im Kalkül der europäischen Mächte, aber daraus resultierte keine europäische Gestaltungskraft mehr. Dies konnte, musste aber nicht zwingend die Option der inneren Reformen nahelegen.

Philipps V. Reformpolitik und -bemühungen

Der König entschied sich aber in der Tat für die gründliche Reorganisation seines neuen Reiches, wobei dem Franzosen natürlich die Erfahrungen aus seinem eigenen Heimatland zugute kamen. Und zu tun gab es in diesem Staatswesen genug. Das fing damit an, dass „Spanien" immer noch eine Art Hilfsbegriff für eine Reihe autonomer Herrschaftsgebiete (Kastilien, Aragón, Mallorca, Valencia, Katalonien) war, die vor allem rechtlich noch keine Einheit bildeten. Die verschiedenen Verfassungen der Reichsteile – oder besser Teilreiche – wurden nun, beginnend schon 1707 mit Valencia und endend 1716 mit Katalonien, beseitigt und durch das kastilische Verwaltungsrecht ersetzt, was auch die Errichtung von Obergerichten einschloss, die nach kastilischem

Recht urteilten. Lediglich in Katalonien blieb das heimische Zivil- und Strafrecht in Kraft. Es lag in der Logik der Sache, dass damit auch das Kastilische in den Rang der verbindlichen Amtssprache erhoben wurde. Erst von jetzt an lässt sich legitimer Weise von „Spanien" sprechen, wobei davon abgesehen wird, dass Navarra und das Baskenland einen hohen Grad an Autonomie behielten.

Die Reformen sollten sich damit fortsetzen, dass das Verhältnis des Staates zur Kirche auf eine neue Grundlage gestellt wurde – aber in dieser Hinsicht wurden nur Weichen gestellt und die kritischen Punkte benannt. Zwischen dem Bourbonen und der Kirche war es schon während des Krieges zu heftigen Auseinandersetzungen gekommen, weil die Kurie auf massiven österreichischen Druck den „anderen" Prätendenten unterstützt hatte und ein guter Teil des Episkopats ihr darin gefolgt war. 1709 hatte Philipp V. sogar die diplomatischen Beziehungen zu Rom abgebrochen und die Madrider Nuntiatur geschlossen! Vor diesem Hintergrund favorisierte der König ganz entschieden eine regalistische Richtung in der spanischen Geistlichkeit, die die finanziellen Leistungen an Rom – ein Standardthema aller Kirchenkritik seit Jahrhunderten – anprangerte, aber auch die übergroße Zahl der Klöster und den riesengroßen Besitz kritisierte, also die so genannte Tote Hand, die etwa 15 % des gesamten landwirtschaftlich nutzbaren Landes innehatte. Es war wohl nur der neuen (zweiten) Gemahlin des Monarchen, Elisabeth Farnese, zu verdanken, dass diese auf den Konflikt mit der romorientierten Kirche angelegte Politik zunächst nicht weiter verfolgt wurde.

Die Reformpolitik Philipps setzte sich dagegen vor allem im wirtschaftlichen Bereich fort und tendierte generell zum Abbau von Handelshemmnissen, zum Stimulieren der Produktion und zur Effektivierung der Steuereinziehung. Abbau von Handelshemmnissen – das meinte vor allem die Schaffung eines einheitlichen Wirtschaftsraums durch Wegfall der internen Zollschranken insbesondere zwischen Kastilien und Aragón und die Etablierung von privilegierten Handelskompanien für den Handel mit Amerika. Stimulieren der Produktion – das meinte unter anderem die Einrichtung staatlicher Manufakturen und den „Import" neuer Technologien durch die Anwerbung ausländischer Fachleute. Effektivierung der Steuereinziehung – das schließlich meinte in erster Linie die Überführung verpachteter Steuern in staatliche Verwaltung.

Für die erzielten Steuer-Mehreinnahmen gab es Verwendungsmöglichkeiten genug. In Philipps Regierungszeit wurde vor allem im Bereich der öffentlichen Fürsorge (Hospitäler, Getreidespeicher, Asyle) investiert, aber auch in die Stadtsanierung und die Modernisierung des Bildungswesens (Universitäten, Akademien). Mittel mussten nicht zuletzt zur Verfügung stehen, um die Binnenkolonisation durch die Anwerbung Landfremder anzukurbeln. Es machte sich hier positiv bemerkbar, dass zahlreiche Beamte die ludovizianische Reformpolitik gründlich studiert hatten und wussten, wo staatliches Handeln konkret anzusetzen hatte, um bestmögliche Erfolge zu erzielen. In Spanien wurde Europa im frühen 18. Jahrhundert Realität: die nachhaltige Orientierung am französischen Beispiel, Einflüsse aus der italienischen Staatenwelt und anderes mehr sind mit den Händen zu greifen. Dabei zielten die Reformen nicht nur auf die Anpassung an europäische Standards, sondern hatten vielmehr einen deutlichen „nationalen" Grundzug: die Wiedererlangung der alten spanischen Größe und Prosperität war für die „aufgeklärten" Beamten die zentrale Kategorie ihres politischen Denkens.

Das dritte zentrale Element der Reformen in Spanien war die Reorganisation des Staatsapparats und der gesamten Administration. Das betraf die obersten Regierungsbehörden, wo die schwerfälligen *Consejos* durch einen – allerdings nicht durchgehend amtierenden und den Kastilienrat nicht völlig entmachtenden – Staatsrat zur Seite geschoben und Staatssekretariate für bestimmte Ressorts eingerichtet wurden, die rasch den Charakter von Fachministerien annahmen. Das betraf weiterhin die Territorialverwaltung, wo nach französischem Vorbild Provinz- und Heeresintendanten eingesetzt wurden, die dann mehr und mehr direkt mit den Staatssekretären kommunizierten, das betraf nicht zuletzt die lokale Ebene, wo die städtischen Einkünfte neu geordnet und – dies freilich erst unter Karl III. – den Stadträten eine fünfköpfige gewählte Deputation zugeordnet wurde, die die Belange der Einwohner vertreten sollte. Insgesamt gelang es jedoch noch nicht, die oligarchischen Stadträte zu „entkrusten".

Die hier nur skizzierten und keineswegs erschöpfend behandelten Reformen in der Ära Philipps V., denen sich eine neuerliche Reformphase in der Regierungszeit Karls III. fast nahtlos anschloss und die in ihrer Gesamtheit die spanische Historiographie vom 18. Jahrhundert als dem Jahrhundert der Reformen sprechen lässt, machten aus Spanien zwar keine Insel der Seligen und verhinderten oppositionelle Emanationen nicht völlig. Namentlich ist hier an den großen Volksaufstand 1766 zu erinnern, der vordergründig auf Maßnahmen der Regierung – das Tragen bestimmter Kleidungsstücke – zurückging, die bei aller Rationalität tatsächlich um einiges über das Ziel hinausschossen, dem faktisch aber viel mehr strukturelle Probleme zugrunde lagen, als der aktuelle Anlass erkennen lässt. Alles in allem war Spanien im 18. Jahrhundert auf dem guten Weg, zu einem wohl administrierten Gemeinwesen mit relativ geringem Konfliktpotential zu werden, dessen lokale Ebene, etwa was die Finanzkraft und -verwaltung und die Nahrungsmittelversorgung betraf, sich die Krone in den 1760er Jahren besonders angelegen sein ließ. Aber auch wirtschaftspolitische Maßnahmen Karls III. wie etwa die Freigabe des Handels oder die Befreiung hochqualifizierter Facharbeiter vom Wehrdienst verdienen Beachtung. An dieser Einschätzung vermögen auch die Konflikte zwischen mehr zentralistisch und mehr regionalistisch orientierten Hofparteien und ein die Zeitgenossen aufwühlendes Ereignis wie die Ausweisung der Jesuiten 1767 nichts entscheidend zu ändern, die ihrerseits ja die Chance eröffnete, im Universitätsleben strukturelle Reformen anzupacken, die auch hier zu einer stärkeren Integration der Naturwissenschaften führten.

Dynastische Italienpolitik

Aber mit dieser alles in allem positiv zu konnotierenden inneren Entwicklung hielt die äußere Politik des Königreichs nicht Schritt. Nach dem Abschluss des Spanischen Erbfolgekrieges schien Spanien zunächst auf eine eher passive Rolle in der Mächtepolitik verwiesen zu sein, zumal die Beziehungen zu dem einzigen Verbündeten – Frankreich – sich nach Ludwigs XIV. Tod immer schwieriger gestalteten. Aber außenpolitische Enthaltsamkeit war weder die Sache des neuen Leiters der spanischen Politik, des aus Italien stammenden Abbé Alberoni, noch die der zweiten Ehefrau des Monarchen, der Italienerin Elisabeth Farnese. Die Revision der Utrechter Friedensordnung wurde zu beider erklärtem Ziel, also die Rückgewinnung der bisherigen italienischen Besitzungen der Krone Spanien, was sich nach der Geburt von Nachkommen aus der Ehe mit Philipp V. noch um die Dimension verstärkte, dort Sekundogenituren für Elisabeths Söhne zu errichten. Spanien wurde für eineinhalb Jahrzehnte erneut zum bewegenden Faktor der europäischen Politik, wurde im mittleren Mittelmeerbereich militärisch aktiv, veranlasste die an der Erhaltung des *Status quo* interessierten Staaten zu Bündnissen und Drohgebärden, um es am Ende – nun schon jenseits der Alberoni-Ära – zu erleben, dass tatsächlich für die beiden Söhne Elisabeths und des Königs in Mittel- und Unteritalien Sekundogenituren eingerichtet wurden.

Das war ein um so erstaunlicheres politisches Ergebnis, als Spanien lange ohne wirklichen Verbündeten dastand, in seiner Bündnisnot 1725 sogar auf den österreichischen Erzrivalen zuging und erst in den ganz späten 1720er Jahren das „natürliche" Bündnis mit den bourbonischen Vettern in Versailles wiederherstellte, das freilich von nun an über verschiedene bourbonische Familienpakte eine Grundkonstante seiner Europapolitik blieb. Das bedeutete zugleich – und diese Komponente hatte sich schon bei verschiedenen Versuchen, gegen Gibraltar vorzugehen, abgezeichnet – einen sich immer mehr zuspitzenden Gegensatz zu England, der sich vor allem auf Grenzstreitigkeiten in Übersee und auf die Handelsrivalitäten gründete. 1739 entluden sich diese Konflikte erstmals in einem Krieg in Übersee, in den Philipp V. auch den französischen Verbündeten einbezog und der dann nahtlos überging in den Österreichischen Erbfolgekrieg. In diesem insgesamt zehnjährigen Waffengang, in dem Spanien vor allem um die Installierung des zweitgeborenen Farnese-Sohns Philipp in Parma und Piacenza kämpfte und in Übersee immerhin die Festsetzung der Briten in Panama zu verhindern wusste, verfehlte der Bourbonenstaat, dessen erster König mitten im Krieg 1746 verstarb, ein weiteres Mal sein geopolitisches Hauptziel, den Rückgewinn Gibraltars und Menorcas. Immerhin erwies der Krieg, dass die in den zurückliegenden Jahren vollzogenen Militärreformen, darunter der Übergang zu einer Art allgemeiner Wehrpflicht und der Auf- und Ausbau von Provinzialmilizen, gewisse Erfolge gezeitigt hatten.

3.14.3 Das Leitthema der bourbonischen Familienallianzen

Mit dem Aachener Frieden und der Liquidierung des Konflikts mit Großbritannien 1749 verschwand ein großes Thema von der Agenda der Krone Spanien, die Versorgung der nachgeborenen Söhne Philipps V., und damit trat auch jene ungeheure Aggressivität und Beharrlichkeit wieder aus der spanischen Politik heraus, die diesen Staat für über zwei Jahrzehnte für Europa zu einem ständigen Sicherheitsrisiko gemacht hatte. Unter Ferdinand VI. wurde zumindest über die Option einer Annäherung an England diskutiert, ohne dass sie – wegen des vorzeitigen Todes des Premierministers Carvajal (1754), der dies besonders nachdrücklich betrieb – politikwirksam geworden wäre. Im Siebenjährigen Krieg trat Spanien nach dem Thronwechsel zu Karl III., der sein süditalienisches Königreich zugunsten der spanischen Krone aufgegeben hatte (1759), erneut an die Seite Frankreichs, so wenig Beifall das auch bei den spanischen Kaufleuten fand, für die Großbritannien inzwischen zum wichtigsten Handelspartner geworden war. Der (2.) bourbonische Familienpakt (1761) war aber auch deshalb wichtig, weil er eine Reihe ungelöster Probleme zwischen den beiden Nachbarstaaten (Pyrenäengrenze) überdeckte. Der Kriegsverlauf zeigte nachdrücklich die Verwundbarkeit des spanischen Kolonialimperiums auf und musste, auch wenn sich die spanischen Verluste im Vergleich mit den französischen in engen Grenzen hielten, der politischen Option Auftrieb und Vorrang geben, das amerikanische Imperium gegen die Briten (und die Portugiesen) zu sichern. Geplatzte Träume führten freilich, wie so oft, auch zu inneren Spannungen[5], die sich zum Beispiel an dem so genannten Esquilache-Aufstand fassen lassen, der 1766 weite Teile des Landes erfasste. Er hatte soziale Momente und eine völlig unsensible „Reformpolitik" des landfremden Finanzministers zur Ursache, war aber doch zugleich Spiegel einer tiefen Frustration. Ohne die beachtlichen Leistungen Karls III. zu schmälern: Des Feindbildes England wegen traten die überfälligen inneren Reformen nach dem Ende des Siebenjährigen Krieges längst nicht so wie in anderen Staaten in den Vordergrund; Einzelmaßnahmen wie eine Universitätsreform, die in Salamanca 1771 durchgeführt wurde, vermögen diesen Eindruck nicht zu ändern. Spätestens seit dem Pariser Frieden (1763) wurde der Gegensatz zu Großbritannien zu einer Art Invariablen der spanischen Politik. In Erwartung weiterer militärischer Auseinandersetzungen mit London wurden die Rüstungsanstrengungen erneut verstärkt – die spanische Kriegsflotte hatte ohnehin wieder eine beachtliche Stärke erreicht –, was wiederum die Staatsverschuldung in eine bedenkliche Höhe trieb. Die britische Regierung war sich bewusst, einem unversöhnlichen Gegner gegenüberzustehen: 1776 provozierte sie einen Konflikt um die Falkland-Inseln, den Spanien nur deswegen nicht ausfocht, weil der französische Verbündete sich einem Eintritt in einen offenen Krieg verweigerte, 1774 veranlasste sie den Sultan von Marokko zum Vorgehen gegen spanische Stützpunkte. Angesichts einer solchen Politik der permanenten Nadelstiche kann es nicht überraschen, dass Spanien, gerade eben mit dem iberischen Nachbarn Portugal in den Kolonien ins Reine gekommen, nach einigem Zögern auch in den Krieg der nordamerikanischen Aufständischen gegen das britische Mutterland eintrat. Das Zögern resultierte vor allem aus der Überlegung, welche Konsequenzen es für das eigene Kolonialimperium haben mochte, wenn man Kolonisten gegen die eigene Regierung unterstützte. 1783 im Pariser Frieden mochte man dann aber doch zu der Einschätzung gekommen sein, auf das richtige Pferd gesetzt zu haben: Zum ersten Mal seit Generationen konnte gegenüber London ein politischer Erfolg erzielt, konnten mit Menorca und Florida seit langem als schmerzlich empfundene Verluste wettgemacht werden. Doch verstärkte sich bald mehr und mehr der Eindruck, dass es sich um einen Erfolg mit Schattenseiten handelte – jenen Schattenseiten, die schon in der Phase der Entscheidungsfindung über den Kriegseintritt thematisiert worden waren. Kolonialbeamte haben es in den 1780er Jahren immer wieder beschworen, und es gehörte ja auch gar nicht viel Phantasie dazu zu prognostizieren, dass der erfolgreiche Aufstand von Kolonien gegen das Mutterland Weiterungen auch zum Nachteil Spaniens nach sich ziehen werde. Es wurden vielfältige Vorschläge formuliert, wie man einem solchen Prozess zuvorkommen könnte, etwa dadurch, dass man in Hispanoamerika Sekundogenituren errichtete und dem spanischen Monarchen nur noch eine Art Oberhoheit reservierte. Aber die Kraft, eins

---

5 Ch. WINDLER, Lokale Eliten.

von diesen Prophylaxemodellen wirklich konsequent umzusetzen, fand Karl III. am Ende seines Königtums nicht mehr, ebenso wenig wie Karl IV., den eher dynastische Probleme und, wenige Monate vor dem Bastille-Sturm im Nachbarland, eine stärkere Einbeziehung der *Cortes* in öffentliche Angelegenheiten und Reformvorhaben beschäftigten.

3.14.4 Revolutionsdisposition?

Es gibt Historiker, die ernsthaft die Frage aufgeworfen haben, ob es nicht auch in Spanien zu einer Art Revolution hätte kommen können. Ein entsprechendes Potential sozioökonomischer Gravamina war sicher vorhanden, was etliche Aufstände in Barcelona, Galizien und Asturien unter Beweis stellen, auch wenn es vordergründig „Hungeraufstände" gewesen sein mögen. Bezeichnenderweise hat auch die Regierung ein „Überschwappen" der Revolution ernsthaft befürchtet und entsprechende Gegenmaßnahmen gegen die Infiltration revolutionärer Schriften ergriffen, nachdem sie schon unmittelbar vor Ausbruch der Revolution im Nachbarland in Bezug auf die Zensur und die Kritik an ihr deutlich wieder zurückgerudert war. Auf der anderen Seite hatte die Politisierung in Spanien trotz der vielen Patriotischen Gesellschaften im ganzen Land noch längst nicht jenen Grad wie in Frankreich erreicht, und auch die Standesschranken zwischen Adel und Bürgertum wurden anders als dort jedenfalls nicht mehr als massiv empfunden. So unterblieb die „Revolutionierung", und Spanien entschloss sich sogar unter der Führung des von der Bevölkerung als Negativfigur empfundenen Herzogs Godoy zum Kriegseintritt gegen das revolutionäre Frankreich. Sein einseitiger Friedensschluss mit dem Revolutionsregime 1795 provozierte Großbritannien dann jedoch zu einer extrem antispanischen und vor allem den Amerikahandel beeinträchtigenden Politik, gegen die sich die Monarchie am Ende nur noch dadurch zu wehren vermochte, dass sie im Vertrag von San Ildefonso (1796) sich in ein Bündnisverhältnis mit dem revolutionären Frankreich einließ. Damit geriet die spanische Außenpolitik nun auf Dauer unter französischen beziehungsweise napoleonischen Einfluss.

Es ist nicht nur diese relativ rasche Kapitulation vor dem Revolutionsregime, die den Vergleich Spaniens mit den Niederlande nahelegt. Zwei Staaten, die am Beginn des hier zu behandelnden Zeitraums – ohne dass es für eine solche Qualifizierung exakte Kriterien gegeben hätte – zu den Großmächten zählten und die fast *pari passu* in eine mächtepolitische Abschwungphase eintraten, zwei Staaten, die letztlich der Doppelbelastung eines überseeischen Imperiums, das Kraft, Menschen, Ressourcen und Aufmerksamkeit erforderte, und einer anspruchsvollen kontinentalen Politik nicht gewachsen waren. Eine derartige Doppelbelastung bot nicht nur Chancen, sondern vor allem Risiken, die allenfalls im Verein mit einem verlässlichen Bündnispartner oder durch die Flucht in die (europäische) Neutralität minimiert werden konnten. Auch andere Staaten waren der Doppelbelastung Kolonien/europäische Führungsrolle nicht auf Dauer gewachsen; selbst Großbritannien traf mit und nach 1763 die klare Entscheidung, die Dinge auf dem Kontinent sich mehr oder weniger selbst zu überlassen und dem Ausbau des Kolonialimperiums Priorität einzuräumen.

3.15 Portugal

Wie für manche anderen europäischen Staaten, kam auch für das kleine, seines Kolonialimperiums wegen aber doch bedeutende Königreich an der iberischen Atlantikküste[1] die Mitte des 17. Jahrhunderts einer tiefen Zäsur gleich. Portugal, seit Philipp II. von Spanien mit dem Nachbarkönigreich in Personalunion verbunden, hatte sich mit einem großen Aufstand 1640, also in einer ausgesprochenen Krisensituation der spanischen Monarchie, wieder auf seine eigenen Füße gestellt. Das Land hatte, unter Instrumentalisierung der Vertragslehre von der Legitimität einer Revolte gegen einen Tyrannen, einen einheimischen Fürsten, den Herzog Johann von Braganza, zu seinem neuen König proklamiert und damit die in Portugal immer als widernatürlich empfundene iberische Einheit definitiv beendet. Dass es den Trägerschichten des Aufstands von 1640, die von Frankreich nachhaltig unterstützt wurden, nur um die Wiederherstellung der nationalen Unabhängigkeit und nicht etwa um Expansion ging, spiegelte sich darin, dass die Restauration in den früheren Grenzen erfolgte, also ein Ausnutzen der prekären Situation der spanischen Monarchie überhaupt nicht zur Debatte stand – obwohl das durchaus im Interesse des französischen Verbündeten gelegen hätte.

3.15.1 Die Kolonialmacht

Das portugiesische Königreich und seine neue, zunächst noch ungefestigte und mehrmals mit Staatsstreichversuchen konfrontierte Dynastie mussten allerdings noch bis 1668 (Friede von Lissabon) warten, bis auch Spanien, das sich im Pyrenäenfrieden von Frankreich freien Rücken gegen seinen iberischen Nachbarn hatte zusichern lassen, den Emanzipationsprozess förmlich anerkannte. Portugal war trotz aller Einbußen in den Kolonien (meist zugunsten der niederländischen Kompanien) immer noch eine der wichtigsten „Kolonialmächte". Während viele Positionen in Ostindien – mit Ausnahme unter anderem von Goa – zusammengebrochen und in andere Hände übergegangen waren, hatten das riesige Brasilien und auch die Stützpunkte in Afrika im Wesentlichen behauptet werden können; an wirkliche Flächenkolonien konnte Portugal seiner bescheidenen Population wegen ja ohnehin nie denken. Dieser koloniale Konzentrationsprozess auf den (südlichen) Atlantik war alles in allem für Portugals Stellung als Kolonialmacht eher von Vor- denn von Nachteil.

3.15.2 Bevölkerung und Sozialstruktur

Die Bevölkerung Portugals umfasste Mitte des 17. Jahrhunderts wohl kaum mehr als 1,8 Millionen Menschen, um 1700 dürften es zwei Millionen, 1785 etwa 2,7 und 1800 rund drei Millionen Menschen gewesen sein. Der vergleichsweise moderate Bevölkerungsanstieg hatte natürlich etwas mit der kontinuierlichen Abwanderung nach Brasilien zu tun, aber auch damit, dass sich die Fläche des Staatsgebiets während des ge-

---

1 Eine eingehende deutschsprachige Geschichte Portugals ist seit langem ein Desiderat. Angekündigt ist eine deutsche Übersetzung von: A. H. de OLIVEIRA MARQUES, História.

samten hier zu beobachtenden Zeitraums so gut wie nicht veränderte. Um die Mitte des 18. Jahrhunderts hat rund ein Zehntel der Gesamtbevölkerung, etwa 260 000 Personen, in Lissabon gelebt, das als eine der größten Städte Europas galt.

Bei allen mentalen Vorbehalten gegenüber dem großen Nachbarn im Osten: Die Sozialstruktur unterschied sich von der Spaniens nicht fundamental, denn auch in Portugal stellte die Kirche den bedeutendsten Faktor im öffentlichen Leben dar – rund 900 Ordenshäuser, ein überaus zahlreicher Klerus und die extrem hohe Abhängigkeit breiter Bevölkerungskreise von der Kirche belegen das. Der zweite Faktor, der die portugiesische Sozialstruktur mit der Spaniens vergleichbar macht, ist die zahlenmäßig große Schicht des Adels; sie umfasste – im europäischen Vergleich eher an der Obergrenze liegend – etwa 10 % der Gesamtbevölkerung und verfügte dank ihres Grundbesitzes über immensen Reichtum. Zwar häufig mit dem Hof verbunden, achtete der portugiesische Adel doch deutlich auf seine Unabhängigkeit. In den *Cortes* gab er in den Jahren und Jahrzehnten nach der Restauration von 1640 entschieden den Ton an, und das Parlament trat zwischen 1641 und 1688 immerhin acht Mal zusammen, um die Krone zu stützen, um neue Steuern zu bewilligen, um die Thronfolge zu bestätigen, aber auch, um durch die adligen *Concelos* maßgeblichen Einfluss auf die Regierung auszuüben.

Im Vergleich mit dem Klerus und dem (Hoch-)Adel spielte das Bürgertum im öffentlichen Leben nur eine bescheidene Rolle; davon ausgenommen ist allenfalls das Bürgertum in den großen Hafenstädten. Kapitalistisches Denken und bürgerliche Risikofreude waren im Portugal des mittleren 17. Jahrhunderts noch nicht gefragt, weshalb immer wieder die Tendenz spürbar wurde, das Bürgertum zu diskriminieren, etwa indem man einzelne bürgerliche Unternehmer verdächtigte, Juden zu sein. Auch konvertierte Juden – *Christãos Novos* – hatten einen schweren Stand, sahen sich mit der Inquisition konfrontiert und liefen seit 1659 sogar Gefahr, enteignet zu werden.

3.15.3 Königsmacht und Außenpolitik

Die sozialen Verkrustungen brachen in Portugal nur ganz allmählich auf. Man wird sagen können, dass seit der Wende vom 17. zum 18. Jahrhundert in mehrfacher Hinsicht eine neue Entwicklung einsetzte. Außenpolitisch geriet Portugal nun immer stärker in den Sog Großbritanniens, bei dem es Anlehnung gegen den übermächtigen spanischen Nachbarn suchte. Bezeichnenderweise nutzten die Seemächte Portugal im Spanischen Erbfolgekrieg als Operationsbasis, um den habsburgischen Prätendenten doch noch auf dem Madrider Thron zu installieren. Innenpolitisch begann ein Prozess der Konsolidierung der königlichen Macht, der sich insbesondere daran festmachen lässt, dass 1697 die *Cortes* letztmals einberufen wurden. Dieser Konsolidierungsprozess beinhaltete vor allem die zunehmende Bürokratisierung und die Schaffung verschiedener, in die Nähe moderner Ministerien zu rückenden Zentralorgane, von denen neben den *Concelos* die Sekretariate immer mehr Einfluss gewannen, deren drei Leiter seit 1736 eine Art Kabinett bildeten. Das heißt nicht, diesen Organen wäre der Zugriff auf die lokale Ebene geglückt, dort hielten sich noch lange feudale Relikte wie die adelsabhängigen Gemeinderäte (*Cámeras*). Aber ein gewisser Trend hin zur Staatsverdichtung wurde doch erkennbar.

Und das heißt auch nicht, dass sich die engen Bindungen der Krone an die Kirche gelockert hätten. Alle Braganza-Könige des späteren 17. und vor allem des 18. Jahrhunderts, bei denen sich im Übrigen die Fälle von Regierungsunfähigkeit auffällig häuften, waren von einer kaum zu übertreffenden Devotion gegenüber der Kurie und der nationalen Kirche erfüllt, die sie reich beschenkten und immer wieder großzügig ausstatteten. Die Kurie wusste dann auch, was sie an den portugiesischen Königen hatte; nicht nur, dass sie ihrem Wunsch entsprach, das Bistum Lissabon zum Patriarchat zu erheben, sie zeichnete die Krone auch mit dem Ehrentitel des *„Rex Fidelissimus"* aus, mit dem die Dynastie in gewisser Hinsicht ja mit der Krone Spanien (*„Rex Catholicus"*) gleichzog. Bei alledem sind nationalkirchlich-regalistische Tendenzen auch in Portugal nicht zu übersehen.

3.15.4 Die Aufklärung in Portugal

Eine wirklich neue Entwicklung aber begann in Portugal erst unter dem Einfluss der Aufklärung: Zunächst einer noch stark „katholischen" Aufklärung verhaftet, deren Protagonist Luiz Antonio Verney vor allem Reformen im Bildungsbereich initiierte, setzte sich dann aber – bezeichnenderweise im Gefolge des katastrophalen Erdbebens von 1755, das die 260 000-Menschen-Metropole Lissabon fast dem Erdboden gleichmachte – die radikalere und konsequentere Richtung der Aufklärung durch. Sie verbindet sich namentlich mit dem Namen des Marquis von Pombal (1699–1782), der nach mehreren diplomatischen Missionen 1750 nach dem Tod Johanns V. an die Spitze der Regierung trat und nach Bewältigung der Krise von 1755 den Staat umzubauen begann. Dazu zählten unter anderem Reformen im Verwaltungsbereich, unter denen die Bürokratisierung des Steuerwesens für den Einzelnen am meisten spürbar wurde, Reformen im Militärwesen, bei denen er sich maßgeblich auf den deutschen Grafen Wilhelm von Schaumburg-Lippe[2] stützte, und Eingriffe in das Wirtschaftsleben, um den Handel und die Landwirtschaft zu befördern (und den Staat mit seinem chronischen und notorischen Haushaltsdefizit an diesem Aufschwung teilhaben zu lassen). Auch seine Modernisierungsmaßnahmen im Bereich der Wissenschaften, zu denen insbesondere die Förderung der Natur- und Rechtswissenschaft, die Reform der Universität Coimbra, die 1772 neue Statuten erhielt, und die Gründung der Königlichen Akademie der Wissenschaften zählten (1780), sollen hier genannt werden.

Es versteht sich, dass diese vielen Eingriffe in das öffentliche Leben, zumal sie oft genug überhastet und rücksichtslos in Szene gesetzt wurden, manche Gegner auf den Plan riefen, namentlich die alten Eliten und die Jesuiten – Pombal war während seiner Diplomatenzeit in Wien in recht engen Kontakt mit dem Spätjansenismus gekommen. Nachdem die Jesuiten in Brasilien sich schon seit einigen Jahren einer neuen königlichen Verordnung über die Indianerarbeit widersetzten und zwei neuen Handelsgesellschaften mit Ablehnung begegneten, was auf portugiesische Intervention bei der Kurie zu einem römischen Verbot führte, sich im Handel zu betätigen und zu predigen und die Beichte abzunehmen, ergab die Untersuchung eines fehlgeschlagenen Attentats auf den Monarchen, dass nicht nur Hochadlige, sondern auch die

---

2 Vgl. Kapitel 2.3.2 (Der Adel).

Societas Jesu darin verstrickt war. Während ein Marquis mitsamt seinen Kindern hingerichtet wurde, wurde ein Jesuitenpater, der vor kurzem aus Brasilien zurückgekehrte Gabriel Malagrida, als Ketzer verbrannt, ein Mann im Übrigen, der einen deutlichen Zusammenhang zwischen der Antijesuitenpolitik Pombals und der Zerstörung Lissabons hergestellt hatte.[3] Aber das war nur der Anfang einer Spirale. Im Januar 1759 wurde der gesamte Besitz des Ordens beschlagnahmt, wenige Monate später wurde er gänzlich des Landes verwiesen – über die portugiesischen Vorgänge hinaus Ausdruck eines generellen europäischen Antijesuitismus, der 1772 im völligen Verbot des Ordens aufgipfeln sollte.

Überhaupt ist in der Emanzipation Portugals von der Kirche und kirchlichen Einrichtungen wohl eine der zentralen Leistungen Pombals zu sehen. Nachdem in dem guten halben Jahrhundert vor 1747 noch immerhin mehr als 4 600 Personen von der Inquisition verurteilt worden waren, gelang es Pombal, deren Autonomie zu beenden und sie zu einem königlichen Tribunal umzuwandeln, an dessen Spitze er seinen eigenen Bruder stellte. Von nachhaltiger Bedeutung für die innere Befriedung der portugiesischen Gesellschaft war es zudem, dass er den Begriff der „Blutsreinheit" aus dem öffentlichen (und gerichtlichen) Leben verbannte und damit die Spaltung der Gesellschaft in Altchristen und (grundsätzlich verdächtige) Neuchristen beendete.

Wie auch immer man die Ära Pombal, die auch ihre Schattenseiten – etwa den Aufbau einer Staatspolizei, die politische Nonkonformisten jagte – hatte, im Einzelnen bewerten mag: keine Frage ist es, dass Portugal durch sie wieder Anschluss an die europäischen Prozesse fand und zu einem markanten Beispiel für die Möglichkeit wurde, Aufklärung in staatliche Reformen umzusetzen. Es ist evident, dass Portugal, bis dahin ganz den Blick nach Westen und Süden gewendet und in einem starken Maß sozial verkrustet, durch die drei Jahrzehnte der Pombal-Aktivitäten wieder viel näher an „Europa" heranrückte.

Es versteht sich andererseits, dass dieser Phase engagierter Reformen, also einer konzentrierten Innenpolitik, nicht ein entsprechendes außenpolitisches Engagement gegenüberstand. Portugal erlebte von 1713 an bis in die napoleonische Zeit eine lange Friedensperiode, die nur 1762 einmal durch einen kurzen Krieg mit Spanien unterbrochen wurde. In all diesen Jahrzehnten, letztlich seit dem berühmten Methuen-Vertrag von 1703 (der das brasilianische Gold weitgehend in englische Taschen fließen ließ), galt Portugal als sozusagen „natürlicher" Verbündeter Großbritanniens, dessen Politiker gelegentlich die Integrität Portugals geradezu als elementar für Großbritanniens Interessen einstuften. Wenn es in dem rasch wechselnden Mächtespiel des 18. Jahrhunderts eine Konstante gab, dann war es die Allianz zwischen dem militärisch schwachen, aber geostrategisch interessanten Königreich und Großbritannien.

Nach Pombals Tod setzte sich der Reformismus nicht bruchlos fort – und es gab auch dynastische Rückschläge. Königin Maria I. erwies sich als eher lethargisch, wurde schließlich sogar geisteskrank und damit regierungsunfähig. Ihr Sohn Johann übernahm 25jährig zwar 1792 die Amtsgeschäfte, aber es war bezeichnend, dass in dieser Zeit noch einmal ernsthaft die Frage einer Personal- oder gar Realunion mit Spanien diskutiert wurde (für welchen Eventualfall die spanischen *Cortes* sogar die Thronfolge-

---

3 C. Eifert, Erdbeben, 659.

ordnung änderten). Aber dem standen am Ende dann doch die kommerziellen Interessen Portugals und seine im Verlauf des 18. Jahrhunderts immer enger gewordenen Bindungen an Großbritannien entgegen, die einen Großteil des portugiesischen Außenhandels, insbesondere des Portweinhandels, direkt in englische Hände überführt hatten und die sich beispielsweise 1781 in einem neuen Handelsabkommen niederschlugen, das den Absatz portugiesischer und brasilianischer Produkte auf dem britischen Markt garantierte. Aber auch abgesehen von diesem ökonomischen Aspekt: London hatte das allergrößte politische Interesse daran, über seinen portugiesischen Verbündeten eine Art zusätzliche Kontrolle der bourbonischen Staaten ausüben zu können.

Portugal in der Revolutionszeit

Prekär wurde die Situation für Portugal in der Revolutionszeit, vor allem nachdem Spanien ins französische Lager übergewechselt war (1795) und sich in Paris und Madrid mehr und mehr die Ansicht durchsetzte, Portugal sei als eine immer noch beachtliche Seemacht und als einziger kontinentaler Verbündeter Großbritanniens für seine „Nibelungentreue" zu bestrafen. Um dieser Gefahr zu entgehen, schloss die Krone 1801 mit britischer Zustimmung Frieden mit Spanien; dabei verlor Portugal zwar nur eine Grenzstadt, war aber nun in das System der Kontinentalsperre eingebunden. Trotzdem nahmen die Überlegungen, Portugal zu erobern und den Briten die potentielle Operationsbasis zu entziehen, damit kein Ende; 1804 wurden sie schließlich auch umgesetzt. Die Königsfamilie floh nach Brasilien, und im Land formierte sich eine breite Unabhängigkeitsbewegung. Als weitere Konsequenz kam hinzu, dass Portugal nun zu dem Aufmarschgebiet der britischen Truppen schlechthin wurde und über Jahre hinweg das ziemlich rigide Besatzungsregime Wellingtons und des Generals William Carr zu erdulden hatte.

4 Forschungsstand

4.1 Das innovative Potential der Frühneuzeitforschung

Die Frühe Neuzeit generell zählt zu den seit den 1960er Jahren besonders eifrig beackerten Forschungsfeldern – das lebhafte und wachsende Interesse steht natürlich in Zusammenhang mit den seit damals errichteten entsprechenden Lehrstühlen. Das trifft auch auf ihre zweite Hälfte zu, wobei freilich signifikante Schwerpunktsetzungen zu beobachten sind. Zudem stellte die Frühe Neuzeit in mehrfacher Hinsicht eine Art Exerzierfeld für neue methodische Ansätze dar. Die nach wie vor blühende Historische Demographie nahm – quellenbedingt – ebenso von der Frühen Neuzeit ihren Ausgang wie – um einige Beispiele anzuführen – die „neue" Militärgeschichte, die die Geschichte der bewaffneten Verbände mit Ansätzen der Kultur-, Mentalitäts- und Sozialgeschichte sowie Aspekten der Weltbild- und Stereotypenforschung verbindet, oder auch die Historische Kriminalitätsforschung, die seit einem guten Dutzend Jahren einen bemerkenswerten Aufschwung genommen hat, wobei freilich noch nicht mit der wünschenswerten Intensität Fragestellungen der Jurisprudenz mit denen der Geschichtswissenschaft zusammengeführt wurden.

4.2 Quelleneditionen

Was die modernen Quelleneditionen betrifft, so sollen zunächst diejenigen aus der „staatlichen" Sphäre ins Auge gefasst werden. Der Bereich der „internationalen Beziehungen" reicht mit dem säkularen Editionsunternehmen der *Acta Pacis Westphalicae* gerade eben noch an die Schwelle der hier zu behandelnden Epoche heran; dem Unternehmen kommt hinsichtlich der Editionstechnik sicher auf lange Zeit eine Vorbildfunktion zu.[1] Die späteren großen Friedensschlüsse der Vormoderne – selbst der Wiener Kongress – ermangeln einer vergleichbaren Quelledition, so dass man hier nach wie vor letztlich auf den Weg in die Archive angewiesen ist, sofern knappe Auswahl-

---

1 Bisher sind innerhalb des zunächst von Max Braubach und Konrad Repgen und später von Konrad Repgen allein geleiteten Unternehmens rund 30 Bände erschienen. Sie gliedern sich in die drei großen Abteilungen ("Serien") Instruktionen, Korrespondenzen und Protokolle/Verhandlungsakten/Diarien/Varia. Von Einzelnachweisen wird hier – und auch in der Bibliographie – abgesehen.

editionen nicht ausreichen.[2] Biographisch orientierte Quelleneditionen, etwa zu Friedensunterhändlern[3] oder den Fürsten, können diesen Mangel nur bedingt ausgleichen. Immerhin liegen die Texte der meisten internationalen Verträge – Reproduktionen alter Editionen, nicht etwa historisch-kritische Ausgaben – in der *Consolidated Treaty Series* leicht greifbar vor.[4] Zeitgenössische, zum Teil im Nachdruck wieder aufgelegte Sammlungen ausgewählter Aktenstücke – so zu Nijmegen oder Rijswijk[5] – machen die Defizite nur noch mehr bewusst.

Ähnlich verhält es sich mit den großen kriegerischen Konflikten der Epoche, die den Friedensschlüssen vorangingen. Einige von ihnen sind durch ältere Quellensammlungen recht gut erhellt – hier sind etwa das ebenso große wie ehrwürdige Quellenwerk der „Feldzüge des Prinzen Eugen"[6] oder das so genannte Generalstabswerk zu Friedrichs des Großen Kriegen[7] zu nennen –, aber zu Genese und Verlauf etwa des Nordischen oder des Siebenjährigen Krieges stehen Quelleneditionen, die auf internationaler Zusammenarbeit beruhen, noch aus – sie sind übrigens auch nicht absehbar.

Günstiger steht es um die diplomatischen Beziehungen der vormodernen Staaten. Die französische Diplomatie ist für den Zeitraum vom Westfälischen Frieden bis zur Revolution durch den inzwischen über 35 Bände umfassenden „*Recueil des instructions*" gut erhellt; er gibt die Instruktionen an die Diplomaten wieder[8], enthält aber auch darüber hinaus gehendes Material. Er deckt nicht nur die wichtigsten europäischen Partner ab, sondern auch eine Fülle deutscher und italienischer Kleinstaaten. Ein entsprechendes englisches Unternehmen, die „*British Diplomatic Instructions*", blieb leider nach nur wenigen Bänden, die Schweden, die Niederlande und Dänemark betreffen, liegen; hier wurde als zu behandelnder Zeitraum die Epoche zwischen der *Glorious Revolution* und der Französischen Revolution gewählt.[9] Der russische „*Sbornik*" enthält für die Zeit ab Peter dem Großen eine Fülle diplomatischer Berichte an die Kaiserinnen und Kaiser[10]; für die genuesischen Gesandten in Spanien liegt für den gesamten hier in Rede stehenden Zeitraum eine Dokumentation ihrer Berichte vor[11]; die venezianischen *Relazioni* sind jetzt in

---

2 Der Wiener Kongreß 1814/15, hg. v. Klaus MÜLLER, Darmstadt 1986; Quellen zur kleinstaatlichen Verfassungspolitik auf dem Wiener Kongreß: die mindermächtigen deutschen Staaten und die Entstehung des Deutschen Bundes 1813–1815, hg. v. Michael HUNDT, Hamburg 1996; Quellen zur Geschichte des Deutschen Bundes, hg. v. Lothar GALL, Abt. I, Bd. 1: Die Entstehung des Deutschen Bundes 1813–1815, bearb. von Eckhardt TREICHEL, München 2000.

3 In den Acta Pacis Westphalicae ist zum Beispiel das Tagebuch des kurialen Friedensvermittlers Fabio Chigi ediert worden.

4 Hg. von Clive PARRY, Dobbs Ferry 1979ff.. Für die hier behandelte Epoche kommen die Bde. 1–55 in Betracht.

5 Actes et Mémoires des négociations de la Paix de Nimègue, 4 Bde., Amsterdam 1679–80, ND Graz 1974; Actes et Mémoires des négociations de La Paix de Ryswick, 4 Bde., 2. Aufl. La Haye 1725, ND Graz 1974.

6 22 Bde., Wien 1876–92.

7 Die Kriege Friedrichs des Großen, hg. vom Großen Generalstab, 17 Bde., Berlin 1890–1913.

8 Recueil des instructions données aux ambassadeurs et ministres de France depuis les traités de Westphalie jusqu'à la Révolution française, Bd. 1–(31), Paris 1885–(1998).

9 British Diplomatic Instructions, 7 Bde., London 1922–34.

10 Sbornik Imperatorskogo Russkogo Istoriceskogo Obscestra, Bde. 1–148, Petrograd 1867–1916.

11 Istruzioni e relazioni degli ambasciatori Genovesi, hg. v. Raffaele CIASCA, Bde. 3–7 (1636–1797), Roma 1955–1968.

einer Dokumentation leicht greifbar, sie genügt allerdings noch nicht den Ansprüchen einer historisch-kritischen Edition.[12] Die 470 Depeschen der venezianischen Botschafter aus dem vorrevolutionären und revolutionären Paris haben eine eigene Ausgabe erfahren.[13] Auch Nuntiaturberichte liegen in zahlreichen älteren Ausgaben vor.[14] Die Berichte der niederländischen Diplomaten aus Wien für das halbe Jahrhundert von 1670 bis 1720 sind schon vor vielen Jahrzehnten der Forschung zugänglich gemacht worden[15]; die Berichte der habsburgischen Diplomaten in Madrid in der Regierungszeit Karls III. wurden in den 1970er und 1980er Jahren publiziert.[16] Vor kurzem ist für einen deutschen Mittelstaat (Kurbayern) eine Dokumentation seiner außenpolitischen Beziehungen zu den europäischen Staaten um die Mitte des 18. Jahrhunderts vorgelegt worden.[17]

Schließlich hat man auf Quellensammlungen – meist (Teil-)Editionen der Briefwechsel – zurückzugehen, die sich um hochrangige Politiker zentrieren: dazu zählen die inzwischen auf 20 Bände angewachsene Korrespondenz des niederländischen Ratspensionärs Heinsius, der Anfang des 18. Jahrhunderts eine der politischen Schlüsselfiguren auf der europäischen Bühne war[18], und sein Briefwechsel mit dem englischen Feldherrn Marlborough[19], sodann natürlich die Fürstenkorrespondenzen, deren sich namentlich die preußische Geschichtswissenschaft (Friedrich Wilhelm I., Friedrich II.) angenommen hat, ohne dass das säkulare Editionsunternehmen der „Politischen Korrespondenz Friedrichs des Großen" bis heute hätte abgeschlossen werden können.[20] Auch Joseph II. ist durch eine ganze Reihe „bilateraler" Korrespondenzeditionen wissenschaftlich relativ gut erschlossen.[21] Von großer Bedeutung für die allgemeine Geschichte ist schließlich der Briefwechsel zwischen Wilhelm III. und seinem Freund Hans Willem Bentinck.[22]

Als weitere informative Quellengattung sind jene Schriften zu berücksichtigen, in denen Fürsten, ohne die Öffentlichkeit im Auge zu haben, über sich, ihr Weltbild und ihre Politik reflektierten. Im Deutschen Reich bildete sich im 17. Jahrhundert in vielen dynastischen Fürstenstaaten das Medium des Politischen Testaments aus, es lässt

12 Relazioni di ambasciatori veneti al Senato, hg. v. Luigi Firpo. Das Werk erscheint seit Mitte der 1960er Jahre. Die für die hier in Rede stehende Epoche einschlägigen Bde. sind 1 (Inghilterra, Roma 1965), 4 (Germania 1658–1793, Roma 1968), 7 (Francia 1659–1792, Roma 1975), 10 (Spagna 1635–1738, Roma 1979) und 11 (Savoia 1496–1797, Roma 1983).

13 Venise et la Révolution française. Les 470 dépêches de l'ambassadeur de Venise au Doge 1786–1795, hg. v. Alessandro Fontana u. a., Paris 1997.

14 Beispiel: Nuntiaturberichte vom Kaiserhof Leopolds I., hg. v. A. Levinson, 2 Bde., Wien 1913–18.

15 Weensche Gezantschapsberichten van 1670 tot 1720, hg. v. G. v. Antal/J. C. H. de Pater, 2 Bde., Den Haag 1929–34.

16 Berichte der diplomatischen Vertreter des Wiener Hofes aus Spanien in der Regierungszeit Karls III. (1759–1788), hg. v. Hans Juretschke, bearb. von Hans-Otto Kleinmann, 14 Bde., Madrid 1970–1988.

17 Staatsverträge des Kurfürstentums Bayern, hg. v. Alois Schmid, München 1991.

18 De briefwisseling van Anthonie Heinsius 1702–1720, hg. v. A. J. Veenendaal, 20 Bde., Den Haag 1976–2001.

19 The Correspondence, 1701–1711, of John Churchill, First Duke of Marlborough, and Anthonie Heinsius, Grand Pensionary of Holland, Den Haag 1951.

20 Politische Correspondenz Friedrichs des Großen, bisher 46 Bde., Berlin 1879–1939.

21 Vgl. den Überblick bei H. Duchhardt, Zeitalter, 214.

22 Correspondentie van Willem III. en van Hans Willem Bentinck, hg. v. N. Japikse, 5 Bde., Den Haag 1927–37.

sich aber auch in Nachbarstaaten wie in Dänemark nachweisen; selbst Ludwig XIV. hat eine Art Politisches Testament verfasst, ohne dass damit in Frankreich eine wirkliche Tradition begründet worden wäre. Für den deutschen Bereich liegen Auswahlsammlungen[23] vor, vor allem aber eine historisch-kritische Ausgabe der Politischen Testamente der Hohenzollernfürsten[24], die bis weit ins 19. Jahrhundert hinein geschrieben wurden. Zudem sind jene Quellen heranzuziehen, in denen Fürsten mit schriftstellerischem Anspruch über ihre Politik und die Geschichte ihrer Dynastie reflektiert haben – Friedrich II. von Preußen mit seinen vielen kleineren und größeren, oft direkt mit einem Öffentlichkeitsbezug konzipierten Studien ist hier das markanteste Beispiel[25] –, und nicht zuletzt solche Schriften, in denen Fürsten in selbstbiographischer Absicht ihr Leben Revue passieren ließen. Hier sollen als Beispiele die Memoiren der russischen Kaiserin Katharina II.[26] und die Autobiographie Franz' II. Rákóczi[27] genannt werden. Auch Tagebücher von Fürsten haben ihren eigenen Reiz.[28]

Die Spezifik Europas in der hier zu betrachtenden Epoche machten seine (regionalen und nationalen) Vertretungskörperschaften aus, also jene vorparlamentarischen Gremien, die das jeweilige Land gegenüber dem Fürsten vertraten und seine Lasten trugen. Am intensivsten aufgearbeitet für zumindest einen wichtigen Teil unseres Zeitraums wurden die englischen Parlamentsakten.[29] Aber auch zu den Ständekörperschaften anderer europäischer Staaten[30] und deutscher Territorien[31] liegen moderne Editionen vor, die sich unter den Vorzeichen des Aufspürens der Wurzeln des modernen demokratischen Repräsentativsystems seit den 1960er Jahren mehrten. Die großen Sammlungen der von diesen Gremien beschlossenen oder vom Fürsten dekretierten Gesetze entstanden oder starteten überwiegend bereits im 19. Jahrhundert – Isambert für Frankreich[32], die Schweizerischen Rechtsquellen[33]. Von den modernen quellenkritischen Editionen

---

23 Politische Testamente und andere Quellen zum Fürstenethos der frühen Neuzeit, hg. v. Heinz DUCHHARDT, Darmstadt 1987.

24 Die politischen Testamente der Hohenzollern, hg. v. Richard DIETRICH, Köln/Wien 1986.

25 Erschöpfend erfasst in der Bibliographie: Friedrich der Große 1786–1986, bearb. von Herzeleide und Eckart HENNING, Berlin/New York 1988.

26 Die Quelle hat eine lange Rezeptionsgeschichte. Leicht greifbar sind die Memoiren jetzt in der von A. Grasshoff besorgten Übersetzung (Katharina II., Memoiren, 2 Bde.), die in Leipzig 1986 und München 1987 erschien.

27 L'Autobiographie d'un Prince Rebelle. Confessions et Mémoires de François II Rákóczi, hg. v. B. KÖPECZI, Budapest 1977.

28 Friedrich I. von Sachen-Gotha und Altenburg. Die Tagebücher 1667–1686, bearb. von Roswitha JACOBSEN, 2 Bde., Weimar 2000; Das geheime politische Tagebuch des Kurprinzen Friedrich Christian 1751 bis 1757, bearb. von Horst SCHLECHTE, Weimar 1992.

29 The House of Commons 1660–1690, hg. v. B. D. HENNING, 3 Bde., London 1983.

30 Actas de las Cortes de Navarre, 1530–1829, Bde. 1–19, Pamplona 1991–1996.

31 Hessen-Kasselische Landtagsabschiede 1649–1798, hg. v. G. HOLLENBERG, Marburg 1989; Land- und Ausschußtage in Schwarzburg-Rudolstadt 1531–1736, hg. v. Hans HERZ, Jena 1997.

32 Recueil général des anciennes lois françaises depuis l'an 420 jusqu'à la révolution de 1789, hg. v. François Isambert u. a., 31 Bde., Paris 1821–1833.

33 Die Sammlung der Schweizerischen Rechtsquellen gliedert sich in insgesamt 16 Abteilungen, in denen die Stadt-, Land- und sogar Gemeinderechte der einzelnen Kantone (1: Zürich, 2: Bern, 3: Luzern, 7: Glarus, 8: Zug, 9: Freiburg, 10: Solothurn, 12: Schaffhausen, 14: St. Gallen, 15: Graubünden, 16: Aargau) wiedergegeben werden. Das Unternehmen, das seit rund 100 Jahren läuft, ist noch längst nicht abgeschlossen.

verdienen unter anderem diejenige des schwedischen Reichsgesetzbuchs[34] und diejenige des Allgemeinen Preußischen Landrechts Erwähnung.[35] Eine seiner Vorstufen, das Projekt eines *Codex Fridericianus Marchicus*, liegt seit kurzem in einem Nachdruck vor.[36]

Unsere Gegenwart ist reich an – meist nun auch EDV-gestützten – Erfassungsvorhaben, die gerade solche Quellen aufbereiten, an denen Generationen von Wissenschaftlern mehr oder weniger achtlos vorbeigegangen sind. Ich will das nur an zwei Beispielen demonstrieren: Das Frankfurter Max-Planck-Institut für Europäische Rechtsgeschichte erfasst in Repertorienform sämtliche im Reich und in seinen Territorien erlassenen *Policey*ordnungen, die ja das gesamte öffentliche Leben regelten.[37] Von anderer Seite ist ebenfalls in Repertorienform ein Verzeichnis sämtlicher in den Territorien des Deutschen Reichs erschienenen Amtskalender und Amtshandbücher vorgelegt worden, die im Wesentlichen das 18. Jahrhundert abdecken, und keineswegs nur für prosopographische Studien von Belang sind.[38] Auch die Kommunikation zwischen den Spitzen von Handelsgesellschaften und der staatlichen Administration[39] oder die Einträge in wichtige Zollregister[40], für die Wirtschaftsgeschichte Quellen von eminenter Bedeutung, werden in neuen Editionen aufbereitet.

Die Epoche war im starken Maß von den Wissenschaften geprägt, von den Reflexionen, Entdeckungen und Erfindungen ihrer großen Intellektuellen, und es drängte sich deswegen geradezu auf, ihre Schriften und Korrespondenzen in umfassenden Editionsunternehmen zugänglich zu machen. Zum Teil starteten sie schon vor vielen Jahrzehnten. Besonders wichtig ist die Akademieausgabe der Schriften und Briefe von Gottfried Wilhelm Leibniz[41], für seinen Zeitgenossen Isaac Newton liegt erstaunlicherweise noch keine Gesamtausgabe vor. Von den Aufklärern im engeren Sinn ist Voltaire mit einer ob ihres Umfangs überwältigenden Edition mit Abstand am besten erschlossen[42],

---

34 Das schwedische Reichsgesetzbuch (Sveriges Rikes Lag) von 1734, hg. v. Wolfgang WAGNER, Frankfurt 1986.

35 Allgemeines Landrecht für die preußischen Staaten, eingeführt von Hans HATTENHAUER, 3. Auflage, Neuwied u. a. 1996.

36 Hg. von Francesco CORDOPATRI, Milano 2000.

37 Repertorium der Policeyordnungen der Frühen Neuzeit, hg. v. Karl HÄRTER/Michael STOLLEIS, bisher 3 Bde., Frankfurt a. M. 1996–1999.

38 Repertorium territorialer Amtskalender, bearb. von Volker BAUER, 3 Bde., Frankfurt a. M. 1997–2002.

39 Generale missiven van Gouverneurs-Generaal an Raden een Heren XVII der Verenigde Oostindische Compagnie, Teile 5 (1686/87) – 9 (1729/37), 11 (1743/50), Den Haag 1975–1997.

40 Dutch entries in the pound-toll registers of Elbing 1585 – 1700, hg. v. J. Th. LINDBLAD, Den Haag 1995.

41 Das Editionsunternehmen startete bereits in den 1920er Jahren, ist aber von seinem Abschluß nach wie vor weit entfernt. Im Einzelnen liegen vor: Gottfried Wilhelm Leibniz, Sämtliche Schriften und Briefe. 1. Reihe: Allgemeiner politischer und historischer Briefwechsel, Bde. 1–[16]; 2. Reihe: Philosophischer Briefwechsel, Bd.1; 3. Reihe: Mathematischer, naturwissenschaftlicher und technischer Briefwechsel, Bde. 1–[4], 4. Reihe: Politische Schriften, Bde. 1–[3]; 6. Reihe: Philosophische Schriften, Bde. 1–[4]; 7. Reihe: Mathematische Schriften, Bde. 1–[2].

42 Die Voltaire-Edition erscheint seit den frühen 1970er Jahren: Œuvres complètes de Voltaire, hg. v. Th. BESTERMAN; geplant sind 135 Bde., knapp die Hälfte davon dürfte im Druck vorliegen. Bisher erschienen die gesamte Korrespondenz, Bde. 85–135 (1968–77) und weitere etwa 30 Bde. Der (abgeschlossene) Briefwechsel Voltaires ist bereits vergriffen. – Hingewiesen sei darauf, dass die verantwortliche Voltaire Foundation nun auch eine Gesamtausgabe der Werke Montesquieus vorbereitet, die in 21 Bänden erscheinen soll.

aber es ist auch auf Werkausgaben Edmund Burkes[43] oder Justus Mösers[44] zu verweisen. Bearbeitet ist seit kurzem auch die Korrespondenz des aufgeklärten Straßburger Historikers Johann Daniel Schöpflin.[45] Die weit gespannte Korrespondenz des bedeutenden Schweizer Wissenschaftlers Albrecht von Haller wird in großem Stil aufbereitet.[46]

4.3 Gesamtdarstellungen, zentrale Begriffe und Deutungsmuster

Von den „europäisch" orientierten Gesamtdarstellungen verdienen neben dem seinerzeit bahnbrechenden „Handbuch der europäischen Geschichte"[47] die neueren Darstellungen aus einer Hand von Jeremy Black[48] und Walter Demel[49] besondere Erwähnung, weil sie Europa konsequent als eine integrierte politische Einheit verstehen. Beide gehen rein strukturgeschichtlich vor, ohne den Einzelstaaten je spezielle Kapitel zu widmen. Dass dies ein ebenso ehrgeiziges wie problematisches Vorgehen ist, weil ein solcher Ansatz mit einer gewissen inneren Logik die gemeinsamen Züge gegenüber den je einzelnen Spezifika (zu) deutlich hervortreten lässt, liegt auf der Hand, es nimmt diesem dem Europabewusstsein besonders förderlichen Zugriff aber nichts von seinem Reiz.

Im Verlauf der zurückliegenden beiden Dezennien hat auf internationaler Ebene eine sehr intensive Diskussion zentraler Begriffe, Kategorien und Deutungsmuster der Frühen Neuzeit insgesamt und der hier behandelten Epoche speziell stattgefunden. Nachdem die britische Geschichtswissenschaft, aus der Perspektive ihrer nationalen Geschichte, mit der Epochenbezeichnung „Absolutismus" für die Gesamtheit der europäischen Geschichte des 17./18. Jahrhunderts schon immer ihre Schwierigkeiten gehabt hatte, wurden deren Einwände in einem Anfang der 90er Jahre erschienenen Buch von Nicholas Henshall[50] zusammengefasst und dabei dem Absolutismus pointiert die Rolle eines bloßen Mythos zugewiesen. Die von diesem Buch ausgelöste Diskussion[51] ist bisher vor allem in Deutschland geführt worden und hat zu einer neuerlichen Reflexion über die „Ingredienzien" dieses zwar aus dem zeitgenössischen Denken herzuleitenden, aber doch (mit einer pejorativen Konnotation) erst im frühen 19. Jahrhundert gebildeten Begriffs[52] geführt, und sein Unvermögen, die Epoche adäquat zu

---

43 The Writings and Speeches of Edmund Burke, hg. v. Paul Langford, bisher Bde. 2, 5, 6, 8, 9, Oxford 1981–[1991].

44 Justus Möser, Briefwechsel, neu bearb. von William F. Sheldon, Hannover 1992.

45 Johann Daniel Schöpflin, Wissenschaftliche und diplomatische Korrespondenz, hg. v. Jürgen Voss, Stuttgart 2002.

46 Bisher: Der nützliche Brief. Die Korrespondenz zwischen Albrecht von Haller und Christoph Jakob Trew 1733–1763, hg. v. Hubert Steinke, Basel 1999.

47 In Betracht für unseren Zeitraum kommt Bd. 4, vgl. Fritz Wagner (Hg.), Europa im Zeitalter des Absolutismus und der Aufklärung, Stuttgart 1968.

48 J. Black, Eighteenth Century Europe, (1990).

49 W. Demel, Europäische Geschichte, (2000).

50 N. Henshall, Myth of Absolutism.

51 Sie ging im Kern zurück auf eine „Leitbesprechung" von H. Duchhardt in der HZ 258 (1994) und schlug sich vor allem in R. Asch/H. Duchhardt (Hg.), Absolutismus, und in E. Hinrichs, Fürsten, nieder.

52 Dazu R. Blänkner, Absolutismus.

kennzeichnen, betont. Es versteht sich von selbst, dass nicht alle Historiker bereit und in der Lage sind, sich in diesen Überprüfungsdiskurs einzubringen.[53] Dabei zeigen immer mehr Studien, wie wenig es dem „absolutistischen" Staat gelang, bis auf die dörfliche Ebene vorzustoßen, und die Untersuchungen der Konflikte zwischen Ständen und Fürsten im späteren 17. Jahrhundert führten zu dem eindeutigen Ergebnis, dass der Souverän keineswegs bestrebt war, aufgrund eines neuen Rechtsverständnisses neue Rechtsverhältnisse herzustellen. Versuche, im Gegenzug gewissermaßen den Begriff nun auch schon auf Dokumente und Entwicklungen des ganz frühen 17. Jahrhunderts anzuwenden, sind ebensowenig hilfreich wie eine Tendenz der französischen Geschichtswissenschaft, den Absolutismus-Begriff auf die gesamte (vorrevolutionäre) Frühe Neuzeit auszudehnen.[54]

Immerhin hat die Absolutismus-Diskussion nebenbei die Frage nach den Eckpunkten der Epoche neuerlich aufgeworfen. Dazu trug auch direkt oder indirekt die lebhafte europaweite Auseinandersetzung über das Konfessionalisierungs-Paradigma bei. Die nationalen Historiographien haben in der Vergangenheit ihre Zäsuren zwar unterschiedlich gesetzt – die britische mit der Stuart-Restauration oder gar mit der Glorreichen Revolution, die deutsche mit dem Westfälischen Frieden, die französische mit dem Beginn des persönlichen Regimes Ludwigs XIV. –, sie stimmten aber im Wesentlichen darin überein, einen Schnitt in die Mitte des 17. Jahrhunderts zu legen. Neuere Geamtdarstellungen, so von Press und von Münch[55], haben sich, ohne auf den Absolutismus-Begriff zu rekurrieren, hingegen an dem Ansatz versucht, das 17. Jahrhundert als eine Einheit zu behandeln. Das ist nicht ohne Reiz, hat aber die herkömmliche Epochenbegrenzung nicht außer Kraft setzen können – auch wenn man nach dem ungeheuer produktiven Gedenkjahr des Westfälischen Friedens (1648/1998) zu konstatieren hat, dass es mit der europäischen Signalwirkung des Ereignisses vom 20. Oktober 1648 im Sinn einer dauerhaften Friedensordnung und einer Wendemarke in jeder Hinsicht nicht gar so weit her war.

Aber die lebhafte Diskussion über die der Epoche angemessene Begrifflichkeit, die ja immer eine erkenntnisleitende Funktion hat, beschränkt sich nicht auf den Generalbegriff. Verständnis- und Denkkategorien wie das von Gerhard Oestreich entwickelte und in den letzten beiden Jahrzehnten lebhaft diskutierte Konzept der „Sozialdisziplinierung" oder der von Otto Brunner vor mehr als einem halben Jahrhundert in den Wissenschaftsdiskurs eingeführte Begriff des „ganzen Hauses" werden, bei aller Würdigung ihrer heuristischen Bedeutung, zunehmend kritisch hinterfragt.[56] Was das „ganze Haus" betrifft, so ist das Paradigma jüngst als undeklarierte Umbenennung des von der Historischen Schule der Nationalökonomie im 19. Jahrhundert entwickelten

---

53 Vgl. etwa jüngst Peter Baumgart, Absolutismus ein Mythos? Aufgeklärter Absolutismus ein Widerspruch? Reflexionen zu einem kontroversen Thema gegenwärtiger Frühneuzeitforschung, in: ZHF 27 (2000), 573–589.

54 Das in französischer Sprache 1985 als Bd. 3 einer auf 6 Bde. angelegten Geschichte Frankreichs unter dem Titel „La France moderne de 1515 à 1789" veröffentlichte Buch von Jean Meyer wurde 1990 in Deutschland unter dem Titel „Frankreich im Zeitalter des Absolutismus, 1515–1789" publiziert.

55 V. Press, Kriege; P. Münch, Jahrhundert.

56 Vgl. zuletzt St. Weiss, Otto Brunner.

und von der Soziologie übernommenen Theorems der „Geschlossenen Hauswirtschaft" gedeutet worden, dessen Realitätsgehalt an den Haushalten des Adels, des reichen Bürgertums und der Fürsten überprüft werden sollte. Es führt wohl kein Weg daran vorbei, dass jede Zeit die Diskussion über die ihr adäquat und hilfreich erscheinenden Verständniskategorien neu führen muss. Das betrifft im Übrigen auch das für die Forschung ungeheuer fruchtbar gewesene Konstrukt Norbert Elias' einer „höfischen Gesellschaft", dessen Einseitigkeit mehr und mehr hervorgehoben wird.[57] Aber die Haltbarkeit einer wissenschaftlichen These und ihre Fruchtbarkeit müssen ja nicht immer deckungsgleich sein. Ein eindrücklicher Beleg dafür ist die lange Diskussion über eine „Krise des 17. Jahrhunderts", die von der auffälligen Häufung von Konflikten und Aufständen zwischen 1630 und 1660 ausging und darin ein Symptom einer europaweiten Krise des Staates nach innen und außen sowie der Wirtschaft, der Mentalitäten und der Beziehungen zu einer überirdischen Instanz sah. Heute redet kaum noch jemand von dem Gesamtkonstrukt der „Krise", aber der Ansatz ist für die Erforschung vieler Auffälligkeiten des mittleren 17. Jahrhunderts[58] dennoch fruchtbar gewesen.

4.4 Der „geistesgeschichtliche" Forschungsansatz

Mit diesen Bemerkungen ist zugleich auch schon ein Kardinalproblem aller Forschung im zurückliegenden Jahrhundert angesprochen worden, das der eher „geistesgeschichtlichen" oder eher politisch-lebensweltlich-realienbezogenen Akzentuierung. Gegen den geistesgeschichtlichen Forschungsansatz, der sich in Deutschland mit Namen wie Friedrich Meinecke oder Ernst Troeltsch verband, formten sich überall in Europa spätestens seit den 1940er Jahren nationale Oppositionsbewegungen, die der Geistesgeschichte eine Verkürzung der wissenschaftlichen Erkenntnismöglichkeiten vorwarfen; in Frankreich lassen sie sich mit dem Stichwort *„Annales"*-Schule fassen, in Deutschland mit der Hochkonjunktur der Sozial- und Wirtschaftsgeschichte seit den ausgehenden 1950er Jahren. Die Spannung zwischen einer Individual- oder einer Kollektivorientierung der Forschung erhielt in Deutschland noch eine zusätzliche Aufladung durch die Herausforderung der hier besonders spürbaren marxistischen Historiographie und ihrer Prämisse historischer Gesetzmäßigkeiten. Die oft an Glaubenskämpfe heranreichenden Auseinandersetzungen zogen freilich nicht das Ende der Geistesgeschichte nach sich, sondern beließen ihr in Gestalt einer „neuen" Ideen- und Geistesgeschichte einen prominenten Platz im Gesamtspektrum der historischen Subdisziplinen. Diese Variante konzentriert sich freilich nun deutlich auf die Sprache, deren Stellenwert im Prozess der Konstituierung und Veränderung historischer Realität zu einem höchst attraktiven neuen Forschungsfeld wurde. In gewisser Weise ging Deutschland mit dem achtbändigen Unternehmen der „Geschichtlichen Grundbegriffe" voran, eines „Lexikons zur politisch-sozialen Sprache"[59], das über die Kontextuali-

---

57 J. Duindam, Myth.

58 Beispiel: H. Lehmann/A. Ch. Trepp (Hg.), Im Zeichen der Krise.

59 Otto Brunner/Werner Conze/Reinhart Koselleck (Hg.) Geschichtliche Grundbegriffe. Lexikon zur politisch-sozialen Sprache in Deutschland, 8 Bde., Stuttgart 1972 – 1997.

sierung von Begriffen und Texten der Frage nach dem Zusammenhang von Ideen und Realität nachging. Bei aller Kritik im einzelnen hat dieser Ansatz europaweit eine große Resonanz gefunden. Freilich sind die Nuancen nicht zu übersehen, die sich in Frankreich zum Beispiel in heftigen Auseinandersetzungen über die Quellen niederschlugen, mit denen man den Beziehungen zwischen Denken und sozialer Ordnung nachgehen solle. Relativ eigenständig war die Entwicklung in Großbritannien, wo der Ansatz an sich – Wechselwirkungen zwischen Denken und Sozialordnung – nie in Frage stand, sich aber, repräsentiert durch die so genannte *Cambridge School*, mehr und mehr auf die Frage konzentrierte, ob und wie man auch die unbedeutenderen Texte wieder zum Sprechen bringen und wie der Sprache der Zeitgenossen zu ihrem Recht verholfen werden könne. Quentin Skinner hat im Kontext seiner Bemühungen um die Rekonstruktion der sprachlichen Konventionen einer gegebenen Epoche insbesondere den Sprechakten Aufmerksamkeit geschenkt.[60] Für die in diesem Band behandelte Epoche ist die deutsche Rezeption dieses Ansatzes insofern von Belang, als er Arbeiten zum Herrschaftsdiskurs im Alten Reich ganz unübersehbar befruchtet hat.[61]

4.5 Stereotypenbildung

Die Frühe Neuzeit ist die „klassische" Epoche, in der sich die für die ganze Moderne maßgeblichen nationalen Stereotypen und die nationalen Gegensätze als Ausfluss eines bestimmten Anti-Bildes formierten. Zu diesen Stereotypenbildungen hat vor allem die – aus sich selbst fließende oder von außen gesteuerte – Publizistik beigetragen, die in der hier zur Diskussion stehenden Epoche erstmals massiv mit einer „nationalen" Komponente eingesetzt wurde, um Solidarisierungen zu bewirken und eingeforderte Leistungen leichter akzeptabel zu machen. So verschob sich das Feindbild „der Deutschen" im Jahrhundert nach dem Westfälischen Frieden immer mehr in Richtung Frankreich.[62] Die damit in Zusammenhang stehende Frage nach den Anfängen eines „deutschen" Nationalbewusstseins wird nach wie vor kontrovers diskutiert; man verortet sie irgendwo in der Zeit zwischen dem Siebenjährigen Krieg und den napoleonischen Kriegen. Am intensivsten ist freilich der Prozess der von der konsequenten Gegenüberstellung zu Frankreich geprägten und von einer beachtlichen und dezidierten Frankophobie (*natural and necessary enemies*) begleiteten Entwicklung der spezifischen „*Britishness*" behandelt worden, der ja, zumindest im Sinn der zu bewerkstelligenden Anglisierung der jeweiligen Eliten, auch die Nebenländer – Irland, Schottland, Wales – einzuschließen hatte.[63] Leider hat die für das 19. Jahrhundert ausgesprochen lebendige Stereotypen- und Fremdbildforschung noch längst nicht alle europäischen Nachbarn und ihre Phobien erreicht. Für die Schärfung eines europäischen Bewusstseins ist es sicher elementar wichtig, sich der Fremd- und Feindbildstereotypen bewusst zu werden und den Schutt der Geschichte beiseite zu räumen.

---

60 Q. SKINNER, Reason and Rhetoric.
61 Vgl. u.a. R. ESSER, Landstände, und B. STOLLBERG-RILINGER, Vormünder des Volkes?
62 M. WREDE, Das Reich und seine Feinde.
63 Ich nenne hier namentlich die Bücher von L. COLLEY, Britons, und C. KIDD, British Identities.

4.6 Die Aufklärung als europäisches Forschungsanliegen

Einen markanten Schwerpunkt der Forschung bildete im zurückliegenden Vierteljahrhundert die europäische Aufklärung, namentlich deren Sozialgeschichte. Die historische Forschung hatte sich der Aufklärung als einer geistigen Umbruchsbewegung, die vor allem in der Philosophie und in der Literatur Niederschlag fand, lange vor allem unter der Fragestellung ihrer Umsetzung in konkrete, praktische Politik genähert und in diesem Kontext das Phänomen des Aufgeklärten Absolutismus nicht nur „europäisiert", sondern auch in sich differenziert.[64] Seit den mittleren 1970er Jahren begann aber auch hier ein Umdenken im Sinn einer Sozialgeschichte der Aufklärung, selbstredend unter Aufnahme der einschlägigen Frageraster der allgemeinen Sozialgeschichte (Schichtenspezifik, Berufspalette, Konfessionszugehörigkeit usw.). Die Anstöße kamen dabei zumindest in Deutschland bezeichnenderweise zu einem guten Teil vom 19. Jahrhundert her. Der am Beginn der deutschen „Vereinsforschung" stehende Aufsatz von Thomas Nipperdey über Vereine als soziale Struktur[65] war ganz deutlich vom 19. Jahrhundert her gedacht. Dieser Aussage steht freilich Franklin Kopitzschs grundlegender Aufsatz – eher ein kleines Buch – diametral entgegen.[66] Neben einer seitdem blühenden Erforschung der Sozialstrukturen einzelner Vereine und Sozietäten, die in letzter Zeit erweitert wird um Arbeiten zu ganzen „Sozietätslandschaften"[67], wurde relativ früh auch der Versuch einer Zusammenschau gemacht, also des Herausarbeitens deutscher oder sogar europäischer Strukturen, für die die Bücher Ulrich Im Hofs (1982)[68] und Richard van Dülmens (1986)[69] stehen.

In letzter Zeit genießt allem Anschein nach der Ansatz, die empirische Grundlage der Forschung zu verbessern – durch die Edition von Mitgliederverzeichnissen[70] und Protokollen[71]– die besondere Gunst der Geschichtswissenschaft; aber es sind auch neue Fragestellungen zu erkennen, die zum Teil von der französischen und angelsächsischen Forschung inspiriert sind: die personellen Vernetzungen der vielen Gesellschaften und Vereine, die Soziabilitätsforschung, die grundsätzlich alle Formen von Gesellschaftlichkeit zu erfassen sucht, der Kulturtransfer zwischen europäischen Ländern, unter anderem zwischen dem Deutschen Reich und Frankreich[72] und, in jüngster Ver

---

64 Vgl. K. O. von Aretin (Hg.), Der Aufgeklärte Absolutismus, namentlich auch Aretins Einleitung.

65 In: Thomas Nipperdey, Gesellschaft, Kultur, Theorie. Gesammelte Aufsätze zur neueren Geschichte, Göttingen 1976, 174–205.

66 In: F. Kopitzsch (Hg.), Aufklärung, (1976).

67 Vgl. H. Zaunstöck, Sozietätslandschaft.

68 Ulrich Im Hof, Das gesellige Jahrhundert. Gesellschaft und Gesellschaften im Zeitalter der Aufklärung, München 1982. Ders., Europa der Aufklärung.

69 R. van Dülmen, Gesellschaft der Aufklärer.

70 So wurden in jüngster Vergangenheit u. a. die Mitgliederlisten des Illuminatenordens und diejenigen der Erfurter Akademie nützlicher Wissenschaften veröffentlicht: Die Mitglieder des Illuminatenordens 1776–1787/93, hg. v. Hermann Schüttler, München 1991; Mitgliederverzeichnis der Akademie nützlicher (gemeinnütziger) Wissenschaften zu Erfurt, hg. v. Horst Rudolf Abe/Jürgen Kiefer, Teil 1, Erfurt 1993.

71 Die Protokolle der Wiener Freimaurerloge „Zur wahren Eintracht" (1781–1785), hg. v. Hans-Josef Irmen, Frankfurt a. M. 1994.

72 Vgl. u. a. H.-J. Lüsebrink/R. Reichardt (Hg.), Kulturtransfer. Die Hauptprotagonisten dieser Forschungsrichtung auf deutscher Seite sind H.-J. Lüsebrink, R. Reichardt und M. Middell.

gangenheit besonders intensiv bearbeitet, zwischen dem Deutschen Reich und Däne-mark[73], der Anteil der Frauen am gelehrten Diskurs und am Sozialleben der Vereine.[74] Frauen haben zeitweise aufgeklärten Vereinen vorgestanden (Wittenberg 1787) sowie maurerische Damen-Logen und geschlechtsspezifische Vereine begründet, womit sich immer deutlicher herausschält, dass die männliche Dominanz in der Aufklärungsbe-wegung erheblich zu relativieren ist. Einen neuen Anschub hat aber auch die Erfor-schung der spezifisch katholischen Aufklärung erfahren, unter anderem durch den Ansatz, anhand der Bucherwerbungen katholischer Bibliotheken (Luzern, Eichstätt, Klosterneuburg) den Grad der Aufgeschlossenheit gegenüber der Bewegung zu erfas-sen.[75] Die Bewertung der Sonderform der katholischen Aufklärung in den geistlichen Staaten oszilliert derzeit zwischen den Positionen, eine „intendierte Rückständigkeit"[76] anzunehmen oder aber ein „normales" Maß an Aufgeschlossenheit gegenüber der Be-wegung nachzuweisen.[77] Generell ist die Umsetzung von Aufklärung in eine „volks"gerechte Form ein zentrales Anliegen der gegenwärtigen Forschung. Im Zuge des *linguistic turn* in den Geisteswissenschaften insgesamt hat zudem die Semantik der zentralen Codebegriffe der Aufklärung einen nachhaltigen Anstoß erhalten, der sich in Deutschland insbesondere in einem Unternehmen wie dem Handbuch politisch-so-zialer Grundbegriffe in Frankreich niedergeschlagen[78] hat. Man darf allerdings auch die Augen nicht davor verschließen, dass andere Bereiche der Aufklärungsforschung, etwa die Rezipientenforschung, also die Ermittlung der expliziten und impliziten Re-zipienten eines Druckwerks, seit geraumer Zeit eher auf der Stelle treten.

Die Zeit, in der der Pietismus als ein bloßes Contra zur Aufklärung gesehen wurde, ist lange vorbei. Von allen religiösen Bewegungen ist es der Pietismus, der die mit Ab-stand größte Forschungsresonanz gefunden hat; sie spiegelt sich nicht nur in Gesamt-darstellungen[79], sondern auch in einer Spezialzeitschrift.[80] Dabei geht es der neueren Forschung, die auch zentrale Quellen zugänglich macht[81], weniger um die vielen theo-logischen Schattierungen der Bewegung als vielmehr um ihre allgemeine kulturelle und zivilisatorische Strahlkraft[82] – und in diesem Kontext auch um ihr keineswegs ex-trem spannungsvolles Verhältnis zur Aufklärungsbewegung. Reine Weltflucht sagt den Anhängern des Pietismus heute niemand mehr nach. Der Pietismus ist im Übrigen auch ein besonders anschauliches Beispiel für die Globalisierung eines europäischen kulturellen Phänomens und seine Ausstrahlung bis nach Amerika und nach Asien.

---

73 Vgl. u. a. das Themenheft der Zeitschrift „Das achtzehnte Jahrhundert": Y.-G. MIX (Hg.), Deutsch-dänischer Kulturtransfer.

74 Vgl. u. a. H. NEUMANN, Emanzipation. Auch in der Gesamtdarstellung von B. STOLLBERG-RILINGER, Europa, spielt dieses Thema eine besondere Rolle.

75 Vgl. H. KLUETING (Hg.), Katholische Aufklärung, sowie D. BREUER (Hg.), Aufklärung.

76 So P. HERSCHE, in: G. SCHMIDT (Hg.), Stände.

77 Dies etwa die Position von K. ANDERMANN, Geistliche Staaten.

78 R. REICHARDT/E. SCHMITT (Hg.), Handbuch politisch-sozialer Grundbegriffe in Frankreich 1680–1820, München 1985 ff.. Auch dieses Unternehmen verdankt sich wesentlich R. Reichardt. Bisher liegen 22 Hefte vor.

79 M. BRECHT (Hg.), Pietismus, Bd. 1–3.

80 Pietismus und Neuzeit, gegenwärtig Bd. 27 (2001).

81 Philipp Jakob Spener. Briefe aus der Frankfurter Zeit 1666–1686, hg. v. Johannes WALLMANN, bis-her 2 Bde., Tübingen 1992–1996.

82 U. a. R. LÄCHELE (Hg.), Das Echo Halles.

4.7 Sozialgeschichte

In der allgemeinen Sozialgeschichte, die lange ihr Hauptaugenmerk den städtischen Führungsschichten und den Unterschichten zugewandt hatte, scheint sich in letzter Zeit – nachdem Frankreich[83] und Großbritannien[84] hier vorangegangen waren – auch in Deutschland ein gewisser Paradigmenwechsel hin zum Adel[85] abzuzeichnen. Das hat etwas damit zu tun, dass in weiten Teilen Europas erst seit wenigen Jahren wieder eine archivgestützte Adelsforschung möglich geworden ist, aber auch damit, dass das wachsende Interesse an der Kultur an dem wie keine andere Schicht kulturstiftenden Faktor Adel, dessen Weltbild und Lebensführung immer auf die anderen Gesellschaftsgruppen rückwirkte, nicht vorbeikommt. Dabei geht der Trend, wenn der Eindruck nicht täuscht, wenigstens in drei Richtungen: die Konturierung bestimmter „Adelslandschaften", etwa durch die Auswertung der noch längst nicht ausgeschöpften adligen Korrespondenzen, die Binnendifferenzierung „des Adels" (*noblesse de robe* – Schwertadel usw.) und den europäischen Vergleich – denn es ist ja keineswegs absurd, österreichischen Niederadel und die englische *gentry* in eine Korrelation zu bringen und in ihrem Sozialverhalten und ihren kulturellen Präferenzen miteinander zu vergleichen.

Aber der Adel ist nur das eine neue große Thema der allgemeinen Sozialgeschichte. Daneben sind immer stärker die Randgruppen der Gesellschaft in den Fokus der Forschung gerückt: die Nichtsesshaften und Banden, die Scharfrichter und Abdecker, die unehelich Geborenen und die Prostituierten, um nur einige Gruppen herauszugreifen; die sehr kleinen Gruppen wie die Kastraten werden hier übergangen. Das hat etwas mit Sympathien für die „zu kurz Gekommenen" zu tun, aber auch damit, dass gerade am Verhältnis zu den Außenseitern soziale Verhaltensmuster einer Gesellschaft besonders gut demonstriert werden können – und auch die Veränderungen, die die Aufklärung bewirkt hat. Insofern kann es kaum überraschen, dass auch die Beziehungen der Juden zu ihrer christlichen Umwelt immer wieder Beachtung finden.

Die Randgruppen standen in der Vormoderne für ein gewisses Maß an Mobilität. Durch äußere Faktoren – Subsistenzkrisen, konfessioneller Druck – bedingte Mobilität wurde aber auch für manche an sich eher den „stabilen" Gruppen in der Gesellschaft zuzurechnende Bevölkerungsteile zumindest zu einem Denkmodell. Die Historische Migrationsforschung, die ihren Ausgang von der späten Neuzeit und dem 20. Jahrhundert genommen hatte, hat inzwischen auch die Frühe Neuzeit erreicht und dort nicht nur Studien über transnationale, innereuropäische Binnenwanderungen nach sich gezogen[86], sondern auch über die ersten Auswanderungswellen nach Amerika[87], die allerdings mit den Migrantenströmen im 19. Jahrhundert noch nicht verglichen werden können.

Einen gewaltigen Sprung nach vorne hat in den zurückliegenden Jahren die Militärgeschichte gemacht, die sich deutlich von der älteren „Kriegsgeschichte" abge-

---

83 Vgl. u. a. L. Bély, Société, und C. Duhamelle, L'Héritage collectif.
84 H. M. Scott, European Nobilities.
85 R. G. Asch (Hg.), Der europäische Adel; E. Maurerer, Südwestdeutscher Reichsadel.
86 Vgl. beispielsweise: F. Raynaud, Savoyische Einwanderer.
87 Etwa H. J. Grabbe, Vor der großen Flut.

wandt und völlig neue Fragestellungen aufgeworfen hat.[88] Dazu zählt insbesondere das Forschungsfeld einer „Sozialgeschichte des Militärs", dessen vorrangiges Interesse auf Rekrutierung und Aufstiegschancen, soziales Umfeld und Dienstalltag (Familien, Garnisonsstädte usw.)[89] und Überlebensstrategien (Desertion, Kriegsgefangenschaft)[90] zielt, aber in neuester Zeit auch auf das breite militärwissenschaftliche Schrifttum der Zeit und das Verhältnis von Militär und Aufklärung[91] – letzteres schließt den Komplex der Militärreformen in der zweiten Hälfte des 18. Jahrhunderts ein, der besonders für Frankreich jetzt als gut erhellt gelten kann.[92] Generell bemüht sich die „neue Militärgeschichte" mit guten Erfolgen, bisher vernachlässigte oder unbekannte Quellenbestände für ihre Fragestellungen zu erschließen. Auffällig ist im Übrigen, in welch starkem Maß die „neue" Militärgeschichte noch ein deutsches Spezifikum ist, obwohl sich die Probleme doch mehr oder weniger in ganz Europa gestellt haben. Auch die Zusammenhänge von „Heeresverfassung und Staatsverfassung" können dank einer umfassenden Tagungsdokumentation[93] jetzt für ganz Europa als gut aufgearbeitet angesehen werden, ebenso wurde über die Auswirkungen von Rüstung und Krieg auf den jeweiligen Staatshaushalt und generell die Finanzverfassung[94] manches Forschungsergebnis vorgelegt, wohingegen ein seinerzeit (1962) als bahnbrechend angesehenes Buch von Otto Büsch über die Militarisierung der preußischen Gesellschaft im 18. Jahrhundert inzwischen mehr und mehr auf Vorbehalte stößt. Im Bereich der eher „traditionellen" Militärgeschichte lag in letzter Zeit ein gewisser Akzent auf den Konflikten des mittleren 18. Jahrhunderts. Für die Interdependenzen von Mächtepolitik und Militärwesen hat Johannes Kunisch die Modellstudie schlechthin vorgelegt[95], die zu der Erklärung beiträgt, warum sich Preußen im Siebenjährigen Krieg gegen eine numerisch weit überlegene gegnerische Front zu behaupten vermochte. Insgesamt haben auf diesem Feld, das auch die Diskussion über eine (in der zweiten Hälfte des 17. Jahrhunderts zu verortende) „militärische Revolution" – oder mehrere? – einschließt[96], die französische und die angelsächsische Geschichtsforschung lange den Ton angegeben, die man etwa mit den Namen André Corvisier, Geoffrey Parker und Jeremy Black fassen kann.

Eher traditionellen Ansätzen sind Gesamtdarstellungen der friderizianischen Kriege (Duffy, Showalter), der englisch-niederländischen Kriege (Jones) oder des Österreichischen Erbfolgekriegs (Anderson, Browning) verpflichtet. In dieser Hinsicht ist inzwischen die angelsächsische Geschichtsforschung führend, der mit der Reihe *„Wars in Perspective"* auch ein spezielles Forum zur Verfügung steht, das sehr gute Überblickswerke publiziert.

---

88 Vgl. den Forschungsbericht von R. Pröve, Schmuddelkind.
89 Vgl. etwa R. Pröve, Stehendes Heer.
90 Vgl. etwa M. Sikora, Disziplin und Desertion.
91 Vgl. J. Kunisch, „Puppenwerk", und D. Hohrath, Kriegspraxis.
92 C. Opitz-Belakhal, Militärreformen.
93 J. Kunisch (Hg.), Staatsverfassung.
94 Vgl. etwa J. C. Riley, Seven Years War.
95 J. Kunisch, Mirakel.
96 Einschlägig hierzu: G. Parker, Military Revolution, und J. Black, Military Revolution?

4.8 Historische Kriminalitäts- und Hexenforschung

Steht die „neue" Militärgeschichte schon auf der Grenze zwischen Sozialgeschichte und der *New Cultural History*", so ordnet sich die Historische Kriminalitätsforschung recht eindeutig der zweitgenannten historiographischen Richtung zu. Seit den mittleren 1980er Jahren zuerst in Frankreich und England und jetzt mehr und mehr – sogar in einem eigenen Arbeitskreis organisiert – auch in Deutschland hervortretend, hat sie in kurzer Zeit ein ganz eigenes Profil ausgebildet.[97] Häufig mit statistischen Methoden arbeitend und meist auf geschlossene Archivfonds zurückgreifen könnend, hat sie sich in Deutschland zwar von Ergebnissen aus anderen Ländern – so von dem faszinierend einfach klingenden Ansatz Chaunus, der *Violence-au-Vol*-These, befruchten lassen, aber dann doch ganz eigene Wege entwickelt. Generell waren unter allen Vergehen die Eigentumsdelikte wohl die mit Abstand häufigsten, während der Bereich Schlägerei/Körperverletzung – meist im oder im unmittelbaren Umkreis des Wirtshauses – prozentual doch deutlich nachgeordnet war; die Beteiligten rekrutierten sich vorwiegend aus dem Handwerk. Beteiligt waren, nicht überraschend, weitaus überwiegend Männer; in Frankfurt machten sie 93 % aller gerichtlich registrierten Gewalttäter aus. Erstaunlicher ist die in etlichen Lokaluntersuchungen für verschiedene Teile Europas festgestellte Abnahme der Gewaltkriminalität im Lauf des 18. Jahrhunderts, ohne dass dafür schon ein ganz überzeugendes Erklärungsparadigma entwickelt worden wäre.

Während die Forschung sowohl Studien zur dörflichen Kriminalität[98] wie zu der in den Städten – etwa die eben genannte zu Frankfurt/Main[99] – und der ganzer Territorien vorlegte, hat die Erforschung der so genannten Ehrkonflikte von städtischen Fallbeispielen ihren Ausgang genommen. Die Frühe Neuzeit zeichnete ja ein recht dichtes Netz von Wertvorstellungen aus, einen „Vorrat" an Ehre, an dem die Menschen in verschiedenem Umfang, aber grundsätzlich alle teilhatten und der bei einer jederzeit möglichen Verletzung nach Sanktionen verlangte. Es ist ein Verdienst von Martin Dinges[100], diese Ehrvorstellungen anhand der Akten von Pariser Beleidigungsprozessen erstmals scharf konturiert und nachgewiesen zu haben, dass keineswegs nur Personen von Stand, sondern auch das einfache Volk mit rechtlichen Mitteln um die Wiederherstellung seiner Ehre kämpfte. Und die Schärfe der gerichtlichen Auseinandersetzungen um Ehre, Geltung und Prestige lässt an dem hohen Rang dieses Wertes im öffentlichen „Normenhaushalt" keinen Zweifel. Die „Verletzte Ehre" hat seit dieser Pionierstudie erhebliche wissenschaftliche Resonanz gefunden[101] und ist auch auf Kongressen inzwischen häufig behandelt worden. Für das Deutsche Reich beispielsweise ist ermittelt worden, dass im 17./18. Jahrhundert über 50 % der der Kategorie 'Kriminalität und Unrecht' zuzuordnenden Reichskammergerichtsprozesse mit dem Stichwort 'Ehre' zu tun hatten.[102]

---

97 Vgl. den Forschungsbericht von G. Schwerhoff, Devianz, sowie J. Eibach, Städtische Gewaltkriminalität, und A. Blauert/G. Schwerhoff (Hg.), Kriminalitätsgeschichte.
98 Vgl. etwa noch: M. Frank, Dörfliche Gesellschaft.
99 J. Eibach, Städtische Gewaltkriminalität.
100 M. Dinges, Maurermeister.
101 U. a. R. van Dülmen, Der ehrlose Mensch; K. Schreiner/G. Schwerhoff (Hg.), Verletzte Ehre.
102 A. Baumann, Gesellschaft.

Unabhängig von der Subdisziplin der Historischen Kriminalitätsforschung entwickelte sich schon seit den späten 1970er Jahren in ganz Europa eine sehr intensive und ertragreiche Hexenforschung, die den periodischen Hexenverfolgungen – die sich ja auch bis nach Nordamerika fortsetzten – unter geschlechterspezifischen und mentalitätsgeschichtlichen, unter religionssoziologischen und alltagsgeschichtlichen Fragestellungen nachging. Um jeden dieser Bereiche nur mit einem Wort zu beleuchten: geschlechterspezifisch, das meinte die Hexenverfolgungen als Höhepunkt der Leidens- und Opfergeschichte der Frauen; mentalitätsgeschichtlich, das meinte die Umsetzung eines Konglomerats von Elementen des Zauber- und Ketzerwesens und die kaum zu entkräftende Wucht des „Gerüchts" in einer dörflichen Gemeinschaft; religionssoziologisch, das meinte den „Versuch einer konsistenten christlichen Weltdeutung vorgefundener magischer Phänomene" (Schwerhoff); alltagsgeschichtlich schließlich, das meinte Agrarkrisen, Hunger und Teuerung, für die Sündenböcke gesucht wurden, das meinte Zusammenhänge mit dem Anziehen der obrigkeitlichen Steuerschraube, das meinte die Umsetzung von erb-, güter- und familienrechtlichen Konflikten auf eine andere Ebene. Die Hexenforschung hat inzwischen zumindest in Deutschland auch eine beachtliche institutionelle Verfestigung erreicht; wenn der Eindruck nicht täuscht, scheint der ganz große Forschungsboom aber etwas im Abklingen zu sein.[103]

4.9 Rechts- und Verfassungsgeschichte, Ständegeschichte

Die Behandlung der Hexen war auch ein juristisches Problem, eines der Zuständigkeit. Im Deutschen Reich, das ja eine Art Hochburg des Hexenwesens war, erreichten diese Kriminalprozesse in aller Regel nicht die Ebene der Reichsgerichte, deren Tätigkeit in letzter Zeit – nachdem generationenlang über das eine von ihnen, das Reichskammergericht, nur Hohn und Spott ausgegossen worden war – vermehrt Interesse findet. Das schlägt sich in der repertorienförmigen Erfassung des Gesamtbestandes an Prozessakten nieder, die im frühen 19. Jahrhundert auf die Nachfolgestaaten der Territorien des Alten Reiches verteilt worden waren[104], aber auch in vielen Monographien und Sammelbänden etwa zu bestimmten Prozessformen, Streitmaterien oder Klägergruppen, wobei Historiker und Rechtshistoriker auf diesem Terrain bemerkenswert gut zusammenarbeiten.[105] Die Forschungen der zurückliegenden beiden Jahrzehnte haben jedenfalls das Bild von einem erstaunlich gut funktionierenden Rechtsstaat bestätigt, das die Autoren der Vormoderne selbst oft und mit Stolz entworfen haben.

Im Bereich der Verfassungsgeschichte sind „europäische" Forschungen besonders schwierig und deswegen rar, weil der komparative Ansatz eine intime Vertrautheit nicht nur mit den normativen Texten, sondern auch mit dem weiten Feld der Verfas-

---

103 Anstelle von Einzelbelegen verweise ich auf den Forschungsbericht in der 3. Aufl. von H. Duchhardt, Zeitalter, 175 ff.

104 Große Teile Deutschlands sind hier inzwischen wissenschaftlich erschlossen. Größere Lücken bestehen noch für den Süden und Südwesten sowie den Osten.

105 Sie haben zu einem guten Teil Eingang gefunden in die Schriftenreihe „Quellen und Forschungen zur höchsten Gerichtsbarkeit im Alten Reich", von der aktuell (Januar 2001) 38 Bde. vorliegen.

sungswirklichkeit voraussetzt. Wolfgang Reinhards *opus magnum* „Geschichte der Staatsgewalt", von der Kritik mit gutem Grund hoch gelobt, ist diese Zusammenschau konsequent angegangen: ein Buch, das über einen sehr langen Zeitraum hinweg die Genese und die Entwicklung der europäischen Verfassungsstrukturen und des Verfassungsdenkens nachzeichnet und das geradezu ein Modell darstellt, wie Heterogenität und Paralleles in eine Synthese überführt werden können.

Die Ständeforschung, die sich auch auf die Anregungen und die Logistik einer internationalen Kommission[106] stützen kann, ist unverändert ein wichtiges europäisches Forschungsfeld, wobei sich allerdings in jüngster Vergangenheit die methodischen Ansätze zu verschieben beginnen. Hatte lange das Nachzeichnen des Kampfes zwischen Ständekorporationen und Fürsten dominiert[107], so tritt in letzter Zeit die Frage nach dem ständischen Selbstverständnis, wie es sich in Reden und Schriften niederschlägt, deutlich in den Vordergrund. In diesem Kontext ist besonders eindrücklich der (oben schon angesprochene) Ansatz der so genannten *Cambridge School* Skinners und Pococks rezipiert worden, die versucht, einen Zusammenhang zwischen politisch-sozialer Wirklichkeit und ihrer zeitgenössischen sprachlichen Erfassung herzustellen.[108] Auch die in den Kontext der Frage nach der Kontinuität von altem Ständewesen zu den nachrevolutionären Repräsentativkörperschaften zu verortende zeitgenössische Diskussion über die Rolle und das Selbstverständnis von Ständeversammlungen in einer sich verändernden Welt hat für die Forschung nichts von ihrer Faszination verloren.[109]

4.10 Kulturgeschichtliche Ansätze und symbolisches Handeln

Von der „neuen", von einem kulturanthropologischen Ansatz ausgehenden Kulturgeschichte war nun direkt und indirekt schon mehrfach die Rede; sie nahm ganz deutlich von der Frühen Neuzeit ihren Ausgang, um nach und nach auch die späteren Jahrhunderte zu „erobern". Hier interessieren besonders die Blicke auf die „Anderen" und die „Fremden", ob man nun an die gesellschaftlichen Außenseiter und Nonkonformisten denkt oder an den Zusammenprall der verschiedenen Kulturen, der in Europa ebenso wie in Übersee stattfinden konnte und der in Europa einen denkwürdigen Wandel des Bildes des Nichteuropäers vom „Wilden" zum „edlen Wilden" beinhaltete.[110] Generell ist die Wahrnehmung fremder, zum Beispiel ostasiatischer Kulturen durch Europäer[111] zu einem höchst attraktiven Forschungsbereich geworden, der die weißen Felder des Nichtwissens bereits beträchtlich abgebaut hat – auch hier hat ein politisches Schlagwort, das der Globalisierung, ganz sicher einen wesentlichen Forschungsimpuls gegeben. Auf der anderen Seite wird vermehrt auch darüber geforscht, wie europäische „Inhalte" in Außereuropa – etwa in dem besonders sensiblen chinesischen Kulturraum[112] – rezipiert

---

106 International Commission for the History of Representative and Parliamentary Institutions.
107 Vgl. G. HAUG-MORITZ, Ständekonflikt.
108 Vgl. R. ESSER, Landstände.
109 B. STOLLBERG-RILINGER, Vormünder des Volkes?
110 U. a. U. BITTERLI, Die „Wilden".
111 W. DEMEL, Chinesen, und vor allem J. OSTERHAMMEL, Entzauberung.
112 Vgl. D. SACHSENMAIER, Aufnahme.

worden sind. Der *cultural turn* hat vor allem aber der historischen Anthropologie im engeren Sinn einen gewaltigen Schub gegeben, er schlägt sich beispielsweise auch in einer recht erfolgreichen eigenen Zeitschrift[113] nieder. Den Fragen sind hier praktisch keine Grenzen gesetzt – sie betreffen den Menschen in allen seinen natürlichen Situationen und seinen Zwängen: seinen Körper und dessen Wahrnehmung, das Sexualverhalten und die Schwangerschaft, Leiden und Schmerzen, körperliche Rein- oder Unreinheit, die Essgewohnheiten usw. Es versteht sich, dass in diesem Kontext auch den Außenseitern der Gesellschaft, etwa den – für den hier interessierenden Zeitraum immerhin an die Grenze von 100 000 Personen heranreichenden – Kastraten, Aufmerksamkeit zugewandt wird, die für die Opernbühnen und die Kirchenmusik vorläufig unverzichtbar waren, bevor die aufgeklärte Kritik sich dieser Gruppe der „Verstümmelten" vehement annahm.[114] Die Hinwendung zur Alltagskultur der Menschen in allen ihren Schattierungen hat im Übrigen der Ermittlung und Auswertung der so genannten Ego-Dokumente einen nachhaltigen Aufschwung gegeben, also aller selbstbiographischen Quellen, die ein Individuum in einer bestimmten gesellschaftlichen „Landschaft" verorten. Das gilt etwa auch für die vielen noch ungehobenen und erst allmählich aufgearbeiteten Reisejournale adliger (oder auch nichtadliger) „Eurotrotter", deren Reiseverhalten – weg von der bloßen Neugier und dem Kulturvergleich hin zu Reisen mit einem anwendungsorientierten Zweck – die Forschung mehr und mehr herausarbeitet[114a]. Insgesamt ist durch diese Bemühungen nicht nur zahlreiches neues Quellenmaterial erschlossen worden[115], sondern die Vormoderne nochmals viel „bunter" als bisher geworden.

Von allen europäischen Einzelereignissen hat die Erforschung der Französischen Revolution von dem kulturalistischen Ansatz der Geschichtswissenschaft vielleicht am meisten profitiert. Der so genannte *Bicentenaire* provozierte 1989 ja einen bis dahin nicht gekannten Ausstoß an wissenschaftlicher, halbwissenschaftlicher und populärer Literatur, und das europaweit. Darunter befanden sich neben neuen Gesamtsynthesen[116] vor allem Bücher, die der literarischen Voraussetzung und Begleitmusik der Revolution zuzuordnen sind, insbesondere diejenigen Schriften, die die von Robert Darnton akribisch untersuchte *Société typographique de Neuchâtel* verlegte.[117] Darnton hat diese kulturelle Seite der Revolution bis zu der provozierenden Frage gesteigert, ob Bücher Revolutionen zu verursachen vermögen, und wenn man sich die Tausende von neuen Zeitschriften vergegenwärtigt, die in den Revolutionsjahren erschienen (und wieder vergingen), ist es zumindest keine Frage, dass die Revolution das bis dahin mit Abstand größte Medienereignis weltweit war. Dem Bereich des Kulturellen ist aber auch die revolutionäre Symbolik zuzuordnen, die im und im Gefolge des *Bicentenaire* Aufmerksamkeit gefunden hat: die vielen Symbole wie die Kokarde und die Freiheitsmütze, von denen inzwischen fest steht, dass sie schon deutlich vor der Revolu-

---

113 Historische Anthropologie, Jg. 1 (1993).

114 P. Münch, „Monstra".

114a Beispiel: J. Rees/W. Siebers/H. Tilgner (Hg.), Europareisen.

115 Beispiel: Hellmuth Waller (Hg.), In Vorderösterreichs Amt und Würden. Die Selbstbiographie des Johann Baptist Martin von Arand (1743–1821), Stuttgart 1996.

116 U. a. W. Schulze, Der 14. Juli, und E. Schulin, Revolution.

117 R. Darnton, Forbidden Best-Sellers.

tion „erfunden" wurden[118], zum Teil sogar in royalistischer Umgebung, zum Teil auf die Antike zurückgehend; die Körpermetaphorik in der Publizistik, Sprache und Kunst der Revolution, die im Übrigen durch die pornographischen Werke des Marquis de Sade eine nachhaltige sexualistische Aufladung erfuhr; die Kulte und Feste, die ganz dezidiert antike Elemente und Traditionen wiederbelebten und bei deren Ausgestaltung die lokalen Verantwortlichen einen beachtlichen Spielraum hatten[119]; die Schaffung eines neuen Märtyrerkults, der sich unter anderem an Jean-Paul Marat materialisierte und vor allem an Voltaires postumer Pantheonisierung am 11. Juli 1791. Durch die Aufarbeitung ihrer Symbolik[120] hat das Bild der Französischen Revolution nachhaltig an Prägnanz und Tiefenschärfe gewonnen.

Der *cultural turn* in der Geschichtswissenschaft hatte eine Art Vorlauf in den 1970er und 1980er Jahren, als über die Frage Volkskultur – Elitenkultur heftige Auseinandersetzungen entbrannten. Die Anstöße zu diesem Forschungsdiskurs, der sich um die Frage zentrierte, ob in Alteuropa eine (ältere) „Volkskultur" durch eine „Elitenkultur" überlagert und „gereinigt" worden sei, kamen aus Großbritannien und Frankreich: von einer Pionierstudie Peter Burkes aus dem Jahr 1978 (*„Popular culture in Early Modern Europe"*), die in der hier zur Diskussion stehenden Epoche eine zweite Stufe der Auseinandersetzung mit der überkommenen Alltagskultur erkennt, in der die traditionellen Glaubensformen des Volkes endgültig als „Aberglauben" diskreditiert, diffamiert und im Zuge der Sozialdisziplinierung nach und nach abgeschafft worden seien; und zum anderen von Robert Muchembleds im selben Jahr erschienener Frankreich-Studie *„Culture populaire et culture des élites"*, der ein großes Bündnis von Kapitalismus, Absolutismus und kämpferischem Christentum erkennt, das seit der Mitte des 17. Jahrhunderts zunächst die Körper der Untertanen unterdrückt und vereinnahmt, dann die Seelen diszipliniert und schließlich in einem gewaltigen Akkulturationsprozess die gesamte traditionelle Volkskultur zerstört habe.

Die Befunde der beiden westeuropäischen Historiker haben eine breite europäische Resonanz hervorgerufen, zumal sie mit der etwa gleichzeitig erfolgten „Entdeckung" der Mikrohistorie (Carlo Ginzburg, 1976; Giovanni Levi, 1985), die die großen Konzepte auf lokaler oder gar familialer Ebene zu verifizieren oder zu falsifizieren sucht, und einem neuen Aufschwung der so genannten Protestforschung korrespondierten. Letztere hat natürlich eine lange Tradition, aber das Volks-Elitenkultur-Paradigma und der forschungsstrategische Ansatz, verschiedene schichtenspezifische „Kulturen" zu differenzieren, hat ihr doch neue Anstöße gegeben, die vor allem auf die Frage hinausliefen, ob die „Volksaufstände" in der Epoche des „Absolutismus" nicht doch neu zu interpretieren seien, das heißt nicht nur sozio-ökonomisch, sondern auch als Bemühen, gegen die Eingriffe der staatlichen Beamten die ungeschriebenen Regeln einer festverwurzelten bäuerlichen Volkskultur zu wahren. Hier war eine Studie des Franzosen Yves-Marie Bercé modellhaft (*„Révoltes et révolutions dans l'Europe moderne"*, 1980), die nicht nur die verschiedenen Ebenen und Typen des Widerstands abhängiger Schichten gegen staatliche Hoheitsträger, die wirtschaftliche Führungsschicht und

---

118 R. Chartier, Kulturelle Ursprünge.
119 D. Schönpflug, Münster.
120 Zusammenfassend: R. E. Reichardt, Blut der Freiheit.

die Kirche herausarbeitete, sondern auch deutliche Linien zu dem säkularen Ereignis von 1789 zieht. In Deutschland hat die schon seit dem Gedenkjahr des Bauernkriegs von 1524/25 (1975) ausgesprochen lebhafte Widerstandsforschung Impulse vor allem in der Richtung erhalten, die an Zahl beachtlichen Bauernrevolten in den einzelnen Territorien – in Hessen beispielsweise 55 Erhebungen im hier behandelten Zeitraum, in der Markgrafschaft Brandenburg 380 – zu bilanzieren und vor allem für das Gebiet der ostelbischen Gutsherrschaft ihre Verlaufsformen nachzuzeichnen; es ist freilich für den Bereich des Alten Reiches zugleich verdeutlicht worden, wie viele Konflikte „verrechtlicht" wurden, was die Gemeinden im Übrigen zum Rückgriff auf juristisch vorgebildete Berater beziehungsweise Prozessführer (Deputierte, Advokaten) zwang, aber auch zum Entwickeln ganz eigener rechtlicher Kategorien, etwa der (gefährdeten) „Hausnotdurft". Gerade dieser letztgenannte Komplex der Verrechtlichung der Bauernaufstände hat zu verschiedenen Interpretationsmodellen geführt, die einerseits den Bauernunruhen Schrittmacherdienste im Prozess der Herstellung von Rechtsstaatlichkeit attestieren, andererseits aber durch die Verträge zwischen den Gemeinden und den Obrigkeiten die Instanz an Gewicht gewinnen sehen, die diese Verträge garantierte: die Landesherrschaft.[121] Im Gesamtzusammenhang der Protestforschung hat – von historischer und vor allem von volkskundlicher Seite – das Charivari besondere Aufmerksamkeit gefunden, also das Vordringen einer größeren Zahl – meist junger und meist maskierter – Menschen bis in den unmittelbaren Umkreis einer mißliebigen Person, der durch Lärm und symbolische Handlungen Missfallen bekundet wurde. Ob das Charivari als eine Umformung des mythischen Totenheeres oder eher als eine spezifische Form sozialen Protests zu interpretieren sei, ist kontrovers.

Mit der kulturalistischen Wende in der Geschichtswissenschaft zumindest locker hängt auch das viele Erträge versprechende neue Forschungsfeld des „symbolischen Handelns" in der Frühen Neuzeit zusammen. Sicher hatte die Mediävistik in dieser Hinsicht schon vorgearbeitet und manche Anstöße gegeben, aber die Art und Weise, wie die Frühneuzeitforschung die so genannten Zeremonielldifferenzen, die die Höfe und die Ständeparlamente, die Friedenskongresse und Rathäuser, überhaupt alle Ebenen, auf denen Funktionsträger zusammentrafen, bewegten, ernst nimmt und als Spiegel politischer und sozialer Strukturen interpretiert, als hochdifferenziertes und letztlich unverzichtbares Zeichensystem, hat doch einen relativ autochthonen Forschungsbezirk entstehen lassen. Diese Forschungsaktivitäten[122], die von der Prämisse ausgehen, dass keine Gemeinschaftsstiftung ohne kollektive rituelle Handlungen auskommt, ja, dass alle elementaren politisch-sozialen Kategorien durch symbolische Praxis geradezu konstituiert und aufrechterhalten werden, schließt im Übrigen die seit dem 17. Jahrhundert sich rasch ausweitende Zeremonialwissenschaft[123] ein, die insbesondere die Konflikte widerspiegelt, die sich vor dem Hintergrund der Ausdifferenzierung von Hofstaat und Staat zwangsläufig ergaben. Bisher wird dieses Forschungsfeld

---

121 Vgl. zum Diskussionsstand, soweit er Deutschland betrifft, P. Blickle, Unruhen.

122 Neben E. Muir, Ritual, sind hier insbesondere die neuen Studien von B. Stollberg-Rilinger zu nennen, u. a. in: J. Kunisch (Hg.), Neue Studien, und in: FBPG 7 (1997), sowie neuestens den von ihr herausgegebenen Sammelband: Verfahren.

123 M. Vec, Zeremonialwissenschaft; V. Bauer, Höfische Gesellschaft.

vor allem – Ausnahmen wie Edward Muir bestätigen nur die Regel – in Deutschland gepflegt, und zwar von ganz verschiedenen Wissenschaftsdisziplinen (Literaturwissenschaft, Soziologie, Ethnologie, Theologie), die sich auch gegenseitig befruchten, seine „Europäisierung" dürfte aber nur eine Frage der Zeit sein.

4.11 Geschichte der internationalen Beziehungen

Es zählt zu den rundum erfreulichen Entwicklungen der modernen Geschichtswissenschaft, dass nicht mehr mit harten Bandagen um den „Königsweg" gekämpft wird, um den Vorrang und die Überlegenheit des einen Ansatzes gegenüber allen anderen, sondern um die Schärfung und Präzisierung theoretischer Ansätze von Subdisziplinen, nicht aber um ihre Berechtigung an sich. Das hat unter anderem zur Folge, dass auch die Geschichte der internationalen Beziehungen, die in Deutschland und in Frankreich – ganz anders als etwa in Großbritannien – als „Diplomatiegeschichte" lange ins Abseits gestellt worden war, eine Renaissance erlebt, die bemerkenswert ist. Freilich hat sich die Subdisziplin „Internationale Beziehungen" auch ihrerseits im Vergleich noch zu den großen Serien der 1950er Jahre (*„Histoire des relations internationales"*) gewandelt: sie erschöpft sich längst nicht mehr im bloßen Nachzeichnen diplomatischer Verhandlungen, der Kriege, der Paraphrase von Friedensschlüssen. Die Subdisziplin hat für ihren Arbeitsbereich, die Beziehungen zwischen den Gemeinwesen und ihr Mit-, Neben- und Gegeneinander, viele andere Ansätze – Demographie und Wirtschaftsgeschichte, Mentalitäts- und Kommunikationsgeschichte, Völkerrechtsgeschichte und Sozialgeschichte, um nur die wichtigsten zu nennen – aufgenommen, ablesbar etwa an dem in Deutschland konzipierten und im Erscheinen begriffenen „Handbuch der internationalen Beziehungen", von dessen drei bisher vorliegenden Bänden immerhin zwei die hier behandelte Epoche betreffen.[124] Aber das neuerwachte Interesse an den internationalen Beziehungen hat sich auch in vielen Monographien und Sammelbänden zu politischen Wendepunkten – etwa den Kongressen von Münster/Osnabrück[125], von Rijswijk[126], von Utrecht[127] – niedergeschlagen, in Studien zur internationalen Publizistik, so zu dem kaiserlichen „Star"-Publizisten Lisola[128], und zu den Weltbildern führender Staatsmänner der Epoche, wie etwa dem von Kaunitz.[129] Viele Erkenntnisgewinne haben die Untersuchungen politischer Leit- und Schlüsselbegriffe erbracht, etwa der „Universalmonarchie"[130], des „Arbiter"[131] oder des „Gleichgewichts der Kräfte".[132] Das *opus magnum* des

---

124 H. Duchhardt, Balance; M. Erbe, Revolutionäre Erschütterung.
125 Ich nenne hier nur eine Auswahl der kaum noch zu überblickenden Jubiläumsliteratur: H. Duchhardt (Hg.), Der Westfälische Friede; R. G. Asch u. a. (Hg.) Frieden und Krieg; L. Bély (Hg.), L'Europe; K. Bussmann/H. Schilling (Hg.), 1648 – Krieg und Frieden.
126 H. Duchhardt (Hg.), Der Friede von Rijswijk.
127 L. Bély, Espions.
128 M. Baumanns, Das publizistische Werk.
129 L. Schilling, Kaunitz.
130 F. Bosbach, Monarchia Universalis.
131 Ch. Kampmann, Arbiter.
132 Die Literatur ist abundant, eine der letzten Studien: A. Strohmeyer, Interaktion.

Amerikaners Paul Schroeder[133] hat die Linien ganz weit ausgezogen und die herkömmliche Epochengrenze hinter sich gelassen, indem es die internationale Politik zwischen dem Siebenjährigen Krieg und der Revolution von 1848 zu strukturieren sucht. Mit gutem Grund hat es stärkste Beachtung gefunden, unter anderem wegen seiner provozierenden Frage, warum die Staatsmänner von 1815 ausgerechnet wieder an die Denkfigur des Gleichgewichts der Kräfte angeknüpft hätten, obwohl die Doktrin im letzten Drittel des 18. Jahrhunderts doch immer mehr in Verfall geraten und diskreditiert worden war. Ähnliches gilt für europäische Großregionen wie etwa den Ostseebereich, die über sehr lange Zeiträume hinweg als Fokus der Anrainerstaaten behandelt worden sind – und für die wahrscheinlich auch nur durch die Länge des Untersuchungszeitraums wirklich verlässliche Konstanten gewonnen werden können.[134] Die Historiker sind immer – bei allen Vorbehalten im einzelnen – auch gut beraten, die globalen Entwürfe von politikwissenschaftlicher Seite, jüngst etwa von Rasler und Thompson (1994)[135], wenigstens zur Kenntnis zu nehmen und sich inspirieren zu lassen. Auch an die Fremd- und Feindbildforschung, also das Phänomen der Stereotypenbildung und -tradierung, sei in diesem Kontext nochmals erinnert.[136]

Bei aller Europäisierung der Subdisziplin „Internationale Beziehungen" haben die einen Staat abhandelnden oder bilaterale Beziehungen thematisierenden Arbeiten keineswegs ausgespielt. So wurde etwa für die bisher eher unbeachtete „friedliche" Periode nach dem Siebenjährigen Krieg eine weiterführende Studie über die französische Deutschlandpolitik vorgelegt[137], oder es wurde die britische Außenpolitik für verschiedene Epochen, etwa die Walpoles[138] oder die des Amerikanischen Unabhängigkeitskrieges[139], aufgearbeitet.

Noch vor eineinhalb Jahrzehnten hätte ein solcher Paradigmenwechsel mutmaßlich eine heftige internationale Diskussion ausgelöst. Aber die ideologischen Kontroversen der Vergangenheit um den Königsweg der Geschichtswissenschaft sind der Nüchternheit gewichen. Manche Auseinandersetzungen der Vergangenheit, die die Wogen hochgehen ließen – etwa die Bewertung der Französischen Revolution, die noch anlässlich des *Bicentenaire um* 1989 heftige Glaubenskämpfe zwischen marxistischen und „bürgerlichen" Historikern ausgelöst hatte –, sind heute kaum noch ein Thema, was nicht heißen soll, dass damals nicht erhebliche Erkenntnisfortschritte erzielt worden wären, etwa zu den „kulturellen Ursprüngen"[140] der Revolution und ihrer Bedeutung als „Kulturrevolution".[141]

---

133 P. W. Schroeder, Transformation. Das Buch hat unmittelbar nach seinem Erscheinen eine lebhafte und kontroverse Diskussion ausgelöst. Vgl. demnächst einen von P. Krüger herausgegebenen Sammelband einer Tagung in den USA, die um dieses Buch zentriert war.
134 St. P. Oakley, War and Peace.
135 Karen A. Rasler/William R. Thompson, The great powers and global struggle 1490–1990, Lexington 1994.
136 M. Wrede, Das Reich und seine Feinde.
137 E. Buddruss, Französische Deutschlandpolitik.
138 J. Black, British Foreign Policy.
139 H. M. Scott, British Foreign Policy.
140 So der Titel eines Buches von R. Chartier.
141 R. E. Reichardt, Blut der Freiheit.

4.12 Die nationalen Historiographien und die Europäisierung der Geschichtswissenschaft

Zu den Ausprägungen der einzelnen nationalen Historiographien kann summarisch nur wenig Substantielles gesagt werden. In England spielen traditionell die spezifische politische Kultur (Presse, Parlament usw.) und Schlüsselereignisse wie die *Glorious Revolution* – auch über das Jubiläum hinaus – sowie die Interdependenzen von Handel und Politik eine herausragende Rolle, in Frankreich ebenso traditionell die (lange) Vorgeschichte der Revolution und das Zeitalter des *Roi-Soleil*. Unübersehbar ist generell eine neue Hinwendung nicht nur zur Kultur-, sondern auch zur politischen Geschichte (und in deren Rahmen sogar pointiert zur Außenpolitik). Auch der linguistisch-rhetorikgeschichtliche Ansatz, der im Anschluss an die deutsche „Begriffsgeschichte" von Großbritannien aus entwickelt wurde, hat die europäische Forschung in jüngster Vergangenheit nachhaltig beeindruckt und befruchtet.

Ein Gradmesser für die „Europäisierung" der Geschichtswissenschaft auf dem „alten Kontinent" könnte in dem Maß der Beschäftigung mit anderen Themen als denen der nationalen Geschichte gesehen werden. Es nimmt kaum Wunder, dass die Geschichte Frankreichs international die größte Resonanz findet, ob von britischer, deutscher oder spanischer Seite. Frankreich als Vorbildstaat der Epoche, als Staat aber auch, in dem sich der Niedergang des Ancien Régime am deutlichsten spiegelte, drängt sich als internationales Forschungssujet gewissermaßen auf. Die französische Geschichtswissenschaft hingegen beschäftigte und beschäftigt sich nur in auffällig geringem Maß mit der Geschichte des Nachbarn jenseits des Kanals. Generell wird sich sagen lassen, dass die britische Geschichtswissenschaft einen besonders hohen Grad an Offenheit für Fragen der kontinentalen Geschichte entwickelt hat, die neben Frankreich etwa auch Spanien, das Heilige Römische Reich und die italienische Staatenwelt umgreift.

Ein zweiter Parameter für eine wachsende Tendenz zur Europäisierung der Geschichtswissenschaft ist in den beziehungsgeschichtlichen Arbeiten zu sehen, von denen die, die das Deutsche Reich und Frankreich, Großbritannien und Frankreich und das Deutsche Reich und die Niederlande und die polnische Kronrepublik betreffen, besonders hervortreten. „Beziehungsgeschichte" meint selbstverständlich nicht nur die politischen Beziehungen, sondern vor allem auch die kulturellen und sozialen Kontakte. Insgesamt erfreut sich dieses Forschungsfeld wachsender Beliebtheit und hat im Blick auf den Abbau verhängnisvoller Stereotypen vor der Folie eines erwünschten politischen Prozesses auch eine eminent wichtige politische Funktion.

Ein Symptom für zunehmende Europäisierungsprozesse im Bereich der Geschichtswissenschaft ist nicht zuletzt die wachsende Zahl von Periodika, die einen europäischen Zugriff entwickeln (oder zu entwickeln vorgeben). Nachdem die frühen 1970er Jahre einen ersten „Boom" der Begründung von Zeitschriften erlebt hatten, die sich mit dem Epitheton „europäisch" schmückten, hat sich diese Entwicklung in den zurückliegenden eineinhalb Jahrzehnten nochmals beschleunigt, wobei freilich etliche der neuen Periodika einen ausgesprochenen Schwerpunkt in der Geschichte der aktuellen europäischen Integration haben.

5   Bibliographie

Die Bibliographie erfasst im Allgemeinen nur Titel, die in den zurückliegenden ein-einhalb Jahrzehnten erschienen sind. Ältere Titel sind über die neueren Gesamtdar-stellungen der Epoche leicht zu ermitteln. Eine Ausnahme von dieser Faustregel wur-de nur dort gemacht, wo ältere Titel im Text ausdrücklich genannt wurden.

Quelleneditionen, auch solche älteren Datums, werden im Allgemeinen nur in Teil 4 (Forschungsstand) vorgestellt.

Dass die Bibliographie trotz ihres Umfangs eine Auswahlbibliographie ist, versteht sich zwar von selbst, soll aber doch noch einmal unterstrichen werden.

5.1   Abkürzungsverzeichnis

EHR	English Historical Review
FBPG	Forschungen zur Brandenburgischen und Preußischen Geschichte
GWU	Geschichte in Wissenschaft und Unterricht
HJb	Historisches Jahrbuch
HZ	Historische Zeitschrift
JbEurG	Jahrbuch für Europäische Geschichte
JEEH	Journal of European Economic History
NdsJb	Niedersächsisches Jahrbuch
RH	Revue historique
VSWG	Vierteljahrschrift für Sozial- und Wirtschaftsgeschichte
ZHF	Zeitschrift für historische Forschung
ZNR	Zeitschrift für neuere Rechtsgeschichte
ZRG GA	Zeitschrift der Savigny-Stiftung für Rechtsgeschichte, Germanistische Abteilung

5.2   Europa

5.2.1   Allgemeine Literatur

ALBRECHT Dieter/ARETIN Karl Otmar Frhr. von/SCHULZE Winfried (Hg.), Europa im Um-bruch 1750–1850, München 1995.

ARETIN Karl Otmar Frhr. von (Hg.), *Der Aufgeklärte Absolutismus*, Köln 1974.

ASCH, Ronald G./DUCHHARDT Heinz (Hg.), Der *Absolutismus* – ein Mythos? Struktur-wandel monarchischer Herrschaft in West- und Mitteleuropa (ca. 1550–1700), Köln/Weimar/Wien 1996.

BITTERLI Urs, Die „*Wilden*" und die „Zivilisierten": Grundzüge einer Geistes- und Kul-turgeschichte der europäisch-überseeischen Begegnung, München 1978.

BLACK Jeremy, *Eighteenth Century* Europe 1700–1789, Houndmills 1990.

BLÄNKNER Reinhard, „Der *Absolutismus* war ein Glück, der doch nicht zu den Absolutis-ten gehört". Eduard Gans und die hegelianischen Ursprünge der Absolutismusfor-schung in Deutschland, in: HZ 256 (1993), 31–66.

BLANNING T. C. W. (Hg.). The Eighteenth Century. Europe 1688–1815, Oxford 2000.

BREWER John/HELLMUTH Eckhart (Hg.), Rethinking Leviathan. The Eigteenth-Century State in Britain and Germany, Oxford 1999.

BUCK August (Hg.), Der Europa-Gedanke, Tübingen 1992.

CAMERON Euan (Hg.), Early Modern Europe. An Oxford History, Oxford 1999.

DELANTY Gerard, Inventing Europe. Idea, Identity, Reality, New York 1995.

DEMEL Walter, Wie die *Chinesen* gelb wurden. Ein Beitrag zur Frühgeschichte der Ras-sentheorien, in: HZ 255 (1992), 625–666.

DERS., *Europäische Geschichte* des 18. Jahrhunderts. Ständische Gesellschaft und eu-ropäisches Mächtesystem im beschleunigten Wandel (1689/1700–1789/1800), Stuttgart 2000.

DONNERT Erich (Hg.), Europa in der Frühen Neuzeit. Festschrift für Günter Mühlpfordt, 5 Bde., Weimar/Köln/Wien 1997–1999.

DUCHHARDT Heinz, Das *Zeitalter* des Absolutismus, 3. Aufl., München 1998.

DERS./KUNZ Andreas (Hg.), „Europäische Geschichte" als historiographisches Problem, Mainz 1997.

GOLLWITZER Heinz, *Europabild* und Europagedanke. Beiträge zur deutschen Geistesge-schichte des 18. und 19. Jahrhunderts, München 1951.

HARTMANN Peter C. (Hg.), *Regionen* in der Frühen Neuzeit. Reichskreise im deutschen Raum, Provinzen in Frankreich, Regionen unter polnischer Oberhoheit: Ein Ver-gleich ihrer Strukturen, Funktionen und ihrer Bedeutung, Berlin 1994.

HENSHALL Nicholas, The *Myth* of Absolutism. Change and Continuity in Early Modern European Monarchy, London/New York 1992.

HINRICHS Ernst, *Fürsten* und Mächte. Zum Problem des europäischen Absolutismus, Göttingen 2000.

KUNISCH Johannes, Absolutismus. Europäische Geschichte vom Westfälischen Frieden bis zur Krise des Ancien Régime, Göttingen 1986.

MALETTKE Klaus (Hg.), Imaginer l'Europe, Paris 1998.

MILLER John (Hg.), Absolutism in Seventeenth Century Europe, Houndmills 1990.

MÖRKE Olaf/NORTH Michael (Hg.), Die Entstehung des modernen Europa 1600–1900, Köln/Weimar/Wien 1998.

NEUHAUS Helmut (Hg.), Aufbruch aus dem Ancien régime. Beiträge zur Geschichte des 18. Jahrhunderts, Köln/Weimar/Wien 1993.

NOLTE Paul, Gibt es noch eine Einheit der neueren Geschichte? In: ZHF 24 (1997), 377–399.

OSTERHAMMEL Jürgen, Die *Entzauberung* Asiens. Europa und die asiatischen Reiche im 18. Jahrhundert, München 1998.

PALMER Robert R., Das *Zeitalter* der demokratischen Revolution – eine vergleichende Geschichte Europas und Amerikas von 1760 bis zur Französischen Revolution, Frankfurt 1970.

RICHTER Melvin, Europe and the Other in Eighteenth-Century Thought. In: Politisches Denken. Jahrbuch 1997, 25–47.

RIETBERGEN Peter, Europe. A Cultural History, London/New York 1998.

SALEWSKI Michael, Geschichte Europas. Staaten und Nationen von der Antike bis zur Gegenwart, München 2000.

SCHILLING Heinz, *Die neue Zeit*: Vom Christenheitseuropa zum Europa der Staaten: 1250 bis 1750, Berlin 1999.

SCHMALE Wolfgang, Das 17. Jahrhundert und die neuere europäische Geschichte, in: HZ 264 (1997), 587–611.

DERS., *Geschichte Europas*, Wien/Köln/Weimar 2000.

DERS., Scheitert Europa an seinem Mythendefizit?, Bochum 1997.

SCHULZE Hagen, *Phoenix Europa*: die Moderne, von 1740 bis heute, Berlin 1998.

SCHULZE Winfried, „Von den großen Anfängen des neuen Welttheaters". Entwicklung, neuere Ansätze und Aufgaben der Frühneuzeitforschung, in: GWU 44 (1993), 3–18.

SHENNAN J. H., Liberty and Order in Early Modern Europe. The Subject and the State, 1650–1800, London/New York 1986.

STOLLBERG-RILINGER Barbara, *Europa* im Jahrhundert der Aufklärung, Stuttgart 2000.

VIERHAUS Rudolf u. a. (Hg.), Frühe Neuzeit – Frühe Moderne? Forschungen zur Vielschichtigkeit von Übergangsprozessen, Göttingen 1992.

VOGLER Günter (Hg.), Europäische Herrscher. Ihre Rolle bei der Gestaltung von Politik und Gesellschaft vom 16. bis zum 18. Jahrhundert, Weimar 1988.

5.2.2 Recht und Verfassung, politisches Denken

ASCH Ronald G., Kriegsfinanzierung, Staatsbildung und ständische Ordnung in Westeuropa im 17. und 18. Jahrhundert, in: HZ 268 (1999), 635–671.

DERS./BIRKE Adolf M. (Hg.), *Princes*, Patronage, and the Nobility. The Court at the Beginning of the Modern Age, c. 1550–1650, Oxford 1991.

BOSBACH Franz, *Monarchia Universalis* – Ein politischer Leitbegriff der frühen Neuzeit, Göttingen 1988.

BUCHHOLZ Werner, Öffentliche Finanzen und Finanzverwaltung im entwickelten frühmodernen Staat. Landesherr und Landstände in Schwedisch-Pommern 1720–1806, Köln/Wien 1992.

BURGDORF Wolfgang, „Chimäre Europa". Antieuropäische Diskurse in Deutschland (1648–1999), Bochum 1999.

DANN Otto/KLIPPEL Diethelm (Hg.), Naturrecht – Spätaufklärung – Revolution, Hamburg 1995.

DIESTELKAMP Bernhard (Hg.), Oberste Gerichtsbarkeit und zentrale Gewalt im Europa der Frühen Neuzeit, Köln/Weimar/Wien 1996.

DÖLEMEYER Barbara/KLIPPEL Diethelm (Hg.), Gesetz und Gesetzgebung im Europa der Frühen Neuzeit, Berlin 1998.

DREITZEL Horst, Absolutismus und ständische Verfassung in Deutschland. Ein Beitrag zur Kontinuität und Diskontinuität der politischen Theorie in der frühen Neuzeit, Mainz 1992.

DERS., Monarchiebegriffe in der Fürstengesellschaft. Semantik und Theorie der Einherrschaft in Deutschland von der Reformation bis zum Vormärz, 2 Bde., Köln/Weimar/Wien 1991.

DUINDAM Jeroen, *Myths* of Power. Norbert Elias and the early modern European court, Amsterdam 1995.

ELIAS Norbert, Die höfische Gesellschaft. Untersuchungen zur Soziologie des Königtums und der höfischen Aristokratie, Frankfurt 1983.

ESSER Raingard, Landstände und Landesherrschaft. Zwischen „status provincialis" und „superioritas territorialis": Landständisches Selbstverständnis in deutschen Territorien des 17. Jahrhunderts, in: ZNR 23 (2001), 177–194.

FRIEDEBURG Robert von (Hg.), *Widerstandsrecht* in der frühen Neuzeit. Erträge und Perspektiven der Forschung im deutsch-britischen Vergleich, Berlin 2001.

GORDON Daniel, Citizens without Sovereignty. Equality and Sociability in French Thought, 1670–1789, Princeton 1994.

HÄRTER Karl (Hg.), Policey und frühneuzeitliche Gesellschaft, Frankfurt a.M. 2000.

HAMMERSTEIN Notker (Hg.), Staatslehre der frühen Neuzeit, Frankfurt 1995.

HATTENHAUER Hans, Europäische Rechtsgeschichte, Heidelberg 1992.

HOCHSTRASSER Tim J., Natural Law Theories in the Early Enlightenment, Cambridge 2000.

IGNOR Alexander, Geschichte des Strafprozesses in Deutschland 1532–1846, Paderborn 2002.

KLÉBER MONOD Paul, The Power of Kings. Monarchy and Religion in Europe, 1589–1715, New Haven/London 1999.

KLUETING Harm, Die *Lehre* von der Macht der Staaten. Das außenpolitische Machtproblem in der „politischen Wissenschaft" und in der praktischen Politik im 18. Jahrhundert, Berlin 1986.

KOENIGSBERGER Helmut G., „Riksdag", „Parliament" und Generalstaaten im 16. und 17. Jahrhundert, in: ZHF 17 (1990), 305–325.

DERS. (Hg.), *Republiken* und Republikanismus im Europa der Frühen Neuzeit, München 1988.

KUNISCH Johannes, Das *Mirakel* des Hauses Brandenburg. Studien zum Verhältnis von Kabinettspolitik und Kriegführung im Zeitalter des Siebenjährigen Krieges, München 1978.

DERS., *Staatsverfassung* und Mächtepolitik. Zur Genese von Staatenkonflikten im Zeitalter des Absolutismus, Berlin 1979.

DERS. (Hg.), *Der dynastische Fürstenstaat*. Zur Bedeutung von Sukzessionsordnungen für die Entstehung des frühmodernen Staates, Berlin 1982.

LAMPRECHT Oliver, Das Streben nach Demokratie, Volkssouveränität und Menschenrechten in Deutschland am Ende des 18. Jahrhunderts. Zum Staats- und Verfassungsverständnis der deutschen Jakobiner, Berlin 2001.

MALETTKE Klaus/GRELL Chantal (Hg.), *Hofgesellschaft* und Höflinge an europäischen Fürstenhöfen in der Frühen Neuzeit (15.–18. Jahrhundert), Münster (2001).

METZLER Guido, *Markgraf Karl Friedrich* von Baden und die französischen Physiokraten, in: Francia 28/2 (2002), 35–63.

MÜHLEISEN Hans-Otto/STAMMEN Theo/PHILIPP Michael (Hg.), Fürstenspiegel der Frühen Neuzeit, Frankfurt/Leipzig 1997.

MÜHLEISEN Hans-Otto/STAMMEN Theo (Hg.), Politische *Tugendlehre* und Regierungskunst. Studien zum Fürstenspiegel der Frühen Neuzeit, Tübingen 1990.

MÜLLER Rainer A., Der Fürstenhof in der frühen Neuzeit, München 1995.

MÜNKLER Herfried, *Im Namen des Staates*. Die Begründung der Staatsräson in der Frühen Neuzeit, Frankfurt 1988.

NEUGEBAUER Wolfgang, Standschaft als Verfassungsproblem. Die historischen Grundlagen ständischer Partizipation in ostmitteleuropäischen Regionen, Goldbach 1995.

NITSCHKE Peter, *Staatsräson* kontra Utopie? Von Thomas Müntzer bis zu Friedrich II. von Preußen, Stuttgart/Weimar 1995.

ORESKO Robert u. a. (Hg.), *Royal and Republican Sovereignty* in Early Modern Europe, Cambridge 1997.

PHILIPSON Nicholas/SKINNER Quentin (Hg.), Political Discourse in Early Modern Britain, Cambridge 1993.

REINHARD Wolfgang, Geschichte der *Staatsgewalt*. Eine vergleichende Verfassungsgeschichte Europas von den Anfängen bis zur Gegenwart, München 1999.

REPGEN Konrad (Hg.), Das *Herrscherbild* im 17. Jahrhundert, Münster 1991.

SANDL Marcus, *Ökonomie* des Raumes. Der kameralwissenschaftliche Entwurf der Staatswirtschaft im 18. Jahrhundert, Köln/Weimar/Wien 1999.

SCHMALE Wolfgang/STAUBER Reinhard (Hg.), *Menschen und Grenzen* in der Frühen Neuzeit, Berlin 1998.

SCHNABEL-SCHÜLE Helga, Überwachen und Strafen im Territorialstaat. Bedingungen und Auswirkungen des Systems strafrechtlicher Sanktionen im frühneuzeitlichen Württemberg, Köln/Weimar/Wien 1997.

SCHRÖDER Jan, Zur Vorgeschichte der Volksgeistlehre. Gesetzgebungs- und Rechtsquellentheorie im 17. und 18. Jahrhundert, in: ZRG GA 109 (1992), 1–47.

STOLLBERG-RILINGER Barbara, Vormünder des Volkes? Konzepte landständischer Repräsentation in der Spätphase des Alten Reiches, Berlin 1999.

DIES. (Hg.), Vormoderne politische *Verfahren*, Berlin 2001.

STOLLEIS Michael, *Geschichte des öffentlichen Rechts* in Deutschland. Bd. 1: Reichspublizistik und Policeywissenschaft 1600–1800, München 1988.

DERS. (Hg.) unter Mitarbeit von Karl Härter und Lothar Schilling, Policey im Europa der Frühen Neuzeit, Frankfurt 1996.

THAUER Jenny, *Gerichtspraxis* in der ländlichen Gesellschaft. Eine mikrohistorische Untersuchung am Beispiel eines altmärkischen Patrimonialgerichts um 1700, Berlin 2001.

VEC Milos, *Zeremonialwissenschaft* im Fürstenstaat. Studien zur juristischen und politischen Theorie absolutistischer Herrschaftsrepräsentation, Frankfurt 1998.

WEBER Matthias, Die schlesischen Polizei- und Landesordnungen der Frühen Neuzeit, Köln/Weimar/Wien 1996.

WEBER Wolfgang, Prudentia gubernatoria. Studien zur Herrschaftslehre in der deutschen politischen Wissenschaft des 17. Jahrhunderts, Tübingen 1992.

WECZERKA Hugo (Hg.), Stände und Landesherrschaft in Ostmitteleuropa in der frühen Neuzeit, Marburg 1995.

5.2.3 Internationale Beziehungen, Krieg und Völkerrecht

ANDERSON Matthew Smith, The war of the Austrian Succession, 1740–1748, London/New York 1995.

DERS., The Rise of Modern Diplomacy 1450–1919, London/New York 1993.

ASCH Ronald G./VOSS Wulf Eckart/WREDE Martin (Hg.), Frieden und Krieg in der Frühen Neuzeit. Die europäische Staatenordnung und die außereuropäische Welt, München 2001.

BABEL Rainer (Hg.), Frankreich im europäischen Staatensystem der Frühen Neuzeit, Sigmaringen 1995.

BÉLY Lucien, Espions et ambassadeurs au temps de Louis XIV, Paris 1990.

DERS., Les relations internationales en Europe (XVIIe–XVIIIe siècles), Paris 1992.

DERS. (Hg.), L'Europe des traités de Westphalie. Esprit de la diplomatie et diplomatie de l'esprit, Paris 2000.

DERS. (Hg.), L'invention de la diplomatie: Moyen Age – Temps modernes, Paris 1998.

BÉRENGER Jean (Hg.), La révolution militaire en Europe (XVe – XVIII siècles), Paris 1998.

BLACK Jeremy, A Military Revolution? Military Change and European Society 1550–1800, Houndmills 1991.

DERS., European Warfare 1660–1815, London 1994.

DERS., Natural and Necessary Enemies. Anglo-French relations in the eighteenth century, Athens 1986.

DERS. (Hg.), The Origins of War in Early Modern Europe, Edinburgh 1987.

BOUTANT Charles, L'Europe au grand tournant des années 1680: La Succession palatine, Paris 1985.

BROWNING Reed, The War of the Austrian Succession, New York 1993.

BURKHARDT Johannes, Abschied vom Religionskrieg. Der Siebenjährige Krieg und die päpstliche Diplomatie, Tübingen 1985.

DERS., Der Dreißigjährige Krieg als moderner Staatsbildungskrieg, in: GWU 45 (1994), 487–499.

DERS., Vom Debakel zum Mirakel. Zur friedensgeschichtlichen Einordnung des Siebenjährigen Krieges, in: Neuhaus Helmut/Stollberg-Rilinger Barbara (Hg.), Menschen und Strukturen in der Geschichte Alteuropas. Festschrift für Johannes Kunisch, Berlin 2002, 299–318.

DERS., Die Friedlosigkeit der Frühen Neuzeit. Grundlegung einer Theorie der Bellizität Europas, in: ZHF 24 (1997), 509–574.

BUSSMANN Klaus/SCHILLING Heinz (Hg.), 1648 – Krieg und Frieden in Europa, 3 Bde., München 1998.

CEADEL Martin, The Origins of War Prevention. The British Peace Movement and International Relations, 1730–1854, Oxford 1996.

CONTAMINE Philippe (Hg.), War and Competition between States, Oxford 2000.

DUCHHARDT Heinz, Altes Reich und europäische Staatenwelt 1648–1806, München 1990.

DERS., *Balance* of Power und Pentarchie. Internationale Beziehungen 1700–1785, Paderborn 1997.

DERS., *Studien* zur Friedensvermittlung in der frühen Neuzeit, Mainz 1979.

DERS. (Hg.), *Der Westfälische Friede* – Diplomatie, politische Zäsur, kulturelles Umfeld, Rezeptionsgeschichte, München 1998.

DERS. (Hg.) in Verbindung mit Matthias Schnettger und Martin Vogt, Der *Friede von Rijswijk* 1697, Mainz 1998.

DERS. (Hg.), Krieg und Frieden im Zeitalter Ludwigs XIV., Düsseldorf 1987.

DERS. (Hg.), *Rahmenbedingungen* und Handlungsspielräume europäischer Außenpolitik im Zeitalter Ludwigs XIV., Berlin 1991.

DERS. (Hg.), *Zwischenstaatliche Friedenswahrung* in Mittelalter und Früher Neuzeit, Köln/Wien 1991.

DERS., *La guerre* et le droit des gens dans l'Europe du XVIe au XVIIIe siècle, in: Philippe Contamine (Hg.), Guerre et concurrence entre les états européens du XIVe au XVIIIe siècle, Paris 1998, 339–364.

DERS., *Imperium* und Regna im Zeitalter Ludwigs XIV., in: HZ 232 (1981), 555–581.

ERBE Michael, *Revolutionäre Erschütterung* und erneuertes Gleichgewicht. Internationale Beziehungen 1785–1830, Paderborn 2003.

EXTERNBRINK Sven/ULBERT Jörg (Hg.), Formen *internationaler Beziehungen* in der Frühen Neuzeit. Frankreich und das Alte Reich im europäischen Staatensystems (Festschrift für Klaus Malettke zum 65. Geburtstag), Berlin 2001.

FISCH Jörg, Die *europäische Expansion* und das Völkerrecht, Stuttgart 1984.

DERS., *Krieg und Frieden* im Friedensvertrag, Stuttgart 1979.

FISCHBACH Claudius R., *Krieg* und Frieden in der französischen Aufklärung, Münster/New York 1990.

FÖRSTER Stig, Der *Weltkrieg,* 1792–1815. Bewaffnete Konflikte und Revolution in der Weltgesellschaft, in: Jost Dülffer (Hg.), Kriegsbereitschaft und Friedensordnung in Deutschland, 1800–1814, Münster 1994, 17–38.

FREY Linda S. und Marsha L., The *History* of Diplomatic Immunity, Columbus 1998.

FRÖSCHL Thomas (Hg.), Föderationsmodelle und Unionsstrukturen. Über Staatenverbindungen in der frühen Neuzeit vom 15. zum 18. Jahrhundert, Wien/München 1994.

GREWE Wilhelm G., *Epochen* der Völkerrechtsgeschichte, Baden-Baden 1984.

DERS. (Hg.), Fontes Historiae Iuris Gentium. Quellen zur Geschichte des Völkerrechts, Bd. 2: 1493–1815, Berlin/New York 1988.

HOHRATH Daniel, „In Cartellen wird der Werth eines Gefangenen bestimmet". Kriegsgefangenschaft als Teil der Kriegspraxis des Ancien Régime, in: Overmans Rüdiger (Hg.), In der Hand des Feindes. Kriegsgefangenschaft von der Antike bis zum Zweiten Weltkrieg, Köln/Weimar/Wien 1999, 141–170.

JONES J. R., The *Anglo-Dutch Wars* of the Seventeenth Century, Harlow 1996.

KAMPMANN Christoph, *Arbiter* und Friedensstiftung. Die Auseinandersetzung um den politischen Schiedsrichter im Europa der Frühen Neuzeit, Paderborn 2001.

KLEINSCHMIDT Harald, Geschichte der internationalen Beziehungen, Stuttgart 1998.

KOLLER Alexander, Die Vermittlung des Friedens von Vossem (1673) durch den jülich-bergischen Vizekanzler Stratmann. Pfalz-Neuburg, Frankreich und Brandenburg zwischen dem Frieden von Aachen und der Reichskriegserklärung an Ludwig XIV. (1668–1674), Münster 1995.

KRAUS Thomas R., „Europa sieht den Tag leuchten...". Der Aachener Friede von 1748, Aachen 1998.

KROENER Bernhard R./PRÖVE Ralf (Hg.), Krieg und Frieden. Militär und Gesellschaft in der Frühen Neuzeit, Paderborn 1996.

KRÜGER Peter (Hg.), Das europäische Staatensystem im Wandel. Strukturelle Bedingungen und bewegende Kräfte seit der Frühen Neuzeit, München 1996.

KUNISCH Johannes, Fürst – Gesellschaft – Krieg. Studien zur bellizistischen Disposition des absoluten Fürstenstaats, Köln/Weimar/Wien 1992.

DERS. (Hg.), Staatsverfassung und Heeresverfassung in der europäischen Geschichte der frühen Neuzeit, Berlin 1986.

LINGENS Karl-Heinz, Internationale Schiedsgerichtsbarkeit und Jus Publicum Europaeum 1648–1794, Berlin 1988.

MAZURA Silvia, Die preußische und österreichische Kriegspropaganda im Ersten und Zweiten Schlesischen Krieg, Berlin 1996.

McKAY Derek/SCOTT Hamish M., The rise of the great powers 1648–1815, London/New York 1983.

OAKLEY Stewart P., War and Peace in the Baltic 1560–1790, London/New York 1992.

PARKER Geoffrey, The Military Revolution. Military innovation and the rise of the West, 1500–1800, 2. Aufl., Cambridge 1996.

PIETSCHMANN Horst, Geschichte des atlantischen Systems, 1580–1830, Hamburg 1998.

PYTA Wolfram, Von der Entente cordiale zur Aufkündigung der Bündnispartnerschaft. Die preußisch-britischen Allianzbeziehungen im Siebenjährigen Krieg 1758–1762, in: FBPG NF 10 (2000), 1–48.

RAUMER Kurt von, Ewiger Friede. Friedensrufe und Friedenspläne seit der Renaissance, Freiburg/München 1953.

REESE Armin, Diplomatie der Interessensphären. Der Zugang zu Mexiko in der frühen Neuzeit, Hamburg 1997.

DERS., Europäische Hegemonie versus Weltreich. Außenpolitik in Europa 1648–1763, Idstein 1995.

REPGEN Konrad, Der Westfälische Friede und die zeitgenössische Öffentlichkeit, in: HJb 117 (1997), 38–83.

DERS., Kriegslegitimationen in Alteuropa. Entwurf einer historischen Typologie, in: ders., Von der Reformation zur Gegenwart. Beiträge zu Grundfragen der neuzeitlichen Geschichte, Paderborn 1988, 67–83.

DERS., Dreißigjähriger Krieg und Westfälischer Friede: Studien und Quellen, Festschrift zum 75 Geburtstag, Paderborn 1998.

SCHILLING Lothar, Kaunitz und das Renversement des alliances. Studien zur außenpolitischen Konzeption Wenzel Antons von Kaunitz, Berlin 1994.

SCHMID Alois, Max III. Joseph und die europäischen Mächte. Die Außenpolitik des Kurfürstentums Bayern von 1745 – 1765, München 1987.

SCHROEDER Paul W., The *Transformation* of European Politics 1763–1848, Oxford 1994.

SCOTT Hamish M., The Emergence of the Eastern Powers, 1756–1775, Cambridge 2001.

SIEGELBERG Jens/SCHLICHTE Klaus (Hg.), Strukturwandel internationaler Beziehungen. Zum Verhältnis von Staat und internationalem System seit dem Westfälischen Frieden, Wiesbaden 2000.

SINKOLI Anna, Frankreich, das Reich und die Reichsstände 1697–1702, Frankfurt 1995.

STROHMEYER Arno, Theorie der *Interaktion*. Das europäische Gleichgewicht der Kräfte in der frühen Neuzeit, Wien/Köln/Weimar 1994.

WELLENREUTHER Hermann, Der Vertrag zu Paris (1763) in der atlantischen Geschichte, in: NdsJb 71 (1999), 81–110.

ZIEGLER Karl-Heinz, Die Bedeutung von Hugo Grotius für das Völkerrecht – Versuch einer Bilanz am Ende des 20. Jahrhunderts, in: ZHF 23 (1996), 355–371.

DERS., *Völkerrechtsgeschichte*, München 1994.

5.2.4 Wirtschaft, Handel, Verkehr

ACHILLES Walter, Landwirtschaft in der Frühen Neuzeit, München 1991.

BEHRINGER Wolfgang, *Thurn und Taxis*. Die Geschichte ihrer Post und ihrer Unternehmen, München 1990.

DERS., Bausteine zu einer Geschichte der Kommunikation. Eine Sammelrezension zum Postjubiläum, in: ZHF 21 (1994), 92–112.

CERMAN Markus/OGILVIE Sheilagh C. (Hg.), Proto-Industrialisierung in Europa. Industrielle Produktion vor dem Fabrikzeitalter, Wien 1994.

CROUZET François, Britain, France and International Commerce. From Louis XIV to Victoria, Yarmouth 1996.

DUPLESSIS Robert S., Transitions to Capitalism in Early Modern Europe, Cambridge 1997.

GÖMMEL Rainer, Die *Entwicklung* der Wirtschaft im Zeitalter des Merkantilismus 1620–1800, München 1998.

HUGGER Paul (Hg.), Handwerk zwischen Idealbild und Wirklichkeit, Bern/Stuttgart 1991.

KIRCHGÄSSNER Bernhard/BECHT Hans-Peter (Hg.), Stadt und Handel, Sigmaringen 1995.

KLEIN Heribert S., The Atlantic Slave Trade, Cambridge 1999.

LOTZ Wolfgang (Hg.), *Deutsche Postgeschichte*. Essays und Bilder, Berlin 1989.

MIECK Ilja (Hg.), Europäische Wirtschafts- und Sozialgeschichte von der Mitte des 17. Jahrhunderts bis zur Mitte des 19. Jahrhunderts, Stuttgart 1993.

NORTH Michael, Kommunikation, Handel, Geld und Banken in der Frühen Neuzeit, München 2000.

OGILVIE Sheilagh C./CERMAN Markus (Hg.), European Proto-Industrialization, Cambridge 1996.

REININGHAUS Wilfried, Gewerbe in der Frühen Neuzeit, München 1990.

SCHNURMANN Claudia, *Europa trifft Amerika*. Atlantische Wirtschaft in der Frühen Neuzeit, 1492–1783, Frankfurt 1998.

SCHULTZ Helga, Handwerker, Kaufleute, Bankiers. Wirtschaftsgeschichte Europas 1500–1800, Frankfurt 1997.

TEUTEBERG Hans-Jürgen, Britische Frühindustrialisierung und kurhannoversches Reformbewußtsein im späten 18. Jahrhundert, in: VSWG 86 (1999), 153–180.

ULLMANN Hans-Peter, Der Frankfurter Kapitalmarkt um 1800: Entstehung, Struktur und Wirken einer modernen Finanzierungsinstitution, in: VSWG 77 (1990), 75–92.

VILLE Simon P., Transport and the Development of the European Economy, 1750–1918, New York 1990.

VOLCKART Oliver, Politische Zersplitterung und Wirtschaftswachstum im Alten Reich, ca. 1650–1800, in: VSWG 86 (1999), 1–38.

WAGNER-KYORA Georg, Bauer und Schmied. Die Hagener Sensenarbeiter und die Industrieregion Märkisches Sauerland 1760–1820, Bielefeld 2000.

WALTER Rolf, Wirtschaftsgeschichte. Vom Merkantilismus bis zur Gegenwart, 2. Aufl. Köln 1998.

WEISS Stefan, *Otto Brunner* und das Ganze Haus, oder: Die zwei Arten der Wirtschaftsgeschichte, in: HZ 273 (2001), 335–369.

5.2.5 Soziale Strukturen, Demographie

ARNDT Johannes, Das niederrheinisch-westfälische Reichsgrafenkollegium und seine Mitglieder (1653–1806), Mainz 1991.

DERS., Möglichkeiten und Grenzen weiblicher Selbstbehauptung gegenüber männlicher Dominanz im Reichsgrafenstand des 17. und 18. Jahrhunderts, in: VSWG 77 (1990), 153–174.

ASCH Ronald G. (Hg.), *Der europäische Adel* im Ancien Régime. Von der Krise der ständischen Monarchien bis zur Revolution (ca. 1600–1789), Köln/Weimar/Wien 2001.

BADE Klaus J. (Hg.), Deutsche im Ausland – Fremde in Deutschland. Migration in Geschichte und Gegenwart, München 1992.

BARRY Jonathan u. a. (Hg.), Witchcraft in Early Modern Europe. Studies in Culture and Belief, Cambridge 1996.

BATTENBERG J. Friedrich, Das europäische *Zeitalter der Juden*, Bd. 2, Darmstadt 1990.

DERS., Die Juden in Deutschland vom 16. bis zum Ende des 18. Jahrhundert, München 2001.

BAUER Volker, Die *höfische Gesellschaft* in Deutschland von der Mitte des 17. bis zum Ausgang des 18. Jahrhunderts. Versuch einer Typologie, Tübingen 1993.

BECK Rainer, Unterfinning. Ländliche Welt vor Anbruch der Moderne, München 1993.

BEHRINGER Wolfgang, Erträge und Perspektiven der Hexenforschung, in: HZ 249 (1989), 619–640.

DERS., Hexen – Glaube, Verfolgung, Vermarktung, München 1998.

BEIK William, *Urban Protest* in Seventeenth-Century France. The Culture of Retribution, Cambridge 1997.

BÉLY Lucien, La *société* des princes, XVIe–XVIIIe siècle, Paris 1999.

BLACK Jeremy, The *Grand Tour* in the Eighteenth Century, Stroud/New York 1992.

BLAUERT Andreas/SCHWERHOFF Gerd (Hg.), *Kriminalitätsgeschichte*. Beiträge zur Sozial- und Kulturgeschichte der Vormoderne, Konstanz 2000.

BLICKLE Peter, *Unruhen* in der ständischen Gesellschaft 1300–1800, München 1988.

BOCK Gisela (Hg.), Lebenswege von Frauen im Ancien Régime, Göttingen 1993.

BOSTRIDGE Ian, Witchcraft and its Transformations, c. 1650–c. 1750, Oxford 1997.

BRAUN Rudolf/GUGERLI David, Macht des Tanzes – Tanz der Mächtigen. Hoffeste und Herrschaftszeremoniell 1550–1914, München 1993.

BREIT Stefan, „Leichtfertigkeit" und ländliche Gesellschaft. Voreheliche Sexualität in der frühen Neuzeit, München 1991.

DECKER Rainer, Die Hexen und ihre Henker. Ein Fallbericht, Freiburg/Basel/Wien 1994.

DINGES Martin, Der „feine Unterschied". Die soziale Funktion der Kleidung in der höfischen Gesellschaft, in: ZHF 19 (1992), 49–76.

DERS., Der *Maurermeister* und der Finanzrichter. Ehre, Geld und soziale Kontrolle im Paris des 18. Jahrhunderts, Göttingen 1994.

DIPPER Christof, Übergangsgesellschaft. Die ländliche Sozialordnung in Mitteleuropa um 1800, in: ZHF 23 (1996), 57–87.

DOBSON Mary J., Contours of Death and Disease in Early Modern England, Cambridge 1997.

DUCHHARDT Heinz (Hg.), Der *Exodus* der Hugenotten. Die Aufhebung des Edikts von Nantes 1685 als europäisches Ereignis, Köln/Wien 1985.

DÜLMEN Richard van, *Der ehrlose Mensch*. Unehrlichkeit und soziale Ausgrenzung in der Frühen Neuzeit, Köln/Weimar/Wien 1999.

DERS., Gesellschaft der Frühen Neuzeit. Kulturelles Handeln und sozialer Prozeß, Wien/Köln/Weimar 1993.

DERS., Kultur und Alltag in der Frühen Neuzeit, 3 Bde., München 1989–1994.

DÜSELDER Heike, Der Tod in Oldenburg. Sozial- und kulturgeschichtliche Untersuchungen zu Lebenswelten im 17. und 18. Jahrhundert, Hannover 1999.

DUHAMELLE Christophe, *L'Héritage collectif*. La Noblesse d'Église Rhénane, 17e–18e siècles, Paris 1998.

EIBACH Joachim, *Städtische Gewaltkriminalität* im Ancien Régime. Frankfurt am Main im europäischen Kontext, in: ZHF 25 (1998), 359–382.

ENDRES Rudolf, Adel in der Frühen Neuzeit, München 1993.

FOYSTER Elizabeth A., Manhood in Early Modern England. Honour, Sex and Marriage, London/New York 1999.

FRANÇOIS Étienne, Die *unsichtbare Grenze*. Protestanten und Katholiken in Augsburg 1648–1806, Sigmaringen 1991.

FRANK Michael, *Dörfliche Gesellschaft* und Kriminalität. Das Fallbeispiel Lippe 1650–1800, Paderborn 1995.

FREVERT Ute, „Mann und Weib und Weib und Mann". Geschlechter-Differenzen in der Moderne, München 1995.

FRIEDEBURG Robert von, Ländliche Gesellschaft und Obrigkeit. Gemeindeprotest und politische Mobilisierung im 18. und 19. Jahrhundert, Göttingen 1997.

DERS., *Sündenzucht* und sozialer Wandel. Earls Colne (England), Ipswich und Springfield (Neuengland) c. 1524 – 1690 im Vergleich, Stuttgart 1993.

FRÜHSORGE Gotthard/GRUENTER Rainer/WOLFF METTERNICH Beatrix Freifrau (Hg.), *Gesinde* im 18. Jahrhundert, Hamburg 1995.

GAILUS Manfred, Die Erfindung des *„Korn-Juden"*. Zur Geschichte eines antijüdischen Feindbildes des 18. und frühen 19. Jahrhunderts, in: HZ 272 (2001), 597–622.

GLEIXNER Ulrike, „Das Mensch" und „der Kerl". Die Konstruktion von Geschlecht in Unzuchtsverfahren der Frühen Neuzeit (1700–1760), Frankfurt/New York 1994.

GOTTSCHALK Karin, Streit um Frauenbesitz. Die Gerade in den Verlassenschaftsakten des Leipziger Universitätsgerichts im 18. Jahrhundert, in: ZRG GA 114 (1997), 182–232.

GRABBE Hans-Jürgen, *Vor der großen Flut*. Die europäische Migration in die Vereinigten Staaten von Amerika 1783–1820, Stuttgart 2001.

GRAY Marion W., *Productive Men*, Reproductive Women. The Agrarian Household and the Emergence of Separate Spheres during the German Enlightenment, New York/Oxford 1999.

HÄBERLEIN Mark (Hg.), Devianz, Widerstand und Herrschaftspraxis in der Vormoderne. Studien zu Konflikten im südwestdeutschen Raum (15.–18. Jahrhundert), Konstanz 1999.

DERS./ZÜRN Martin (Hg.), Minderheiten, Obrigkeit und Gesellschaft in der Frühen Neuzeit. Integrations- und Abgrenzungsprozesse im süddeutschen Raum, St. Katharinen 2001.

HAHN Hans-Werner, Altständisches Bürgertum zwischen Beharrung und Wandel. Wetzlar 1689–1870, München 1991.

HARTMANN Anja Victorine, *Reflexive Politik* im sozialen Raum. Politische Eliten in Genf zwischen 1760 und 1841, Habilitationsschrift Mainz 2002 (ungedruckt).

DIES./MORAWIEC Małgorzata/VOSS Peter (Hg.), Eliten um 1800. Erfahrungshorizonte, Verhaltensweisen, Handlungsmöglichkeiten, Mainz 2000.

HARTMANN Peter C., Bevölkerungszahlen und das Konfessionsverhältnis des Heiligen Römischen Reiches deutscher Nation und der Reichskreise am Ende des 18. Jahrhunderts, in: ZHF 22 (1995), 345–369.

HATJE Frank, Leben und Sterben im Zeitalter der Pest. Basel im 15. bis 17. Jahrhundert, Basel/Frankfurt 1992.

HAUMANN, Heiko, Geschichte der *Ostjuden*, München 1990.

HENNINGER Wolfgang, Johann Jakob von *Bethmann* 1717–1792. Kaufmann, Reeder und kaiserlicher Konsul in Bordeaux, Bochum 1993.

HERSCHE Peter, Die *deutschen Domkapitel* im 17. und 18. Jahrhundert, 3 Bde., Bern 1984.

HIPPEL Wolfgang von, Armut, Unterschichten, Randgruppen in der Frühen Neuzeit, München 1995.

HULL Isabel V., Sexuality, State and Civil Society in Germany, 1700–1815, Ithaca/London 1996.

KNODEL John E., Demograpic Behavior in the Past. A Study of Fourteen German Village Populations in the Eighteenth and Nineteenth Centuries, Cambridge 1988.

KÜHNE Thomas, Männergeschichte – Geschlechtergeschichte. Männlichkeit im Wandel der Moderne, Frankfurt 1996.

LABOUVIE Eva, Zauberei und Hexenwerk. Ländlicher Hexenglaube in der frühen Neuzeit, Frankfurt 1991.

LANGE Katrin, *Gesellschaft und Kriminalität*. Räuberbanden im 18. und frühen 19. Jahrhundert, Frankfurt 1994.

LAU Thomas, *Bürgerunruhen* und Bürgerprozesse in den Reichsstädten Mühlhausen und Schwäbisch Hall in der Frühen Neuzeit, Bern u.a. 1999.

LIND Vera, Selbstmord in der Frühen Neuzeit. Diskurs, Lebenswelt und kultureller Wandel am Beispiel der Herzogtümer Schleswig und Holstein, Göttingen 1999.

LIS Catharina/SOLY Hugo, Disordered Lives. Eighteenth-Century Families and their Unruly Relatives, Oxford 1996.

LORENZ Sönke/BAUER Dieter R. (Hg.), Das Ende der Hexenverfolgung, Stuttgart 1995.

MĄCZAK Antoni (Hg.), *Klientelsysteme* im Europa der Frühen Neuzeit, München 1988.

MAHLERWEIN Gunter, Die *Herren im Dorf*. Bäuerliche Oberschicht und ländliche Elitenbildung in Rheinhessen 1700–1850, Mainz 2001.

MATTMÜLLER Markus, Bevölkerungsgeschichte der Schweiz. Teil 1: Die frühe Neuzeit, 1500–1700, 2 Bde., Basel/Frankfurt 1987.

MAUERER Esteban, *Südwestdeutscher Reichsadel* im 17. und 18. Jahrhundert. Geld, Reputation, Karriere: Das Haus Fürstenberg, Göttingen 2001.

MAURER Michael, Die Biographie des Bürgers. Lebensformen und Denkweisen in der formativen Phase des deutschen Bürgertums (1680–1815), Göttingen 1996.

MEUMANN Markus, *Findelkinder*, Waisenhäuser, Kindsmord. Unversorgte Kinder in der frühneuzeitlichen Gesellschaft, München 1995.

MITTERAUER Michael, Historisch-anthropologische Familienforschung. Fragestellungen und Zugangsweisen, Wien/Köln 1990.

MÜNCH Paul, *Lebensformen* in der Frühen Neuzeit, Frankfurt/Berlin 1992.

MUIR Edward, *Ritual* in Early Modern Europe, Cambridge 1997.

NOWOSADTKO Jutta, *Scharfrichter und Abdecker*. Der Alltag zweier „unehrlicher Berufe" in der Frühen Neuzeit, Paderborn 1994.

PETERS Jan (Hg.), *Konflikt und Kontrolle* in Gutsherrschaftsgesellschaften. Über Resistenz- und Herrschaftsverhalten in ländlichen Sozialgebilden der Frühen Neuzeit, Göttingen 1995.

PFISTER Christian, Bevölkerungsgeschichte und historische Demographie 1500–1800, München 1994.

PRÖVE Ralf, *Stehendes Heer* und städtische Gesellschaft im 18. Jahrhundert. Göttingen und seine Militärbevölkerung 1713–1756, München 1995.

DERS., Vom *Schmuddelkind* zur anerkannten Subdisziplin? Die „neue Militärgeschichte" der Frühen Neuzeit – Perspektiven, Entwicklungen, Probleme. In: GWU 51 (2000), 597–612.

DERS., Zum Verhältnis von Militär und Gesellschaft im Spiegel gewaltsamer Rekrutierung (1648–1789), in: ZHF 25 (1995), 191–223.

RAYNAUD Franziska, *Savoyische Einwanderer* in Deutschland (15. bis 19. Jahrhundert), Neustadt/Aisch 2001.

REES Joachim/SIEBERS Winfried/TILGNER Hilmar (Hg.), Europareisen politisch-sozialer Eliten im 18. Jahrhundert, Berlin 2002.

REITH Reinhold/GRIESSINGER Andreas/EGGERS Petra, *Streikbewegungen* deutscher Handwerksgesellen im 18. Jahrhundert. Materialien zur Sozial- und Wirtschaftsgeschichte des städtischen Handwerks 1700–1806, Göttingen 1992.

ROECK Bernd, Außenseiter, Randgruppen, Minderheiten. Fremde im Deutschland der frühen Neuzeit, Göttingen 1993.

ROPER Lyndal, Oedipus and the Devil. Witchcraft, sexuality and religion in Early Modern Europe, London 1994.

SCHILLING Heinz, Die *Stadt* in der Frühen Neuzeit, München 1993.

SCHLÖGL Rudolf, Bauern, Krieg und Staat. Oberbayerische Bauernwirtschaft und frühmoderner Staat im 17. Jahrhundert, Göttingen 1988.

SCHLUMBOHM Jürgen, Lebensläufe, Familien, Höfe. Die Bauern und Heuerleute des Osnabrückischen Kirchspiels Belm in protoindustrieller Zeit, 1650–1860, Göttingen 1994.

SCHMIDT Georg, Die frühneuzeitlichen *Hungerrevolten*. Soziale Konflikte und Wirtschaftspolitik im Alten Reich, in: ZHF 18 (1991), 257–280.

SCHMIDT Heinrich Richard, *Dorf und Religion*. Reformierte Sittenzucht in Berner Landgemeinden der Frühen Neuzeit, Stuttgart/Jena/New York 1995.

SCHMITZ Christian, *Ratsbürgerschaft* und Residenz. Untersuchungen zu Berliner Ratsfamilien, Heiratskreisen und sozialen Wandlungen im 17. Jahrhundert, Berlin/New York 2002.

SCHORN-SCHÜTTE Luise, *Evangelische Geistlichkeit* in der Frühneuzeit. Deren Anteil an der Entfaltung frühmoderner Staatlichkeit und Gesellschaft, Gütersloh 1996.

SCHREINER Klaus/SCHWERHOFF Gerd (Hg.), *Verletzte Ehre*. Ehrkonflikte in Gesellschaften des Mittelalters und der Frühen Neuzeit, Köln/Weimar/Wien 1995.

SCHULTE BEERBÜHL Margrit, Die Konsummöglichkeiten und Konsumbedürfnisse der englischen Unterschichten im 18. Jahrhundert, in: VSWG 82 (1995), 1–28.

SCHULZE Winfried (Hg.), Ego-Dokumente. Annäherung an den Menschen in der Geschichte, Berlin 1996.

DERS. (Hg.), Sozialgeschichte, Alltagsgeschichte, Mikro-Historie. Eine Diskussion, Göttingen 1994.

DERS. (Hg.), Ständische Gesellschaft und soziale Mobilität, München 1988.

SCHWERHOFF Gerd, *Devianz* in der alteuropäischen Gesellschaft. Umrisse einer historischen Kriminalitätsforschung, in: ZHF 19 (1992), 385–414.

SCOTT Hamish M., The *European Nobilities* in the Seventeenth and Eighteenth Centuries, 2 Bde., London/New York 1995.

SIKORA Michael, *Disziplin und Desertion*. Strukturprobleme militärischer Organisation im 18. Jahrhundert, Berlin 1996.

SPEITKAMP Winfried, Jugend in der Neuzeit. Deutschland vom 16. bis zum 20. Jahrhundert, Göttingen 1998.

STONE Lawrence, *Uncertain Unions*. Marriage in England 1660–1753, Oxford/New York 1992.

TEUTEBERG Hans-Jürgen, *Reise- und Hausvaterliteratur* der frühen Neuzeit, in: Hans Pohl (Hg.), Die Bedeutung der Kommunikation für Wirtschaft und Gesellschaft, Stuttgart 1989, 216–255.

THADDEN Rudolf von/MAGDELAINE Michelle (Hg.), Die *Hugenotten* 1685–1985, München 1985.

TREUE Wilhelm, Eine Frau, drei Männer und eine Kunstfigur. Barocke Lebensläufe, München 1992.

TROSSBACH Werner, *Bauern* 1648–1808, München 1993.

DERS., Der Schatten der Aufklärung. Bauern, Bürger und Illuminaten in der Grafschaft Wied-Neuwied, Fulda 1991.

ULBRICH Claudia, Shulamit und Margarete. Macht, Geschlecht und Religion in einer ländlichen Gesellschaft des 18. Jahrhunderts, Wien/Köln/Weimar 1999.

ULBRICHT Otto, *Kindsmord* und Aufklärung in Deutschland, München 1990.

DERS.(Hg.), Von Huren und Rabenmüttern. Weibliche Kriminalität in der Frühen Neuzeit, Köln/Weimar/Wien 1995.

VANJA Christina, Zwischen *Verdrängung* und Expansion, Kontrolle und Befreiung – Frauenarbeit im 18. Jahrhundert im deutschsprachigen Raum, in: VSWG 79 (1992), 457–482.

VOIGTLÄNDER Lutz, Die preußischen Kriegsgefangenen der Reichsarmee 1760/63, Duisburg 1995.

WALLACE Peter G., Communities and Conflict in Colmar: 1575–1730, Atlantic Highlands 1995.

WALZ Rainer, Hexenglaube und magische Kommunikation im Dorf der Frühen Neuzeit. Die Verfolgungen in der Grafschaft Lippe, Paderborn 1993.

WATT Jeffrey R., The Making of Modern Marriage. Matrimonial Control and the Rise of Sentiment in Neuchâtel, 1550–1800, Ithaca/London 1992.

WEIDNER Marcus, *Landadel* in Münster 1600–1760, 2 Bde., Münster 2000.

WERKSTETTER Christine, *Frauen* im Augsburger Zunfthandwerk. Arbeit, Arbeitsbeziehungen und Geschlechterverhältnisse im 18. Jahrhundert, Berlin 2001.

WIESNER-HANKS Merry E., Christianity and Sexuality in the Early Modern World. Regulating Desire, Reforming Practice, London/New York 2000.

WILBERTZ Gisela, *Scharfrichter*, Medizin und Strafvollzug in der Frühen Neuzeit, in: ZHF 26 (1999), 515–555.

WOOLF Stuart, The Poor in Western Europe in the Eighteenth and Nineteenth Centuries, London/New York 1986.

WÜRGLER Andreas, Unruhen und Öffentlichkeit. Städtische und ländliche Protestbewegungen im 18. Jahrhundert, Tübingen 1995.

WUNDER Heide, „Er ist die Sonn', sie ist der Mond". Frauen in der Frühen Neuzeit, München 1992.

DIES./VANJA Christina (Hg.), Weiber, Menscher, Frauenzimmer. Frauen in der ländlichen Gesellschaft 1500–1800, Göttingen 1996.

ZEMON DAVIS Natalie, Drei Frauenleben, Berlin 1996.

5.2.6　Kultur, Wissenschaft und Religion

ADLER Hans (Hg.), Akademien im 18. Jahrhundert, in: Das achtzehnte Jahrhundert, Jg. 25, Heft 1 (2001).

ALBRECHT Peter u. a. (Hg.), Formen der Geselligkeit in Nordwestdeutschland 1750–1820, Tübingen 2002.

ASTON Nigel, Horne and Heterodoxy: The Defence of Anglican Beliefs in the Late Enlightenment, in: EHR 108 (1993), 895–919.

BADINTER Elisabeth, Les passions intellectuelles. 1: Désirs de gloire (1735–1751), Paris 1999.

BÖDEKER Hans Erich/FRANÇOIS Étienne (Hg.), Aufklärung/Lumières und Politik. Zur politischen Kultur der deutschen und französischen Aufklärung, Leipzig 1996.

BÖNING Holger/SIEGERT Reinhart (Hg.), Volksaufklärung. Biobibliographisches Handbuch zur Popularisierung aufklärerischen Denkens im deutschen Sprachraum von den Anfängen bis 1850, Bd. 1, Stuttgart 1990.

Bots Hans (Hg.), *Critique, savoir* et érudition à la veille des Lumières. Le Dictionnaire historique et critique de Pierre Bayle (1647–1706), Amsterdam/Maarssen 1998.

Brecht Martin (Hg.), Geschichte des *Pietismus*. Bd. 1: Der Pietismus vom siebzehnten bis zum frühen 18. Jahrhundert, Göttingen 1993.

Breidert Wolfgang (Hg.), Die *Erschütterung* der vollkommenen Welt. Die Wirkung des Erdbebens von Lissabon im Spiegel europäischer Zeitgenossen, Darmstadt 1994.

Breuer Dieter (Hg.), Die *Aufklärung* in den deutschsprachigen katholischen Ländern 1750–1800, Paderborn 2001.

Ders. (Hg.), Religion und Religiosität im Zeitalter des Barock, 2 Bde., Wiesbaden 1995.

Cadilhon François/Mondot Jean/Verger Jacques (Hg.), *Universités* et institutions universitaires européennes au XVIIIe siècle. Entre modernisation et tradition, Talence 1999.

Chartier Roger, Die *kulturellen Ursprünge* der Französischen Revolution, Frankfurt a. M. 1995 (französisch 1990).

Cusatelli Giorgio u. a. (Hg.), Gelehrsamkeit in Deutschland und Italien im 18. Jahrhundert – Letterati, erudizione e società scientifiche negli spazi italiani e tedeschi del '700, Tübingen 1999.

Darnton Robert, The *Forbidden Best-Sellers* of Pre-Revolutionary France, New York/London 1996.

Demel Walter, Vom aufgeklärten *Reformstaat* zum bürokratischen Staatsabsolutismus, München 1993.

Doering-Manteuffel Sabine u. a. (Hg.), *Pressewesen* der Aufklärung. Periodische Schriften im Alten Reich, Berlin 2001.

Duchhardt Heinz/May Gerhard (Hg.), Union – Konversion – Toleranz. Dimensionen der Annäherung zwischen den christlichen Konfessionen im 17. und 18. Jahrhundert, Mainz 2000.

Dülmen Richard van, Die Gesellschaft der Aufklärer. Zur bürgerlichen Emanzipation und aufklärerischen Kultur in Deutschland, Frankfurt a. M. 1986.

Duranton Henri u. a. (Hg.), Les Gazettes Européennes de langue française (XVIIe–XVIIIe siècles), Saint-Étienne 1992.

Eijnatten Joris van, History, Reform, and Aufklärung. German Theological Writing and Dutch Literary Publicity in the Eighteenth Century, in: Zeitschrift für Neuere Theologiegeschichte 7 (2000), 173–204 .

Erne Emil, Die schweizerischen *Sozietäten*, Zürich 1988.

Espagne Michel/Middell Matthias (Hg.), Von der Elbe bis an die Seine. Kulturtransfer zwischen Sachsen und Frankreich im 18. und 19. Jahrhundert, Leipzig 1993.

Freitag Werner, Volks- und Elitenfrömmigkeit in der Frühen Neuzeit. Marienwallfahrten im Fürstbistum Münster, Paderborn 1991.

Garber Klaus/Wismann Heinz (Hg.), *Europäische Sozietätsbewegung* und demokratische Tradition. Die europäischen Akademien der Frühen Neuzeit zwischen Frührenaissance und Spätaufklärung, 2 Bde., Tübingen 1996.

Gawlick Günter/Kreimendahl Lothar (Hg.), Hume in der deutschen Aufklärung. Umrisse einer Rezeptionsgeschichte, Stuttgart 1987.

GIERL Martin, *Pietismus* und Aufklärung. Theologische Polemik und die Kommunikationsreform der Wissenschaft am Ende des 17. Jahrhunderts, Göttingen 1997.

GINZBURG Carlo, Il formaggio e i vermi. Il cosmo di un mugnaio del '500, Torino 1976. Dt.: Der Käse und die Würmer. Die Welt eines Müllers um 1600, Frankfurt a. M. 1979.

GRAF Sieglinde, Aufklärung in der Provinz. Die sittlich-ökonomische Gesellschaft von Ötting-Burghausen 1765–1802, Göttingen 1993.

GRAU Conrad u. a. (Hg.), Deutsch-russische Beziehungen im 18. Jahrhundert. Kultur, Wissenschaft und Diplomatie, Wiesbaden 1997.

GREYERZ Kaspar von, Religion und Kultur. Europa 1500–1800, Göttingen 2000.

GRUS Stefan, Die frühen Mainzer *Lesegesellschaften* 1782–1793, in: Mainzer Zeitschrift 81 (1986), 123–141.

HAMMERSTEIN Notker, Res publica litteraria. Ausgewählte Aufsätze zur frühneuzeitlichen Bildungs-, Wissenschafts- und Universitätsgeschichte, Berlin 2000.

HELLMUTH Eckhart, *Enlightenment* and Freedom of the Press: The Debate in the Berlin Mittwochsgesellschaft, 1783–1784, in: History 83 (1998), 420–444.

HERZIG Arno, Der Zwang zum wahren Glauben. Rekatholisierung vom 16. bis zum 18. Jahrhundert, Göttingen 2000.

HOHRATH Daniel, Spätbarocke *Kriegspraxis* und aufgeklärte Kriegswissenschaften. Neue Forschungen und Perspektiven zu Krieg und Militär im „Zeitalter der Aufklärung", in: Ders./Gerteis Klaus (Hg.), Die Kriegskunst im Lichte der Vernunft, Hamburg 2000, 5–47.

HOLZEM Andreas, *Religion und Lebensformen*. Katholische Konfessionalisierung im Sendgericht des Fürstbistums Münster 1750–1800, Paderborn 2000.

HUNTER Michael, Establishing the *New Science*. The Experience of the early Royal Society, Woodbridge 1989.

IM HOF, Ulrich, Das Europa der Aufklärung, München 1993.

JORDAN Lothar (Hg.), Nationale Grenzen und internationaler Austausch. Studien zum Kultur- und Wissenschaftstransfer in Europa, Tübingen 1995.

JULIA Dominique u. a. (Hg.), Les universités européennes du XVIe au XVIIIe siècle, 2 Bde., Paris 1986–89.

JÜTTNER Siegfried/SCHLOBACH Jochen (Hg.), Europäische Aufklärungen. Einheit und nationale Vielfalt, Hamburg 1992.

KLIPPEL Diethelm, Von der Aufklärung der Herrscher zur Herrschaft der Aufklärung, in: ZHF 17 (1990), 193–210.

KLUETING Harm (Hg.), *Katholische Aufklärung* – Aufklärung im katholischen Deutschland, Hamburg 1993.

KOPITZSCH Franklin (Hg.), Aufklärung, Absolutismus und Bürgertum in Deutschland, München 1976.

KUNICKI Wojciech (Hg.), Aufklärung in Schlesien im europäischen Spannungsfeld, 2 Bde., Wrocław 1996–1998.

KUNISCH Johannes, Das „*Puppenwerk*" der stehenden Heere. Ein Beitrag zur Neueinschätzung von Soldatenstand und Krieg in der Spätaufklärung, in: ZHF 17 (1990), 49–83.

LABOUVIE Eva, *Individuelle Körper*. Zur Selbstwahrnehmung „mit Haut und Haar", in:

Dülmen Richard van (Hg.), Entdeckung des Ich. Die Geschichte der Individualisierung vom Mittelalter bis zur Gegenwart, Köln/Weimar/Wien 2001, 163–195.

Lächele Rainer (Hg.), *Das Echo Halles*. Kulturelle Wirkungen des Pietismus, Tübingen 2001.

Lehmann Hartmut/Trepp Anne-Charlott (Hg.), Im Zeichen der Krise. Religiosität im Europa des 17. Jahrhunderts, Göttingen 1999.

Levi Giovanni, L'eredità immateriale. Carriera di un esorcista nel Piemonte del Seicento, Torino 1985.

Lüsebrink Hans-Jürgen/Reichardt Rolf (Hg.), *Kulturtransfer* im Epochenumbruch. Frankreich – Deutschland 1770 bis 1815, 2 Bde., Leipzig 1997.

Maler Anselm u. a. (Hg.), Europäische Aspekte der Aufklärung, Frankfurt 1998.

Maurer Michael, *Aufklärung* und Anglophilie in Deutschland, Göttingen/Zürich 1987.

Ders., Kirche, Staat und Gesellschaft im 17. und 18. Jahrhundert, München 1999

Maurice Florian, Freimaurerei um 1800. Ignaz Aurelius Feßler und die Reform der Großloge Royal York in Berlin, Tübingen 1997.

McMahon Darrin M., *Enemies of the Enlightenment*. The French Counter-Enlightenment and the Making of Modernity, Oxford/New York 2001.

McManners John, Church and Society in Eighteenth-Century France, 2 Bde., Oxford 1999.

Mix York-Gothart (Hg.), *Deutsch-dänischer Kulturtransfer* im 18. Jahrhundert, in: Das achtzehnte Jahrhundert, Jg. 25, H.2 (2001), 173–312.

Möller Horst, Vernunft und Kritik. Deutsche Aufklärung im 17. und 18. Jahrhundert, Frankfurt 1986.

Molitor Hansgeorg/Smolinsky Heribert (Hg.), Volksfrömmigkeit in der Frühen Neuzeit, Münster 1994.

Münch Paul, „*Monstra* humani generis". Kastraten in der Kritik der Aufklärung, in: Schweizer Jahrbuch für Musikwissenschaft NF 20 (2000), 63–82.

Munck Thomas, The Enlightenment. A Comparative Social History 1721–1794, London/New York 2000.

Neugebauer-Wölk Monika, Esoterische Bünde und Bürgerliche Gesellschaft. Entwicklungslinien zur modernen Welt im Geheimbundwesen des 18. Jahrhunderts, Wolfenbüttel/Göttingen 1995.

Dies., *Reichsjustiz und Aufklärung*. Das Reichskammergericht im Netzwerk der Illuminaten, Wetzlar 1992.

Dies./Saage Richard (Hg.), Die Politisierung des Utopischen im 18. Jahrhundert, Tübingen 1996.

Neumann Helga, Zwischen *Emanzipation* und Anpassung. Protagonistinnen des deutschen Zeitschriftenwesens im ausgehenden 18. Jahrhundert (1779–1795), Würzburg 1999.

Nicklas Thomas, Publizität und Intrige. Eine antikatholische Pressekampagne in der Zeit der Spätaufklärung, in: HJb 119 (1999), 134–158.

Oz-Salzberger Fania, *Translating* the Enlightenment. Scottish Civic Discourse in Eighteenth Century Germany, Oxford 1995.

Palladini Fiammetta/Hartung Gerald (Hg.), Samuel Pufendorf und die europäische

Frühaufklärung. Werk und Einfluß eines deutschen Bürgers der Gelehrtenrepublik nach 300 Jahren (1694–1994), Berlin 1996.

PORTER Roy, The Enlightenment, Atlantic Highlands 1990.

REINALTER Helmut (Hg.), Aufklärungsgesellschaften, Frankfurt a. M. 1993.

ROCHE Daniel, Les Républicains des lettres. Gens de culture et Lumières au XVIIIe siècle, Paris 1988.

SACHSENMAIER Dominic, Die *Aufnahme* europäischer Inhalte in die chinesische Kultur durch Zhu Zongyuan (ca. 1616–1660), Nettetal 2001.

SCHÄUFELE Wolf-Friedrich, Christoph Matthäus Pfaff und die Kirchenunionsbestrebungen des Corpus Evangelicorum 1717–1726, Mainz 1998.

SCHINDLING Anton, Bildung und Wissenschaft in der Frühen Neuzeit, 1650–1800, München 1994.

SCHLOBACH Jochen, Französische Aufklärung und deutsche Fürsten, in: ZHF 17 (1990), 327–349.

SCHLÖGL Rudolf, *Glaube und Religion* in der Säkularisierung, München 1995.

SCHLÜTER Gisela, Die französische *Toleranzdebatte* im Zeitalter der Aufklärung, Tübingen 1992.

SCHMALE Wolfgang u. a. (Hg.), *Revolution des Wissens?* Europa und seine Schulen im Zeitalter der Aufklärung, 1750–1825, Bochum 1991.

SCHNEIDERS Werner, Das Zeitalter der Aufklärung, München 1997.

DERS. (Hrsg.), *Lexikon der Aufklärung*. Deutschland und Europa, München 1995 (Pb. München 2001).

SCHRADER Fred E., Soziabilitätsgeschichte der Aufklärung. Zu einem europäischen Forschungsproblem, in: Francia 19/2 (1992), 177–194.

SKINNER Quentin, Reason and Rhetoric in the Philosophy of Hobbes, Cambridge 1996.

SORKIN David Jan, Moses Mendelssohn and the Religious Enlightenment, London 1996.

STICHWEH Rudolf, Der frühmoderne Staat und die europäische Universität. Zur Interaktion von Politik und Erziehungssystem im Prozeß ihrer Ausdifferenzierung (16.–18. Jahrhundert), Frankfurt a.M. 1991.

SWEETMAN John, The Enligtenment and the Age of Revolution 1700–1850, London/New York 1998.

TOLKEMITT Brigitte, Der Hamburgische Correspondent. Zur öffentlichen Verbreitung der Aufklärung in Deutschland, Tübingen 1995.

TÓTH István György, Literacy and Written Culture in Early Modern Central Europe, Budapest 2000.

TRAUTH Michael, Eine *Begegnung* von Wissenschaft und Aufklärung. Die Universität Trier im 18. Jahrhundert, Trier 2000.

TRIAINON-ANTTILA Kaija, The Problem of Humanity. The Blacks in the European Enlightenment, Helsinki 1994.

VIERHAUS Rudolf, *Was war Aufklärung?*, Wolfenbüttel 1995.

VOGLER Bernard/VOSS Jürgen (Hg.), *Strasbourg*, Schoepflin et l'Europe au XVIIIe siècle, Bonn 1996.

WECKEL Ulrike, Zwischen *Häuslichkeit* und Öffentlichkeit. Die ersten deutschen Frauenzeitschriften im späten 18. Jahrhundert und ihr Publikum, Tübingen 1998.

Witt Ulrike, *Bekehrung*, Bildung und Biographie. Frauen im Umkreis des Halleschen Pietismus, Tübingen 1996.

Zaunstöck Holger, *Sozietätslandschaft* und Mitgliederstrukturen. Die mitteldeutschen Aufklärungsgesellschaften im 18. Jahrhundert, Tübingen 1999.

5.2.7 Natur und Umwelt

Ahvemainen Jorma, Man and the Forest in Northern Europe from the Middle Ages to the 19th century, in: VSWG 83 (1996), 1–24.

Allmann Joachim, Der *Wald* in der frühen Neuzeit. Eine mentalitäts- und sozialgeschichtliche Untersuchung am Beispiel des Pfälzer Raumes 1500–1800, Berlin 1989.

Below Stefan von/Breit Stefan, *Wald*: von der Gottesgabe zum Privateigentum. Gerichtliche Konflikte zwischen Landesherren und Untertanen um den Wald in der Frühen Neuzeit, Stuttgart 1998.

Dinzelbacher Peter (Hg.), Mensch und Tier in der Geschichte Europas, Stuttgart 2000.

Eifert Christiane, Das Erdbeben von Lissabon 1755. Zur Historizität einer Naturkatastrophe, in: HZ 274 (2002), 633–664.

Ernst Christoph, Den Wald entwickeln. Ein Politik- und Konfliktfeld in Hunsrück und Eifel im 18. Jahrhundert, München 2000.

Herrmann Bernd (Hg.), Umwelt in der Geschichte. Beiträge zur Umweltgeschichte, Göttingen 1989.

Jakubowski-Tiessen Manfred, *Sturmflut 1717*. Die Bewältigung einer Naturkatastrophe in der Frühen Neuzeit, München 1992.

Laichmann Michaela, Die *kaiserlichen Hunde*. Das Rüdenhaus zu Erdberg in der Organisation der kaiserlichen Jägerei in Niederösterreich, 16. bis 18. Jahrhundert, Wien 2000.

Lamb Hubert Horace, *Climate*. Present, past and future, 2 Bde., London 1972–77.

Ders., Klima und Kulturgeschichte. Der Einfluß des Wetters auf den Gang der Geschichte, Reinbek 1989.

Mathieu Jon, Geschichte der Alpen 1500–1900, 2. Aufl., Wien 2001.

Mollat du Jourdin Michel, *Europa* und das Meer, München 1993 (französische Originalausgabe Paris 1993).

Pfister Christian, *Klimageschichte* der Schweiz, 1525–1860. Das Klima der Schweiz und seine Bedeutung in der Geschichte von Bevölkerung und Landwirtschaft, 2 Bde., 2. Aufl. Bern 1985.

Ders., Wetternachhersage. 500 Jahre Klimavariationen und Naturkatastrophen (1496–1995), Bern/Stuttgart/Wien 1999.

Radkau Joachim, *Natur* und Macht. Eine Weltgeschichte der Umwelt, München 2000.

5.3 Länder

5.3.1 Frankreich

Ahrens Kirsten, Hyacinthe Rigauds *Staatsporträt* Ludwigs XIV. Typologische und ikonologische Untersuchung zur politischen Aussage des Bildnisses von 1701, Worms 1990.

ASBACH Olaf/MALETTKE Klaus/EXTERNBRINK Sven (Hg.), Altes Reich, Frankreich und Europa. Politische, philosophische und historische Aspekte des französischen Deutschlandbildes im 17. und 18. Jahrhundert, Berlin 2001.

BÉLY Lucien, La France moderne, 1498–1789, Paris 1994.

BÉRENGER Jean/MEYER Jean, La France dans le monde au XVIIIe siècle, Paris 1993.

BLACK Jeremy, From Louis XIV to Napoleon. The Fate of a Great Power, London 1999.

BONNEY Richard, The Limits of Absolutism in Ancien Régime France, Aldershot 1995.

BUDDRUSS Eckhard, Die französische Deutschlandpolitik 1756–1789, Mainz 1995.

BURKE Peter, The fabrication of Louis XIV, New Haven 1992 (deutsch Berlin 1993).

CAMPBELL Peter Robert, Power and Politics in Old Régime France 1720–1745, London/New York 1996.

CHALINE Olivier, La France au XVIIIe siècle, 1715–1787, Paris 1996.

ELLIS Harold Alexander, Boulainvilliers and the French Monarchy. Aristocratic Politics in Early Eighteenth-Century France, Ithaca/London 1988.

ENGELS Jens Ivo, Königsbilder. Sprechen, Singen und Schreiben über den französischen König in der ersten Hälfte des 18. Jahrhunderts, Bonn 2000.

GODECHOT Jacques, France and the atlantic revolution of the eighteenth century, 1770–1799, London 1977.

HANLEY Sarah, The Lit de justice of the Kings of France. Constitutional Ideology in Legend, Ritual, and Discourse, Princeton 1993.

HARAN Alexandre Y., Le lys et le globe. Messianisme dynastique et rêve impérial en France aux XVIe et XVIIe siècles, Paris 2000.

HARDMAN John, French Politics 1774–1789. From the accession of Louis XV to the fall of the Bastille, London/New York 1995.

HARTMANN Peter C. (Hg.), Französische Könige und Kaiser in der Neuzeit. Von Ludwig XII. bis Napoleon III. 1498–1870, München 1994.

HENKE Christian, Coblentz: Symbol für die Gegenrevolution. Die französische Emigration nach Koblenz und Kurtrier 1789–1792 und die politische Diskussion des revolutionären Frankreichs 1791–1794, Stuttgart 2000.

HINRICHS Ernst, Ancien Régime und Revolution. Studien zur Verfassungsgeschichte Frankreichs zwischen 1589 und 1789, Frankfurt 1989.

LOSSKY Andrew, Louis XIV and the French Monarchy, New Brunswick 1994.

MAGER Wolfgang, Frankreich vom Ancien Régime zur Moderne. Wirtschafts-, Gesellschafts- und politische Institutionengeschichte 1630–1830, Stuttgart 1980.

MALETTKE Klaus, Frankreich, Deutschland und Europa im 17. und 18. Jahrhundert, Marburg 1994.

DERS., Ludwig XIV. von Frankreich. Leben, Politik und Leistung, Göttingen 1994.

MEYER Jean, Frankreich im Zeitalter des Absolutismus, 1515–1789, Stuttgart 1990.

OPITZ-BELAKHAL Claudia, Militärreformen zwischen Bürokratisierung und Adelsreaktion. Das französische Kriegsministerium und seine Reformen im Offizierskorps von 1760–1790, Sigmaringen 1994.

PELZER Erich, Der elsässische Adel im Spätfeudalismus. Tradition und Wandel einer regionalen Elite zwischen dem Westfälischen Frieden und der Revolution (1648–1790), München 1990.

PERNOT Michel, La Fronde, Paris 1994.

REESE Armin, *Europäische Hegemonie* und France d'outre mer. Koloniale Fragen in der französischen Außenpolitik 1700–1763, Stuttgart 1988.

REICHARDT Rolf E., Das *Blut der Freiheit*. Französische Revolution und demokratische Kultur, Frankfurt a. M. 1998.

DERS. u. a. (Hg.), Handbuch politisch-sozialer Grundbegriffe in Frankreich 1680–1820, bisher 21 Hefte, München 1985–2001.

RÉTAT Pierre, Le dernier règne. Chronique de la France de Louis XVI, 1774–1789, Paris 1995.

RILEY James C., The *Seven Years War* and the Old Regime in France. The Economic and Financial Toll, Princeton 1986.

ROCHE Daniel, *La France des Lumières*, Paris 1993.

ROGISTER John, *Louis XV* and the Parlement of Paris, 1737–1755, Cambridge 1995.

SCHMALE Wolfgang, Entchristianisierung, Revolution und Verfassung. Zur Mentalitätsgeschichte der Verfassung in Frankreich 1715 – 1794, Berlin 1988.

DERS., *Frankreich* und die Erklärung der Menschen- und Bürgerrechte von 1789 im Lichte der französischen Forschung 200 Jahre danach, in: ZHF 20 (1993), 345–376.

DERS., *Geschichte Frankreichs*, Stuttgart 2000.

SCHÖNPFLUG Daniel, Das *Münster* unter dem Bonnet Rouge, in: Francia 25/2 (1998), 105–129.

DERS., Der Weg in die Terreur. Radikalisierung und Konflikte im Straßburger Jakobinerclub (1790–1795), München 2002.

SCHULIN Ernst, Die Französische *Revolution*, München 1989.

SCHULZE Winfried, *Der 14. Juli* 1789. Biographie eines Tages, Stuttgart 1989.

SOLNON Jean-François, La Cour de France, Paris 1987.

SONNINO Paul, *Louis XIV* and the origins of the Dutch War, Cambridge 1988.

STURDY David J., *Louis XIV*, Houndmills 1998.

VIGUERIE Jean de, Le roi et le „public". L'exemple de Louis XIV, in: RH 278 (1987), 23–34.

WUNDERLICH Heinke/MONDOT Jean (Hg.), Deutsch-Französische Begegnungen am Rhein 1700–1789/Rencontres franco-allemandes dans l'espace rhénan entre 1700 et 1789, Heidelberg 1994.

5.3.2 Großbritannien

ANDREWS Stuart, The *British Periodical Press* and the French Revolution, 1789–99, Basinstoke/New York 2000.

ASCH Ronald G., Die *englische Herrschaft* in Irland und die Krise der Stuart-Monarchie im 17. Jahrhundert, in: HJb 110 (1990), 370–408.

BAUGH Daniel A., Great Britain's „Blue-Water"-Policy 1689–1815, in: International History Review 10 (1988), 33–58.

BECKETT James Camlin, Geschichte Irlands, 4. Aufl., Stuttgart 1997.

BLACK Jeremy, A *System of Ambition?* British Foreign Policy 1660–1793, London/New York 1991.

DERS., *British Foreign Policy* in the Age of Walpole, Edinburgh 1985.

DERS., *Press and Politics* in the Age of Walpole, in: Durham University Journal 77 (1984), 87–93.

DERS., Robert Walpole and the Nature of Politics in Early Eighteenth-Century England, Basingstoke/London 1990.

DERS., The Politics of Britain, 1688–1800, Manchester/New York 1993.

DERS. (Hg.), Knights Errant and True Englishmen: British Foreign Policy, 1660–1800, Edinburgh 1989.

DERS. /GREGORY Jeremy (Hg.), Culture, Politics and Society in Britain, 1660–1800, Manchester/New York 1991.

BOWEN Huw W., War and British Society 1688–1815, Cambridge 1998.

BREWER John, The Sinews of Power. War, Money and the English State 1688–1783, Cambridge/Mass. 1988.

COLLEY Linda, Britons. Forging the Nation 1707–1837, New Haven/London 1992.

CONNOLLY Sean J., Religion, Law, and Power. The Making of Protestant Ireland, 1660–1760, Oxford 1992.

CONWAY Stephen, The Politics of British Military and Naval Mobilization, 1775–83, in: EHR 112 (1997), S. 1179–1201.

CRUICKSHANKS Eveline, The Glorious Revolution, London 2000.

DIXON Simon (Hg.), Britain and Russia in the Age of Peter the Great, London 1998.

ELVERT Jürgen, Geschichte Irlands, München 1993.

GREYERZ Kaspar von, England im Jahrhundert der Revolutionen 1603–1714, Stuttgart 1994.

HAAN Heiner/NIEDHART Gottfried, Geschichte Englands vom 16. bis zum 18. Jahrhundert, München 1993.

HAYDON Colin, Anti-Catholicism in Eighteenth-Century England, c. 1714 – 80. A Political and Social Study, Manchester/New York 1993.

HAYDON D. W., The Stanhope/Sunderland Ministry and the Repudiation of Irish Parliamentary Independence, in: EHR 113 (1998), 610–636.

HOLMES Geoffrey, The Making of a Great Power. Late Stuart and Early Georgian Britain, 1660–1722, London/New York 1993.

DERS. /SZECHI Daniel, The Age of Oligarchy. Pre-industrial Britain 1722–1783, London/New York 1993.

HUTTON Ronald, Charles II, King of England, Scotland and Ireland, Oxford 1989.

ISRAEL Jonathan I. (Hg.), The Anglo-Dutch moment. Essays on the Glorious Revolution and its world impact, Cambridge 1991.

JONES Dwyryd Wyn, War and Economy in the Age of William III and Marlborough, Oxford 1988.

JONES J. R. (Hg.), Liberty Secured? Britain before and after 1688, Stanford 1993.

KAMPMANN Christoph, Die englische Krone als „Arbiter of Christendom"? Die „Balance of Europe" in der politischen Diskussion der späten Stuart-Ära (1660–1714), in: HJb 116 (1996), 321–366.

KIDD Colin, British Identities before Nationalism. Ethnicity and Nationhood in the Atlantic World, 1600–1800, Cambridge 1999.

DERS., Gaelic Antiquity and National Identity in Enlightenment Ireland and Scotland, in: EHR 109 (1994), 1197–1214.

KRAUS Hans-Christof, Verfassungsbegriff und Verfassungsdiskussion im England der zweiten Hälfte des 18. Jahrhunderts, in: ZHF 22 (1995), 495–521.

LANGFORD Paul, A Polite and Commercial People. England 1727–1783, Oxford 1992.

DERS., Public Life and Propertied Englishmen, 1689–1789, Oxford 1991.

MARSHALL Alan, Intelligence and Espionage in the Reign of Charles II, 1660–1685, Cambridge 1994.

MAURER Michael, *Geschichte Englands*, Stuttgart 2000.

DERS., Kleine *Geschichte Irlands*, Stuttgart 1998.

METZDORF Jens, *Politik – Propaganda – Patronage*. Francis Hare und die englische Publizistik im Spanischen Erbfolgekrieg, Mainz 2000.

MIDDLETON Richard, The *Bells* of Victory. The Pitt-Newcastle Ministry and the Conduct of the Seven Years' War, 1757–1762, Cambridge 1985.

MONOD Paul Kléber, Jacobitism and the English People 1688–1788, Cambridge 1989.

MORI Jennifer, Britain in the Age of the French Revolution 1785–1820, Harlow/London/New York 2000.

OSTERHAMMEL Jürgen, *Nation und Zivilisation* in der britischen Historiographie von Hume bis Macaulay, in: HZ 254 (1992), 281–340.

PERRY Keith, British Politics and the American Revolution, Basingstoke/London 1990.

PHILP Mark (Hg.), The *French Revolution* and British Popular Politics, Cambridge 1991.

REUNER Thomas, *Wirtschaft* und Öffentlichkeit. Handelsinteressen und außenpolitische Konzeptionen im Wirtschaftsdiskurs in England, 1739–1756, Aachen 1998.

RICHER-UHLIG Uta, Hof und Politik unter den Bedingungen der Personalunion zwischen Hannover und England, Hannover 1992.

ROBERTSON John (Hg.), *A Union for Empire*. Political Thought and the British Union of 1707, Cambridge, Mass./London 1995.

RULE John, Albion's People. English Society, 1714–1815, London/New York 1992.

SCHNURMANN Claudia, Vom Inselreich zur Weltmacht. Die Entwicklung des englischen Weltreichs vom Mittelalter bis ins 20. Jahrhundert, Stuttgart 2001.

SCHRÖDER Hans-Christoph, Die Revolutionen Englands im 17. Jahrhundert, Frankfurt a. M. 1986.

DERS., Englische Geschichte, 3. Aufl. München 2001.

SCHULIN Ernst, *Handelsstaat* England. Das politische Interesse der Nation am Außenhandel vom 16. bis ins frühe 18. Jahrhundert, Wiesbaden 1969.

SCOTT Hamish M., *British Foreign Policy* in the Age of the American Revolution, Oxford 1990.

SEAWARD Paul, The *Cavalier Parliament* and the Reconstruction of the Old Regime, 1661–1667, Cambridge 1989.

SMITH David L., A History of the Modern British Isles, 1603–1707. The Double Crown, Oxford 1998.

SZECHI Daniel, *The Jacobites*. Britain and Europe, 1688–1788, Manchester/New York 1997.

DERS., The Jacobite Revolution Settlement, 1689–1696, in: EHR 108 (1993), 610–628.

TURNER Michael J., The *Limits of Abolition*: Government, Saints and the 'African Question', c. 1780–1820, in: EHR 112 (1997), 319–357.

WAGNER Michael, *England* und die Französische Gegenrevolution 1789–1802, München 1994.

WELLENREUTHER Hermann, *Pamphlets* in the Seven Years' War: More Change than Continuity?, in: Klein Jürgen/Vanderbeke Dirk (Hg.), Anglistentag 1995 Greifswald, Proceedings XVII, Tübingen 1996, 59–72.

WENDE Peter, Geschichte Englands, 2. Aufl. Stuttgart 1995.

DERS. (Hg.), Englische Könige und Königinnen. Von Heinrich VII. bis Elisabeth II., München 1998.

WINKLER Karl Tilmann, *Wörterkrieg*: politische Debattenkultur in Walpoles England, 1720–1742, Stuttgart 1997.

WROUGHTON John, The Stuart Age, 1603–1714, London/New York 1997.

5.3.3 Niederlande

BOXER C. R., The *Dutch Seaborne Empire* 1600–1800, Pb-Ausgabe London 1990.

EIJNATTEN Joris van, *Mutua Christianorum Tolerantia*. Irenicism and Toleration in the Netherlands: The Stinstra Affair 1740–1745, Firenze 1998.

GABEL Helmut/JARREN Volker, *Kaufleute* und Fürsten. Außenpolitik und politisch-kulturelle Perzeption im Spiegel niederländisch-deutscher Beziehungen 1648–1748, Münster 1998.

ISRAEL Jonathan I., Dutch Primacy in World Trade, 1585–1740, Oxford 1989.

DERS., The Dutch Republic. Its Rise, Greatness, and Fall, 1477–1806, Oxford 1995.

JACOB Margaret C./WIJNAND Q. (Hg.), The Dutch Republic in the Eighteenth Century. Decline, Enlightenment, and Revolution, Ithaca u. a. 1992.

LADEMACHER Horst, Die *Niederlande*. Politische Kultur zwischen Individualität und Anpassung, Berlin 1993.

DERS., *Wo Glanz ist*, ist auch Gloria. Reisende in den Niederlanden des Goldenen Jahrhunderts, Münster/Hamburg 1996.

DERS. (Hg.), *Oranien-Nassau*, die Niederlande und das Reich. Beiträge zur Geschichte einer Dynastie, Münster/Hamburg 1995.

MÖRKE Olaf, 'Stadthouder' oder 'Staetholder'? Die Funktion des Hauses Oranien und seines Hofes in der politischen Kultur der Republik der Vereinigten Niederlande im 17. Jahrhundert, Münster/Hamburg 1997.

MULDER Liek/DOEDENS Anne/KORTLEVER Yolande, Geschiedenis van Nederland, Apeldoorn 1989.

NORTH Michael, Geschichte der *Niederlande*, München 1997.

DERS., *Kunst* und Kommerz im Goldenen Zeitalter. Zur Sozialgeschichte der niederländischen Malerei des 17. Jahrhunderts, Köln/Weimar/Wien 1992.

PRICE John L., *Holland* and the Dutch Republic in the Seventeenth Century. The Politics of Particularism, Oxford 1994.

RILEY James C., The *Dutch Economy* after 1650: Decline or Growth?, in: JEEH 13 (1984), 521–569.

VAN DER WEE Hermann, The Low Countries in the Early Modern World, Aldershot 1993.

5.3.4 Heiliges Römisches Reich

ANDERMANN Kurt, Die geistlichen Staaten am Ende des Alten Reiches, in: HZ 271 (2000), 593–619.

ARETIN Karl Otmar von, Das Reich. Friedensgarantie und europäisches Gleichgewicht 1648–1806, Stuttgart 1986.

DERS., Das Alte Reich 1648–1806, 3 Bde. und Registerband, Stuttgart 1993–2000.

DERS./HÄRTER Karl (Hg.), Revolution und konservatives Beharren. Das Alte Reich und die Französische Revolution, Mainz 1990.

BAUMANN Anette, Die Gesellschaft der Frühen Neuzeit im Spiegel der Reichskammergerichtsprozesse. Eine sozialgeschichtliche Untersuchung zum 17. und 18. Jahrhundert, Köln/Weimar/Wien 2001.

BLITZ Hans-Martin, Aus Liebe zum Vaterland. Die deutsche Nation im 18. Jahrhundert, Hamburg 2000.

BÖNING Holger (Hg.), Französische Revolution und deutsche Öffentlichkeit. Wandlungen in Presse und Alltagskultur am Ende des 18. Jahrhunderts, München 1992.

BURG Peter, Die deutsche Trias in Idee und Wirklichkeit. Vom Alten Reich zum Deutschen Zollverein, Stuttgart 1989.

BURGDORF Wolfgang, Reichskonstitution und Nation. Verfassungsreformprojekte für das Heilige Römische Reich Deutscher Nation im politischen Schrifttum von 1648–1806, Mainz 1998.

DE SCHRYVER Reginald, Max II. Emanuel von Bayern und das spanische Erbe. Die europäischen Ambitionen des Hauses Wittelsbach 1665–1715, Mainz 1996.

DIPPER Christof, Deutsche Geschichte 1648–1789, Frankfurt a. M. 1991.

DOTZAUER Winfried, Die deutschen Reichskreise in der Verfassung des Alten Reiches und ihr Eigenleben (1500–1806), Darmstadt 1989.

DUCHHARDT Heinz, Deutsche Verfassungsgeschichte 1495–1806, Stuttgart/Berlin/Köln 1991.

DERS./KUNZ Andreas (Hg.), Reich oder Nation? Mitteleuropa 1780–1815, Mainz 1998.

DERS. /SCHNETTGER Matthias (Hg.), Reichsständische Libertät und habsburgisches Kaisertum, Mainz 1999.

DUMONT Franz, Die Mainzer Republik von 1792/93. Studien zur Revolutionierung in Rheinhessen und der Pfalz, Alzey 1982.

FLEGEL Christoph, Die lutherische Kirche in der Kurpfalz von 1648 bis 1716, Mainz 1999.

GAGLIARDO John G., Germany under the Old Regime, 1600–1790, London/New York 1991.

GOTTHARD Axel, Säulen des Reiches. Die Kurfürsten im frühneuzeitlichen Reichsverband, 2 Bde., Husum 1999.

HÄRTER Karl, Reichstag und Revolution 1789–1806. Die Auseinandersetzung des immerwährenden Reichstags zu Regensburg mit den Auswirkungen der Französischen Revolution auf das Alte Reich, Göttingen 1992.

HARTMANN Peter C., Kulturgeschichte des Heiligen Römischen Reiches 1648 bis 1806, Wien 2001.

DERS., Die Kreistage des Heiligen Römischen Reiches – eine Vorform des Parlamentarismus (1521–1793), in: ZHF 19 (1992), 29–47.

DERS. (Hg.), Der Mainzer Kurfürst als Reichserzkanzler. Funktion, Aktivitäten, Ansprüche und Bedeutung des zweiten Mannes im Alten Reich, Stuttgart 1997.

HAUG-MORITZ Gabriele, Kaisertum und Parität. Reichspolitik und Konfessionen nach dem Westfälischen Frieden, in: ZHF 19 (1992), 445–482.

DIES., Württembergischer *Ständekonflikt* und deutscher Dualismus. Ein Beitrag zur Geschichte des Reichsverbands in der Mitte des 18. Jahrhunderts, Stuttgart 1992.

HINRICHS Ernst, *Die großen Mächte*... und die kleinen Mächte. Zur Stellung der kleinen niedersächsischen Staaten im europäischen Mächtesystem des 18. Jahrhunderts, in: NdsJb 67 (1995), 1–22.

KAMPMANN Christoph, Reichstag und *Reichskriegserklärung* im Zeitalter Ludwigs XIV., in: HJb 113 (1993), 41–59.

KRAEMER Horst, Der deutsche *Kleinstaat* des 17. Jahrhunderts im Spiegel von Senckendorffs „Teutschem Fürstenstaat", ND Darmstadt 1974.

KUNISCH Johannes (Hg.), *Neue Studien* zur frühneuzeitlichen Reichsgeschichte, Berlin 1997.

LANGEWIESCHE Dieter, *Reich*, Nation und Staat in der jüngeren deutschen Geschichte, in: HZ 254 (1992), 341–381.

MARQUARDT Bernd, *Das Römisch-Deutsche Reich* als Segmentäres Verfassungssystem (1348–1806/48), Zürich 1999.

MÖLLER Horst, *Fürstenstaat* oder Bürgernation. Deutschland 1763–1815, Berlin 1989.

MÜLLER Andreas, Der *Regensburger Reichstag* von 1653/54. Eine Studie zur Entwicklung des Alten Reiches nach dem Westfälischen Frieden, Frankfurt a. M. 1992.

MÜLLER Rainer A., Heiliges Römisches Reich Deutscher Nation. Anspruch und Bedeutung des Reichstitels in der Frühen Neuzeit, Regensburg 1990.

DERS. (Hg.), Bilder des Reiches, Sigmaringen 1997.

MÜNCH Paul, Das *Jahrhundert* des Zwiespalts. Deutsche Geschichte 1600–1700, Stuttgart 1999.

NEIPPERG Reinhard Graf von, Kaiser und Schwäbischer Kreis (1714–1733). Ein Beitrag zu Reichsverfassung, Kreisgeschichte und kaiserlicher Reichspolitik am Anfang des 18. Jahrhunderts, Stuttgart 1991.

NEUHAUS Helmut, Das Reich in der Frühen Neuzeit, München 1997.

DERS., Die *Wiedervereinigung Badens* im Jahre 1771, in: Ders./Stollberg-Rilinger Barbara (Hg.),Menschen und Strukturen in der Geschichte Alteuropas. Festschrift für Johannes Kunisch, Berlin 2002, 359–378.

DERS. (Hg.), Deutsche Geschichte in Quellen und Darstellung. Bd. 5: Zeitalter des Absolutismus 1648–1789, Stuttgart 1997.

NICKLAS Thomas, *Macht oder Recht*. Frühneuzeitliche Politik im Obersächsischen Reichskreis, Stuttgart 2002.

OSCHMANN Antje, Der *Nürnberger Exekutionstag* 1648–1650. Das Ende des Dreißigjährigen Krieges in Deutschland, Münster 1991.

PAPE Matthias, Revolution und Reichsverfassung – Die Verfassungsdiskussion zwischen Fürstenbund und Rheinbund, in: Weisser-Lohmann Elisabeth/Köhler Dietmar (Hg.), Verfassung und Revolution. Hegels Verfassungskonzeption und die Revolutionen der Neuzeit, Hamburg 2000, 40–84.

PRESS Volker, *Kriege* und Krisen. Deutschland 1600–1715, München 1991.

DERS. (Hg.), Alternativen zur Reichsverfassung in der Frühen Neuzeit?, München 1995.

RUBLACK Ulinka, Frühneuzeitliche Staatlichkeit und lokale Herrschaftspraxis in Württemberg, in: ZHF 24 (1997), 347–376.

SCHILLING Heinz, Reichs-Staat und frühneuzeitliche Nation der Deutschen oder teilmodernisiertes Reichssystem? Überlegungen zu Charakter und Aktualität des Alten Reiches, in: HZ 272 (2001), 377–395.

DERS., *Höfe* und Allianzen. Deutschland 1648–1763, Berlin 1989.

SCHILLINGER Jean, Les pamphlétaires allemands et la France de Louis XIV, Bern u. a. 1999.

SCHINDLING Anton, Die *Anfänge* des Immerwährenden Reichstags zu Regensburg. Ständevertretung und Staatskunst nach dem Westfälischen Frieden, Mainz 1991.

DERS. /ZIEGLER Walter (Hg.), Die *Kaiser* der Neuzeit 1519–1918, München 1990.

SCHMIDT Georg, *Geschichte des Alten Reiches*. Staat und Nation in der Frühen Neuzeit 1495–1806, München 1999.

DERS. (Hg.), *Stände* und Gesellschaft im Alten Reich, Stuttgart 1989.

SCHNETTGER Matthias, Der *Reichsdeputationstag* 1655–1663. Kaiser und Stände zwischen Westfälischem Frieden und Immerwährendem Reichstag, Münster 1996.

DERS., Italienische Fürsten im deutschen Reichstag? Ein Projekt Friedrich Ludwig von Bergers aus dem Jahr 1723, in: HJb 118 (1998), 86–107.

SCHULTZ Helga, *Mythos und Aufklärung*. Frühformen des Nationalismus in Deutschland, in: HZ 263 (1996), 31–67.

SIKORA Michael, Ein *kleiner Erbfolgekrieg*. Die sachsen-meiningische Sukzessionskrise 1763 und das Problem der Ebenbürtigkeit, in: Neuhaus Helmut/Stollberg-Rilinger Barbara (Hg.), Menschen und Strukturen in der Geschichte Alteuropas. Festschrift für Johannes Kunisch, Berlin 2002, 319–339.

STIEVERMANN Dieter, *Politik und Konfession* im 18. Jahrhundert, in: ZHF 18 (1991), 177–199.

STOLLBERG-RILINGER Barbara, Die *Wahlkapitulation* als Landesgrundgesetz? Zur Umdeutung altständischer Verfassungsstrukturen in Kurmainz am Vorabend der Revolution, in: Neuhaus Helmut/dies. (Hg.), Menschen und Strukturen in der Geschichte Alteuropas. Festschrift für Johannes Kunisch, Berlin 2002, 379–404.

VOGLER Günter, Absolutistische Herrschaft und ständische Gesellschaft. Reich und Territorien von 1648 bis 1790, Stuttgart 1996.

VOSS Jürgen (Hg.), *Deutschland* und die Französische Revolution, München 1983.

WALKER Mack, The *Salzburg Transaction*. Expulsion and Redemption in Eighteenth-Century Germany, Ithaca/London 1992.

WOLF Hubert, Die Reichskirchenpolitik des Hauses Lothringen (1680–1715). Eine Habsburger Sekundogenitur im Reich?, Stuttgart 1994.

WREDE Martin, *Das Reich und seine Feinde*. Politische Feindbilder in der reichspatriotischen Publizistik zwischen Westfälischem Frieden und Siebenjährigem Krieg, Phil. Diss. Osnabrück 2001 (ungedruckt).

WÜST Wolfgang, Die „gute Policey" im Reichskreis. Zur frühmodernen Normensetzung in den Kernregionen des Alten Reiches. Bd. 1: Der Schwäbische Reichskreis, Berlin 2001.

5.3.5 Habsburgerstaat

BALÁZS Éva H., *Hungary and the Habsburgs* 1765–1800. An Experiment in Enlightened Absolutism, Budapest 1997.

BAUMANNS Markus, *Das publizistische Werk* des kaiserlichen Diplomaten Franz Paul Freiherr von Lisola (1613–1674), Berlin 1994.

BEIN Werner, *Schlesien* in der habsburgischen Politik. Ein Beitrag zur Entstehung des Dualismus im Alten Reich, Sigmaringen 1994.

BÉRENGER Jean, Histoire de l'Autriche, Paris 1994.

BLANNING T. C. W., Joseph II, London/New York 1994.

DICKSON Peter G. M., *Finance* and Government under Maria Theresia 1740–1780, 2 Bde., Oxford 1987.

DILLMANN Edwin, Maria Theresia, München 2000.

ERBE Michael, Die Habsburger 1493 – 1918. Eine Dynastie im Reich und in Europa, Stuttgart 2000.

GALAND Michèle, *Charles de Lorraine*, Gouverneur Général des Pays-Bas Autrichiens (1744–1780), Bruxelles 1993.

GOLOUBEVA Maria, The Glorification of Emperor Leopold I in Image, Spectacle and Text, Mainz 2000.

HEIMANN Heinz-Dieter, Die Habsburger. Dynastie und Kaiserreiche, München 2001.

HOCHEDLINGER Michael, *Krise und Wiederherstellung*. Österreichische Großmachtpolitik zwischen Türkenkrieg und „Zweiter diplomatischer Revolution" 1787–1791, Berlin 2000.

INGRAO Charles, The Habsburg Monarchy 1618–1815, Cambridge 1994

DERS. (Hg.), State and Society in Early Modern Austria, West Lafayette 1994.

KLINGENSTEIN Grete/SZABO Franz A. J. (Hg.), Staatskanzler Wenzel Anton von Kaunitz-Rietberg 1711–1794. Neue Perspektiven zu Politik und Kultur der europäischen Aufklärung, Graz 1996.

KLUETING Harm, Das *Reich und Österreich* 1648–1740, Münster/Hamburg/London 1999.

DERS. (Hg.), Der Josephinismus. Ausgewählte Quellen zur Geschichte der theresianisch-josephinischen Reformen, Darmstadt 1995.

KÓSA Lászlo (Hg.), A *Cultural History* of Hungary. From the Beginnings to the Eighteenth Century, Budapst 1999.

KUNISCH Johannes (Hg.), Prinz Eugen von Savoyen und seine Zeit, Freiburg/Würzburg 1986.

LAPPENKÜPER Ulrich, Von der *Balance of Power* zum Politischen Äquilibrium. Grundzüge der Außenpolitik Kaiser Leopolds II. (1790–1792), in: HJb 120 (2000), 114–137.

LETTNER Gerda, Das Rückzugsgefecht der Aufklärung in Wien, 1790–1792, Frankfurt/New York 1988.

MATSCHE Franz, Die *Kunst* im Dienst der Staatsidee Kaiser Karls VI. Ikonographie, Ikonologie und Programmatik des „Kaiserstils", 2 Bde., Berlin/New York 1981.

MAZOHL-WALLNIG Brigitte/MERIGGI Marco (Hg.), *Österreichisches Italien* – Italienisches Österreich? Interkulturelle Gemeinsamkeiten und nationale Differenzen vom 18. Jahrhundert bis zum Ende des Ersten Weltkrieges, Wien 1999.

OBERSTEINER Gernot Peter, Theresianische Verwaltungsreformen im Herzogtum Steiermark, Graz 1993.

ORTLIEB Eva, *Im Auftrag* des Kaisers. Die kaiserlichen Kommissionen des Reichshofrats und die Regelung von Konflikten im Alten Reich (1637–1657), Köln/Weimar/Wien 2001.

PRUNK Janko, Slowenien. Ein Abriß seiner Geschichte, Ljubljana 1996.

REINALTER Helmut (Hg.), Der Josephinismus. Bedeutung, Einflüsse und Wirkungen, Frankfurt a. M. 1993.

ROIDER Karl A., *Baron Thugut* and Austria's Response to the French Revolution, Princeton 1987.

SCHMAL Kerstin, Die Pietas Maria Theresias im Spannungsfeld von Barock und Aufklärung, Bern u. a. 2001.

SPIELMAN John P., The *City* and the Crown. Vienna and the Imperial Court 1600–1740, West Lafayette 1993.

STAUBER Reinhard, Der Zentralstaat an seinen Grenzen. Administrative Integration, Herrschaftswechsel und politische Kultur im südlichen Alpenraum 1750–1820, Göttingen 2001.

SZABO Franz A. J., Kaunitz and Enlightened Absolutism, 1753–1780, Cambridge 1994.

5.3.6 Brandenburg-Preußen

ALTHOFF Frank, Untersuchungen zum *Gleichgewicht* der Mächte in der Außenpolitik Friedrichs des Großen nach dem Siebenjährigen Krieg (1763–1786), Berlin 1995.

BÜSCH Otto, Militärsystem und Sozialleben im alten Preußen 1713–1807. Die Anfänge der sozialen Militarisierung der preußisch-deutschen Gesellschaft, Berlin 1962.

CARL Horst, *Okkupation* und Regionalismus. Die preußischen Westprovinzen im Siebenjährigen Krieg, Mainz 1993.

DUCHHARDT Heinz/WACHOWIAK Bogdan (Hg.), Um die *Souveränität* des Herzogtums Preußen. Der Vertrag von Wehlau 1657, Hannover 1998.

DWYER Philip G., The Politics of Prussian Neutrality 1795–1805, in: German History 12 (1994), 351–373.

DERS. (Hg.), The Rise of Prussia 1700–1830, Harlow 2000

GAWTHROP Richard L., *Pietism* and the Making of Eighteenth-Century Prussia, Cambridge 1993.

HACHTMANN Rüdiger, Friedrich II. von Preußen und die Freimaurerei, in: HZ 264 (1997), 21–54.

HÄSELER Jens, Ein Wanderer zwischen den Welten. Charles Étienne Jordan (1700–1745), Sigmaringen 1993.

HEINRICH Gerd (Hg.), Ein *sonderbares Licht* in Teutschland. Beiträge zur Geschichte des Großen Kurfürsten von Brandenburg (1640–1688), Berlin 1990.

HUNDT Michael, „*Woraus nichts geworden*". Brandenburg-Preußens Handel mit Persien (1668–1720), Hamburg 1997.

KOSELLECK Reinhart, *Preußen* zwischen Reform und Revolution. Allgemeines Landrecht, Verwaltung und soziale Bewegung von 1791–1848, Stuttgart 1967.

Kroll Frank-Lothar (Hg.), *Preußens Herrscher*. Von den ersten Hohenzollern bis Wilhelm II., München 2000.

Kunisch Johannes (Hg.), Analecta Fridericiana, Berlin 1987.

Ders. (Hg.), Persönlichkeiten im Umkreis Friedrichs des Großen, Köln/Wien 1988.

Makiła Dariusz, Miedzy welawa a Królewcem 1657–1701. Geneza królestwa w Prusach (Königtum in Preußen) studium historyczno-prawne, Toruń 1998.

Müller-Weil Ulrike, Absolutismus und Außenpolitik in Preußen. Ein Beitrag zur Strukturgeschichte des preußischen Absolutismus, Stuttgart 1992.

Neugebauer Wolfgang, Die Hohenzoller, Bd. 1, Stuttgart 1996.

Ders. (Hg.), Schule und Absolutismus in Preußen, Berlin 1992.

Noack Lothar/Splett Jürgen (Hg.), Bio-Bibliographien. Brandenburgische Gelehrte der Frühen Neuzeit, bisher 3 Bde., Berlin 1997–2001.

Preußen 1701. Eine europäische Geschichte. Essays, Berlin 2001.

Pröve Ralf/Winnige Norbert (Hg.), Wissen ist Macht. Herrschaft und Kommunikation in Brandenburg-Preußen 1600–1850, Berlin 2001.

Schieder Theodor, *Friedrich der Große*. Ein Königtum der Widersprüche, Berlin 1983.

Scott Hamish M., *Aping the Great Powers*: Frederick the Great and the Defence of Prussia's International Position, 1783–86, in: German History 12 (1994), 286–307.

Ders. (Hg.), Prussia from Rossbach to Jena, Oxford 1994. (German History 21, H. 3).

Shennan Margaret, The Rise of Brandenburg-Prussia, London/New York 1995.

Showalter Dennis E., The *Wars of Frederick* the Great, London/New York 1996.

Via Regia. Preußens Weg zur Krone. Ausstellung des Geheimen Staatsarchivs Preußischer Kulturbesitz 1998, Berlin 1998.

5.3.7 Dänemark

Bohn Robert, Dänische Geschichte, München 2001.

Bohnen Klaus/Jorgensen Sven Aage (Hg.), *Der dänische Gesamtstaat*. Kopenhagen/Kiel/Altona, Tübingen 1992.

Brandt Peter, Von der Adelsmonarchie zur königlichen „Eingewalt". Der Umbau der Ständegesellschaft in der Vorbereitungs- und Frühphase des dänischen Absolutismus, in: HZ 250 (1990), 33–72.

Bregnsbo Michael, Gesellschaftsordnung und Staatsgewalt von der Kanzel her gesehen. Die Vermittlung politischer und sozialer Ideen durch dänische Predigten 1750–1848, in: HJb 118 (1998), 108–130.

Keitsch Christine, Der *Fall Struensee* – ein Blick in die Skandalpresse des ausgehenden 18. Jahrhunderts, Hamburg 2000.

Olden-Jørgensen Sebastian, Machtausübung und Machtinszenierung im dänischen Frühabsolutismus 1660–1730, in: HJb 120 (2000), 97–113.

5.3.8 Schweden

Findeisen Jörg Peter, *Karl XII.* von Schweden. Der König, der zum Mythos wurde, Berlin 1992.

Gustafsson Harald, *Political Interaction* in the Old Regime. Central Power and Local Society in the Eighteenth-Century Nordic States, Lund 1994.

Persson Fabian, Servants of Fortune. The Swedish Court between 1598 and 1721, Lund 1999.

Roberts Michael, The *Age of Liberty*. Sweden 1719–1772, Cambridge 1986.

Saarinen Hannes, *Bürgerstadt* und absoluter Kriegsherr. Danzig und Karl XII. im Nordischen Krieg, Helsinki 1996.

Upton Anthony Frederick, The *Riksdag* of 1680 and the Establishment of Royal Absolutism in Sweden, in: EHR 102 (1987), 281–308.

Wagner Wolfgang (Hg.), Das schwedische *Reichsgesetzbuch* (Sveriges Rikes Lag) von 1734, Frankfurt a. M. 1986.

5.3.9 Polen

Bogucka Maria (Hg.), Society and Culture. Poland in Europe. Studies in Social and Cultural History, Warszawa 1995.

Cegielski Tadeusz, *Das alte Reich* und die erste Teilung Polens, 1768–1774, Stuttgart 1988.

Cieslak Edmund/Olszewski Henryk (Hg.), Changes in two Baltic Countries: Poland and Sweden in the XVIIIth century, Poznan 1990.

Davies Norman, Heart of Europe. A Short History of Poland, Oxford/New York 1984, (deutsch München 2000).

Frost Robert I., *After the Deluge*. Poland-Lithuania and the Second Northern War 1655–1660, Cambridge 1993.

Gierowski Józef Andrzej, The Polish-Lithuanian Commonwealth in the XVIIIth century, Kraków 1996.

Hoensch Jörg K., *Geschichte Polens*, 3. Aufl., Stuttgart 1998.

Jaworski Rudolf (Hg.), *Nationale und internationale Aspekte* der polnischen Verfassung vom 3. Mai 1791, Frankfurt 1993.

Kamiński Andrzej S., *Republic vs. Autocracy*. Poland-Lithuania and Russia 1686–1697, Cambridge, Mass. 1993.

Kobuch Agatha, Das *Angebot* der polnischen Königskrone an Kurfürst Friedrich August III. von Sachsen durch die Verfassung der Rzeczpopolita vom 3. Mai 1791, Berlin 1994.

Litýnski Adam, Der polnische *Reformgedanke* in den Jahren des vierjährigen Reichstages (1788–1792), in: ZRG GA 108 (1991), 389–399.

Lukowski Jerzy, The *Partitions* of Poland 1772, 1793, 1795, London/New York 1999.

Morawiec Małgorzata, *Antemurale* christianitatis. Polen als Vormauer des christlichen Europa, in: JbEurG 2 (2001), 249–260.

Pirożynski Jan (Hg.), Studien zur Geschichte der deutsch-polnischen Kulturbeziehungen vom Mittelalter bis zum 19. Jahrhundert, Kraków 1994.

Rosmann Murray Jay, *The Lords' Jews*. Magnate-Jewish Relations in the Polish-Lithuanian Commonwealth during the 18th Century, Cambridge, Mass. 1990.

Salmonowicz Stanislaw, Die *Wiederherstellung* der religiösen Toleranz in Polen in der Epoche der Aufklärung, in: HZ 256 (1993), 309–322.

SCHULZE WESSEL Martin, *Rußlands Blick* auf Preußen. Die polnische Frage in der Diplomatie und der politischen Öffentlichkeit des Zarenreiches und des Sowjetstaates 1697–1947, Stuttgart 1995.

STASZEWSKI Jacek, *August III.* Kurfürst von Sachsen und König von Polen, Berlin 1996.

TAZBIR Janusz, La République nobiliaire et le monde. Études sur l'histoire de la culture polonaise à l'époque du baroque, Wrocław u. a. 1986.

ZERNACK Klaus, *Polen und Rußland.* Zwei Wege in die europäische Geschichte, Berlin 1994.

5.3.10 Russland

ALEXANDER John T., Catherine the Great: Life and Legend, Oxford/New York 1989.

ANISIMOV Evgeny V., *Empress Elizabeth.* Her Reign and Her Russia 1741–1761, Gulf Breeze 1995.

BLOME Astrid, *Das deutsche Rußlandbild* im frühen 18. Jahrhundert. Untersuchungen zur zeitgenössischen Presseberichterstattung über Rußland unter Peter I., Wiesbaden 2000.

BOETTICHER Manfred von (Hg.), *Braunschweigische Fürsten* in Rußland in der ersten Hälfte des 18. Jahrhunderts, Göttingen 1998.

BRENNAN James F., *Enlightened Despotism* in Russia. The Reign of Elizabeth, 1741–1762, New York/Bern/Frankfurt 1987.

CRUMMEY Robert O. u. a. (Hg.), Russische und ukrainische Geschichte vom 16. – 18. Jahrhundert, Wiesbaden 2001.

HAINTZ Otto, *Peter der Große*, Friedrich der Große und Voltaire: zur Entstehungsgeschichte von Voltaires „Histoire de l'empire de Russie sous Pierre le Grand", in: Akademie der Wissenschaften und der Literatur, Abh. der geistes- und sozialwiss. Klasse, Jg. 1961, Nr. 5, Mainz 1962.

HÖSCH Edgar, Geschichte Rußlands. Vom Kiever Reich bis zum Zerfall des Sowjetimperiums, Stuttgart 1996.

HÜBNER Eckhard/KUSBER Jan/NITSCHE Peter (Hg.), *Rußland zur Zeit Katharinas II.* Absolutismus – Aufklärung – Pragmatismus, Köln/Weimar/Wien 1998.

KAPLAN Herbert H., *Russian Overseas Commerce* with Great Britain during the Reign of Catherine II, Philadelphia 1995.

KAPPELER Andreas, Russische Geschichte, 2. Aufl., München 2000.

KUSBER Jan, *Grenzen der Reform* im Rußland Katharinas II., in: ZHF 25 (1998), 509–528.

LEDONNE John P., Absolutism and Ruling Class. The Formation of the Russian Political Order 1700–1825, Oxford 1991.

LEONARD Carol S., *Reform* and Regicide. The Reign of Peter III of Russia, Bloomington/Indianapolis 1993.

MADARIAGA Isabel de, Catherine the Great, New Haven/London 1990

MAGOCSI Paul Robert, A *History* of Ukraine, Toronto u. a. 1996.

POE Marshall T., A People Born to Slavery. Russia in Early Modern European Ethnography, 1476–1748, New York 2000.

RIMSCHA Hans von, *Geschichte Rußlands*, 2. Aufl., Darmstadt 1970.

SCHARF Claus, *Katharina II., Deutschland* und die Deutschen, Mainz 1995.

DERS, (Hg.), *Katharina II., Rußland* und Europa, Mainz 2001.

SCHMIDT Christoph, Sozialkontrolle in Moskau. Justiz, Kriminalität und Leibeigenschaft 1649–1785, Stuttgart 1996.

SCHULZE WESSEL Martin, *Systembegriff* und Europapolitik der russischen Diplomatie im 18. Jahrhundert, in: HZ 266 (1998), 649–669.

SYDORENKO Alexander, The *Kievan Academy* in the Seventeenth Century, Ottawa 1977.

TORKE Hans Joachim (Hg.), Die *russischen Zaren* 1547–1917, München 1995.

DERS. (Hg.), Von Moskau nach St. Petersburg. Das russische Reich im 17. Jahrhundert, Wiesbaden 2000.

WAGNER Johannes Volker u. a. (Hg.), *Ein Deutscher* am Zarenhof. Heinrich Graf Ostermann und seine Zeit 1687–1747, Essen 2001.

WORTMAN Richard S., Scenarios of Power: Myth and Ceremony in Russian Monarchy. Bd. 1: From Peter the Great to the Death of Nicholas I, Princeton 1995.

5.3.11 Osmanisches Reich

FAROQHI Suraiya, Geschichte des Osmanischen Reiches, München 2000.

HÄRTEL Hans-Joachim/SCHÖNFELD Roland, *Bulgarien.* Vom Mittelalter bis zur Gegenwart, Regensburg/München 1998.

HÖSCH Edgar, Geschichte der *Balkanländer.* Von der Frühzeit bis zur Gegenwart, München 1999.

MATUZ Josef, Das Osmanische Reich. Grundlinien seiner Geschichte, Darmstadt 1985.

PALMER Alan, Verfall und Untergang des Osmanischen Reiches, München/Leipzig 1994.

PARVEV Ivan, *Habsburgs* and Ottomans between Vienna and Belgrade (1683–1739), New York 1995.

5.3.12 Italienische Staatenwelt

BARBE Jean-Paul/BERNECKER Roland (Hg.), Les intellectuels européens et la campagne d'Italie, 1796–1798, Münster 1999.

BERGAMINI Giuseppe (Hg.), *Napoleone e Campoformio.* Armi, diplomazia e società in una regione d'Europa, Milano 1997.

CARPANETTO Dino/RICUPERATI Giuseppe, Italy in the Age of Reason, 1685–1789, London 1987.

CHIARINI Paolo/ZEMAN Herbert (Hg.), Österreich – Italien. Auf der Suche nach der gemeinsamen Vergangenheit. Italia – Austria. Alla ricerca del passato comune, Bd. 1. 1450–1796, Roma 1995.

DOMZALSKI Oliver Thomas, *Politische Karrieren* und Machtverteilung im venezianischen Adel (1646–1797), Sigmaringen 1996.

ELM Veit, Die *Moderne und* der *Kirchenstaat.* Aufklärung und römisch-katholische Staatlichkeit im Urteil der Geschichtsschreibung vom 18. Jahrhundert bis zur Postmoderne, Berlin 2001.

FRELLER Thomas, The Epitome of Europe. Das Bild Maltas und des Ordensstaats der Johanniter in der Reiseliteratur der Frühen Neuzeit, 2 Bde, Bern 2002.

FRIGO Daniela u. a. (Hg.), Politics and diplomacy in early modern Italy. The structure of diplomatic practice 1450–1800, Cambridge 2000.

GRAF Gerda (Hg.), Der Verfassungsentwurf aus dem Jahre 1787 des Granduca Pietro Leopoldo di Toscana, Berlin 1998.

GROSS Hanns, *Rome* in the Age of Enlightenment: The Post-Tridentine Syndrome and the Ancien Regime, Cambridge 1990.

HUNECKE Volker, *Der venezianische Adel* am Ende der Republik 1646–1797. Demographie, Familie, Haushalt, Tübingen 1995.

JONARD Norbert, *L'Italie des lumières*. Histoire, société et culture du XVIIIe siècle italien, Paris/Fiesole 1996.

KOLLER Alexander (Hg.), Kurie und Politik. Stand und Perspektiven der Nuntiaturberichtsforschung, Tübingen 1998

LILL Rudolf, Geschichte Italiens vom 16. Jahrhundert bis zu den Anfängen des Faschismus, Darmstadt 1980.

NÜTZENADEL Alexander, *Aufklärung und Physiokratie* in Venedig während der zweiten Hälfte des 18. Jahrhunderts, in: ZHF 26 (1999), 557–577.

PESENDORFER Franz, *Österreich – Großmacht im Mittelmeer?* Das Königreich Neapel-Sizilien unter Kaiser Karl VI. (1707/20–1734/35), Wien/Köln/Weimar 1998.

PRODI Paolo, The *Papal Prince*. One body and two souls: The papal monarchy in early modern Europe, Cambridge 1987.

REINHARDT Volker, *Geschichte Italiens*, München 1999.

SCHNETTGER Matthias, Die *Republik* als König. Republikanisches Selbstverständnis und Souveränitätsstreben in der genuesischen Publizistik des 17. Jahrhunderts, in: Majestas 8/9 (2000/01), 171–209.

SEIDLMAYER Michael, Geschichte Italiens, Stuttgart 1962.

SELLA Domenico, Italy in the Seventeenth Century, London/New York 1997.

STORRS Christopher, War, *Diplomacy* and the Rise of Savoy 1690–1720, Cambridge 1999.

VANYSACKER Dries, Cardinal Giuseppe Garampi (1725–1792): an Enlightened Ultramontane, Turnhout 1995.

VERGA Marcello (Hg.), Dilatar l'Impero in Italia. Asburgo e Italia nel primo Settecento, Roma 1995.

WOLFF Larry, *Venice and the Slavs*. The Discovery of Dalmatia in the Age of Enlightenment, Stanford 2001.

5.3.13 Eidgenossenschaft

BRAUN-BUCHER Barbara, Der Berner Schultheiß Samuel Frisching 1605–1683. Schrifttum, Bildung, Verfassung und Politik des 17. Jahrhunderts auf Grund einer Biographie, Bern 1991.

GMÜR Rudolf, Der alte bernische Stadtstaat (1191–1798), in: ZRG GA 112 (1995), 366–381.

Handbuch der Schweizer Geschichte, Bd. 2, Zürich 1977.

MEYEN Stephan, *Vorbote* des Untergangs. Die Angst der Schweizer Aristokraten vor Joseph II., Zürich 1999.

PEYER Hans Conrad, *Verfassungsgeschichte* der Schweiz, Zürich 1978.

SOOM Jost, „*Avancement* et fortune". Schweizer und ihre Nachkommen als Offiziere, Diplomaten und Hofbeamte im Dienst des Zarenreiches, Zürich 1996.

5.3.14 Spanien

BERNECKER Walther L./PIETSCHMANN Horst, *Geschichte Spaniens*. Von der frühen Neuzeit bis zur Gegenwart, Stuttgart 1993.

HARGRAVES-MAWDSLEY W. N., Eighteenth-Century Spain 1700–1788. A Political, Diplomatic and Industrial History, London/Basingstoke 1997.

KAMEN Henry, Crisis and Change in Early Modern Spain, Aldershot 1993.

SCHÜLLER Karin, Einführung in das Studium der iberischen und lateinamerikanischen Geschichte, Münster 2000.

THOMPSON I. A. A., Crown and Cortes: Government, Institutions and Representation in Early Modern Castile, Aldershot 1993.

VEGA CERNUDA Miguel Angel/WEGENER Henning (Hg.). España y Alemania. Percepciones mutuas de cinco siglos de historia, Madrid 2002.

WINDLER Christian, *Lokale Eliten*, seigneurialer Adel und Reformabsolutismus in Spanien (1760–1808), Stuttgart 1992.

5.3.15 Portugal

BERNECKER Walther L./PIETSCHMANN Horst, Geschichte Portugals, München 2001.

OLIVEIRA MARQUES Antonio H. de, *História* de Portugal. Bd. 2: Do Renascimento às revolucoes liberais, Lissabon 1984.

Zeittafel 1648–1804

1648	• Westfälischer Friede
	• Chmielnicki-Aufstand
	• Beginn der Fronde
1649	• Hinrichtung Karls I. von England
	• Beginn des Nürnberger Friedensexekutionstags
1651	• Volljährigkeitserklärung Ludwigs XIV.
	• Hobbes, *Leviathan*
	• Navigationsakte
1652	• Beginn des 1. englisch-niederländischen Seekriegs
	• Zusammenbruch der Pariser Fronde
1653	• Wahl und Krönung Ferdinands (IV.) zum Römischen König († 1654)
	• Beginn des letzten deutschen Reichstags alten Stils
	• Cromwell wird Lord Protector
1654	• niederländisch-englischer Friede von Westminster
	• Abdankung Königin Christinas in Schweden, Nachfolge Karls X. Gustav
1655	• Beginn des (1.) Nordischen Kriegs
	• Alexander VII. Papst
1656	• † Johann IV. von Portugal
	• Mehmet Köprülü Großwesir
1657	• † Kaiser Ferdinand III.
1658	• Wahl und Krönung Leopolds I. zum römisch-deutschen Kaiser
	• Abschluß des Rheinbundes
	• † Cromwell
	• (dänisch-schwedischer) Friede von Roeskilde
1659	• Pyrenäenfriede
1660	• Restauration in England: Karl II. zum König proklamiert
	• dänisch-schwedischer Friede von Kopenhagen
	• Umwandlung Dänemarks in eine Erbmonarchie
	• Friede von Oliva
	• Thronübergang in Schweden von Karl X. Gustav auf Karl XI.
1661	• † Mazarin; Beginn des persönlichen Regimes Ludwigs XIV.
1662	• Privilegierung der *Royal Society*
1663	• Beginn des Immerwährenden Reichstags in Regensburg
	• Türkenkrieg

1664	• Schlacht bei St. Gotthard a. d. Raab; Friede von Eisenburg/Vasvár
	• Beginn des 2. englisch-niederländischen Seekriegs
1665	• *Lex Regia* in Dänemark
	• Thronwechsel in Spanien von Philipp IV. auf Karl II.
1666	• Gründung der *Académie des sciences* in Frankreich
	• Feuersbrunst in London
1667	• Beginn des Devolutionskriegs
	• Aufstand des Stenka Rasin in Rußland
	• Friede von Breda zwischen England und den Niederlanden
	• Monzambano/Pufendorf, *De Statu Imperii Germanici*
1668	• französisch-österreichischer Geheimvertrag über das spanische Erbe
	• Friedensschlüsse von Aachen und von Lissabon (Spanien-Portugal)
1669	• Pascal, *Pensées sur la religion*
1670	• Spinoza, *Tractatus theologico-politicus*
	• französisch-englischer Geheimvertrag von Dover
	• Beginn des Kuruzzenaufstands
1671	• Hinrichtung Stenka Rasins
1672	• Beginn des 3. englisch-niederländischen Seekriegs
	• Beginn des Niederländischen Kriegs
	• Ermordung de Witts, Statthalterschaft Wilhelms (III.) von Oranien
1674	• englisch-niederländischer Friede von Westminster
	• Johann III. Sobieski polnischer König
1675	• Schlacht bei Fehrbellin
	• Spener, *Pia desideria*
1676	• Beginn der Nijmegener Friedensverhandlungen
	• Innozenz XI. Papst, Fedor III. Zar
1678	• Nijmegener Friedensverträge
1679	• *Habeas-Corpus*-Akte
	• Vertrag von St. Germain zwischen Frankreich, Brandenburg und Schweden
1681	• Reunionen: Kapitulation Straßburgs
	• schwedisch-niederländischer Vertrag
1682	• Iwan V. und Peter I. Ko-Zaren
	• Souveränitätserklärung in Schweden
1683	• Belagerung und Entsatz Wiens (Kahlenbergschlacht)
	• † Colbert
1684	• Regensburger Stillstand (mit Anerkennung der französischen Reunionen)
	• Heilige Liga zum Türkenkrieg
1685	• Edikt von Fontainebleau (Aufhebung des Edikts von Nantes); Hugenottenexodus
	• Thronübergang in England von Karl II. auf Jakob II.
	• Übergang der pfälzischen Kur an die Linie Pfalz-Neuburg
1686	• Augsburger Allianz
	• Fall Budas

1687	• Schlacht bei Mohács
	• Erblichkeit der ungarischen Königskrone
	• Eroberung Athens durch die Venezianer
	• Sultan Suleiman II.
	• Newton, *Philosophia naturalis principia mathematica*
1688	• † Friedrich Wilhelm von Brandenburg
	• Beginn des Neunjährigen Krieges
	• *Glorious Revolution*
	• Fall Belgrads
1689	• *Bill of rights*; Wilhelm III. und Maria englische Könige
	• Alexander VIII. Papst
	• „Große Allianz" gegen Frankreich
1690	• Locke, *Two treatises of Government*
1691	• Innozenz XII. Papst
1692	• Errichtung der 9. Kur zugunsten Braunschweig-Hannover
1694	• Gründung und Eröffnung der Universität Halle
1695	• Bayle, *Dictionnaire historique et critique*
1696	• Beginn der Alleinherrschaft Zar Peters I.
	• † Johann III. Sobieski
1697	• Friede von Rijswijk
	• Friedrich August von Sachsen als August II. polnischer König
	• Schlacht bei Zenta
	• Beginn der Westeuropareise Zar Peters I.
	• Karl XII. schwedischer König
1698	• 1. Teilungsvertrag über das spanische Erbe
1699	• Friede von Karlowitz
1700	• 2. Teilungsvertrag über das spanische Erbe
	• † Karl II. von Spanien
	• Beginn des Nordischen Krieges
1701	• Formierung der Großen Allianz, Beginn des Krieges um Spanien
	• Preußische Königswürde
	• *Act of Settlement* in England
1702	• Thronwechsel in England von Wilhelm III. auf Anna
1703	• Beginn des Rákóczi-Aufstands in Ungarn
	• Gründung St. Petersburgs
	• Sultanat Ahmeds III.
1704	• Stanisław Leszczynski (Gegen-) König in Polen
1705	• Joseph I., römisch-deutscher Kaiser nach Leopolds I. Tod
1706	• Schlachten von Ramillies und Almanza
	• Vertrag von Altranstädt
1707	• englisch-schottische Union
	• Altranstädter Konvention
1709	• Schlacht bei Malplaquet
	• Schlacht bei Poltawa
	• Restauration Augusts II. in Polen

1709	• Port-Royal als Mittelpunkt des Jansenismus zerstört
1711	• Friede von Szatmár
	• Karl VI. nach Josephs I. Tod römisch-deutscher Kaiser
1713	• Friede von Utrecht
	• Friede von Adrianopel
	• Friedrich Wilhelm I. preußischer König
	• Erlaß der Pragmatischen Sanktion
1714	• Friedensschlüsse von Rastatt und Baden
	• welfische Thronfolge (Georg I.) in Großbritannien
	• Leibniz, *Monadologie*
	• Beginn eines neuen Türkenkriegs
1715	• † Ludwig XIV.
	• Jakobitenaufstand in Großbritannien
	• Konföderation von Tarnogród
1717	• Tripelallianz gegen Spanien
	• Eugen von Savoyen erobert Belgrad
	• erste Freimaurerloge in London
1718	• † Karl XII. von Schweden
	• Friede von Passarowitz
1719	• Liquidierung des Nordischen Krieges (1. Stockholmer Friede)
1720	• Finanzskandale in England und Frankreich
	• 2. Stockholmer Friede, Friede von Kopenhagen
1721	• Friede von Nystad zwischen Schweden und Rußland
1722	• Einrichtung des Generaldirektoriums in Preußen
1723	• Eröffnung des Kongresses von Cambrai
1724	• Thorner Blutgericht
1725	• † Peter I.
	• Wiener und Herrenhausener Allianzen
1726	• Beginn der Ära Fleury in Frankreich
1727	• Thronwechsel in London von Georg I. auf Georg II.
	• Beginn des Kongresses von Soissons
1729	• Vertrag von Sevilla zwischen den Seemächten und den bourbonischen Staaten
1730	• Beginn der Ära Walpole in England
1733	• Kantonsreglement in Preußen
	• † August II. von Polen: Beginn des Polnischen Thronfolgekriegs
1735	• August III. von Polen
	• Wiener Friede
	• Türkenkrieg Rußlands und der Habsburgermonarchie
1736	• † Prinz Eugen
1737	• Gründung der Universität Göttingen
1739	• Beginn des britisch-bourbonischen Kolonialkriegs
	• *Antimachiavell* des Kronprinzen Friedrich von Preußen
1740	• Thronwechsel in Preußen von Friedrich Wilhelm I. auf Friedrich II.
	• † Kaiser Karl VI. und Beginn der Österreichischen Erbfolgekriegs

1741	• Maria Theresia Königin von Ungarn
	• Zarin Elisabeth II.
	• Schwedisch-russischer Krieg
1742	• Karl Albrecht von Bayern als Karl VII. römisch-deutscher Kaiser
1743	• Schlacht bei Dettingen
1745	• Österreichisch-preußischer Friede von Dresden
	• Franz Stephan von Lothringen-Toskana als Franz I. römisch-deutscher Kaiser
1748	• Friede von Aachen
	• Montesquieu, *De l'esprit des lois*
1751	• Voltaire, *Le siècle de Louis XIV*
	• Beginn des Erscheinens der *Encyclopédie*
1753	• Kaunitz österreichischer Staatskanzler
1755	• *Renversement des alliances* (Diplomatische Revolution)
	• Erdbeben von Lissabon
	• Pombal Premierminister in Portugal
	• Gründung der Universität Moskau
	• Kolonialkrieg zwischen Großbritannien und Frankreich
1756	• Beginn des Siebenjährigen Krieges
1757	• Schlachten bei Roßbach und Leuthen
1760	• Thronwechsel in London von Georg II. zu Georg III.
1762	• † Elisabeth II., damit politischer Umschwung in Rußland
	• Katharina II.
	• Rousseau, *Du contrat social*
1763	• Friedensschlüsse von Hubertusburg und Paris
	• Febronius/Hontheim, *De statu ecclesiae*
1764	• Beccaria, *Dei delitti e delle pene*
	• Wahl Erzherzog Josephs (II.) zum Römischen König
	• Stanisław August Poniatowski polnischer König
1765	• Joseph II. römisch-deutscher Kaiser
1767	• „Gesetzgebende Kommission" in Rußland
1768	• russisch-türkischer Krieg
1769	• Dampf- und Spinnmaschinen patentiert
1770	• Struensee-Reformen in Dänemark
	• Parlamentsreform in Frankreich
1772	• 1. Teilung Polens
	• Ende der schwedischen „Freiheitszeit" durch Staatsstreich Gustavs III.
1773	• Aufhebung des Jesuitenordens durch Papst Klemens XIV.
1774	• Thronwechsel in Frankreich von Ludwig XV. auf Ludwig XVI.
	• Beginn der Turgot'schen Reformen
1775	• Beginn des Amerikanischen Unabhängigkeitskriegs
	• Gründung des Illuminatenordens
	• Adam Smith, *The Wealth of Nations*
1776	• Amerikanische Unabhängigkeitserklärung und Erklärung der Menschenrechte

1778	• Bayerischer Erbfolgekrieg
1779	• Friede von Teschen
1780	• † Maria Theresia, danach Beginn der josephinischen Reformen
1781	• Dohm, *Über die bürgerliche Verbesserung der Juden*
	• Kant, *Kritik der reinen Vernunft*
	• Offenlegung der Finanzsituation in Frankreich
1782	• Reise Papst Pius' VI. nach Wien und München
1783	• Aufhebung der Leibeigenschaft in Baden
	• Pariser Friede (Unabhängigkeit der USA)
	• William Pitt britischer Premierminister
1784	• Veröffentlichung des Entwurfs des Preußischen Landrechts
1785	• Gründung des Deutschen Fürstenbundes
	• Halsbandaffäre in Frankreich
1786	• † Friedrich der Große; Friedrich Wilhelm II. sein Nachfolger
1787	• Aufstand in den Österreichischen Niederlanden
	• Russisch-türkischer Krieg
1788	• Einberufung der französischen Generalstände
1789	• Generalständetagung in Versailles
	• Umwandlung in *Assemblée nationale*
	• *Grande peur*
	• Erklärung der Menschen- und Bürgerrechte
1790	• Umsturz der Sozialverfassung in Frankreich
	• Nach Josephs II. Tod Leopold II. römisch-deutscher Kaiser
	• Burke, *Reflections on the Revolution in France*
1791	• Maiverfassung in Polen
	• Verabschiedung der (ersten europäischen) Repräsentativverfassung in Frankreich
1792	• Kriegserklärung Frankreichs an Österreich
	• Kanonade von Valmy
	• Friede von Jassy zwischen Rußland und der Pforte
	• Übergang des Kaiseramts an Franz II.
1793	• Hinrichtung Ludwigs XVI.
	• *Levée en masse*
	• Beginn der *Terreur*
	• 2. Teilung Polens
1794	• *Grande terreur*
1795	• französisch-preußischer Friede von Basel
	• Errichtung der ersten (batavischen) Tochterrepublik
	• französisch-spanischer Friede
	• 3. Teilung Polens
1796	• Cispadanische Republik
1797	• Errichtung weiterer italienischer Tochterrepubliken
	• Talleyrand wird Außenminister
	• französisch-österreichischer Friede von Campo Formio
	• Beginn des Rastatter Kongresses

1798	• Bildung der 2. Koalition gegen Frankreich
1799	• Staatsstreich Napoleons
1801	• Friede von Lunéville
	• Konkordat Napoleons mit dem Papst
1802	• französisch-britischer Friede von Amiens
1803	• Reichsdeputationshauptschluß
	• Wiederausbruch des Krieges zwischen Großbritannien und Frankreich
1804	• Napoleon Kaiser der Franzosen

Verzeichnisse

Verzeichnis der Karten

Die Zeichnungen fertigte Helmuth Flubacher, Waiblingen, nach Vorlagen aus der zitierten Literatur.

Verzeichnis der Tabellen

Personen-, Orts- und Sachregister

Herrscher werden grundsätzlich unter dem betreffenden Staat erfasst, ebenso staatliche Institutionen.

Gf. = Graf; Hzg.= Herzog; Hzgin = Herzogin; Kf. = Kurfürst; Kg. = König; Kgin = Königin; Ks. = Kaiser; Ksin = Kaiserin; Mkgf. = Markgraf Bt. = Bistum; Erzbt. = Erzbistum; Ft. = Fürstentum; Gfsch. = Grafschaft; Hzgt. = Herzogtum; Kft. = Kurfürstentum; Kgr. = Königreich; Ldgfsch. = Landgrafschaft; Mkgfsch. = Markgrafschaft

Ansbach-Bayreuth, Mkgfsch.
65, 181, 280
Antemurale Christianitatis 302,
303
Anthropologie 45, 175
Anti-Aufklärung 132, 141,
143, 158
Anti-Europäismus 36
Antwerpen 96, 221
Apodemik, siehe: Kavaliers-
tour
Appenzell 349
Apulien 110
Arabien 141, 161
Aragón, Kgr. 60, 360, 361, 362
Arand, Johann Baptist Martin
von 388
Aranjuez 54
Archenholtz, Johann Wilhelm
247
Architektur, plastische Kunst
46, 52, 180, 259, 260, 332,
335, 341, 344
Argenson, René-Louis Voyer d'
183, 334
Aristoteles 167
Arkwright, Richard 124
Armenien 236
Arno 42
Arnold, Gottfried 141
Artois, Gfsch. 358
Asien 20, 27, 42, 223, 224,
318, 322, 339, 382, 387
Asiento 210
Assemblée nationale 192–194
Astrachan 98
Asturien 366
Athen 340, 341
„atlantische Revolutionen" 13,
246
Attentate 145, 369
Aubéry, Antoine 179
Aufgeklärte Zirkel 155, 156,
163, 338
Aufgeklärter Absolutismus 21,
62, 131, 140, 162– 164,
246, 277, 287, 297, 298,
321, 346, 347, 369, 370,
381
Aufklärung 16, 19, 20, 22–25,
35, 37, 43, 44, 49, 62, 70,
72, 78, 89, 90, 92, 100, 106,
107, 131–165, 174, 190,
197, 198, 245, 267, 270,
275–277, 297, 306, 320,

321, 333, 338, 342, 343,
353, 354, 362, 369, 370,
381, 383, 384, 388
Aufklärung, katholische 136,
140, 145, 165, 245, 246,
369, 382
Auflagenziffern 152, 153, 172
Aufstände, siehe: Bürgerkriege
Augsburg 31, 147
Augsburger Religionsfriede
(1555) 229, 239
Austerlitz, Schlacht (1805) 281
Autarkie 130
Auvergne 51, 126
Avignon 42, 64, 343, 344
Azoren 27
Azov 332

Baden, Mkgfsch. 51, 62, 131,
229, 278
– Karl Friedrich Mkgf. 131,
156, 163, 198, 229
– Ludwig Wilhelm Mkgf. 254
Baden/Schweiz 350
Baden/Schweiz, Friede (1714)
241, 261, 361
Bahrdt, Karl Friedrich 139
Balance of Power 28, 77, 201,
280, 288, 330, 391, 392
Balkan 28, 79, 86, 98, 102,
106, 126, 141, 150, 151,
167, 303, 313, 322, 323,
325, 327, 328, 330, 333
Baltikum 32, 57, 90, 115, 289,
293–295, 297, 298, 316
Banat 107, 256, 331
Baptisten 143
Bar, Konföderation von 307
Barcelona 99, 122, 358, 366
Barock 22, 54, 132
Barre, Poullain de la 90
Barriere-Festungssystem,
siehe: Militärgrenze, Befes-
tigungssysteme
Bartholomäusnacht 168
Basel, Bt. 351
Basel, Kanton 349
Basel, Stadt 128, 156, 349,
352, 354
Basel, Friede (1795) 216, 247,
267, 270, 281
Baskenland 111, 362
Bastille 192, 193, 247, 366
Batavische Republik, siehe:
Niederlande

Bath 29
Bauerntum 25, 46, 50, 88, 90,
100–108, 111, 113,
119–121, 125, 131, 153,
157, 163, 191, 192, 196,
255, 256, 278, 281–284,
286, 287, 290–292, 296,
298, 320, 321, 343, 348
– bäuerliche Dienste 29,
100–103, 105, 107, 113,
125, 131, 137, 278, 281,
282, 287, 292, 320
– bäuerliche Revolten 40, 41,
95, 99, 100, 102, 107, 131,
180, 183, 196, 255, 321,
346, 351, 390
Bayer, Theophil Siegfried 37
Bayerischer Erbfolgekrieg,
siehe: Kriege, zwischen-
staatliche
Bayle, Pierre 133, 136, 172
Béarn 86, 180
Beauvillier, Paul de 82, 83
Beccaria, Cesare 154, 338
Becher, Johann Joachim 118,
258
Bekker, Balthasar 155
Békow, Franz 314
Belgrad 256, 331
Belgrad, Friede (1739) 332
Bentinck, Hans Willem 374
Bergamo 338
Bergbau und Hüttenwesen 96,
116, 119, 121, 123, 124,
169, 170, 277, 286, 291,
296, 337
Berlin 95, 96, 151, 154, 171,
240, 260, 275
Berlinische Monatsschrift 155
Bern 156, 171, 352, 353
Bernsdorff, Andreas Peter von
287
Besançon 85
Besognes 218
Bessenyei, György 173
Bettler und Vaganten, siehe:
unterbürgerliche Schichten
Bevilacqua, Aloysius 345
Bevölkerungserhebungen 82,
83, 94, 96, 108, 197, 198,
296
Bibel und Aufklärung, siehe:
Kirchen- und Dogmenkritik
Bibra, Philipp Anton von 244
Bidassoa 356

Autorenregister